México engañado

FRANCISCO MARTÍN MORENO

México engañado

Diseño de portada: Jorge Garnica / La Geometría Secreta
Investigación iconográfica: Luis Arturo Salmerón
Fotografías en páginas interiores:
© 2015, Creative Commons: Jorge Díaz (p. 41), Yodigo (p. 119), Der Pepe (p. 153),
    FR. Peter Carota (www.traditionalcatholicpriest.com) (p. 409)
© 2015, Shutterstock (p. 115)
© 2015, Cortesía Biblioteca del Congreso, Washington (p. 229)
© 2015, Museo Nacional de Historia, Conaculta-INAH-Mex (pp. 253, 308)
© 2015, Archivo General de la Nación (p. 365)
© 2015, Sinafo, Conaculta-INAH-Mex, Inv. 6127, Inv. 32965 (pp. 399, 407)
© 2015, Archivo fotográfico Manuel Ramos (www.archivomanuelramos.com.mx)
    (p. 425)
© 2015, Recinto Homenaje a Benito Juárez, SHCP (p. 525)

© 2015, Editorial Planeta Mexicana, S.A. de C.V.
Bajo el sello editorial PLANETA M.R.
Avenida Presidente Masarik núm. 111, Piso 2
Colonia Polanco V Sección
Deleg. Miguel Hidalgo
C.P. 11560, México, D.F.
www.planetadelibros.com.mx

Primera edición: noviembre de 2015
ISBN: 978-607-07-3101-3

Impreso en los talleres de Litográfica Ingramex, S.A. de C.V.
Centeno núm. 162-1, colonia Granjas Esmeralda, México, D.F.
Impreso y hecho en México – *Printed and made in Mexico*

DEDICATORIA

A Sophie, *Mini Mini*; a Toñito, *Napito*; a Luciana, *Coconeta II* (próxima a nacer llena de luz blanca) y a todos mis queridos nietos que algún día habrán de llegar a este mundo.

A mis sobrinas nietas María, *Mariquita*, y Beatriz, *Yeyé*.

A los niños mexicanos, con la esperanza de que cuando estudien la historia patria lo hagan con arreglo a sólidos ensayos laicos, redactados por historiadores profesionales que la escriban apoyados en documentos de intachable validez, de modo que no sean víctimas de supersticiones ni caigan en prejuicios y confusiones con los que crecimos quienes les antecedimos en la vida y en la escuela. El verdadero conocimiento de nuestro doloroso pasado saturado de traiciones, sangre y heroísmo, el descubrimiento de los auténticos enemigos de nuestro país, el alto costo que hemos pagado a lo largo del tiempo para construir las instituciones perfectibles que actualmente disfrutamos, les ayudará a descubrir a México, a amarlo y a respetarlo con igual o mayor pasión con la que escribí este, mi *México engañado*.

A mi hija Pao, porque ella inspiró esta dedicatoria. Sólo que, parafraseando a Antoine de Saint-Exupéry, como ahora ya es una mujer, le dedico estas líneas a *Pai*, súper *Pai*... cuando era niña.

No soy historiador. Si acaso, soy un investigador que, con los elementos a mi alcance, pretendo acercarme a la verdad histórica. Ofrezco, por anticipado, una obligada disculpa a los historiadores profesionales, poseedores de un gran sentido del honor y del deber, por mis omisiones y mis excesos cometidos como consecuencia de la pasión, tal vez de la ignorancia, sí, pero jamás de la mala fe, porque si algo me movió para redactar *México engañado*, fue un genuino amor por mi país al que le debo cuanto soy. En otro orden de ideas, felicito a los historiadores que no alquilaron sus plumas ni enajenaron sus conocimientos a cualquier gobierno ni institución ni a persona alguna a cambio de un puñado de pesos o de un puesto público o privado.

Quien controla el pasado, controla el futuro

Muy querido lector: me atrevo a poner en tus manos, y en las de los ciudadanos de México interesados en conocer las omisiones, embustes y verdades a medias, difundidas por la dolosa historia oficial, mi libro *México engañado*, en el que me he propuesto revelar algunas de las falsedades, ocultamientos y agresiones al conocimiento y a la inteligencia de los niños, contenidos en los libros de texto gratuitos de la SEP, correspondientes al cuarto y quinto años de primaria del ciclo escolar 2015. Si eres padre de familia, ya perteneces, junto con nuestros maestros y otros aliados, a los forjadores de las futuras generaciones de mexicanos que habrán de dirigir nuestro país y, por lo mismo, estás obligado a saber lo que les enseñan a tus hijos, a los niños en las escuelas de México, interés que debe compartir cualquier compatriota. Resulta imposible aceptar que nuestras obligaciones paternas en buena parte concluyen cuando depositamos a nuestros vástagos en las puertas de las escuelas y nos despedimos de ellos con un beso en sus mejillas. Nuestro trabajo consiste en revisar, de manera permanente y puntual, la información que se proporciona en los planteles públicos o privados, sobre todo hoy que la educación de calidad está contemplada en el artículo 3º, fracción II, inciso d, de la Constitución Política de los Estados Unidos Mexicanos y garantizada por la Ley General de Educación en sus artículos 2º: «Todo individuo tiene derecho a recibir educación de calidad», y 3º: «El Estado está obligado a prestar servicios educativos de calidad».

En cuanto a la historia, no debemos perder de vista que quien controla el pasado, controla el futuro y que «somos lo que recordamos», y lo que recordamos y guardamos en nuestra corta memoria histórica es poco, muy poco y, por lo general, manipulado por los diversos regímenes políticos. A estos recuerdos selectivos e impuestos los llamamos «historia oficial». Su existencia es hasta cierto punto inevitable, sólo que cuando esta historia oficial (con todo su poderío) se vuelca sobre la inteligencia del menor para agredirla, viciarla, violentarla, confundirla o corromperla, es nuestro deber levantar la voz. Nunca he creído en las culpas absolutas, de modo que ¿dónde termina la responsabilidad del gobierno manipulador y tramposo, movido por intereses inconfesables, y dónde comienza la de los padres de familia, sus inútiles asociaciones, la ciudadanía en lo general, los cientos de miles de maestros complacientes, sálvese el que pueda, y las academias y universidades al menos indolentes?

A partir del gobierno de Adolfo López Mateos, el creador de los libros de texto gratuitos (y de una comisión plural encargada de su elaboración), prácticamente cada presidente mandó reescribir la historia de acuerdo con sus intereses políticos, con sus creencias religiosas (como en el texto vigente en 2015), para legitimar su propia gestión de gobierno y también, cómo no, para redirigir el país en el sentido de sus convicciones personales.

Desde 1960, el primer libro cumplió con las enormes expectativas que generó la iniciativa, al igual que el publicado en 1992 (durante la gestión de Carlos Salinas de Gortari); más allá de las discrepancias que en lo personal pudiera tener con su contenido, ambos se acercan a la verdad histórica de acuerdo con documentos y fuentes, que son la materia prima de la historia. Además están redactados en un contexto laico y hasta cierto punto liberal, digno de encomio; ambos son claros, están bien escritos y proceden con orden lección tras lección.

Para darnos una idea de las abismales diferencias que existen entre el libro actual y los que le precedieron: en el de tercer grado de 1960 les dieron a los niños un curso acerca del México prehispánico y se dedica un apartado a Nezahualcóyotl. En cambio, en el de cuarto grado 2014-2015, Nezahualcóyotl, tlatoani de Texcoco, no merece una sola mención, a pesar de que su nombre está escrito con letras de oro en la Cámara de Diputados. Asimismo, se omitieron las referencias a las tribus nahuatlacas y al escudo nacional que sí aparecen en el libro de 1960, cada una con un apartado específico. ¿Por qué existen semejantes omisiones en los libros actuales? ¿Por qué se ignoran dichos contenidos?

Cualquier persona hubiera podido pensar que cuando Felipe de Jesús Calderón llegó a la presidencia de la República, ordenaría la redacción de nuevos textos de acuerdo con la visión conservadora tan propia del Partido Acción Nacional, y así sucedió; sin embargo, la administración de Enrique Peña Nieto, quien debería encabezar un priismo laico, presentó una nueva edición, ahora sí ultramontana, supervisada y autorizada por su ahora ya afortunadamente exsecretario de Educación, Emilio Chuayffet quien, todo parece indicar, decidió convocar (sin poderlo demostrar) a una conferencia nacional de obispos para que redactaran otra versión de la historia, la clerical, la de la reacción que nunca duerme, sin lesionar eso sí también, los intereses de Estados Unidos. ¿Ejemplos? Por lo pronto los siguientes: ¿por qué se ocultan un sinnúmero de golpes de Estado, asonadas, insurrecciones, levantamientos armados y cuartelazos proyectados, financiados y ejecutados por el clero mexicano, el peor enemigo de México a lo largo de su historia, y que dejaron una y otra vez al país al garete, con tal de preservar sus gigantescos intereses? ¿Por qué el libro no menciona en detalle su intervención en el Plan de la Profesa, el de la Independencia? ¿Y el Plan de Iguala, el Plan de Jalapa o el Plan de Huejotzingo, todos teñidos de color púrpura y de sangre, o el Plan de Cuernavaca, el Plan de Tacubaya, el Plan del Hospicio o el Plan de Zacapoaxtla, entre otros tantos más, en que dicho clero torció el destino de México? ¡Cuántas veces dislocó la alta jerarquía católica la marcha de nuestro país! ¿Por qué no condenan la participación del clero en la derogación de la Constitución de 1824 ni el hecho de haber recurrido a las armas para abolir la de 1857 y la de 1917? ¿Y la Guerra de Reforma? ¿Y la rebelión cristera?

Y finalmente, ¿por qué razón incomprensible se omite la intervención armada de Estados Unidos (1914) en Veracruz, así como diversas tentativas de despojo, agravios e invasiones padecidas por nuestro país?

¿Cómo es posible que el maestro de maestros, el que se supone debe ser el secretario de Educación, incumpla con los preceptos constitucionales de calidad y laicidad en la educación de los niños y los sepulte en una engañosa confusión, mediante la cual oculta el rostro y las actividades perniciosas de algunos de los grandes enemigos de México? Si la educación es un elemental derecho humano, ¿por qué se atropella a los pequeñitos de esa manera, induciéndolos perversamente a la mediocridad y al error? ¿Por qué los libros de texto de Peña Nieto no dedican un capítulo ex profeso al análisis de la dictadura porfirista, cuya catastrófica gestión concluyó con un 85% de los mexicanos sumidos en el analfabetismo y, por ende, en la miseria? ¿Cómo puede ganarse la vida dignamente quien no sabe leer ni escribir?

¿Por qué cada gobierno impone su propia versión de la historia oficial, según haré constar a lo largo de este libro? ¿A quién creerle? ¿Por qué la confusión y el engaño al sector más noble, generoso y sensible de la nación, como sin duda lo es la infancia? ¿En manos de quién ha estado México, que nos ha convertido en un país de reprobados? Si bien es cierto que la historia oficial existe en todas las sociedades, al ser una interpretación que busca legitimar al sistema político en turno, no es menos cierto que hoy en día puede confrontarse dicha historia, como se puede comprobar en este libro que pretende exhibir las mentiras con que se intenta ocultar la realidad. Eso entiendo por desmitificación.

Con el ánimo, tal vez infundado, de tratar de exonerar a nuestros profesores de primaria y secundaria, vale la pena mencionar que también fueron engañados por historiadores mercenarios y ellos, con la mejor buena fe, en la mayoría de los casos, reprodujeron la cadena de falsedades y mitos propios de la historia oficial. Hoy día esta manipulación es afrentosa, de ahí que debamos escapar a como dé lugar de la siniestra sentencia dictada por Jorge Santayana: «Los que no pueden recordar el pasado, están condenados a repetirlo…». ¿Quién quisiera repetir el coloniaje y la sumisión? ¿Queremos a otro demagogo como Antonio López de Santa Anna, o a uno más cercano, como José López Portillo, que en sus debidas oportunidades dañaron gravemente al país? ¿Queremos otros presidentes autoritarios como Porfirio Díaz, Álvaro Obregón, Plutarco Elías Calles o represores como Gustavo Díaz Ordaz? ¿Qué tal un Andrés Manuel López Obrador, otro populista que predica ideas que sabe falsas entre personas que sabe candorosas o ignorantes y que pretende gobernar con conceptos arrojados, de tiempo atrás, en los basureros de la historia económica?

Si no sabemos lo que ocurrió cuando estos personajes de triste recuerdo llegaron al poder, más nos vale estudiar para que cuando nos corresponda elegir gobernantes, no votemos en las urnas por el desastre. Somos casi 120 millones de mexicanos en el mismo barco. Busquemos las fórmulas de la convivencia pacífica y civilizada, sin perder de vista que la más eficiente es la educación, la clave de la evolución justa y armoniosa. El conocimiento de la historia es condición de la inteligencia política.

Si eres padre de familia, ¿conoces los nombres de los profesores de tus retoños? ¿Hablas periódicamente con quien los forma en las aulas? ¿En manos de quién están aquellos que más amamos en nuestra existencia? ¿Estás de acuerdo con las enseñanzas que reciben? ¿Sabes lo que dicen los libros de texto? ¿Estás conforme con sus contenidos? Y las asociaciones de padres de familia, ¿han purgado de vicios y errores el contenido de varios párrafos en dichos libros, de modo que se informe bien al alumno, sin distorsiones ni ocultaciones? Como el que calla otorga, ¿debo concluir que no existe inconformidad alguna de los progenitores en relación con la educación de sus hijos? Si así es, estamos frente a un problema ciertamente muy complicado porque a nadie parece preocuparle la existencia de masas crecientes de mexicanos ignorantes y desesperados, los candidatos idóneos para ingresar en las filas del narco o los agentes incendiarios de la efervescencia social.

Los libros de texto gratuitos en circulación merecen el rechazo de la sociedad, hoy apática y adormecida, en tanto no se transfiera a los niños «históricamente analfabetos», la información imprescindible para construir un futuro estable, cierto, próspero y seguro. Entiende este libro que ahora tienes en tus manos, *México engañado*, como un sonoro grito de protesta de quien escribe estas líneas. Si bien he criticado invariablemente a la historia oficial con los datos que he tenido a mi alcance, en esta ocasión se ha desbordado mi frustración y coraje no sólo por discrepancias personales, sino por las inaceptables deficiencias y aberraciones de estos materiales *educativos*.

Debemos imprimir nuestros mejores esfuerzos en conocer nuestro pasado, apartándonos lo más posible de los conceptos vertidos por la historia oficial que tanto han confundido a la nación. Si la infancia es destino, según Freud, ¿la infancia de una nación determina su existencia de manera inescapable? Por supuesto que no y por supuesto también que discrepo de semejante afirmación. A través del conocimiento y de la educación, claro que se puede cambiar el destino de la patria y escapar a tiempo de la ruta de colisión. ¿Cómo resolver un problema si ni siquiera aceptamos su existencia? ¿Cómo podemos prever a dónde vamos si no sabemos de dónde venimos? ¿Qué estamos haciendo con los ciudadanos del mañana? ¿Cómo avanzar y prosperar si insistimos en escandalosas mentiras redactadas en beneficio de los diversos gobiernos emanados de la «dictadura perfecta» de corte obregonista-callista-cardenista? Basta con salir a la calle para comprobar que en las escuelas mexicanas se incuba la mediocridad, y peor aún, en un contexto de globalidad en que la competitividad es feroz y el pez grande devora al chico. ¿Cómo queremos que sean nuestros niños en el futuro que ya llegó, que ya es hoy, ahora mismo, en este preciso momento?

Los libros de texto son de la mayor relevancia si no perdemos de vista que este año asistieron a las urnas, votaron y eligieron a nuestros gobernantes los niños que cursaban el cuarto grado de primaria en el año 2005. Así de rápido pasa el tiempo… ¿Estos jóvenes están listos para tomar decisiones de semejante envergadura? ¿Qué tipo de pensamiento histórico, tan indispensable para su formación como ciudadanos democráticos, se les está inculcando? ¿Se les forma para ser ciudadanos o para ser resignados testigos del espectáculo político? ¿No es cierto que la inmensa mayoría de los gobernadores saquean las tesorerías de sus respectivos estados y nadie protesta? ¿Por qué nadie reclama ni se queja cuando la sociedad ya entendió que el mejor negocio en México es el gobierno, porque quienes engrosan sus filas pueden enriquecerse impunemente en tanto que ni la sociedad ni la ley sancionan estas mecánicas depredadoras? ¿Qué saben realmente de historia los menores que fueron obligados a memorizar datos o hechos (falsos en algunos casos), que con seguridad olvidarán tras recibir la calificación aprobatoria? ¿Estamos condenados entonces a repetir la historia con todas sus consecuencias? ¿No evolucionaremos? ¿Continuaremos haciendo rayas en el agua? Si partimos del supuesto de que sus conocimientos han sido adquiridos por medio de los libros de texto, estarían absolutamente descalificados... ¿Puede creerse que los libros de texto de un gobierno panista, fuertemente influido por un punto de vista clerical, tengan una interpretación más liberal y laica de la historia que el gobierno priista actual? Resulta verdaderamente indigerible que una cantidad incuantificable de jóvenes egresados de escuelas y universidades mexicanas confundan la guerra de Independencia con la Revolución mexicana, de la misma manera que llegan a sostener que Zapata y el cura Hidalgo fueron coetáneos. Esos jóvenes nacidos en 1997 son los que ya decidieron con sus votos, para bien o para mal, en las últimas elecciones intermedias de junio de 2015. Puedo imaginarme por quién votaron quienes están siendo educados con los libros publicados durante la administración pro clerical de Peña Nieto (y tú conocerás a lo largo de este libro mis razones). ¿Verdad que parecía que el PRI era un partido de orientación laica? Pues en este mi *México engañado* podrás comprobar todo lo contrario.

Para comenzar el análisis de estos libros, resulta inadmisible que en los grados primero, segundo y tercero de primaria, al educando no se le haya iniciado en el estudio de la historia patria, pues si bien desde tercero se le brindan elementos de tipo regional (hay un libro por cada entidad federativa), es hasta el libro de cuarto (tarde, ciertamente) que su pensamiento incursiona en el pasado de su pueblo.

¿Quiénes fuimos? ¿Quiénes somos? ¿Qué nos pasó? ¿En qué momento se descarriló el tren del desarrollo y del bienestar compartido? ¿En qué nos equivocamos? ¿Cuáles fueron los errores? ¿Quiénes los cometieron y por qué? ¿Cuáles son las recetas, si es que existen, para no volver a cometerlos? ¿Por qué en México subsisten penosamente 60 millones de mexicanos sepultados en la miseria, en realidad 60 millones de bombas de tiempo? ¿Por qué razón existen en Estados Unidos casi 35 millones de mexicanos, que en su gran mayoría cruzaron descalzos la frontera y hoy en día nos mandan 25 000 millones de dólares sin los cuales México se vería en graves problemas económicos? ¿No te apena que esos hombres y mujeres que huyeron en condiciones humillantes al norte del río Bravo hoy ayuden de manera definitiva a nuestra supervivencia? ¿Qué aprendieron dichas decenas de millones de los libros de texto? ¿Los conocieron siquiera? ¿Fueron a la escuela? ¿La abandonaron a pesar de ser gratuita y obligatoria?

La mitad de los niños mexicanos no terminan la primaria y, en una proporción escandalosa, quienes lo logran no pueden explicar el contenido de una cuartilla recién leída y padecieron serias dificultades para realizar operaciones aritméticas elementales. En ciencias estamos todavía peor. Nuestro índice de analfabetismo es 13.9% a partir de los quince años. ¿Sabes que la población mexicana no pasa del umbral de la educación básica? ¿Qué nos espera…? ¿Qué sucedió? ¿Quién es el culpable? ¿Sabías que en 2014 la Conaliteg imprimió más de tres millones de ejemplares de libros de texto de historia tan sólo para cuarto grado de primaria y más de dos millones para quinto grado? ¿De qué ha servido? Practiquemos un análisis crítico de las técnicas de enseñanza con los extraordinarios pedagogos que existen en nuestro país. He ahí una gran posibilidad… ¿Por qué razón no los convocaron…?

El libro de cuarto grado pretende explicar los elementos esenciales de nuestro carácter nacional: ahí se aborda la llegada de los primeros pobladores al continente americano. En esas páginas se explica someramente una parte de la realidad de los pueblos mesoamericanos. También se narran aspectos de la invasión española del siglo XVI, la llamada «conquista de México», cuando México como país no existía, más bien se trataba de diferentes culturas, muchas de ellas enemigas entre sí. Se deja constancia, claro está, de algunos elementos insignificantes del Virreinato, casi siempre con ánimo adulador, colonizador, como si la Colonia española hubiera sido el edén de la historia de México. ¿Se puede comprender a México, me pregunto, sin entrar a fondo en los interminables trescientos años del Virreinato, cubiertos por una espesa cortina de denso, muy denso humo negro, durante los cuales se forjó el carácter del mexicano? ¡Imposible no dejar una subrayada constancia en los libros de texto de las consecuencias que tuvo el actuar de la Santa Inquisición!; de sus temidos tribunales creados por el clero; de sus sótanos de tortura cuyas paredes todavía gritan; de la inmensa riqueza arrancada a los supuestos herejes y conversos, quienes la entregaban a la alta jerarquía católica con tal de no morir quemados públicamente en la hoguera ni perecer descuartizados frente a la catedral atados de manos y pies a cuatro caballos, que de golpe emprendían una carrera enloquecedora al ser golpeados al unísono en las ancas por verdugos encapuchados. ¿Qué papel jugó el llamado Santo Oficio en la desintegración de la familia y de la sociedad, en la instauración de una cultura de la desconfianza y de la delación, del miedo a la persecución y del temor a protestar? ¿Has pensado por qué los mexicanos no nos atrevemos a reclamar ante la desvergonzada corrupción cuando los políticos disponen ilícitamente de los ahorros públicos, ni ante la inseguridad reinante que amenaza nuestra integridad física, salvo en casos muy aislados?

Hay que comparar los países que padecieron los horrores de la Inquisición como México, Guatemala, Venezuela, Colombia, Perú, Ecuador y Filipinas, entre otros tantos más, con naciones donde no conocieron este espantoso flagelo, como Australia, Nueva Zelanda, Canadá, Estados Unidos, Inglaterra o Alemania, pueblos cultos y poderosos en los que el peso del catolicismo es escaso. Si bien en estos últimos dos países se dieron procesos inquisitoriales, jamás se impusieron con la consabida brutalidad española ni duró siglos su presencia mutiladora y represora en las colonias. Salimos del terror de la piedra de los sacrificios para caer en el horror de la pira de la Inquisición. Querido lector: hoy todavía es posible ver los instrumentos de tortura en el Museo de la Tortura y la Pena Capital sito en Tacuba 15, colonia Centro, en la capital de la República.

¿Que en el México precolombino se practicaron los sacrificios humanos (expresión creada por los españoles) y que le extraían el corazón a guerreros, prisioneros o doncellas? Sí, en efecto, así ocurrió, ya que eran ofrendas tributadas a los dioses para que a la muerte siguiera la vida como parte de un ciclo constante, pero nunca existió el sadismo ni los suplicios con el fin de obtener dinero, de hacerse de riquezas ajenas, sino que se ofrecía la sangre para halagar a la divinidad como parte de un primitivismo teológico. Jamás se inmoló a nadie en la piedra de los sacrificios para que el supremo sacerdote se apoderara y disfrutara de los bienes del ejecutado, tal y como ocurrió en los dominios españoles donde «no se ponía el sol...». «La guerra mexica, creación de Tlacaélel, la practicaban contra sus vecinos, a quienes sometían para obligarlos a pagar tributos, y si tomaban prisioneros era para sacrificar y "alimentar al sol", para que este no muriera en su anunciado y profético final del Quinto Sol. En esta guerra estaba prohibido matar al adversario. Se le tenía que hacer prisionero y entregar al sumo sacerdote para su sacrificio ritual. Estas guerras se dieron al final del periodo Postclásico...» «Morir en el combate, o mejor todavía, en la piedra de los sacrificios, era para ellos la promesa de una dichosa eternidad: porque el guerrero caído en el campo de batalla, o sacrificado, tenía asegurado su lugar entre los "compañeros del águila", que acompañaban al sol desde su salida por el oriente hasta el cénit, en un cortejo deslumbrante de luz y resplandeciente de alegría, para reencarnar después en un colibrí y vivir por siempre entre las flores.»

Te adelanto algo más: ¿sabías que el clero se alió con los invasores estadounidenses y franceses de 1846 y 1862 respectivamente, en contra de la patria? ¿Por qué será que en los nuevos libros se ofrece tan poco espacio a la mejor generación de políticos de toda la historia patria como sin duda lo fueron los gigantes de la Reforma: Don Valentín

Gómez Farías, Melchor Ocampo, Guillermo Prieto, Santos Degollado, Francisco Zarco y, desde luego, Benito Juárez? ¿Qué representó en este sentido la Constitución de 1857 sino la construcción de un promisorio Estado liberal? ¿Por qué no rescatar a sus redactores, unos colosos, quienes cumplieron con la faraónica tarea de tratar de liberar a México de sus históricos opresores?

Bueno, pero ya abordaremos con más tiempo y puntualidad estos temas...

Los libros de historia que vamos a analizar aquí comienzan con esta presentación: «El libro de texto que tienes en tus manos fue elaborado por la Secretaría de Educación Pública para ayudarte a estudiar y para que leyéndolo conozcas más de las personas y del mundo que te rodea». El texto debería iniciar, tal vez, como sigue: «El libro de texto que tienes en tus manos fue elaborado para que conozcas más de las personas que forjaron a México y a la sociedad en que vivimos, para enseñarte el esplendor del pasado de México, para que descubras sus tradiciones y costumbres, para que sepas apreciar nuestros éxitos y nuestras derrotas, y tengas elementos para saber quién eres, quiénes fueron tus ancestros, cómo nos comportamos colectivamente como pueblo y por qué, de modo que algún día contribuyas con tu propia experiencia a mejorar el país y a heredar una nación más fuerte y más justa a los mexicanos del futuro».

Respecto a que los alumnos conozcan mejor el mundo que les rodea, debo informarte que el texto no explica, ni siquiera como una referencia tangencial, algunos de los episodios mundiales en los que México ha estado involucrado y que arrojarían mucha luz en su escala de conocimientos.

El libro de texto debe ser una herramienta particularmente útil para que, desde su tierna edad, el niño conozca el pasado de México, sepa el origen de nuestros problemas y aprecie cómo los hemos resuelto o complicado y tenga elementos para saber quién es su pueblo, de dónde viene, cuáles han sido sus luchas, cómo llegamos al día de hoy, por qué defender rabiosamente lo que tenemos, cuánto nos ha costado conquistarlo, las guerras que hemos padecido, las traiciones que hemos sufrido, las invasiones catastróficas y no menos humillantes y mutiladoras que nos han acosado; para que comprenda por qué somos un país de reprobados y por qué existen millones de mexicanos sepultados en la miseria, por qué siendo un país rico en recursos naturales somos incapaces de aprovecharlos en beneficio de nuestros habitantes, de la inmensa mayoría marginada; un México muy rico y muy pobre, un país con grandes bienes materiales que paradójicamente han sido, para nosotros, verdaderas maldiciones. En fin, poner en sus manos una información rica y valiosa, investigada de buena fe y sin consigna alguna, lo más cercana a la verdad, a nuestra realidad, en pocas palabras, para que se sienta orgulloso de ser mexicano. Orgullo verdadero y auténtico: el de quien se acerca al pasado de su país con el afán de comprenderlo genuinamente, sin tratar de acomodar los hechos a una visión preconcebida y prejuiciosa que desoriente y desconcierte a la nación.

En resumen, para que, como conocedor de sus orígenes, el niño se sienta orgulloso y satisfecho de ser mexicano, logre superarse personalmente y contribuya, basado en la información que posee, a la solución de nuestros problemas. Nuestros milenarios antepasados nos heredaron un maravilloso tesoro cultural en las piedras y en las cuevas, en sus tradiciones culturales y gastronómicas, entre otras tantas más, que hoy en día constituyen una parte muy importante del Patrimonio Cultural de la Humanidad. ¿No valdría la pena que el estudio de la historia motivara a los niños de este país a preguntarse si les gustaría dejar huella de su existencia, como lo hicieron nuestros antepasados? ¿Cómo les gustaría ser recordados? ¿Qué sentirían al ver su nombre con letras de oro en el Congreso de la Unión?

El México actual, aunque parezca una simpleza decirlo, no es sino el resultado de nuestro pasado, de las decisiones acertadas o equivocadas que tomamos. Un país no se desplaza como lo hace un tren sobre las vías, de modo que el destino es inescapable. En la vida siempre hay maneras de girar, de maniobrar, de escapar al colapso, de burlar los obstáculos si se cuenta con información, destreza y agallas para hacerlo.

La historia debe ser transmitida como un relato, un cuento fascinante cercano al arte literario y no como una teoría de la enseñanza-aprendizaje, que es lo que terminan siendo estos volúmenes que, con todas sus falsedades y recursos pedagógicos, parecen estar más dirigidos a los críticos y pedagogos que a los niños.

Si es cierto que una imagen dice más que mil palabras, ¿por qué poner un retrato impresionante de Porfirio Díaz montado a caballo y con el Castillo de Chapultepec al fondo? Dicha fotografía, a todo color y página completa, única en el libro dedicada a una sola persona, parece proyectar al tirano como si fuera un césar mexicano, el gran héroe de la historia patria, el salvador de México. En una página completa del libro de quinto grado acompañada de silencio, cual si se estuviera glorificando al gran dictador, cuando su gestión después de más de treinta años de feroz intolerancia condujo al estallido de la Revolución mexicana hasta que fue afortunadamente derrocado y lanzado al exilio con toda su riqueza a la Francia de sus sueños, después de haber dejado sepultado al país en la miseria y con un 85% de analfabetos. Un pesado lastre que no hemos podido superar del todo pues 5.4 millones de mexicanos mayores de 15 años no saben leer ni escribir,[1] a los que se suman ocho millones de analfabetas funcionales, es decir, que aprendieron la lectoescritura pero al no practicarla volvieron al analfabetismo.[2] La exaltación de una figura como la de dicho dictador, implica un proceso doloso de seducción orientado a la aceptación de un caciquismo retrógrada cuando el esfuerzo político y educativo debe estar dirigido a la construcción de una democracia cada día más sólida y a la formación de una verdadera ciudadanía que la alimente y la sostenga. La aclamación de un tirano, además esclavizador, enemigo de las garantías individuales y de los Derechos del Hombre y del Ciudadano que se remontan a la Revolución francesa, sólo puede responder a la mano negra de reaccionarios que animaron la redacción sesgada del texto con el que se intenta construir a los ciudadanos del futuro.

¿Con qué objetivo son presentadas como hechos históricos las apariciones de los santos en el libro de cuarto grado (p. 136), donde a la letra dice que «era común que en las iglesias se veneraran santos que habían aparecido en sus pueblos o sus comunidades»? Nótese que no se dice que dichos santos presuntamente hubieran aparecido como parte de un supuesto religioso, no, el texto afirma que se veneraban santos que «habían aparecido», perdón por la insistencia… ¿Es evidente la insinuación subliminal? ¿Por qué si la Constitución establece que la educación que imparta el Estado deberá ser laica, se mencionan apariciones de santos en un libro de historia redactado por el propio gobierno? ¿«Santos que habían aparecido en sus pueblos»? ¿Por qué renunciar a la razón para precipitar a los menores en la superstición, en lugar de convertirlos en apasionados amantes de las ciencias y de la demostración empírica y lógica de los hechos, es decir, en pensadores opuestos a los dogmas como la religión, cuyas proposiciones elementales y esenciales no están sujetas a demostración? ¿Será que una mente atiborrada de dogmas es más fácil de manipular? O bien, ¿por qué se habla del monstruo «con forma de gran serpiente» que «a principios del siglo XVII [...] bajaba desde el cerro de la Malinche amenazando continuamente a los pobladores de la ciudad de Puebla»? Esta afirmación de extracción confesional se encuentra en el libro de cuarto grado (p. 148). ¿Y cómo está eso de que un hombre mató al monstruo con la ayuda de la Virgen, como mencionan en el mismo libro? ¿Monstruos que amenazan? ¿Vírgenes que ayudan a matar monstruos? ¿Cómo es posible que se pervierta la inteligencia del niño del siglo XXI con estas imágenes anacrónicas,

[1]   El lector interesado podrá encontrar más información al respecto en el Anexo I.
[2]   Lilian Hernández, «Crecen analfabetas en México», *Imagen radio*, México 13 de marzo de 2013, consultado en septiembre de 2015, www.imagen.com.mx/crecen-analfabetas -en-mexico-sep

por decir lo menos, y se cite a santa Rosa, a san Hipólito, a san Francisco Javier, entre otros visitantes asiduos de estas páginas redactadas al amparo del sistema de educación pública? Resulta extraño, al menos curioso, que estos textos coincidan con el arribo a la presidencia del ala católica más conservadora de la política mexicana. ¿Se intenta hacer creer a los niños en fantasmas nocturnos, en espíritus errantes, en santos y monstruos cuando ya se practica la inseminación *in vitro*, se regeneran tejidos por medio de las células madre, el hombre llegó a la Luna hace tiempo y se descubre una molécula de gran tamaño, el ADN, que transmite de generación en generación la información necesaria para el desarrollo de las funciones biológicas de un organismo? ¿Queremos que los niños se aterroricen con la presencia de almas vagabundas en pena? ¿No había otros ejemplos sin contenidos religiosos? Estoy a favor de que el Estado mexicano defienda y reconozca la libertad de creencias de sus ciudadanos, pero en los libros de texto estos contenidos no pueden tener cabida. Somos un estado laico. ¿O no?

Por lo demás, resulta conveniente, por no decir obvio e indispensable y una verdadera exigencia de los tiempos, enseñar la historia nacional con algunos elementos de la historia universal necesarios para comprender el porqué de numerosos sucesos relevantes como la conquista, la Independencia, la Reforma o la Revolución, entre otros tantos más. La perspectiva global le ayudaría al niño a dimensionar mejor lo acontecido, a entenderlo e interpretarlo y guardarlo en su memoria que, como sabemos, trabaja en función de asociaciones, relaciones y comparaciones. ¿Cómo influyeron la Revolución francesa, la constitución de Cádiz o la de Estados Unidos de 1877 en el desarrollo político y social de México y Latinoamérica? Un conocimiento bien adquirido. ¿Por qué no explicarles que la instauración del Segundo Imperio mexicano, el de Maximiliano, por ejemplo, se llevó a cabo mientras Estados Unidos estaba inmerso en su guerra de Secesión y al concluir presionaron a Napoleón III para que abandonara México de acuerdo con la Doctrina Monroe: «América para los americanos»?

Antes de proseguir quiero aclarar que, por supuesto, no estoy en contra de la existencia de los libros de texto de historia, sino de sus contenidos, en el entendido de que día con día repetimos temerariamente los mismos errores, día con día nos tropezamos con la misma piedra e ignoramos el agotamiento de la paciencia de los marginados, que ahora se cuentan en muchos millones más de los que existieron en los años de la Revolución mexicana. Cuidémonos de volver a despertar al «México bronco»… No olvidemos las fotografías de la colección Casasola tomadas durante la Revolución, en las que es posible contemplar cómo aparecían colgados de los postes de telégrafos miles de mexicanos, por lo general muertos de hambre, que protestaban por su espantosa condición. No repitamos las escenas donde nos matamos entre nosotros a lo largo de terribles guerras fratricidas. Séneca siempre se preguntaba: ¿qué hace una nación antes de morir de hambre? No olvidemos que en México existen sesenta millones de personas[3] sepultadas en la miseria, lo cual constituye una nueva amenaza para México. ¿Qué hacer? Pues dar un golpe de timón en materia educativa. ¿Estás dispuesto, querido lector, a sumar esfuerzos en esta noble causa?

Al abrir los libros de texto se encuentra la imagen que ilustró la portada de la primera edición, realizada por Jorge González Camarena en 1962. A continuación, los autores agregan: «Hoy la reproducimos aquí para mostrarte lo que entonces era una aspiración: que los libros de texto estuvieran entre los legados que la Patria deja a sus hijos».

Quienes redactaron inicialmente estas obras, además de formar ciudadanos, tenían razón al aspirar a que dichos libros fueran un legado de la patria para sus hijos. Hoy, a cincuenta y cinco años de la aparición de los libros de texto gratuitos, podemos decir que los de historia, comenzando con el de 2015, son en buena parte un conjunto de conocimientos incompletos y cuestionables, de verdades a medias que siempre son mentiras completas («¿Dijiste media verdad?, dirán que mientes dos veces si dices la otra mitad», decía el poeta Antonio Machado), de ocultamientos imperdonables, de inducciones a la superstición, de invitaciones encubiertas a la confusión pues, en la realidad, las conclusiones ahí vertidas de ninguna manera responden a la necesidad de crear una auténtica conciencia histórica en el estudiante, que le alerte en torno a la identidad de los grandes enemigos de México y le evidencie los momentos en que nos equivocamos. Si los libros de texto estaban llamados a ser un legado, este objetivo no se alcanzó: basta salir a la calle, visitar el campo o las paupérrimas zonas conurbadas para comprobarlo.

Las verdades a medias, así como la verdad fuera de contexto, tienen efectos más poderosos que las mentiras, ya que pueden convencer más fácilmente al receptor del mensaje, gracias a la parte de verdad aportada.

Dime cuánto tiempo pasan los estudiantes mexicanos en las bibliotecas y te diré qué país tenemos... aunque no sólo se trata de las horas de estudio, sino de la habilidad y criterio con que aplican sus capacidades.

Algunas partes de los libros de texto de 2014-2015 constituyen una auténtica traición a la patria desde que eliminaron de la historia nacional (como si fuera posible) la infame intervención armada estadouni-

---

[3] El Coneval (Consejo Nacional de Evaluación de la Política de Desarrollo Social) reconoce esta cifra, sin embargo, hay otros estudiosos sobre el tema que, como Enrique Hernández Laos, hablan de setenta millones.

dense de 1914, que destruyó buena parte del tres veces heroico puerto de Veracruz. ¿Por qué se ignoran las medidas nacionalistas, liberales y progresistas dictadas durante el gobierno de Francisco I. Madero, que finalmente lo condujeron al cadalso? ¿Por qué se omitió el sacrificio de los hermanos Serdán en Puebla el 18 de noviembre de 1910? ¿Por qué no se mencionan los Tratados de Ciudad Juárez, con los que se derrumbó la dictadura porfirista?

En el Congreso de la Unión existen justificadamente nombres de ilustres mexicanos, escritos con letras de oro en el Muro de Honor: Nezahualcóyotl, Mariano Escobedo, Valentín Gómez Farías, Ponciano Arriaga, Miguel Ramos Arizpe, Belisario Domínguez, Francisco Zarco, Melchor Ocampo, Felipe Carrillo Puerto y Margarita Maza de Juárez, entre otros más, por haber sido figuras relevantes y determinantes en el acontecer nacional. ¿Cómo explicar las razones por las cuales estos grandes hombres y mujeres no aparecen siquiera mencionados en los libros de texto? A Cuauhtémoc, Sor Juana Inés de la Cruz, Hermenegildo Galeana, Fray Servando Teresa de Mier, Juan Álvarez, Carmen Serdán, Ignacio Manuel Altamirano, al Constituyente de Apatzingán y al de 1857, si acaso, les obsequian un par de renglones a pesar de la notable influencia que ejercieron en la configuración de México. ¿Cómo aprender historia sobre estas bases y con esa paupérrima información? Sin embargo, Manuel Payno, el golpista de Tacubaya, sí es nombrado, explicable o inexplicablemente según se trate de lectores conservadores o liberales, cuando el México moderno requiere de grandes demócratas republicanos forjados en la tradición liberal, el mejor de los aceros.

Los presidentes peleles como Emilio Portes Gil, Pascual Ortiz Rubio y Abelardo Luján Rodríguez, integrantes del Maximato, no son mencionados. Respecto a los gobiernos de Miguel Alemán, Adolfo Ruiz Cortines, Luis Echeverría, José López Portillo, sólo se les enumera y cita una vez en la línea de tiempo presidencial, sin aportar nada con respecto a su gestión administrativa y política. Tampoco se habla del asesinato de León Trotski ni de la importancia que tuvieron Vicente Lombardo Toledano o Fidel Velázquez, este último fue el líder obrero que embotelló y asfixió la democracia sindical por décadas, y menos del doctor Ignacio Chávez, afamado cardiólogo, el arquitecto Luis Barragán, los poetas José Gorostiza y Carlos Pellicer, de Salvador Novo o la editorial Fondo de Cultura Económica. ¿Así o más claro?

¿Cómo llamar a quien deliberadamente engaña a la niñez al ocultar la realidad de lo acontecido en nuestro país? ¿Qué hacer con quien miente a los niños de México y los desorienta, los desconcierta y los induce al error?

En sentido estricto, la historia somos nosotros: en nuestras personas está depositado el pasado. Miles de generaciones y experiencias han existido antes de nosotros, y en gran medida hoy los niños están perdiendo la posibilidad de experimentar y recuperar ese pasado porque están siendo privados de información imprescindible para la formación de su conciencia como personas y ciudadanos. Si eres padre de familia, ponte en el lugar de tus hijos, cuya imaginación aún no tiene límites, y pregúntales: ¿puedes imaginar a un antepasado tuyo dibujando, sobre las paredes de las cuevas, obras de arte conocidas como pinturas rupestres, que pueden encontrarse en Baja California, Oaxaca, Chihuahua, Puebla, Zacatecas, Aguascalientes, Guanajuato, Hidalgo y Tamaulipas? ¡Cuánta riqueza! ¿Te puedes imaginar a un ancestro tuyo que huyera perseguido por un mamut furioso? ¿Te imaginas formar parte de la tripulación de la *Niña* o de la *Santa María* y lanzarte al descubrimiento de América creyendo que en cualquier momento el barco iba a zozobrar en un precipicio enorme o una gigantesca cascada, en cuyo fondo se encontraban animales feroces, monstruos dispuestos a devorar lo que cayera del cielo? ¿Te gustaría haber podido platicar, al menos un momento, con Cuauhtémoc, el último de los huey tlatoani tenochca? ¿Sabías que Cuauhtémoc guardó un místico silencio desde que fue capturado en 1521 hasta que fue colgado por los españoles en 1525?

¿Más? ¿Puedes visualizar a Hernán Cortés cuando le estaba quemando los pies a un Cuauhtémoc de aproximadamente veintiún años de edad, para que confesara en dónde tenía escondido el tesoro de los mexicas? ¿Te imaginas el horror que habrían experimentado muchos de los guerreros recostados boca arriba en la piedra de sacrificios, mientras veían cómo el supremo sacerdote les sacaba el corazón con un afilado cuchillo de obsidiana? ¿Qué habrá sentido el hijo de cualquier familia mexica si antes de la invasión había sido conocido por familiares y amigos como Ixtlilxóchitl y después de bautizado, contra su voluntad le llamaran Fernando Pérez? ¿Qué tal que te hubieran prohibido usar taparrabo, maxtlatl o tilmatli con los que cubrías tu cuerpo, según ordenaba la costumbre entre los tuyos, y de pronto tuvieras que vestirse con ropajes europeos que no tenían nada que ver contigo? ¿Y si la escuela de tu calpulli ya hubiera desaparecido, se te impidiera estudiar, y en lugar de ella existiera ahora una iglesia presidida por un dios que no conoces y tu padre fuera esclavo en la encomienda, otra organización agraria cercana a la esclavitud, creada por los españoles? ¿Y si supieras que tu madre fue violada por los llamados conquistadores y desapareciera para ir a trabajar a su lado, para que después llegaran a tu casa medios hermanos, hijos de los españoles, que tú desprecias? Fácil no debió haber sido, ¿verdad? En resumen: te quitan tu nombre, te quitan tus dioses, te quitan tu casa, te quitan tu ropa, te sacan de la escuela, te queman los libros-códices donde aprendías, te quitan a tus maestros, te quitan a tus padres y a tus hermanos, te mandan a trabajar como esclavo, te imponen con gran brutalidad otra lengua y otros dioses, mientras tu familia se desintegra y no queda nada de tu pasado. ¿Crees que los mexicanos somos resentidos? ¿Crees que habría o no justificación para abrigar coraje y mucho rencor? No puedo resistir la tentación de dejar constancia, en este contexto, de un gran párrafo de Carlos Fuentes en su obra *Todos los gatos son pardos*: «Habla quedo, hijo mío, como conviene a un esclavo; inclínate, sirve, padece y ármate de un secreto odio para el día de tu venganza... quema las casas de tu padre como él quemó las de tus abuelos, clava a tu padre contra los muros de México como él clavó a su dios contra la cruz».

¿De qué aceptación disfrutó el mestizo? ¿Fue fácil la asimilación? ¿Por qué las españolas no tuvieron hijos con indígenas? ¿En qué lugar quedaron los aborígenes? ¿Ya nos liberamos? ¿Se entiende ahora lo que es el racismo? ¿Los mexicanos somos racistas? ¿Qué piensas, querido lector? Si aceptamos que en los mexicanos existe mucho rencor, ¿quién trabaja para erradicarlo y curarnos? Soluciones las hay, ahora bien, ¿quién invierte su tiempo y sus conocimientos para desahogarnos y aliviarnos de nuestros males? Yo te contesto: el libro de texto de historia debería ser la mejor medicina para superar el pasado y, sin embargo, al ocultar la verdad nos hunde todavía más en una pavorosa confusión.

El castellano fue impuesto a partir de 1492 sobre las lenguas de los pueblos, en el entendido de que sólo algunas comunidades siguen defendiendo sus lenguas y su autonomía. En Mesoamérica durante muchos siglos la lengua franca fue el náhuatl, que literalmente es «sonido claro o agradable», pero su significado es «hablar correctamente».

La palabra *tlatoani*, que en lengua náhuatl se refiere a «el que habla» y era empleada para aludir al gobernante máximo, no aparece en el libro de texto actual. No obstante, en la edición de 1992 se consigna claramente: «El supremo gobernante mexica era el tlatoani». ¿Por qué la quitaron en las ediciones actuales? ¿Por qué suprimirla cuando nuestro castellano está impregnado, como es lógico, con palabras de origen náhuatl que lo enriquecen sustancialmente: petaca, chiquito, papalote, mecate, itacate, elote, popote, cenzontle, guajolote, molcajete, chocolate, esquite, tlapalería, cuate, cuico, chapulín, coyote, cuitlacoche, mapache, ocelote, pinacate, quetzal, tecolote, tlacuache, xoloitzcuintle, zopilote, aguacate, cacao, cacahuate, camote, chayote, chile, ejote, epazote, guaje, mezquite, nopal, tejocote, jitomate, zapote, ahuehuete, huizache, ayote, ocote, quelite, tule, zacate, cempasúchil, atole, chicle, chipotle, guacamole, mixiote, mole, tianguis, tiza, tocayo...?

El libro de texto debería motivar a los niños a cuestionar e imaginarse en diversos episodios de nuestra historia. Pensar en qué habrían sentido si hubieran presenciado el momento en el que los propios sacerdotes, colegas de Miguel Hidalgo y Costilla, iniciador del movimiento de Independencia, llevaron a cabo el proceso degradatorio durante el cual le rasparon con un cuchillo la piel de la cabeza, las palmas de las manos y las yemas de los dedos, para arrancarle, simbólicamente, el orden sacerdotal por haber tenido en sus manos la hostia, para, acto seguido, fusilarlo y a continuación cortarle la cabeza, tal y como aconteció con el cura Morelos, aunque este no fue decapitado, pero sí torturado. ¡Excomulgaron a los padres de la Independencia por pedir la libertad de México, porque eran perturbadores del orden público, seductores del pueblo, sacrílegos y perjuros, que incurrieron en excomunión mayor del canon *siquis saudante diabolo*, «quien persuadido por el diablo»! ¿Y si te mencionara que el mismo clero que excomulgó, torturó, mutiló y ordenó el fusilamiento de los líderes de la Independencia, junto con las autoridades virreinales, diez años después fue el más interesado en romper con España por otras razones que más tarde abordaré...?

¿Y si los niños echan a andar la imaginación, conocida por algunos como la loca de la casa, y piensan en lo que habría sido presenciar otros momentos de nuestra historia que, en buena parte, oculta el libro de historia vigente en 2015? ¿Qué sentirían si presenciaran el momento en que nos invadieron los norteamericanos en 1847 en el puerto de Veracruz con decenas de barcos de guerra para robarnos la mitad del territorio nacional, la mitad del país, más de dos millones de kilómetros cuadrados, que hoy cubren la superficie de Tejas, con «j», Arizona, Nuevo México, la Alta California, entre otras partes más de lo que hoy es Estados Unidos? ¿De qué lado estarían en la Guerra de Reforma: junto con aquellos que defendieron la Constitución de 1857 o con los conservadores financiados por el clero reacio a perder sus cuantiosos bienes y sus privilegios, razón por la cual sufragó una guerra entre hermanos? ¿Se imaginan cuando Maximiliano de Habsburgo, un príncipe rubio, traído desde Europa por el clero y los conservadores recalcitrantes, gobernaba nuestro país desde el Castillo de Chapultepec? ¿Qué tal que asistieran a la demolición del Templo Mayor, durante la mal llamada conquista de México, o presenciaran el desmantelamiento de la pirámide del sol en Teotihuacan o la de Kukulkán en Chichén Itzá y vieran cómo un extranjero se lleva esos tesoros a su país para montarlos en su rancho, como ha acontecido en otras latitudes? ¿Se han puesto en el lugar de Benito Juárez, un indígena oaxaqueño que a los doce años de edad no hablaba castellano, sino zapoteca, llegó descalzo a la ciudad como correspondía a los humildes campesinos y pastores de la época y se encumbró mediante estudios y talento hasta llegar a ser el mejor presidente de la República que hemos tenido? ¿Se imaginan siendo un dictador metiendo a la cárcel, por tiempo indefinido, a todos aquellos que no comulgaran con sus ideas? ¿Qué sienten cuando alguien no está de acuerdo con sus puntos de vista? ¿Cómo creen que se deben arreglar esas diferencias? ¿Creen que a México le convendría otra guerra entre hermanos, como sucedió durante la guerra de Reforma o la Revolución mexicana, grandes matanzas entre todos nosotros que provocaron luto, destrucción y atraso en casi todo el país?

Más preguntas que hacerles a los niños aun cuando parecen desvinculadas de la historia, pero son válidas por ser el resultado de esta: ¿No les enoja el hecho de saber que después de la Revolución tampoco llegó la libertad ni la democracia a México, sino que se concentró aun más el poder? ¿Qué piensan de los presidentes y de sus gabinetes, de los jueces, legisladores y gobernadores que aprovecharon sus cargos para enriquecerse, robándole sus ahorros al pueblo? ¿Qué piensan de los ladrones? ¿Se les antojaría ser ladrones? ¿A qué le tienen más miedo, al qué dirán si los descubren o a la ley? ¿Qué harían con quien comete un fraude electoral? ¿Qué piensan de las familias de los funcionarios, de sus esposas y sus hijos, que saben a la perfección que el dinero que disfrutan, sus casas, sus aviones y automóviles fueron robados a la nación y, sin embargo, los presumen?

¿No les interesaría saber cómo resolvieron otros países sus diferencias? ¿También llegaron a enfrentamientos armados? ¿Por qué? ¿Fundaron universidades y escuelas? ¿Cuál fue el rigor académico? ¿Por qué en México escasea el amor por nuestra cultura —tan rica, por cierto— y lo extranjero parece ser siempre mucho mejor? ¿Por qué el malinchismo? ¿Por qué unas sociedades adquieren mayores y más amplias destrezas para utilizar el conocimiento que otras? ¿Por qué existen naciones ricas y naciones pobres, países con altos niveles de civilidad, sanidad y desarrollo y otros que no han podido superar los horrores tribales? ¿Por qué Alemania fue destruida y saqueada en la Segunda Guerra Mundial y cincuenta años después se convirtió en la primera economía exportadora? ¿Por qué en unos países existen impresionantes carreteras con grandes puentes y servicios, y en otros los caminos son de tierra y se carece de agua y en muchas ocasiones hasta de techo en las viviendas? ¿Por qué unas comunidades disfrutan la evolución científica y tecnológica y otras padecen trágicos niveles de marginación y mortandad? ¿Por qué unos tienen zapatos de lujo y casimires y otros van descalzos por la vida sin esperanza y con rencores? ¿Por qué en unos la creación artística es luminosa y se estimula por doquier y en otros, sepultados en la miseria y el atraso, se subsiste como si la belleza no existiera? ¿Por qué en unas latitudes se estimula el aprendizaje de la pintura, de la música, del canto, del baile, de la escultura, de la poesía y de la literatura y en otros priva el más deplorable analfabetismo en el contexto de una enervante indolencia y pesimismo? ¿Por qué el sometimiento a la ley y a la autoridad es una constante en algunos casos y, en otros, el poder público se subasta al mejor postor sin consecuencia alguna? Corrupto no sólo es el policía de tránsito que pide dinero, el gobernador ladrón, el diputado que vende su voto, el juez, etcétera, sino el escritor mercenario que oculta la verdad. De hecho es comparable al vendedor de droga, sólo que este destruye físicamente a los niños, el otro lo hace mentalmente, moralmente, éticamente, psicológicamente con arreglo a infames mentiras. Ambos destruyen a su manera. ¿Se han preguntado por qué existen personas cultas siempre con un libro bajo el brazo y otras que no saben leer ni escribir? ¿A qué se deberá, te lo imaginas? ¿Cuánto tiempo invierten en la lectura de mensajes en su celular y cuánto tiempo lo dedican a la lectura de temas aleccionadores que los hagan crecer como personas? ¿Cuánto tiempo pasan en la biblioteca pública o privada? ¿Cuánto tiempo pasará un niño japonés, alemán o inglés o coreano…? ¿Les ayudarían estas preguntas a encontrar explicaciones? ¡Bravo! ¿Qué harían con los cinco millones de mexicanos que calientan a diario su comida con el carbón que obtienen de los árboles que derriban en las selvas? ¿Qué hacer para evitar la desforestación y la destrucción de los escasos bosques que aún nos quedan? ¿Por qué estas diferencias tan aberrantes entre personas, de la misma nación? ¿Por qué, por qué, por qué…?

Según el Instituto Nacional de Estadística y Geografía (Inegi), los maestros mexicanos leen en promedio un libro y medio al año y están incluidos los libros de texto, por lo que, entonces, sólo leen la historia oficial. Así, las mentiras, la ignorancia y la flojera se transmiten de generación en generación y México no cambia, se estanca, se paraliza y no evoluciona, para irremediablemente repetir la historia con todas sus consecuencias; nunca hay que perder de vista que hay personas que padecen los acontecimientos y otras que los producen. Los niños de México deberían contar con la información suficiente para que al convertirse en ciudadanos, con derechos y obligaciones, decidan si quieren padecer o producir dichos acontecimientos, ser protagonistas del acontecer del país o unas víctimas más.

Para comprometerse con México resulta imperativo informarse y poseer un gratificante sentimiento patriótico que se nutra por medio del orgullo. ¿Un indígena tzotzil o lacandón estará orgulloso de México? ¿El orgullo va de la mano con el bienestar alcanzado gracias a las oportunidades proporcionadas por el país? ¿Un analfabeto que apenas subsiste en la sierra de Guerrero o de Chiapas en una humilde choza abandonado a su suerte, descalzo, sin agua ni recursos o medicamentos, apenas alimentándose, estará orgulloso de su patria, se sentirá parte de ella? ¿Para qué sirve el orgullo? Los niños de este país, ¿se sienten orgullosos de los colores de la camiseta cuando México anota goles en un mundial? ¿Están orgullosos de México? ¿Qué presumirían ante un extranjero? ¿Qué les enorgullece de lo que los rodea? ¿Qué les gustaría cambiar? ¿Qué están dispuestos a hacer para tener un México mejor? ¿Qué tal si, para garantizarnos el éxito, nos acercamos lo más posible a la historia, una historia común que nos ayudará a tomarnos de la mano entre todos los mexicanos como una gran familia unida por el mismo pasado, del que obtendremos la fuerza para enfrentar el presente y construir un mejor futuro?

De sobra sé, no lo puedo ignorar, que al publicar *México engañado* seré atacado por todos aquellos historiadores que enajenaron su pluma y sus conocimientos a los gobiernos integrantes de la «dictadura perfecta», al clero o a los intereses de Estados Unidos, a la reacción en general, y que protestarán con ataques rabiosos porque me atreví a desnudar sus mentiras y embustes y a exhibirlos ante una sociedad apática que los ha ignorado a lo largo de la historia. ¿Quién se preocupa realmente por lo que les enseñan a nuestros hijos en la escuela? ¿Quién le reclama al maestro las imprecisiones que dice en el salón de clases?

Acepto de antemano, por supuesto, que mi trabajo puede contener errores, claro que lo sé, claro que habré cometido equivocaciones, pero estas jamás fueron producto de un interés diferente a mi justificado amor por México. He aprendido a lo largo de mi vida como escritor, a aceptar con humildad puntos de vista opuestos a los míos, tal y como en esta ocasión estoy dispuesto a aprender de mis críticos, siempre y cuando sea con argumentos fundados, sin recurrir a insultos —la mejor evidencia para demostrar la impotencia, la ausencia de razones y la presencia ciega y fanática de las emociones.

México engañado ha representado un gigantesco esfuerzo por haber prescindido de la novela, para tratar de explicar la historia y tener que sujetarme a un estricto rigor académico, obligatorio en estos casos hasta la última línea. En mis novelas siempre comprendí que si yo le perdía el respeto a la historia, el lector me lo iba a perder a mí, situación que no me podía permitir, por lo que invariablemente me he sujetado a los datos duros, y a sólo echar a andar la imaginación y las fantasías en aquellos capítulos, etapas y episodios donde no se altera de ninguna manera la realidad de lo acontecido, según mis investigaciones.

Aquí espero, con el pecho abierto, los ataques de todos aquellos que se sientan furiosos al haber sido descubiertos en sus traiciones a la patria y a lo más caro de esta, las futuras generaciones, que de ninguna manera pueden ser lanzadas a la vida sin el bagaje intelectual imprescindible que sólo una historia cercana a la verdad puede aportarles. Yo soy uno de esos niños que en su momento hubieran querido conocer la realidad, y como hasta muy tarde empecé a descubrirla, aquí está finalmente mi verdad, en la que creo después de haber pasado días, meses, años y décadas encerrado en bibliotecas, archivos y hemerotecas. Mis puntos de vista, ciertamente vulnerables, los presento con la mano en el corazón a sabiendas de que hice mi mejor esfuerzo dedicado a la niñez, lo mejor de México.

Mi propósito final al concluir *México engañado* radica en la esperanza de que los verdaderos historiadores mexicanos de gran prosapia redacten un nuevo libro de texto de historia en el que se narre y se explique lo ocurrido en México para poder entendernos mejor, sanar las heridas, ubicar los obstáculos y los errores cometidos, identificar a nuestros eternos enemigos para controlarlos en el futuro, precisar los términos de nuestra identidad y una vez reconociéndonos entre todos, mirándonos a la cara los unos a los otros, procedamos juntos, con justificado entusiasmo, a la reconstrucción de México.

CUARTO GRADO

Cómo hacer incomprensible a México

Las primeras civilizaciones

Los grandes episodios de la humanidad comenzaron cuando se descubrió la agricultura y fue posible producir alimentos sin tener que recorrer grandes extensiones de tierra en busca de ellos. La vida cambió cuando los hombres empezaron a cultivar sus propios granos y aparecieron los primeros asentamientos humanos, los primeros pueblos, las primeras culturas en Mesopotamia, en Egipto y en Asia, lugares que deberían aparecer en algún mapa del libro de texto para que nuestros hijos tuvieran una breve visión universal de lo que acontecía en otras latitudes y para que asimilen de mejor manera la existencia de la gran familia humana, tópico presente en los viejos libros de los años sesenta que ciertamente brilla por su ausencia en las actuales "herramientas" educativas. ¿Por qué lo habrán quitado? Lo cierto es que a partir del descubrimiento de la agricultura evolucionó el conocimiento y mejoraron sensiblemente los niveles de vida, lo cual aconteció en América hace ocho mil años.

Pero antes del surgimiento de las primeras civilizaciones, ¿no hay nada que valga la pena enseñar a los estudiantes? Algunas de las agraviantes ausencias de información:

- Comencemos abordando la historia del planeta, muy a pesar de que esta bien podría ser un tema de análisis en el libro de ciencias naturales, valdría la pena que los niños aprendieran la famosa teoría del *Big Bang*, que explica la existencia del Universo a partir de una gigantesca explosión ocurrida hace más de 13 000 millones de años. ¿Se imaginan los niños qué representan cien años?

¿Mil…? ¿Un millón…? Pues entonces ya tendrán tiempo para reflexionar lo que significan 13 000 millones de años…

- Se estima que vivimos en un planeta relativamente joven, de unos 4 500 millones de años, y en cuyos mares surgió la vida. Para su tranquilidad y conocimiento, esto lo sabemos gracias al meteorito de Allende, Chihuahua, útil para fijar la edad de la Tierra.
- Aunque no existen imágenes de los primeros vertebrados aparecidos hace 530 millones de años, por razones mucho más obvias, sí se podría mencionar que existen sólidas evidencias de su existencia desde aquellos años remotísimos, de la misma manera en que se puede comprobar la presencia del *Homo erectus*, un mamífero antiquísimo, un primate superior de la familia de los homínidos, cuyos restos se remontan a más de un millón y medio de años.
- El *Homo sapiens*, del que proviene la población humana actual, tiene una antigüedad de aproximadamente 200 000 años y se encontró en África, de donde pasó a Europa, luego a Asia y finalmente a América hace 11 000 años, aunque algunos autores han sugerido que los primeros tránsitos a nuestro continente podrían remontarse a cuarenta mil años.
- Las primeras especies humanas recorrieron medio mundo como nómadas viviendo de la cacería, la pesca y la recolección de frutos. Escasamente cubiertos por pieles de animales cazaban en grupo mamuts o elefantes y bestias salvajes que encontraban a su paso y se los comían crudos hasta que descubrieron el fuego hace más de 800 000 años. En ocasiones me encantaría preguntarle a los niños si les gustaría comer carne cruda en una cueva… ¿Qué tal el invierno con los campos totalmente nevados a veinte grados bajo cero o más y sin ropa ni calefacción? Excitar la imaginación de los chamacos me parece una experiencia fascinante más aún si no se pierde de vista la expresión atónita de su mirada. ¿Y un dolor de muelas sin ningún instrumento ni medicamento moderno? ¿No es sorprendente que ya desde aquellos tiempos remotísimos los hombres primitivos condujeran sus interminables andanzas por medio de las estrellas? ¿Los pequeños conocerán la Osa Mayor? Querido lector, si tienes hijos, ¿tú se las has mostrado en las noches?

¡En el libro de historia están ausentes las aportaciones de las grandes civilizaciones antiguas! Nuestros hijos deben saber que los chinos inventaron las primeras imprentas, la brújula, el papel, la pólvora, el ábaco y dibujaron el primer mapamundi, entre otras tantas creaciones. ¿Se imaginan cómo crear un aparato muy pequeño, la brújula, que siempre apunte al norte? ¿Cómo le habrán hecho hace ya cientos de años para lograrlo a través de imanes? ¿Qué investigaciones habrán llevado a cabo para descubrir un material explosivo con gran capacidad destructiva como la pólvora? El conocimiento nos invitaba al progreso. Las plantas y los vegetales se utilizaban a través de la herbolaria para curar a los enfermos. Afloraba lo mejor del talento del hombre en beneficio de la comunidad.

Cronología inexacta a vuelo de pájaro

Las líneas de tiempo, que se supone son recursos didácticos para enriquecer la enseñanza, son aburridas y confusas en el libro de 2015 porque introducen muchas variables que producen confusión. Quizá falló el diseño: es más fácil explicar con cronologías que con ejemplos tan complejos. La línea de tiempo que el libro de cuarto presenta para mostrar lo ocurrido en la historia durante los periodos Paleolítico y Neolítico (pp. 16-17) demuestra cuán mediocre ha sido la capacidad profesional de sus realizadores.

La cultura Clovis (un tema poco atractivo que ningún niño y prácticamente ningún adulto recuerda) se asentó en el territorio del actual Nuevo México (lo que no dicen); afirman los autores que se remonta entre los años 38 000 a.C. y 36 000 a.C. (cuando, en realidad, apareció entre 11 500 a.C. y 10 000 a.C.) y es considerada la más antigua del continente americano (hecho que callan). Por ello, también asombra ver que en el apartado que negligentemente dedican a esta cultura se consignan sucesos ocurridos en Venezuela y Chile y por supuesto, no en Nuevo México. ¿De qué se trata…?

De los 40 000 años que abarca esta cronología, sólo diez sucesos quedaron consignados. Es decir, menos que migajas de conocimiento. ¿Acaso estorbarían al niño algunos otros elementos de historia como los que propongo a continuación?

Esta línea de tiempo debería comenzar en 100 000 a.C., cuando el *Homo sapiens* comienza a dispersarse por el mundo (y no en 40 000 a.C., como hacen en el libro), y concluir en el año 6000 a.C., al iniciar la historia de la civilización anahuaca. De esta manera sería posible abrir una segunda línea de tiempo con el tema Mesoamérica.

El lector interesado en la dispersión del *Homo sapiens* hace 100 000 años puede consultar las líneas de tiempo contenidas en el libro de texto (puede descargarse en librosep.com/historia-cuarto-grado-2014-2015-

- - - Lo ocurrido en México ——— Lo ocurrido en el resto del mundo

El *Homo sapiens* comienza a migrar de África a Europa y Asia (El *Homo sapiens* es el «humano anatómicamente moderno»)

Pinturas rupestres de Altamira en el norte de España

El Cedral, San Luis Potosí, México

100 000 a.C.

35 000 a. C.

31 500 a.C.

40 000-10 000 a.C.

22 000 a.C.

Hombre de Cromañón («Cro-Magnon es la denominación local de una cueva francesa en la que se hallaron los fósiles a partir de los que se tipificó el grupo»)*

«Se encuentra un chico de veinticuatro mil años de antigüedad en el centro de Siberia»**

---

* Juan Luis Arsuaga, *El collar del neandertal*, Barcelona, Plaza y Janés, 2002, s. p.

** «Los ancestros de los primeros europeos sobrevivieron a la última glaciación», *SINC* (Servicio de Información y Noticias Científicas), España, 6 de noviembre de 2014, consultado en septiembre de 2015, www.agenciasinc.es/Noticias/Los-ancestros-de-los-primeros-europeos-sobrevivieron-a-la-ultima-glaciacion

---

libro-de-texto-pdf/) y la que yo propongo en esta página como ubicación histórica

Hasta 6 000 a.C. recomiendo concluir esta primera línea de tiempo, de modo que la siguiente comience con el cultivo del maíz y el nacimiento de las culturas mesoamericanas.

El mapa para ilustrar las rutas seguidas por los nómadas asiáticos para poblar América a través del estrecho de Bering no es el correcto: valdría la pena repasar la tesis sobre la existencia de un lugar llamado Beringia.

Es muy confusa la información que se brinda en el libro sobre el origen de la presencia humana en América. Se dice que la glaciación provoca mayor cantidad de hielo en las regiones más al norte y al sur de los continentes (p. 12). Todo parece indicar que están preparando la famosa teoría del puente de hielo. Sin embargo, en la misma página, señalan que «el nivel del mar descendió y quedaron al descubierto largas franjas de

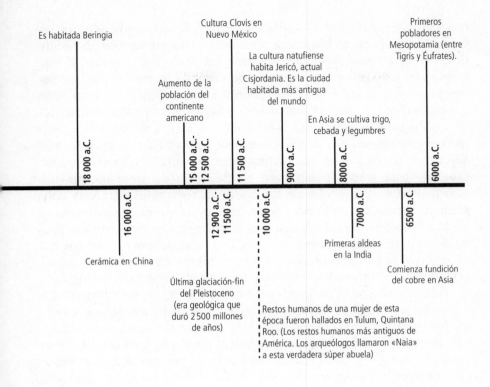

Es habitada Beringia

Cultura Clovis en Nuevo México

Primeros pobladores en Mesopotamia (entre Tigris y Éufrates).

La cultura natufiense habita Jericó, actual Cisjordania. Es la ciudad habitada más antigua del mundo

Aumento de la población del continente americano

En Asia se cultiva trigo, cebada y legumbres

18 000 a.C.

15 000 a.C.-12 500 a.C.

11 500 a.C.

9000 a.C.

8000 a.C.

6000 a.C.

16 000 a.C.

12 900 a.C.-11 500 a.C.

10 000 a.C.

7000 a.C.

6500 a.C.

Cerámica en China

Última glaciación-fin del Pleistoceno (era geológica que duró 2 500 millones de años)

Primeras aldeas en la India

Comienza fundición del cobre en Asia

Restos humanos de una mujer de esta época fueron hallados en Tulum, Quintana Roo. (Los restos humanos más antiguos de América. Los arqueólogos llamaron «Naia» a esta verdadera súper abuela)

tierra en el estrecho de Bering», lo que ya se aproxima más a una teoría científica hoy conocida como Beringia, al parecer la más convincente. En la misma página (p. 20), vuelven a hacer alusión al descenso del nivel del mar, de manera que amplias zonas de tierra antes sumergidas bajo el mar salieron a la superficie. Con ello se formó un puente, el cual permitió que grupos de seres humanos y animales cruzaran de Asia a América... Cruzaron el Estrecho de Bering siguiendo animales para cazarlos...

Dejemos en la pluma del historiador Raúl Bringas la explicación final: «La teoría del puente de hielo es francamente una de las grandes obras de la estupidez humana. Jamás un grupo de seres humanos se habría arriesgado a internarse en una monumental pista de hielo sin saber dónde terminaba o si ésta, al menos, tenía fin [...] Por supuesto que la ciencia moderna cuenta con la respuesta precisa y sólida al misterio del cruce del hombre hacia América. Obviamente no fue un puente de hielo producto de la congelación del mar. La explicación es un poco más compleja, pero también totalmente convincente y avalada por las evidencias [...] Los prehistóricos cazadores no necesitaron de un puente de hielo para cruzar. De hecho, jamás se enteraron que cruzaban el mar ni que se internaban en otro continente. Caminaron por estepas heladas que ya les eran familiares y prosiguieron avanzando por ellas sin pisar nunca una gota de agua. ¿Cómo ocurrió? Simplemente no había mar: nada se interponía en su avance sobre América. La glaciación había generado el crecimiento de los polos mediante la absorción de agua de mar que se congelaba y dejaba de ocupar espacios entre la gran masa de los océanos. Esta situación ocasionó un descenso de aproximadamente cien metros en los niveles de los mares en todo el planeta y la consecuente exposición de amplias zonas del fondo del mar, particularmente en áreas con escasa profundidad. Así, donde antes se encontraba el fondo del mar, se creó un puente terrestre con una anchura de casi dos mil kilómetros. Nació una nueva región terrestre cuya existencia fue relativamente efímera y que los científicos modernos denominan Beringia.»[4]

Además, en una evaluación sobre este tema (p. 35) se obliga al niño a pensar que los humanos que cruzaron el estrecho de Bering (es decir, los primeros habitantes de América) fueron los mismos que hicieron pinturas rupestres y los mismos que aprendieron a cultivar diversas plantas. ¿Por qué se hace esto, si entre el cruce por Beringia y las pinturas rupestres hay miles de años, y lo mismo entre estas manifestaciones y la domesticación de plantas? ¿Cómo es posible que los primeros pobladores del continente desarrollaran todas estas actividades al mismo tiempo? Los primeros llegaron, pero fueron otros, descendientes de estos, quienes pintaron cuevas y domesticaron plantas.

La civilización mesoamericana

La historia de Mesoamérica es dividida por los expertos en tres periodos que se explican escuetamente. El primer periodo fue el Preclásico o formativo, que se remonta entre 1800 y 1300 a.C., donde la cultura más representativa fue la olmeca, de la que sabemos poco: al ignorar su idioma desconocemos cómo se llamaban a sí mismos, pero en náhuatl *olmeca* significa «habitantes del país del hule» (de *olli*, caucho, y *mecatl*, sufijo

[4] Raúl Bringas Nostti, *Antihistoria de México*, México, Planeta, 2014, p. 17.

Las cabezas colosales son un rasgo distintivo de la cultura olmeca, considerada la Cultura Madre.

del gentilicio). Cuicuilco y Chupícuaro, en Guanajuato, también pertenecen al Preclásico. El segundo periodo es conocido como Clásico o del esplendor, en el que Teotihuacan alcanza su apogeo y domina el centro del actual México; a la par surgen Cholula, Monte Albán y Tikal. Tras el declive teotihuacano y el colapso de las ciudades mayas hubo una importante migración que dio como resultado la fundación de Tula. En el tercer periodo, el Postclásico, que abarca del año 900 a 1521, la cultura tolteca (del náhuatl *toltecah*, maestros constructores), con capital en Tollan (Tula), fue la dominante; en esta etapa se alcanzaron grandes logros culturales y marcó el fin del desarrollo independiente pues la cultura mexica, la de los aztecas, fue brutalmente interrumpida por la invasión española del siglo XVI. A la fecha se supone que debido a las hambrunas, las guerras y las migraciones en el siglo IX, diversas generaciones abandonaron los centros urbanos. ¿Y la gran civilización maya? ¿Qué fue de tanta grandeza? ¿Por qué no se menciona lo anterior en los libros de texto, y cuando lo hacen omiten detalles valiosos? ¡Habría que imaginarse los rostros de estupor de los mexicas cuando se encontraron, a su llegada al Altiplano, con imponentes testimonios arquitectónicos como las pirámides de Teotihuacan, abandonadas nada menos que setecientos años atrás! ¡Resulta imperativo ubicarnos en el tiempo!

Durante el periodo Preclásico estas culturas desarrollaron el cultivo de la calabaza, el frijol, el chile, la chía, el amaranto y por supuesto el maíz, cuya más antigua evidencia como alimento humano proviene del valle de Tehuacán y que se expandió vertiginosamente después de la invención de la milpa, ciertamente mágica, un espacio muy reducido en el que un solo hombre, después de laborar la tierra a lo largo de cuatro meses, puede producir los granos suficientes para alimentar a su familia durante un año, una auténtica maravilla agrícola que detona el mundo maravilloso del conocimiento, se crean escuelas para educar a los niños y se descubren remedios herbolarios para preservar la salud. Cuando se construyen escuelas empiezan la evolución y el progreso. Con el maíz se da el surgimiento de sorprendentes culturas como la olmeca. La vida sedentaria crea la atmósfera para la investigación, la reflexión y el análisis indispensables para alcanzar mayores niveles de bienestar social y de desarrollo intelectual.

¿Por qué no mencionar que la tortilla es uno de los rasgos culturales más significativos de México, que a 3000 años de su creación se sigue consumiendo y a la vez es plato, cubierto y servilleta? El taco es un alimento propio del mestizaje: las tortillas son autóctonas y el cerdo fue traído de Europa por los españoles. Con dicha carne aderezada y una buena salsa picante se confecciona nuestro querido taco; he ahí en la mesa la mezcla de dos civilizaciones. ¿Qué tal los esquites con limón y los elotes asados imprescindibles en las fiestas patrias?

El libro de texto debería ensalzar mucho más la importancia del maíz no sólo desde el ángulo nutricional, sino como fundador de una cultura, en el entendido de que una vez establecida la siembra de la milpa y la crianza de animales de corral, ya no fue necesario migrar a ninguna parte para dar lugar al nacimiento y desarrollo de imponentes civilizaciones que al día de hoy asombran a propios y extraños. ¿Por qué no subrayar la importancia de San Lorenzo en Veracruz, La Venta en Tabasco, San José del Mogote en Oaxaca, Chalcatzingo en Morelos, Tepexi el Viejo en Puebla, Juxtlahuaca en Guerrero y Cuicuilco en el DF?

Querido lector, si tienes hijos, muéstrales una fotografía de las cabezas colosales, rasgo distintivo de cultura olmeca considerada la Cultura Madre. Comenta con ellos e incítalos a imaginar el talento de estos escultores para tallar en esas gigantescas piedras de gran dureza, esos rostros impresionantes que subsisten hasta el día de hoy como si el tiempo, los siglos, no hubieran transcurrido. Hazlos pensar primero en la dificultad de encontrarlas y luego en la manera de transportarlas a través de la selva hasta La Venta, en Tabasco, donde se encuentran en la actualidad, sin olvidar que pesan toneladas, pero sin recurrir ni al uso de la rueda ni a los animales de tiro. ¿Lo puedes imaginar junto con ellos? De eso se trata una buena parte de la vida, de imaginar…

El segundo periodo, el Clásico o del esplendor, va del año 200 a.C. al 850 d.C.: mil años en que la expansión de la cultura, de la sabiduría y del conocimiento alcanzaron niveles sorprendentes e insospechados de desarrollo y de civilización, entre cuyas evidencias se encuentran la construcción masiva de imponentes obras arquitectónicas, a la vista en las hoy llamadas zonas arqueológicas.

Mil años de esplendor de los que sabemos muy poco debido a que Tlacaélel, un hombre muy influyente en el alto círculo de los mexicas, mandó quemar entre los años 1428 y 1440 los códices antiguos, aquellos que describían nuestra historia, y que se volvió a perder irremediablemente cuando los españoles, los llamados conquistadores, incendiaron igualmente para nuestro infortunio las bibliotecas, los repositorios de *amoxtli*, donde se encontraban descritos los alcances de buena parte de nuestro pasado. ¡Cuánta riqueza cultural, cuánto poder, cuánto orgullo que se menosprecia o se olvida! Como verás, querido lector, quedamos sepultados en buena parte en una frustrante oscuridad que nos impide estudiar a fondo la grandiosidad de los trabajos de nuestros venerables abuelos. En Egipto existen ciento diez pirámides descubiertas hasta ahora, pero en México se encuentran ciento ochenta y siete zonas arqueológicas abiertas al público, aunque el Instituto Nacional de Antropología e Historia (INAH) afirma que ascienden a veintinueve mil las registradas en todo el país y calcula que debe haber doscientos mil sitios con vestigios arqueológicos.[5] Probablemente, como algunos opinan, las pirámides construidas en el periodo Clásico no fueron ni ciudades ni fortalezas y menos palacios, sino centros matemáticos y astronómicos. ¿Por qué nuestros libros de texto no exponen en varias páginas esta grandeza sin igual en la historia?

Es impresionante la cantidad de zonas arqueológicas que permanecen ocultas en las selvas, enormes montañas cubiertas por la maleza y que no se descubren aún por falta de presupuesto económico y de respeto a nuestros antepasados. ¿Qué sería de México turística y culturalmente si se escarbaran y se revelaran todos esos tesoros que hoy en día permanecen ocultos, cubiertos bajo toneladas de tierra por el paso del tiempo? Si eres padre de familia, ¿alguna vez has llevado a tus hijos a conocer lo que quedó del Templo Mayor, a un lado del Zócalo de México? ¿Has estado en las pirámides de Cuicuilco, al sur de la Ciudad de México y uno de los núcleos urbanos más antiguos del Valle de Anáhuac? ¿Qué tal Teotihuacan?

La función de estos complejos edificios del México precolombino era la de ser el *axis mundi* o centro del Universo, por eso se construye-

[5] «¿Quiénes somos?», INAH, México, 10 de junio de 2015, consultado en septiembre de 2015, www.inah.gob.mx/quienes-somos

ron en lugares sagrados, y como el sol nace por el oriente y se eleva para luego declinar por el poniente, la forma piramidal refleja el ascenso-descenso que realiza el astro y por eso eran espacios de culto público. Pero ¿cómo se construyeron? ¿Te imaginas el esfuerzo para levantarlas? El dominio de la mecánica celeste permitió la elaboración precisa del calendario actual y la orientación perfecta de las pirámides, entre otros alardes técnicos.

Además del cultivo del maíz, que comenzó hace aproximadamente diez mil años, las aportaciones mexicanas a la cultura universal son muy variadas: el desarrollo de la milpa, la chinampa, las trepanaciones (realizadas siglos antes de la era cristiana), la odontología, la herbolaria, el aguacate, la vainilla, el amaranto, el frijol, la calabaza, el chicle, el tabaco, el chile, el jitomate, la chía, el maguey, la jícama, el chicozapote, la tuna, el camote, el chayote, el huitlacoche, la guanábana, el achiote, el capulín, el epazote, el nopal, la flor de Nochebuena, el pulque, el atole, el tamal, algunos hongos alucinógenos, la grana cochinilla, el ajolote y el perro xoloitzcuintle. ¿Por qué los libros de texto no acentúan con más fuerza estas noticias fabulosas que nos llenan de curiosidad y entendimiento acerca de nosotros mismos? ¿Por qué tampoco se destaca al cacao por su aportación a la cultura gastronómica del mundo? Su cultivo se atribuye a los mayas pero es muy posible que se deba a los olmecas.[6] ¿Te imaginas, querido lector, qué sería del mundo moderno sin el chocolate (del náhuatl *xococ*, agrio y *atl*, agua), hecho a partir de esta maravillosa semilla? Mesoamérica también hizo aportaciones fundamentales a la farmacopea de la humanidad y, ¿guardando silencio al respecto es como rendimos homenaje a estos grandes logros del México antiguo? En el campo de las ciencias exactas sus avances y hallazgos son formidables. Asombra su conocimiento de las matemáticas, el manejo de los números y la destreza en los cálculos que van de la mano con la astronomía y la cuenta casi perfecta del tiempo, la arquitectura y la ingeniería. ¿Por qué callan que los mayas desarrollaron el cero matemático, un notable éxito que a la fecha es poco reconocido pero usado por todos los pueblos de la Tierra (la fecha más antigua grabada en piedra es el 13 de agosto de 3114 a.C. en la zona arqueológica de Izapa, Chiapas), o el uso de la calculadora manual, llamada *nepohualtzintzin* por los mexicas y *a'bak* por los mayas?

Cada cultura mesoamericana, con el ánimo de reconocer el pasado ancestral, profundo de México, tuvo características propias y mantuvo sus tradiciones locales y regionales. Sin embargo, por medio del inter-

---

[6] Nisao Ogata, «El cacao», *Biodiversitas,* México, mayo-junio de 2007, consultado en septiembre de 2015, www.biodiversidad.gob.mx/Biodiversitas/Articulos/biodiv72art1.pdf

La máscara mortuoria de jade de Pakal, señor de Palenque.

cambio, las migraciones y la difusión de la sabiduría tolteca, se expandió la influencia de diversos pueblos, desarrollando una unidad cultural a lo largo de muchos siglos.

La línea de tiempo de este módulo del libro de texto es tan mediocre como la anterior, y pareciera transmitirle a los estudiantes que su país no fue nada hasta la llegada de los españoles. Una barbaridad, ¿verdad?

A lo largo de cuatro mil años se consignan solamente los siguientes hechos: 1. Desarrollo de San Lorenzo (olmecas); 2. Se desarrolla la escritura en Mesoamérica; 3. Los mayas usan los primeros calendarios; 4. Decadencia de Chichen Itzá; 5. Esplendor de Palenque; 6. Los mexicas salen de Aztlán; 7. Conquista de Tenochtitlan.

¡Siete escuetos hechos en cuatro mil años! ¡Los cuatro mil años en los que florecieron las culturas olmeca, teotihuacana, maya, mexica, purépecha, zapoteca, mixteca, totonaca...! ¿Cómo se puede llamar a esto?

¿Cuándo se construyó Teotihuacan? ¿Cuándo Palenque, Tzintzuntzan, Tlatelolco, Tula, Tenochtitlan...? ¿Cuándo gobernó Acamapichtli a los mexicas, cuándo Pakal a los mayas, cuándo Ce Acatl Topiltzin Quetzalcóatl a los toltecas, cuándo Tezozomoc a los tecpanecas, cuándo Tariácuri a los purépechas?

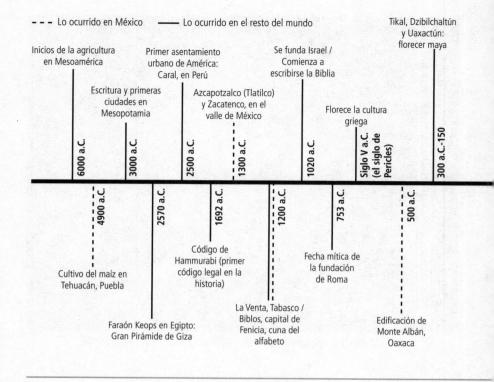

Como herramientas para aprender historia, estas líneas de tiempo dejan mucho que desear. Se podría haber transmitido una mayor cantidad de conocimiento en un reducido espacio.

En estas páginas incorporo los sucesos que considero deben integrar esta línea del tiempo, de cara a la formación del menor.

¿Los olmecas torturaban a los niños?

En el apartado sobre los olmecas se menciona que estos deformaban el cráneo de los niños, lo alargaban en dirección opuesta a la frente, hacia la nuca; pero no se explican del todo las razones de esta deformación, no se dice que además de los argumentos meramente estéticos, propios de hace miles de años, se encontraban los de pertenencia a un grupo social, como hoy en día que muchos jóvenes se perforan

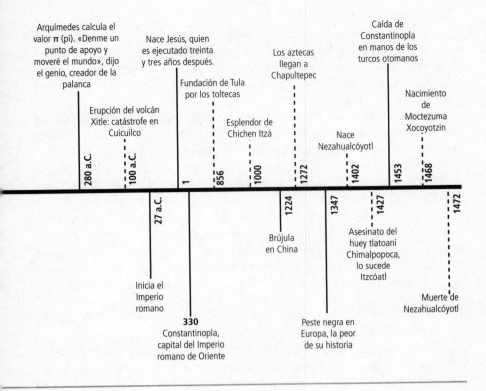

Arquímedes calcula el valor π (pi). «Denme un punto de apoyo y moveré el mundo», dijo el genio, creador de la palanca — 280 a.C.

Erupción del volcán Xitle: catástrofe en Cuicuilco — 100 a.C.

27 a.C.

Inicia el Imperio romano

Nace Jesús, quien es ejecutado treinta y tres años después. — 1

Fundación de Tula por los toltecas

330 Constantinopla, capital del Imperio romano de Oriente

Esplendor de Chichen Itzá — 856

1000

Los aztecas llegan a Chapultepec — 1272

1224

Brújula en China

Nace Nezahualcóyotl — 1402

1347

Peste negra en Europa, la peor de su historia

Asesinato del huey tlatoani Chimalpopoca, lo sucede Itzcóatl — 1427

Caída de Constantinopla en manos de los turcos otomanos — 1453

Nacimiento de Moctezuma Xocoyotzin — 1468

1472

Muerte de Nezahualcóyotl

---

los labios, la nariz o las orejas o se practican tatuajes con los mismos propósitos.

«A través de las figurillas conservadas en el Museo de Antropología se observan las costumbres de deformación craneal y la mutilación dentaria, el tatuaje o escarificación, el rapado de la cabeza o la perforación del tabique nasal y del lóbulo de las orejas para colgarse narigueras y orejeras de barro, a la vez que usan faldillas y bragueros, sombreros, turbantes, sandalias, barbiquejos, sacos de piel, cinturones, collares, etcétera».[7]

Por otro lado, ¿por qué no se dice que los olmecas rendían culto a los niños como seres excepcionales? No se aclara que las figurillas talladas en barro o madera y pintadas con chapopote, conocidas como «caras de niño», demuestran cómo los pequeños eran adorados como verdaderos dioses pues se cree que representaban el espíritu de la lluvia, al que adoraban. Para demostrarlo ahí están también los *niños*

---

[7] María Antonieta Cervantes de S., «Sala de las culturas preclásicas», en Ignacio Bernal *et al.*, *Museo Nacional de Antropología*, México, SEP, 1967, pp. 32-33.

jaguar, que representan el maíz y la supervivencia, entre otros significados. ¿Sabes, querido lector, por qué utilizaban chapopote para pintar? Porque lo que hoy conocemos como petróleo ya subía hasta la superficie misma de la tierra en lo que hoy es Tabasco. ¿Te imaginas cuánta riqueza?

Los niños del país no deben ignorar el homenaje y la importancia que se les concedía en la sociedad olmeca. Dime algo, si eres padre de familia, ¿tú también haces sentir importantes a tus hijos? ¿Les enseñas valores y principios? ¿Les fomentas el amor por los libros? ¿Verdad que no se puede vivir sin libros?, ¿sin explicaciones y fantasías? ¿No son maravillosas las fantasías?

En esta misma región se originó el juego de pelota llamado ollamaliztli (o ulama) y los jugadores ollamani, gracias al descubrimiento de una planta productora de hule, «olli» que —según ellos— poseía usos mágicos, medicinales y ceremoniales? ¿Has visto, querido lector, las canchas en donde practicaban hace siglos el juego de pelota? ¿Conoces las reglas? ¿Te imaginas las dificultades de pasar la pelota por el aro de piedra sin golpearla con el pie, o que no era posible tocar ese aro por la gran altura a la que se encontraba?

Otra de las grandes aportaciones culturales de los llamados olmecas consiste en el hecho de haber descubierto una fantástica forma de comunicación como fue la escritura, una herramienta singularmente útil para transmitir conocimiento, costumbres y explicaciones a las generaciones venideras. ¿Cómo dejar constancia de lo acontecido, de la obra y trabajos de quienes ya no están? ¿Cómo lograr que trascienda y no se olvide su obra? ¿Qué haríamos sin la escritura, sin libros ni documentos...? ¿Cómo transmitir conocimiento? ¿Cómo podríamos heredar al mundo nuestras opiniones y nuestros puntos de vista si no contáramos con la escritura?

Además, al referirse a esta gran cultura, el libro de texto menciona que «los centros ceremoniales se multiplicaron y las artes y las técnicas alcanzaron un esplendor impresionante» (p. 46); sí, pero no se menciona que los centros de conocimiento se multiplicaron y que se construyeron el mayor número de pirámides del mundo antiguo. Más, muchas más pirámides que en ninguna otra parte del planeta. ¿Por qué no darle a los pequeños información que los haga sentirse orgullosos de su pasado?

Los grupos de la cuenca del Valle de México

Durante el Preclásico, los grupos de la cuenca del Valle de México se asentaron en las partes altas que rodeaban al gran lago. Cuando se habla de la llegada de los mexicas a esta área, el libro de texto no menciona nada sobre sus antecesores en esta zona, quienes ya entonces elaboraban metates para moler el maíz, morteros, puntas de proyectil, navajas de obsidiana, entre otras cosas. Entre los sitios más importantes de esta época pueden mencionarse El Arbolillo, Zacatenco y Tlatilco,[8] cuya cerámica de representaciones humanas es en sí misma un estilo.

De 1300 a 800 a.C. aumentan las poblaciones pero consiguen tener una economía equilibrada. Pueblan sitios como Copilco, Tlapacoya, Azcapotzalco y Coatepec. Cuentan con hachas de verde serpentina para labores del campo, hacen punzones y agujas de hueso para confeccionar vestidos, usan fibras vegetales: algodón, yuca y maguey sobre todo, realizan intercambios comerciales, importan jade, concha, caolín y turquesa.

Durante esta época aparecen los cementerios, donde enterraban a los difuntos extendidos o flexionados, acompañados de ricas ofrendas que en ocasiones incluían perros.

De 800 a 200 a.C. se desarrolla la agricultura por medio de la construcción de terrazas y aparecen algunos dioses con atributos reconocibles, al tiempo que se integra la casta sacerdotal. Ya existen poblados como Cuicuilco, Ticomán, Azcapotzalco, Teotihuacan, el Cerro de la Estrella, San Cristóbal Ecatepec, Xico, entre otros sitios.

«La principal característica de este periodo es el inicio de la arquitectura, evidente en los basamentos escalonados para templos, plataformas y tumbas». Esto, la multiplicación de centros ceremoniales, las artesanías, la clase sacerdotal, el calendario, la numeración, la escritura y el comercio con lugares lejanos «fueron la base de las nacientes civilizaciones, que como la teotihuacana, maya, zapoteca, huasteca y del centro de Veracruz, prosperaron durante el horizonte clásico».[9]

¿Qué te parece la herencia olmeca, querido lector?

Desde esta época ya se le concedía gran importancia a la lluvia y al agua, que era símbolo de la vida, expresada a través de Tláloc para los nahuas, para los mayas Chac y para los zapotecas Cosijo, pero las tres culturas se referían al mismo dios. Si tienes hijos, muéstrales la gigantesca escultura del Tláloc colocada a un lado del Museo Nacional de Antropología e Historia, pídeles que se fijen en que usa una especie de

8 *Ibid.*, pp. 31-32.
9 *Ibid.*, pp. 37-38.

lentes llamados anteojeras y por eso es fácil reconocerlo. También valdría la pena hacerlos conscientes de la importancia del agua hoy en día, pedirles que imaginen abrir la llave de su casa y que no salga agua. Que piensen en las familias que tienen que acarrear agua en cubetas a cientos de metros de sus hogares o bien hasta en la propia Iztapalapa, en el mismo DF, en donde casi cincuenta colonias muy pobladas carecen de agua. Que imaginen qué sucedería si no lloviera y los campos se secaran y los animales murieran de sed, ¿qué acontecería con el género humano? ¿Les has comentado cuántas sequías se han dado en territorio mexicano y sus consecuencias? ¡Cuánta razón tenían en adorar al Tláloc, a Chac y a Cosijo! En las religiones primitivas o tradicionales no era posible entender la fuerza de la naturaleza, por ello caían de rodillas ante el estremecedor estruendo de un relámpago por lo que invocaban, tal vez, al dios del trueno. La razón explica lo antes incomprensible y la religión y el dogmatismo afortunadamente se ven desplazados. ¡Claro que aumentaron el número de las deidades y de las ceremonias celebradas en su honor que con frecuencia incluían los sacrificios humanos!

¿Por qué no hacer imaginar a los niños lo que era construir unas pirámides como las mayas, con grandes piedras que no se podían transportar sobre carros y hacerlo bajo ese sol implacable y en ese calor a veces insoportable que existe en Yucatán o en Quintana Roo o en Chiapas? ¡Que imaginen lo que era arrastrar piedras muy pesadas o moverlas sin contar con bestias de carga!

El territorio que ocuparon los mayas

«Los mayas vivieron al sur de Mesoamérica, en los actuales estados de Chiapas, Tabasco, Campeche, Quintana Roo y la península de Yucatán, en México; y en parte de Guatemala, Belice, El Salvador, Honduras, Nicaragua y Costa Rica, en Centroamérica.» (p. 47). Bien, pero ¿para qué confundir a los alumnos con esta imprecisión? ¿Acaso en la península de Yucatán no se encuentran los estados de Yucatán, Quintana Roo y Campeche? No es correcto citar dicha península como si estos estados no la conformaran.

Los mayas ocuparon una buena parte de México y Centroamérica, donde había y hay una selva feroz llena de animales salvajes, de serpientes, arañas, moscos y otros insectos venenosos en medio de un calor terrible, y sin embargo vencieron toda adversidad y construyeron un impresionante imperio, cuyos restos se pueden visitar en ciudades como Chichén Itzá (del maya *chi*, boca y *chen*, pozo: la boca del pozo de los itzaes), patrimonio cultural de la humanidad, una gran joya mexicana en donde existe un cenote; además de Uxmal, donde se encuentra la Casa del Adivino, Mayapán, Tulum, centro arqueológico rodeado de una belleza natural que invita a nadar en el mar azul turquesa y tibio del Caribe, sin dejar fuera de este recuento mágico a Yaxchilán y Bonampak, entre decenas de ciudades más que dejan atónito y estupefacto a quien las visite.

¿Por qué no mencionar con mayor detalle algunas de las grandes ciudades de este imperio? Además de las que ya he mencionado, ¿por qué no hablarles de Dzibilchaltún, el lugar de las Piedras Escritas, una de las ciudades más grandes de Mesoamérica, trazada con base en la observación de la bóveda celeste y los movimientos de la Tierra? Allí cada año se reúnen miles de personas para recibir el equinoccio de primavera y observar cómo el sol se posa justo en el centro de las puertas del Templo de las Siete Muñecas, un verdadero tesoro yucateco. ¿Y Calakmul, considerada la capital maya durante el periodo Clásico? ¡Qué rico es México!, ¿no? ¿Y Uxmal y su espacio igualmente basado en observaciones astronómicas?, otra joya muy nuestra que cuenta con un edificio impresionante, conocido como el Palacio del Gobernador, elaborado con mosaicos de piedra, toda una obra de arte. ¿Cómo olvidar a Pakal, el rey maya que mandó a erigir el llamado Templo de las Inscripciones en Palenque, Chiapas, para que fuera su tumba, y que fue descubierta en 1952 en medio de la selva? Otra maravilla de maravillas. El recuento no acaba y eso que un enorme porcentaje de nuestro patrimonio ancestral yace cubierto por la maleza, como ya mencioné. ¿Qué tal hablar de Hunab Ku, el gran dios maya, el dios único venerado sólo por los gobernantes? ¿E Ixchel, la diosa vinculada con la medicina, la maternidad y el tejido, pareja de Itzamná, el dios de la sabiduría, representados con glifos propios del sol y la luna en algunos códices?

No debemos olvidar que entre los mayas había grandes médicos que, con hierbas medicinales, curaban las infecciones y picaduras de animales ponzoñosos, propios del ecosistema selvático.

¿Y por qué no compartir a los pequeños información sobre algunas de las creencias mayas, como la que cuenta que cuando los humanos iban al paraíso, agotados por las fatigas de la tierra, se tiraban a descansar bajo una frondosa y gigante ceiba (el árbol sagrado) y comían y bebían manjares inagotables hasta el fin de los tiempos? Esta información permitiría a los futuros ciudadanos de esta nación comprender mejor la vasta y variada cultura de su país, aprendiendo a respetar todas las creencias y tradiciones que la conforman.

Los toltecas de Tula

Acerca de los toltecas (p. 55) sabemos, de acuerdo con las investigaciones arqueológicas y fuentes históricas, que su cultura se inició por el año 650 d.C., época en que la gran ciudad de Teotihuacan entraba en franca decadencia. La cuenca de México había sido invadida al parecer por grupos nómadas llamados chichimecas, procedentes del Bajío, que se apoderaron de Teotihuacan, incendiaron parte de la ciudad y construyeron estructuras de lodo, adaptaron algunos palacios para ellos mismos, ocuparon los barrios, profanaron tumbas, destruyeron escalinatas para tomar la piedra labrada, volvieron a utilizar esculturas, celebraron la creación del Quinto Sol y elaboraron una cerámica conocida como Coyotlatelco, inspirada en la teotihuacana que usa el color rojo sobre el café. «[...] los recién llegados [...] se volvieron toltecas, habiéndose dispersado algunos hacia Tulancingo y luego hacia Tula, en donde fundaron otra ciudad o *tollan*, con los adelantos adquiridos y aun con artesanos de la gran urbe teotihuacana».[10]

Esta etapa de formación de la cultura tolteca, de 650 a 900, es contemporánea de poblaciones chichimecas, que se asentaron junto al Cerro de la Estrella, en Culhuacán, por lo que también serían conocidos como toltecas, sin serlo, «de allí surgió cierta confusión en las fuentes históricas».[11]

Los toltecas de Tula adoraron al planeta Venus a través del dios Quetzalcóatl, tanto en su aspecto matutino como vespertino; los sacerdotes también eran llamados Quetzalcóatl «y llevaban los atributos de la deidad».[12] Uno de sus gobernantes, con fama de civilizador, Ce Acatl Topiltzin Quetzalcóatl, es confundido a menudo con la deidad. Otro de sus gobernantes fue Huémac, con el cual terminó el apogeo de esa ciudad alrededor del año 1168.

Siguieron el modelo urbanístico de la época, pero impusieron un nuevo estilo en la decoración de sus edificios, «desarrollaron el concepto de

---

[10] Román Piña Chan, «Sala de la cultura tolteca», en Ignacio Bernal *et al.*, *op. cit.*, p. 52.
[11] *Idem.*
[12] *Ibid.*, pp. 55-56.

la columna serpentina y así nos dejaron el bello basamento piramidal dedicado a Tlahuizcalpantecuhtli o Señor del Alba, decorado con lápidas en bajorrelieve representando coyotes, zopilotes reales, águilas, jaguares con collar»,[13] notables atlantes que miden 4.60 metros de alto y son sólo una muestra de la grandiosidad de esa civilización, guerreros ricamente ataviados que llevan tocados de plumas, orejeras, pectoral de mariposa, faldilla sujeta con cinturón de cuero, un broche por detrás que simboliza al Sol, sandalias y un propulsor o átlatl en una mano y un manojo de dardos en la otra. Los gigantes de piedra nos cuentan, sin necesidad de hablar, que en la cultura tolteca la casta guerrera o militar usó el arco y la flecha, además de conquistar a otros pueblos y extender su imperio.

¡Una extraordinaria cultura que sólo merece dos páginas, pero no de texto corrido, sino con imágenes, en el libro de texto de cuarto grado!

El poderío teotihuacano

¿Por qué al abordar el tema de la cultura teotihuacana no se menciona que Teotihuacan es una palabra náhuatl que significa «Ciudad de los Dioses»? Si tienes hijos, pregúntales, ¿les habría gustado vivir en un lugar llamado de esa manera? Habría que imaginar esa cultura hace dieciséis siglos, en su momento de gran esplendor. ¿Has visto el imponente jaguar reticulado, uno de los mayores ejemplos del arte teotihuacano? Esos hermosos felinos son los mejores cazadores de todo México y los teotihuacanos les rendían culto.

Cuando a finales de 2014 se descubrió un túnel en el templo de la Serpiente Emplumada, gracias a los objetos allí encontrados, se confirmó que el inmenso poderío teotihuacano ocupaba en realidad una gigantesca extensión que alcanzaba a Tikal, en Guatemala, y Copán, en Honduras.

La evolución de su arquitectura es impresionante: primero se construyeron las pirámides del Sol y la Luna siguiendo los lineamientos de los basamentos escalonados del Preclásico Superior; después se creó el estilo de talud y tablero, distintivo de la cultura teotihuacana, empleado para la construcción del Templo de Quetzalcóatl, el Templo de la Agricultura y

[13] *Loc. cit.*

los subterráneos, decorados en bajorrelieve. Finalmente se levantaron la ciudadela, el mercado y numerosos conjuntos de habitaciones, entre ellos Tepantitla, Atetelco y Tetitla, decorados con pinturas murales.[14]

Que les digan a los niños en las escuelas de este país, que insistan en hacerles saber con gran orgullo que los teotihuacanos llevaban un registro detallado de los movimientos de la bóveda celeste y de sus fenómenos, sin contar con los complejos telescopios modernos. Su conocimiento de las estrellas y de los astros era tan profundo que fue una de las bases de la civilización mesoamericana y se crearon cinco calendarios: el lunar, el solar, el venusino, el de las Pléyades y el de «la cuenta larga». ¿Sabías querido lector, que el calendario moderno se basa en el calendario anahuaca, el más exacto del mundo antiguo? ¿Qué te parece?

El orgullo de pertenecer a una gran cultura

El libro de texto no invita al niño a amar a estos pueblos, a los que debemos admirar por mil razones. ¿Por qué no motivarlos a que conozcan la infinidad de piezas que pueden verse en un sinfín de museos a lo largo de nuestro país? Entre otras maravillas, que conozcan las figuras huecas de Colima y Nayarit, la cerámica de Guasave y Chametla en Sinaloa, la lapidaria de Mezcala, Guerrero, y las yácatas y pipas de barro de Michoacán. Todas provenientes de culturas del occidente de México. O bien los objetos de la costa del Golfo, caracterizada por la alfarería y las esculturas de los huastecos, los yugos, palmas y caritas sonrientes del centro de Veracruz, y por las soberbias cabezas colosales de los olmecas, en tanto que el Altiplano Central incluye a la bella cerámica pintada al fresco de los teotihuacanos, las estelas de Xochicalco, la alfarería polícroma de Cholula y la arquitectura de los mexicas, como los basamentos con templos gemelos; por otra parte tenemos las elaboradas urnas de los zapotecos y la metalurgia de los mixtecos, que florecieron en la región oaxaqueña, y el esplendor del culto a las estelas, de la arquitectura y la cerámica de los mayas, quienes fueron los genios matemáticos del nuevo mundo.[15]

¿Por qué no entusiasmar a los educandos y contarles que gracias a que los antiguos mayas fueron grandes ingenieros y estupendos astrónomos lograron que el día del equinoccio, cuando se pone el sol, una

---

[14] Doris Heyden, «Sala de Teotihuacan», en Ignacio Bernal *et al.*, *op. cit.*, pp. 39, 47.
[15] Ignacio Bernal, «Introducción», en Ignacio Bernal *et al.*, *op. cit.*, p. 20.

serpiente, en realidad un juego de luz, parece bajar escalón por escalón hasta llegar al piso? ¿Por qué no hacerlos reflexionar sobre el nivel de conocimiento que poseían sobre la geometría y la astronomía para lograr este objetivo?

¿Por qué al mostrar algunas piezas arqueológicas no se hace énfasis en el valor artístico de las mismas para apreciar la genialidad del trabajo artesanal que realizaban? Por ejemplo, hablarles sobre alguna de las máscaras mayas de mosaicos de jade, que eran utilizadas durante los entierros de sus gobernantes; y que además del jade utilizaban otras piedras como la hematita especular, la concha, el caracol y la obsidiana. ¿No valdría la pena hacerles notar que nuestros antepasados eran artesanos verdaderamente geniales? ¿Qué tal los mixtecos que trabajaban el oro como pocos?

Es muy importante que se conozcan las fibras que usaban para tejer sus telas: algodón, yuca, ixtle, pita, pelo de conejo, pieles y plumas de pájaros preciosos, con los que hacían faldillas, sandalias, quechquémitl, mantas, huipiles, entre otras prendas más. Enseñarles que utilizaban telares de árbol, colorantes, agujas, punzones, cestas, petates, alfileres y otros muchos productos y herramientas. Las vasijas zoomorfas de Tlatilco, los objetos felinos de los olmecas, la delgada cerámica anaranjada y pintada al fresco de los teotihuacanos, las vasijas multicoloreadas mixtecas, decoradas como códices, y los elegantes vasos y platos polícromos mayas con escenas cotidianas.[16] Nada de esto se dice en el libro de texto, a ningún sitio se invita al niño, ni se le enseña a amar a estos pueblos a los que admiramos por incontables razones.

Tras citar en un fragmento del libro la jalapa, el guayacán, la zarzaparrilla, la valeriana, la papaya y el árnica (p. 66), se pretende que el niño comprenda la importancia de la herbolaria en el México antiguo; lo cierto es que podrían haber tomado en cuenta y mencionar que en esa época llegaron a utilizarse hasta mil doscientas plantas curativas. ¿Por qué no citar también el anacahuite, el achiote, el cempasúchil, el cilantro, el cuatecomate, el epazote, el tlalchichonale, el tejocote, el nopal, el axocopaque, así como la corteza de numerosos árboles como el cuachalalate y el ahuehuete, entre muchísimas especies vegetales más? ¿Qué hubieran hecho los mismos españoles sin la herbolaria mexica?

Según el libro de texto: «La escultura de Chac Mool tuvo dos funciones sagradas: una como altar donde se colocaban las ofrendas dedicadas a los dioses y otra como piedra de sacrificios». ¿Eso es todo lo que cabe decir sobre el soberbio Chac Mool, aun cuando no ha concluido la discusión

---

[16] Bernal *et al.*, *op. cit.*, pp. 21-22.

sobre si se utilizaba o no como altar para colocar las vísceras de los sacrificados? Se trata de una figura presente en Yucatán y en Tula, así como en el Templo Mayor de México-Tenochtitlan, en Cempoala y muchos otros rincones de México, cuyo nombre significa «Gran Jaguar Rojo» o «Garra Roja», y que fue nombrado así por el explorador británico Augustus Le Plongeon. López Austin –autor más que respetado– y su hijo, Leonardo López Luján, sostienen que sin duda alguna el Chac Mool era una especie de mueble para depositar los órganos que serían ofrendados.[17]

¡Cuánta riqueza cultural nos heredaron nuestros antepasados indígenas, los constructores de una civilización sorprendente! ¿Creen ustedes que las penosas condiciones en las que subsisten en la actualidad, el pavoroso abandono en que si acaso sobreviven, la miseria y las enfermedades que padecen, es la recompensa que se merecen por el riquísimo legado que recibimos y que presumimos orgullosos a los extranjeros que nos visitan?

Los sacrificios humanos

Al lado de una fotografía de un bajorrelieve del Edificio de los Danzantes de Monte Albán, una joya descubierta en Oaxaca hasta el siglo XX, el libro de cuarto asienta que las figuras grabadas representan «guerreros desnudos, sometidos y en cautiverio para el sacrificio humano» (p. 53), aspecto que se exalta en exceso y que, en general, forma parte sustancial de la historia oficial y ha provocado que se vea al pasado indígena a partir de este estereotipo. Hoy en día, notables estudiosos del tema e intérpretes de los jeroglíficos y de los altorrelieves han descubierto que las losas labradas que adornan las paredes de la construcción no se refieren a danzantes, sino a enfermos con la idea de transmitir conocimientos médicos, por lo que en ningún caso se trata de sacrificios humanos.

Como bien sabemos, los sacrificios practicados en Mesoamérica eran en realidad homenajes, ofrendas para halagar a los dioses; la pira de la Inquisición, donde quemaban vivas a las personas, esa sí era un castigo para todos aquellos que no creían en Jesucristo o rechazaban las enseñanzas

[17] Leonardo López Luján y Alfredo López Austin, «Los mexicas en Tula y Tula en México Tenochtitlan», *Mesoweb Search*, Estados Unidos, 1991, consultado en septiembre de 2015, www.mesoweb.com/about/articles/los-mexicas-en-Tula.pdf

del evangelio y practicaban los antiguos cultos, a los que los cristianos llamaban «idolatría». Nunca nadie quiso ser incinerado voluntariamente en la hoguera para congraciarse con Cristo, sin embargo muchas personas, muchos aborígenes sí deseaban gozosos inmolarse ante la divinidad para ser sacralizados. ¿Por qué no se les explica esto a los estudiantes?

¿Qué respuesta nos darían los niños mexicanos si les preguntáramos: tú te sientes indio, te sientes español? Entonces, ¿qué te sientes? ¿Te aceptas como mestizo? ¿Sabes lo que es un mestizo? ¿Pureza indígena? ¡Nooo! ¡Perversión racial! Ese es exactamente el origen y el sostén del racismo: el criterio de una supuesta pureza, la «limpieza de sangre» como exigía la Inquisición a todos sus funcionarios, desde el más poderoso hasta el más insignificante, cualquier gota de sangre no española era considerada una mancha indeleble en el mestizo que, de esa manera, se sentía orillado a fingir o a mentir para ser aceptado y conservar su empleo y propiedades. Somos mestizos. Sí, mestizos. En el libro de 1992, en el que se le daba mayor importancia a este concepto que en el libro actual, leemos que «la mezcla de indios, europeos y africanos creó la sociedad mestiza mexicana». Nada de razas puras o sangre pura y esas deformaciones perversas, aceptémonos como mestizos sin confusión alguna, esa es nuestra identidad, aceptémonos como somos. ¡Esa es la mejor manera de hacer honor a nuestra diversidad! ¿Quién en la SEP trabaja en dicho sentido…?

La Gran Tenochtitlan

Llegó finalmente el momento de abordar el tema de los mexicas y nada mejor que hacerlo objetando lo que se dice sobre la llegada de este pueblo a la cuenca de México. Los aztecas, provenientes de un lugar llamado Aztlán, «que posiblemente sea mítico y que algunos historiadores sitúan en el actual estado de Nayarit» (p. 57), según la información oficial, arribaron al lago de Texcoco en 1272 y fundaron Tenochtitlan hasta 1325; se pasa por alto que eran nómadas, cazadores-recolectores con una mínima cultura, y que creyendo que eran guiados por una divinidad propia llamada Huitzilopochtli hicieron ese interminable peregrinaje desde el norte hasta el lago de Texcoco para fundar su capital en el islote donde supuestamente encontraron a un águila devorando una serpiente, hechos acreditados en el pictograma conocido como Tira de la Peregrinación, documento por excelencia de la mexicanidad, que identifica a México con los mexicas y su historia; subrayo que se llamarán mexicas a partir del establecimiento de México-Tenochtitlan. Desde luego no se hace mención alguna al hecho de que hablaban náhuatl, lengua franca en Mesoamérica. El libro de texto omite también que tejían el algodón y practicaban la milpa, y tampoco menciona a los once huey tlatoani (o gran tlatoani) mexicas: Acamapichtli, Huitzilíhuitl, Chimalpopoca, Itzcóatl, Motecuhzoma Ilhuicamina, Axayácatl, Tizoc, Ahuízotl, Moctezuma Xocoyotzin, Cuitláhuac y Cuauhtémoc.

Se debe tomar en cuenta, cosa que el texto no hace, que si fundaron Tenochtitlan en 1325 y Cuauhtémoc se rindió hasta 1521 en condiciones que más tarde explicaremos, entonces esta extraordinaria cultura de tan sólo dos siglos de duración logró integrar un gigantesco y poderoso imperio que abarcó casi todo ese gigantesco territorio hoy conocido como Mesoamérica. ¿No es impresionante? ¿No eran verdaderamente sorprendentes y ejemplares? Las recientes excavaciones en el área del Templo Mayor en la Ciudad de México revelaron un fondo rectangular con cuatro mil conchas, hallazgo notable porque algunas de esas especies se encuentran en el Caribe y otras se producen en el Pacífico entre Baja California y Ecuador, lo que demuestra que los mexicas muy probablemente sostuvieron relaciones comerciales con regiones remotas como la andina, el Golfo de México y posiblemente hasta lo que hoy son Venezuela y Brasil.

Desde el año 1272, cuando llegaron a Chapultepec, donde se han encontrado restos humanos y piezas arqueológicas de más de 3 000 años de antigüedad, hasta 1440, en que Moctezuma Ilhuicamina y Tlacaélel asumen el mando de la Triple Alianza, conformada además por Texcoco y Tlacopan, se expande el dominio mexica en forma contundente.

¿Qué hizo poderosa a la Gran Tenochtitlan? El libro de texto dice que la riqueza generada por los tributos que recibía. «La riqueza del imperio salta a la vista: piedras preciosas, oro, jade, plumas finas, turquesa, máscaras, cascabeles, cañas para fumar, tintes; productos agrícolas: cargas de maíz, frijol, chía, huauhtli, cacao, chiles, miel de abeja, sal, algodón, cada uno en sus respectivos recipientes, presentación y medidas; armas variadas y sorprendentes, materiales de construcción, leña, mobiliario, papel de amate, mantas de algodón y otras fibras y demás prendas de vestir y, finalmente, un muestrario sorprendente de trajes ceremoniales o atavíos, pintados en forma individual para nuestro preciso conocimiento, además de pieles de animales.»[18]¿Por qué no informar a los estudiantes que uno de los tributos más valorados era el cacao, ya que

---

[18] «Matrícula de tributos», *Biblioteca Digital Mexicana*. México, consultado en septiembre de 2015, www.bdmx.mx/detalle/?id_cod=22

sus granos eran utilizados como monedas en aquellos años y por ello era tan codiciado?

Pero, ¿los tributos llegaban solos? La Gran Tenochtitlan se hizo poderosa también gracias a la guerra, en la que se especializaron haciéndose temer por todos. Si bien en las guerras floridas los guerreros mexicas se dedicaban a capturar prisioneros para conducirlos a la piedra de los sacrificios, sus guerras de conquista eran aterradoras. No llevaban a cabo guerras de exterminio al estilo europeo, baste con señalar que cuando algún pueblo se negaba a pagar la totalidad de los tributos exigidos por los recaudadores de los tlatoanis, los propios mexicas les entregaban las armas para que los sojuzgados pudieran luchar y defenderse en igualdad de circunstancias. Incluso, a lo largo de la invasión española, varios pueblos les daban comida y tiempo de descanso a los españoles, para que no pudieran alegar que los habían derrotado por hambre: ¿actitud noble o torpe?, ¿o de una gran dignidad, de la que se aprovecharon los europeos? A pesar de ser una sociedad eminentemente militar, el uso de la fuerza siempre fue el último recurso empleado por los mexicas. Cuando algún pueblo se negaba a pagar la totalidad de los tributos exigidos, siempre se privilegió la diplomacia y el envío de embajadores.

Los mexicas contaban con jueces que gozaban del mismo rango político que el huey tlatoani, pues ambos eran llamados *tecuhtli*, es decir dignatarios, señores; la administración de la justicia constituía la piedra angular de la consolidación del imperio. Los mexicas creían en Huitzilopochtli, el *Colibrí Azul* o *Colibrí Zurdo*, su dios más importante, que ejercía un dominio espectacular entre la sociedad.

¿Y la esclavitud? ¡Claro que los pueblos nahuas también practicaban la esclavitud, ya fuera por la comisión de un delito, por la simple cuestión de un contrato o por no haber cumplido con los niveles de producción de maíz en un calpulli (comunidad política-agrícola y social, básica), entre otras razones! Incluso el náhuatl «tenía un sustantivo, *tlacanamacac*, para el comerciante de esclavos».[19] Los mexicas sometieron a la esclavitud a los tlaxcaltecas y a multitud de niños. ¿Acaso Malintzin, Malinche o doña Marina, luego de ser bautizada

[19] Thomas Ward, «*Expanding Ethnicity in Sixteenth-Century Anahuac: Ideologies of Ethnicity and Gender in the Nation-Building Process*», *Modern Language Notes*, vol. 116, núm. 2, Baltimore, marzo, 2001, pp. 419-452. El mismo Itzcóatl, quien fue tlatoani de México Tenochtitlan, era hijo —según el cronista Durán— de una esclava de su padre (y primer huey tlatoani) Acamapichtli. Incluso los mayas practicaban la esclavitud: «en el Códice de Calkiní se dan los nombres y precios de algunos esclavos [...] La esclava llamada Ix Chen Uitzil, se dice que "dos brazas de manta de dos fue su precio cuando se le entregó"; y del esclavo Na Hau Tzel se expresa que "su precio no alcanzó a dos brazas, el valor de su milpa"». Alfonso Villa Rojas, *Estudios etnológicos. Los mayas*, México, UNAM, 1985, p. 40.

por Cortés, no era una esclava que le fue obsequiada al invasor en el lejano Tabasco?

Por otro lado, la Gran Tenochtitlan también se hizo poderosa por medio de la educación, pues todos los padres eran obligados a atender la formación de sus hijos para que pudieran ocupar un lugar en la sociedad, y en cada barrio o calpulli existían centros educativos. El *Calmecac*, la escuela de los guerreros, de los caballeros águila, llamada *la Casa de Lágrimas*[20] debido a su tremendo rigor militar, donde se formaba la futura clase gobernante, jugó un papel definitivo en la construcción de ese colosal imperio.

¿Y por qué al hablar de la cultura mexica no se menciona a uno de sus personajes más ilustres? Nezahualcóyotl, de Acolhuacan, Texcoco, y cuyo nombre significa «coyote hambriento»: en ese gran gobernante, arquitecto, poeta y filósofo contamos con un hombre sabio, creador de múltiples obras arquitectónicas de carácter hidráulico, como acueductos y diques, además de una colosal biblioteca en Texcoco con la que sorprendió a los propios mexicas. ¿Por qué la indolencia de no mencionar a este gran personaje de la historia patria? ¿Por qué ocultar la historia de personajes que bien podrían servir de ejemplo a las nuevas generaciones?

La quema y robo de códices

¿Por qué no se consigna que los españoles no sólo se robaron los códices precolombinos, invaluables herramientas de comunicación y entendimiento cultural, sino que destruyeron la inmensa mayoría de esos textos de inestimable valor y los que escaparon a la barbarie están en el extranjero clasificados con nombres incomprensibles, ajenos a su origen? El Códice Laud se encuentra en la Biblioteca Bodleiana de la Universidad de Oxford, Inglaterra. El Códice Borgia, «un libro mexicano valiosísimo con figuras jeroglíficas»,[21] que contiene el calendario ceremonial mexica más completo y más bellamente ilustrado, fue depositado

---

[20] «Casa de penitencia y lágrimas» la definió Sahagún, en Bernardino de Sahagún, *El México Antiguo: selección y reordenación de la historia general de las cosas de Nueva España de fray Bernardino de Sahagún y de los informantes indígenas*, Caracas, Biblioteca Ayacucho, 1981, p. 167.

[21] Así fue clasificado en la biblioteca del rey de Sajonia, en Dresde, donde hacia 1739 apareció este valioso códice. Se calcula que fue pintado en el siglo IX.

por el cardenal Estéfano Borgia en la Biblioteca Vaticana a principios del siglo XIX. El Códice Vindobonensis o Códice Viena, propio de la cultura mixteca, fue uno de los primeros en ser enviados a Europa por los invasores cuando ciertamente integran un carísimo e invaluable patrimonio de la mexicanidad.

Aunque claro, justo es reconocer que el primero en quemar códices fue un mexica: Itzcóatl (bajo la influencia de Tlacaélel, a quien hemos mencionado antes), nada menos que el cuarto tlatoani de los mexicas, quien llegó al poder sobre el cadáver de Chimalpopoca y que, desde luego, creó nuevos códices, diríase, algo así como una nueva historia oficial. Más tarde los sacerdotes católicos incinerarían casi todo ese patrimonio histórico, esos nuevos códices que acumularon por más de medio siglo una parte fundamental de nuestras raíces y que nos hubieran aportado grandes revelaciones sobre nuestro pasado, explicaciones a las que difícilmente volveremos a tener acceso para nuestra tragedia. ¿Por qué los invasores no iban a quemar los códices del nuevo mundo de tal manera que la historia comenzara con su llegada a principios del siglo XVI? ¿O simplemente los incineraron porque consideraban que dicho patrimonio cultural guardaba herejías y atentaba contra la fe católica? ¿O ambos pretextos juntos? La respuesta inmediata: los propios españoles, encabezados por el cardenal Francisco Jiménez de Cisneros, confesor y consejero de la reina Isabel la Católica a partir de 1492, uno de los más grandes criminales de la cultura española y universal puesto que cometió la barbarie de revisar casa por casa para requisar y quemar en la plaza Bibarrambla de Granada en febrero de 1500 o 1501 (no se conoce el año exacto) una biblioteca árabe que no la había en toda Europa, integrada por miles de volúmenes y encuadernada a todo lujo con invaluables manuscritos, salvajada cometida en contra de la cultura universal en la que no incurrieron los llamados moros con los manuscritos visigodos en Sevilla. ¿Otros datos relativos a la personalidad del cardenal Cisneros? ¡Van! En los once años que ejerció el cargo de inquisidor general impulsó el celibato no por cuestiones morales, sino para cuidar el patrimonio de la Iglesia que bien podría ir a dar a manos de los familiares de los clérigos casados. Además, autorizó el castigo de 52 855 personas de las que 3 564 fueron quemadas en la hoguera y el resto sentenciadas a penas corporales infamantes. No se debe olvidar que la ciudad de Granada era en 1492 la más culta y productiva de España: Cisneros tiene que cargar con la escandalosa decadencia de esa histórica capital árabe que vio arder en las piras inquisitoriales no sólo su memoria, sino también un tesoro de conocimiento humano.

¿No valdría la pena enseñarles a los niños la aberración que significa destruir el patrimonio escrito de un pueblo? ¿Narrarles algunos otros ejemplos no ayudarían a la mejor comprensión del problema? La quema de libros ha sido una práctica reiterada propia de los regímenes fanáticos e intolerantes para borrar la memoria de los vencidos, y en la historia de la humanidad los ejemplos sobran: el emperador chino Quin Shí Huangdi quemó miles de libros antiguos para eliminar cualquier rastro de pensamiento anterior a su dinastía. En el siglo X, Almanzor quemó asimismo la biblioteca del califa al-Hakam II en Córdoba. En 1562 Diego de Landa acabó con los libros mayas para borrar la historia escrita de esta cultura indígena, aunque luego se encargó de tratar de rescatar inútilmente lo más posible, pero el daño ya estaba hecho. El emperador Pedro II arrojó al fuego la documentación relativa a la esclavitud en Brasil. Y en 1933, los nazis quemaron en Alemania los libros de escritores izquierdistas y judíos. También la dictadura franquista celebró la Fiesta del Libro del 39, quemando los libros republicanos. Lo mismo hicieron los dictadores de Chile, Argentina y Guatemala, arrojando a la hoguera la documentación sobre la guerra sucia. Y en 1992, los serbios incendiaron la célebre biblioteca de Sarajevo.

«Las ideas prehispánicas sobre la *creación* del ser humano»

¿Creación…? Sí, así dice, aunque no lo creas, en un libro de texto supuestamente laico… Creación, sí, creación… ¿Estamos hablando de un texto bíblico sagrado?

Sí, esto se aborda en el libro de historia de cuarto grado (p. 70). Sí, de historia, no de superstición, no de adoctrinamiento, no de reencantamiento del mundo, sino de simple y llana historia.

Si ya se parte de la idea de la creación como un hecho histórico, una aseveración amañada, entonces debe aceptarse la existencia de un creador, y si se parte de la existencia de un creador entonces caemos en el terreno de la teología, de un dogmatismo apartado de la menor expresión racional indispensable en el contexto de una enseñanza liberal. La tal «creación» nunca existió, por lo que no es posible envenenar la mente de los niños con información falsa que no es posible demostrar empíricamente. ¿Cómo es posible hablar de la creación en el siglo XXI cuando ya existe la inseminación *in vitro*, la manipulación controlada y deliberada de los genes? ¿Y Darwin, y la evolución de las especies? ¿Y la ingeniería genética? ¿Y los métodos modernos de concepción? ¿Y el ADN, el ácido desoxirribonucleico? ¿Y los agujeros negros? ¿Y los descubrimientos de nuevas galaxias? ¿Cómo aceptar que en siete días una inteligencia superior a la humana creó todo lo que nos rodea cuando nuevos hallazgos y revelaciones nos sorprenden por doquier, descubrimientos que por supuesto no constan en las sagradas escrituras? Creador. ¿La creación en un texto laico? ¿Verdad que se ve claramente la mano invariablemente ventajosa del clero? ¿No hubiera sido suficiente consignar en lugar de «la creación del ser humano», «el origen del hombre»? Así de simple, ¿por qué recurrir a la «creación» o a la «aparición», términos bíblicos que no vienen al caso en el contexto de este libro? Origen y ya...

Ten en cuenta, querido lector, que en el libro *Exploración de la naturaleza y la sociedad*, correspondiente al segundo grado de primaria, hay un capítulo llamado: «Qué hay en el cielo». ¿Qué cuentan ahí? La leyenda de la Coyolxauhqui, que para colmo es una escena de violencia inaudita en la que Huitzilopochtli destroza a su hermana, quien lo iba a matar en el vientre de su madre, y a ella también... ¿Por qué combinar el conocimiento de la naturaleza, el científico, con los pasajes místicos que no resisten la menor prueba empírica? Dicho sea de paso: ¿qué hay en el cielo? Ciertamente, nada. El cielo es, en astronomía, una gigantesca bóveda vista desde tierra. El color del cielo es resultado de la interacción de la luz del Sol con la atmósfera de la Tierra. En dicha bóveda se registran fenómenos tales como el arcoíris, los relámpagos, o las concentraciones nubosas. No hay más... ¡Ah!, y de noche se contemplan las estrellas, las constelaciones, la Luna y hasta satélites que orbitan la Tierra para transmitir información, sin perder de vista que con poderosos telescopios es posible descubrir hasta agujeros negros y la existencia de nuevos planetas, entre otras curiosidades... ¿Qué hay en el cielo...? ¿Cómo que la leyenda de la Coyolxauhqui...?

El atropello a los grupos indígenas

¿Cómo es posible que el libro de texto con el que se forja a las nuevas generaciones establezca que: «A lo largo de nuestra historia, los grupos indígenas han tenido diversas dificultades: la pobreza, la segregación, el racismo, la falta de acceso a la educación y a la salud, entre otras» (p. 72)? ¿Dificultades? ¿Cómo que «dificultades» cuando han sido exterminados por políticas de conquista o de persecución, o aun en forma aleatoria por pestes? ¿En este libro ya se olvidó que más del 80% de la población del valle de México murió por la viruela, el sarampión, la difteria y la gripe, entre otras enfermedades importadas de España por los conquistadores? ¡Cuántos vieron el deterioro de sus cuerpos hasta morir encorvados, víctimas de enfermedades desconocidas en Mesoamérica!

¿Dificultades, cuando a lo largo de nuestra historia los grupos indígenas han sido objeto de toda clase de atropellos, desde la aniquilación de su pasado durante la conquista, la prohibición del culto a sus dioses, el arrasamiento de sus ídolos de piedra, la imposición de una nueva religión, incineraciones o torturas inquisitoriales, el despojo arbitrario de sus tierras, discriminación, racismo, esclavitud, represión, proscripción y olvido de sus lenguas, explotación, extinciones generacionales y desprecio al extremo de haber dudado de si tenían o no alma para ser o no quemados en las piras del Santo Oficio? ¿Dificultades? ¿Cuál igualdad frente a la ley? ¿Y el derecho de pernada que ejercían algunos hacendados en contra de las mujeres campesinas al poseerlas, obviamente en contra de su voluntad, antes de contraer nupcias? Uno de los grandes problemas de México es que sus pueblos originarios han quedado sepultados en la pobreza y son objeto del despotismo de los caciques, los gobernadores, los obispos, los grandes propietarios... aunque todos ellos, sin excepción, afirman que todo lo hacen para beneficiarlos.

¿Quiénes fueron los geniales constructores del México profundo? ¡Nuestros aborígenes! ¿Quiénes construyeron las pirámides que hoy en día nos enorgullecen? ¡Nuestros aborígenes! ¿Quiénes fueron los grandes arquitectos, escultores, astrónomos, poetas, ingenieros, geniales estrategas militares del pasado? ¡Nuestros aborígenes! ¿Quiénes son los creadores de nuestra riqueza gastronómica? ¿Quiénes nos sorprenden con el enorme patrimonio folclórico? ¡Nuestros aborígenes! Y sin embargo, en lugar de profesarles un justificado agradecimiento, hoy en día subsisten en la miseria, ignorados y abandonados a su suerte con toda su genialidad...

En 1992 el libro de texto tenía razón al consignar que: «La conquista española interrumpió violentamente el desarrollo de las culturas del México antiguo [...]. Los rasgos más refinados de la cultura antigua fueron destruidos. A pesar de la destrucción, mucho de la cultura y de la sensibilidad del México antiguo sobrevivió. Es una herencia que pertenece a todos los mexicanos». ¿Por qué las notables diferencias con el de 2015? ¿Cuál era la consigna? ¿Para qué una consigna? ¿Quiénes recibieron y ejecutaron la consigna? ¿Por qué una consigna en contra de la patria y de su futuro? ¿Quién se atreve a hacerlo y sin sufrir las consecuencias...? ¿Por qué no se insistió una y otra vez en la estructura ética mexica que prohibía el robo y castigaba con tremenda severidad la mentira? ¿Por qué no subrayar que la corrupción, un cáncer pavoroso que nos devora hasta nuestros días, llegó con los españoles, al igual que la viruela y otras devastadoras enfermedades?

Los grandes navegantes y exploradores

Al abordar el tema de las rutas exploradas (p. 78) por los europeos para llegar a la India y China se omite información, pues aunque advierten que «principalmente españoles y portugueses hicieron diferentes viajes de exploración», no se menciona la presencia de los chinos, quienes, cuando menos cincuenta años antes que Colón, ya habían pisado los territorios americanos, aun cuando no fundaron colonias ni permanecieron en las regiones descubiertas. El libro de texto no menciona nada al respecto, como tampoco hace saber que los vikingos, aquellos audaces navegantes nórdicos, ya habían recorrido las costas del este de lo que hoy son Estados Unidos y Canadá nada menos que en el siglo X, casi quinientos años que el propio Colón. ¿Qué tal?

A fines del siglo XV, Cristóbal Colón convenció a la reina castellana Isabel la Católica de que la Tierra era redonda y por tanto se podía ir a la India por otra ruta, la del oeste. Una vez convencida y decidida a lanzarse a la aventura naval, Isabel echó mano del producto de las confiscaciones obtenidas de la persecución religiosa a los judíos y así financió el proyecto para cambiar la historia del mundo. ¿Verdad que la alianza entre el poder político y el clero fue un gran negocio pues este último tenía facultades para confiscar los bienes de los infieles, sobre todo los de los judíos ricos, compartiendo alguna parte de las ganancias con la Corona? El viaje de Colón se financió con el dinero de los judíos perseguidos que deseaban salvar su patrimonio y más tarde su vida.

Ahora bien, si el propio Cristóbal Colón descubrió América, este continente debería llamarse en todo caso Colombia, ¿no...? Sin embargo, cuando en 1505 un cartógrafo alemán la hizo llamar América en un mapa elaborado por Amerigo Vespucci (mismo que revelaba el descubrimiento de un nuevo mundo), este continente injustamente pasó a llamarse así. Lo anterior demuestra cómo la arbitrariedad puede en ocasiones arrebatar el crédito a los investigadores. Que este continente en el que vivimos también podría llamarse China, o Nueva China, porque lo descubrieron los chinos, o Vikingia por los asentamientos vikingos en Canadá, según se descubrió en 1960, eso ya lo dejo a su consideración junto con una sonrisa traviesa. Es clara la dificultad de buscar la verdad en la historia, ¿verdad…?

Pero Colón no sólo necesitaba convencer a los reyes de la importancia de su proyecto y obtener el financiamiento, sino que todavía tenía que convencer al clero de que la Tierra era redonda y de que no existía catarata alguna en la que se despeñarían las carabelas para caer en las fauces de animales gigantescos que devorarían a la tripulación.

A finales del siglo XV la Iglesia obligaba a pensar de un solo modo, imponía el pensamiento único, su punto de vista tenía que ser aceptado so pena de ser excomulgado por pecado de herejía. A pesar de la evidencia científica existente, los prelados negaban la redondez de la Tierra, a la que consideraron el centro del Universo e incluso creyeron que el Sol giraba alrededor de ella, pese a que los griegos primero y después los árabes, a partir de la observación de los astros y el desarrollo de las matemáticas, aportaron datos bastante aproximados de la circunferencia terrestre.

Para acercarse lo más posible a la verdad histórica y tratar de saber lo que realmente aconteció, es menester estudiar a varios investigadores, leer muchos tratados y ensayos y a la hora de conclusiones pensar detenidamente cuál es la hipótesis que más convence después de analizar a un amplio abanico de autores, sin apasionamientos que ensombrezcan el entendimiento para acercarnos lo más posible a la verdad.

Es importante mencionar las Capitulaciones de Santa Fe, un documento que consigna los acuerdos que suscribieron Colón y los Reyes Católicos en abril de 1492; se trata de un acuerdo muy ventajoso para los inversionistas dispuestos a financiar a Colón en su periplo a cambio de enormes ganancias económicas. ¡Claro que es un mito todo aquello de que Isabel la Católica vendió sus joyas para pagar el viaje de Colón! Es falso, aunque la leyenda es hermosa. «Lo cierto es que el nieto de don Azarías Chinillo [judío], cuyos propios familiares fueron quemados por la Inquisición, don Luis de Samuel, proporcionó la suma gracias a la cual España fue la que realizó la gran hazaña descubridora»[22]

Los mercaderes deseaban lucrar al máximo con la nueva ruta comercial, sólo que cuando la Corona española descubrió la gigantesca riqueza que se encontraba en los territorios americanos decidió invalidar dichas capitulaciones, fundándose en el argumento según el cual Colón no había llegado a la India sino a otro continente, por lo que tanto el famoso e intrépido navegante como sus socios perdieron las concesiones que habían logrado. ¿Se pueden imaginar la furia y el malestar de Co-

---

[22] Boleslao Lewin, *Los judíos bajo la Inquisición en Hispanoamérica*, Buenos Aires, Dédalo, 1960, pp. 20-21.

lón al haber sido engañado precisamente por los Reyes Católicos? «El acuerdo consistía en llegar a la India. ¿Llegaste a la India?» «No, llegué a otro continente, llegué a un lugar nuevo que cambiará el mundo.» «Entonces todo lo pactado no vale...» ¿Qué tal...? Lo mismo sucedería años más tarde con Cortés después de la consumación de la llamada conquista: al descubrir la Corona lo que representaba México le privó de muchas de las ventajas y beneficios acordados.

Tan pronto regresó Colón de sus viajes a España acompañado de decenas de aborígenes americanos medio desnudos y con breves penachos para exhibirlos en la corte como prueba de la existencia de los nuevos territorios, fue recibido en Barcelona por los Reyes Católicos en medio de una gran fiesta. En el salón del trono relató el viaje, habló de las islas, de la vegetación, les presentó a dichos indios semidesnudos, que hincados se persignaron y rezaron el Ave María; los hombres del almirante exhibieron jaulas con aves tropicales de plumajes multicolores, objetos de oro y plata que llamaron la atención de los aristócratas, y de inmediato se empezaron a organizar nuevas incursiones para apoderarse de las tierras descubiertas y sus riquezas escondidas. Ahí comenzaron los problemas, al menos para una parte muy importante de América. Las tripulaciones de los barcos capitaneados por Colón fueron integradas, con sus debidas excepciones, por presos extraídos de las cárceles españolas en contra de su voluntad. ¿Te imaginas la naturaleza criminal de los padres fundadores de América, unos delincuentes que purgaban penas corporales? Sobra decir que no toda la tripulación de Colón constituía una escoria social, lo anterior para no ser víctima de pasiones pro indigenistas. Podemos empezar a encontrar explicaciones y un común denominador entre nosotros y aquellos países hermanos sometidos a la Corona española a sangre, peste y fuego.

¿Otro punto adicional? Basta pensar que estos pillos, en su mayoría llegados a América en busca de una libertad de la que habían sido privados en España (compárense con los peregrinos del *Mayflower*), arribaron sin sus esposas ni sus familias a hacer dinero a cualquier costo y a abusar de las mujeres indígenas por medio de la fuerza. Empezaron a proliferar generaciones y más generaciones de resentidos, de seres antisociales rechazados por su padre y por su madre al haber sido producto de una violación; se trataba de menores excluidos movidos por el rencor. El resultado tenía que ser catastrófico: no se trataba de maestros ni de catedráticos ni de grandes empresarios, intelectuales o poetas, sino de presos casi todos analfabetas, carentes de la menor estructura ética y de la más elemental formación académica. Pobre Mesoamérica... Pobre América, porque el mestizaje forzado se dio en todo el continente y no sólo en Mesoamérica...

En el libro de texto debería existir una constancia de que el 30 de abril de 1492 los Reyes Católicos concedieron amplio indulto para aquellos que acompañaran a Colón, sin importar los crímenes que hubieran cometido y aunque fueran graves. «Tan temibles fueron los criminales que se resolvieron a emigrar a América seducidos por este indulto, que los Reyes Católicos juzgaron prudente ordenar al asistente mayor de Sevilla tuviese presos a dichos criminales "fasta entregallos al almirante [...] o a la persona que thobiese cargo dello"».[23]

Si estaba claro, como era, que se trataba de delincuentes, bárbaros y aventureros de todo tipo, ¿se pueden imaginar lo que le esperaba al imperio mexica?

Dos décadas después de haber llegado a América, los españoles conquistaron violentamente Cuba, aniquilando a la población originaria y al cacique Hatuey, quien fue arrojado a una hoguera por no querer convertirse al catolicismo y haber lanzado la cruz cristiana nada menos que a un río.

Hay que saber que Cortés jugó un papel muy destacado en Cuba, figurando por ello entre los favoritos de Diego de Velázquez, quien fue designado gobernador de la isla. Velázquez será quien envíe las expediciones de Francisco Hernández de Córdoba y Juan de Grijalva, así como la de Cortés, a las costas de Yucatán.

En la línea de tiempo que abarca de 1490 a 1580 (pp. 80-81) hay muchísimas carencias de contenido, pero tristemente esa no es su más grave deficiencia.

En casi todas las líneas de tiempo, los autores se valen de un recurso que pedagógicamente es muy útil, pero está tan mal aplicado en estos libros que resulta contraproducente. Me refiero a la subdivisión de la línea de tiempo no sobre la línea horizontal (lo que está dado por las fechas mismas), sino sobre la línea vertical.

Se recurre a esto (se supone) para brindar al niño una idea de la complejidad de la historia; es decir, para situar cronológicamente hechos referentes a diversos lugares o a distintos temas, algunos de los cuales ocurren simultáneamente. Así, por ejemplo, en 1492, mientras Colón se aventura en el puerto de Palos, ¿quién gobierna en México-Tenochtitlan? ¿Cuál es la situación que priva en las islas del Caribe, adonde arribarán primero los aventureros europeos? ¿Qué pasa en España en ese año? ¿Qué pasa en el resto de Europa?

[23] Joaquín F. Pacheco y Francisco Cárdenas, *Colección de documentos inéditos relativos a la conquista de América*, vol. XXXVIII, Madrid, Imprenta de M. Bernardo de Quirós, 1884, p. 168.

Preguntas como estas quedarían satisfechas si este recurso pedagógico hubiera sido bien empleado. En cambio, los cuatro módulos diseñados por los autores son: Viajes de Cristóbal Colón (1492-1504); Expediciones españolas en México (1517-1519); Conquista de México-Tenochtitlan (1519-1521); Conquista de otros territorios y colonización (1522-1578).

¿Pero qué sentido puede tener subdividir la línea de tiempo verticalmente en módulos temáticos si los sucesos pertenecientes a estos módulos no coinciden ni pueden coincidir porque cada uno cubre un periodo de tiempo distinto?

Decididamente, sólo podemos concluir que no comprenden la utilidad del recurso pedagógico, pero se sienten obligados a emplearlo. Resultado: un desastre.

Por lo demás, regala migajas de contenido. ¿Piensas que eso es lo que merecen los niños de México? En vez de los trece insuficientes sucesos consignados a lo largo de nuestro muy profundo siglo XVI, la línea de tiempo debería contener por lo menos los siguientes acontecimientos para considerarla una herramienta verdaderamente útil para los pequeñitos.

Las Cruzadas

El libro de texto aborda el tema de las Cruzadas y las explica (p. 84) como simples «expediciones militares cuyo objetivo inicial era recuperar Jerusalén, que estaba bajo el dominio musulmán», durante el cual supuestamente se habían profanado los lugares santos. Y no será sino hasta 1453, tras la caída de Constantinopla a manos de los turcos otomanos (suceso que se menciona en el libro), cuando el virtual cierre del Mediterráneo obligue a la búsqueda de nuevas rutas, como la creada por el propio Colón, para evadir la asfixia comercial. Expresado lo anterior, vale la pena hacer las siguientes aclaraciones y precisar algunos desencuentros.

Las Cruzadas fueron promovidas por el Papado para restablecer el control cristiano sobre Tierra Santa a lo largo de los siglos XI al XIII. Se dirigieron contra los musulmanes, los eslavos paganos, los judíos, los cristianos ortodoxos griegos y los rusos, mongoles, cátaros, husitas, valdenses, prusianos y los enemigos políticos de Roma. A los soldados cruzados, los «soldados de Cristo», la *militia Christi*, se les concedió indulgencia por los pecados cometidos en el pasado. Se tendría derecho

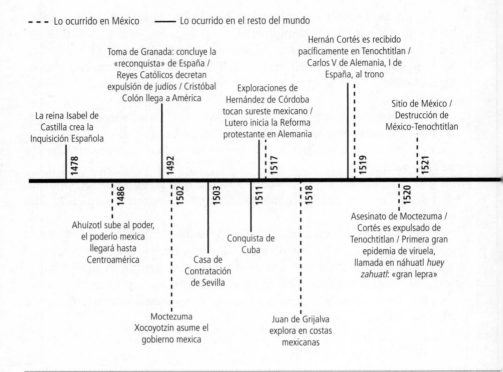

- - - Lo ocurrido en México ——— Lo ocurrido en el resto del mundo

Hernán Cortés es recibido pacíficamente en Tenochtitlan / Carlos V de Alemania, I de España, al trono

Toma de Granada: concluye la «reconquista» de España / Reyes Católicos decretan expulsión de judíos / Cristóbal Colón llega a América

Exploraciones de Hernández de Córdoba tocan sureste mexicano / Lutero inicia la Reforma protestante en Alemania

Sitio de México / Destrucción de México-Tenochtitlan

La reina Isabel de Castilla crea la Inquisición Española

1478 · 1492 · 1517 · 1519 · 1521

1486 · 1502 · 1503 · 1511 · 1518 · 1520

Ahuízotl sube al poder, el poderío mexica llegará hasta Centroamérica

Conquista de Cuba

Casa de Contratación de Sevilla

Asesinato de Moctezuma / Cortés es expulsado de Tenochtitlan / Primera gran epidemia de viruela, llamada en náhuatl *huey zahuatl*: «gran lepra»

Moctezuma Xocoyotzin asume el gobierno mexica

Juan de Grijalva explora en costas mexicanas

a la vida eterna siempre y cuando se cumpliera con un cometido fundamental: conquistar territorios a nombre de Roma echando mano de cualquier recurso, pasando por encima de cualquier mandamiento.

Ninguna guerra puede ser llamada santa, pero si los Papas las calificaron de esta manera fue para justificar la pavorosa carnicería de cientos de miles de personas, de incrédulos que rechazaban la religión católica y que, por lo mismo, no cooperaban a su sostenimiento. El fondo económico, como siempre, era evidente tratándose del clero: el dinero, la riqueza, el poder, tal y como acontece en la actualidad, ya que en nuestros días, con enormes reservas financieras en Wall Street y participación en inmobiliarias, empresas del plástico, la electrónica, el acero, cemento, textiles, química, alimentos, construcción, alquitrán, hierro, destilerías, agua potable, hornos de gas e industriales, bancos, entre muchos otros rubros tanto en Europa como en Norte y Sudamérica, la Iglesia es el mayor terrateniente y poseedor de inmuebles del mundo occidental. En Roma tiene miles de palacios, pertenecientes a los cientos de congregaciones de monjas y órdenes monacales. Se ha calculado que posee una tercera parte de la ciudad de Roma.

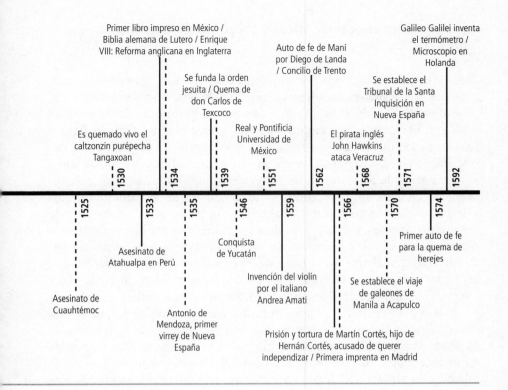

Primer libro impreso en México / Biblia alemana de Lutero / Enrique VIII: Reforma anglicana en Inglaterra

Auto de fe de Maní por Diego de Landa / Concilio de Trento

Galileo Galilei inventa el termómetro / Microscopio en Holanda

Se funda la orden jesuita / Quema de don Carlos de Texcoco

Se establece el Tribunal de la Santa Inquisición en Nueva España

Es quemado vivo el caltzonzin purépecha Tangaxoan

Real y Pontificia Universidad de México

El pirata inglés John Hawkins ataca Veracruz

1530 1534 1539 1551 1562 1568 1571 1592

1525 1533 1535 1546 1559 1566 1570 1574

Asesinato de Cuauhtémoc

Asesinato de Atahualpa en Perú

Conquista de Yucatán

Primer auto de fe para la quema de herejes

Antonio de Mendoza, primer virrey de Nueva España

Invención del violín por el italiano Andrea Amati

Se establece el viaje de galeones de Manila a Acapulco

Prisión y tortura de Martín Cortés, hijo de Hernán Cortés, acusado de querer independizar / Primera imprenta en Madrid

¿Cómo fue posible que de unas ideas piadosas como las supuestamente divulgadas por Jesús pudiera haber surgido una Iglesia de guerra que proponía la muerte y la apropiación de los bienes de todos aquellos calificados como infieles? ¿En estos crímenes deleznables, en el acaparamiento de poder y riquezas de las máximas autoridades católicas se convirtieron las enseñanzas de Jesús? ¿Qué…? ¿En eso…? ¿Era una guerra deseada por Dios, una guerra justa…? En el fondo se trataba de crear un gran imperio que no sería administrado por los emperadores sino por los Papas, los legítimos sucesores de los césares romanos cristianos, en resumen, una auténtica guerra de conquista camuflada con motivos religiosos que contaminó al cristianismo, al Islam y al judaísmo hasta nuestros días. Fue uno de los grandes crímenes de la Iglesia católica, que jamás será perdonada.

Expulsión de moros y judíos de España

No se debe olvidar que los árabes, ese pueblo que tuvo una pasión oceánica por la cultura, introdujeron el álgebra en Europa así como el cero, ni se debe perder de vista que casi una cuarta parte del idioma español proviene del árabe, que sus universidades ubicadas en España figuraban entre las mejores de su tiempo por su notable evolución en el conocimiento de las matemáticas, la química, la medicina, la astronomía, la ingeniería y la literatura entre otras disciplinas más. Los árabes, herederos de civilizaciones antiguas como la egipcia, la romana y la de los griegos, a quienes tradujeron profusamente, llenaron sus dominios de mezquitas, fuentes, palacios y jardines después de inventar mecanismos de irrigación que los convirtieron en regiones prósperas y sumamente hermosas. Mientras en el resto de Europa prevalecía la Edad Media, en España florecía la cultura, las ciencias, la agricultura, el comercio y la convivencia pacífica y respetuosa entre cristianos, árabes y judíos.

Los reyes Fernando e Isabel conquistaron el reino de Granada, «la mayor ciudad, la mejor situada, la más productiva y la más culta de España»,[24] a principios de 1492 (poco antes de que Colón empezara su primer viaje), lo que proporcionó a la Inquisición nuevas víctimas antes de la conversión fingida y coactiva de innumerables moros. Las denuncias anónimas recibidas por la jerarquía católica a cambio de dinero no se hicieron esperar: empezó el terror y la putrefacción social. ¿Ejemplo? Una sola persona testificó en Valencia contra otras 964 en el transcurso de su enjuiciamiento por prácticas islámicas.[25] Las purgas impunes se llevaban a cabo como una siniestra cadena. El Santo Oficio contribuyó con notable eficacia a la despoblación de España: impulsó el éxodo de cientos de miles de individuos en diferentes momentos de la historia y provocó la expulsión de los judíos, moros y moriscos, expatriando en tres siglos a cerca de cuatrocientas mil personas, además de impedir la entrada de personalidades de los mundos de las artes, de la industria y el comercio, los que florecerían admitiendo ingleses, franceses, holandeses y otros, aunque fuesen protestantes o practicantes de otra religión.

Imposible no dejar aquí constancia de que los judíos de España comprendieron la suerte que se les avecinaba y conscientes de que po-

---

[24] Daniel Eisenberg, «Cisneros y la quema de los manuscritos granadinos», *Journal of Hispanic Philology*, Florida State University, núm. 16, 1992, pp. 107-124.

[25] Stephen Haliczer, *Inquisición y sociedad en el reino de Valencia (1478-1834)*, Valencia, Edicions Alfons el Magnánim, 1993, p. 109.

dían evitar con dinero cualquier peligro en contra de sus personas y de sus bienes, ofrecieron a los reyes Fernando e Isabel treinta mil ducados para gastos de la guerra de Granada. La oferta llegó rápidamente a los oídos de Tomás de Torquemada, un fraile dominico castellano, también confesor de Isabel la Católica y primer inquisidor general de Castilla y Aragón en el siglo XV. El inquisidor, como todos los inquisidores y verdugos, a sabiendas de que si prosperaba el ofrecimiento de los judíos ya no podría arrebatarles su patrimonio en los sótanos donde se torturaba a los infieles, tuvo la osadía de apersonarse –crucifijo en mano– en las habitaciones de los Reyes Católicos para gritarles furioso a la cara: «Judas vendió una vez al Hijo de Dios por treinta dineros de plata: vuestras altezas piensan venderlo por segunda vez por treinta mil. ¡Ea, señores, aquí le tenéis! ¡Vendedlo!».[26]

Los reyes, aterrorizados con la sola idea de pasar la eternidad en el infierno, promulgaron una ley el 31 de marzo de 1492 que ordenaba la salida de todos los judíos de ambos sexos de España antes del 31 de julio de aquel mismo año, «bajo pena de muerte y confiscación de bienes [...] pudiendo sacar sus muebles, menos oro, plata y dinero, el cual debía extraerse en letras de cambio o mercadería de lícito comercio».[27] Torquemada se había salido con la suya. Bien sabía él adónde irían a parar los bienes confiscados a los judíos...

Tal fue la desesperación de los judíos, que intercambiaban una casa por un asno, y una viña por un poco de paño o lienzo antes de perderlo todo. De esta suerte, 160 000 familias judías dejaron atrás sus tierras y se internaron en Europa en busca de mejor suerte, al igual que los moros desocuparon Granada y otras regiones para el inmenso atraso de España. En la misma proporción que los supuestos infieles se hundían en la pobreza, los inquisidores se enriquecían por la destacada posición económica de los acusados, temerosos de ser quemados vivos en las piras. ¡Cuántos herederos tuvieron que seguir liquidando las deudas adquiridas por las víctimas ya fallecidas por las torturas!

El dinero se esfumó, se dispararon los precios, la decadencia industrial hizo acto de presencia y por la puerta grande, en tanto que la agricultura se arruinó cuando los moriscos abandonaron su patria y sus campos. El hambre y el atraso surgieron por doquier. Los españoles se declararon indignos del trabajo que correspondía a las clases sociales inferiores, y la educación, en manos del clero, quedó reservada para los sectores privilegiados que contemplaban con desprecio a la plebe, a la

[26] Juan Antonio Llorente, *Historia crítica de la Inquisición en España*, vol. 1, Madrid, Hiperión, 1981, p. 203.
[27] *Idem.*

población rústica ahogada por la ignorancia y el analfabetismo. ¿Por qué a cada paso habrá de aparecer el clero…?

Comienza la conquista

La historia de la así llamada «conquista» de México (p. 90) es uno de los episodios que más claramente exponen las dificultades para reconstruir la historia cuando sólo se dispone de una versión de los hechos. En efecto: de aquellos sucesos contamos con escasos testimonios directos, pero abundan los indirectos provenientes de los mexicas vencidos, y aunque posteriormente, en el mismo siglo XVI, algunos frailes como Diego Durán o Bernardino de Sahagún recogieron versiones sorprendentes de quienes sobrevivieron aquella masacre ejecutada con la colaboración de varias naciones indígenas enemigas de los mexicas, la información es fragmentaria, dispersa y no refleja ni alude al profundo significado que para aquellos pueblos tuvo la desaparición de lo que podemos llamar su mundo.

Ya he mencionado la destrucción que Tlacaélel, el poderoso consejero mexica, y los españoles invasores hicieron del antiguo legado escrito; ¿se imaginan si alguien, quien fuera, peor aun si se tratara de un extranjero del todo ajeno a nuestras tradiciones, viniera a incendiar el día de hoy el Archivo General de la Nación? Si mexicas y españoles, pero sobre todo estos últimos no hubieran convertido en cenizas semejante patrimonio, hoy contaríamos con información valiosa y puntual para poder apreciar la trayectoria cultural, social, económica y científica desarrollada por los pueblos antiguos, así como sus tradiciones, ceremonias y creencias religiosas; sus ritos, nociones geográficas, sistemas económicos, cronología, historia y alianzas entre señores.

Lamentablemente no tenemos más alternativa que tratar de ceñirnos, con sus respectivas excepciones, a las fuentes del invasor y partir de su experiencia y de sus puntos de vista. Pero da la casualidad que estas fuentes con frecuencia se contradicen, debido sin duda a que muchos intereses estaban en juego, pero también y sobre todo porque los sucesos registrados bien pueden haberse escrito en aras de defender intereses particulares, para evitar sanciones o defender privilegios o simplemente por vanidad o para no perder un privilegio al reconocerse ciertos hechos. En la historia se dan espacios espectaculares para la mentira, misma que debe ser desenterrada o rescatada y vuelta a escribir por los investigadores. Se trata de una tarea permanente, de ir picando piedra día a día hasta dar con la verdad, una veta rica y luminosa que justifica la existencia. En muchos de los capítulos escritos por el soldado Bernal Díaz del Castillo en su *Historia verdadera de la conquista de la Nueva España*, el autor no fue testigo de los hechos narrados, mismos que redactó mucho tiempo después mediante testimonios que fue recogiendo a una edad provecta, por lo que no es historia ni es verdadera ni es de la conquista, y probablemente ni siquiera el autor sea Bernal Díaz, por lo que en todo caso sería la crónica de una invasión... con ribetes literarios.

Durante la conquista y colonización de México, hechos dramáticos ambos, los informes enviados a la Corona necesariamente tenían que omitir hechos o modificarlos, simplemente mentir para no contrariar la opinión del monarca o sus órdenes o evitar decisiones opuestas a los objetivos inconfesables de sus súbditos. Aun deseando decir la verdad, tenían que cuidarse demasiado para no dejar comprometida la honorabilidad de la Corona. La misma Corona, para legitimar su poder y garantizar el control de sus nuevos y gigantescos territorios, aceptaba o recurría a invenciones como las apariciones de las vírgenes, una parte fundamental de la conquista espiritual de México. Todo lo anterior sepultó bajo siete enormes capas de tierra lo que realmente sucedió durante la conquista de México, hechos que quedaron enterrados junto con la versión mexica de los acontecimientos.

Así, según los cronistas, españoles todos, Moctezuma ciertamente cayó en episodios de angustia o de pánico cuando fue informado de gigantescas casas flotantes que se acercaban a las costas de lo que hoy es el estado de Veracruz, dirigidas por hombres blancos barbados, tal vez, según él y sus hechiceros y consejeros, descendientes de Quetzalcóatl si no es que se trataba del mismo dios... Y Cortés supo o percibió el miedo del gran tlatoani, a quien nadie podía ver a los ojos ni podía utilizar sandalias dentro del palacio por ser privilegio exclusivo del soberano, por lo que siguió avanzando hacia la Gran Tenochtitlan haciendo uso de dos herramientas: las alianzas y la violencia, el empleo diestro del terror para intimidar a los pobladores que encontraba a su paso y obviamente a Moctezuma, un líder ciertamente religioso y, por lo tanto, en extremo supersticioso. ¡Pocos han meditado en cuánto contribuyó a la conquista la intolerancia absoluta, el irrefutable poder sobre las masas ejercido por Moctezuma, ya que nadie podía replicar ni tener iniciativas si él no las aprobaba!

En el libro de texto se sostiene que Cortés era un militar español. Falso. Si bien no estudió en ninguna academia militar, era un joven altivo, amigo de las armas, que supuestamente abandonó sus estudios en la Universidad de Salamanca, donde si acaso tomó clases de latín, para incorporarse a las empresas de «descubrimiento». Al viajar a América ávido de aventuras y de oro y riquezas, su gran móvil, tuvo una destacada participación en la conquista de Cuba, por lo que el gobernador Diego de Velázquez, confiando en su lealtad, no tuvo empacho en enviarlo como jefe de misión para descubrir nuevos territorios ya que reconocía en él audacia y temeridad. Cuando Velázquez supuso o fue informado de que Cortés lo traicionaría, ordenó de inmediato su detención, pero era muy tarde porque aquel ya había zarpado rumbo a las costas mexicanas decidido a no compartir con nadie la gloria ni los frutos de la llamada conquista, para lo cual, tan pronto pudo, se sometió directamente a la autoridad del rey de España y no, por supuesto que no, a la del gobernador de Cuba.

Cuando desembarcó a un lado de lo que hoy es la fortaleza de San Juan de Ulúa, de muy triste recuerdo según se comprobará más adelante, fundó la Villa Rica de la Vera Cruz y su respectivo ayuntamiento a fin de desligarse de Velázquez. Acto seguido, hizo que la autoridad de la nueva ciudad lo nombrara capitán general y le encargara en nombre de la Corona de España la conquista de los nuevos territorios, mucho más ricos, a simple vista, que los cubanos...

El libro de texto advierte que Moctezuma, el gobernante mexica, «se enteró de la llegada de Hernán Cortés y envió mensajeros al encuentro de los españoles con la instrucción de ofrecerles regalos a cambio de que abandonaran sus planes de llegar hasta Tenochtitlan» (p. 91). Sí, pero debería haber agregado que la primera pregunta que hizo el invasor al embajador Teuhtlilli fue «si Moctezuma tenía oro. E como respondió que sí, "envíeme, dice, dello; ca tenemos yo y mis compañeros mal de corazón, enfermedad que sana con ello"».[28]

Cuando Moctezuma oyó está descripción, volvió a enviar mensajeros, pero ahora iban con ellos adivinos y hechiceros para que viesen si los podían «encantar, hechizar [...] echar una mirada maligna [...] o conjurarlos con una palabra mágica, con el fin de que ellos se enfermasen, muriesen o se regresasen».[29]

Pero los «hombres tecolote», los «hombres búho» o hechiceros, fracasaron, no pudieron hacer nada y volvieron a informar a Moctezuma cómo eran y «qué fuertes son [los españoles]. No somos adversarios para ellos, somos como nada».[30]

---

[28] Francisco López de Gómara, *Historia de las conquistas de Hernando Cortés*, vol. 1, México, Testamentaria de Ontiveros, 1826, p. 313.
[29] Salvador Toscano, *Cuauhtémoc*, México, FCE, 1953, p. 94.
[30] *Ibid.*, p. 96.

¿Se imaginan que el propio tlatoani mandó a un brujo de su confianza para que «viera feo» a Cortés, con el ánimo de asustarlo y convencerlo de la inconveniencia de continuar su marcha hacia Tenochtitlan? ¿Y si les dijera que en otro momento mandó a un doble suyo para saber cómo reaccionaría el invasor español, o bien, que el propio Moctezuma llegó a meditar la posibilidad de huir y abandonar su elevado cargo?[31]

Malintzin (también llamada Malinche): Doña Marina

Con semejantes miedos, cobardía y supersticiones era evidente que la suerte de la Gran Tenochtitlan estaba ya echada y mucho más que echada cuando en Potonchán, en el actual Tabasco, después de unas escaramuzas, los pobladores del lugar les regalaron a los invasores animales, pieles y plumas de aves, así como «algunas mujeres, una de ellas Malintzin (también llamada Malinche)», una hermosa nativa bilingüe que hablaba el maya y el náhuatl, la lengua del imperio mexica. Esta mujer, después bautizada como Marina, doña Marina, representaría un papel definitivo a lo largo de la invasión española porque alertaría a Cortés de las conjuras en su contra, de los planes para matarlos o de las trampas que les tenderían para cancelar a como diera lugar la marcha hacia el corazón mismo del Anáhuac. ¿A Cortés sólo le regalaron a la Malinche en su camino a Tenochtitlan? ¡Qué va! Le obsequiaban mujeres por donde pasaba para cimentar la relación. Injusto sería no dejar aquí constancia de que muchas de ellas se cubrían con lodo el cuerpo y el rostro para esconder su belleza y ocultarse al escrutinio de los españoles.

«Doña Marina sabía mucho por aver tratado con mercaderes indios, y gente principal que hablavan desto cada día.»[32]

---

[31] Moctezuma, al conocer las amenazas de los extranjeros –dice el *Códice Ramírez* (p. 83)– quedó «muy espantado y casi sin aliento [...] muy triste y lloroso [...] vacilando qué haria de sí, si se huiria ó se escondería.» Decidió –dice Sahagún en su *Relación* (p. 34)– «que se juntasen todos los encantadores y nigromantes, y que [...] empleasen todo su saber y poder para hacer mal, impedir y espantar á los españoles para que viesen y no osasen llegar á México [...] [pero] todo cuanto hicieron y dijeron, y negociaron con los demonios sus abogados y favorecedores, no valió nada, y se volvieron confusos y tristes á dar esta relación á Mocthezuma, el cual les oyó, y se espantó mucho, y le cayó gran desmayo».

[32] Diego de Landa, *Relación de las cosas de Yucatán*, Barcelona, Linkgua Digital, 2012, p. 16.

«La bella india (Malintzin), bautizada con el nombre de Marina, una mujer astuta y conocedora de varias lenguas, con quien Cortés engendró un hijo conocido como Martín Cortés, fue una pieza clave para el buen éxito de la empresa, pues su inteligencia salvó a la hueste del desastre en más de una ocasión. Don Hernán, hombre aficionado por igual a la conquista de tierras exóticas y corazones femeninos, vivió un apasionado romance con la cobriza beldad durante los turbulentos años de la conquista.»[33]

«La información proporcionada a través de Marina a Cortés le permitía a este anticiparse a la estrategia de sus enemigos, pactar con ellos ventajosamente, dividirlos o engañarlos. Ese sistema de cadenas de intérpretes con fines militares fue ampliamente utilizado durante la conquista del continente americano.»[34]

La figura de Malinche ha ido cambiando en la historia de los gachupines y de los criollos. Para los primeros fue la amante de Cortés, para los segundos fue su traductora y consejera. Realmente Malinche fue una mujer muy ambiciosa y astuta, una esclava que se entregó a quien la trató bien sin deberle ninguna lealtad a los mexicas, sus jurados enemigos. Fue el poder tras el trono durante los primeros años de la conquista y Colonia, ejerció una gran autoridad y era temida y obedecida por los tlatoanis y caciques. Murió rica y poderosa la mujer que influyó en la caída de Tenochtitlan.

Hay constancia documental, según el historiador Hugh Thomas, de que Malintzin habría muerto en 1551, en el entendido de que encontró una carta en España que la confirma viva todavía en 1550.[35]

Las causas de la derrota

En el libro de texto se menciona que «las alianzas de los españoles con los indígenas fueron determinantes para que cayera la ciudad de Méxi-

[33] Germán Vázquez Chamorro (ed.), *La conquista de Tenochtitlan*, Madrid, Dastin, 2002, p. 76.
[34] Alejandra Laporte, «Entre la muerte y la deshonra. Traductores e intérpretes de la conquista de América», *Redacción digital*, Argentina, enero de 2004, consultado en septiembre de 2015, www.redaccion-digital.com.ar/entre_la_muerte_y_la_deshonra.htm
[35] Hugh Thomas, *Conquest: Montezuma, Cortes, and the fall of old Mexico*, Nueva York, Simon and Schuster, 1993, p. 769.

co-Tenochtitlan, pues los combatientes indígenas eran más que sus aliados españoles, lo que favoreció que ganaran las batallas».

¿Cuáles batallas? Si el libro de texto hace saber que las alianzas de Cortés con los enemigos de los mexicas fueron determinantes para lograr la conquista de México, entonces habría que mencionar cuáles fueron las batallas en las que esta alianza resultó ciertamente determinante. Una de las muy escasas batallas que hubo fue la muy mal llamada *Noche Triste*, que en realidad debería haber pasado a la historia como «Noche Alegre» porque los mexicas encabezados por Cuitláhuac, que personalmente venció a la guarnición española, aplastaron a los españoles, aun cuando es justo reconocer que los castellanos pudieron huir gracias a la ayuda de los tlaxcaltecas, sus principales aliados, dirigidos por Xicoténcatl.

Si bien la alianza de los españoles con los indígenas fue una realidad porque los enemigos de los mexicas eran los amigos de Cortés, no es menos cierto que Cortés logró someter a los mexicas gracias a la peste, la viruela, un arma de inmenso poder destructivo utilizada involuntariamente en el nuevo mundo pero que diezmó irreversiblemente a los mexicas. Tenochtitlan tenía entre sesenta mil (cifra más baja que manejan algunas fuentes) y un millón (cifra más alta, también manejada por diversas fuentes) de habitantes. El grupo de conquistadores estaba compuesto por diez marineros, 533 soldados (entre los que se contaban 32 ballesteros y trece arcabuceros), diez cañones pesados, cuatro culebrinas ligeras, dieciséis caballos y algunos perros. ¿Cómo es posible que cayera Tenochtitlan? No salen las cuentas, incluso si cada español hubiera matado él solo a cien hombres.

Fray Toribio de Benavente, Motolinía, en una carta dirigida al rey y fechada en Tlaxcala el 2 de enero de 1555, acusa a De las Casas de calumniar a los españoles; menciona que los indígenas han disminuido en gran número en los últimos diez años debido a las pestilencias y no al maltrato. Además, señala que «Dios castigó a la Nueva España con diez plagas trabajosas» que son la viruela, el sarampión, el hambre, la guerra, la opresión y los tributos en varias formas, la esclavitud y el trabajo en minas.

La gran batalla que perdieron las decenas de miles de mexicas y que en gran parte determinó su derrota fue contra la peste, la viruela, aliada inesperada de los españoles, ya que en una ciudad densamente poblada como Tenochtitlan se propagó con gran fuerza y rapidez, de manera que en pocas semanas no había guerreros sanos para hacer frente a Cortés y sus huestes. Quizá en esa enfermedad radicó el triunfo y no en los caballos, las espadas, las armas de fuego. La viruela acabó con la vida del máximo líder militar mexica: el gran Cuitláhuac.

El puñado de españoles invasores no triunfó entonces por la superioridad de sus armas, que eran de hierro o impulsadas por la pólvora, en tanto que las de los indios eran de piedra, ni por los servicios de sus intérpretes, Jerónimo de Aguilar y la Malinche, o por las alianzas con los totonacas de Cempoala y después con los tlaxcaltecas mandados por Xicoténcatl, y tampoco por la rivalidad existente entre los pueblos que habitaban el Anáhuac: fue por la viruela, de la que muy pocos hablan como factor determinante en la caída de México, además de la codicia que despertaron entre los hombres de Cortés los regalos de Moctezuma II, el gran jefe de la Triple Alianza. Con todo y enfermedad, los mexicas resistieron 72 días el sitio.

Hernán Cortés

En resumen y para dejar en claro los vacíos de información del libro de texto, hago notar que este sólo menciona que Hernán Cortés, un militar español, dirigió una expedición hacia las costas del territorio mesoamericano; que Jerónimo de Aguilar le fue muy útil a Cortés como intérprete; que unos indígenas le regalaron mujeres, una de ellas la Malinche, quien se convirtió en intérprete, consejera y compañera; y que fundó la Villa Rica de la Vera Cruz para depender directamente de la Corona española. ¿Y ya…? ¿Eso es todo lo que se debe decir de Cortés? Lo cierto es que no queda claro nunca el perfil de este personaje en los libros de texto, cuya verdadera personalidad sin duda se esconde. ¿Es esto positivo para México? ¿Es correcto ignorar la personalidad de quien fue, para bien o para mal, uno de los hombres más decisivos en el destino de México?

No, no, claro que no, del invasor español, que no del conquistador (la palabra invasor es la correcta, salvo que Hitler también haya sido el conquistador de media Europa), debe agregarse que después de fracasar como uno de los escasísimos españoles que accedieron a la educación superior y nada menos que en la Universidad de Salamanca, una vez adquiridos ciertos conocimientos de leyes, latín y poesía, abandonó el ambiente académico y como amante de los riesgos, decidió dedicarse al manejo de las armas, al ejercicio físico y a las mujeres, para lo cual se embarcó a los diecinueve años de edad, en la primavera de 1504, hacia la América descubierta doce años atrás.

Y en este nuevo mundo, en este valiente mundo nuevo, dio la orden de no dar un paso sin antes haber arrasado todo… todo.

Cuando zarpó de Cuba hacia México-Tenochtitlan, Cortés habló a los integrantes de su misión sobre la gloria, el honor y el compromiso que tenían con la nación española y sobre la importancia de la cristianización... Según quienes han estudiado su vida, sus cualidades iban mucho más allá de las del arte de la guerra, hasta el punto que podría pasar por un «empresario [...] Se podría escribir un verdadero tratado de agronomía si se observa su actividad de agricultor [...] La caña de azúcar, procedente de las Canarias, encontró una tierra privilegiada en Cuernavaca y en la región de Veracruz. Cortés, dicen algunos autores, no es un jefe de guerra ordinario, sino que llega a América con un proyecto de colonización que quiere llevar a cabo sin el concurso de la violencia»,[36] objetivo en el que, desde luego, fracasa, según se comprobará a continuación.

¿Y por eso dio la orden de no dar un paso sin dejar arrasada Tenochtitlan? Se apasionó por México-Tenochtitlan —según dicen— pero su único interés era poseerla.

Pero Moctezuma, dicho sea con alguna benevolencia, fue incapaz de comprender la naturaleza del conflicto en que estaba envuelto; para él la guerra era tomar un pueblo, hacer prisioneros e imponer la esclavitud y los tributos. Para los mexicas la guerra era un fenómeno que se insertaba en el orden cósmico; era, pues, sagrada. Para Cortés y los europeos (herederos de Roma) la guerra significaba conquistar (saquear, incendiar, destruir) y ocupar físicamente la Gran Tenochtitlan a cualquier costo. Moctezuma y Cortés son dos hombres que resumen sus respectivos mundos. Cortés es un hombre medieval, un cruzado, un guardián de la fe católica que convierte a los «infieles» por las buenas o por las malas (por esa razón Santiago Matamoros se convertirá en Mesoamérica en Santiago Mataindios) y al mismo tiempo vasallo del emperador Carlos V, de ninguna manera un hombre moderno o renacentista. Sin embargo, Raúl Bringas lo considera un hombre moderno, he aquí sus razones: «Al ultrajar a Cortés, México se degrada a sí mismo», sentencia el distinguido historiador, y agrega: «El país reniega de su padre, del hombre que dio vida a su historia [...] Hernán Cortés distaba mucho de ser el conquistador huraño, inculto y salvaje que la historia oficial ha concebido [...] Sus escritos revelan a un hombre educado con una cultura muy superior al promedio de los europeos de su época. Conocía latín, historia antigua, leyes, filosofía y religión. No era un hombre hosco; por el contrario, contaba con gran facilidad para hacer amigos, mostrar liderazgo y hasta conquistar mujeres [...] Sus habilidades socia-

[36] Christian Duverger, *Hernán Cortés, más allá de la leyenda*, Madrid, Taurus, 2013, p. 6.

les [...] contrastan con la visión que la historia mexicana nos transmite de un primitivo y sanguinario soldado [...] [Si bien] su labor política fue tan involuntaria como su papel de libertador y la realizó en exclusiva atención a sus intereses personales [...] Hizo gala de sus conocimientos jurídicos [al] establecer un ayuntamiento [...] pilar de la moderna estructura de gobierno de México [...] De ninguna manera Cortés era un hombre de paz y mucho menos un alma noble. Mostraba terribles contradicciones que causaban mucho daño a quienes lo rodeaban. Era extremadamente cruel y calculador: un individuo diabólico, como lo son los grandes hombres».[37] Morelos y Melchor Ocampo fueron grandes hombres, ¿también fueron diabólicos?

«México hace muy mal en renegar del hombre que inició su moderno proceso histórico [...] En el presente, sus restos reposan en un humilde nicho en la iglesia del antiguo Hospital de Jesús, en la Ciudad de México. Es ya momento de que el país enfrente su pasado y, sin complejos, rinda el homenaje que se merece quien con sangre y codicia fundó a la nación.»[38]

Se dice que Cortés estudió sólo un tiempo en Salamanca y adquirió ciertos conocimientos en materia de leyes, latín y poesía. Sólo que José Luis Martínez tenía otro punto de vista: «En los archivos de la Universidad de Salamanca no quedan rastros de su paso por ella», y añade: «Sin embargo, la universidad moderna ha puesto una placa con inscripción alusiva y un busto que lo reconoce como hijo de la ilustre casa».[39] Dice que al invadir el Anáhuac lo hizo preocupado por la cristianización y por *liberar* a los indios de las garras de las tinieblas, nunca por *someterlos*. Bien aduce que él no era un «conquistador bandido y sin escrúpulos porque es sutil, letrado, seductor y refinado [...] [que] prefiere el gobierno de las mentes a la fuerza brutal» y «sabe analizar y anticipar, proyecta el porvenir».[40]

Tiene razón cuando se queja «de la gente española que acá pasa, son de baja manera, fuertes y viciosos, de diversos vicios y pecados».[41] Hace bien en mencionar que «Hernán Cortés distaba mucho de ser el conquistador huraño, inculto y salvaje que la historia oficial ha conce-

[37] Raúl Bringas Nostti, *op. cit.*, pp. 47, 50, 53, 56.
[38] *Ibid.*, p. 58.
[39] José Luis Martínez, *Hernán Cortés*, México, FCE/UNAM, 1990, pp. 112-113. Citado por: Demetrio Ramos, *Hernán Cortés: Mentalidad y propósitos*, Madrid, RIALP, 1992, p. 26.
[40] «El capitán [según Aguilar] algunas vezes nos hazía unas pláticas muy buenas, dándonos a entender que cada uno de nosotros havía de ser conde o duque y señores de ditados, y con aquesto de corderos nos tornaba leones y yvamos sin temor ny miedo ninguno.» Francisco de Aguilar, *Historia de la Nueva España*, México, Ediciones Botas, 1938, p. 68.
[41] Hernán Cortés, «Hernán Cortés a Carlos V, 15 de octubre de 1524», *Cartas de Relación*, México, Porrúa, 1979, pp. 175-206.

bido…».[42] Bien todo lo anterior, pero en aras de la más elemental objetividad y de interpretar desde otra perspectiva la actuación de Cortés, porque donde todos piensan igual nadie piensa mucho, es necesario dejar hablar a otros autores o cronistas contemporáneos de los hechos que nos dicen que ordenó cortarle los pies al piloto Gonzalo de Umbría (que tan buen servicio le prestó) y ahorcar a otros dos de los suyos por osar regresar a Cuba en secreto, tal y como menciona Bernal Díaz del Castillo: «y por sentencia que dio, mandó ahorcar al Pedro Esudero y a Juan Cermeño, y a cortar los pies al piloto Gonzalo de Umbría, y azotar a los marineros Peñates, a cada [uno] ducientos azotes; y al padre Juan Díaz si no fuera de misa también lo castigara, mas metióle algo temor».[43]

De camino a Tlaxcala, mandó dar muerte a treinta guerreros de Tecoac que habían salido a su paso. Poco después, ante la incapacidad de vencer la resistencia tlaxcalteca, «se consagró a devastar los indefensos pueblos cercanos», saqueándolos y haciendo cuatrocientos prisioneros para su esclavización. Tras nuevas batallas contra Xicoténcatl (batallas en las que no se cuantifican las bajas tlaxcaltecas), «les quemé más de diez pueblos», confiesa el conquistador. El 7 de septiembre, a cincuenta mensajeros de Tlaxcala que «venían de paz», «les mandé tomar a todos y cortarles las manos»: es decir, que amputó las manos a medio centenar de seres humanos vivos, lo que era impensable e incomprensible entre los mexicas porque consideraban al cuerpo como una entidad viviente, producto de un moldeado divino que reflejaba el orden del Universo.

Otra noche –todavía antes de tomar Tlaxcala–, en su camino hacia Tenochtitlan salió «y antes de que amaneciese di sobre dos pueblos en que maté mucha gente». Entró a Tlaxcala finalmente el 23 de septiembre y menos de un mes después cayó sobre Cholula y a traición, con alevosía y ventaja, «en dos horas murieron más de tres mil [personas]», según confesión del propio Cortés. A todos los señores, que eran más de cien y que tenían atados, mandó el capitán sacarlos y quemarlos vivos en palos hincados en tierra.[44] «Cuando no quedó un hombre por matar», según dice el erudito historiador Genaro García, «se hizo todo lo posible por destruir aquella ciudad […] e duró tres días el trabajo».[45] Dejo constancia de que esta información la proporcionó otro de los «civilizado-

[42] Raúl Bringas Nostti, *op. cit.*, p. 47.
[43] Bernal Díaz del Castillo, *Historia verdadera de la Conquista de la Nueva España*, vol. 1, París, Librería de la Rosa, 1837, p. 248.
[44] Bartolomé de las Casas, *Brevísima relación de la destrucción de las Indias*, México, Colección METROpolitana, 1973, p. 41.
[45] Genaro García, *Carácter de la conquista española en América y en México*, México, Biblioteca Mexicana de la Fundación Miguel Alemán, 1990, p. 207.

res», Andrés de Tapia, soldado de Hernán Cortés, es decir, no se trata de fuentes indígenas, pues como ya se dijo fueron destruidas.

Ya en la ciudad de México-Tenochtitlan, Cortés hizo quemar a Cuauhpopoca, a su hijo y a quince nobles «atadas las manos i los pies».[46] Mandó matar a otro de sus hombres, que se había ido a encontrar con Narváez, y al marchar contra este dejó a Alvarado encargado de la administración y control de Tenochtitlan. Al gran emperador mexica, Motecuhzoma, por más que existen diversas teorías, Cortés lo mató personalmente de cinco puñaladas en el pecho y ordenó le fuera introducida por el recto una espada para que apareciera erguido ante sus súbditos. ¿Quién puede dar un paso al frente como titular de la verdad ante la presencia de fuentes históricas contradictorias en este aspecto? Antes de emprender su vergonzosa huida durante la «Noche Alegre», «a ora de bísperas [...] mandó matar [a todos los señores mexicanos detenidos] sin dexar ninguno», afirma su partidario e intérprete Jerónimo de Aguilar, el mismo que había rescatado en Yucatán. Pero el baño de sangre comenzaba, pues enseguida asesinó a las hermanas de Tecuichpo, hijas de Motecuhzoma, sacrificó a miles de sus aliados indígenas, quienes «metidos en la primera azequia se ahogaron [...] y hazían puente por donde pasábamos los de a cavallo» y abandonó asimismo a trescientos de los suyos, a quienes no participó sus planes de fuga. Poco después «Cortés hizo los primeros esclavos en el pueblo de Quechólac, en el señorío de Tepeaca [Puebla], haciéndolos herrar con marcas candentes que les grabaron imperecederamente la letra G, significando la palabra *guerra*».[47]

Después de reagruparse en Tlaxcala, reiniciaron su ataque contra México. En Texcoco «dieron fuego a lo más principal de los palacios del rey Nezahualpiltzin, de tal manera que se quemaron todos los archivos reales».[48] Incendiaron y destruyeron la ciudad, entraron a saco en Tlacopan, matando a diestra y siniestra y expulsando a sus moradores, saquearon Cuernavaca, donde «hubo gran despojo, ansi de mantas muy grandes como de indias».[49] A Xochimilco, tras ocuparla con violencia, «mandéla quemar toda —escribe Cortés— y [...] dejándola toda quemada nos partimos...». Destruyeron el acueducto, obra maestra de la ingenie-

[46] Antonio de Herrera y Tordesillas, *Historia general de los hechos de los castellanos en las Islas i Tierra firme del Mar Oceano*, Madrid, Imprenta Real de Nicolás Rodríguez Franco, 1730, p. 213.

[47] Salvador Toscano, *op. cit.*, pp. 186-187.

[48] Fernando de Alva Ixtlilxóchitl, *Obras históricas*, publicadas y anotadas por Alfredo Chavero, vol. 2, México, Secretaría de Fomento, 1892, p. 414.

[49] Bernal Díaz del Castillo, «Verdadera historia de los sucesos de la conquista de la Nueva España», *Historiadores primitivos de Indias*, t. 2, Madrid, Imprenta y esterotipía de M. Rivadeneyra, 1853, p. 167.

ría hidráulica. Exterminaron a los guerreros mexicanos que encontraron en la isleta de Tepopolco, llamada después del Peñón.

Cuando estaba a punto de tomar la Gran Tenochtitlan, podrida por la viruela, todavía resolvió caer sobre los hambrientos moribundos, resuelto a «hacer [en ellos, dícenos] todo el daño que pudiésemos [...] como eran de aquellos más miserables y que salían a buscar de comer [...] los más venían desarmados y eran mujeres y muchachos, e ficimos tanto daño en ellos por todo lo que se podía andar de la ciudad, que presos y muertos pasaron de ochocientas personas», remata el mismo Cortés.[50] Destruyeron y quemaron en su totalidad Iztapalapa, la Gran Tenochtitlan y Tlatelolco, cuyas poblaciones combatientes fueron aniquiladas por medio de una guerra de exterminio. El 7 de agosto mataron a 12 000, según cálculo del propio Cortés, quien más adelante añade: «del agua salada que bebían y del hambre y mal olor [...] murieron más de cincuenta mil ánimas».[51] (Recuérdese, ellos eran 1 200 españoles con 100 000 aliados indígenas.) Todo estaba tapizado de cuerpos, de modo que «no había persona que en otra cosa pudiera poner los pies», remata el sádico.[52] Simplemente no es posible conocer el número de víctimas de Cortés durante el sitio de México. Tomada la ciudad, «dióse Méjico a saco, y [los] españoles tomaron el oro, plata, pluma, y los indios la otra ropa y despojo [y] Cortés erró a muchos hombres y mujeres por esclavos con el hierro del Rey».[53] Para celebrar su conquista, organizó una bacanal en Coyoacán: «fue aquello una orgía en que el desorden no conoció límites [...] tocándole el papel de víctimas a las pobres indias a quienes brutalmente burlaban los conquistadores».[54] Cortés dio, además, tormento a Cuauhtémoc, «el cual fue untándole muchas veces los pies con aceite y poniéndose luego al fuego; pero más infamia sacaron que no oro»[55] según el propio biógrafo de Cortés, el citado López de Gómara. Junto con Cuauhtémoc, fue atormentado «otro caballero y su privado [...] [quien] tuvo tanto sufrimiento, que, aunque murió en el tormento de fuego, no confesó cosa de cuantas le preguntaron sobre tal caso».[56]

Después se llevó preso a Cuauhtémoc a las Hibueras (actual Honduras) y tras detener a lo que quedaba de la nobleza mexica —señores a

[50] Hernán Cortés, «Tercera Carta de Relación de Hernán Cortés al emperador Carlos V, Coyoacán, 15 de mayo de 1522», *Cartas de Relación*, México, Porrúa, 1979, p. 155.

[51] *Ibid.*, p. 161.

[52] *Loc. cit.*

[53] Francisco López de Gómara, *Historia de las conquistas de Hernando Cortés*, vol. 2, México, Testamentaria de Ontiveros, 1826, p. 392.

[54] Luis González Obregón, *Obras. Época colonial. Méjico Viejo. Noticias históricas, tradiciones, leyendas y costumbres*, México, Vda. de Ch. Bouret, 1900, p. 13.

[55] Francisco López de Gómara, *op. cit.*, vol. 1, p. 413.

[56] *Ibid.*, p. 393.

los que «les habían echado una soga al cuello como si fueran perros»– los asesinó. Posteriormente, afirmó haber matado sólo a Cuauhtémoc y a Tetlepanquetzal: «a los otros los solté». No los soltó, es falso, los hizo ejecutar –en número incierto según Prescott– para que nadie volviera a conjurar contra él [...] Los indios del sur quedaron espantados «de aquel castigo de tan grandísimo rey».[57]

El miedo de Moctezuma

Ustedes ya tienen elementos adicionales para juzgar, y con el debido respeto les pregunto: ¿pondrían la primera piedra para construir un señor monumento a Hernán Cortés, el *conquistador* de la Nueva España? ¿En el Zócalo de la capital de la República? No pretendo polarizar a la sociedad sobre la base de proyectar la imagen de los pobres indios y los salvajes españoles, no es la idea si lo que pretendo precisamente es la reconciliación nacional, ¿pero lograré mi propósito escondiendo una parte de la realidad conocida, o será mejor tratar de rescatar lo más cercano a la verdad por medio de mis investigaciones sin condenar a nadie, ni a Cortés de salvaje ni a Moctezuma de cobarde? ¿Existen los partidos en la historia? ¿Es posible evitar la toma de decisiones y disculpar sin denunciar, sujetándonos al rigor académico sin pasión alguna? Sí, sólo que la pasión y el fanatismo enceguecen y confunden. ¿Qué hacer? Contar los hechos como los aprendí y de estar equivocado que otros me refuten, quienes a su vez serán refutados con el paso del tiempo para ir acercándonos a la verdad. ¿Una historia de buenos y malos? ¡No! Narrar lo acontecido, según las fuentes, eso sí, pero con argumentos, con arreglo a hechos concretos de los que exista registro, los mismos que se deben plantear en el diván del psicólogo para desahogarnos con realidades y poder gritar nuestra verdad: así y sólo así podemos empezar a entendernos, a perdonarnos y perdonar y a construir así un mejor y más sano futuro.

Claro que Moctezuma fue informado de que Cortés en su camino hacia Tenochtitlan había mandado asesinar a traición y por sorpresa a 3 000 cholultecas desarmados, representantes de la nobleza y del ejército, a quienes había reunido previamente con cualquier pretexto en la plaza de Cholula, una de las antiguas ciudades de Mesoamérica, parti-

---

[57] *Loc. cit.*

daria y amiga de Tenochtitlan a la vez que importante centro ceremonial dedicado a Quetzalcóatl. ¿Te imaginas el baño de sangre? ¿Cómo podían condenar los sacrificios rituales si ellos asesinaban a mansalva?

Se dice que Malinche le advirtió a Cortés de una conspiración en su contra y que esa matanza fue su respuesta. Por supuesto que Moctezuma también supo que un par de meses atrás Cortés le había cortado las manos a cincuenta mensajeros tlaxcaltecas al suponer que se trataba de espías... y los devolvió a su ciudad como aviso de lo que podría suceder-le a todos. Cuando el jefe de guerra tlaxcalteca vio semejante bestialidad desconocida en Mesoamérica, «perdió el brío y la soberbia» (que era lo que se buscaba). Estamos frente a un terrible ejemplo de mutilaciones en vida y no fue un caso aislado sino un plan de ocupación militar por parte de la Corona española para controlar un territorio. Se trató de la «diabólica trinidad»: matar a los caciques y principales (para que sin dirección fuera fácil sojuzgarlos), amputar manos, pulgares, narices y pies para aterrorizar, enviando las partes cercenadas colgadas de sus cuellos a las autoridades, sin dejar de matar para domar la resistencia porque eran grandes poblaciones y los indios muchos... Incluso se mencionan casos de pederastia en los que muy pocos han hecho hincapié.[58]

El huey tlatoani no podía ignorar las atrocidades cometidas por Cortés en su marcha hacia Tenochtitlan; sus informantes le habrían comunicado oportunamente el detalle de los hechos. Tanto Moctezuma como Cortés tenían miedo: a ambos los devoraba la incertidumbre y, por supuesto, temían lo desconocido. Cortés había mandado barrenar las naves y sabía a la perfección que no había marcha atrás: enfrentaría todo género de peligros, trataría de salvar las trampas, salir a salvo de los ataques nocturnos, evitar ser víctimas del hambre, sin olvidar que si llegaban a sorprenderlo vivo y lo aprehendían, bien podría ir a dar a la piedra de sacrificios junto con su insignificante armada castellana. Le preocupaba la valentía, adiestramiento militar y el tamaño del ejército mexica, que bien podía vencerlo en el momento más inesperado sobre la base de que este había logrado dominar un extenso territorio en términos férreos e implacables. Moctezuma, por su parte, temía la llegada de dioses blancos, barbados, vengativos que venían tal vez a tomar posesión del imperio y de sus poderes. El gran tlatoani, producto de una civilización encerrada en sí misma, sencillamente se paralizó. Hizo suyos los presagios funestos de sus sacerdotes y brujos que anunciaban el final del mundo mexica.

---

[58] Esteban Mira, «Terror, violación y pederastia en la Conquista de América: El caso Lázaro Fonte», *Esteban Mira*, Carmona, s. f., consultado en septiembre de 2015, www.estebanmira.weebly.com/uploads/7/9/5/0/7950617/terror.pdf

El temor lo acobardó, lo disminuyó, lo amputó, en tanto que Cortés supo controlar sus aprensiones, se impuso sobre sí mismo y venció hasta adueñarse de la situación cuando había llegado al actual territorio de Veracruz en una absoluta minoría. Uno, profundamente religioso, quizá temía el regreso de Quetzalcóatl y el cumplimiento de profecías; el otro se internaba en un territorio desconocido, donde cientos de miles de habitantes podían masacrarlos y acto seguido devorarlos al ser antropófagos los mexicas, o conducirlos vivos a la piedra de los sacrificios. ¿Diferencias? A Cortés el miedo lo hacía moverse, necesitaba intimidar: su instinto político le advertía que Moctezuma se opondría a ejecutar un ataque en su contra. Al tlatoani el miedo y las supersticiones lo paralizaban. Las cartas estaban sobre la mesa...

El hecho de que a Cortés le ofrecieran cientos de mujeres a su paso y que lo llenaran de joyas, brazaletes y tobilleras de oro y plata y que le regalaran costosos penachos decorados con plumajes multicolores era, según el invasor, expresión de debilidad cuando en realidad se trataba de una muestra de muy antigua cortesía. Para Cortés no era cortesía, era miedo y el miedo del tlatoani le confirmaba sus sospechas y sus planes: tomaría Tenochtitlan ante un Moctezuma acobardado, por lo que era el momento de atacarlo. Que si lo sabía él...

El encuentro

Después de varios encuentros armados de muy escasa trascendencia, totonacas, tlaxcaltecas e invasores trabaron una talentosa alianza contra los mexicas, sus enemigos naturales. Fue un alarde de diplomacia en el nuevo mundo. Cortés continuó con toda temeridad y audacia la marcha hacia Tenochtitlan una vez aliado con los tlaxcaltecas, que dirigidos por Xicoténcatl llegaron a la capital mexica.

Días antes de la recepción de los españoles, Moctezuma reunió a los señores para que le dieran una opinión franca sobre el significado de su llegada a Tenochtitlan.

Cuitláhuac, su brillante y valeroso hermano, se opuso a recibirlos, pues alcanzó a vislumbrar que equivalía a entregarles la ciudad; «si los dejas entrar, te sacarán de tu casa».[59]

---

[59] Fernando de Alva Ixtlilxóchitl, *op. cit.*, pp. 347-348. «No metáis en vuestra casa quien os eche de ella».

En cambio Cacama, tlatoani de Texcoco, que se había encontrado con los españoles en el Paso de Cortés para entregarles regalos y evitar de manera pacífica el avance hacia Tenochtitlan, recomendó recibirlos, de hecho formó parte de la comitiva de Moctezuma que salió a recibir a Cortés en la calzada de Iztapalapa.

Moctezuma se presentó acompañado de grandes señores en ceremoniosa pompa. «Cuatro príncipes conducían en andas al supremo señor de México. Cortés se apeó para abrazar a Moctezuma. Pero Cacamantzin, señor de Texcoco, y Cuitláhuac, señor de Iztapalapa, detuvieron al teul: la persona del soberano mexica era intocable. Cortés, quien advirtió de inmediato que el huey tlatoani tenía suelas de oro en sus sandalias, se quitó discretamente un collar de perlas y de cuentas de vidrio y lo puso en el cuello de Moctezuma mientras los príncipes, después de engalanarlo de guías de flores, le colgaron un collar de caracoles −el símbolo de Quetzalcóatl− del que pendían camarones de oro.»[60]

El 8 noviembre de 1519 los europeos fueron recibidos en calidad de embajadores de Quetzalcóatl, como lo advirtió la Malinche a Cortés. ¡Qué información tan valiosa en manos de un hombre audaz e inteligente!, ¿no? Después de un abierto intercambio de miradas en las que prevaleció un pesado silencio, el invasor y el tlatoani intercambiaron halagos, animados por descubrir las intenciones que cada cual alimentaba. Para sorpresa de Cortés, fue alojado en el palacio de Axayácatl. Desde ahí los españoles se dieron cuenta de la grandeza y poderío de la ciudad que los recibió como huéspedes.

Cuando llegaron, Moctezuma tomó a Cortés de la mano, lo condujo al más lujoso de los aposentos, que había de ser la cámara del capitán, y le dijo:

−Malinche, en vuestra casa estáis vos y vuestros hermanos. Descansad[61] −ofreció absolutamente ajeno a su suerte. Jamás acabaría de arrepentirse de haber ignorado las sabias palabras de Cuitláhuac, su hermano: «si los dejas entrar, jamás los volverás a sacar...».

Cortés, por su parte, hizo instalar capitanías, «todas muy en orden y apercibidos, con la artillería en las puertas y calles, los centinelas en las alturas y los caballos a punto para una emergencia, por cualquier contingencia inesperada».[62]

Si el palacio era lo suficientemente amplio para dar alojamiento a los españoles, hubiera sido muy sencillo acabar con ellos con tan sólo sitiarlo y no dejarlos salir hasta matarlos de hambre o a flechazos. Eran,

---

[60] Salvador Toscano, *op. cit.*, p. 127.
[61] Carlos Pereyra, *Hernán Cortés*, Buenos Aires, Espasa Calpe, 1942, p. 141.
[62] *Idem.*

en ese momento, una presa fácil con todo y la alianza tlaxcalteca, dado el número tan reducido de invasores europeos, en comparación con las decenas de miles de caballeros águila educados para el combate en el *Calmecac*, la prestigiada escuela militar mexica.

Como ya he mencionado, de acuerdo con algunas fuentes Tenochtitlan no podía tener «más de cincuenta o sesenta mil habitantes, aunque su tráfico mercantil correspondiese al de una población cuatro veces mayor, por el hecho de estar en ella concentradas las riquezas de una corte autocrática [...] absorbente de la vida económica de grandes territorios».[63] «Motecuhzoma, sin embargo, no llama a las armas a ese pueblo esforzado para que detenga al invasor extranjero, sino que, con pusilanimidad mujeril, se limita a pedir la salvación a los dioses». Resuelve así «que se juntasen todos los encantadores y nigromantes, y que [...] fuesen a hacer el primer acometido y empleasen todo su saber y poder para hacer mal, impedir y espantar a los españoles».[64]

Toma de Tenochtitlan

¿Está claro, querido lector, que Cortés no tomó la Gran Tenochtitlan echando mano de la pólvora, de sus armas sofisticadas para aquella época y de todo su poderío militar para hacerse de la capital del Anáhuac? Mentira que hayan existido batallas para la toma de la capital mexica y que la pólvora y la superioridad militar hubieran jugado un papel determinante. ¿Dónde estaba el Moctezuma de ánimo levantado y viril, el vencedor de guerras que eran familiares? ¿Lo perderían las supersticiones y la rendición de honores cuasi divinos de sus subalternos?

¿Ustedes pensaban que el invasor había tomado por asalto la Gran Tenochtitlan gracias a las alianzas sobre todo con los tlaxcaltecas? ¡Claro que no, por supuesto que no! Moctezuma Xocoyotzin, jefe de la Triple Alianza acordada entre ciudades como Tenochtitlan, Tlacopan y Texcoco, no sólo les abrió la puerta con inaudita cortesía, con todas las consecuencias que veremos ahora mismo, sino que todavía

---

[63] *Loc. cit.*, p. 143.
[64] Bernardino de Sahagún, *Relación de la conquista de esta Nueva España, como la contaron los soldados indios que se hallaron presentes*, México, Imprenta Ignacio Cumplido, 1840, p. 34.

los invitó a que entraran cuando quisieran a la majestuosa capital del imperio mexica y, por si fuera poco, se atrevió a alojarlos en el palacio de Axayácatl, su propio padre, el tlatoani que mandó tallar la «Piedra del Sol».[65]

¿Ejército...? Cortés no traía un ejército, sino una banda de forajidos deseosos de robar cuanto encontraran a su paso. No debemos olvidar que una buena parte de los llamados conquistadores habían sido extraídos originalmente de las cárceles castellanas y llevados en contra de su voluntad a América. Era la gran oportunidad para llevar a cabo lo único que sabían hacer: saquear, violar y destruir. Tampoco debemos olvidar que Cortés había sufrido dos atentados cometidos por su propia gente, por lo que tenía una guardia personal dedicada a protegerlo de los inconformes de la expedición.

No bien se instaló Cortés en el palacio de Axayácatl, salió Motecuhzoma para volver pocos momentos después «con muchas y diversas joyas de oro, y plata, y plumajes, y hasta con cinco o seis mil piezas de ropa de algodón muy ricas, y de diversas maneras tejida y labrada».[66]

Ofreciendo aquel presente, que era en verdad un tributo, dijo algo que en sustancia es lo que sabemos por la tradición indígena.

Para dejar una evidencia de la visión de Moctezuma en relación a la presencia de los invasores castellanos, y de su cobardía o desubicación o de sus supersticiones, baste leer el siguiente párrafo, con las reservas del caso por ser escrito por el *conquistador*: «Muchos días ha que por nuestras escrituras tenemos de nuestros antepasados noticia que yo ni todos los que en esta tierra habitamos no somos naturales della, sino extranjeros y viniendo a ella de partes muy extrañas. E siempre hemos tenido que de los que dél descendiesen habían de venir a sojuzgar esta tierra y a nosotros, como a sus vasallos. E según de la parte que vos decís que venís, que es a do sale el sol, y las cosas que decís dese grand señor o rey que acá os envió, creemos y tenemos por cierto él ser nuestro señor natural; en especial que nos decís que él ha muchos días que tiene noticia de nosotros. E por tanto vos sed cierto que os obedeceremos y tenemos por señor en lugar de ese gran señor que decís, y que en ello no habrá falta ni engaño alguno; e bien podéis en toda la tierra, digo en la que yo en mi señorío poseo, mandar a vuestra voluntad, porque será obedecido y fecho, y todo lo que nosotros tenemos es para lo que vos dello quisie-

[65] Axayácatl también «mandó esculpir su estatua en Chapultepec y al ir a inaugurarla se sintió enfermo de gravedad y murió en el camino de regreso el 21 de octubre de dicho año (1481)». En Carlos Romero Giordano, *Las casas viejas de Moctezuma*, México, Banco Nacional Monte de Piedad, 1969, p. 16.

[66] Hernán Cortés, *op. cit.*, p. 50.

res disponer. E pues estáis en vuestra naturaleza y en vuestra casa, holgad y descansad del trabajo del camino y guerras que habéis tenido [...] Yo me voy a otras casas, donde vivo; aquí seréis proveído de todas las cosas necesarias para vos y vuestra gente, e no recibas pena alguna, pues estáis en vuestra casas y naturaleza».[67]

Abusos e hipocresías

«Cortés pasó los primeros cuatro días de su estancia en la ciudad, observando e inquiriendo [...] Del mercado pasó Cortés al soberbio *teocalli*. Cruzó el recinto del coatepantli, o muro de las serpientes, y se encontró que era tan espacioso como una villa de tres a cinco mil almas.»[68] «Como advertencia del mundo al que se enfrentaba dio con un adoratorio donde a los pies de Tezcatlipoca dos mancebos yacían con los pechos abiertos y los corazones y la sangre ofrendados. Cuatro sacerdotes vestidos con prietas mantas hicieron al español cíngulo de humo de copal».[69]

Cuando Cortés llegó al Templo Mayor encontró que «sobre el altar estaba la colosal imagen de Huitzilopochtli [...] cuyo adorno más notable era una cadena de corazones de oro y plata, suspendida al cuello [...] tres corazones humeantes y casi palpitantes, que estaban sobre el altar. El santuario adyacente estaba consagrado a Tezcatlipoca, cuyo culto no era menos sangriento que el de su compañero, pues en su altar se veían cinco corazones palpitantes [...] el hedor era intolerable».[70]

«Me maravillo, señor, de que un monarca tan sabio adore como dioses estas abominables figuras del demonio.»[71] «Allí, en presencia de los ídolos, el caudillo español se atrevió a proponer la abolición del culto, lo que Motecuhzoma, indignado y triste, rechazó con toda entereza [...] Tan encerrado estaba el uno como el otro en el exclusivismo de su fe.»[72]

[67] Hernán Cortés, *op. cit.,* p. 52.
[68] Carlos Pereyra, *op. cit.,* p. 151.
[69] Héctor Pérez Martínez, *Cuauhtémoc. Vida y muerte de una cultura,* México, Espasa Calpe Mexicana, 1948, p. 60.
[70] William Prescott, *Historia de la conquista de México,* México, Compañía General de Ediciones, 1952, pp. 141-142.
[71] Mariano Veytia, *Historia Antigua de México,* t. II, México, Editorial Leyenda, 1944, p. 311.
[72] Carlos Pereyra, *Obras completas,* vol. 1, México, Libreros Mexicanos Unidos, 1959, p. 1096.

«Encontrábanse allí muchos *teocallis* pequeños [...] Había uno dedicado a Quetzalcóatl: era de forma circular y la entrada, manchada de sangre, imitaba la boca de un dragón [...] Había también un túmulo piramidal que remataba en su parte superior en una ancha armazón de madera. Allí estaban amontonados los cráneos de las víctimas humanas.»[73]

«Al día siguiente correspondió Cortés su visita al rey, y en ella se extendió la conversación sobre varios asuntos, siendo el principal el de la religión cristiana, cuyos principales misterios explicó Cortés, y aunque no logró persuadir a Moteuhzuma de las verdades que le anunciaba, obtuvo [...] que no se volviese a servir carne humana. Recibió también en esta ocasión grandes regalos de Moteuhzuma, que consistían en varias alhajas de oro, un collar del mismo metal para cada soldado y diez cargas de vestidos de algodón.»[74]

Sí, pero «los aztecas veían a su rey desposeído, entregado a extranjeros que se presentaban como señores y que ocupaban la ciudad con un ejército auxiliar de rebeldes enemigos del imperio. Todo esto produjo una conmoción intensa, y esta se fue propagando de los consejos reales a las masas populares, que presenciaban los hechos llenas de estupor».[75]

Bernardino de Sahagún, por lo general adicto a Cortés, afirmó en su *Relación* que este «permitió que sus soldados saqueasen las casas reales de México, y las casas propias de Motecuhzoma».[76] Cortés dijo tranquilamente a Motecuhzoma: «Estos cristianos son traviesos, e andando por esta casa han topado ahí cierta cantidad de oro, e la han tomado: no recibáis dello pena...».[77] Según afirma el P. Durán: «...no dexaban rincón ni cámara que no andaban y buscaban y trastornaban y así fueron a dar con un aposento, muy secreto apartado, donde estaban las mugeres de Montezuma, con sus damas y amas que las servían y miraban por ellas, las cuales se habían recogido en aquel aposento y retraimiento de temor y miedo de los españoles...».[78] «No hay que decir cuál fue la suerte de las honestas doncellas luego que dieron con ellas los lascivos aventureros.»[79]

[73] William Prescott, *op. cit.*, p. 143.
[74] Mariano Veytia, *op. cit.*, p. 311.
[75] Carlos Pereyra, *Hernán...*, p. 152.
[76] Bernardino de Sahagún, *Relación...*, p. 89.
[77] Andrés de Tapia, «Relación sobre la conquista de México», en Joaquín García Icazbalceta, *Colección de Documentos para la historia de México*, vol. II, México, Antigua Librería, 1866, p. 580.
[78] Diego Durán, *Historia de las Indias de Nueva España y islas de Tierra Firme*, vol. 2, México, Imprenta de Ignacio Escalante, 1880, p. 38.
[79] Genaro García, *op. cit.*, p. 185.

Hay que subrayar que en América el abuso de las mujeres fue algo habitual, algunos españoles formaron harenes o serrallos sin que la Iglesia lo condenara; los españoles consintieron y vieron como algo normal que en la Península se violara a las musulmanas y a las esclavas, es decir, no era una novedad sino una práctica. Incluso hacia finales del siglo XVI fue común que las indias amamantaran a los hijos de españolas, mientras los de ellas en ocasiones morían. Hasta Sahagún da cuenta de un soldado de Montejo que en Yucatán presumía de haber dejado «preñadas» a decenas de indias esclavas para venderlas a mayor precio. Además, la diferencia entre la violación a una niña y a una adulta no era clara. Los conquistadores compaginaban, sin problema alguno, las matanzas, el saqueo y las violaciones con el servicio a Dios sin ningún problema.

Si bien es cierto que los valores del siglo XVI no son los nuestros y a pesar de la sincronía histórica, eso no significa que no podamos juzgar críticamente y censurar lo sucedido en el pasado.

Tlatelolco

Cortés, invariablemente escoltado por sus soldados, a sabiendas de que podía ser atacado en cualquier momento, jamás dejó de tomar las precauciones más elementales ni siquiera cuando visitó el tianguis o mercado de Tlatelolco, un espacio sagrado del que dejó una gran reseña fechada el 30 de octubre de 1520 en la Segunda Carta de Relación al rey Carlos I de España o Carlos V, como lo conocemos popularmente, misma que no puedo omitir por su riqueza descriptiva: «Tiene esta ciudad [...] otra plaza tan grande como dos veces la ciudad de Salamanca, toda cercada de portales alrededor, donde hay cotidianamente arriba de sesenta mil ánimas comprando y vendiendo; donde hay todos los géneros de mercadurías [...] joyas de oro y de plata, de plomo, de latón, de cobre, de estaño, de piedras, de huesos, de conchas, de caracoles y de plumas. Véndese cal, piedra labrada y por labrar, adobes, ladrillos, madera labrada y por labrar de diversas maneras. Hay calle de caza donde venden todos los linajes de aves que hay en la tierra, así como gallinas, perdices, codornices, lavancos, dorales, zarcetas, tórtolas, palomas, pajaritos en cañuela, papagayos, búharos, águilas, halcones, gavilanes y cernícalos; y de alguna de esta aves de rapiña, venden los cueros con su pluma y cabezas y pico y uñas. Venden conejos, liebres, venados, y perros pequeños, que crían para comer, castrados. Hay calle de herbolarios, donde hay todas las raíces y hierbas medicinales que en la tierra se hallan. Hay casas como de boticarios donde se venden las medicinas hechas, así potables como ungüentos y emplastos. Hay casas como de barberos, donde lavan y rapan las cabezas. Hay casas donde dan de comer y beber por precio [...] Hay todas las maneras de verduras que se hallan, especialmente cebollas, puerros, ajos, mastuerzo, berros, borrajas, acederas y cardos y tagarninas. Hay frutas de muchas maneras, en que hay cerezas, y ciruelas, que son semejables a las de España. Venden miel de abejas y cera y miel de cañas de maíz, que son tan melosas y dulces como las de azúcar, y miel de unas plantas que llaman en las otras islas maguey [...] y de estas plantas hacen azúcar y vino, que asimismo venden. Hay a vender muchas maneras de hilados de algodón de todos colores... Venden colores para pintores, cuantos se pueden hallar en España, y de tan excelentes matices cuantos pueden ser. Venden cueros de venado con pelo y sin él: teñidos, blancos y de diversos colores. Venden mucha loza en gran manera y muy buena, venden muchas vasijas de tinajas grandes, jarros, ollas, ladrillos y otras infinitas maneras de vasijas [...] las más vidriadas y pintadas. Venden mucho maíz en grano y en pan... Venden pasteles de aves y empanadas de pescado. Venden mucho pescado fresco y salado, crudo y guisado. Venden huevos de gallinas y de ánsares, y de todas las otras aves que he dicho, en gran cantidad; venden tortillas de huevos hechas. Finalmente, que en los dichos mercados se venden todas cuantas cosas se hallan en toda la tierra, que [...] por no saber poner los nombres, no las expreso. Cada género de mercaduría se vende en su calle, sin que entremetan otra mercaduría ninguna, y en esto tienen mucho orden. Todo se vende por cuenta y medida, excepto que hasta ahora no se ha visto vender cosa alguna por peso».[80]

De invitados a invasores

Días más tarde (noviembre de 1520), Hernán Cortés resolvió de forma temeraria y ciertamente audaz algo que, de haber fracasado, se hubiera convertido en una auténtica tragedia para la invasión castellana. Para

---

[80] Hernán Cortés, «Hernán Cortés al emperador Carlos V, Segura de la Frontera, 30 de octubre de 1520», *op. cit.*, pp. 62-63.

prevenir un posible ataque y asegurar su vida y la de su ejército, tomó prisioneros a Moctezuma, Cuitláhuac y otros señores importantes, exigiendo el sometimiento del pueblo y un cuantioso tributo a cambio de ellos. Había llevado a cabo una cuidadosa composición del lugar y del peligro que corría y no veía en Moctezuma a un tlatoani arrogante, impetuoso, indómito, sino a un líder ofuscado, confundido, temeroso y finalmente acobardado. El hecho de tener al máximo gobernante mexica secuestrado bien podría paralizar cualquier oposición armada en su contra. No perdamos de vista que todos los huey tlatoani –y en particular Moctezuma– eran respetados, venerados y obedecidos como verdaderos dioses. La apuesta de Cortés requería una gran determinación y coraje: jugarse el todo por el todo tal y como había hecho cuando mandó barrenar las naves y acto seguido ahorcar a los marineros que habían intentado regresar a Cuba, cercenando los pies al capitán Umbría, que lo había llevado hasta las costas mexicanas. Imposible; no había espacio para los cobardes. No había espacio para los pusilánimes. Había que arriesgarse y pasar por encima de quienes discrepaban de su estrategia. Cortés impuso finalmente su punto de vista como corresponde a un jefe de la misión.

«Motecuhzoma [les decía Cortés a los suyos, según Carlos Pereyra] nos recibió como agentes de un rey cuya autoridad se obedece. En esto no hay duda. Mas puede ser pérfida su actitud, por ello es necesario apoderarse de su persona y guardarla como garantía. Este acto audaz había de ejecutarse con todo sigilo, pues por la fuerza era imposible. Pasaron la noche en pláticas y rogando a Dios que los sacase con bien de aquel paso atrevido. El 14 de noviembre, Cortés [...] fue al palacio de Motecuhzoma para ejecutar lo propuesto. No había que retardarlo un momento.»[81]

Prendieron a Moctezuma y pusieron ochenta hombres a que le guardasen. Pone primero Cortés a toda su gente en armas, cuidando de que no lo noten los mexicanos, y luego se dirige con varios capitanes al palacio de Moctezuma, quien, obsequioso como siempre, le presenta «algunas joyas de oro y una hija suya, y otras hijas de señores; recibe todo Cortés, y en seguida, para motivar la prisión, trata de hacer responsable al monarca de la muerte que Cuauhpopoca, principal mexicano residente en Nautlan, acababa de dar a dos españoles "por ciertos agravios y demasías que [...] hicieron"».[82] Concluye Cortés por manifestar a Moctezuma que es preciso se deje prender: «Cuando esto oyó el monarca [...]

---

[81] Carlos Pereyra, *Hernán...*, p. 153.
[82] Fernando de Alva Ixtlilxóchitl, *op. cit.*, vol. 2, p. 382.

estuvo muy espantado y sin sentido, y respondió que nunca tal mandó [...] por manera que estuvieron más de media hora en estas pláticas...».[83]

«Moctezuma dijo que él iría de buena voluntad; y entonces nuestros capitanes le hicieron muchas caricias, y le dijeron que le pedían por merced que no hubiese enojo, y que dijese a sus capitanes y a los de su guardia que iba de su voluntad, porque había tenido plática de su ídolo Huichilobos [Huitzilopochtli] y que le convenía para su salud y guardar su vida estar con nosotros. Así lo hizo el pusilánime monarca...»[84]

Moctezuma estuvo afable y dadivoso. «Cortés no se dio por satisfecho, y pidió que el soberano se trasladase al palacio de los españoles. Mientras ellos ventilaban el proceso [...] Motecuhzoma aceptó aquel resto de regia potestad que se le dejaba, y comenzó la nueva vida de soberano cautivo...»[85] «Al salir de su palacio [...] el tropel de gente que acudió a presenciar este extraordinario suceso manifestó más bien claramente el vivo sentimiento que le causaba, pues unos lloraban, y otros se tiraban al suelo como desesperados. Fue necesario que el rey, mirando que no se tranquilizaban con las protestas que les hacía del gusto con que iba a residir entre los españoles, impusiese pena de muerte al que ocasionase la menor inquietud.»[86] En la parte más cercana a dichos palacios estaban sobre dos mil hijos de señores, que eran toda la flor y nata de todo el imperio de Moctezuma.

«Moctezuma todavía suplicaba a Cortés que tomase a sus hijos en rehenes y le eximiese de la afrenta. Finalmente fue conducido en sus andas al cuartel de Cortés frente a los suyos, que inmediatamente le demandaron guerra. Moctezuma fingió haber ido voluntariamente acatando el designio de Huitzilopochtli.»[87]

«El mismo rey sabía corregir a los altaneros, domándolos con su largueza. Junto a la cámara de Cortés, el cual vivía maritalmente con las hijas de Motecuhzoma, tenía este su habitación. Las relaciones entre ambos se facilitaban por la buena cara que Motecuhzoma ponía a los sucesos, y por la habilidad con que Cortés los gobernaba.»[88] Y la Iglesia que condenaba y condena el amancebamiento, ¿qué dijo al respecto? ¿Condenó el «amancebamiento»? Cortés estableció una pauta que siguieron muchos de sus hombres, a pesar del silencio documental. La Iglesia estaba más preocupada por la poligamia de la nobleza indígena

[83] Bernal Díaz del Castillo, *op. cit.*, p. 95.
[84] Genaro García, *op. cit.*, p. 186.
[85] Carlos Pereyra, *Hernán...*, p. 154.
[86] Mariano Veytia, *op. cit.*, p. 313.
[87] Héctor Pérez Martínez, *op. cit.*, pp. 86-87.
[88] Carlos Pereyra, *Hernán...*, p. 154.

que por la promiscuidad de los conquistadores, quienes prácticamente se consiguieron harenes.

«La prisión de Moctezuma causó estupefacción en la ciudad. Nadie se aventuraba por las calles "así como si hubiera un jaguar suelto, como si fuera noche muy oscura". Sólo Cuauhtémoc en Tlatelolco alentaba en el rencor.»[89]

«Cortés, por temor a que Moctezuma no se acongojase por estar encerrado y detenido [...] jugaba con aquel al *totoloque*, cuyas rayas contaba con fraude Alvarado: daba Cortés lo que ganaba a los sobrinos y privados de Moctezuma, haciendo lo mismo este con los soldados de aquel...»[90]

El tlatoani aprendió a rezar en latín el Ave María y el Credo. «A los sermones prestaba [Moctezuma] mucha atención», pero cuando se le urgía a una manifestación de fe, contestaba con su pulida cortesía «que el Dios de los cristianos era bueno, pero a los suyos los tenía por verdaderos».[91]

Crueldades y masacres

En el libro de texto se sostiene (p. 93) que «en ausencia de Cortés, durante una fiesta en honor a Huitzilopochtli que se celebraba en el Templo Mayor, Pedro de Alvarado decidió atacar a los mexicas, lo que causó una rebelión. A su regreso, Cortés le pidió a Moctezuma que tranquilizara a su pueblo, pero cuando enfrentó a la multitud no fue escuchado y lo hirieron de muerte».

La fiesta del Toxcatl, durante la cual se desarrolla la matanza del Templo Mayor no era en honor a Huitzilopochtli, sino a Tezcatlipoca, *Espejo Humeante*, señor de la noche y patrón de los hechiceros y de la guerra.

¿Qué sucedió? Cortés había salido a principios de mayo de 1520 para combatir a Pánfilo de Narváez, quien había venido a detenerlo por órdenes del gobernador de Cuba, Diego de Velázquez, que lo había acu-

---

[89] Héctor Pérez Martínez, *op. cit.*, pp. 86-87.
[90] Dámaso Sotomayor, *La conquista de México efectuada por Hernán Cortés según el códice jeroglífico troano-americano*, México, Oficina impresora del timbre, 1897, p. 34.
[91] Sara García Iglesias, *Isabel Moctezuma. La última princesa azteca*, México, Xóchitl Ediciones, 1946, p. 60.

sado de traición, mientras se preparaban en Tenochtitlan las fiestas del Toxcatl. Para evitar que Moctezuma escapara, Pedro de Alvarado quedó a cargo con una guarnición de 130 hombres.

Llegado el día de la celebración se llevó a cabo una danza solemne en la imponente plancha del Templo Mayor en la que aproximadamente seiscientos señores, desarmados todos, danzaban ricamente ataviados con joyas de oro, pedrería, plumas y otras riquezas mientras miles los observaban sentados. Con la mitad de sus hombres (el resto vigila a Moctezuma), Alvarado irrumpe en el *teocalli* con el pretexto de una traición y con las espadas desenvainadas se lanzan contra los danzantes: nadie escapa, ni hombres ni mujeres ni niños. Los que intentan escapar son flechados por los totonacas y tlaxcaltecas, que se suman a la matanza. Todos mueren asesinados, el *teocalli* se convierte en una orgía de terror, sangre y codicia. Alvarado, en un acto de inaudita bajeza, despoja a los cadáveres de sus joyas y atavíos.

«Estando los pobres [mexicanos] muy descuidados, desarmados y sin rezelo de guerra, movidos los españoles de no sé qué antojo (o como algunos dizen) por cobdicia de las riquezas de los atavíos, tomaron los soldados las puertas del patio donde bailaban [...] y entrando otros al mismo patio, comenzaron a alancear y herir cruelmente a aquella pobre gente, y lo primero que hicieron fue cortar las manos y las cabezas a los tañedores, y luego comenzaron a cortar sin ninguna piedad cabezas, otros cortados por medio, otros atravesados y barrenados por los costados; unos caían luego muertos, otros llevaban las tripas arrastrando huyendo hasta caer [...] y otros no hallando otro remedio echábanse entre los cuerpos muertos, y se fingían ya difuntos, y de esta manera escaparon algunos [...] [pero] estaba el patio con tan gran lodo de intestinos y sangre que era cosa espantosa y de gran lástima ver assi tratar la flor de la nobleza mexicana que allí falleció casi toda.»[92] Gómara asegura que asistieron a la fiesta «más de seiscientos caballeros y principales personas [...] [aunque] advierte que hubo personas que afirmaron que aquellos todos fueron más de mil»[93] «Pero cuando la fiesta crecía en belleza y majestad [...] y la multitud se arremolinaba para no perder los suaves cánticos, los movimientos del baile y los rumores de la música, los mexica percibieron cuando los españoles cerraron en todas partes las salidas y entradas [...] Alvarado ordenó la señal de fuego, so pretexto de una conspiración indígena, pero en

---

[92] *Códice Ramírez. Manuscrito del siglo XVI intitulado: Relación del Origen de los Indios que Habitan Esta Nueva España según sus Historias.* Manuel Orozco y Berra (ed.), México, Editorial Leyenda, 1944, pp. 88-89.
[93] Francisco López de Gómara, *op. cit,* vol. 2, pp. 363-364.

verdad movido por la codicia de la riqueza de joyeles exhibidos en la espléndida fiesta o por querer imitar torpemente la política de temor ejemplar practicada por Cortés en Cholula.»[94]

No terminaba aún la matanza cuando «salió la fama por el pueblo de lo que pasaba [y los mexicas] comenzaron a dar voces y gritos para que viniesen con armas todos los que eran para tomarlas contra los españoles, dando noticia de lo que hacían, y luego acudió mucha gente con sus armas [...] y comenzaron a pelear con los españoles con tanta furia, que los hicieron retraer a las casas reales donde estaban aposentados. Cuando esta [carnicería] acabó, los españoles tuvieron tiempo y sangre fría para entregarse al despojo de los cadáveres, entre los que había no pocos de mujeres y niños».[95]

Los mexicas gritan, corren y dan la voz de alarma por toda la ciudad, que indignada quiere destruir a los profanos.

Cortés, quien ya había derrotado a Pánfilo de Narváez, una vez sumadas fuerzas españolas en el orden de 1 400 hombres adicionales provenientes de Cuba, suponía o tal vez sabía de los planes para atentar en contra de su vida, por lo que entendió llegada la oportunidad que debía cortar las cabezas principales de las tres monarquías, así como las de los líderes más importantes del ejército mexica. Una vez muertos los jefes supremos y ante un tlatoani acobardado, el pueblo, según el invasor, se sometería a la primera voz de Moctezuma, por lo que convenía mantenerlo vivo. Alvarado, en acatamiento a las órdenes de Cortés, ordenó el ataque en contra de los mexicas desarmados, según lo convenido. El plan se desarrollaba a la perfección contando ya con los refuerzos obtenidos de Narváez; Cortés regresó a Tenochtitlan pero la matanza era imborrable, y temiendo por su vida salió oculto de la ciudad.

«El cuartel estuvo sujeto a repetidos ataques durante ese día y el siguiente. De las azoteas más próximas llovían constantemente flechas y piedras sobre los españoles.»[96]

[94] Salvador Toscano, *op. cit.*, p. 144.
[95] Carlos Pereyra, *Hernán...*, p. 172.
[96] *Ibid.*, p. 17.

Muerte de Moctezuma.
¿«Noche Triste» o «Noche Alegre»?

Cortés sabía que los mexicas «nada hacían contra la voluntad de su señor» y si los mexicanos no daban de comer a los españoles ni tampoco abrían su mercado era porque así se los ordenaba Moctezuma, por lo tanto el levantamiento de los mexicanos obedecería a alguna indicación de su tlatoani...

Fray Bernardino de Sahagún se limita a decir que los españoles «mataron a Moctheuzoma». En sus *Annales*, Chimalpain (Domingo Francisco de San Antón Muñón) escribe que «los españoles mataron a Motecuhzomatzin estrangulándole». No obstante, Joseph de Acosta (*Historia natural y moral de las Indias*), afirma, al igual que el *Códice Ramírez*, que Moctezuma fue «muerto a puñaladas [...] [por] los españoles», en tanto que Fray Diego Durán, aseguró que el huey tlatoani tenía «cinco puñaladas en el pecho» y en los «Fragmentos» (en los que se basó Juan Tovar, autor del *Códice Ramírez*) se dice que «porque no le viesen herida le habían metido una espada por la parte baja.»

«En aquellos momentos, cuando el pueblo rodeaba el palacio de Axayácatl se escuchaban gritos como: "Azteca indigno, mujer, cobarde, los blancos te han vuelto mujer, propia tan sólo para hilar y tejer", Quauhtémoc, de edad de diez y ocho años, que ya le querían elegir por rey, dijo en alta voz: "¿Qué es lo que dice ese bellaco de Motecuczuma, muger de los españoles, que tal se puede llamar, pues con ánimo mugeril se entregó a ellos de puro miedo y asegurándonos nos ha puesto a todos en este trabajo? No le queremos obedecer porque ya no es nuestro rey, y como a vil hombre le hemos de dar el castigo y pago". En diziendo esto alzó el brazo y marcando hazia él disparóle muchas flechas: lo mismo hizo todo el ejército.[97] [...] Comenzando a tirar dicen que le dieron una pedrada; mas aunque se la dieron no le podía hazer ningún mal porque había ya más de cinco horas que estaba muerto.»[98]

Según Aguilar, Moctezuma fue subido a la azotea «a las ocho o nueve del día»;[99] por tanto, su asesinato debió haber sido el miércoles 27 de junio entre las tres y cuatro de la mañana.

---

[97] *Códice Ramírez. Manuscrito del siglo XVI intitulado: Relación del Origen de los Indios que Habitan Esta Nueva España según sus Historias, op. cit.*, p. 89.

[98] *Ibid.*, p. 144. Sobre algunos fragmentos de la fuente, escribió Genaro García: «Estos documentos históricos, de capital importancia, son probablemente los memoriales que sirvieron al P. Tovar para escribir su obra». Genaro García, *op. cit.*, p. 144.

[99] Francisco de Aguilar, *op. cit.*, p. 16.

«Cuatro días andados después de la matanza que se hizo en el Templo Mayor hallaron los mejicanos, muertos, a Motehcuzoma y al gobernador del Tlatliulco...»[100] Por otra parte, pronto oiremos del propio Díaz del Castillo que los mexicanos, al ver muerto a Motecuhzoma, «hicieron muy gran llanto [...] [y fieramente decían a los españoles]: "Ahora pagaréis muy de verdad la muerte de nuestro rey"».[101]

Viendo Cortés que con su irreverente patraña no logró obtener tregua alguna de los mexicanos, fue convencido por Botello, «nigromántico y astrólogo»,[102] quien le aseguró, según escribe Bernal Díaz, que «si aquella noche no salíamos de Méjico [...] ningún soldado podría salir con vida».

Sobre los españoles caídos se acostumbraba decir que «murieron ricos» por el oro con que muchos de ellos se hundieron aquella noche en los lagos de México, expulsados por los mexicas.

Durante la llamada «Noche Triste», antes de huir, Cortés mandó matar a todos los señores mexicanos detenidos «sin dexar ninguno»[103] porque «dieron garrote a todos los señores que tenían presos, y los echaron muertos fuera del fuerte».[104] «Antes de emprender la salida, Cortés tuvo que resolver dos problemas: uno, asegurar el tesoro que les diera Moctezuma; otro, proteger la vida de doña Marina y personajes que con ella iban, algunos como prisioneros para futuras negociaciones con el enemigo»,[105] todos escoltados «sólo mil trescientos eran españoles».[106]

Los castellanos, aprovechando la noche lluviosa, «antes de medianoche, ordenaron a los indios tlaxcaltecas que ayudaran con el oro; y después que se puso en la puente, y pasaron todos así como venían», según Bernal Díaz, «todo el ejército mexicano salió en seguimiento de ellos con tanta furia y coraje, que comenzaron a hacer gran daño por todas partes a los españoles [...] los quales, con la turbación y temor los que habían ya pasado de aquel paso con el capitán Hernando Cortés comenzaron a huir, y los miserables que quedaban cargados de oro y riquezas cayeron en aquel hoyo, tanto que le sirvieron de puente para que otros pasasen», según leemos en el Códice Mendoza. «De los nuestros [habla Gómara] tanto más morían, cuanto más cargados iban de

[100] Carlos Pereyra, Hernán..., p. 167.
[101] Bernal Díaz del Castillo, op. cit., pp. 132-133.
[102] Ibid., p. 133. Botello: «al parecer muy hombre de bien y latino, y había estado en Roma y decían que era nigromántico... algunos le llamaban astrólogo».
[103] Francisco de Aguilar, op. cit., p. 17.
[104] Bernardino de Sahagún, Relación..., p. 113.
[105] Mariano G. Somonte, Doña Marina, «La Malinche», México, Edimex, 1971, p. 34.
[106] Carlos Pereyra, Hernán..., p. 179.

ropa y de oro y joyas [...] por manera que los mató el oro y murieron ricos.»[107]

«De un lado de la ancha calzada bogaban los guerreros de Tenochtitlan, encabezados por Cuitláhuac, y del otro los de Tlatelolco, guiados por Cuauhtémoc. Y recomenzó la batalla.»[108]

Los españoles pasaron en Totoltepec toda la noche del día 1 de julio sin sufrir ya ningún asalto de parte de los mexicanos. En dicho lugar, «hallamos que quedavan muertos más de la mitad de los del exército», apuntó Aguilar.[109]

«El problema, pues, al que se enfrentaron los mexica al día siguiente fue el limpiar de cadáveres la laguna [...] Sacaron los caballos y las armas, la artillería pesada, arcabuces, ballestas, espadas de metal, lanzas y saetas, los cascos y las corazas de hierro, los escudos [...] Del hacinamiento de los muertos de la laguna y calzadas separaron a los suyos. Buscaron a los nobles y a los sacerdotes, los condujeron en medio de los llantos de los deudos, los ataviaron con sus plumas y joyeles. Entonces fueron incinerados sus cuerpos y la pira flameó en medio llanto de la tribu.»[110] «También los dioses fueron instalados de nuevo en los templos, previa limpieza de toda huella de extranjeros.»[111] A los españoles tomados como prisioneros se les sacó el corazón en la piedra de los sacrificios y acto seguido se les pateó para que rodaran los cadáveres ensangrentados gradas abajo.

El mal del conquistador

Si la crueldad española desempeñó un papel importante en la catástrofe mexica, el verdadero agente devastador europeo, sin duda alguna, fue la peste que diezmó brutalmente a la población aborigen americana. ¿Qué dice el libro de texto respecto al papel que jugaron esta y otras enfermedades mortales en el nuevo mundo?

[107] Francisco López de Gómara, *op. cit.*, p. 368.
[108] Héctor Pérez Martínez, *op. cit.*, p. 112.
[109] Francisco de Aguilar, *Relación breve de la Conquista de la Nueva España*, México, UNAM/IIH, 1977, p. 92.
[110] Salvador Toscano, *op. cit.*, pp. 167-170.
[111] Jaime Montell García, *La conquista de México Tenochtitlan*, México, Miguel Ángel Porrúa, 2001, p. 652.

«[...] los españoles contarían con otro aliado sin saberlo: la viruela. Esta enfermedad, hasta entonces desconocida por los indígenas, atacó a la población. Eran tan pocos los habitantes que no se habían contagiado que apenas podían alimentar y cuidar a quienes sí lo estaban. Algunas personas huyeron por miedo al contagio; así se desintegraron familias y poblaciones enteras quedaron deshabitadas, por lo que la epidemia de viruela favoreció la conquista.»

Cuando los mexicas pensaban que había llegado el momento de cantar victoria aun cuando no habían podido perseguir a los invasores españoles hasta exterminarlos después de la «Noche Alegre», de repente se presentó en el corazón mismo de Tenochtitlan el enemigo más poderoso jamás enfrentado por los nativos durante los años exitosos de consolidación del imperio. Con el paso del tiempo este agente tan poderoso como invencible sería acreditado como el auténtico conquistador de la cultura mexica. El nombre del responsable, prácticamente desconocido, es el de Juan Eguía, un hombre de raza negra enfermo de viruela que, junto con otros tantos españoles contagiados con esa enfermedad, llegaron con Pánfilo de Narváez de Cuba a arrestar a Cortés a principios de 1520.

Cuando la «conquista» de México parecía perdida para Hernán Cortés (expulsado de México con pérdidas enormes y todavía fugitivo de las autoridades españolas en Cuba), la viruela acudió en su rescate para devolverles la buena fortuna a los españoles. En escasas semanas la peste acabó con la vida de guerreros, príncipes, nobles, sacerdotes, músicos, maestros, militares, hombres, mujeres y niños del pueblo. La epidemia aniquiló ferozmente, por lo pronto, a una tercera parte de la arrogante población mexica.

«El periodo de incubación de la viruela dura entre siete y diecisiete días. Durante ese lapso, el individuo sufre fiebres altas, malestar general, dolores de cabeza y de espalda. Luego, la fiebre cede un poco y el enfermo empieza a desarrollar pequeños puntos rojos en la piel que rápidamente se convierten en pápulas, un tipo de roncha, luego en vesículas, pequeñas ampollas y por último en pústulas, vejigas secretoras de pus. La comezón se vuelve insoportable. Las lesiones se desarrollan primero dentro y fuera de la boca, así como en la cara y los antebrazos. En esta etapa el individuo afectado puede contagiar a otro fácilmente.

»Existen otras dos formas atípicas de viruela: la hemorrágica y la maligna. En la forma hemorrágica es consistentemente mortal: los pacientes mueren a los pocos días de aparecer los primeros síntomas en la piel. En la forma maligna al enfermo se le desprenden grandes porciones de la epidermis.»[112]¿Se imaginan lo que les esperaba a los mexicas?

Zempoala, en el actual estado de Veracruz, fue el primer asentamiento indígena que sufrió las consecuencias de la viruela entre abril y mayo de 1520; la enfermedad se fue extendiendo, primero a Tepeaca, luego a Tlaxcala, hasta llegar en los meses de septiembre y octubre de ese mismo año a Tenochtitlan, una de las ciudades más densamente pobladas de su época. Dicha peste se propagó con tal fuerza y velocidad que en pocas semanas no había guerreros sanos para hacer frente a los embates de los españoles. La verdadera fuerza de los conquistadores no fue la cruz ni la espada, ni los caballos ni las armas de fuego ni los arcabuces ni las ballestas ni la pólvora, sino las enfermedades incurables y fulminantes como la viruela, el sarampión y la poliomielitis que vinieron con los invasores, los auténticos flagelos de los nativos mexicas. Antes de la llegada de Colón ninguna de las pavorosas enfermedades epidémicas comunes en Europa y Asia habían existido en las Américas. Los virus que originan la viruela, la influenza, la hepatitis, el sarampión, la encefalitis y la neumonía viral, las bacterias que causan la tuberculosis, la difteria, el cólera, el tifus, la fiebre escarlata y la meningitis bacteriana... no se conocían en el México precolombino.

La mayor parte de la población indígena de México desapareció en el siglo XVI víctima de la viruela, conocida por los mexicas como *tomonaliztli, teozáhuatl, cocolitzli* o *huey zahuatl*. Los incas en el siglo XVI y las tribus norteamericanas de los siglos XVII y XIX sufrieron el mismo destino de los mexicas, tlaxcaltecas y la población original de las Antillas en general.

«Se despobló una aldea tras otra. En muchas calles se veían cuerpos, pues no contaban con los métodos necesarios para recogerlos. Funcionarios, ansiosos sobre todo de no contaminarse, enterraban a los muertos, derrumbaban las casas sobre ellos, cuando podían hacerlo. Había tanto hedor como desesperación, y el sufrimiento era mayor que cualquiera que hubieran causado hasta entonces los conquistadores. Los que no murieron, pero padecieron la enfermedad, espantaban a quien los mirara por las cacarañas que les quedaron en el rostro y en el cuerpo. En algunos sitios, la mitad de la población murió. A la epidemia le seguía a menudo la hambruna... La enfermedad llegó a Chalco, en el Valle de México, en septiembre de 1520 y acarreó muchísimo más

[112] Natalia Marmasse, «El destierro de la viruela», *¿Cómo ves? Revista de divulgación científica de la Universidad Nacional Autónoma de México*, núm. 45, México, agosto de 2002, s.p.

perjuicio del que pudiera haber pensado ocasionar el ejército de Cortés. Llegó a Tenochtitlan a fines de octubre.»[113]

«Sucedió en esto –dice el cronista Herrera– [...] que iendo en el exército de Narváez un negro con viruelas, como el lugar de Cempoala era mui grande, i de mucha gente, i las casas de los indios tan pequeñas, que vivían mui apretados, fueron las viruelas pegándose con los indios [y el mal] los abrasaba, aiudado del calor de la tierra, cosa tan contraria por tal cura: i así murieron infinitos... Eran tantos los muertos, que como no los enterraban, el hedor corrompió el aire, i se temió de gran pestilencia. Este mal de las viruelas se estendió por toda la Nueva España, i causó incréíble mortandad: i era cosa notable ver a los indios, que se salvaron, desfigurados en las manos, i rostros, con los hoios de las viruelas, por causa de rascarse.»[114]

Motolinía afirma que «fue entre los indios tan grande enfermedad y pestilencia en toda la tierra, que en las provincias murió más de la mitad de la gente [...] morían como chinches a montones [...] Morían todos los de una casa en razón de la Gran Lepra, porque las tales viruelas cubrían de tal manera la piel que parecían leprosos y quienes escaparon de ella quedaron llenos de hoyos».[115] Los *Anales de los Cakchiqueles* nos hacen saber: «Grande era el hedor de los muertos. Después que nuestros padres y abuelos sucumbieron, la mitad de la gente huyó a los campos. Perros y buitres devoraban los cadáveres. La mortandad fue terrible. Vuestros abuelos murieron y con ellos los hijos de reyes y sus hermanos y los hombres de reyes. Así quedamos huérfanos...».[116]Delgado Gómez agrega: «los canales se tapan con cadáveres; cuerpos apilados en casas y templos conforman el esqueleto de una ciudad que muere junto a sus habitantes.» Quienes padecían el *teozáhuatl* «no podían moverse, ni cambiarse, ni dormir boca abajo, ni acostarse sobre las espaldas [...] muchos quedaron ciegos o con manchas pústulas en la cara... Todo el calor de la lumbre estalló en sus carnes. Después de la erupción de la piel se abrieron las pústulas y cegaron sus ojos».[117] La misma suerte habían corrido Totoquihuatzin, el rey de Tacuba, suegro de Moctezuma; el rey de Chalco, y luego, en el lejano Tzintzuntzan, Zuangua, el *caltzonzin* de los

---

[113] Hugh Thomas, *La conquista de México*, México, Planeta, 2006, p. 495. Véase también: Virginia García Acosta *et al.*, *Desastres agrícolas en México. Catálogo histórico*, México, FCE, 2015.

[114] Antonio de Herrera y Tordesillas, *op. cit.*, p. 257.

[115] Toribio de Benavente «Motolinía», «Historia de los indios de Nueva España», en Joaquín García Icazbalceta, *Colección de Documentos para la Historia de México*, t. I, México, Librería de J. M. Andrade, 1858, p. 15.

[116] Francisco Hernández Arana Xajilá y Francisco Díaz, «Memorial de Solalá. Anales de los Cakchiqueles», en Adrián Recinos, *Literatura Maya*, Caracas, Biblioteca Ayacucho, 1992, p. 159.

[117] Héctor Pérez Martínez, *op. cit.*, p. 118.

tarascos, y el rey Hunyg y su hijo en territorio de los mayas...[118] Faltos ya de mantenimientos los mexicanos, empezó a morir «más gente de hambre que no a hierro: que oí certificar que daban por un puño de maíz un puño de piedras de oro o de piedras riquísimas».[119]

Cuando en septiembre de 1520 Cuitláhuac se alzaba como el nuevo huey tlatoani, lleno de furia por el desastroso comportamiento de su hermano Moctezuma, era difícil imaginar que tan ilustre guerrero mexica también caería muerto algunas semanas después de haber asumido el cargo, víctima como cientos de miles de los suyos de la epidemia de *teozáhuatl*, el «grano divino», las viruelas, ante las cuales la herbolaria mexica y sus 1 200 plantas conocidas fueron insuficientes para curar a la población de ese espantoso mal.

Muy probablemente en la ceremonia de su ascenso al poder rodaron las cabezas de los españoles que habían caído prisioneros. Se encargó de reconstruir Tenochtitlan tras la salida de los españoles y nombró a su sobrino Cuauhtémoc jefe militar. Desafortunadamente murió víctima de la viruela. El propio Cortés dijo que sin la muerte de Cuitláhuac muy probablemente no hubiera podido tomar la capital mexica. Enterado de su muerte, el conquistador decidió atacar su señorío: Iztapalapa.

El último tlatoani

De las escasas decisiones que pudo tomar Cuitláhuac durante su efímero gobierno, la más importante fue designar al joven Cuauhtémoc *tlacatecatl* o general en jefe de los ejércitos mexicas, texcocanos, tecpanecas y tlatelolcas y sumo sacerdote, además de tratar de organizar sus ya menguadas fuerzas militares para defender Tenochtitlan de un nuevo ataque de los invasores, los *teules*, aliados con los tlaxcaltecas. Ambos, Cuitláhuac y Cuauhtémoc, desposaron a la hija de Moctezuma, la pequeña Tecuichpo, rescatada durante la «Noche Alegre» por las fuerzas mexicas.

Mientras Cuauhtémoc al frente de los mexicas luchaba en contra de la peste y reorganizaba como podía a los restantes caballeros jaguar u ocelote para impedir la toma de Tenochtitlan, en tanto convocaba a los

---

[118] Jaime Montell García, *op. cit.*, p. 714; Francisco Hernández Arana Xajilá y Francisco Díaz, *op. cit.*, p. 157; Hugh Thomas, *op. cit.*, p. 495.
[119] Diego Durán, *op. cit.*, p. 57.

nuevos monarcas, Tetlepanquetzaltzin de Tacuba y Coanacochtzin de Texcoco, para fortificar la hermosa capital y hacía ejecutar a los españoles prisioneros o a sus aliados indígenas que caían en sus manos, los invasores y los tlaxcaltecas, por su parte, se preparaban para el ataque final, sin perder de vista que ese aciago año de 1520 no se había realizado el festival de Ochpaniztli, porque se había echado a perder la cosecha del maíz.

Cortés y sus aliados nativos establecieron su cuartel en Texcoco y desde ahí comenzaron a penetrar los señoríos de las riberas del lago para cercar y aislar la capital mexica, en la que escaseaban los alimentos; además cerraron el acueducto de Chapultepec que la abastecía de agua potable. Cortés sabía que la ciudad no podía ser tomada por tierra, por lo que los castellanos y sus aliados nativos, los tlaxcaltecas, los huexotzincas y cholultecas, los chalcas y los otomíes, trabajaron intensamente durante casi diez meses en la construcción de bergantines para ingresar por medio de ellos y de «diez y seis mil canoas» llenas de tlaxcaltecas a Tenochtitlan por el lago de Texcoco. Finalmente, la mañana del domingo 28 de abril de 1521 las embarcaciones fueron botadas y «los religiosos bendijeron las aguas en el nombre de Dios».[120]

«Este negocio –adujo Cortés– principalmente es de Dios, a quien venimos a servir esta jornada, procurando como católicos, con su favor e ayuda, alanzar el Príncipe de las tinieblas de estos grandes y espaciosos reinos, lo cual, como espero, hecho, se le hará gran servicio.»

Pedro de Alvarado y Cristóbal de Olid, entre otros capitanes, penetraron por varias calzadas y consumaron el asalto final a Tenochtitlan, cuya población resistió de manera heroica. La ocupación total de la ciudad concluyó el 13 de agosto de 1521.

Las operaciones del sitio de Tenochtitlan comenzaron cuando Ixtlilxóchitl, el capitán en jefe tlaxcalteca, sugirió cortar el acueducto de Chapultepec para cancelar el abasto de agua corriente que llegaba a la ciudad, en la inteligencia que el agua del lago era salada y por tanto imbebible. Además de lo anterior, su estrategia consistió en esperar el tiempo necesario para que la viruela acabara de hacer su parte al matar a la mayor cantidad de mexicas dispuestos a defenderse con lo que tuvieran a su alcance. Cortés dejaba hacer a un Ixtlilxóchitl movido por el resentimiento y el rencor, además de gran conocedor de las técnicas, usos y costumbres militares de los suyos, los indígenas. Alvarado, quien junto con Olid destruyó el acueducto el 26 de mayo de 1521,[121] no tardaría en

---

[120] Jaime Montell García, *op. cit.*, pp. 785-786.
[121] Carlos Pereyra, *op. cit.*, pp. 197-198.

ocupar el mercado de Tlatelolco. No sólo la enfermedad sino el hambre acosaría también a los mexicas sobrevivientes.

«Cuauhtemoctzin, señor de México [...] dixo a los suyos: "valerosos mexicanos: ya veis cómo nuestros vasallos todos se han rebelado contra nosotros: ya tenemos por enemigos no solamente a los tlaxcaltecas y chololteca y vexotzingas, pero a los tezcucanos, chalcas y xochimilcas y tecpanecas... Os ruego os acordéis del valeroso corazón y ánimo de los mexicanos chichimecas, nuestros antepasados [...] que ha venido a tener el nombre de mexicano la nombradía y excelencia que tiene y a ser temido su apellido por todo el mundo; por tanto, o valerosos mexicanos, no desmayéis ni os acovardéis: esforzad ese pecho y corazón animoso para salir con una empresa la más importante que jamás se os ha ofrecido: mirad que si con esta no salís, quedaréis por esclavos perpetuos y vuestras mugeres e hijos, por el consiguiente, y vuestras haciendas quitadas y robadas; tened lástima de los viejos y viejas y de los niños y huérfanos, que no haciendo lo que debéis al valor de vuestras personas y a la defensa de la patria, quedaron por vosotros desamparados y en manos de vuestros enemigos para ser esclavos perpetuos y hechos pedazos: no miréis a que soy muchacho y de poca edad, sino mirad que lo que os digo es verdad y que estáis obligados a defender vuestra ciudad y patria, donde os prometo de no la desamparar hasta morir o librarla". Todos con grandísimo ferbor prometieron hacer lo mesmo.»[122]

Para el ataque final, «empezamos a combatirles –dice Cortés– y fue tan grande la mortandad que se hizo de nuestros enemigos, que muertos y presos pasaron de doce mil», mientras que según Fray Bernardino de Sahagún, «estando en esta pelea las mujeres también peleaban cegando a los contrarios con el agua de las acequias, arrojándosela con los remos».[123]

Ya habían hecho perecer a casi toda la población. Para entonces la vida era ya absolutamente imposible en México; día a día caían muertos millares de dolientes, y sus cadáveres quedaban insepultos sobre la patria idolatrada... Dice Cortés: «del agua salada que bebían, y de el hambre y mal olor, había dado tanta mortandad [...] que murieron más de cincuenta mil ánimas...».[124]

Tenochtitlan no quedaba destruida por azar, sino como consecuencia de una táctica deliberada, aplicada cuidadosa y metódicamente, con

[122] Diego Durán, *op. cit.*, pp. 56-57.
[123] Bernardino de Sahagún, *Historia general de las cosas de la Nueva España*, México, Porrúa, 1975, p. 753.
[124] Hernán Cortés, *op. cit.*, p. 222.

toda la energía de una guerra europea y sin pensar en que se arruinaba una obra maestra de diseño urbano.

Los mexicas, ante las instancias de Cortés para negociar una rendición, decían que «las palabras eran para las mujeres y las armas para los hombres, por lo que deseaban morir peleando».[125] No se rendirían.

El incendio de sus casas, derivado de la saña con que Cortés ordenó el ataque por la calzada de Iztapalapa, obligó a los de Tenochtitlan a abandonar parte de la ciudad y refugiarse en Tlatelolco.

«Estaban los tristes mexicanos, hombres y mujeres, niños y niñas, viejos y viejas, heridos y enfermos en un lugar bien estrecho, y bien apretados los unos con los otros, y con grandísima falta de bastimentos, y al calor del sol, y al frío de la noche, y cada hora esperando la muerte. No tenían agua dulce para beber, ni pan de ninguna manera para comer; bebían de el agua salada y hedionda, comían ratones y lagartijas, y cortezas de árboles, y otras cosas no comestibles, y desta causa enfermaron muchos y murieron muchos, y de los niños no quedó nadie» (dice Sahagún).[126]

«Cuauhtémoc no poseía la capacidad de concebir la catástrofe. Su educación se lo impedía. Se le crió en la convicción de que los dioses lo salvarían, a él y a los restos de su imperio. Se hizo traer los últimos prisioneros y personalmente llevó a cabo los sacrificios que consideraba necesarios.»[127]

Escribe el propio Cortés: «como en estos conciertos [...] los de la ciudad todos estaban encima de los muertos, y otros en el agua, y otros andaban nadando, y otros ahogados en aquel lago donde estaban las canoas [...] [en una palabra, que] era tanta la pena que tenían, que no bastaba juicio a pensar cómo lo podían sufrir».[128]

Incendiaron Iztapalapa y Texcoco, y todo aquello que iba cayendo en su poder. La orden era arrasar todo a su paso y por ello quemaron bibliotecas y códices. Por su parte, Cuauhtémoc asesina a los hijos de Moctezuma por mostrarse dispuestos a negociar la rendición con los invasores. Los mexicas no se rendían. «Si nos rendimos —les dijo Cuauhtémoc— seremos esclavos», llamándolos a morir defendiendo la ciudad.[129]

«Habíanse terminado todos los alimentos, no había agua potable, las gentes enfermaban y morían en medio de los tormentos del hambre, y los supervivientes, enflaquecidos y extenuados, sólo parecían esperar

[125] Bernal Díaz del Castillo, *op. cit.*, p. 193.
[126] Bernardino de Sahagún, *Historia general de las cosas de Nueva España*, t. IV, México, Editorial Pedro Robredo, 1938, p. 100.
[127] Hugh Thomas, *op. cit.*, p. 577.
[128] Hernán Cortés, *op. cit.*, p. 222.
[129] Diego Durán, *op. cit.*, p. 56.

a su vez. Los españoles encontraban confirmadas estas noticias a medida que se internaban en la ciudad.»[130]

A pesar de que ya había perecido casi toda la población, Cortés intentó infructuosamente una y otra vez nuevas negociaciones de paz, las cuales prolongó Cuauhtémoc durante cuatro o cinco días, enviando al real español a algunos de sus principales, esperando quizá que durante ese corto tiempo expirasen todos los mexicanos.

«Hacia el miércoles 7 de agosto [...] las tropas de Cortés salieron de nuevo de sus cuarteles hacia México-Tenochtitlan. La resistencia mexica, así como la población, estaba en su última agonía. Cortés declara que "hallamos las calles por donde íbamos llenas de mujeres y niños y otra gente que se morían de hambre, y salían traspasados y flacos, que era la mayor lástima del mundo de los ver"».[131]

Derrota y muerte de Cuauhtémoc

El 13 de agosto de 1521 los conquistadores apresaron a Cuauhtémoc, –quien buscaba una posición de más seguridad para tratar de reorganizar sus fuerzas, una tarea tan heroica como inútil–, logrando así la conquista de Tenochtitlan.

En la *Historia de la conquista* de Antonio de Solís –al igual que en muchos de los otros libros cercanos a la caída de Tenochtitlan– se cuenta que, el día de su aprehensión:

«[...] reconoció Gonzalo de Sandoval que se iban embarcando con grande aceleración las canoas de la ensenada. Puso luego esta novedad en la noticia de Cortés; y juntando los bergantines que tenía distribuidos en diferentes puestos, se fue acercando poco a poco para dar alcance a su artillería. Moviéronse al mismo tiempo las canoas enemigas en que venían los nobles y casi todos los cabos principales de la plaza [...]

»Y cuando los bergantines de Cortés las alcanzaron pararon todas a un tiempo, soltando los remos al verse acometidas; y los mexicanos de la primera canoa dijeron a grandes voces que no se disparase, porque venía en aquella embarcación la persona de su rey [...] y para darse a

[130] William Prescott, *op. cit.*, p. 243.
[131] Jaime Montell García, *op. cit.* p. 874.

entender mejor, bajaron las armas, adornando el ruego con varias demostraciones de rendidos.»[132]

Cortés, en su Tercera Carta de Relación, cuenta que luego de la captura de Cuauhtemoctzin, estando acompañado de Pedro de Alvarado y de doña Malintzin (es importante imaginar el rostro de plena satisfacción de esta otrora esclava tabasqueña a la hora de asistir a la rendición de sus históricos enemigos y explotadores), «llegose a mí y díjome en su lengua que ya él había hecho todo lo que de su parte era obligado para defenderse a sí y a los suyos hasta venir a aquel estado, que ahora hiciese de él lo que yo quisiese; y puso la mano en un puñal que yo tenía, diciéndome que le diese de puñaladas y le matase».[133]

Ya era muy tarde. Solicitar al invasor que le diera muerte en lugar de haberse degollado él mismo cuando tuvo sobradamente la oportunidad de hacerlo deja de ser un hecho heroico que el lector deberá juzgar en su momento. Lo que era una realidad es que Cortés tenía otros planes para el último de los tlatoanis antes de matarlo también, pues su único interés consistía en descubrir el lugar donde estaba depositado el supuesto tesoro mexica, que nunca existió porque estos jamás le concedieron al oro ni a la plata el menor valor pecuniario. Basta con recordar que su «moneda» de cambio eran los granos de cacao.

Díaz del Castillo, López de Gómara y los folios del juicio de residencia que se le siguió a Hernán Cortés coinciden en que los conquistadores mojaron las manos y los pies del tlatoani con aceite para darles fuego, aunque su célebre frase —según las investigaciones de Hugh Thomas— fue acuñada en una obra de teatro escrita en el siglo XIX. Al parecer, Cuauhtémoc nunca dijo: «¿Crees que estoy en un lecho de rosas?». Sin embargo, poco importa si esta frase —laureada por la historia oficial— es o no verdadera. El heroísmo de Cuauhtémoc parece indestructible y las palabras de Ramón López Velarde pueden mantenerse sin grandes problemas: él es «nuestro joven abuelo», «el único héroe a la altura del arte».

Cuauhtémoc guardó silencio durante los siguientes años hasta su asesinato en 1525 a manos de Cortés, el célebre asesino de Moctezuma Xocoyotzin, de Xicoténcatl, de Cacama, de Cuauhpopoca, y de tantos seres humanos más.

«Cuando no quedó un hombre por matar, una casa por robar, ni una moza por raptar, pensose en demoler la población; se hizo todo lo posi-

---

[132] Antonio de Solís, *Historia de la conquista de México, población y progreso de la América Septentrional conocida por el nombre de Nueva España*, Madrid, Imprenta de Bernardo de Villa Diego, 1684, pp. 543-544.

[133] Genaro García, *op. cit.*, p. 323.

ble por destruir aquella cibdad [dícenos uno de los mismos destructores] [...] e duró días en trabajar.» Asegura Sahagún que aquellas matanzas y devastaciones las concertó Cortés desde Tlaxcala; igual aseveración hace el Códice Ramírez.[134]

Quetzalcóatl, como afirmó Bernal Díaz, fue derribado «del alto cú donde estaba, e lo escondieron o quebraron, que no pareció más». La guerra europea proveniente de la Edad Media era de exterminio, saqueo y destrucción de ciudades mediante grandes matanzas de la población civil. Tenochtitlan no podía correr otra suerte.

Lo que es un hecho es que Hernán Cortés decidió descuartizar ejemplarmente a Cuauhtémoc en Izancanac, en lo que hoy es el estado de Campeche, durante el viaje que el conquistador realizara a las Hibueras en 1525 para someter a Cristóbal de Olid, uno de los suyos que lo había traicionado al aceptar la oferta de Diego de Velázquez, el peor enemigo de Cortés, para convertirlo en gobernador de Honduras. Cara, muy cara pagaría Olid su traición cuando fue atrapado por los agentes de Cortés y decapitado públicamente en la plaza pública de Naco antes de que aquel pudiera llegar a ejecutar personalmente la sentencia. Cortés llevaba consigo además a Tetlepanquetzal y al hermano de Ixtlilxóchitl, Coanacoch, señores de Tlacopan y Texcoco respectivamente, para abrirse paso y obtener más riquezas de los pueblos por los que iba pasando y que en efecto salían a recibir al tlatoani caído en desgracia.

Durante la compleja marcha rumbo a las Hibueras para atrapar a Olid, pues Cuauhtémoc se desplazaba como podía al quedarle prácticamente sólo muñones después de haberle quemado los pies, doña Marina le hizo saber a Cortés de una supuesta conspiración urdida esta vez por Cuauhtémoc y los nobles príncipes que los acompañaban. La propia Malinche ya había alertado previamente a Cortés al delatar colusiones en contra del jefe de los teules como en Cholula, en el Tepeyac y esta vez en Hibueras, lo que curiosamente terminó en sendas y enormes masacres.

«Malinche hizo comparecer a los príncipes interrogándolos por lengua de doña Marina...» Los señores desmentían. A los nobles se les acusaba de haber «hablado muchas veces lamentándose del despojo de sus tierras y vasallos, y de que los españoles les mandasen. Decían, además, que era bueno buscar un remedio para volver a señorear y restaurar de este modo cada linaje en su silla de mando. Uno sería matar a Malinche y a los que con él iban, y luego, levantando a la gente, seguir hasta Hibueras, terminar con Cristóbal de Olid y sus españoles y enviar men-

---

[134] *Códice Ramírez. Manuscrito del siglo XVI intitulado: Relación del Origen de los Indios que Habitan Esta Nueva España según sus Historias, op. cit.*, p. 85.

sajeros a Tenochtitlan para que matasen a los que en la sagrada ciudad habían quedado».[135] Cortés decidió entonces descuartizarlos.

Cuauhtémoc, al conocer su suerte, pronunció, según Bernal, estas palabras: «O, capitán Malinche, días ha que yo tenía entendido, e había conocido tus falsas palabras: que esta muerte me habías de dar, pues yo no me la di cuando te entregaste en mi ciudad de Méjico, porque me matas sin justicia».[136]

«Le echaron en prisiones (a Cuauhtémoc) y al tercer día que estuvo preso le sacaron y le bautizaron [...] y acabado de bautizar –con el nombre de Hernando Alvarado– le cortaron la cabeza y fue clavada en una ceiba delante de la casa que había de la idolatría en el pueblo de Yaxzam.»[137] Dejaron su cuerpo pendiente boca abajo. «Le pusieron en las manos una cruz. En sus pies tenía grillos de hierro con los cuales estaba sujeto al árbol del pochote.»[138] «Y porque no fuese solo al otro mundo, todos cuantos señores principales sacó el Marqués de toda la provincia mexicana, en achaque de conquistadores, todos quedaron por allá muertos.»[139]

Efectivamente, en el *Mapa de Tepechpan*, «su cuerpo aparece desnudo y decapitado casi sin brazos y colgado de una ceiba por los pies, sujeto de un herraje o soga».[140]

Según Gómara, biógrafo de Cortés, «Apoxpalon quedó espantado de aquel castigo de tan grandísimo rey».[141]

En la imagen del monumento a Hernán Cortés en Medellín, España, su tierra natal, es de hacerse notar que con el pie izquierdo aplasta la cabeza de un indígena. ¿Será la que decapitó de Cuauhtémoc...? Nótese que se encuentra parado sobre las ruinas de la Gran Tenochtitlan y que la estatua cuenta con tres símbolos que movieron a los invasores para lograr sus objetivos: la espada, el estandarte representativo

---

[135] Héctor Pérez Martínez, «El sacrificio de Cuauhtémoc», en Ernesto de la Torre Villar (selección, prólogo y notas), *Lecturas históricas mexicanas*, vol. IV, México, Empresas Editoriales, 1966, p. 660.

[136] Bernal Díaz del Castillo, *op. cit.*, p. 649

[137] «Manuscrito Maya-Chontal», en Jorge Gurría Lacroix, *Historiografía sobre la muerte de Cuauhtémoc*, México, UNAM, 1976, p. 51. Añade Gurría: «consideramos que la versión chontal acerca de la muerte de Cuauhtémoc es muy de tomarse en cuenta dado que todo aconteció en la capital de la provincia de Acalan y [dada] la intervención y conocimiento que de ello tuvo Paxbolonacha.»

[138] Domingo Francisco de San Antón Muñón Chimalpahin Cuauhtlehuanitzin, *Relaciones originales de Chalco Amequemecan*, México, FCE, 1965, pp. 9-10.

[139] Dolores Roldán, *Códice de Cuauhtémoc. Biografía*, México, Editorial Orión, 1980, pp. 214-217.

[140] Jorge Gurría Lacroix, *op. cit.*, p. 62.

[141] Francisco López de Gómara, «Conquista de México», en Enrique de Vedia (ed.), *Historiadores primitivos de Indias*, t. 1, Madrid, M. Rivadeneyra, 1858, p. 413, citado por Jorge Gurría, *op. cit.*, p. 31.

Monumento a Hernán Cortés en Medellín, España,
su tierra natal. Nótese que con su bota izquierda está
aplastando la cabeza de un indígena: ¿sería la de
Moctezuma o la de Cuauhtémoc?

de la monarquía española y, no podía faltar, la cruz con que se bendijo
la destrucción y muerte de las culturas precolombinas, no sólo la mexica. Es curioso el reconocimiento público a la brutalidad. ¿Traerían ese
mismo monumento a México para ponerlo en el Zócalo capitalino...?

Al pie del mismo monumento a Cortés, en su propia tierra, alguien
arrojó pintura roja a título de protesta. ¿Quién sería? Le aplaudo a cie-
gas y a la distancia, sea quien sea. Es claro que quien manchó la estatua
fue un artista anónimo que entendió la historia de México.

Expansión y colonización a nuevos territorios

Al respecto dice el libro de texto (p. 96): «Después de la conquista de Tenochtitlan, se iniciaron varias expediciones hacia el norte y sur de Mesoamérica, con dos objetivos principales: la búsqueda de metales preciosos (oro y plata) y la evangelización».

«La colonización de la zona de Occidente comenzó cuando Cortés mandó a Cristóbal de Olid a *Tzintzuntzan* (lugar de colibríes), en el actual estado de Michoacán. En tanto, Nuño Beltrán de Guzmán exploró lo que hoy es el estado de Jalisco y fundó la ciudad de Guadalajara en 1530».

Lo cierto es que al finalizar la década de 1520, Nuño Beltrán de Guzmán, quien protagonizó uno de los más brutales episodios de la conquista de México, «cabeza de la Real Audiencia, recurrió al genocidio», «permitió a los miles de guerreros indios que lo acompañaban (fundamentalmente tlaxcaltecas) saquear, torturar y matar a discreción».[142]Otro dato sobresaliente y escondido en la historia oficial y que, por supuesto, no aparece en el libro de texto es que los españoles usaron a sus aliados y a los mexicas vencidos en la invasión del resto del Anáhuac. Los pueblos nahuas aprendieron rápidamente los usos y costumbres (rapiña y asesinatos) de los españoles, así como a usar sus armas de acero. Esto fue así porque la guerra mexica asumía a los vencidos posteriormente como «aliados» y participaban con las tropas de la Triple Alianza en la conquista y sometimiento de pueblos, así que la «gloriosa» conquista fue obra militar de los nahuas del Altiplano. Cortés mandaba a doscientos españoles y a diez mil guerreros nahuas a las expediciones. ¿Por qué el libro de texto ocultará estas realidades?

El rey o *caltzonzin* de los michoacanos, Tangaxoan Tzíntzicha, recibió a Nuño de Guzmán en paz, le hizo regalos de muchos tejos de oro y plata, le dio guerreros y provisiones: «Aceptó repartir sus pueblos en encomiendas, se bautizó, permitió la evangelización de sus tierras, se casó por la Iglesia [...] Su gente, convertida en auténticas bestias de carga, se moría en las minas o los caminos, repartidos como esclavos, herrados los rostros»[143], pero Nuño de Guzmán respondió a su hospitalidad haciéndole torturar y ejecutar. Lo arrojó a una hoguera en 1530 supues-

---

[142] Raúl Bringas Nostti, *op. cit.*, p. 65.
[143] Nuño de Guzmán, *Proceso, tormento y muerte del Cazonzi, último Gran Señor de los Tarascos*, Armando M. Escobar Olmedo (ed.), Morelia, Frente de afirmación hispanista, A.C., 1997, pp. 29-30.

tamente por ser homosexual y por tanto hereje, esto a pesar de que les había dado todo el oro que podía, e incluso había rendido (sin batallar) poblaciones en favor de los españoles.[144]

Nuño de Guzmán exploró y conquistó en siete años casi la tercera parte de lo que hoy es México; su gran empresa estuvo siempre bañada en sangre y las quejas fueron tantas que la Corona española resolvió enjuiciarlo y envió al licenciado Diego Pérez de la Torre para investigarlo. Encontrándolo gravemente responsable, le quitó el gobierno de la provincia, lo remitió con grilletes a España y murió allí en marzo de 1544, todavía preso.

Yucatán y Guatemala

Francisco de Montejo, quien en 1526 compró al rey Carlos V el derecho a conquistar y a hacer esclavos a los habitantes de Yucatán, logró esto último luego de dos décadas de lucha, siguiendo siempre las lecciones de violencia de Cortés e incluso mejorándolas.

«Os hago merced de diez leguas cuadradas de las tierras que conquistareis [...] y os doy licencia y facultad a vos [...] para que a los indios que fuesen rebeldes, siendo amonestados y requeridos, los podéis tomar por esclavos.»[145]

«Exasperados [los conquistadores] comenzaron a utilizar prácticas aterrorizantes a un nivel como no se había visto hasta entonces en Yucatán. Comenzaron a agarrotar indios, tanto hombres como mujeres, o bien estas eran arrojadas a las lagunas con pesas atadas a sus cuerpos para que se ahogaran [...] En otras ocasiones las jaurías de perros masacraban a los indios indefensos.» También se habla de corte de manos, orejas y narices a muchos indios. Uno de los lugartenientes de Montejo, de apellido Pacheco, «cortó muchos pechos a mujeres y manos a hombres, y narices y orejas, y estacó, y a las mujeres ataba calabazas a los pies y las echaba a las lagunas a ahogar, por su pasatiempo, y otras grandes crueldades». «Asimismo se hizo uso del aperreamiento», una práctica consistente en ejecutar a un individuo con arreglo a mordidas de

---

[144] France V. Scholes y Eleanor B. Adams (eds.), Nuño de Guzmán, *Proceso contra Tzintzicha Tangaxoan el Caltzontzin, formado por Nuño de Guzmán, año de 1530*, México, Porrúa y Obregón, 1952, pp. 7-14.

[145] «Capitulación con Francisco de Montejo para la conquista de Yucatán. Granada 8 de diciembre de 1526», en Renato Ravelo, *La guerra de liberación del pueblo maya*, México, Ediciones Servir al Pueblo, 1978, pp. 17-18.

perros hambrientos. «A niños de leche que mamaban ahorcaba también de los pies de las madres que estaban ahorcadas.»[146] «Se hicieron castigos muy crueles que fueron a causa de que apocase la gente. Quemaron vivos a algunos principales de la provincia de Cupul y ahorcaron a otros», según escribió Fray Diego de Landa.[147]

Dolorosa fue la cantidad de muertes que costó a los mayas su audaz posición. Cabe preguntar: ¿cómo es posible que la principal avenida de Mérida, Yucatán, al día de hoy, en el año 2015, se llame todavía Paseo de Montejo y cuente con un monumento a los Montejo en la capital del estado?

¿Más? Otro monumento inaceptable, también en Mérida, es el erigido en «honor» de Fray Diego de Landa, quien acabó con buena parte de la cultura maya al arrojar códices y figuras de dioses a la hoguera. Fue muy célebre el auto de fe que realizó en un poblado llamado Maní, en Yucatán, el día 12 de julio de 1562, y en el que aventó a una pira gigantesca ¡5 000 ídolos, 13 altares y 27 códices de piel de venado, destrozados unos a golpe de mazo y quemados otros! Poco después, al respecto escribió él mismo: «Hallámosle gran número de libros de estas sus letras, ciento noventa y siete vasos de todas dimensiones y figuras y porque no tenían cosa en que no hubiese superstición y falsedades del demonio, se los quemamos todos, lo cual sentían a maravilla y les daba pena».[148]

Fray Diego de Landa no sólo destruyó documentos culturales, sino que también martirizó a muchos de los nativos de la península. Los tormentos y torturas que ordenó y dirigió son una mancha oscura en la historia de Yucatán. «Hizo desenterrar muchos muertos sin averiguar bien si murieron idólatras, y los huesos con sus estatuas los hizo quemar más de setenta. Prendió a muchos señores y principales que los colgados encartaron e hízoles procesos... Lo que de aquí resultó de estos castigos sin discreción fue que muchos se huyeron a los montes de miedo de los tormentos. Otros murieron de los tormentos en las cárceles. Otros se ahorcaron; otros se mataron a sí mismos de ver que habían levantado muchos testimonios a sí y a los demás principales.»[149]

---

[146] Antonio Espino López, «Sobre el buen hacer del conquistador. Técnicas y tácticas militares en el advenimiento de la conquista de las Indias», *Revista de Historia Iberoamericana*, Madrid, vol. 5, 2012, pp. 26-28.

[147] Diego de Landa, «Relaciones de Yucatán», en Real Academia de la Historia, *Colección de documentos inéditos relativos al descubrimiento, conquista y organización de las antiguas posesiones españolas de ultramar,* t. 13, vol. II, Madrid, Sucesores de Rivadeneyra, 1900, p. 303.

[148] Diego de Landa, *op. cit.*, p. 80.

[149] Arturo S. Dávila, «¿Conquista espiritual o satanización del panteón aztekatl?», *Revista de Crítica Literaria Latinoamericana*, núm. 49, Lima-Hannover, 1999, p. 104.

Francisco de Montejo, otro de los invasores españoles
del siglo XVI, se distinguió por las masacres perpetradas
en contra de los mayas en Yucatán y, sin embargo,
cuenta con su monumento en Mérida, México.

En aras de una elemental objetividad debo reconocer que, según Yuri Knórozov, el ruso que descubrió la manera de leer los glifos mayas, quien realizó todo un estudio sobre Fray Diego de Landa donde intenta reivindicar su figura a través de su gran *Relación de las cosas de Yucatán,* dicho sacerdote logró descifrar la escritura maya. ¿Cómo fue posible que un individuo amante del conocimiento y que logró descifrar una escritura tan compleja, haya quemado los códices mayas, que contenían riquísimas explicaciones sobre la historia de esa cultura que hubieran arrojado inmensas cantidades de luz para entenderla mucho mejor? ¿Tú lo reivindicarías?

Entre 1561 y 1565 Landa, sin duda uno de los discípulos predilectos del cardenal Cisneros, instauró en verdad una época de terror en la península de Yucatán.

Como premio, Landa, fraile franciscano al momento de la quema de códices, llegará a ser obispo y después gozará inexplicablemente del honor de contar con una estatua a su nombre por la aniquilación de los mayas.

Por su parte Pedro de Alvarado, el destructor del Templo Mayor, conquistó salvajemente Guatemala y El Salvador exigiendo a los mayas la entrega de oro, oro, siempre oro. Su acreditada crueldad rebasó todas las fronteras.

De México saldría Alvarado en calidad de adelantado a iniciar la conquista de Guatemala: crueldad, terror, torturas, mutilaciones, muertes, descuartizamientos, aperreamientos, engaños, traiciones...

«Bajo la dominación despótica de Pedro de Alvarado, toda la comarca conquistada sufrió los efectos de formas de sometimiento que alcanzaron una violencia extrema. Entre 1531 y 1535 los índices de despoblamiento fueron catastróficos, los aborígenes fueron cargados de tributos excesivos, herrados como esclavos y sujetos al régimen de encomienda.»[150]

Pedro de Alvarado y sus hombres se abatieron sobre Guatemala y «eran tantos los indios que mataron, que se hizo un río de sangre, que viene a ser el Olimtepeque» y también «el día se volvió colorado por la mucha sangre que hubo aquel día». Antes de la batalla decisiva, «y vístose los indios atormentados, les dijeron a los españoles que no les atormentaran más, que allí les tenían mucho oro, plata, diamantes y esmeraldas que les tenían los capitanes Nehaib Ixquí, Nehaib hecho águila y león. Y luego se dieron a los españoles y se quedaron con ellos».[151]

Sobra decir que en todo el territorio guatemalteco no existe un monumento a Pedro de Alvarado.

Francisco Pizarro

Para colmo de desventuras de los indígenas, sobrevino a los españoles una epidemia de verrugas, la cual «corrió por todo el Perú».[152]

---

[150] Antonio García de León, *Resistencia y utopía: memorial de agravios y crónica de revueltas*, México, Era, 1997, p. 43.
[151] Eduardo Galeano, *Las venas abiertas de América Latina*, La Habana, Casa de las Américas, 1971, p. 41.
[152] Inca Garcilaso de la Vega, *Historia general del Perú*, t. 2, vol. 1, Córdoba, Viuda de Andrés de Barrera, 1609, s. p. Citado por Genaro García, *op. cit.*, pp. 342-343.

Para entonces se había «iá derramado entre los indios [...] [la noticia de] que eran los castellanos gente [...] enemiga [...] crueles, sin verdad, i que andaban como ladrones, de tierra en tierra...».[153] «Arribó a la isla Hernando de Soto con cien soldados y todos los indios que tenía en Nicaragua. Con este refuerzo [...] fácil fue [para Pizarro] proseguir la guerra contra los puneses, la cual se hizo en término de veinte días [...] [y se concluyó] quemando algunos [de los principales], y a otros cortando las cabezas.»[154]

El 13 de noviembre de 1533, «Chalcuchimac, valeroso militar de Atahualpa, es apresado y torturado en Jaquijahuanan, y como siempre le han hecho, le obligan a aceptar la religión cristiana, el valeroso sabio militar se niega a ser bautizado, por tanto, lo crucifican cabeza abajo y juntando abundante leña lo queman vivo, murió gritando e implorando a sus divinidades "Huanacauri" y "Pachacamac"».[155]

¿Cómo le hizo Pizarro? Tarde o temprano, todos los que estudian el inca se enfrentan a esta pregunta. El imperio era tan poblado, rico y bien organizado como cualquier otro en la historia. Pero ningún otro cayó ante una fuerza tan pequeña: Pizarro tenía sólo 168 hombres y 62 caballos. Los investigadores a menudo se han preguntado si el colapso inca es garantía de una gran lección histórica. La respuesta es sí, pero la lección no fue comprendida hasta hace poco.

Aunque la conquista y colonización de América por parte de los españoles se dio sobre una cantidad imprecisa de pueblos, fueron dos los principales imperios destruidos: el mexica y el inca.

El imperio inca se estableció en Perú desde el siglo XIII. Su lengua era el quechua y su capital se llamaba Cuzco.

Huayna Cápac, uno de sus monarcas, al morir dejó el imperio a dos de sus hijos: Atahualpa y Huáscar. Estos no tardaron en entrar en combate. En tal terrible circunstancia los encontró la llegada de los españoles, esta vez al mando de Pizarro, más salvaje aun que Cortés. «Hombre sin ninguna letra ni industria»,[156] quemó pueblos enteros y no había lugar donde no arrojara al cacique a la hoguera.

Antes de ser sometido (mediante una traición y por sorpresa), Atahualpa había dicho que «no quería tributar siendo libre, ni oír que hu-

---

[153] Antonio de Herrera y Tordesillas, *op. cit.*, vol. IV, p. 156.

[154] Francisco de Jerez, «Verdadera relación de la conquista del Perú y Provincia del Cuzco», en Enrique de Vedia (ed.), *Historiadores primitivos de Indias*, t. 1, Madrid, M. Rivadeneyra, 1858, p. 322.

[155] Aroldo Egoavil T., *Los Yauyos: historia olvidada, cruces y muerte*, Huancayo, Eduardo Egoavil T., 2012, p. 72.

[156] Gonzalo Fernández de Oviedo y Valdés, *Historia general y natural de las Indias, islas y tierra firme del mar océano*, vol. IV, Madrid, Real Academia de Historia, 1851, p. 144.

biese otro mayor señor que él; empero −dijo− que holgaría de ser amigo del emperador y conocerle».[157] ¿Te imaginas la cara del conquistador al escuchar estas palabras?

Luego de haber secuestrado a Atahualpa (como Cortés secuestró a Moctezuma), Pizarro pidió por él un rescate sustancioso, mismo que le fue pagado. Pero aun así decidió matarlo, ahogándolo atado a un palo el 29 de agosto de 1533.

Ironías del poder: al igual que Moctezuma, Atahualpa fue adorado en vida como un dios.

Una conquista interminable

Así, en 1521 Cortés conquista México, «en 1523 Alvarado se lanzó a la conquista de Centroamérica, Francisco Pizarro entró triunfante en el Cuzco en 1533, apoderándose del corazón del imperio de los incas; en 1540, Pedro de Valdivia atravesaba el desierto de Atacama y fundaba Santiago de Chile. Los conquistadores penetraban en Chaco y revelaban el nuevo mundo desde Perú hasta las bocas del río más caudaloso del planeta».[158] Yucatán caería siete años más tarde.

«La codicia por el oro hizo fundir las joyas, la necesidad de acabar con la religión pagana hizo estallar en mil pedazos las estatuas de los dioses y demoler los templos airosos. Las nuevas construcciones y, después del tiempo, la ignorancia y el desinterés cubrieron de tierra o de maleza los monumentos que no habían sido destruidos [...] No fue sino en la segunda mitad del siglo XVIII cuando un grupo notable de mexicanos −los primeros mexicanos− empezaron a comprender la importancia y el valor de estos objetos. Clavijero, Alzate, Márquez y otros se dedicaron a su estudio; todo ello fue fomentado por las nuevas ideas de la Ilustración que hicieron que hasta Carlos III enviara a México una misión arqueológica. El descubrimiento casual de tres formidables monolitos [...] la Piedra del Sol, Coatlicue y el monumento de las victorias de Tizoc, llevado a cabo en 1790 al levantar el piso del Zócalo de la Ciudad de México, fueron como un grito de alerta.»[159]

[157] Francisco López de Gómara, *op. cit.*, vol. 2, p. 228.
[158] Eduardo Galeano, *op. cit.*, p. 23.
[159] Ignacio Bernal, *op. cit.*, p. 4.

Considero que todo lo anterior puede aportar una buena cantidad de explicaciones para entender nuestra conducta, nuestra idiosincrasia y nuestra personalidad como nación. Los datos planteados, obviamente sujetos a crítica y a refutación, podrían ser utilizados para poder avanzar en el conocimiento de México y bien pueden empezar a explicar, paso a paso, al menos algo de nuestro futuro. Al quedar evidenciado nuestro origen podemos estar en posición de comprender mejor nuestras respuestas cotidianas, así como el origen del atraso mexicano. ¿Qué nos pasó? ¿Por qué nos pasó? ¿En qué nos equivocamos y qué hemos hecho para evitar que los hechos se vuelvan a repetir? En resumen, ¿qué aprendimos de la historia…?

Inicia el Virreinato

El bloque IV del libro de texto comienza brindando al niño lo que llaman un «Panorama del periodo» que resulta bastante deficiente.

Se sostiene que «el 13 de agosto de 1521 se consumó la conquista de México-Tenochtitlan. A partir de entonces, inició la edificación de una nueva ciudad construida sobre las ruinas de la que anteriormente ocuparon los mexicas…» (p. 110). ¿Por qué destruirla?, me pregunto, pero después –sigue diciendo el libro–, «fundarían ciudades y asignarían funcionarios para gobernarlas y administrarlas».

Si la catedral de Sevilla empezó a ser construida a principios del siglo XV en un terreno donde se encontraba la antigua mezquita Aljama, destruida por los cristianos al tomar la ciudad, ¿por qué razón los árabes no destruyeron hasta los cimientos la nueva catedral gótica, la más grande del mundo, antes de ser expulsados de España por Isabel la Católica? Entonces, a modo de ejemplo, ¿por qué destruir la Gran Tenochtitlan? ¿Por qué no impusieron los árabes a sangre y fuego su lengua y persiguieron y torturaron por infieles a los españoles que no fueran musulmanes?

¿Por qué no se dice que la conquista no fue otra cosa que la llegada de los españoles, que le dieron nuevo nombre a las cosas para apropiarse de ellas? ¿Por qué no se dice que destruyeron pueblos, asesinaron gobernantes, derrocaron a sus dioses, quemaron sus códices, usaron y abusaron de sus mujeres, esclavizando poblados enteros, adjudicándoselos mediante la «encomienda», el «repartimiento» y otras invenciones hispanas? Suena, lo sé, como un discurso antiespañol, pero ¿quién se atreve a refutarlo con pruebas en la mano?

Se dice que la conquista se consumó el 13 de agosto de 1521, pero esto se circunscribió a México-Tenochtitlan, el resto de Mesoamérica seguía indómito. Entre 1524 y 1550 hubo muchas sublevaciones indígenas. Particularmente la de 1541 en Nueva Galicia (hoy Nayarit, Jalisco, Aguascalientes, Zacatecas y Sinaloa) puso en riesgo a la colonia: aproximadamente 6 000 indígenas lucharon hasta la muerte contra las tropas del virrey Mendoza y prefirieron arrojarse a los precipicios antes que rendirse. El resultado final fue la esclavización de los sobrevivientes. Adicionalmente, otros pueblos resistieron al conquistador y se levantaron en armas desde el inicio o hasta más allá del fin del Virreinato, siendo demostrable que los mayas, por ejemplo, jamás dejaron de sublevarse periódicamente hasta el siglo XX, cuando con métodos atroces Porfirio Díaz los redujo a la esclavitud… Ya verán, en su momento, de qué manera tan ingeniosa sin dejar de ser indignante tratan de engañar al niño en el libro de texto.

Pero volvamos a la «consumación de la conquista» que arbitrariamente el libro sitúa en 1521 (como si la Ciudad de México fuera todo el virreinato, esquema que sigue reproduciéndose a pesar del federalismo resultante de la Constitución de 1917). ¿Podría alegarse, también arbitrariamente, que la conquista terminó hasta 1901, cuando las tropas de Porfirio Díaz sometieron brutalmente a los mayas y a los yaquis? ¿No fue acallada así la última protesta indígena por los criollos herederos de la intolerancia y de la avidez económica española?

Resulta imposible olvidar las rebeliones indígenas en Pánuco y entre zapotecas y mixes de Oaxaca en 1523, cuando Cuauhtémoc todavía vivía, la de los negros de 1537 y otra acaudillada por el cacique Ayapín; la de los indios de Guaynamota y Guazamota en 1539, la del cacique de Nochistlán llamado don Francisco. En una sola batalla murieron 6 000 indios; los demás, cerca de 70 000, fueron dispersados. Los indios cascanes se levantaron de Nayarit a Zacatecas en 1540; están además la rebelión de los gauchichiles en Zacatecas en 1570 y en Nueva Galicia en 1584; la de los tehuecos de Sinaloa en 1597, la de los guasaves de Sinaloa y los indios de las minas de Topia; la de los acaxees de 1591 por el trato recibido en las minas y porque rechazaban la evangelización. Yanga, quien fuera secuestrado en África para ser trasladado a América y ser esclavizado, se levantó en armas en Orizaba, Veracruz, en 1609, mismo año en que lo harán los yaquis dirigidos por Babilonio y los indios de Tekax, Yucatán. Los nebomes, en Sonora, los negros, los guazaparis, en Chihuahua, en 1632; los tarahumaras en 1650, los tobosos en 1667, los pimas de Sonora en 1697; otra vez los zapotecas de Oaxaca, los tzeltales y tzotziles en Chiapas y los indios del Nuevo Reino de León en 1709; los seris en 1724; los yaquis y mayos de Ostímuri, Sonora, en 1740; los sobas y pápagos en el noreste de Sonora en 1751; los sububapas de Sonora en 1766, los otomíes en Tutotepec, entre otras tantas más con las que no quiero agotar su paciencia ni su atención. ¿Por qué el libro de texto no explicará las razones de los levantamientos indígenas, que en buena parte fueron por la explotación salvaje de los peninsulares y porque no estaban de acuerdo con la evangelización? Únicamente habla de «rebeliones», así porque sí. ¿A quién se pretende cuidar y ocultar su mano negra de nueva cuenta?

¿Y Canek...? Canek era apenas un niño de Cam Pech cuando fue recogido por unos curas españoles que lo llevaron a vivir a su convento para que fuera su criado. Allí aprendió a leer y conoció la historia de su pueblo, y como se volviera incontrolable, fue expulsado. En 1761 llamó a su gente a una rebelión contra los blancos, aprovechando el desarrollo de una fiesta muy concurrida en el poblado de Cisteil; inmediatamente le colocaron un manto y una corona. El cura de Sotuta lo delató al gobierno y comenzó la batalla. Morirían cientos de mayas en un solo enfrentamiento. Canek escaparía con algunos cientos más, pero sería atrapado al día siguiente. Conducido a Mérida, fue juzgado y condenado «a ser roto vivo». Así fue, lo mismo ocho de sus compañeros, cuyos restos fueron enviados a sus lugares de origen como escarmiento.

Sólo pretendí tratar de demostrar que México nunca ha sido un país que se doblegue fácilmente, salvo cuando se inculca el terror a un dios vengativo y furioso entre los feligreses para dominarlos finalmente. «No despiertes jamás la ira del Señor...»

La aniquilación indígena

Luego se afirma (p. 118) que «debido a que la población indígena disminuyó por las epidemias y las guerras de conquista, los españoles trajeron esclavos africanos para destinarlos a diversos trabajos en las minas y las haciendas azucareras».

La población indígena, debería decir, disminuyó en más de 90% por las epidemias y las guerras de conquista, sí, pero también por la esclavitud a que fue sometida: los indios fueron esclavizados a lo largo de toda la Colonia, el siglo XIX, y aun en el siglo XX durante la dictadura de Porfirio Díaz, una regresiva restauración del régimen colonial que concluyó en una catastrófica revolución. ¡Claro que legalmente no fueron esclavos, condición reservada a los negros! ¡Por supuesto que la Corona dilapidó legislaciones para proteger a los indios! Pero la escasa cultura de la legalidad, la distancia de la metrópoli, la falta de educación, la voracidad de los conquistadores y otros factores como la misma rebeldía de los indios que acabamos de reseñar, y hasta las disputas políticas entre las órdenes religiosas entre sí, hicieron inaplicables esas leyes.

¿Cómo es posible que el libro de texto sostenga que «También hubo casos en que los españoles esclavizaron indígenas con los que habían peleado durante la Conquista»? ¿Hubo casos...? ¿Cómo...? La esclavitud indígena por la vía de los hechos fue un hecho generalizado, fomentado y capitalizado por aventureros, monarcas y clérigos europeos, así como por supuestos nobles, mineros y hacendados acaudalados de la Nueva España.

Debe añadirse asimismo que el asunto de las castas (p. 118) no era algo tan pintoresco como sugieren los dibujos que ilustran este tema, es la base de la discriminación que persiste hasta nuestros días y constituía la clave de la injusticia, la explotación y la impunidad, así como del enriquecimiento de la monarquía española, de la Iglesia católica de Roma y, con el tiempo, también de otras monarquías europeas como la inglesa o la francesa, que terminarán aprovechándose de la ignorancia y de la ineptitud de los españoles para convertirse en los auténticos capitalistas beneficiarios de la explotación de la riqueza americana. Esa incapacidad, producto del atraso de sus estructuras comerciales y legales, y la idea de que la riqueza americana se debía a la obra y gracia de la Corona española que la repartía entre sus cortesanos, originó las empresas reales, verdaderos monopolios que hoy conocemos como empresas paraestatales. La producción peninsular era tan deficiente que obligaba a importar artículos de lujo provenientes de los reinos rivales, en lugar de crear sus propias industrias para aprovechar toda la riqueza americana. En otras palabras, las ingentes cantidades de oro americano fueron la base financiera de la Revolución industrial de la Gran Bretaña y los Países Bajos, enemigos tradicionales de España. Expoliaron América para enriquecer a sus oponentes. O sea, nadie sabe para quién trabaja...

Como bien decía Germán Arciniegas: «La riqueza de las colonias americanas reside en la riqueza humana. El vasallo es lo único que produce... La mina es el indio: no el oro. Cuando los conquistadores ganaron para la Corona estas tierras, encontraron montañas de oro, de metal limpio, puro, trabajado por los artífices precolombinos durante siglos. La industria española no se encaminó a las vetas, sino a recoger lo que ya estaba listo para fundirse en barras o estamparse en patacones... Cuando la mina abierta se agotó, América dejó de ser para España El Dorado, y, más que las minas, produjeron los estancos: el de naipes, el de la sal, el del aguardiente, el de los tabacos "para humar". Las contribuciones y el trabajo de los indios fueron lo único real y tangible en que pudo apoyarse la Corona. América dejó de ser el mundo áureo, de oro físico, para ser el cobrizo, de la piel de cobre de los indios».[160]

Se establece (p. 120) que: «Con el tiempo, los criollos [hijos de españoles, nacidos en América] empezaron a valorar su sentido de pertenencia a Nueva España, se identificaron con el paisaje y sus riquezas naturales, así como con su cultura, con la comida, con el arte y la música».

Los criollos comenzaron a sentir orgullo de haber nacido en estas tierras, empezaron a pensar en las libertades públicas y, por qué no, en las posibilidades de una liberación que daría como resultado el nacimiento de un nuevo país con el paso del tiempo.

Los criollos querían libertad política y económica, querían ser tratados como iguales, no como españoles de segunda, querían ocupar el lugar de los peninsulares: tan es así que reprodujeron los mecanismos de explotación a los indios con singular alegría. Es decir, después de la independencia de México sólo cambiamos los nombres, ahora ya no eran los españoles peninsulares los explotadores, sino los criollos.

Visiones idílicas

El recuadro titulado «Un dato interesante » a la letra dice: «Los infantes de la época virreinal se divertían con juguetes como cerbatanas, papalotes, trompos, pelotas, reatas…». ¿Infantes? ¿Quién en México se refiere a los niños como infantes? En España se utiliza como título nobiliario, pero aquí en México, ¿tú lo usas? Los redactores del libro tienen ciertos aires aristocráticos, como comprobaremos más adelante.

Para ilustrar «a los infantes virreinales» se insertó una pintura en la que aparecen cinco niñas blancas impecablemente vestidas, bien peinadas, adornadas con pulseras y collares con la siguiente leyenda al pie: «En esta imagen, la infancia del Virreinato es el tema central, retratada con coquetos moños». Hay que hacer alusión, más que a los coquetos moños, al hecho de que los niños de la imagen son españoles, de allí sus lujosos atuendos. No se puede aludir a eso como «la infancia del Virreinato», así nada más, pues el niño pensará que los chiquillos mexicanos de dicha etapa no la pasaban tan mal… ¿Tú crees que los millones de niños indí-

[160] Germán Arciniegas, *Los Comuneros*, t. 1, Caracas, Biblioteca Ayacucho, 1992, p. 21.

genas se vestían así, con sedas y brocados, y les ponían collares y gorros europeos? ¿Esa era la infancia en la Nueva España? No se dejen engañar.

En la parte inferior de la página en la que aparece la pintura (p. 120) sería necesario cambiar el pie de modo que diga: «Niños españoles del Virreinato. No todos la pasaban tan bien como estos que ves aquí: la inmensa mayoría indígena andaba casi desnuda, trabajando muy duro sin comprender siquiera para qué, o por qué: como pagando una condena sin haber hecho nada. Además, ¿qué puede hacer un niño que merezca ese castigo? ¡Nada, desde luego! Era un régimen no sólo injusto sino cruel, apoyado en la fuerza y no en la ley». Durante la colonia era prácticamente imposible dar con un chiquillo indígena que supiera leer y escribir. Esta patética realidad bien puede ayudar a entender cómo las masas ignorantes y analfabetas constituyeron en buena parte el origen del atraso mexicano. ¿Sabes quién fue el encargado de educar a los indígenas...? Muy pronto te contaré...

Omisiones convenientes

Se dice que al virrey «lo nombraba el rey como su representante directo. En general, era un noble con experiencia militar» (p. 123), pero no dicen que también podía ser un arzobispo o un hombre de negocios; ni que se encargaba de dirigir la política, la economía y la justicia de acuerdo a sus estados de ánimo, así como de apoyar a la Iglesia en su pretendida labor evangelizadora, gracias a la cual el clero acabó siendo dueño de más de la mitad del país al cabo de tres siglos de chantajes, mentiras, abusos y engaños. ¡Cómo lucraron con el miedo de los feligreses respecto al más allá!

Si pensamos en una pinza llamada conquista, pues entonces una de sus patas fue la conquista militar, el uso de la fuerza bruta ayudado por la peste, y la otra pata sin duda sería la conquista espiritual, que se logró a través de la Santa Inquisición mediante el recurso de las persecuciones y severos castigos a quienes continuaran idolatrando divinidades precolombinas ya prohibidas. Es cierto que los indios estuvieron fuera de la jurisdicción de la Inquisición por cédula real de 1573, de acuerdo, vale el argumento jurídico, pero no se debe perder de vista que la Nueva España se gobernaba según los caprichos del virrey que en varias ocasiones era el propio arzobispo, autoridad política y espiritual simultáneamente, y las herejías eran severamente castigadas, de ahí que los indios ocultaran su amor y devoción por sus dioses porque bien sabían el destino que les esperaba. ¡Ay de aquel al que descubrían adorando a Huitzilopochtli…! Aprisionado entre esas dos patas, la espada y la cruz, se extinguió para siempre el promisorio Anáhuac.

La verdad es que en complicidad con el clero, los virreyes sometieron a los pueblos, dirigieron la obra de destrucción y esclavitud y arrasaron con el mundo antiguo, puesto que las leyes valían poco y de hecho se desobedecían o se incumplían con el aval de la propia Corona, que de forma grotesca las rotulaba con la leyenda: «Acátese, pero no se cumpla». Los indígenas de ayer y los de hoy jamás conocieron la protección de la justicia ni a través de la Audiencia ni de los ayuntamientos ni de los cabildos. México es un país en el que a partir de la llegada de los españoles hasta nuestros días ha prevalecido la injusticia en una forma patética y temeraria al extremo de ya haber producido diversos levantamientos armados que no han hecho sino retroceder las manecillas del reloj de la historia. ¿Queda claro por qué en México hasta la fecha no tenemos un Estado de derecho? ¿Qué país conquistado por España cuenta con un Estado de Derecho? ¿Empieza a quedar claro? ¿Y entre los países angloparlantes? ¿Qué tal Australia, Canadá o Estados Unidos, para ya ni referirme a Inglaterra…?

¿Por qué no se estimula a los pequeños alumnos a reflexionar planteándoles preguntas como las que menciono a continuación?

- ¿Sabías que por faltas a la fe podías ser despojado de tus bienes o arrojado en una hoguera o descuartizado por orden de un tribunal eclesiástico?
- ¿Sabías que algunas penas por delitos contra la fe se extendían hasta varios de tus descendientes, que tenían que pagar por faltas que ellos no habían cometido?
- ¿Sabías que por medio de un generoso donativo a la Iglesia católica te podían garantizar que se cantaran misas durante los siguientes cien años a tu muerte, de modo que aseguraras una feliz estancia en el paraíso?
- ¿Sabes cuántos virreyes hubo en la Nueva España?
- ¿Sabes lo que eran los «familiares del Santo Oficio», verdaderas policías secretas infiltradas en la sociedad para delatar los delitos contra la fe?
- ¿Sabes que a Sor Juana se le castigó por escribir, por pensar y por externar su pensamiento mediante la publicación de sus libros?
- ¿Sabes que el arzobispo Francisco Aguiar y Seijas se dio a la tarea de encarcelar en el manicomio a todas las mujeres que salieran solas a la calle?

Es claro que cualquiera se equivoca, pero que un mexicano ignore que *maguey* y *agave* son sinónimos (p. 126) constituye una auténtica barbaridad. La diferencia estriba en el uso que se dé a la planta; Linneo le dio el nombre científico de *Agave* cuando hizo su clasificación. Que no se pierda de vista que analizamos un libro de historia para tratar de educar a los chiquillos, por lo que resulta inadmisible que se crea que son dos especies diferentes cuando se trata de lo mismo. El agave se usaba para producir fibras (henquén) y bebidas alcohólicas (mezcal) y el maguey para preparar pulque.

Más adelante el libro de texto agrega: «Con la explotación de las minas, los españoles fundaron haciendas en las que se sembraban maíz, algodón, caña de azúcar y cereales» (p. 126), pero no se deja claro que con tal riqueza se inundó a Europa de plata, se agravó el exterminio de la población indígena, se encontró la manera de castigar (con trabajo a muerte) a los indios rebeldes, se enriqueció a la Iglesia, se construyeron templos y retablos retacados de metales preciosos a costa de la vida de miles de indios, mientras se descuidaba el desarrollo de otras industrias debido a la voracidad hispana... Así quedaría el texto más completo, ¿no?

En cuanto al cuadro sobre las plantas y animales introducidos por los españoles (p. 127), valdría la pena incorporar más aportaciones de las culturas precolombinas al mundo moderno. ¿Por qué no las habrán puesto y, en cambio, en la ilustración no podía faltar una iglesia? Sería imposible para el autor de este libro abordar tantas veces el tema del papel preponderante del clero si su presencia o ausencia deliberada, culposa, no fuera patente en cada página de estos libros de texto.

A ver, ¿por qué aparece una iglesia y luego un enorme incensario (p. 129)? ¿No se pueden encontrar otros ejemplos desvinculados de la religión? Al explicarle al menor, ¿por fuerza se debe ingresar al tema de la liturgia católica, que se debe evitar a toda costa en un texto educativo laico como lo establece la propia Constitución? ¿Cuál es entonces el propósito de exhibir un incensario, sino familiarizar al menor con los elementos de la misa...? ¿Se trata de otra manipulación subliminal de los mercenarios encargados de redactar los libros de texto? ¿Qué utilidad tiene el incensario en el mundo moderno? ¿Para qué le va a servir al menor esta información?

En un par de pinturas (pp. 130-131) no aparece representada la nación mexicana. ¿Les dará vergüenza? ¿Les dará pena a los redactores del libro? ¿Por qué casi nunca aparecen los indígenas?

La explotación colonial

La economía colonial padecía una falta de moneda circulante que algunos autores han denominado «endémica». ¿No te parece increíble que llenando de plata al mundo conocido no tuviéramos moneda suficiente para comerciar nuestros propios productos? Se dependía en gran medida, por tanto, de los préstamos. Cuando una flota arribaba, los mercaderes necesitaban liquidez. ¿Quién se las facilitaba? La Inquisición y otras instituciones eclesiásticas contaban con dinero en metálico. La Iglesia era la principal fuente de préstamos. ¿Cómo obtenían tantos recursos? A través del diezmo, el quinto real, las explotaciones agrícolas, sus haciendas, la educación, arrendamientos multimillonarios de fincas, misas de difuntos, jugosas donaciones, la venta de indulgencias, las bendiciones a personas, hogares o empresas, el manejo de las universidades, el registro de nacimientos y defunciones. Acaparaba toda la actividad económica... La riqueza incalculable de los prelados católicos resulta incomparable con el patrimonio insignificante de los pastores protestantes o de los rabinos o de los monjes budistas...

Cuando se dice que «el comercio se volvió tan importante que el rey decidió regularlo» (p. 134), bien vale la pena preguntarnos: ¿cuál rey? ¿Felipe II? ¿Carlos V? ¿Felipe IV? ¿Carlos III? ¿Cuál, si no perdemos de vista que se trata de un libro de historia y de calidad como manda la Constitución?

En el *paraíso comercial* colonial reflejado en estas páginas no se mencionan las «alcabalas», que gravaban el volumen de las ventas, ni los «estancos», que prohibían la libre circulación de determinados productos ni el famoso «quinto real», establecido en 1504 y que significaba que 20% (una quinta parte) de la producción pasaba a manos del rey, ni el *almojarifazgo,* impuesto aduanero por el traslado de mercancías que ingresaban o salían del reino de España o que transitaban entre los puertos peninsulares o americanos, ni el abusivo diezmo, el impuesto eclesiástico de 10% de tus ingresos, ni la media anata (del latín *annus,* año), otro impuesto eclesiástico que se pagaba al recibir un empleo o beneficio, que equivalía a la mitad de lo que producía en un año dicho empleo. ¿Se imaginan? ¡Al obtener un trabajo se tenía que regalar al clero medio año del sueldo, por adelantado, además de un sinfín de impuestos eclesiásticos más que complicaban claramente el desarrollo del comercio! En una sociedad altamente burocrática como la novohispana, ya nos podemos imaginar las riquezas que ello significó para la Iglesia.

La enorme actividad extractiva de las colonias americanas inundó Europa de plata, maderas preciosas y otras materias primas, pero la actividad comercial estaba, sin embargo, limitada porque las colonias no podían comercializar sus productos con el resto del mundo debido a la avaricia y al miedo de la Corona a que aquellas pudieran independizarse, lo cual implicaría la pérdida de una gigantesca riqueza que acaparaba sin trabajarla.

Salitre, azufre, aguardiente, pólvora, plomo, mercurio, tabaco, sal, etcétera, son algunos de los numerosos productos que no circulaban por obra de los estancos. Imagínate: sólo de pólvora llegó a haber más de cien estancos a lo largo de todo el virreinato. Es claro que el crecimiento se vio asfixiado por las políticas de la Corona y la voracidad de los peninsulares que disfrutaban los privilegios propios de los monopolios. Libertad comercial no hubo como tampoco ningún otro tipo de libertad en la colonia. ¿Cómo progresar así? ¿Y Perú? ¿Y Colombia? ¿Y Venezuela y otros países hermanos? ¿Se acuerdan cuando la Corona inglesa intentó imponer una pesada carga tributaria al té en las colonias americanas y estalló la guerra de Independencia de Estados Unidos?

El libro de texto sostiene (p. 134) que los principales problemas a los que se enfrentó el comercio marítimo fueron «la piratería, el contrabando, los huracanes y el monopolio de algunos comerciantes». Bien dicho, el libro debería sostener lo siguiente: la piratería y el contrabando que tanto afectaron al comercio marítimo se dieron básicamente por la misma razón: el control férreo de la economía colonial por parte de la Corona española provocó que los piratas ingleses y holandeses lucraran con los precios exorbitantes impuestos desde Madrid. La avidez y la torpeza mercantil de los peninsulares alentaron el contrabando en condiciones muy atractivas para quienes abusaban del proteccionismo imperial español. Las principales presas de los piratas eran los barcos mercantes que provenían de Europa y transportaban cargamentos de herramientas, telas, animales, etcétera, mercancías que una vez capturadas eran revendidas en las colonias.

Desde el siglo XVII la usura fue una de las principales fuentes de ingresos del sagrado tribunal encargado de imponer el evangelio... Los ministros de la Inquisición hacían lucrativos negocios personales aprovechando su temible posición. Como es evidente, desde aquellos años no contaban los principios morales ni la ley, por lo que la consecuencia no podía ser sino la injusticia social y el atraso de las masas que no gozaban de los privilegios de unos cuantos. Imposible olvidar a los Juzgados de Capellanías y Obras Pías, auténticos bancos camuflados, propiedad, claro está, del clero.

Como bien decía Juan Bosco en su *Historia de América*: «A lo largo del siglo XVII la Inquisición fue adquiriendo un papel relevante como prestamista en ambos virreinatos... Desde el principio, los tribunales americanos estuvieron financiados, al menos en parte, por la Corona, y el resto lo debían obtener del producto de los bienes confiscados, y de las multas y penas pecuniarias. Poco a poco a las tres fuentes de ingresos se añadieron los llamados "bienes adventicios y graciosos"; es decir, donaciones, escrituras de compromiso y penas de juego. Hubo nuevas fuentes que fueron contribuyendo al sostenimiento del Santo Oficio desde fines del XVI: las canonjías y las inversiones en censos. Estos censos inquisitoriales eran de los llamados consignativos, que consistían en la adquisición, por parte del censuario, de un capital bajo la garantía de un inmueble (casa o finca) de su propiedad, sujetándolo al gravamen de un interés anual legalmente fijado y relativamente bajo; el plazo para amortizar el crédito era bastante largo o incluso indefinido... La Inquisición y también otras instituciones religiosas, que contaban con dinero en metálico, comenzaron a invertir en censos, objetivo que les permitía hacer rendir el dinero y contar con rentas fijas, de modo que algunos ministros inquisitoriales —lo mismo que otros funcionarios coloniales— se dedicaran a tratos comerciales y otros negocios en provecho propio, a pesar de que lo tenían prohibido. Estas prácticas provocaron gran cantidad de corrupción».[161]

Si se desea hacer alguna comparación en este orden piénsese en la Iglesia protestante de las trece colonias americanas, que nunca hizo las veces de banquero ni de terrateniente ni cobraba impuestos ni torturaba a la gente, y mucho menos la quemaba viva ni perseguía a los supuestos infieles ni practicaba la usura ni se quedaba con el patrimonio de sus víctimas, entre otras actividades prohibidas por el propio Jesús. Compara el ostentoso lujo de un templo católico con la austeridad de uno protestante o budista o judío o musulmán. ¿Te acuerdas cuando Jesús, sí, el propio Jesús, largó del templo a los fariseos llamándolos «raza de víboras»? ¡Cuánta verdad contenida en sus sabias palabras...! Si propongo esta comparación entre la Iglesia católica y la protestante es a título de investigación, en la inteligencia de que no profeso ninguna religión y, por supuesto, no creo en ninguna inteligencia superior a la humana.

Las condiciones de vida de las mayorías eran insoportables. El saqueo de sus recursos, el empobrecimiento máximo de los habitantes originarios, la miseria en que se consumían las vidas de millones de familias indígenas, negras y mestizas, incluso criollas y algunas españolas, hacían imposible concebir este crecimiento al que se refieren en el libro de texto, salvo que por «crecimiento» entendamos el enriquecimiento de un puñado de personas extranjeras a costa de la pobreza extrema de las mayorías locales, situación que prevalece hasta nuestros días.

---

[161] Juan Bosco, *Historia de América*, Madrid, Ariel, 2006, pp. 429-430.

El papel *educador* de la Iglesia

Es verdad que la Iglesia desempeñó un papel educativo y cultural relevante: es por eso que aquella sociedad pudo durar trescientos años a pesar de estar fundada sobre numerosas aberraciones sociales y humanas como el racismo, la esclavitud, la violencia, la mentira, la intolerancia, el fanatismo, la injusticia, la ignorancia (vigilada por las autoridades para poder exprimir completamente a su maravillosa «colonia...»).

¿Cómo era aquella educación? Desde luego fundada en la teología y no sólo alejada de las ciencias y la filosofía, sino enemiga declarada de éstas. Los filósofos eran llamados herejes. La ciencia era un conocimiento menor al lado de la teología y en todo caso no debía contradecirla. Los experimentos científicos se hallaban prohibidos en los hechos por la Inquisición, que lo mismo condenaba a los poseedores de bibliotecas que a quienes se atrevían a decir que el cielo estaba vacío, sin ningún ángel ni virgen ni nada parecido.

«[...] se quitó a los progenitores el derecho natural de educar a sus hijos. Además, se separó a niños y niñas de toda actividad en común que no estuviera estrictamente vigilada, marcando una diferencia de géneros y la concepción medieval de la honra femenina. La mujer como un sujeto siempre proclive a caer en la tentación sexual. Por otro lado, aunque fue una minoría, los niños indígenas fueron simbólicamente castrados: es decir, se les cortó el pelo y se les vistió a la usanza española. Desaparecieron los colores, penachos, plumas, tilmas, huaraches, mantos y pelo largo... Inmediatamente después apareció también el diablo. A los niños que recibían fundamentalmente instrucción religiosa se les habló de los pecados, las tentaciones y los castigos infernales como parte integral de su educación. Después se les utilizó para transmitir este conocimiento a los *mazeualtin* (personas de la clase humilde), así como para vigilar a sus familias y denunciarlas en caso de reincidencia en la "idolatría"».[162]

Según Bernardino de Sahagún, les enseñaban «a que de noche se azotasen y tuviesen oración mental». Una vez preparados por los frailes, estos muchachos destruyeron los templos prehispánicos levantados por sus abuelos, «que no quedó señal de ellos, y otros edificios de los ídolos dedicados a su servicio».[163]

Por otra parte, en las escuelas, seminarios y universidades que dicen haber creado (seguramente para confundir al lector, pues sólo fundaron una universidad, la Pontificia, en el siglo XVI, entre otras más cierta-

---

[162] Arturo S. Dávila, *op. cit.*, p. 114.
[163] *Idem*.

mente insignificantes, y a punto de acabar el Virreinato, en 1792, otra, la de Guadalajara) se educaba exclusivamente a la clase dominante (españoles sobre todo) y a los demás solamente se les inculcaba (desde los púlpitos) más y más religión para seguir siendo explotados.

Uno de los más grandes escritores peruanos de la historia, Manuel González Prada, escribió: «Todos los males de la educación católica los palpamos ya. Por más de setenta años ¡qué! por más de tres siglos nuestros pueblos se alimentaron con leche esterilizada de todo microbio impío, no conocieron más nodriza que el cura y el preceptor católico, y ¿qué aprendieron...? Si del pueblo ascendemos a las clases superiores, veremos que la religión no sirvió de correctivo a la inmoralidad privada ni al sensualismo público. Los que se distinguieron por la depravación de costumbres o el gigantismo político recibieron educación esencialmente católica, vivieron y murieron en el seno de la Iglesia. Si salimos del Perú, observaremos alrededor de nosotros el mismo fenómeno. Las brutales y grotescas dictaduras de la América española son un producto genuino del catolicismo y de la educación clerical. En naciones protestantes, donde el hombre adquiere desde niño la noción de su propia dignidad, donde el respeto a sí mismo le inspira el respeto a los demás, donde todos rechazan la creencia en autoridades infalibles y obediencias pasivas, allí no se concibe un Francia [dictador de Paraguay], un García Moreno [dictador ecuatoriano] ni un Melgarejo [dictador de Bolivia]. Pero el catolicismo con sus dos morales, una para la autoridad y otra para el súbdito, es una verdadera secta de esclavos tiranos».[164]

Así, una educación para los ricos y otra educación para los esclavos, perfectamente complementarias. Tú manda, tú obedece; tú disfruta, tú sufre. Cállense todos. Yo gano... ¿Acaso las masas latinoamericanas de fanáticos católicos también son fanáticas de la ética y de la moralidad? ¿En los países mayoritariamente católicos no se conoce prácticamente la corrupción o es donde más se da?

El mismo obispo de México, Lizana y Beaumont, escribió al rey para decirle que los criollos no tenían capacidad para estudiar medicina y derecho entre otras disciplinas, de manera que no era necesario preocuparse por enseñárselas.

El libro de la SEP dice textualmente que «la sociedad novohispana era profundamente religiosa y confiaba en los milagros. Por tanto, era común que en las iglesias se veneraran santos que habían aparecido en sus pueblos o sus comunidades» (p. 136). Es importante mencionar, de hecho muy importante porque estamos frente a un tema de nueva mani-

---

[164] Manuel González Prada, *Páginas libres. Horas de lucha*, Caracas, Biblioteca Ayacucho, 1976, pp. 83-84.

pulación subliminal, que no se menciona que los santos *supuestamente* hubieran aparecido en los pueblos, sino que se hace constar que se veneraban santos que «habían aparecido» (se da como un hecho histórico) en los pueblos, como si esta afirmación correspondiera a una realidad. ¿En qué pueblos se han aparecido santos? ¿Quién se atreve a documentar seriamente semejante afirmación mentirosa dirigida a los niños, a nuestros pequeños? ¿Dónde está la autoridad educativa que permite semejante atentado intelectual en contra de la niñez, sobre todo si no perdemos de vista que vivimos en un país laico? Se está induciendo a los menores a creer en las apariciones y con ello se harán creyentes, dependientes de una supuesta divinidad, pero en todo caso se harán supersticiosos y manipulables. Algo imperdonable.

Se dice ahí mismo que «la Iglesia desempeñó un papel muy importante en los ámbitos educativo y cultural [...] que mediante su intervención se crearon escuelas, seminarios y universidades». Ahí están los edificios de las universidades de la Colonia, pero cómo explicarse entonces que cuando Agustín de Iturbide llegó al poder el 98% de los mexicanos no sabían leer ni escribir, de modo que, ¿cuál fue el importante papel que la Iglesia desempeñó en el ámbito educativo cuando las grandes masas jamás fueron educadas y ese lastre lo cargamos hasta nuestros días? Agrega que gracias a «las aportaciones de los creyentes» se cumplió con este papel. ¿Cómo se puede explicar la riqueza acumulada por la Iglesia? ¿Se debe a las aportaciones de los creyentes o al diezmo y a su enriquecimiento como dueña de minas y enormes territorios? Claro, fue uno de los más grandes empresarios (y el principal latifundista sin duda alguna) en la Colonia y además cruel esclavizadora, sólo así se entiende toda la riqueza de que disfrutó hasta la llegada de Juárez, riqueza que no compartió la sociedad mexicana cuya mayoría vivió y vive en la pobreza ante unos nuevos colonizadores insensibles en el siglo XXI. ¿A cuántos y a quienes ayudó la actividad asistencial de la Iglesia? Si te imaginas a las masas famélicas y depauperadas que siguieron al padre Hidalgo en 1810 después de que pronunciara su grito de independencia, pues así era la inmensa mayoría de los habitantes de los últimos años del Virreinato mexicano. Tal era la herencia del Virreinato luego de trescientos años de imposición.

La Virgen de Guadalupe y la historia de México

Adentrémonos por un momento en la historia de la tal aparición, la parte más trascendente de la conquista espiritual de México: en el *Nican Mopohua* —el documento más importante del mito guadalupano— se afirma que, en diciembre de 1531, la Virgen se le reveló a Juan Diego, y el indígena recibió la encomienda de encontrarse con Fray Juan de Zumárraga con el único fin de que el entonces obispo ordenara la construcción de su «casita sagrada». La crónica de los hechos también nos dice que el sacerdote no le creyó a Juan Diego y le exigió una prueba de sus dichos: así, unos cuantos días después, el indígena se volvió a presentar ante Zumárraga y desplegó su ayate para dejar caer cientos de rosas y mostrar la imagen que la divinidad había pintado en la burda tela. El milagro se había realizado y la aparición de la Virgen se convirtió en una verdad a toda prueba.

Hasta aquí parecería que no hay falsedad; sin embargo, un análisis histórico de estos hechos revela —cuando menos— dos graves mentiras: Zumárraga, el primer obispo de la Nueva España, que se refería a los evangelizadores como hombres que «sólo pretenden henchir las bolsas y volverse a Castilla», el mismo que ejerció el cargo de inquisidor apostólico y que mandó quemar vivo a Carlos Chichimecatecuhtli, cacique de Texcoco, quien supuestamente realizaba sacrificios humanos pero que en realidad fomentaba un levantamiento en contra del gobierno virreinal, nunca creyó en la aparición ni dejó prueba de ella, pues en su libro de 1547 —obviamente me refiero a su *Regla cristiana*, que publicó dieciséis años después de los hechos narrados en el *Nican Mopohua*— escribió algunas palabras reveladoras en la medida que ponen en entredicho el milagro del Tepeyac: «¿Por qué ya no ocurren milagros? [...] porque piensa el Redentor del mundo que ya no son menester». Claro que la «aparición» de la Virgen de Guadalupe es un asunto de fe, cierto, pero por lo mismo debió mantenerse fuera del libro de texto de cuarto año de primaria, más aun si integramos supuestamente una República laica, principio que sí se respetó en el libro, ¡pero de 1960!

Efectivamente, si Zumárraga en verdad hubiera atestiguado la aparición guadalupana —un milagro más allá de todas las suspicacias—, no habría sido capaz de afirmar que ya no ocurren milagros y le habría dedicado, seguramente, muchas páginas a la defensa de la aparición, algo que nunca hizo. Zumárraga, a pesar de los afanes de la alta jerarquía católica deseosa de exterminar las deidades precolombinas, queda descartado como protagonista de los hechos: él negó la existencia de los milagros y nunca escribió una sola palabra sobre la Guadalupana.

Pasemos a la segunda mentira: si el *Nican Mopohua* dice la verdad, Juan Diego sí existió y su tilma prueba el milagro. Sin embargo, durante más de tres siglos los historiadores guadalupanos no han logrado ponerse de acuerdo en tres hechos cruciales: 1) dónde nació este indígena, pues el lugar de su alumbramiento se lo han disputado Cuautitlán, San Juanico, Tulpetlac y Tlalteloco; 2) cuándo nació, pues nunca se ha encontrado su fe de bautizo ni tampoco un solo documento contemporáneo que dé cuenta de él; y, por último, 3) si en verdad existió o no este personaje, pues en 1982 Sandro Corradinni, el relator de la Congregación para la Causa de los Santos, sostuvo: «De Juan Diego no hay nada. La Virgen de Guadalupe es un mito con el que los franciscanos evangelizaron a México. Juan Diego no existió» (véase *Proceso* núm. 699). Contra lo que podría suponerse, las dudas sobre la existencia de Juan Diego no sólo fueron presentadas por la Congregación para la Causa de los Santos: en la propia Basílica, monseñor Schulenburg se opuso a la canonización con un argumento que fue muy criticado: se podía ser guadalupano sin creer en la aparición y en la existencia de Juan Diego. Aunque la opinión de Schulenburg —debido a su condición de abad del templo— puede ser puesta en entredicho, esto no puede hacerse con los argumentos de uno de los principales intelectuales de la Iglesia católica de nuestro país, Miguel Olimón Nolasco, quien negó la existencia de Juan Diego con un argumento digno de ser transcrito: «Primero se tomó la decisión de canonizarlo a como diera lugar y después se acomodaron las piezas para respaldar con supuestas pruebas históricas su existencia y milagros. Los encargados de llevar a buen fin la causa de Juan Diego hicieron lo que los buenos historiadores no deben hacer. Recurrieron a lo que E. H. Carr, en su clásico *¿Qué es la historia?*, llama el método de tijeras y engrudo, consistente en recortar de aquí y allá y pegar lo recortado para que aparezca como un todo armonioso para así demostrar lo que a uno le venga en gana» (*La Jornada*, 23 de enero de 2002). La conclusión es clara, indubitable: los propios sacerdotes guadalupanos no creen en la aparición ni en la existencia de Juan Diego. Efectivamente, si Zumárraga no dejó una sola palabra sobre la aparición y desconfiaba de los milagros, y si Juan Diego —según las autoridades eclesiásticas silenciadas con tal de lograr su santificación— tampoco existió, no queda más remedio que asumir que las apariciones del Tepeyac son un mito.

La tilma: otra mentira

A pesar de lo antes demostrado, algunos historiadores del clero me dirán que aunque Zumárraga y Juan Diego nada tuvieron que ver con el mito, la aparición es verdadera, pues la tilma lo demuestra. Sin embargo, para su desgracia, el ayate que supuestamente perteneció a Juan Diego tampoco resiste el mínimo análisis, para lo cual es conveniente leer a O'Gorman en *Destierro de sombras*, al igual que al historiador católico Joaquín García Icazbalceta.

Veamos por qué: en la época en que ocurrió la supuesta aparición, los indígenas más pobres continuaban usando tilmas o ayates para vestirse. Esta prenda, que se anudaba sobre uno de los hombros y les llegaba abajo de las rodillas, generalmente se fabricaba con fibras de maguey. Es cierto, Juan Diego —si «milagrosamente» existió— con toda seguridad habría usado una tilma, aunque es un hecho que nunca pudo ponerse la que muestra la imagen de la Guadalupana, dado que el «ayate» que se exhibe en la Basílica mide casi 1.80 metros de alto y, por lo tanto, Juan Diego debió haber medido casi 2.50 metros para no arrastrarlo.

Pero los problemas de la tilma no se reducen al desafío del sentido común: el supuesto ayate, a diferencia de los verdaderos, no fue tejido con fibras de ixtle o de agave, pues en 1982 —a petición expresa del entonces abad de la Basílica— el director del Centro Nacional de Registro y Conservación para Obra Mueble del Instituto Nacional de Bellas Artes (INBA) examinó la tela y descubrió que sus fibras son lino y cáñamo, con lo cual sólo se demuestra que no se trata de un burdo ayate sino de un lienzo de gran calidad y altísimo valor. Asimismo, aquellas investigaciones revelaron que la supuesta tilma de Juan Diego no fue una prenda de vestir, menos con el tamaño antes descrito y la altura de Juan Diego, sino un lienzo que fue preparado para recibir los colores: tiene una base de sulfato de calcio y sobre él se utilizaron pinturas al temple.

Por si lo anterior no fuera suficiente, en 1556 —el año en que se escribió el *Nican Mopohua*— se declaró que la supuesta tilma «la pintó un indio el año pasado». Muy probablemente, el indígena en cuestión fue Marcos Cipac de Aquino (a las órdenes del dominico Fray Alonso de Montúfar, segundo arzobispo de la Nueva España), quien aprendió su oficio bajo la tutela de Fray Pedro de Gante y cuyas obras aún se conservan en los conventos franciscanos de San Francisco y Huejotzingo. En 1934, el pintor Jorge González Camarena decidió comprobar aquellas afirmaciones y comparó una obra de Marcos Cipac —*La Virgen de la Letanía*— y el ayate de la Virgen de Guadalupe llegando a una conclusión similar a la asentada en los documentos de 1556: «las dos pinturas son del mismo autor».

Después de los hechos presentados, el resumen es obvio: el ayate no es ayate y la imagen que presenta tampoco es resultado de un milagro, sino que es una obra de un pintor indígena que, muy probablemente, respondió al nombre de Marcos Cipac.

La Virgen mexicana: la tercera mentira

A estas alturas –cuando Zumárraga, Juan Diego y el ayate ya perdieron su ser milagroso– aún podría argumentarse que lo antes dicho no tiene valor o carece de relevancia, pues la Virgen de Guadalupe es mexicanísima, y eso le basta y sobra para merecer la devoción y el sacrificio de nuestro pueblo. Pero, de nueva cuenta, la verdad es: la Virgen de Guadalupe es española y fue uno de los «legados» que Cortés hizo a la Nueva España.

A comienzos del siglo XII –según cuenta una leyenda española–, un vaquero extremeño que respondía al nombre de Gil Cordero encontró en la ribera del río Guadalupe una imagen de la Virgen María. La figura, pequeña y morena, rápidamente adquirió gran popularidad y su fama traspasó la región: en 1338, Alfonso XI le mandó construir un templo y poco más de cien años después los Reyes Católicos la declararon «protectora de los indios». Incluso, hasta donde se sabe por los señalamientos realizados por Salvador de Madariaga, algunos de los indígenas que Colón llevó a España fueron bautizados en aquel templo. Esta advocación de la Virgen –que curiosamente también se festeja el 12 de diciembre– llegó a México junto con Hernán Cortés, pues el conquistador traía un estandarte con la imagen que se adoraba en su tierra, Extremadura. Es decir: la Virgen de Guadalupe «se apareció» en México antes de 1531.

Aunque todos estos hechos podrían verse como una serie de extrañísimas casualidades, es necesario recordar que aquel estandarte se colocó en un pequeñísimo templo que el conquistador mandó construir, ¿dónde?, pues nada menos que en el mismísimo ¡cerro del Tepeyac! De nueva cuenta, las palabras contenidas en el *Nican Mopohua*, y que han sido defendidas por los aparicionistas, son una mentira descarada: la Guadalupana ya tenía «casita sagrada» en el Tepeyac y por lo tanto no tenía absolutamente ninguna razón para pedir que le construyeran «otra casita». Por si lo anterior no bastara, también tendríamos que aceptar que la mexicanísima Virgen de Guadalupe es, en realidad, la virgen extremeña descubierta por Gil Cordero.

La Virgen es católica: la última mentira

La presencia del estandarte de Cortés con la españolísima Virgen de Guadalupe en el templo del Tepeyac, además de lo antes dicho, también nos lleva a un tema ya tratado por varios historiadores: la Guadalupana, en realidad, no era una novedad religiosa en la Nueva España, sino una diosa prehispánica que fue transfigurada por los sacerdotes y misioneros luego de la derrota de los mexicas a causa de la viruela.

Efectivamente, una de las acciones políticas que emprendieron los sacerdotes que llegaron a nuestro país fue sustituir a los dioses indígenas con sus deidades. Esto fue lo que sucedió, por ejemplo, con Tláloc, Xochipili y Huitzilopochtli que se transformaron, por simple analogía de sus virtudes, en san Juan Bautista, san Isidro Labrador y Jesucristo. Lo anterior fue exactamente lo mismo que ocurrió con Tonantzin, la Madre de Dios según la mitología prehispánica, que se adoraba en el Tepeyac durante el mes de diciembre. Así pues, la Virgen de Guadalupe, además de las otras mentiras, también posee la falsedad de su origen religioso, pues ella sin duda alguna es una transfiguración de la diosa Tonantzin de los mexicas que se consolidó gracias al hallazgo de Cordero.

¿Alguien está dispuesto a la verdad?
El negocio de la religión

Aunque los hechos y el sentido común muestran que la Virgen de Guadalupe sólo es un mito, la jerarquía eclesiástica y los políticos tienen muy buenas razones para cultivarlo: la Iglesia llena sus cepos y domina las conciencias mientras el poder embrutece a los ciudadanos para manipularlos a su antojo. ¿Acaso no valdría la pena abandonar este mito y pensar que nuestro país sólo tiene un patrón, sus ciudadanos?, ¿no valdría la pena pensar que la imagen del falso ayate no ha hecho ningún milagro y que estos han corrido por cuenta de nuestro esfuerzo?, ¿no sería importante que dejáramos de pedir milagros y nos pusiéramos a trabajar? Estas preguntas, me parece, son importantes, pero su respuesta, querido lector, sólo está en tus manos. No olvidemos que los mexicanos siempre hemos esperado que un ser omnipotente resuelva nuestros problemas y ello se ha traducido en inmovilidad, y la inmovilidad en malestar, pasividad, miseria e indolencia. Pero la pasividad se destruye cuando nos enseñan a confiar en nosotros, en nuestras habilidades y capacidades, en lugar de pasar la vida elevando plegarias cuyo destino nadie puede garantizar. Esperar que un tercero resuelva nuestros problemas nos hunde en el atraso, porque el atraso es inacción. No esperemos, construyamos. No oremos, trabajemos. No pidamos, conquistemos con coraje nuestro destino.

El libro de texto afirma (p. 136) que «con las aportaciones de los creyentes y la labor de las órdenes religiosas se establecieron un gran número de hospitales y orfanatos que atendían a toda clase de enfermos y asistían a los huérfanos, pues era usual que en tiempos de crisis se abandonara a los recién nacidos en casas de familias ricas o en monasterios».

Hay evidencias que saltan a la vista, como que la inmensa mayoría indígena ni fue educada en las escuelas religiosas, adonde sólo concurrían los españoles y un número reducido de criollos, ni recibió la asistencia social necesaria en la inmensidad del territorio novohispano. Las masas depauperadas quedaron obviamente desamparadas muy a pesar del «gran número de hospitales y orfanatos» que por otro lado el libro de texto no cuantifica ni expresa en términos de la población de modo que pueda quedar clara su supuesta obra civilizatoria. La Iglesia invariablemente ocultó su gigantesco imperio inmobiliario, financiero, agrícola e industrial y continuó aumentando su riqueza a través de la venta de indulgencias y del cobro de tributos como el diezmo, entre otros gravámenes e ingresos más, o por administrar sacramentos y oficiar diversas ceremonias litúrgicas siempre a cambio de una dádiva. ¿Y los Juzgados de Capellanías y Obras Pías, auténticos bancos propiedad del clero durante la Colonia, que operaban sin competencia financiera alguna? ¿No es más interesante, además de comprobar cómo camuflaban su perfil como prestamistas, que los intereses, o sea la usura clerical, se llamaban «intereses piadosos»?

Una enorme cantidad de pueblos estaba obligada a gastar 90% de su presupuesto en fiestas religiosas. ¿No era un atentado en un país con tantas necesidades? ¡Al clero le interesaba inventar cada día más santos, beatas, patrones y patronas, fiestas y peregrinaciones, además de todo tipo de apariciones, porque se llenaba los bolsillos de cooperaciones, donativos y limosnas voluntarias u obligatorias, de legados testamentarios, de bienes de capellanías, cofradías, obras pías y dotes monásticas, entre otros múltiples rubros más, como celebraciones populares y fiestas religiosas, subiendo y bajando tarifas según la marcha de los negocios...! Todo un sistema perfectamente organizado para esquilmar a la nación por medio de pastores convertidos en agentes comerciales y bancarios de una corporación cuya historia se remonta a veinte siglos. Si la Iglesia tenía tantos días de guardar era porque se trataba de una estrategia mercantil para lucrar con el miedo y los perdones. El clero inducía a la flojera con tal de que sus cepillos estuvieran repletos. ¿Qué le importaba el hambre de la gente mientras sus arcas se encontraran saturadas de dinero de personas que escasamente tenían recursos para comer? A más conmemoraciones y homenajes a la divinidad, más dinero. ¡Por supuesto que Juárez, el Benemérito, estableció un calendario civil para declarar las fechas precisas de descanso obligatorio, con lo cual asestaba un golpe financiero al clero invariablemente voraz! El propio Benemérito, justo es admitirlo, reconoció la Navidad, la Semana Santa y el día de la Virgen de Guadalupe como fiestas. ¿Está claro que su problema no era con la religión en sí misma sino con los sacerdotes que la administraban con voraz espíritu lucrativo y apetito político? ¿Cómo era aquello de «Bienaventurados los pobres de espíritu, porque de ellos será el reino de los cielos, bienaventurados los pobres porque ellos serán colmados?» ¿Por quién, cuándo, cómo, dónde? ¿Cómo invitar a la resignación y a la flojera a una nación llena de posibilidades, de recursos, de futuro? ¿Por qué no cambiar el discurso católico para promover el crecimiento económico de México al sentenciar algo parecido a este enunciado de vanguardia religiosa: «Toda aquella persona que muera en la miseria se condenará para siempre en el infierno», ¿verdad que podríamos crecer a tasas del 7 y el 8%? ¿Verdad que se dispararía el PIB al infinito?

La Inquisición y su largo brazo de poder

Se asienta en el libro de cuarto grado que «en 1571 se estableció en Nueva España el Tribunal del Santo Oficio, también llamado la Santa Inquisición, cuya función era juzgar y castigar a quienes se alejaban de la fe católica» (p. 137). Así de simple. En tres renglones se pretende explicar a la institución que sin duda alguna más daño ha hecho a la nación mexicana y a los países dominados por la Corona española en el mundo entero.

La violencia inquisitorial comenzó a mostrarse muy poco tiempo después de que Hernán Cortés se apoderó de Tenochtitlan: en 1521, los franciscanos que lo acompañaban hicieron valer la bula *Alias felices* y gracias a ella se asumieron como inquisidores y llevaron a juicio a un indígena, Marcos de Acolhuacan, quien fue acusado y condenado por el delito de amancebamiento. Digámoslo a las claras: a pesar de los señalamientos de la historia oficial, la primera víctima del Santo Oficio en nuestro país fue un indígena.

Pero los sacerdotes no quedaron satisfechos con la condena de Marcos de Alcolhuacan, pues cuando Fray Juan de Zumárraga (ante quien supuestamente se presentó un Juan Diego, cuya existencia nadie ha podido demostrar pero que sí fue canonizado como santo) asumió el cargo de inquisidor de Nueva España no dudó en emprenderla en contra de los naturales y juzgó a 183 de ellos por no creer en el «dios verdadero». Curiosamente, la mayor parte de los condenados eran antiguos nobles y caciques que poseían importantes propiedades, lo cual da lugar a cierta suspicacia, pues según el Derecho de Indias, el inquisidor tenía la facultad de apropiarse de los bienes de los ajusticiados; por esta razón también podemos comprender por qué la Inquisición en España quemó antes que a nadie a los judíos ricos...

Por si esto no bastara para sostener que la Inquisición tenía como fin la persecución de los judíos, también existen muchos casos en los que juzgó y asesinó a los practicantes de esta religión; sin duda alguna, el más sonado de estos crímenes se perpetró en contra de Luis de Carvajal (*El Mozo*) y su familia, quienes en 1590 fueron condenados por ser criptojudíos: siete de ellos perecieron en la hoguera, uno por garrote vil y don Luis falleció en la cárcel mientras esperaba ser llevado a España. En este caso, como en los de la nobleza indígena, la suspicacia también se hace presente: no olvidemos que Luis de Carvajal negoció con Felipe II la conquista, pacificación y población del Nuevo Reino de León, que abarcaba desde el puerto de Tampico hasta los límites de la Nueva Galicia (hoy Nayarit y Jalisco), un territorio que lo convirtió en uno de los grandes terratenientes de la época y cuya fortuna avivó algunas de las más cristianas virtudes de la Inquisición: la envidia y la codicia.

De nueva cuenta queda claro que la Inquisición no sólo funcionaba como el brazo armado de la Corona, que descargaba su fuerza contra los enemigos del reino —como los indígenas que intentaban levantarse en armas o los terratenientes que podían desafiarla—, sino que también era un espléndido negocio para la Iglesia, pues todas las propiedades de los condenados pasarían a sus manos sin desembolsar un solo real. La riqueza de la Iglesia, sin duda alguna, está manchada de sangre. Es espeluznante que sus integrantes hayan disimulado a través de las enseñanzas de Jesús tantos crímenes... Ellos aprovecharon su autoridad espiritual para enriquecerse, una práctica que permanece vigente hasta nuestros días.

A pesar de que la Inquisición juzgó, torturo, condenó y asesinó indígenas, judíos, mestizos, opositores a la Corona y algunos herejes, sus crímenes no se reducen a estas muertes y agravios: ella también es responsable del asesinato de la conciencia de los novohispanos y de la herencia de embrutecimiento que nos ha marcado desde el siglo XVI. Efectivamente, el Santo Oficio –además de lo anterior– también fue el gran perseguidor de las ideas, pues debido a su intervención los novohispanos no podían importar ni mucho menos imprimir libros que estuvieran incluidos en el *Index Librorum Prohibitorum et Expurgatorum*, la lista de publicaciones que la Iglesia católica catalogaba como perniciosas para la fe, los libros prohibidos. La ciencia y la filosofía modernas, al igual que las reflexiones políticas y religiosas ajenas al catolicismo, eran inaccesibles para la mayoría de los novohispanos, quienes tenían que conformarse con leer literatura edificante, vidas de santos, misales y obras acordes con la visión del mundo de sus supuestos guías espirituales. Por si lo anterior no bastara para rematar este rosario de horrores, también es necesario señalar que, gracias al confesionario, al púlpito y al temor al auto de fe, los mexicanos fueron castrados de su valor, de su talento y de la posibilidad de pensar por sí mismos: las llamas de este mundo y el fuego eterno del más allá nos causaron un daño que, lamentablemente, ha sido irreparable. Nadie ni nada escapaban al poder inquisitorial.

Los mexicanos siempre hemos sido talentosos, pero la Inquisición nos negó el alimento para nuestro intelecto y, por lo tanto, la sacrosanta Iglesia católica es responsable de nuestro rezago científico y tecnológico, de nuestra incapacidad para subirnos al tren de la modernidad y, sobre todo, de habernos mantenido en el oscurantismo de la Edad Media. La Iglesia, no hay duda, es el principal lastre de los mexicanos y ha sido el peor enemigo del desarrollo y de las instituciones nacionales. Los protestantes tienen que leer la Biblia para salvarse: he ahí el camino de la religión para educar. En cambio, el clero mexicano quiere ignorantes, maleables y resignados para lucrar con sus limitaciones intelectuales y con sus miedos. ¡Vamos, hombre!

Los inquisidores fueron criminales y la Iglesia, gracias a sus atrocidades, acumuló inmensas riquezas y un poder inigualable. ¿Acaso no valdría la pena que la jerarquía eclesiástica, en una actitud cristiana, reconociera sus crímenes?, ¿acaso no sería deseable que los sacerdotes, por primera vez en la historia de nuestro país, aceptaran su responsabilidad en la falta de luces de sus fieles y realmente regalaran sus incuantificables bienes a los pobres y a los desamparados? Y, mejor aún, ¿no sería bueno que los mexicanos dejaran de creer en unos hombres que en su mayoría sólo han asesinado, robado y castrado las conciencias? Lo mejor, además de que lo reconocieran, lo cual serviría de poco, sería que impulsaran una verdadera revolución espiritual y un nuevo decálogo que, entre otros mandamientos, señalara lo siguiente: quien tenga más hijos de los que pueda mantener vivirá al lado de Satanás por siempre y para siempre... quien golpee a su mujer arderá en las llamas eternas... quien no sepa leer ni escribir quedará condenado por toda la eternidad... quien perezca en la miseria pasará también la eternidad en la galera más recalcitrante del infierno.

Si bien la peste importada por los castellanos en el siglo XVI produjo una devastación poblacional de terribles consecuencias, la brutal imposición de la Santa Inquisición en la Nueva España a partir de la entronización del Virreinato produjo daños incuantificables en la moral, en el concepto de lealtad familiar, en la solidaridad social, en la impartición de justicia, en la propia imagen del nuevo gobierno y de la autoridad clerical. La nueva religión, la católica, se impuso a sangre y fuego. Con el pretexto de suprimir la herejía, la idolatría y la brujería, el clero, supuestamente dedicado a la divulgación del evangelio, la existencia, los postulados y las palabras de Jesús, cometió un sinnúmero de canalladas, abusos y atropellos que dejarían una cicatriz imborrable en las nuevas generaciones mestizas.

¿Qué tal las ceremonias de juramento de los fieles, que se comprometían ante la Santa Inquisición a denunciar a todas aquellas personas que consideraran como sospechosas, sólo sospechosas de poder cometer herejías y que desaparecían misteriosamente durante noches de terror? El acusado nunca era informado del nombre de quienes declaraban en el proceso, no había por supuesto la posibilidad de careos ni de saber quién había declarado en su contra. Las denuncias eran anónimas. A todos los testigos se les exigía el juramento del secreto.

Si bien es cierto que algunos clérigos protegieron a los naturales del nuevo mundo (como Las Casas o Vasco de Quiroga), y que «algunos como Fray Bernardino de Sahagún dejaron obras de etnografía aún no superadas [...] etnólogos o lingüistas que afanosamente recogieron los restos del naufragio de una civilización muerta», la mayoría contribuyó a su embrutecimiento, a su explotación y a infundir terror a través de cualquier medio posible con el único fin de engordar los bolsillos de la jerarquía, un hecho que invariablemente debería quedar consignado en los textos de historia republicana y laica.

¿Dónde queda aquí el horror español por los sacrificios humanos? ¿Por qué no se condena el terror de las mutilaciones? ¿Qué cosa era esto que los nativos veían ocurrir en su propia tierra? ¿La civilización europea era aquella que atormentaba a los indios, «los colgaba con sogas, altos del suelo y poniéndoles a algunos grandes piedras a los pies y a otros echándoles cera ardiendo en las barrigas y azotándolos bravamente»? ¿Esa, la de la pira, los tormentos y las persecuciones, era la civilización superior a la que se refería el futuro obispo de Guadalajara cuando aseguraba al rey en 1544: «Tenemos por experiencia que nunca el siervo hace buen jornal, ni labor, si no le fuere puesto el pie sobre el pescuezo»?[165]

Por regla general, las aprehensiones inquisitoriales se llevaban a cabo al dar la medianoche para causar pánico entre la población al estilo de los arrestos masivos ejecutados durante el estalinismo, de tal manera que el acusado no tuviera oportunidad de escapar y al día siguiente se confiscaban todos sus bienes. Claro está que debían dar un disfraz religioso a este procedimiento criminal, para lo cual argumentaban que procedían así, tan sorpresivamente, «para evitar que el diablo le dictara las respuestas al hereje».

A través de la *Santa* Inquisición el clero utilizaba sótanos especialmente diseñados para crear terror entre las víctimas, donde echaba mano de la *garrucha*, un instrumento de tortura por medio del cual se sujetaba a la víctima de los brazos detrás de la espalda, y así se le elevaba desde el suelo con una soga atada a las muñecas mientras de los pies pendían las pesas: en tal posición era mantenido durante un tiempo, agravándose a veces el tormento soltando bruscamente la soga —que colgaba de una polea— y dejándole caer para descoyuntarle las extremidades. ¿Y la tortura del agua, en la que al reo se le colocaba un embudo en la boca para introducirle litros de líquido que le producían una sensación de ahogo al ser golpeado por la espalda y llenársele los pulmones con el fluido? ¿Y el *potro*, utilizado para atar con una cuerda el cuerpo del acusado para estirarle brazos y piernas hasta hacérselas reventar si no confesaba su herejía, misma que ignoraba?

El castigo máximo estaba reservado a los herejes no arrepentidos y a los relapsos, esto es, a los reincidentes acusados de pecados graves. Si en esa hora final se negaban a reconciliarse con la Iglesia, eran quemados vivos; quienes lo hacían recibían el mejor trato al ser estrangulados por medio del garrote, entregándose luego su cadáver a las llamas.

«Los autos de fe eran las manifestaciones más grandiosas del poder del Santo Oficio. En los autos generales se decretaba un día de fiesta, con la asistencia obligatoria de prácticamente toda la población local, y la participación activa de todos los oficiales religiosos tanto como se-

---

[165] Carta de Pedro Gómez de Maraver al rey, México, 1 de junio de 1544, en Alberto Carrillo Cázares, *El debate sobre la guerra chichimeca, 1531-1585: cuerpo de documentos*, Morelia, El Colegio de Michoacán, 2000, p. 472

culares de la colonia».[166] El penitente era «relajado», o entregado a las autoridades seculares para ser quemado en una de las hogueras... Es de notar que los religiosos nunca participaron directamente en las hogueras, sino que entregaron a los reos «relajados» a la justicia secular.[167] La hoguera empleaba una pila de leña como quemadero, es decir, se trataba de «una plataforma de piedra hueca en el interior rellena de madera, con dos salidas laterales que actuaban como horno, sobre la que se apoyaban cuatro estatuas, las de los grandes profetas bíblicos (Isaías, Jeremías, Ezequiel y Daniel). Las estatuas eran huecas y su función es atroz: deberán contener los cuerpos vivos de los condenados, que morirán lentamente y sufriendo por anticipado los tormentos del infierno».[168] Piadosos y poco creativos los sacerdotes católicos, ¿no...?

El Santo Oficio podía decretar el arresto de quien exclamara en un juego: «Aunque Dios fuera tu compañero, no ganarías esta partida», o por haber sonreído equívocamente al escuchar el nombre de la Virgen María, por decir que no era pecado mortal tener cuenta carnal con una mujer o que teniendo un libro de los evangelios no había necesidad de ir a misa, por mencionar en familia «que la simple fornicación no era pecado mortal, lo cual era castigado con vela, soga, mordaza y hasta doscientos azotes», o bien por exclamar que era mejor estar amancebado que casado o porque alguno hizo que su mujer se comenzase a confesar con él... Por pronunciar palabras injuriosas contra el Papa y el rey al llamarlos poltronazos o por alegar contra el santísimo sacramento del altar al aducir que el clérigo no consagraba el verdadero cuerpo de Cristo, sino que lo hacía por beberse aquel vino... Por divulgar que «en la hostia consagrada no estaba la Santísima Trinidad y que el diablo se solía meter en el cáliz y estar al pie del altar», entre otras tantísimas causales más, que bien podían costar la vida o hacer pasar al acusado el resto de la existencia en prisión por un mal comentario...

En 1618 se dio un «Edicto para que denuncien a los que tengan libros de diferentes ciencias que atenten contra la fe católica».[169] Y dos años después otro, «prohibiendo a los confesores, clérigos y religiosos que absuelvan a los que cometan delitos contra la santa fe católica en vez de castigarlos».

---

[166] Virginia Bouvier, «Sor Juana y la Inquisición: las paradojas del poder», *Revista de Crítica Literaria Latinoamericana*, año XXIV, núm. 49, Lima-Hanover, 1999, p. 68.
[167] *Ibid.*, p. 69.
[168] Primitivo Martínez Fernández, *La Inquisición: El lado oscuro de la Iglesia*, Buenos Aires, Lumen, 2009, p. 166.
[169] María Teresa Esquivel Otea, *Índice del Ramo Edictos de la Santa y General Inquisición*, Archivo General de la Nación, México, 1981.

¿Por qué será que los libros de texto de hecho omiten la presencia del tribunal del Santo Oficio en la Nueva España? ¿Omitir un tribunal que quemó libros, además de personas? ¿Será que el gobierno supuestamente laico permitió que el clero interviniera en su redacción? ¿Qué temerán? ¿Por qué el ocultamiento intencional y perverso?

Para los interesados en buscar explicaciones en torno a nuestro histórico atraso, basta con que estudien a fondo los horrores de la Santa Inquisición, una de las instituciones más siniestras y macabras creadas por la Iglesia católica en perjuicio de la humanidad. ¿Por qué no comparar aquellos países en los que hubo Inquisición como México, Colombia, Guatemala, Venezuela, Ecuador, con Canadá, Australia y Estados Unidos, donde los curas católicos no pudieron llevar a cabo sus crímenes, ni amputaciones espirituales ni persecuciones ideológicas ni sus castraciones intelectuales colectivas que impidieron la producción de ideas y con ello obstaculizaron el progreso…?

A lo largo del siglo XVII, la Inquisición fue adquiriendo un papel relevante como prestamista en ambos virreinatos de Perú y Nueva España. Y es que claro: ¿qué hacer con tanto dinero mal habido? Invertirlo, prestarlo, precisamente para hacer más dinero ignorando los *sagrados* votos de pobreza, para ya ni hablar de los de castidad ni mucho menos los pecados, mejor dicho delitos, cometidos por curas pederastas. A propósito, ¿cuándo has visto a un encumbrado prelado o a un sacerdote atrás de las rejas purgando una condena por haber abusado de un menor? ¿Verdad que a pesar de los escándalos jamás los arrestan y en la mayoría de los casos compran con dinero el silencio de las víctimas, así como el poder de los jueces? Ahí está el famoso caso de Marcial Maciel, un depravado perpetrador que violó impunemente a un centenar de niños y murió en la cama reconfortado con todas las bendiciones espirituales. ¿El que la hace la paga…? Su castigo consistió en no poder cantar la misa y en retirarse a meditar, según ordenó Juan Pablo II. Si este papa conocía las fechorías cometidas por Maciel y, a pesar de ello, aceptaba los millones de euros que este le entregaba, malo, muy malo; y si desconocía las fechorías, malo, muy malo.

En otro fragmento del libro de texto, de nueva cuenta se percibe (p. 138) un lenguaje subliminal orientado a dirigir la atención de los menores hacia las festividades religiosas. ¿Por qué los autores invitan a los estudiantes a comentar la importancia de dichas festividades, que aun cuando no se diga que son religiosas es evidente que lo son al ser novohispanas? He aquí otra inducción perversa a la religión, apenas perceptible para quien no tiene conciencia de la manipulación. ¿Por qué se sugiere entrevistar a familiares sobre las festividades de la comunidad en pueblos y barrios siempre que sean de origen español novohispano?

¿Por qué se insiste en que los niños sepan cuáles son esas fiestas, cuál es su origen, la forma en que se celebran y cuándo se celebran, confirmando siempre que sean de extracción novohispana, o sea católicas…? Es evidente el adoctrinamiento subliminal que intentan los redactores del libro mientras las autoridades educativas o no se dan cuenta o cumplen con una consigna de la alta jerarquía católica dentro de un contexto de acuerdos políticos inconfesables. Para mejor ilustrar este ejemplo basta con ver la parte inferior de la página, donde curiosamente aparece una festividad novohispana como es la Semana Santa, misma que tendría que explicar el inocente chiquillo manipulable.

La revuelta de 1692, referida en el libro de texto (p. 141), fue muy distinta a la ahí descrita. Pero véase qué mala explicación dan al respecto: dicen que hubo escasez de maíz, luego el pueblo se amotinó, logrando que el virrey lo consiguiera… ¡Cuánta falsedad hay en esto! ¡Y cuánta confusión respecto a los hechos históricos! No es cierto que hubiera escasez de maíz: hubo escasez de trigo, provocada por un año de intensas lluvias que echaron a perder todas las cosechas; por ello el virrey mandó concentrar todo el maíz en la ciudad de México, para que los habitantes de ésta no murieran de hambre. Hasta antes de eso, nadie comía maíz, salvo los indios, por lo tanto, al quitarles el maíz para dárselo a la población de la ciudad, se amotinaron el 8 de junio de 1692 (fecha que no mencionan en el libro), incendiando el palacio virreinal, que ardió durante tres días sin que nada pudieran hacer quienes trataron de aplacar al pueblo. El miércoles 11 de junio por la mañana «arcabucearon», según Carlos de Sigüenza, a tres indios que habían sido atrapados al final del motín, «ahorcaron a cinco o seis; quemaron a uno y azotaron a muchos en diferentes días.»

¿Más incursiones subliminales en el libro que además de dogmatizar evaden la responsabilidad del Estado de realmente contar qué fue lo que pasó? ¿Acaso no hay otros motivos más allá de los católicos para quienes redactaron estos libros manipulados? Otra vez se aparece san Francisco Javier (p. 142) (ya se había aparecido en la p. 136)… Otra vez una imagen religiosa, saturada esta vez de oro, con el descaro que sólo puede tener la Iglesia. ¡Por lo menos dígasele al niño que ponga atención en dónde terminaba el trabajo esclavo de los indios mexicanos! Sí: para que vea adónde fue a parar el sudor de cientos de generaciones de mexicanos. ¿Cuántas escuelas se hubieran podido construir con el oro de los retablos, con los millones de pesos invertidos en iglesias, parroquias, conventos, monasterios y catedrales y en las cruces pectorales llenas de esmeraldas, brillantes y rubíes de la alta clerecía? ¿Empiezas a entender adónde se fueron las fortunas, en lugar de haberlas destinado a la educación de las masas de indigentes, de quienes 98% no sabían leer ni escribir cuando finalmente concluyó la Colonia española con la independencia de México?

Se habla de la eficiencia de los ayuntamientos (p. 142). ¿Por qué no hablar también de la eficiencia de la organización mexica, basada en el calpulli o barrio (que todavía persiste) y en el altépetl, unidad territorial y política presente en las distintas regiones de Mesoamérica, depositaria de un sentido cultural profundo y de una funcionalidad económica insustituible?

Y en cuanto al ayuntamiento como herencia colonial: dígase que Cortés fundó el primero huyendo de la autoridad, y que Francisco Primo de Verdad (como verás más adelante), cuando quiso hacer valer la soberanía del pueblo a través del ayuntamiento (en 1808), fue asesinado. Esa es la herencia del ayuntamiento, al grado de que aun hoy sigue siendo una ficción la supuesta soberanía de esta instancia legal que en teoría, ciertamente, es hermosa...

Al pie de la imagen del retablo de san Francisco Javier escriben «Retablo Mayor», con mayúsculas iniciales. ¿Por qué razón? ¿Se trata acaso de alguna institución, algún nombre propio? No es sino un acto de fe que el pobre niño no tiene por qué aprender a reproducir. ¿Otra inducción subliminal para despertar en los chiquillos la curiosidad por el catolicismo?

¿Por qué otro motivo religioso, como un retablo barroco, en lugar de poner una fotografía del Palacio Nacional o palacio de los virreyes? ¿Por qué no desplegar aquí un mapa donde se ilustre qué recursos se obtenían en cada país a lo largo de todo el continente americano?

La herencia del Virreinato

En la misma página se describe el legado de la época virreinal sin que se haga referencia al racismo congénito, a la mojigatería sin fin, al miedo crónico a expresarse y a protestar como un recuerdo subconsciente de las piras y de los sótanos de tortura inquisitoriales. También heredamos (aunque no lo mencionen en el texto dedicado al «Legado virreinal») el carácter prejuicioso respecto de otros pueblos no sólo lejanos y hasta cierto punto desconocidos, sino también por nuestra propia diversidad: el desprecio por lo autóctono, la costumbre de hablar de «indios» y de «indígenas»: este el sello clásico de lo virreinal. El hábito de la desobediencia a la ley escrita y la obediencia al jefe, a cualquier nivel. ¿Más herencias? Falta de solidaridad como compatriotas; traición al amigo, al familiar, al padre o al hijo (como secuela de los fieros interrogatorios coloniales, donde no te soltaban hasta que implicaras a más gente, fuera o no culpable, como tú). Prejuicios, cobardía. Superstición y falta de valor para enfrentar la realidad. Servilismo: siempre alguien tiene que decidir por nosotros, es decir, a qué hora comer, hablar, dormir, votar y hacer el amor. La dependencia de un tercero fue total.

En vez de decir «qué», decir «mande usted», incluso a los desconocidos; agradecer por todo, hasta por los castigos, merecidos o no, cual si fueran caricias paternales.

No olvidemos que las disposiciones de la Corona que el virrey no juzgaba conveniente aplicar en la Nueva España eran rotuladas con esta leyenda: «Obedézcase, pero no se cumpla...».

Por todo esto, nada más inadecuado que referirnos a España como la Madre Patria. ¿Cómo es una madre? ¿Cómo debe ser? ¿Así de maternal fue España durante la conquista o el virreinato? ¡Por supuesto que no! España siempre buscó explotar al máximo sus colonias. ¿Es eso lo que busca una madre para sus hijos? España impidió el libre comercio de nuestros propios productos, que extraía vorazmente sin devolvernos nada a cambio, sino más y más trabajo. Sí, sí, es cierto, pero España nos legó también la maravilla de su lengua, nuestra lengua, que todavía usamos y que hemos enriquecido notablemente con vocablos originarios. ¿El náhuatl se perdió? Sí, casi se perdió, pero el castellano y su gran riqueza también es un patrimonio muy nuestro con el que nos comunicamos a diario y en el que a diario podemos volver a visitar a Cervantes lo mismo que a Reyes, a Octavio Paz, a Salvador Novo, a José Gorostiza y a Carlos Fuentes. Tan es imposible convertirme en un indigenista fanático, defensor absurdo de una pureza racial irresponsable y temeraria, como erigirme como un crítico obnubilado de lo español al dejar de reconocer una realidad palpable para cualquier estudioso. Aquí va Bringas: «El encuentro entre Europa y América fue el choque entre dos sociedades depredadoras. En esta colisión simplemente triunfó la más eficiente. [Y es que] había una diferencia tan amplia entre ambos mundos como el océano mismo que los separaba y que fue Europa, y no Mesoamérica, quien lo cruzó [...] Al momento del contacto [...] la civilización mediterránea europea ya tenía más de cuatro mil años de haber ingresado en la Edad de Cobre, primero, y en la Edad de Bronce después. Ya las había superado. Es más [...] mil quinientos años atrás Europa Occidental había dejado el siguiente estadio de desarrollo, que fue la Edad de Hierro. Para el siglo XVI prácticamente la totalidad de Europa Occidental ingresaba o estaba por ingresar en la Era Moderna».[170]

[170] Raúl Bringas Nostti, *op. cit.*, pp. 26-28.

Catedral de Cuenca en España.

A España le corresponde con justicia haber «descubierto» el «nuevo mundo», y aun «conquistarlo» para hacer de él un mosaico de colonias a su servicio, con admiración de todos sus ambiciosos y seguramente menos audaces vecinos.

Antes de que Cortés pusiera un pie en las costas del Anáhuac ya se habían fundado la Universidad de Alcalá de Henares y su impresionante biblioteca, la de Salamanca y la de Valladolid, instituciones muy influyentes en la conformación de las modernas ciencias sociales: la economía, el derecho, la teoría política, entre otros colegios y academias mayores o menores creadas posteriormente como la Universidad de Mareantes de la Casa de Contratación, donde se preparaba para ser piloto, cosmógrafo y medidor de naos o la Academia Real Matemática fundada en 1582, al impulso del arquitecto renacentista español Juan de Herrera, geómetra de lujo.

Cedamos el uso de la palabra de nueva cuenta a Bringas: «El arco ("que fue para la arquitectura lo que la rueda para el transporte"), la bóveda, la cúpula eran empleados en Europa desde los romanos. En el siglo XII, mientras Mitla florecía, finalizaba la construcción de la soberbia catedral francesa de Chartres. Poco después, las excepcionales estatuas de la catedral de Reims superaban a todas las figuras que adornaban los templos mesoamericanos. Para entonces, la imponente catedral de Canterbury, en Inglaterra... había extendido su fama por Europa».[171]

¿Conocen ustedes la catedral de Cuenca, la de Toledo, la de Sevilla o la de Burgos, las primeras catedrales góticas de España? Estas obras se desarrollaron en el siglo XIII, mientras que en la Gran Tenochtitlan se construía el Templo Mayor.

La introducción de la imprenta en España data de 1472 (en Segovia).

Aquí vuelve Bringas con más argumentos: «A lo largo de los siglos se habían perfeccionado numerosos instrumentos militares, como la catapulta o el ariete [...] Una gigantesca diferencia la imponía la pólvora, que, gracias a la pericia musulmana, los europeos habían aprendido a utilizar. Se desarrollaron armas ligeras y mortíferas como el arcabuz, con capacidad para perforar las más formidables armaduras [...] No había forma de que el mesoamericano pudiera resistir el empuje de una civilización muy superior en prácticamente todos los órdenes [...] Las diferencias son enormes». El *Nacimiento de Venus* de Sandro Boticelli es contemporáneo del Templo Mayor (que lamentablemente no pudimos conocer). En 1512 Miguel Ángel concluyó los frescos de la Capilla Sixtina. Leonardo da Vinci falleció semanas después de que Cortés arribara a Veracruz, en 1519. «En música y literatura el abismo se hacía aún más grande. En Mesoamérica, rústicos instrumentos como el teponaztli, el ayacahtli o el tlapitzalli permitían amenizar los bailes con rítmicas melodías muy gratas al oído, pero poco desarrolladas musicalmente.»[172] En tanto, la guitarra existía desde el siglo XI, y el órgano se empleaba en España desde el siglo V. Las arpas acompañaban a los juglares desde el siglo IX. En literatura, no olvidemos que la escritura mesoamericana se encontraba en etapa jeroglífica, superada dos mil años antes en Europa...[173]

Pero quizá la mejor demostración de lo mucho que, más allá de heroísmos militares, España tenía que legar al mundo, fue el famoso Siglo de Oro, denominación que originalmente hacía referencia al siglo XVI español, pero que precisamente debido a la prolongación del aliento creador en esa región (ya convertida España en poderoso imperio) debió extenderse hasta bien entrado el siglo XVII, e incluso abarcar este último casi en su totalidad. ¡Así de generosa fue la lengua en la España imperial! ¿Quién no reconoce en Góngora un poeta insuperable? Maestro del culteranismo, uno de los mayores poetas en lengua española.

[171] *Ibid.,* p. 30.
[172] *Ibid.,* p. 34.
[173] *Loc. cit.*

¿Y Cervantes? ¿Qué puede decirse de un hombre que nos hereda al *Quijote de la Mancha*? ¿Y el gran dramaturgo Lope de Vega, autor de *El perro del hortelano, El caballero de Olmedo, Peribáñez y el comendador de Ocaña, El castigo sin venganza* o el clásico sobre linchamientos, *Fuenteovejuna*, entre otros cientos de obras de teatro y poemas diversos? ¿Y Quevedo? El gran escritor, autor de obras ascéticas y morales y textos edificantes y piadosos. ¿Y Segismundo, el fantástico personaje de Calderón de la Barca, quien en verso nos ha regalado una de las obras más hermosas del idioma, *La vida es sueño*?

Pero no todo queda en eso. No sólo arquitectura, literartura y poesía lustran el Siglo de Oro de España. Olivia Sabuco, quien nació en Alcaraz en 1562 y a sus veinticinco años publicó un libro llamado *Nueva filosofía de la naturaleza del hombre, no conocida ni alcanzada de los grandes filósofos antiguos, la cual mejora la vida y salud humana.* Ha sido considerada «filósofa precoz y médica», o bien «la descubridora del líquido raquídeo».[174] ¿Y Cristobalina Fernández de Alarcón, cuyo talento se dice disputaba al de Quevedo y Góngora «porque se imponía en todos los certámenes poéticos a los que concurría»? ¿Y María de Zayas y Sotomayor? Sus novelas fueron editadas a lo largo de los siglos XVII y XVIII y traducidas a varias lenguas. También Sor María de la Antigua, sevillana, dejó más de 1 300 cuadernos llenos de letras. ¿Y Teresa de Ávila y su obra mística *Camino de perfección*? ¿O bien, la *Vida* de santa Teresa de Jesús, escrita por ella misma? Claro está que la Inquisición «hizo de las suyas con todas ellas».[175]

Para concluir resulta imposible no mencionar, aun cuando sea con todos sus defectos, a los ayuntamientos como modelos de organización municipal y al trazo urbano a base de cordeles, aplicados para fundar ciudades, entre otros avances y programas…

Sor Juana y la intromisión clerical

¿Cómo abordar el tema de las letras y omitir el de la más famosa escritora novohispana de todos los tiempos, cuya existencia segó inducién-

---

[174] Tereixa Constenla, «Pioneras de la aventura literaria», *El País*, Madrid, 30 de enero de 2013, consultado en septiembre de 2015, www.cultura.elpais.com/cultura/2013/01/30/actualidad/1359563448_228314.html

[175] *Idem.*

dola indirectamente al suicidio el propio clero? ¿Podemos olvidar acaso que el arzobispo Aguiar y Seijas obligó a la ilustre monja a que se abriera las venas y escribiera con su propia sangre una confesión que ella jamás hubiera suscrito de no ser por la brutal presión a la que fue sometida?: «Hoy 5 de marzo de 1694 se fecha la "Protesta que rubricada con su sangre, hizo de su fe y amor a Dios la madre Juana Inés de la Cruz, al tiempo de abandonar los estudios humanos para proseguir, desembarazada de este afecto, en el camino de la perfección" [...] Y en señal de cuánto deseo derramar la sangre en defensa de estas verdades, lo firmo con ella, en cinco de marzo del año de mil seiscientos y noventa y cuatro».

Haber orillado a esa insigne escritora, la más rica y poderosa pluma, orgullo de México, a que perdiera todo interés por vivir, al extremo de buscar la posibilidad de contagiarse de esas pestes recurrentes que padecía la Nueva España, es un cargo muy pesado y severo que el clero jamás podrá sacudirse en cualquier condición pasada, presente o futura.

¿Más contenidos subliminales en el libro de texto? Basta con ver la leyenda vergonzosa que se cuenta en sus páginas para comprobar cómo se induce con increíble cinismo de nueva cuenta a la religión católica y a ninguna otra más. En este libro en particular, donde ya apareció un santo y desaparecieron otros tantos horrores que sí fueron reales, se puede leer el siguiente texto: «A principios del siglo XVII, cuando la conquista española apenas lograba consolidarse, un monstruo en forma de gran serpiente bajaba desde el cerro conocido como La Malinche...»

Desde luego, aparece una Virgen y, por si fuera poco, además dedican completa la siguiente página a una ilustración alusiva a esta inverosímil historia llamada «La casa del que mató al animal». ¿Más inducciones subliminales? ¿No habrán encontrado los autores una leyenda desvinculada de cualquier religión en la que no aparezcan figuras divinas, como vírgenes en este caso, por más que en las leyendas mexicanas se involucren demonios, aparecidos y condenados o espíritus, por lo cual no es difícil imaginar a los autores de las mismas? ¿Por qué incluir siempre santos y vírgenes o figuras de este tipo? ¿Qué negociación se habrá llevado a cabo como para conducir a nuestros hijos a la superchería y a la superstición en el interior de las escuelas? Si este libro de texto no es una renuncia por demás explícita al laicismo, en buena parte a la razón y a la información, entonces, ¿qué es...?

¿Qué resulta de la enseñanza fundada en el *Catecismo*? El niño abandona desde temprano el mundo real, para vivir en una región fantasmagórica, adaptándose a un medio nebuloso donde en lugar de leyes inmutables, reinan voluntades flexibles, irregulares y arbitrarias, concluye por tomar en serio los mitos y leyendas de los libros sagrados... Nada más refractario al espíritu de la ciencia que los cerebros deformados por una educación ortodoxa; convencidos de lo absurdo, siguen creyendo «por lo mismo que es absurdo.» «Una religión que se afana por considerar la Tierra como un tránsito y la vida futura como una habitación definitiva, concluye por entregar el mundo a los fuertes y audaces. Si el "valle de lágrimas" nos ofrece poco y la eternidad nos promete mucho, dejemos para otros lo menos y guardemos para nosotros lo más. Viviendo espiritualmente sin preocuparnos de la materia, dejemos que en nuestro cuerpo desaseado y repugnante nuestra alma florezca y perfume como rosa de un cementerio. Un católico, para mostrarse lógico, debe darse integralmente a la Iglesia, convirtiéndose, primero en niño como dice Jesucristo, después en cadáver como prescribe Ignacio de Loyola.»[176]

Cuando en una de las preguntas le piden al niño que observe los mapas y señale cuál de ellos corresponde a la Nueva España, ninguno corresponde al territorio de la Nueva España, pues están mal coloreados y además se cortan en la parte superior, impidiendo que el pequeño estudiante tenga claridad sobre el asunto. Lo único que debería importarles, en este caso, es que el educando comprenda las dimensiones del territorio de Nueva España, cuya frontera se encontraba más allá de lo que hoy es la ciudad de San Francisco, California, hasta llegar a la capitanía de Guatemala por el sur, más de cuatro millones de kilómetros cuadrados para que los menores puedan entender posteriormente la mutilación que sufrimos como consecuencia de la guerra en contra de Estados Unidos en el siglo XIX.

El camino a la Independencia

Para comenzar, me parece muy desafortunada elección la imagen que abarca dos páginas (pp. 154-155) del libro, se trata de «Alegoría de la Independencia. 1834» (el libro dice «Alegoría a la Independencia»), de la que se eliminó el nombre del autor: el profesor Antonio González, originario de Dolores Hidalgo, Guanajuato. En esa pintura de gran

---

[176] Manuel González Prada, *op. cit.*, p. 83.

formato se puede apreciar la personificación de... ¿América, la independencia, la patria? ¿Qué pretenden que represente una india con penacho tricolor, carcaj a la espalda, gorro frigio, siendo coronada de laurel por el cura Miguel Hidalgo?; al lado derecho Agustín de Iturbide (podría ser Allende) rompe la cadena de la esclavitud; no es la América salvaje sino la india refinada cuyo rostro recuerda excesivamente a la Virgen de Guadalupe, pero con los ojos alzados; Hidalgo se ve muy moreno frente a un Iturbide muy blanco. Por un lado, existe un sinnúmero de obras de arte en las que se proyecta con más realismo y seriedad la imagen de este ilustre sacerdote, amante de la libertad y del conocimiento en general. Por el otro, la pintura exhibe una gran mentira: Hidalgo nunca fue el Padre de la Patria porque no logró consumar el movimiento de independencia. Este ínclito personaje de la historia de México fue fusilado en 1811 y la independencia finalmente se logró hasta 1821. La cabeza de Hidalgo ya llevaba diez años colgada en una de las esquinas de la alhóndiga de Granaditas como una medida ejemplar para hacer saber lo que le ocurriría a cualquier persona que intentara promover la independencia de la Nueva España, cuando nuestro país obtuvo la libertad de España. ¿Está claro que pido algo sensato, pues Hidalgo nunca pudo coronar a la patria ni tampoco «hirió de muerte al virreinato», como dijo O'Gorman? ¿Cómo es posible que los autores del libro de texto gratuito no hayan buscado con más enjundia retratos o pinturas de gran nivel plástico que reflejaran la participación de Iturbide en el movimiento libertario? Son incontables los artistas mexicanos que han vaciado en sus telas este crítico episodio en el devenir de México.

¿Qué tal el *Hidalgo Incendiario* de José Clemente Orozco en Guadalajara, donde el cura sostiene una antorcha y el puño izquierdo en alto como símbolo de fuerza?

Dos páginas de óleos de pobre calidad estética y además equivocados que no reflejan la verdad de lo acontecido, ¿de eso se trata?

El movimiento de Independencia, dice el libro de texto, «comprendió el periodo de 1810 a 1821» (p. 156). Mentira: a pesar de que sólo se trata de una introducción, resulta inadmisible la exclusión de los sucesos de 1808. Es falso que el movimiento de Independencia haya iniciado en 1810, pues ignorar la crisis política, social y económica de 1808 es mucho ignorar.

La agonía del Virreinato y el primer
golpe de Estado del México moderno en 1808

Todo comenzó cuando el virrey Iturrigaray de la Nueva España (ligado al partido criollo) fue informado de que su protector Manuel Godoy, hombre fuerte de la Corona española, había sido derrocado y hecho prisionero por obra del clero y de la aristocracia.

La agonía del virreinato se agudizó en 1808, pues en ese año las tropas de Napoleón Bonaparte invadieron España y, como si dicha invasión no fuera suficiente, Carlos IV se retiró a Aranjuez con el ánimo de llegar más tarde, si hubiera sido el caso, a Sevilla, para de ahí zarpar a América si las circunstancias lo hubieran aconsejado. En Aranjuez, quien después sería conocido como Fernando VII, hijo de Carlos IV, derrocó a su padre, quien no tuvo más remedio que abdicar a su favor. Ante la caótica situación reinante en la Corona española, débil e ineficiente, Napoleón le devolvió el trono a Carlos IV sólo para que éste, a su vez, se lo entregara a José Bonaparte, José I, hermano del emperador, mejor conocido como *Pepe Botella*, por su afición a las bebidas embriagantes. Este hecho, la imposición de un monarca extranjero, rompió el equilibrio de fuerzas políticas en las colonias americanas produciendo vacíos de poder de los que no podía escapar la Nueva España, que intentó por primera vez separarse de España.

¿Cuál fue la respuesta de la Nueva España al conocerse la noticia de la desaparición política de los soberanos españoles? En el Ayuntamiento de la Ciudad de México se propuso a través del regidor Azcárate jurar fidelidad al rey Fernando e imponer la soberanía de la Nueva España encabezada por el propio virrey Iturrigaray, gobernador y capitán general en su carácter de encargado del manejo de la colonia.[177]

El libro de texto sostiene que «la Real Audiencia no estaba de acuerdo con la junta convocada por el virrey, por lo que los españoles opositores que vivían en la ciudad de México se apropiaron violentamente del gobierno. El 15 de septiembre de 1808, a la medianoche, alrededor de 300 hombres entraron al palacio virreinal y apresaron al virrey, a su familia y a los jefes del ayuntamiento de la ciudad» (p. 165). ¿Qué? Los «españoles opositores»? Vayamos en serio al detalle.

Matías Monteagudo, gran inquisidor y abogado del Real Fisco en el Tribunal del Santo Oficio, y Francisco Xavier Lizana, arzobispo de México, o sea, las máximas autoridades clericales de la colonia, con-

---

[177] José Mancisidor, *Miguel Hidalgo: Constructor de una patria*, México, Editorial Xóchitl, 1944, pp. 57-58.

cluyeron que «desaparecería de esta América la religión católica si no se separaba del mando al virrey». He ahí a contraluz a los «españoles opositores...». De esta suerte, el 15 de septiembre de 1808, a la medianoche, alrededor de trescientos hombres, negros y mulatos en su mayoría, que trabajaban en las haciendas azucareras de Gabriel de Yermo, español acaudalado animado por su confesor, el propio Matías Monteagudo, entraron en el palacio virreinal y apresaron al virrey, a su familia y a los jefes del ayuntamiento de la ciudad, resultando posteriormente asesinados Francisco Primo de Verdad y Ramos y Juan Francisco Azcárate y Lezama, los principales impulsores del proyecto autonomista, tragedia esta última a la que no hacen ninguna referencia, diciendo solamente que fueron apresados, pero el libro «olvidó» publicar que fueron asesinados. «¿Dijiste media verdad? Dirán que mientes dos veces si dices la otra mitad.» Por eso afirmo que los textos contienen verdades a medias.

Nunca lo olvides: «En la conspiración realista encabezada por Gabriel de Yermo, que derrocó al virrey Iturrigaray, Primo de Verdad fue detenido, conducido a la cárcel del Arzobispado y condenado a muerte; sin embargo, el día 4 de octubre de 1808 fue encontrado sospechosamente muerto en su celda sin esclarecerse la causa».[178]

Según un amigo personal de Primo de Verdad, este murió «en la cárcel del Arzobispado el 4 de octubre, envenenado a lo que se creyó». Y en cuanto a Azcárate, «sufrió una epilepsia, pues el veneno se embotó con la grasa de los intestinos, pues era muy gordo».[179]

Fray Melchor de Talamantes, nacido en Lima, Perú, y también defensor de la tesis de la soberanía popular en el cabildo de México, fue preso en el convento de San Fernando, «de donde fue transportado la siguiente noche a los calabozos de la Inquisición [...] es bien sabido que murió de vómito»[180], pero no ahí sino en las tinajas de San Juan de Ulúa, adonde fue trasladado hallándosele «religioso díscolo, insubordinado y escandaloso; omiso [...] Turbador de la quietud pública con sus producciones

[178] María del Carmen Rovira, «Francisco Primo Verdad y Ramos (1768-1808)», *Pensamiento filosófico mexicano del siglo XIX y primeros años del XX*, México, UNAM, 1998, p. 141.

[179] Andrés Cavo y Carlos María de Bustamante, *Los tres siglos de México durante el gobierno español*, t. 3, México, Imprenta de la Testamentaria de D. Alejandro Valdés, 1836, p. 238.

[180] José María de la Fuente, *Hidalgo íntimo: Apuntes y documentos para una biografía del benemérito cura de Dolores D. Miguel Hidalgo y Costilla*, México, Secretaría de Instrucción Pública y Bellas Artes, México, 1910, p. 168.

escritas y diligencias que practicó para divulgarlas [...] fecundo en sub-terfugios para cubrir con ellos la enormidad y castigo de sus delitos».[181]

¿Conclusión? Francisco Primo de Verdad y Ramos, Juan Francisco Azcárate y Lezama, Fray Melchor de Talamantes, los tres impulsores del proyecto autonomista murieron sospechosamente en prisión. ¿Y la ley? ¿Y la justicia? ¿Cuándo ha habido justicia en México...? He ahí otra explicación de nuestro atraso e histórica frustración política y social...

Claro que Lizana, el arzobispo de México, se apresuró a bendecir a los golpistas que derrocaron al virrey Iturrigaray, el mismo que desea-ba convertirse en soberano de la Nueva España. ¿Está clara la mentira contenida en los libros?

¿Ahí acabó la maniobra? Tampoco se hace constar —¿por qué será?— que derrocado el virrey Iturrigaray en 1808, los primeros gol-pistas de nuestra historia pusieron en su lugar a Pedro Garibay, ancia-no de 91 años, pero menos de un año después, y debido a «su debilidad en afirmar el dominio español en la colonia», este anciano fue depuesto para que el arzobispo de México, el citado Francisco Xavier Lizana, se convirtiera nada más y nada menos que en virrey de la Nueva España. ¿Es evidente el papel de los supuestos «españoles opositores»? ¿Está claro el involucramiento del clero en la vida política de la colonia? ¿Y la divulgación del evangelio...? ¿Y el «al César lo que es del César y a Dios lo que es de Dios...»? ¿Está claro por qué los autores pro clerica-les que redactaron los libros de texto esconden esta parte de la historia? ¿Cómo que derrocan al virrey Iturrigaray para colocar finalmente al ar-zobispo como jefe de la Nueva España?

Dice el libro de texto: «Al fracasar el intento de conseguir la auto-nomía [en razón de la resistencia del clero católico], los criollos em-pezaron a reunirse y organizarse para conspirar y derrocar al gobierno [clerical] virreinal en algunas ciudades de Nueva España, como Puebla, San Luis Potosí, Celaya y el pueblo de Dolores en Guanajuato. A media-dos de 1809 se descubrió otra conspiración, que había sido organizada en Valladolid (hoy Morelia) por José María Obeso y José María Miche-lena, a quienes [a diferencia de Primo y Azcárate], se les perdonó la vida a pesar de haber conspirado contra el gobierno.

»En ese mismo año Ignacio Allende organizó una junta secreta en San Miguel el Grande en Guanajuato (actualmente San Miguel de Allende, en su honor) con la intención de crear un congreso que se en-

[181] Genaro García (coord.), *Documentos históricos mexicanos*, vol. VII, México, Comi-sión Nacional para las celebraciones del 175 Aniversario de la Independencia Nacio-nal, 1985, p. 303.

cargara de gobernar en nombre de Fernando VII y sustituyera a los españoles de sus puestos de gobierno (p. 165).»

El libro de texto establece que el movimiento de Independencia «fue el resultado de un largo proceso de lucha armada en nuestro país para dejar de pertenecer al dominio de la Corona española» (p. 156). En realidad debería decir que fue para dejar de padecer, sufrir, aguantar, soportar a la Corona.

Tras el éxito clerical del golpe de 1808, estalló la segunda etapa entre 1810 y 1811 en la región del Bajío, que comprende una parte de los actuales estados de Guanajuato, Querétaro, Michoacán y Jalisco. Sus principales dirigentes fueron Miguel Hidalgo y Costilla e Ignacio José de Allende y Unzaga. De la región del Bajío, el movimiento se desplazó hacia el centro de la Nueva España, donde tuvieron tanto éxitos como derrotas militares. Posteriormente regresaron a Guadalajara, y de ahí los líderes partieron rumbo al norte, donde fueron detenidos y fusilados, «gracias a un complot tramado por el obispo de Monterrey», como se debería de establecer en el libro honrando a la verdad, sin que lo anterior niegue la alianza evidente con la autoridad civil. El clero, otra vez el clero, ¿verdad…? Siempre el clero…

1810

Ciertamente, en 1810 se organizó una conspiración en la ciudad de Querétaro, la cual fue encabezada por Ignacio Allende, Miguel Domínguez, corregidor de la ciudad, Josefa Ortiz, esposa de este, Juan Aldama y Miguel Hidalgo, entre otros líderes.

Miguel Hidalgo era un sacerdote carismático, simpático, culto, industrioso, amante de la literatura, de la filosofía, conocedor de varias lenguas, entre ellas el latín, sin olvidar que también leía, entendía, hablaba y escribía, traducía e interpretaba el griego, el hebreo, el francés, el italiano y el portugués, además del otomí, el purépecha y el náhuatl y, claro está, también era un adorador genuino de la belleza femenina… ¿Por qué no darán una idea mucho más completa de quién era este personaje? ¿Por qué no quieren que se sepa hasta dónde lo llevaron los caminos del conocimiento, de la acción, de la organización y del trabajo? ¿Por qué no subrayar el talento de este notable hombre de Iglesia que a los veintinueve años de edad empezó a impartir la cátedra de teología en calidad de profesor sustituto mientras continuaba ejerciendo la titularidad de la de filosofía? ¿No vale la pena insistir en que en 1784 ganó el primer premio, diploma y doce medallas de plata por una disertación teológica al pronunciarse en contra de los principios filosóficos de Santo Tomás, causando un escándalo entre los estudiosos conservadores de su época? ¿A título de qué ocultar que tan sólo a los 34 años de edad fue designado rector del Colegio de San Nicolás por su sabiduría y cultura, reconocidas hasta por sus enemigos y detractores? ¿Más…? Sí: Hidalgo fue un verdadero empresario, promotor del teatro y un hombre con mucho contacto popular. ¿Creen ustedes que estas ocupaciones del iniciador de la rebelión insurgente tuvieron algo que ver con su conducta política? He ahí a un cura respetable, entre otros más, cuya vida analizaremos posteriormente…

Ignacio Allende era el arquetipo del criollo mexicano. Hombre sumamente atrevido y capaz, con mucho prestigio entre los mestizos por sus hazañas a caballo, con las mujeres, en los toros, etcétera, este ilustre luchador continuamente invitaba a los criollos a rebelarse pese a ser parte de un batallón del ejército virreinal.

El corregidor Miguel Domínguez era un importante funcionario virreinal, y probablemente quien más insistía en la vía institucional hacia la independencia, es decir: el camino para conseguir la independencia sin violencia. No obstante, los rencores madurados durante tantos años, atizados eficazmente por el cura Hidalgo, hicieron imposible esta iniciativa política y apareció la violencia incontenible.

Su esposa, la llamada «Corregidora de Querétaro», doña Josefa Ortiz de Domínguez, originaria de la Ciudad de México y mujer que había pasado media vida embarazada al haber concebido trece hijos, fue quizá quien más intensamente sintió la aspiración independentista, y sin duda quien más animó a los conspiradores a hacer estallar la rebelión como fuera. La conspiración de Querétaro, dice el libro de texto (p. 166), «fue denunciada ante las autoridades virreinales», pero se abstiene de mencionar que fue denunciada por los servicios de espionaje de la Corona, es decir, por un cura que recibió la noticia como secreto de confesión. ¿Otro cura…? (Los llamados secretos de confesión también fueron aprovechados por Porfirio Díaz para consolidar su oprobiosa dictadura. Nada nuevo…) Se ordenó entonces la búsqueda y arresto de los conspiradores. Pero antes de que fueran detenidos, Josefa Ortiz logró mandar un mensaje de advertencia a Ignacio Allende y a Juan Aldama, quienes se dirigieron al pueblo de Dolores para reunirse con Miguel Hidalgo. Ante la crítica situación, los conspiradores decidieron empezar la lucha armada.

«Así —concluyen textualmente (p. 166)—, inicia el movimiento que conseguiría la independencia de México en 1821», pero como verás más adelante, el que consuma la independencia en 1821 es otro movimiento completamente distinto al encabezado por Hidalgo y Allende y, de hecho, contrario a este. El movimiento que consuma la independencia en 1821 es el mismo que derroca a Iturrigaray en 1808, y de ningún modo el de 1810 encabezado por el cura de Dolores. El que consuma la independencia, como se verá posteriormente, fue el clero, el mismo que fusiló a Hidalgo, a Allende y a Morelos y persiguió implacablemente a los independentistas de modo que nadie le pudiera arrebatar el control del movimiento y quedaran debidamente garantizados sus intereses. ¿Te das cuenta de cómo cambiaron las cosas hasta convertirlas en este pernicioso libro? Es una lástima que se haya invertido tanto dinero del erario para confundir a la niñez, con lo cual se garantiza que se repita la historia, precisamente la que no queremos repetir... Si bien al final los insurgentes aceptaron el Plan de las Tres Garantías y a Iturbide, resulta ocioso comparar a los curas Hidalgo y Morelos y al capitán Allende con Vicente Guerrero, un semianalfabeta heredero del movimiento sin las calificaciones políticas ni intelectuales ni la pasión belicosa de sus antecesores. ¿Acaso Guerrero, a título de ejemplo, hubiera podido redactar los *Sentimientos de la Nación* o convocar a un Congreso Constituyente como el de Apatzingán? ¿Cómo fue posible que ni siquiera hubiera desfilado al frente del Ejército de las Tres Garantías, al lado de Iturbide, y firmado por lo menos el Acta de Independencia de México? Pobre Guerrero, sí, sin duda era insurgente, pero lo era porque ya habían fusilado a los verdaderos insurgentes, fogosos detonadores del movimiento de independencia...

El libro de texto sostiene que «la conspiración de Querétaro fue denunciada ante las autoridades virreinales, quienes ordenaron la búsqueda y el arresto de los conspiradores» (p. 166). ¿Qué...? El párrafo debería decir: «La misma conspiración de Querétaro, ramificada en San Miguel el Grande y Dolores, Guanajuato, y muchos otros sitios pero que tenía en esa capital su centro estratégico, fue delatada por un sacerdote luego de que un moribundo involucrado en los proyectos insurgentes le confiara el secreto en artículo de muerte...».[182] Sí, como ya dije, los confesionarios fueron armas políticas en aquellos años, ciertamente muy eficaces porque llegaban al pensamiento, a lo más íntimo que tenemos, y celebraban que la gente declarara contra sí misma: esa es la base de la inseguridad, avergonzarse de lo pensado y lo sentido.

---

[182] A principios de septiembre Manuel de Iturriaga cae enfermo y en su lecho de muerte, con el fin de descargar su conciencia, confesó en tono de pecado todo acerca de la conspiración que se estaba fraguando y de su participación en las conspiraciones de Valladolid y Querétaro. Lucas Alamán, *Historia de Méjico*, t. 1, México, Publicaciones Herrerías, 1932, p. 322.

¡Claro que «la conspiración de Querétaro fue denunciada ante las autoridades virreinales», pero el libro se abstiene de decir por quiénes, porque fueron varios los denunciantes —no sólo un sacerdote— y cómo denunciaron ante dichas autoridades y por qué!

Cuando los autores se refieren (p. 168) a que el cura Hidalgo «convocó a la gente del pueblo de Dolores, en Guanajuato, a unírsele para apoyar a Fernando VII y destituir a la autoridad virreinal, ya que en ese momento no se buscaba propiamente la independencia, sino sólo dejar de depender de España mientras ésta fuera ocupada por el ejército francés», llama poderosamente la atención que en tan sólo un pequeño párrafo se puedan incluir tantas mentiras.

¿Por qué engañar? En primer lugar resulta inexplicable por qué no se menciona el momento preciso que todos los mexicanos coreamos cada 15 de septiembre en la noche. ¿Por qué olvidar el famoso «Grito» de Independencia, llamándolo así con todas sus letras? ¿Les molesta el hecho? ¿Les duele? ¿Cómo que sólo «convocó»? No, señores, ¡gritó! Dicen que «no se buscaba propiamente la independencia», pero no es así: claro que se buscaba. Los gritos de «Viva Fernando VII» obedecían al mismo juego político del momento, pues Hidalgo y Allende suponían, con razón, que la invasión francesa a España era sumamente impopular debido a la campaña que la Iglesia había hecho contra Napoleón, quien era llamado por el Papa «apoderado de Satanás». Fernando VII, por otra parte, era en verdad un misterio: nadie sabía cómo gobernaría, pues no lo había hecho nunca, y además estaba preso por los franceses, con quienes se mostraba obsequioso... En el fondo era una estrategia encubierta para no irritar en exceso a las autoridades virreinales, pero por supuesto que se pretendía un rompimiento total con España.

Si las cosas fueran como dicen (que sólo querían «dejar de depender de España mientras ésta fuera ocupada por los franceses»), Hidalgo sería considerado un gran héroe en la misma España y su cabeza no habría sido expuesta para escarmiento a lo largo de once largos años.

Semejante aseveración es un atropello a la historia de México, y hasta donde entiendo, nadie había interpretado (antes que los autores de estos libros) el grito de «Viva Fernando VII» tan al pie de la letra, llegando a afirmar que la insurgencia mexicana buscaba combatir la invasión francesa de España cuando intentaba en realidad, aprovechar la prisión de los monarcas hispanos para reclamar en el acto la soberanía del pueblo como hicieron Azcárate y Primo de Verdad desde 1808, ya vimos con qué desenlace que también te ocultan.

En cuanto a su crónica de los primeros días de la insurgencia, hay que añadir que Allende sí llamó la atención de Hidalgo por las masacres consumadas en Guanajuato. Hidalgo en realidad no dejaba que las cosas se desarrollaran como Allende quería, es decir, de manera militar, sino que las condujo por la vía del motín, lo que causaba horror en los españoles. ¿Cuánto tiempo puede andar una turba encendida en armas? Naturalmente eso tenía que acabar, y entonces llegaría la hora de la represión y de la victoria de las fuerzas virreinales. Si Hidalgo hubiera hecho caso de Allende y no se hubiera aferrado al poder, los resultados habrían sido distintos. Hidalgo, un hombre necio y obstinado, por otro lado era un intelectual y los intelectuales –sálvese el que pueda– son muy torpes para la cuestión militar, por lo que dicha estrategia tenía que haber quedado en manos de Allende, quien sí sabía de armas y de asuntos de guerra.

Hay que decir también que Hidalgo mandaba degollar gachupines por donde pasaba, generando más y más anarquía en vez de más y más disciplina militar, necesaria para que esta clase de empresas resulten exitosas, según lo exigía Allende, en tanto el cura Hidalgo era el encargado del sector social. En vista de las circunstancias, este último sector desbordó el movimiento, precipitándolo en el fracaso.

El pretendido papel de la Iglesia católica en la Independencia (y otro aspecto de la realidad)

Precipitado pues el estallido de la revolución, la contrainsurgencia episcopal redobló sus acciones: «En Valladolid el obispo Abad y Queipo […] publicó un edicto excomulgando a Hidalgo», mandó «organizar una resistencia a mano armada, e hicieron bajar el esquilón grande de la catedral, para fundir artillería».[183] ¿Qué tal el papel del obispo Abad? ¿Por qué el libro vuelve a arrojar un tupido velo sobre el asunto al omitir las excomuniones que los obispos arrojaron contra Miguel Hidalgo? Sí: Hidalgo fue expulsado de la religión por los jerarcas de ella a causa de su actividad política.

¿Por qué quitaron esa lección sobre la excomunión de los insurgentes si en el primer libro de texto de historia, del año 1960, se establecía lo siguiente?: «Todo el poder espiritual de la Iglesia Católica, que, como ya sabes, había sido grandísimo durante el Virreinato, se puso en contra del movimiento por la independencia. Hidalgo, Allende, Aldama,

[183] Anastacio Zerecero, *Memoria para el estudio de las revoluciones en México*, México, UNAM, 1975, p. 54.

Abasolo, y sus compañeros y seguidores, fueron excomulgados, es decir, apartados de la comunión con el resto de los católicos y privados del uso de los sacramentos religiosos».[184]

El ejemplo de la excomunión impuesto por Abad y Queipo lo siguieron los obispos de Puebla, Oaxaca y Guadalajara, el tribunal de la Inquisición y el mismo arzobispo de México. ¡Todos ellos expulsaron a Hidalgo de la fe católica, junto con todos los que lo siguiesen! Sólo que el libro de texto no se refiere a la práctica de estas excomuniones... Raro, ¿verdad...?

El obispo Bergosa mandó a sus diocesanos a que delataran a los insurgentes, bajo la pena de excomunión mayor *ipso facto incurrenda*.[185] En México, Lizana y Beaumont decía a sus feligreses que si observaban el precepto de amar al prójimo irían al cielo, pero si seguían a los «revolucionarios» serían «conducidos infaliblemente al infierno».[186] González del Campillo, obispo de Puebla, enseñaba a sus feligreses que la insurgencia no era obra de la razón sino del vicio, de la ambición, de la mala fe, de la traición y de todas las pasiones «exaltadas», y sus consecuencias eran el robo y la muerte.[187] Marín de Porras, obispo de Monterrey, describía a sus diocesanos las consecuencias «desgraciadas» que inexorablemente seguirían a la rebelión, a saber: la destrucción de los templos, la persecución de los sacerdotes y la barbarie e infelicidad de los pueblos.[188] En Guadalajara, el obispo Cabañas «predicaba que en la revolución no sólo se perdía la patria, la hacienda, la vida, sino también el alma...».[189]

Por otra parte, es un mito genial que el bajo clero estuviera mayoritariamente a favor de la independencia, pues como bien ha señalado Genaro García, historiador sencillamente portentoso cuyos archivos fueron despreciados por nuestros gobiernos y hoy llenan de lustre las bibliotecas estadounidenses, «ese clero bajo, salvo raras excepciones, fue incondicionalmente adicto a la monarquía española».[190]

---

[184] Concepción Barrón de Morán, *Mi libro de historia de cuarto año*, México, Secretaría de Educación Pública/Comisión Nacional de Libros de Texto Gratuitos, 1960, p. 53.
[185] Fernando Pérez Memén, *El episcopado y la independencia de México*, México, Jus, 1977, p. 85.
[186] *Ibid.,* pp. 120-121.
[187] *Ibid.*, p. 121.
[188] *Loc. cit.*
[189] *Loc. cit.*
[190] Genaro García, «Advertencia», *Documentos inéditos o muy raros para la historia de México: El clero de México y la guerra de Independencia*, t. IX, México, Librería de la vda. de Ch. Bouret, 1906, pp. 7-8. «[...] porque predicaba acremente, en púlpitos y fuera de ellos, contra los insurgentes, cuando no los combatía con las armas en las manos ó los hostilizaba de otro modo, y porque agasajaba y hospedaba á los realistas, y les auxiliaba con dinero y cedía las campanas de las iglesias para que fundieran cañones».

La contrainsurgencia clerical fue así no sólo la más eficaz enemiga de los primeros precursores de nuestra independencia, sino también una de las más ardientes incitadoras de la resistencia violenta como herramienta política. Léanse si no los siguientes fragmentos de una «oración» pronunciada el 31 de diciembre de 1811 en la catedral de México por el doctor don Manuel Alcalde y Gil: «La autoridad del rey dimana del cielo [...] estamos obligados a quitar la vida, aunque sea a nuestro hermano, cuando sepamos que es pseudo-profeta, esto es, alborotador y sedicioso [...] Cuando sepáis que alguno [...] [tiene] comunicación con los malvados, entonces armad vuestro invicto brazo con el divino escudo que os protege y a cortarle la cabeza [...] o desolladlo vivo, y poned su piel por forro en el asiento de su silla [...] y así cuando sepáis que alguno [...] trata de formar conspiraciones, desolladlo vivo [...] Que alguno critica injustamente las operaciones del gobierno [...] desolladlo vivo.»[191] Hermosa piedad católica, ¿no...? ¿Sólo que por qué no denunciarlo en los libros de texto? ¿Realmente los habrán redactado en los sótanos de la catedral hace tres años...?

Recordemos también la aprehensión a traición de los jefes insurgentes Allende e Hidalgo en 1811 por cuenta del obispo de Monterrey. Recordemos el juicio y el castigo eclesiástico a Morelos; la persecución, a cargo del inquisidor Monteagudo, de Leona Vicario, y finalmente la intervención de este último también en la consumación de la independencia. Veamos con más calma estos pasajes.

Final de la primera etapa armada

Toluca fue tomada sin violencia, pues los soldados virreinales se trasladaron a la Ciudad de México para reforzarla en caso de un ataque.

Luego de la batalla de Monte de las Cruces, desde México se veía iluminada la noche debido a las fogatas que la gran masa insurgente encendió para celebrar su victoria, aterrorizando a los capitalinos, debidamente informados de la masacre de la alhóndiga de Granaditas, entre otros escenarios sangrientos más.

¿Por qué Hidalgo no tomó esa noche la capital de la todavía Nueva España? ¿Por qué arrebató la jefatura militar a Allende, quien había in-

---

[191] Alfonso Toro, *La Iglesia y el Estado en México*, México, Talleres Gráficos de la Nación, 1927, pp. 59-60.

vitado al cura al movimiento y no a la inversa? ¿A eso se debió el rompimiento irreparable entre Hidalgo y Allende, quien después trataría en dos ocasiones de envenenar al cura incontrolable sin conseguirlo?

De todo lo que se dice y se discute a propósito de la revolución de independencia de 1810-1811, lo que menos claro queda y de lo que menos se habla es del final de aquella abrupta y desorganizada rebelión. ¿Cómo concluyeron los días insurgentes del gran Allende y el cura Hidalgo?

La desmoralización que siguió a la derrota de Puente de Calderón y el desprestigio que trajo a la causa la excesiva saña de Hidalgo contra los españoles de Guadalajara, así como el tremendo efecto que causaba entre la población la prédica desde los púlpitos de la contrarrevolución fomentada por el alto clero, hicieron que la insurgencia, en su fuga hacia el norte, se deshiciera a pedazos. Ya veremos las arengas lanzadas desde los púlpitos también durante la guerra en contra de Estados Unidos y antes y durante la intervención francesa para instalar el imperio de Maximiliano... La perversa historia clerical no acaba con la Independencia, que va...

El libro de texto menciona que «los líderes del movimiento marcharon hacia el norte para comprar armas en Estados Unidos pero fueron apresados en Coahuila, juzgados y condenados a muerte en Chihuahua» (p. 170). La cantidad de ocultamientos en cinco simples renglones no puede resultar más irritante. Según se avanza en la lectura más se puede confirmar la mano negra del clero en todos estos pasajes y en la obra en general. ¡Qué diferencia con el libro de 1960, el original, donde se desarrolla paso a paso, batalla por batalla, todo el movimiento! Veamos que aconteció y cómo se ejecutaron la traición y la aprehensión.

Detención y muerte de los primeros insurgentes

El capitán Ignacio Elizondo, un oscuro personaje que desde hacía unos meses se ostentaba como insurgente en el norte del país, en las Provincias Internas de Oriente (que entonces contemplaban los estados de Coahuila, Nuevo León, Tejas y Nuevo Santander), proporcionó al teniente general Jiménez —enviado por Allende a sondear el terreno— trescientas barras de plata y dieciocho gachupines prisioneros, con lo que al parecer logró ganarse su confianza. Allende, no obstante, desconfiaba mucho de estos insurgentes norteños, «por la facilidad que habían tenido para voltear casaca contra sus gobernadores», pero orillado por las circunstancias, confió en la sinceridad de la insurgencia norteña aceptando su *ayuda* sin imaginar que muy pronto caería en una trampa mortal...

El obispo Marín –capellán de honor del rey de España, su predicador de número y penitenciario de su real capilla antes de ser designado obispo de Linares en 1803–, oculto en las sombras, operaba la derrota final de los independentistas, lanzaba tremendos anatemas contra las huestes infernales de Hidalgo y de la revolución y tenía bajo su control el movimiento contrainsurgente en el norte. ¿Por qué no tocarán la influencia del obispo Marín en el libro de texto...? ¿Sabías que Elizondo se entrevistó en Salinas, Nuevo León, con el obispo Marín cuando Allende estaba a punto de abandonar Saltillo para internarse en el desierto? ¿Y el padre José Manuel Zambrano, de triste memoria? «Por su vida aventurera y escandalosa, había dado demasiado que hacer a sus prelados, pero era inteligente, decidido y activo, cualidades suficientes para que el obispo Marín le encargara los trabajos de la contra revolución en Tejas.»[192]

Así, cuando el 16 de marzo Allende dispuso que una parte de su ejército permaneciera en Saltillo al mando de Ignacio López Rayón mientras ellos se internaban en el desierto, en realidad no hacía sino entrar en la ratonera que el alto clero de la Nueva España, a través de don Primo Feliciano Marín de Porras, obispo de Monterrey, les tenía dispuesta a los pioneros de la Independencia.

Allende y su ejército salieron de Saltillo ese día de 1811. Al siguiente, una vez internados en el desierto siguiendo las falsas promesas de seguridad dadas por Elizondo, este célebre traidor se dispuso a cerrar la pinza y, enterado del arresto de Aldama, brazo derecho de Allende en Tejas (de lo que Allende en el desierto no podía enterarse), procedió a continuar la ejecución del siniestro plan trasladándose a Monclova, donde al anochecer del 17 de marzo, cumpliendo instrucciones del obispo Marín, detuvo al gobernador insurgente de Coahuila arrancándole su firma para que figurara al calce de una carta en la que se aseguraba al generalísimo Jiménez «que toda la Villa esperaba con gran entusiasmo para recibir a los caudillos insurgentes y preparaban grandes fiestas», añadiendo que el propio Elizondo les esperaría en Baján con parte de las fuerzas para hacerles los honores correspondientes.

Ya con el gobernador insurgente Pedro Aranda en calidad de prisionero, la contrainsurgencia clerical, más eficiente que la militar, se reunió en la sacristía de la parroquia de Monclova y formaron un «gobierno»

---

[192] José María de la Fuente, *op. cit.*, pp. 337-340.

compuesto, entre otros, por sacerdotes, para que coordinara el resto de la operación de captura.

El 18 de marzo los insurgentes arribaron a la hacienda de Anhelo, donde descansaron y tomaron un poco de agua y también recibieron la funesta carta que Aranda firmó con la pistola de Elizondo en el pecho, en la que invitaba a Allende a pasar sin preocupación. Todavía la noche del 20 de marzo los realistas enviaron al soldado Pedro Bernal a dar un recado a Allende: «que lo estaban esperando con las calles adornadas y arcos desde el puentecito hasta Monclova», agregando que «era conveniente que los coches y fuerzas principales se fueran adelante», para que al llegar bebieran la poca agua que tenían.

El 21 de marzo, al amanecer, la caravana insurgente, muerta de sed, reanudó su marcha. Elizondo había apostado sus tropas a un costado del estrecho y sinuoso camino, de manera que daban la impresión de querer homenajear a los insurgentes, cuando en realidad se aprestaban a detenerlos alevosamente.

Los contrainsurgentes, encabezados por el padre Camacho y el padre Borrego, más curas, claro está, e Ignacio Elizondo, avistaron el primer contingente: era un carro con una escolta de aproximadamente sesenta hombres en el que viajaban algunos religiosos y un niño de doce años con casaca de capitán. Como a una legua de Baján, cuando la caravana ya distaba a un tiro de fusil, Elizondo marcó el alto al carruaje y junto con el padre Borrego se acercó a los viajantes: fingió agasajarlos y los hizo descender del vehículo. Acto seguido se acercó al visible responsable de ese primer contingente, un fraile carmelita llamado Fray Gregorio de la Concepción, a quien dijo: «Dese por preso de parte del señor obispo de Monterrey».[193]

Abruptamente, las mismas escoltas de este contingente comenzaron a pasarse, por salvar la vida, a las filas de Elizondo, mientras el resto de la tropa era amarrada por la espalda por el propio padre Borrego. En estos pasajes queda evidenciada la alianza de las fuerzas realistas, el poder político y militar, con el clero que proporcionaba secretos a través de los confesionarios, como ha quedado demostrado.

Maltrechos, sedientos, desesperados, los trece contingentes restantes se acercaban fatalmente a Baján. Uno por uno hicieron descender de sus respectivos coches a los líderes del movimiento de independencia.

---

[193] Gregorio Melero y Piña, «Apuntes de todo lo que me acaeció desde el año de ocho, que fue cuando me combiné con el Exmo. Sr. Hidalgo, y todo lo que sucedió en nuestra prisión en Baján y las jornadas que hicimos hasta llegar a Chihuahua, etc.», *Fray Gregorio de la Concepción. Su proceso, la relación de sus hazañas y otros apéndices*, v. 109, Estado de México, Biblioteca enciclopédica del Estado de México, 1981, p. 9.

Al llegar el sexto carro, en el que viajaba el generalísimo Ignacio Allende, este fue intimado a la rendición en nombre del soberano español, a lo que respondió: «Eso no, primero morir. Yo no me rindo».[194]

Desde su coche tiró un balazo que se hundió en las arenas del desierto. Elizondo mandó entonces abrir fuego, y entre los tiros, uno hizo blanco en el pecho del hijo de Allende, que murió poco después. Allende fue detenido con el cadáver de su hijo en los brazos.

De pronto apareció el cura Hidalgo montado en un caballo prieto, acompañado de un sacerdote y de cuarenta hombres de las colonias de Nuevo Santander. Ante la intimidación intentó sacar una pistola, lo que le impidió la tropa realista que de inmediato lo hizo desmontar para amarrarlo y amordazarlo al grito de «maldito hereje rebelde».

Tan pronto como Elizondo concluyó su vergonzosa misión, recibió orden del comandante general de Provincias Internas de «diezmarlos», pero no sabiendo lo que esto significaba consultó al padre Camacho, quien le dijo: «Sáquelos usted de la prisión, fórmelos en ala y yo le diré lo que ha de hacer».

Se cumplió con lo que el clérigo aconsejaba: «Cuente usted desde el primero, del uno hasta el diez; fusile a estos: vuelva a contar hasta diez, y fusile y fusile…».

Y así fueron fusilados, peor que perros y a instancias del padre Camacho, 306 de los 800 presos capturados aquella mañana siniestra, en la que pudo verse como corolario que «la banda de generalísimo usada por nuestro Hidalgo la llevaba puesta un indio apache».[195]

Proceso inquisitorial y muerte de Hidalgo

Sobra decir que el cura Hidalgo fue excomulgado antes de ser fusilado, y no sólo excomulgado, sino que antes de ser abatido fue degradado y torturado por el canónigo Francisco Fernández Valentín, quien «con un vil cuchillo e indignado y sin misericordia raspó las santas manos y yemas de los dedos del Padre de la Patria, al mismo tiempo que pro-

---

[194] Isidro Vizcaya Canales, *En los albores de la Independencia: las Provincias Internas de Oriente durante la insurrección de don Miguel Hidalgo y Costilla, 1810-1811,* Monterrey, Fondo Editorial de Nuevo León, 2005, p. 238.

[195] Esto y la intervención del padre Camacho, en Anastasio Zerecero, *op. cit.,* s. p. Sólo existen dos ediciones de este libro, esta y una de 1869.

nunciaba las siguientes palabras: "Te arrancamos la potestad de sacrificar, consagrar y bendecir, que recibisteis con la unción de las manos y de los dedos"». A continuación le quitó la sotana y el alzacuello, pronunciando las siguientes palabras: «Por autoridad de Dios omnipotente, Padre, Hijo y Espíritu Santo y la nuestra, te quitamos el hábito clerical y te desnudamos de todo orden, beneficio y privilegio clerical; y por ser indigno de la profesión eclesiástica, te devolvemos con ignominia al estado de hábito seglar». Acto continuo, con tijeras le cortó algo del cabello y un peluquero terminó la operación (haciendo así desaparecer la tonsura), al mismo tiempo que pronunciaba las siguientes palabras: «Te arrojo de la suerte del Señor como hijo ingrato, y borramos de tu cabeza la corona, signo real del sacerdocio, a causa de la maldad de tu conducta».

¿No es al menos curioso, como ya dije, que quienes torturaron e hicieron fusilar a Hidalgo y a Allende, fueron los mismos que años después encabezaron el movimiento de Independencia de México?

La vesania clerical de sus correligionarios, ese celo fanático y enfermizo por impedir la movilidad política y segar de un tajo la menor amenaza en contra de sus múltiples intereses, ocasionó que destazaran a Hidalgo, quien fue decapitado una vez que fue privado de la vida y su cabeza colocada en una de las esquinas de la alhóndiga de Granaditas, donde estuvo colgada junto con las de Allende, Jiménez y Aldama durante diez años, hasta la consumación de la Independencia.

«Si el clero romano, en vez de tomar partido del lado de la Corona española, a la cual apoyó con todo su enorme poderío moral, espiritual, económico y material, hubiera abrazado la santa causa de la libertad, o cuando menos hubiera permanecido neutral, la guerra de independencia no se habría prolongado largos once años, y muchos miles de vidas útiles a la patria se habrían salvado [...] Los fusilamientos de Hidalgo, Allende, Aldama, Jiménez, Morelos y de todos los grandes caudillos que tuvieron la desgracia de caer prisioneros, tenían siempre la sanción del funesto clero romano. La infernal Inquisición puso en juego todo su poderío en contra de los insurgentes.»

He aquí el texto del acta de excomunión dictada en contra del cura Hidalgo, una auténtica belleza literaria. ¿No creen ustedes que sería muy aleccionador que los párrafos siguientes aparecieran en el libro de texto para que nuestros niños supieran quién es el clero y pudieran tomar sus providencias y precauciones en relación a los señores príncipes de la Iglesia, que ostentan cruces pectorales de oro llenas de diamantes, rubíes y esmeraldas con las que se podrían equipar una incontable cantidad de escuelas que hoy día carecen de servicios sanitarios para el uso de los menores?

Por autoridad de Dios Todopoderoso, Padre, Hijo y Espíritu Santo, de la inmaculada Virgen María y patrona del Salvador y de todas las vírgenes celestiales, ángeles, arcángeles, tronos, dominios, profetas y evangelistas, de los santos inocentes que en la presencia del Cordero son hallados dignos de cantar el nuevo coro de los benditos juntamente con el bendito elegido de Dios: ¡Sea condenado Miguel Hidalgo y Costilla, excura del pueblo de Dolores! Le condenamos y anatemizamos desde las puertas del Santo Dios Todopoderoso, le separamos para que sea atormentado, despojado y entregado a Satán y a Abirón, y con todos aquellos que dicen al Señor, apártate de nosotros, no deseando tus caminos; como el fuego se apaga con el agua, así se apague la luz para siempre, a menos que se arrepienta y haga penitencia. Amén.

Que el Padre que creó al Hombre, le maldiga; que el Hijo que sufrió por nosotros, le maldiga; que el Espíritu Santo que se derrama en el bautismo, le maldiga; que María Santísima, Virgen siempre y madre de Dios, le maldiga; que todos los ángeles, príncipes y poderosos y todas las huestes celestiales, le maldigan; que San Juan el precursor, San Pedro, San Pablo, San Andrés y todos los otros apóstoles de Cristo juntos, despreciando las cosas del mundo, le condenen; que todos los santos que desde el principio del mundo hasta las edades más remotas sean amados por Dios, le condenen. Sea condenado Miguel Hidalgo y Costilla en dondequiera que esté, ya sea en la casa, en el campo, en el bosque, en el agua o en la iglesia.

Sea maldito en la vida y muerte. Sea maldito en todas las facultades de su cuerpo. Sea maldito comiendo y bebiendo, hambriento, sediento, ayunando, durmiendo, sentado, parado, trabajando o descansando. Sea maldito interior y exteriormente. Sea maldito en su pelo. Sea maldito en su cerebro y en sus vértebras, en sus sienes, en sus mejillas, en sus mandíbulas, en su nariz, en sus dientes, en sus muelas, en sus hombros, en su boca, en su pecho, en su corazón, en sus manos y en sus dedos. Sea condenado en su boca, en su pecho, en su corazón, en sus entrañas y hasta en su mismo estómago. Sea maldito en sus riñones, en sus ingles, en sus muslos, en sus genitales, en sus caderas, en sus piernas, en sus pies y uñas. Sea maldito en todas sus coyunturas y articulaciones de todos sus miembros; desde la corona de la cabeza hasta la planta de los pies, no tenga un punto bueno. Que el Hijo de Dios viviente, con toda su majestad, le maldiga, y que los cielos en todos sus poderes que los mueven, se levanten contra él, le maldigan y le condenen, a menos que se arrepienta y haga penitencia. Amén. Así sea. Amén.[196]

---

[196] José Herrera Peña, *Maestro y discípulo*, Morelia, Universidad Michoacana de San Nicolás de Hidalgo, 1995, pp. 30-31.

Dice el libro de texto «A la muerte de Morelos...» (p. 156), pero a ver, a ver... ¿cómo está eso de «a la muerte»? ¿Muerte, cuando este otro heroico sacerdote, auténtico hombre de Dios, fue víctima de una tortura feroz para, acto seguido, ser fusilado de espaldas como se ejecuta a los traidores, según lo ordenó el propio virrey manipulado por el clero, al cual pertenecía el *Siervo de la Nación*? ¿Muerte...? Pues bien, en la cuarta etapa y no en la tercera «del movimiento de Independencia que duró de 1815 a 1821 –como señalan en el libro–, otros líderes como Guadalupe Victoria y Vicente Guerrero lucharon contra el ejército que apoyaba al rey de España y resistieron los ataques en su contra en una zona menos extensa que la de la segunda –debía decir tercera– etapa, que abarcó algunas partes de los actuales estados de San Luis Potosí, Zacatecas, Hidalgo, Querétaro, Guanajuato, Puebla, Michoacán, Guerrero y Veracruz».

Josefa Ortiz de Domínguez

Sí, bien, pero ¿y doña Josefa, considerada como «un elemento disolvente, peligrosísimo, a quien había que conservar vigilada y a buen recaudo», según el clero...? De ella sólo se dice en el libro de texto que alertó a los insurgentes cuando supo que las autoridades virreinales ya habían descubierto el movimiento, pero omiten una buena parte de la vida de esta singular mujer que trataré de resumir en los siguientes párrafos.

Pues bien, ella no disimulaba «su odio a los españoles, los insultaba y escupía cuando en su coche pasaba por sus tiendas».[197] Esto no tardó en llegar a oídos del virrey, quien en carta al corregidor le decía el 26 de febrero de 1811 «que hiciese que su esposa se condujese con prudencia, conminándola con que sería puesta en una reclusión si no mudaba su conducta».[198]

Vino la detención y fusilamiento del cura Hidalgo y de los capitanes Allende, Aldama y Jiménez, así como la exhibición de sus cabezas, colgadas en la alhóndiga de Granaditas para escarmiento de los rebeldes.

---

[197] Gabriel Agraz García de Alba, *Los corregidores don Miguel Domínguez y doña María Josefa Ortiz de Domínguez y el inicio de la Independencia*, vol. 1, México, Gabriel Agraz García de Alba, 1992, p. 99.

[198] José Martín Hurtado Galves, *Los queretanos en la conspiración de 1810*, Querétaro, Gobierno del estado de Querétaro, 2007, pp. 135-136.

«¿Qué esperan para hacer conmigo otro tanto? –decía la Corregidora–. Mi sitio no es este convento, sino el paredón. Soy tan responsable o más que los ajusticiados. ¿Así entienden ustedes la justicia?»[199]

A pesar de su prisión, doña Josefa se comunicaba con los insurgentes, incitándolos a la lucha.

En el año de 1813 desapareció el cargo de corregidor y don Miguel Domínguez, ya sin empleo, se dirigió a México a hacer gestiones para liberar a su esposa «bajo promesa de vigilancia y control personal y familiar».

Un canónigo (Beristáin) se encontró con que la influencia de doña Josefa había convertido Querétaro en un verdadero foco revolucionario. «Sostuvo frecuentes entrevistas a solas [con ella] y siempre salió de ellas con el ánimo en derrota. Finalmente, el 14 de diciembre de 1813 informó al virrey: "La señora es un agente efectivo, descarado, audaz e incorregible que trata, desgraciadamente con éxito, de imponer el odio a España". "Esta es una verdadera Ana Bolena."»[200]

Cuando fue nuevamente arrestada el 11 de enero de 1814 para ser conducida a México, el licenciado Miguel Domínguez dirigió al virrey una comunicación muy conmovedora solicitándole permiso para dejar el Corregimiento de Querétaro.

El proceso en contra de Josefa por el delito de sedición continuó durante años sin que se dictara sentencia; al parecer, ni la muerte del generalísimo José María Morelos había logrado disuadirla, razón por la cual se ordenó su traslado a México, «...internándola bajo severa incomunicación en el convento de Santa Catalina de Siena durante cuatro años. ¿Cuál sería la suerte de sus trece hijos mientras la madre estaba detenida? En el año de 1820 don Miguel Domínguez, enfermo, casi ciego y agotados sus recursos económicos, se dirigió angustiosamente al virrey Apodaca, hombre bondadoso y fácilmente impresionable, pidiéndole la libertad de su esposa, reducida ya, por la cautividad, a su mínima expresión. El virrey accedió [en junio de 1817]: pero imponiéndole por cárcel la Ciudad de México, de donde no podría salir sin la correspondiente autorización del propio virrey... Se impuso a sí misma una voluntaria inclaustración dentro de su casa, negándose a ver a nadie...».[201]

Cuando se conoció el Plan de Iguala, las autoridades realistas la volvieron a molestar:

–«¿Y ahora por qué? –dijo.

---

[199] Gabriel Agraz García de Alba, *op. cit.*, p. 301.
[200] *Ibid.*, pp. 100-101.
[201] Fernando Toussaint del Barrio, *María Josefa Ortiz de Domínguez*, México, Secretaría de Hacienda y Crédito Público, 1961, pp. 45-50.

—Se le atribuye, señora, una directa participación en los sucesos de Iguala. Debe usted comparecer ante el tribunal.

—¿Es posible que me consideren capaz de semejante indignidad? Yo no he luchado por las conveniencias personales, sino por la redención de un pueblo».

Triunfante Iturbide, Josefa no tomó parte en los festejos y se negó a recibir a las comisiones que le fueron enviadas. Incluso, por mandato de la emperatriz (esposa de Iturbide), fue nombrada primera dama de honor en su corte. Ella dijo: «Quien es reina de su casa no puede ser criada en un palacio».

El corregidor tampoco participó en la consumación de la Independencia, y más aún, se declaró enemigo de Iturbide «y fue preso por poco tiempo al ser descubierta la conspiración republicana».[202]

Formó parte del Poder Ejecutivo en forma interina cuando el Congreso decretó el destierro del emperador Iturbide: permaneció dieciocho meses como miembro del Triunvirato del Supremo Poder Ejecutivo.[203] Adicionalmente, fue el primer presidente de la Suprema Corte de Justicia de la Nación.

Josefa murió el 2 de marzo de 1829, en la Ciudad de México, en la casa número 2 de la calle del Indio Triste, actualmente Correo Mayor, que hoy lleva una placa pero... está mal la fecha de su defunción. ¿Un dato adicional? Doña Josefa, días antes de morir, en su lecho de muerte, se negó a recibir a su hijo y le impidió despedirse de ella por haber participado como militar al servicio del emperador Iturbide. Un error imperdonable para ella.

Morelos

Imposible no detenerme a relatar momentos epopéyicos de José María Morelos y Pavón, notable cura, auténtico amante de la libertad y escrupuloso defensor de los derechos humanos; un político visionario, un agudo estadista cuyo fusilamiento torció para siempre el destino de México. ¡Ay!, si el clero se hubiera sumado al movimiento de Independencia en lugar de matarlo...«Padece con frecuencia dolores de cabeza y el aire le causa desagradable impresión, por lo cual siempre la lleva cu-

[202] Lucas Alamán, *op. cit.*, p. 322.
[203] Gabriel Agraz García de Alba, *op. cit.*, pp. 304-306.

bierta con un pañuelo de seda o paliacate anudado en la misma. Viste casi siempre de negro y a veces suele ponerse una especie de chaquetón de lienzo blanco. Monta de un modo admirable y prefiere los caballos de grande alzada y los mueve con agilidad extraordinaria.»[204]

De que Morelos era un hombre con sus debidas fortalezas y sus debilidades no cabe la menor duda, ¿por qué razón habría de ser diferente? Una prueba de ello la comprobamos al encontrarse amancebado con Brígida Almonte siendo cura de Nocupétaro, en lo que hoy es el estado de Michoacán. De esa historia de amor llegó al mundo nada más y nada menos que Juan Nepomuceno Almonte, de triste recuerdo en la historia patria por diversas razones, entre ellas haber influido en forma determinante en el arribo de Maximiliano a México. ¿Vástagos? Claro, el cura Hidalgo también los procreó —aunque tuvo evidente cuidado de ocultarlos del escrutinio público— como corresponde a la más elemental intimidad propia de las sociedades de todos los tiempos, incluidos, claro está, los actuales, ¿o no…?

Aunque se aclara en el libro de texto que Hidalgo y Morelos ya se conocían (p. 171), pues Morelos había sido alumno del Colegio de San Nicolás, jamás mencionan que Hidalgo era rector del mismo. ¿Te das cuenta de cómo reducen a su mínima expresión al gran Miguel Hidalgo, desconociendo sus méritos personales? Es por eso que Morelos, al saber de la rebelión, se aproximó a su antiguo maestro para apoyar la causa, objetivo que alcanza el 20 de octubre de 1810. Hidalgo lo nombró lugarteniente en Indaparapeo «para que en la costa del sur levante tropas», dándole asimismo la orden de tomar Acapulco, lo que conseguirá hasta abril de 1813.

Como al parecer retoman el camino de narrar los hechos (p. 164) luego de veinte páginas de interpretaciones tendenciosas y falsos recursos pedagógicos, nos limitamos a realizar algunas incorporaciones y/o correcciones a los dichos de los autores.

Como revolucionario encendido, decía Morelos: «Valgámonos del derecho de guerra para restaurar la libertad política […] Si los gachupines no rinden sus armas ni se sujetan al gobierno de la suprema y soberana junta nacional de esta América, acabémoslos, destruyámoslos, exterminémoslos, sin envainar nuestras espadas hasta no vernos libres de sus manos impuras y sangrientas».[205]

---

[204] José R. Benítez, *Morelos, su casta y su casa en Valladolid*, Guadalajara, Gráfica, 1947, p. 90.

[205] María Laura Solares Robles y Laura Suárez de la Torre (comps.) *La Independencia de México. Textos de su historia*, t. I, México, Instituto José María Luis Mora, 1985, pp. 291-295.

El 9 de febrero de 1812 entran Morelos, Matamoros, Galeana y otros insurgentes a Cuautla. Diez días más tarde esa ciudad era cercada por las tropas realistas. El sitio de Cuautla duraría del 19 febrero al 2 mayo de 1812, cerco que romperá Morelos con un elevado costo como correspondía a un estratega militar improvisado y absolutamente autodidacta. Por cierto, el sitio de Cuautla no duró dos meses, como se asienta en el libro de texto (p. 171), sino 72 días...

Pero hay más, mucho más en las campañas de este cura liberal y progresista en su rebeldía en contra de la Corona española. El 5 de mayo de 1812, Leonardo Bravo fue capturado por los sirvientes de Gabriel de Yermo, los mismos que derrocaron a Iturrigaray. «Morelos propuso el canje de don Leonardo por ochocientos prisioneros españoles, pero no habiendo sido admitido, se dio garrote al prisionero el 13 de septiembre de 1812. Morelos, al comunicar esta noticia a don Nicolás Bravo [...] le dio orden de que pasara a cuchillo a todos los prisioneros españoles que tenía en su poder, y que eran más de trescientos; pero este hombre extraordinario, a pesar de la adoración que tenía por su padre [...] puso a todos los prisioneros en libertad, todos los cuales, con excepción de cinco, abrazaron la causa insurgente.»[206] ¿Qué tal?

No se acababa de recuperar Morelos por la pérdida de Bravo cuando los primeros días de enero de 1814, en Puruarán, Mariano Matamoros, su brazo derecho, sacerdote igual que él, fue detenido. Morelos escribió a Félix María Calleja, su eterno perseguidor, gobernador militar de México y teniente coronel de los realistas, proponiéndole un canje de doscientos prisioneros españoles por la vida de Matamoros,[207] pero al final Morelos «mandó ejecutar doscientos españoles ante la negativa realista de su canje por Matamoros»,[208] quien fue fusilado en Valladolid el 3 de febrero de 1814. En la guerra se padecen innumerables sufrimientos, pérdidas y vacíos, éxitos y derrotas. Morelos sufrió horrores la desaparición de sus hombres clave como don Hermenegildo Galeana, cuya cabeza apareció colgada como trofeo en Coyuca,[209] hoy de Benítez, en Guerrero, para continuar con la trilogía diabólica: matanzas, mutilaciones, exhibiciones de terror...

[206] Alfonso Toro, *Historia de México, Independencia y México Independiente*, México, Patria, 1978, p. 163.

[207] Ernesto Lemoine Villacaña, *Morelos, su vida revolucionaria a través de sus escritos y de otros testimonios de la época*, México, UNAM, 1965, p. 456.

[208] Carlos Herrejón Peredo, *Los procesos de Morelos*, Zamora, El Colegio de Michoacán, 1985, p. 49.

[209] Julio Zárate, «La guerra de Independencia», en Vicente Riva Palacio, *México a través de los siglos*, t. III, Barcelona, Espasa y Compañía Editores, 1888, p. 430.

Entretanto, Calleja, el supuesto perseguidor, ciertamente implacable de los cabecillas de la independencia, estaba en tratos secretos para sumarse a los insurgentes, al grado «de estar ya para fijarse el día en que había de hacerse el movimiento», cuando le llegó su nombramiento como virrey. Peor noticia no pudo haber recibido Morelos ni el movimiento insurgente. Nadie desconocía el sangriento radicalismo de Calleja ni sus niveles de crueldad y de putrefacción moral. El poder virreinal reaccionó como una bestia herida y acosada. En Irapuato Calleja dio, según sus propias palabras, un ejemplo de terror y escarmiento a ese pueblo insolente y osado, todo porque arrancaron bandos que él había ordenado pegar en las calles. Y algo inusitado, por la forma en que entonces se hacía la guerra: pasó por las armas a la población civil, por «indiferente».

A otros insurgentes los descuartizó y arrastró con caballos: José Antonio Torres y Benedicto López, por ejemplo.

Aunque Calleja al encargarse del mando prometió poner en vigor la Constitución liberal «de Cádiz, no sólo suspendió la libertad de imprenta, sino que de hecho gobernó como un autócrata [...] cometiendo toda clase de arbitrariedades».[210]

«Por bando publicado en México con toda solemnidad, Calleja mandó que en aquel mismo día se quemase por mano de verdugo en la plaza mayor la Constitución y demás papeles que con ella había recibido y que lo mismo se verificase en todas las capitales de provincia...»[211]

En lo que hace a Iturbide, el futuro emperador, «en su correspondencia con Calleja se vanagloriaba de que en dos meses había aprehendido o fusilado novecientos insurgentes».[212]

Por obra del secretario de la mitra de Puebla y futuro obispo de la misma ciudad, Francisco Pablo Vázquez, «los caudales destinados por la piedad de los fieles para el culto eclesiástico, fueron con mano pródiga y sin conocimiento del obispo Campillo entregados al virrey Calleja para convertirlos en instrumentos de guerra y pago de los asesinos de los pueblos. Tan perversos servicios le hicieron merecer la gran cruz de Isabel la Católica...».[213] Ya estudiaremos, en su momento, la conducta perversa y traidora del propio Francisco Pablo Vázquez, ya convertido en obispo, durante la guerra en contra de Estados Unidos cuando se alió a las tropas yanquis en contra de la patria con tal de preservar los intere-

[210] Alfonso Toro, *Historia...*, pp. 169-170.
[211] Lucas Alamán, *op. cit.*, t. 4, p. 87. Véase también: José Herrera Peña, *Morelos ante sus jueces*, Miguel Acosta Romero (prol.), México, Porrúa, 1985, p. 156.
[212] Alfonso Toro, *Historia...*, p. 183.
[213] Anónimo, *El fénix de la libertad*, t. IV, núm. 96, 6 de abril de 1834, p. 1.

ses clericales, una de las peores felonías cometidas en contra de México. Sí, sí, claro, otro sacerdote...

Sólo que Morelos deseaba darle una estructura política y jurídica al movimiento de independencia, a diferencia, abismal por cierto, de Hidalgo y Allende, y por ello el 13 de septiembre de 1813, en Chilpancingo, durante el primer Congreso de Anáhuac, presentó sus *Sentimientos de la Nación*, breve texto de veintitrés puntos en los que concibe la organización del nuevo país bajo el régimen republicano y declara la independencia total respecto a España, rechazando el trato de «Alteza Serenísima» y pidiendo ser llamado *Siervo de la Nación*.

«Quiero que hagamos —dijo Morelos a Andrés Quintana Roo antes de comenzar la redacción de sus *Sentimientos*— la declaración de que no hay otra nobleza que la virtud, el saber, el patriotismo y la caridad; que todos somos iguales, pues del mismo origen procedemos; que no haya abolengos ni privilegios; que no es racional ni humano, ni debido, que haya esclavos, pues el color de la cara no cambia el del corazón ni el del pensamiento; que se eduque a los hijos del labrador y del barretero como a los del más rico hacendado y dueño de minas; que todo el que se queje con justicia tenga un tribunal que lo escuche, lo ampare y lo defienda contra el fuerte y el arbitrario.»[214]

«Por fin llegó el día que Morelos llamó el más feliz de su vida: el 22 de octubre de 1814, en Apatzingán, se promulgó solemnemente la Constitución que tantos sacrificios había costado.»[215] Sin embargo, en el libro de texto no aparecen un buen número de explicaciones de las disposiciones de la Constitución de Apatzingán. ¿Por qué será? Siempre, ¿por qué será...?

¿No te parece materia de los libros de historia esta pieza literaria y jurídica? ¿Sabías que los *Sentimientos de la Nación* se siguen estudiando en las universidades de México? Fue sustraído su original del Archivo General de la Nación en el siglo XIX y lo compró Chávez Orozco, quien lo regaló a *La Esfinge de Jiquilpan*, Lázaro Cárdenas, por eso es conocido históricamente como el «Manuscrito Cárdenas».

Esta constitución se componía de 242 artículos. Declaraba la religión católica como única, y disponía una forma republicana de gobierno, dando a todos los nacidos en Nueva España los mismos derechos y dividiendo el Estado en tres poderes: Legislativo, Ejecutivo y Judicial; la soberanía residía originariamente en el pueblo. La «América Mexicana» se com-

---

[214] Sergio García Ramírez, «Constitución de Apatzingán», en Enrique Díaz Ballesteros, *Visión y herencia de una Constitución: Decreto constitucional para la libertad de la América mexicana*, Morelia, Universidad Latina de América, 2001, pp. 175-176.
[215] Mauricio Oropeza, *El ejército libertador del sur*, México, SEP, 1969, p. 81.

ponía de las siguientes provincias: México, Puebla, Tlaxcala, Veracruz, Yucatán, Oaxaca, Técpam, Michoacán, Querétaro, Guadalajara, Guanajuato, Potosí, Zacatecas, Durango, Sonora, Coahuila y el Nuevo Reino de León. Se presumía la inocencia de los inculpados hasta no ser declarados culpables por tribunales. A diferencia de la Constitución de Cádiz, que establece como religión de Estado la católica, apostólica y romana, «única verdadera», y prohíbe el ejercicio de cualquiera otra, la Constitución de Apatzingán, aunque también establece que la religión católica, apostólica y romana es la que se debe profesar en el Estado, omite que esta sea la «única verdadera». Además, declara que los transeúntes (los extranjeros no residentes) serán protegidos por la sociedad, y que sus personas y propiedades gozarán de la misma seguridad que los demás ciudadanos, con tal de que reconozcan la soberanía e independencia de la nación y respeten la religión de Estado, sin obligárseles a que la profesen.

Por cierto, al tener en sus manos un ejemplar de la Constitución de Apatzingán, Calleja, el «virrey» —ya no «jefe político»—, informó al rey de España —ya no a la Regencia— que los insurgentes «han abierto por el artículo 17 de su fárrago constitucional la entrada a todos los extranjeros de cualquier secta o religión que sean, sin otra condición que la que respeten simplemente la religión católica».[216]

Una apertura semejante se repetiría hasta la publicación de las Leyes de Reforma, una de las cuales establecería en 1860 la libertad de cultos. Los derechos que hoy llamamos humanos protegidos y garantizados son la libertad, la igualdad de todos ante la ley, la propiedad privada y la seguridad jurídica. «La felicidad de un pueblo y de cada uno de los ciudadanos consiste en el goce de la igualdad, seguridad, propiedad y libertad. La íntegra conservación de estos derechos es el objeto de la institución de los gobiernos y el único fin de las asociaciones políticas.» Esta proyección ideológica no volvería a expresarse con esta claridad en ningún documento constitucional posterior sino hasta 1857; aunque modificada, continúa siendo uno de los pilares más firmes de la Constitución Política de 1917, que nos rige.

No llegó a aplicarse, pues la presión sobre Morelos y el Congreso aumentó por parte de las tropas realistas, y además estallaron numerosas discrepancias entre los miembros de la propia insurgencia.[217]

Por otro lado, bien vale la pena recordar el contenido de *Mi Libro de Cuarto Año. Historia y Civismo*, México: SEP, 1965; p. 62, porque asienta un valiosísimo punto de vista ignorado por el de 2015. Veamos:

---

[216] Antonio Salas López, *Apatzingán de la Constitución: Tierra de luz*, Apatzingán, Editorial Sagitario, 2014, p. 64.

[217] Lucas Alamán, *op. cit.*, p. 109.

«Lo mismo que contra Hidalgo y demás insurgentes de la primera etapa, la Iglesia católica perseguía a los insurgentes de la etapa segunda. Morelos y todos los suyos habían sido excomulgados. Se declaró herética y cismática, es decir, contraria a los mandamientos del catolicismo, la Constitución de Apatzingán; se excomulgó a los autores de ella y se amenazó con igual castigo a quienes la leyeran o la conservaran».

¿Por qué, amable lector que pasa la vista por estas líneas, habrá semejantes diferencias abismales entre los libros de historia oficial? ¿Será que en cada gobierno el poder del clero va en aumento? Yo creo que sí, ¿no...?

Morelos se estableció con el Congreso en Ario, Michoacán, en diciembre de 1814 y permaneció allí hasta mayo de 1815.[218] Perseguidos por Iturbide, Morelos y el Congreso peregrinaron por los estados de Michoacán y Guerrero: Puruarán, Cutzamala, Uruapan, entre otros sitios, fueron su sede temporal. Finalmente, el 5 de noviembre, Morelos el generalísimo fue capturado por su antiguo amigo Matías Carranco en Temalaca, Puebla.

Tampoco te cuentan nada sobre el obispo de Antequera (actualmente Oaxaca) Antonio Bergosa, quien ordenó a sus curas difundir la idea de que los insurgentes tenían garras, cuernos y cola. Se refirió a Miguel Hidalgo como «el protoapoderado [primer apoderado] de Satanás y del infierno». Antes de la entrada de Morelos en Oaxaca, el obispo Bergosa huyó rumbó a España llevándose un verdadero tesoro, nada menos que los ahorros de un estado riquísimo, fieramente explotado por trescientos años. ¿Te acuerdas cuando Jesús dijo aquello de: «anda, cuanto tienes véndelo y dáselo a los pobres y tendrás un tesoro en el cielo»? O cuando Jesús, viendo estupefactos a sus discípulos, les aclara qué se entiende por «rico»: ¡Qué difícil es que quienes tienen riquezas entren en el Reino de Dios! Pues bien, ignorando las divinas palabras del Maestro, el obispo Bergosa huyó rumbó a España llevándose el inmenso tesoro construido con las limosnas de los pobres sin importarle el juicio final ni mucho menos el hecho de despertar la ira del Señor... El dinero es el dinero y con el podía comprar la indulgencia plenaria aquí en la tierra...

El libro de texto sostiene que «Morelos continuó la lucha y logró tomar Acapulco, pero luego de perder una batalla en Tehuacán, Puebla, cayó prisionero y murió fusilado en San Cristóbal Ecatepec (hoy Estado de México) el 22 de diciembre de 1815» (p. 172).

---

[218] Virginia Guedea, *José María Morelos y Pavón: Cronología*, México, UNAM, 1981, p. 221.

¿Qué…? ¿Sólo ocurrió eso? ¿No pasó nada más? ¿Otra vez el clero no tuvo nada que ver? ¿Ya no hubo más mentiras ni ocultamientos?

En efecto, el cura Morelos, otro grande de la revolución de Independencia de México, fue arrestado junto con doscientos de sus soldados, de los cuales 150 fueron pasados por las armas en su presencia y el resto enviados a Manila como esclavos. Cuando en la Ciudad de México corrió la noticia de la aprehensión de Morelos, el arzobispo Pedro de Fonte mandó cantar una soberbia misa de gracias, un *Te Deum* (A ti, Dios), el día 9 de noviembre de 1815.

Con grilletes en manos y tobillos Morelos fue recluido en una de las tantas prisiones secretas de la Santa Inquisición en la Ciudad de México. El argumento central vertido en su contra consistió en haber suscrito la Constitución de Apatzingán y por tanto haber incurrido en una grave causal de excomunión según había sentenciado en Roma Pío VII, además de profesar y divulgar ideas opuestas a la fe católica.

Nadie podía ignorar la suerte que le esperaba de llegar a caer prisionero de los militares realistas, peor, mucho peor si se trataba de curas rebeldes, de los que la Iglesia se ocuparía no sólo de hacerlos pasar por las armas, sino de someterlos a torturas inenarrables. Evidentemente no sólo los fusilaban… Sólo que a Morelos ni las torturas ni las ejecuciones ni las traiciones le harían desistir de sus objetivos libertarios.

Morelos fue procesado por otros dos tribunales, además del de la Jurisdicción Unida: el del Santo Oficio y el militar, que sólo deberían conducirlo en secreto a su degradación y muerte… Le esperaba la pena capital porque antes de ser juzgado, bien lo sabía él, ya había sido sentenciado. Vale la pena destacar que el *Siervo de la Nación* ya había establecido la cancelación de las torturas y consignado el respeto a las garantías jurídicas y políticas inherentes al ser humano, los Derechos Universales del Hombre, en la Constitución de Apatzingán.

Calleja y los inquisidores no mandaron quemar a Morelos por miedo a un motín. Durante su degradación fue claramente torturado, pues «luego que se terminó la lectura de la causa, el inquisidor decano hizo que el reo abjurase de sus errores e hiciese la protesta de la fe, procediendo a la reconciliación, recibiendo el reo de rodillas azotes con varas, que se le dieron por los ministros del tribunal durante el rezo del salmo Miserere, y en seguida continuó la misa rezada […] Acabada esta en seguida siguió la ceremonia de degradación […] Morelos tuvo que atravesar toda esta [sala] con el vestido ridículo que le habían puesto […] El público o los fieles o los asistentes al concurso [palabra casi en desuso] numeroso, más ansioso cada vez de verlo de cerca, se levantó sobre las bancas al pasar por el espacio que entre ellas se había dejado […] Morelos […] se dirigió al altar; allí, después de leída públicamente por un secretario la sentencia de la junta conciliar [...] puesto de rodillas delante del obispo ejecutó este la degradación por todos los órdenes [...] El obispo se deshacía en llanto; sólo Morelos, con una fortaleza tan fuera del orden común que algunos calificaron de insensibilidad, se mantuvo sereno, su semblante no se inmutó y únicamente en el acto de la degradación se le vio caer una lágrima».[219]

Mientras, le decían: «Con esta raspadura te quitamos la potestad que habías recibido en la unción de las manos...».

El 22 de diciembre de 1815, Félix María Calleja recibió el siguiente informe: «En cumplimiento de la superior orden que Vuestra Excelencia se sirvió comunicarme el día 21 [...] salí a las seis de la mañana subsecuente de esta capital conduciendo desde su ciudadela a la persona del rebelde José María Morelos, a quien mandé fusilar por la espalda como traidor, a las tres de la tarde de hoy [...] A las cuatro de la propia tarde se le dio sepultura en la parroquia de este pueblo [...] Manuel de la Concha. (Rúbrica)».[220]

Días después de su ejecución, se dio a conocer una supuesta retractación, absolutamente falsa, fechada 10 diciembre de 1815: «...pido perdón a Jesucristo mi redentor, amantísimo Dios de la paz, de la caridad y la mansedumbre [...] se lo pido a la Iglesia santa de no haber hecho caso de sus leyes y censuras [...] se lo pido al amado monarca Fernando Séptimo por haber rebelado y sublevado contra él tantos fieles y leales vasallos suyos [...] las verdades han disipado mis antiguas ilusiones [...] Nuestra patria volverá más pronto a la prosperidad y sosiego».[221]

La retractación se publica el 26 de diciembre de 1815, es decir, cuatro días después de fusilado Morelos, cuando él ya no podía defenderse de la infamia por razones obvias... ¡Una canallada! El historiador católico Lucas Alamán, enemigo de los insurgentes, afirmó: «No hay apariencia alguna de que fuese suya, pues es enteramente ajena de su estilo».[222] «Y no es tampoco probable [continúa] que la firmase [...] pues no se hace mención alguna de ella en la causa» que se siguió al *Siervo de la Nación*.

Ahora bien, suponiendo sin conceder que Morelos hubiera firmado su retractación (como sugiere el historiador católico Carlos Herrejón Peredo), esta estaría viciada de nulidad porque el *Siervo de la Nación* se encontraba preso y por lo mismo faltaba el ingrediente legal de la libre voluntad, y porque además le habría sido arrancada después de haber sometido a uno de los Padres de la Patria a torturas inenarrables por

---

[219] Lucas Alamán, *op. cit.*, pp. 157-158.
[220] Carlos Herrejón Peredo, *op. cit.*, p. 452.
[221] *Ibid.*, pp. 454-457.
[222] Lucas Alamán, *op. cit.*, p. 160.

parte del clero. Como ya vimos, la tortura era parte vital de las estrategias adoptadas históricamente para arrancar de forma cobarde declaraciones falsas o ciertas cuando alguien empieza a delirar por el dolor. ¿Esta alta jerarquía católica no es la misma que quemaba vivas a las personas en Europa y en América? ¿No es la misma que le raspó las yemas de los dedos a Hidalgo por haber tenido en sus manos la hostia y los sacramentos? ¿Por qué dudar entonces de la tortura impuesta a Morelos?

Guerrero y los sucesos del periodo de lucha independentista

El libro de texto establece que «en la cuarta etapa del movimiento de Independencia, Guerrero, su principal líder, pactó una alianza con Agustín Iturbide, un militar que había luchado en su contra, firmando el Plan de Iguala».

En realidad debería decir que «en la quinta etapa del movimiento, la Iglesia aceleró la "consumación" de la Independencia porque en España había entrado en vigor una constitución liberal que, al reivindicar la soberanía popular, afectaba sus intereses. Para ello conspiró para lograr que Vicente Guerrero, el principal líder insurgente, pactara una alianza con Agustín de Iturbide, un militar que había luchado en contra de la Independencia desde 1810, pero que el clero eligió para encabezar la independencia clerical. Guerrero e Iturbide firmaron el Plan de Iguala, sus ejércitos se unificaron y entraron triunfantes a la Ciudad de México el 27 de septiembre de 1821, con lo que se logró la consumación o fin del movimiento de Independencia». Es muy diferente, ¿no...?

La mitad de una página (157) está prácticamente en blanco, simplemente se «rellenó» el espacio incrustando un mapa sin título, sin tema o sin aclaración alguna, aunque pretendidamente ilustra la ruta de Hidalgo. ¿Razones? ¿No sobran hechos verificables que consignar para informar a nuestros chiquillos? ¿Por qué el desperdicio si se le compara con el libro de texto de 1960, donde cuidaron hasta el último espacio?

El pie de imagen omite muchísimos sitios por los que pasó Hidalgo y que, sin embargo, sí se señalan en el mapa. ¿No es una incongruencia entre lo que se dice y lo que se ve?

El mapa debería incluir todos los sitios, enseñándole al niño a analizar una imagen, o bien resumir eficientemente el objetivo de la imagen. En este caso, por ejemplo, se pudo establecer: «Ruta seguida por los insurgentes en un primer momento», pues dicho sea de paso, sin indicarlo, la ruta de Hidalgo se corta abruptamente en este mapa cuando se dirige a Guadalajara, de modo que no se da cuenta de la batalla de Puente de Calderón ni de la posterior fuga hacia el norte, ni de las aprehensiones en Acatita de Baján o los fusilamientos en Chihuahua, asuntos todos bien desarrollados en las ediciones anteriores de estos libros.

En realidad el mapa debió mostrar más territorio nacional (o bien todo) porque así no se distingue nada, ni siquiera la división política de entonces salvo por los nombres de las ciudades. Si los niños no conocen estas ciudades, entonces no comprenderán nada, como igualmente habrán comprendido muy poco o nada de lo acontecido al tratar de estudiar el presente libro de texto. En cambio, un mapa nacional les daría la perspectiva para comprender en qué regiones del país ocurrieron los hechos y hacer explícita la ruta.

Analicemos ahora la línea de tiempo dedicada a este bloque tan importante (pp. 158-159).

Abarca un total de once años y contra todo sentido común, dividen cada año en cinco partes (o celdas), correspondiendo a cada una dos meses y doce días aproximadamente, ¿no es esto poco práctico o nada didáctico por decir lo menos? ¿No habría sido mejor dividir cada año en seis partes iguales, para que a cada celda correspondieran dos meses?

Además, ¿por qué no empieza en 1808? ¿Por qué se omiten tanto en la introducción como en la línea de tiempo los sucesos de ese año? ¡Es el primer golpe de Estado de la historia moderna de México! ¡Es el proceso que permite comprender el porqué de los vivas a Fernando VII! ¡Es la etapa primigenia, que nos enseña la mano descarada del inquisidor Monteagudo y de la jerarquía eclesiástica!

No se señala el momento en que asumen los virreyes Pedro de Garibay, Lizana, el arzobispo, ni Calleja.

Colocan los fusilamientos de Allende e Hidalgo al mismo tiempo, cuando no fueron simultáneos, mediando más de un mes de diferencia entre uno y otro. Pero eso no es todo: según la tabla estos fusilamientos ocurren, ambos, el 1 de enero de 1811, lo cual es aberrante, pues ocurren el 26 de junio y el 30 de julio respectivamente.

¡Qué desperdicio publicar una línea de tiempo, ya no digamos un libro de texto, con tantas deficiencias...!

No están presentes sucesos que son capitales, como el sitio de Cuautla o la toma de Acapulco a cargo de Morelos, la toma de Oaxaca (obra también de Morelos) o la conjura de la Profesa.

No se señala cuándo fueron la toma de Guanajuato, la de Toluca ni la batalla de Puente de Calderón, tampoco la caída de Carlos IV y el ascenso de Fernando VII. No se señala la muerte de Galeana ni el descuartizamiento de *El Amo* Torres (personaje fundamental a lo largo de la costa del Pacífico), ni el fusilamiento de Mariano Matamoros mientras las campanas de la catedral tocaban agonías...

De hecho, en cuanto al movimiento de Hidalgo y Allende, sólo mencionan en la línea dos hechos: el comienzo de la guerra y sus fusilamientos, que ya vimos que no pudieron quedar peor ubicados. ¡Ni siquiera mencionan el decreto de abolición de la esclavitud dado por Hidalgo el 6 de diciembre de 1810 en Guadalajara!

No hay mucho respecto a la Ilustración, ese movimiento de gran trascendencia que marcó un antes y un después en la historia de Occidente, acontecido en el siglo XVIII, llamado *El Siglo de las Luces* porque se aplicó la ciencia y la tecnología y se privilegió la razón sobre la teología y la costumbre. El mundo en su conjunto revirtió la situación de pobreza de los siglos anteriores; es en este momento que las sociedades comienzan a liberarse del histórico yugo religioso, de ahí la gravedad de dedicarle a un tema tan fundamental sólo dieciocho renglones mientras que a las exoneraciones, retablos, iglesias y otros temas clericales les obsequian un espacio injustificado.

La consumación de la Independencia

En el libro de texto se dice lo siguiente: «Entre 1808 y 1814, debido a que España estaba ocupada por Francia, los españoles formaron juntas de representantes, llamadas Cortes, para discutir cómo gobernar el imperio en ausencia del rey Fernando VII [...] Estas ideas se consideraron liberales por la búsqueda de libertad en diferentes ámbitos de la vida social y política [...] Para reducir el poder de la monarquía [...] se otorgó a los hombres mayores de 25 años el derecho a elegir y ser elegidos como representantes, es decir, los hicieron ciudadanos; se decretó la igualdad de todos los habitantes del Imperio español, lo cual hacía que los habitantes de Nueva España tuvieran los mismos derechos que los de otros reinos españoles; se estableció la libertad de prensa, y se abolió el tributo indígena [...] En 1812 se promulgó la Constitución de Cádiz, que estuvo vigente hasta 1814. Ese año, las fuerzas francesas se retiraron y Fernando VII regresó a su reinado; en seguida, suspendió la Constitución de Cádiz porque limitaba su poder. Sin embargo, en 1820 un movimiento organizado por liberales españoles la restableció y obligó a Fernando VII a cumplirla.

»Esta situación inquietó a algunos criollos y españoles ricos en Nueva España, ya que pensaban que con la aplicación de la Constitución de Cádiz perderían sus privilegios. Por eso, prefirieron aliarse con el movimiento insurgente para conseguir la Independencia y establecer una monarquía en Nueva España que les permitiera mantener sus privilegios. Así, los inconformes con la restauración de la Constitución buscaron el apoyo de un jefe militar de confianza, por lo que eligieron a Agustín de Iturbide.» (p. 176).

Iturbide, defensor del clero

Omisión tras omisión, ocultamiento tras ocultamiento, mentira tras mentira y como siempre en espacios muy reducidos, al igual que el veneno siempre daña en pequeñas cantidades. No sólo se trataba de reducir el poder de la monarquía, una verdad a medias más, ni es válido afirmar que la «situación inquietó a algunos criollos y españoles ricos en Nueva España». No: se insistía en suprimir a la Compañía de Jesús, la de los hospitalarios, los betlehemitas, los juaninos e hipólitos; acabar con aquellos conventos donde no hubiera doce religiosos ordenados *in sacris*; cancelar parcialmente el fuero eclesiástico; reducir las órdenes en el sentido de que «no quedase más que un convento de cada orden por cada población»; abolir los privilegios de clase, supresión de los señoríos, abolición de los mayorazgos, supresión de la Inquisición, preparación del Código Penal y recuperación de la vigencia de la Constitución de 1812. Venían nuevas disposiciones de España que afectarían diezmos, bienes raíces, beneficios y capellanías. Se establecía la división de poderes públicos, por lo tanto las altas jerarquías clericales ya no podrían gobernar la nueva colonia como lo hiciera en su momento el arzobispo Lizana entre otros tantos más. Fernando VII estaba en contra de estas disposiciones, sin embargo tuvo que sancionarlas.

¿Acaso el clero de la Nueva España y de las colonias españolas en América iba a permitir la pérdida de sus privilegios, su inmenso poder político y su gigantesca riqueza? Se produjo entonces la decisión histórica de evitar que el enorme patrimonio clerical de las colonias españolas corriera la misma suerte que el de la Iglesia peninsular. Si esta se hundía y era irremediable esa coyuntura, al menos se debería salvar a las Iglesias americanas y para ello resultaba indispensable romper con España, de modo que la Constitución de Cádiz jamás se aplicara en México ni en el resto de las colonias españolas. Adiós España, sí, adiós, adiós, pero no, de ninguna manera, adiós al clero y a sus prerrogativas, privilegios e inmensa riqueza que habría de ser preservada a como diera lugar, pasando por alto las palabras y las sentencias de Jesús por todos tan conocidas como ignoradas.

Ciertamente, en la medida en que se reivindicaba la soberanía popular representada en Cortes o Congresos, los fueros eclesiásticos podían ser abolidos, las propiedades confiscadas, el diezmo reducido o cancelado, y algunas órdenes monásticas desaparecer en cualquier momento. ¿Adiós al lucrativo comercio espiritual? Antes muertos. Esto, así como el hecho mismo de tener que someterse a lo dispuesto por un código legal, por un libro de leyes, por una Constitución, ¡realidad que jamás aceptarían!, determinó a la Iglesia a apresurar la Independencia de la ahora flamante nación mexicana, entre otras tantas más de otras naciones principalmente latinoamericanas... ¡Viva, viva, viva!

¿Es cierto entonces lo que dice el libro de texto cuando sostiene que las Cortes de Cádiz pretendían sólo «reducir el poder de la monarquía...»?

En noviembre de 1820, Matías Monteagudo, director de la Casa de Ejercicios de la Profesa y consultor de la Inquisición mexicana, el antiguo inquisidor José Antonio Tirado y el presidente de la Audiencia, Miguel Bataller —la alta jerarquía católica—, convocaron a ciertos acaudalados en la iglesia de la Profesa (¿dónde más?) (hoy en las calles capitalinas de Madero e Isabel la Católica) para diseñar una estrategia orientada a eternizarse en el control económico y político de la Nueva España. Este movimiento separatista de origen ultraconservador fue etiquetado por la historia como la «conjura de la Profesa» o «Plan de la Profesa», y buscaba impedir la aplicación de la Constitución de Cádiz, que ocasionaría pérdidas económicas y políticas a los auténticos dueños de la colonia, ya que las rentas del clero competían, o eran varias veces superiores con las del virreinato y en España con las del Estado español.

«Una sociedad teocrática explotadora con un recaudador en cada parroquia, por más humilde que fuera, y un confesor en cada manzana controlando las conciencias y además dueña de la mitad del territorio nacional, creían que las leyes de los mortales no los alcanzaban porque a ellos los regía el derecho divino...»

Matías Monteagudo, el exinquisidor que sentenció a muerte a Morelos en 1815 y derrocó al virrey Iturrigaray por pedir la independencia, ahora la exigía para proteger a los de su clase, para lo cual propuso a un militar criollo, fanático religioso y violento como Iturbide que llevara a cabo la separación de la Nueva España.

Monteagudo concluyó que la única manera de salvar la colonia de la contaminación liberal originada en la metrópoli consistía en acudir a los remedios heroicos y cortar todo nexo con España, es decir, proclamar la independencia de la Nueva España, no para ser soberanos y gozar la libertad de una República libre e independiente, no, qué va, se trataba de romper los vínculos que nos ataban con España para proteger los intereses clericales...

¿Quién ejecutaría la independencia, quién sería el brazo armado, el instrumento quirúrgico para ejecutar la separación política en razón a lo acordado en la conjura de la Profesa? Iturbide, Agustín de Iturbide, quien en un principio había estado a favor de la Independencia pero luego se había vuelto contra ella y derrotado a Morelos en el sitio de Valladolid por encargo de Calleja, distinguiéndose por fraudes en el ejército y extorsiones sanguinarias a la población civil, fue el encargado de tan trascendente misión histórica: acabar con Vicente Guerrero, heredero de Morelos, sin mayor organización militar ni poder de fuego. Después de varias inútiles escaramuzas decidió ir por la opción diplomática para convencer a Guerrero, a Bravo y a Guadalupe Victoria de las ventajas de una alianza que se llamaría Plan de Iguala. «Candoroso y harto [Guerrero], después de seis años de campaña en las montañas del sur, firmó el Plan de Iguala que garantizó los derechos y privilegios del clero católico, en realidad el objetivo encubierto de los supuestos "líderes" políticos decididos a romper con España "para conquistar la libertad y la soberanía de México". Por esa razón Agustín de Iturbide llegó a afirmar que "la independencia se justificó y se hizo necesaria para salvar a la religión católica"».[223]

¿Y a qué se deberá que en el libro de texto no aparezca el clero como el principal actor preocupado por la aplicación de la Constitución de Cádiz ni se precisen los acontecimientos derivados del Plan de la Profesa ni se cite la existencia de Matías Monteagudo, quien planea la independencia y habilita a Iturbide para consumarla? ¿Cómo es posible que se omita la importancia trascendental del Plan de la Profesa y de quienes lo armaron? Es un ocultamiento inadmisible.

¿Quién puede creer después de lo antes expuesto lo que dice el libro de texto en este siguiente párrafo, lleno de veneno?: «Ante la urgencia de mejorar la economía de Nueva España, severamente dañada por una década de guerras, y evitar la aplicación de la Constitución de Cádiz en su territorio, Iturbide consideró necesaria la alianza entre realistas e in-

[223] Jaime del Arenal Fenochio, *Un modo de ser libres: Independencia y Constitución en México (1816-1822)*, Zamora, El Colegio de Michoacán, 2002, p. 128.

surgentes, y para ello buscó a Vicente Guerrero, el líder guerrillero más importante en ese momento».

¿Qué…? Lo que menos podía importarle a Monteagudo y a sus secuaces era mejorar la economía de la Nueva España. Iturbide jamás consideró dicha alianza, sino que se la impusieron en la iglesia de la Profesa. Por lo visto la confusión histórica es la directriz de las autoridades clericales que impusieron su punto de vista a un gobierno supuestamente laico como el actual, una vergüenza para la nación, una clara traición a la patria, salvo que traicionar a los pequeñitos y envenenarlos con una historia falsa no constituya una felonía inadmisible…

«*Solemne y pacífica entrada del Ejército de las Tres Garantías en la capital de México el 27 de septiembre de 1821*. Pintor anónimo, siglo XIX» (p. 178) es el texto que anuncia la imagen que muestra a Guerrero como protagonista de la entrada triunfal del Ejército Trigarante a la Ciudad de México, pero lo curioso es que Vicente Guerrero no encabezó dicho desfile al lado de Iturbide, sino que entró al final a la Ciudad de México. Por supuesto que no tendría ningún cargo público en el nuevo gobierno ni en el imperio. ¿Y los demás insurgentes…? A propósito, ¿cuáles eran las tres garantías? ¿La primera? La religión católica será la única tolerada en la nueva nación. ¿Está claro el origen del movimiento consignado ya desde el Plan de Iguala? ¿La segunda y tercera? La independencia de México de España y la unión entre los bandos de guerra…

Existe otra imagen, cuyo pie dice lo siguiente: «Agustín de Iturbide, coronel del ejército realista que consumó la Independencia aliándose con los insurgentes» (p. 176). Debe decir: «Agustín de Iturbide, coronel del ejército realista que combatió a Hidalgo, Allende y Morelos y consumó la Independencia aliándose con los insurgentes, sólo para proteger los intereses del clero católico». Basta decir que Iturbide descansa actualmente en la catedral de México y fue enterrado con los hábitos de un franciscano.

El 27 de septiembre de 1821 el ejército libertador hizo su entrada a la capital. La independencia estaba consumada… Era la hora del segundo (y más difícil) acto: establecer un gobierno.

Tanto en el Plan de Iguala (suscrito por Iturbide y secundado por Guerrero y muchos oficiales más) como en los Tratados de Córdoba (firmados por Juan O'Donojú, último representante de España, y por el propio Iturbide) se establecía una forma monárquica de gobierno, reservando el trono de preferencia a algún miembro de la casa de Borbón. ¿Independencia con un español al frente del «trono»? Así fue, sólo que en Madrid esta moción no tuvo suficientes adeptos y la Corona española rechazó la pretendida independencia de México aun cuando este trono también les era ofrecido, lo que en sí mismo revelaba lo ruin del procedimiento y lo inapropiado que resultaba llamar a eso «emancipación».

Lo que siguió es digno de figurar en una ópera bufa: enterado del rechazo de Madrid, Iturbide pasó a promoverse como emperador y hacia allá dirigió sus esfuerzos. Probablemente Monteagudo se separa de él en este momento, pero tan sólo para que ahora funja como tutor de este ingenuo y ambicioso militar el obispo de Puebla, José Joaquín Pérez, además, por supuesto, del obispo Juan Cruz Ruiz de Cabañas, de Guadalajara: nada menos que el patrocinador de las aventuras políticas de Iturbide al facilitarle recursos para sostener su efímero imperio.[224]

¡Cuánto dinero no tendría un solo prelado como para sostener un imperio o financiar una guerra en contra del Estado mexicano...!

Reapareció así el verdadero Iturbide, el enemigo del Congreso (al que disuelve para dominar a placer), el déspota, el de aspiraciones tiránicas, en fin, el iluso, pues no pudiendo darse cuenta de las consecuencias de sus actos (funestas sobre todo para él, que se hizo odiar de todos los partidos en menos de un año), sólo sirvió de títere a los intereses clericales que, llegado el momento, lo abandonaron a su suerte. Cayó el emperador y salió al extranjero; desde Jalisco, el obispo Cabañas clamó por su regreso poniendo a sus órdenes una rebelión secesionista que ya alentaba con éxito en su diócesis. Iturbide regresó y, descubierto, fue fusilado en Padilla el 19 de julio de 1824.

La República estaba por nacer, pero este alumbramiento ya encontró al clero libre de cualquier sujeción al poder civil.

Durante todo el siglo XIX el clero condicionó la paz pública al Estado, abusando de su influencia sobre el pueblo ignorante y de sus inmensos recursos, literalmente incalculables.

Por eso tres décadas después, cuando la guerra de Reforma bañaba en sangre al país, el campeón del clero, el obispo de Michoacán, Clemente de Jesús Munguía, amenazaba abiertamente a las autoridades políticas al aclararles: «El Estado no da la paz, la pide».[225]

[224] Niceto de Zamacois, *Historia de Méjico, desde sus tiempos más remotos hasta nuestros días*, Barcelona, J. F. Parres y Compañía, Barcelona, 1879, p. 338.

[225] Clemente de Jesús Munguía, *Sermón que en la insigne y nacional Colegiata de Nuestra Señora de Guadalupe, predicó el illmo. Sr. Dr. D. Clemente de Jesús Munguía, obispo de Michoacán, el 29 de agosto de 1860, último día del solemne tridúo que se hizo, implorando por la interseción de la Santísima Virgen del Socorro del Señor en las necesidades presentes*, núm. 6, México, Imprenta de Mario Villanueva, 1860. Dado a conocer por algunas personas interesadas en su publicación.

QUINTO GRADO

Del nacimiento de un país al México actual

¿Por qué pretender alterar la historia?

Cualquier libro para niños tiene implicaciones sociales, políticas e ideológicas, y sin duda psicológicas, que van desde su percepción de la historia y el civismo hasta las matemáticas, las fantasías y los sentimientos. ¿Quién, cuando niño, no se imaginó la escena mientras Hernán Cortés le quemaba los pies a Cuauhtémoc? Con estas historias todos tuvimos, quizá por primera vez, contacto con el horror. En ese sentido el libro de texto modela comportamientos y orienta conductas, por eso los mensajes evidentes –u otros ocultos, como los subliminales– a través del lenguaje, los temas, las ilustraciones, las alusiones, omisiones e informaciones, son de la mayor importancia. Tan es así que no deben sorprendernos nuestras reacciones y convicciones cuando aún después de la Independencia se seguían enseñando valores religiosos mediante el catecismo del padre Ripalda, nacido en España en 1536... ¿Qué podíamos esperar de semejantes enseñanzas cuando en Europa se aprendían las ideas de la Ilustración y sorprendían los avances vertiginosos de la ciencia y la técnica? En México no se propiciaba ningún desarrollo intelectual. Porque, como dice Fernando Vallejo, la Iglesia ha sido y es «la detractora de la ciencia, la enemiga de la verdad y la adulteradora de la historia», en tanto que el clero continuó gobernando las mentalidades y dirigiendo exitosamente a la nación a la ruina y al atraso.

Considero conveniente insistir en que el libro de texto ejerce una influencia determinante en la calidad de la educación y por ende en la formación intelectual, política y social de nuestros hijos, nuestros niños, sin duda alguna lo mejor de México. Para evaluar un libro hay que considerar el efecto que tendrá en el nivel de aprendizaje de los pequeñitos y a juzgar por los resultados enunciados en el prólogo y en el resto del presente *México engañado*, el panorama es catastrófico. Además, es prácticamente la única herramienta con que se cuenta en la escuela para aprender historia, lo cual es una tragedia. ¿Por qué no imponer el arte de las preguntas y respuestas para propiciar el análisis profundo, como lo quiso Enrique Rébsamen desde el siglo XIX? ¿Por qué no invitar a los grandes académicos de la historia, ciertamente amantes de la verdad, a redactar estos libros de texto? ¿Murieron de golpe todos los historiadores mexicanos que han arrojado cubetadas de luz sobre nuestro pasado? ¿Fallecieron repentinamente los pedagogos que saben cómo enseñar, iluminar, interesar y despertar la curiosidad, auténtica madre del conocimiento? ¿Dónde están? Los necesitamos a gritos antes del naufragio que se avecina. ¿Estos libros de texto no deberían ser aprobados por nuestros queridos y admirados historiadores y maestros, ajenos a la corrupción intelectual? Si los mexicanos estamos vivamente interesados en el porvenir de nuestra descendencia, entonces participemos, luchemos, descubramos e invitemos a los académicos, a los investigadores, a los profesores, a los autores reconocidos para que juntos escribamos una nueva historia que despierte el amor y la admiración de los menores hacia la patria. Tiremos a la basura los actuales textos, escritos, con alguna notable excepción, por autores sin la debida formación ni las suficientes calificaciones universitarias ni la trayectoria intelectual demostrable a través de sustanciales obras publicadas para demostrar sus conocimientos y méritos imprescindibles para educar a nuestros niños. ¡Qué diferencia con los personajes que escribieron los libros de texto de 1960 o 1992...!

La SEP encomendó a la Academia Mexicana de la Lengua la revisión ortográfica de la primera versión publicada de los actuales libros de texto y esta a su vez concluyó que:

- En la mayoría se ponía énfasis en la memorización de información a la que hoy se puede acceder por medio de la nube electrónica, dejando de lado la formación.
- Algunos libros debieran estar encaminados a generar la inquietud, la duda, el asombro, la indagación, en lugar de solamente proporcionar saberes.
- Los nuevos materiales deberán poner en práctica la curiosidad y la búsqueda de nuevas respuestas, porque la información por sí misma no contribuye a la formación de científicos.
- Los materiales de lectura no enfatizan en la comprensión de lo leído ni en el placer de leer.[226]

---

[226] Lilian Hernández, «Concluye la revisión de 86 libros de la SEP que presentaban errores», *Excélsior*, México, 29 de mayo de 2014, consultado en septiembre de 2015,

¿Por qué insistió la SEP en la desinformación a pesar de haber sido oportunamente señaladas las omisiones? ¿A quién le rendía cuentas Chuayffet que no fuera a México? ¿Qué hacía como secretario de Educación Pública al sumarse junto con su equipo de burócratas a engañar, a confundir, a ocultar y a mentir deliberadamente a los pequeñitos, en tanto nosotros, incluidos los padres de la familia, no parecíamos ni parecemos preocupados por las mentiras ni por el desconcierto ni por el desastre al que nos enfrentamos al lanzar a la vida más generaciones de inútiles? ¿De quién recibía instrucciones para alterar de manera tan aviesa la historia? ¿Habrá siquiera revisado los libros de 1960? ¿Sabrá o supondrá el daño que le ocasionó su felonía a la nación? ¿Dónde acaba la responsabilidad de Chuayffet o del secretario en turno y comienza la nuestra, la de los mexicanos que permitimos que arrojen al abismo a las futuras generaciones sin inmutarnos ni protestar? ¿Es una exageración? Sal entonces a la calle y compruébalo. Basta con dar un paso.

Si eres jefe de familia, ¿ya leíste y conoces lo que le enseñan a tus hijos? ¿Eres inocente y la SEP y sus mercenarios tienen la culpa de todo...? ¿Sí...?

México a comienzos del periodo independiente

Ya estamos pasando las primeras páginas del libro de quinto grado después de haber incursionado de muy mala manera en la historia de nuestro país desde los primeros pobladores hasta la consumación de la Independencia y, ¡vaya manera de comenzar este segundo tomo!: no sólo insisten en repetir patrañas sino que inician el segundo volumen con un desaseo tan inexplicable como inadmisible: anuncian la presentación de temas idénticos a los que acabamos de abordar en el de cuarto año cuando es un nuevo volumen con otros episodios históricos completamente distintos. El libro de cuarto grado arranca así: «Tu libro de *Historia. Cuarto grado* te acercará al estudio de la historia de nuestro país desde los primeros pobladores a la consumación de la In-

www.excelsior.com.mx/nacional/2014/05/29/962148. Véase también: Dirección General de Comunicación Social, «Comunicado 143. El ciclo escolar 2014-2015 iniciará con libros de texto gratuitos renovados, anuncia SEP», Secretaría de Educación Pública, México, 29 de mayo de 2014, consultado en septiembre de 2015, www.comunicacion. sep.gob.mx/index.php/comunicados-2014/51-mayo-2014/543-comunicado-143-el-ciclo-escolar-2014-2015-iniciara-con-libros-de-texto-gratuitos-renovados-anuncia-sep dependencia». ¿Sabes cómo comienza el de quinto grado? «Tu libro de *Historia. Quinto grado* te acercará al estudio de la historia de nuestro país desde los primeros pobladores a la consumación de la Independencia.» ¿Ambos libros abordan los mismos temas? ¿Cómo? ¿No acaso acabamos de ver el Índice, donde claramente se establece que este libro termina con un bloque llamado «México a final del siglo XX y los albores del XXI»? Además de todo, prevalece la falta de atención... Acto seguido se lee:

En 1821, México proclamó su independencia de España. En cuarto grado estudiaste los antecedentes y el desarrollo de dicho proceso. Ahora conocerás sus consecuencias inmediatas, especialmente los problemas que tuvo el país durante la primera mitad del siglo XIX.

En este periodo hubo numerosos conflictos políticos que produjeron hechos violentos que a su vez dificultaron la formación de un gobierno estable, y por ello, entre 1821 y 1851, nuestro país tuvo más de 20 presidentes. Como resultado, se afectaron otros ámbitos de la vida nacional: la economía se estancó, aumentó la inseguridad en los caminos y, debido al descontento social, se originaron rebeliones, sobre todo entre los pueblos indígenas.

Ahora vale la pena citar cómo consigna el mismo periodo el libro de texto vigente en 1992:

Durante las tres décadas que siguieron a la Independencia, el desorden envolvió al país. Entre 1821 y 1850 hubo 50 gobiernos, casi todos producto de una asonada militar. Las nuevas instituciones republicanas no podían prosperar por la debilidad del gobierno. El ejército, en cambio, conservaba sus antiguos privilegios, aumentaba su número y se apropiaba de la mayor parte del ingreso nacional [...] El militar Antonio López de Santa Anna, un antiguo realista, se benefició de esta situación y la encarnó mejor que nadie.

[...] El grupo conservador, formado por la Iglesia, los comerciantes y los grandes propietarios, luchaba por mantener sus privilegios. Quería que las cosas no cambiaran y un gobierno central fuerte, que impidiera el desorden. Su líder principal era Lucas Alamán.

El grupo liberal tenía muchos partidarios en el interior del país, donde la gente luchaba por la autonomía local. Defendía las libertades del individuo y la República federal. Quería que el país se transformara siguiendo el ejemplo de algunos países europeos y de Estados Unidos.

Las diferencias entre el texto de 1992 y el de 2015 son palpables, dado que uno sostiene que entre 1821 y 1850 hubo cincuenta gobiernos, en tanto que el vigente menciona que fueron tan sólo veinte presidentes. (Nota: Barack Obama es el presidente 44 de la Unión Americana en toda su historia...) Desde mi punto de vista es más conveniente hacer referencia al número de gobiernos que al de presidentes, por una simple razón: la cantidad de gobiernos expresa con meridiana claridad las dimensiones del desorden prevaleciente en la primera mitad del siglo XIX, para ya ni hablar de los sucesos traumáticos acaecidos en la segunda parte, de los que nos ocuparemos en su oportunidad. El libro de 2015 se refiere a «conflictos políticos que produjeron hechos violentos» sin relatar en qué consistieron dichos conflictos ni por qué se produjeron. El de 1992 aclara, para evitar confusiones, que la Iglesia, los comerciantes, los propietarios y el ejército lucharon por conservar sus antiguos privilegios. Claro que de entrada ya citan a Lucas Alamán y a Antonio López de Santa Anna, los líderes del movimiento conservador, sin perder de vista que este último fue siempre el brazo armado del clero para defender sus intereses de la misma manera en que años atrás lo había sido Iturbide, como ya quedó debidamente demostrado.

¿Por qué se dieron los conflictos, por qué el descontento social «sobre todo entre los pueblos indígenas»? Simplemente porque los conservadores buscaban que prevaleciera el orden político y el sistema económico virreinal, la tiranía a su máxima expresión, el régimen de intolerancia y de ostentosa desigualdad, mientras que los liberales buscaban el establecimiento de un Estado de derecho y un nuevo modelo de producción económica que beneficiara a la sociedad dentro de un orden jurídico que extendiera garantías y derechos a toda la nación. Si los pueblos indígenas eran los más inconformes se debía a que para ellos no había cambiado nada después de la Independencia, como tampoco había cambiado nada para nadie salvo el nombre de los nuevos *conquistadores*, quienes ya no eran los españoles, los peninsulares, sino sus hijos, los criollos, los que detentaban el poder y la autoridad. ¿Qué había cambiado, como sostenía doña Josefa Ortiz de Domínguez, nuestra ilustre Corregidora? La esclavitud y las condiciones de trabajo seguían siendo las mismas. Si bien, como dije anteriormente, habíamos roto con España, ahora los criollos eran los herederos de todos los privilegios. ¿Ejemplos? Iturbide era criollo, su padre era originario de Pamplona; Pedro Celestino Negrete era peninsular; Bustamante era criollo, Mariano Arista y Melchor Múzquiz también, sin olvidar, desde luego, a Santa Anna ni a Gómez Pedraza, José Joaquín de Herrera y Lucas Alamán. El sistema de castas fue una jerarquización ibérica que hipotéticamente acabó en el México independiente; sin embargo, los criollos aspiraban a controlar el desenlace de la historia, es decir, a ser los amos del país naciente.

México perdió las ventajas relativas que ofreció la Revolución industrial europea, que coincidió con la guerra de Independencia, mientras que Estados Unidos, que probablemente partió de una situación económica similar, sí pudo aprovecharse de ella. La maquinaria nos comenzó a llegar hasta las últimas dos décadas del siglo XIX: comenzamos con un atraso significativo. El avance industrial no estuvo presente en el pensamiento del XIX, a excepción hecha de Melchor Ocampo y algunos otros mexicanos talentosos. En la primera década de 1800 aparecieron en Europa las primeras locomotoras inglesas que impulsaron intensamente el desarrollo en el viejo continente. México se verá beneficiando con dicho invento hasta hacia finales del XIX cuando se empezará a construir nuestra red ferroviaria.

Estragos reales de la guerra de Independencia

La miseria y el analfabetismo seguirán siendo similares a los padecidos durante los siglos anteriores...

«La guerra entre insurgentes y realistas [según el libro de 2015, p. 19] había causado enormes pérdidas humanas y económicas», y en efecto, la guerra destruyó la agricultura y la minería, por ejemplo, la mina de la Valenciana fue inundada por las huestes de Hidalgo para cortar abastecimientos a la Corona, desaguándose con malacates hasta principios del siglo XX —para dar una idea del colapso económico—, además que el comercio ultramarino se vio suspendido porque ¿quién iba a querer comerciar con una nación en guerra? A continuación se dice que «Durante los once años que duró, el conflicto cobró la vida de más de medio millón de personas, arruinó a comerciantes y agricultores y causó la destrucción de numerosos pueblos, haciendas y minas», pero, ¿500 000 muertos durante la guerra de Independencia, es decir, casi 10% de la población, no son demasiados?[227]

Se debe considerar que las bajas realistas son verificables, no así las insurgentes. En el libro no consideran las causas indirectas de toda

---

[227] Rodrigo Centeno y Rafael Ch., «Numeralia», *Nexos*, México, 1 de febrero de 2012, consultado en septiembre de 2015, www.nexos.com.mx/?p=14699

guerra, como hambrunas, sequías y epidemias. Humboldt da la cifra de 300 000 muertos para exponer las condiciones de insalubridad del país a principios de siglo. ¡Claro que la falta de higiene jugó un papel muy importante! ¿Alguien se puede imaginar a la capital de la Nueva España sin drenajes ni caños, en el entendido de que las personas arrojaban sus desechos nocturnos por la ventana a la temeraria voz de: «¡Aguas!»? ¿Qué tal las pestes y las epidemias? ¿Te han gritado «aguas» cuando algo te puede pasar...? Pues ese es el origen de dicha expresión tan mexicana, tan nuestra: la derrama de las bacinicas desde los balcones en plena vía pública. ¡Claro que aguas! ¿No...?

Tan sólo para darnos una idea de qué tan desproporcionada es la afirmación, pensemos que la guerra de Secesión estadounidense arrojó «un total estimado de 620 mil muertos» entre 1861 y 1865. Esta lucha fraticida fue «una de las más cruentas de la historia», ya que las víctimas representaron «un número superior al total de víctimas americanas [estadounidenses] en la revolución, la independencia, las guerras contra México y contra España, la Primera Guerra Mundial, la Segunda Guerra Mundial y la guerra de Corea».[228] ¡Claro está, lo anterior, sin olvidar las guerras napoleónicas, las más devastadoras del siglo XIX, porque según Eric Hobsbawm, «era todo un continente en guerra»!

Pero tampoco en las batallas, ni siquiera las de la primera etapa (donde participaban decenas de miles de hombres en el grueso del *ejército* de Hidalgo), las bajas eran tantas, al menos no como para venir a sumar medio millón... En la de Guanajuato, donde los insurgentes atacaron con cerca de 50 000 hombres, hubo 5 000 muertos; en la alhóndiga se encierra Juan Antonio Riaño con seiscientas personas... Los sitiadores sufrieron más de 2 000 bajas y la plebe asesinó a más de 250 españoles, dando inicio a un saqueo por la ciudad que duró hasta el día siguiente. En el Monte de las Cruces hubo aproximadamente 5 000 bajas. Toluca no presentó resistencia. En Aculco los caídos fueron irrelevantes. En Valladolid, Hidalgo ordenó la muerte de cuarenta españoles en dos degollinas. En Puente de Calderón, el mayor desastre, hubo 13 000 pérdidas insurgentes y mil realistas. ¿De dónde sacarán el medio millón? En Colima hubo setecientas bajas; en Colotitlán murieron trescientos hombres durante el combate. El ejército de Morelos nunca superó los 6 000 hombres. Guerrero no provocó grandes batallas... Insisto: ¿de dónde sacarán el medio millón de muertos, de la misma manera en que afirman la destrucción de «numerosos pueblos» cuando las mal armadas tropas insurgentes de Hidalgo y de Mo-

[228] Josep M. Colomer, *Europa, como América: Los desafíos de construir una federación continental*, Barcelona, La Caixa, 2000, pp. 58-59.

relos carecían de la artillería necesaria como para causar destrozos, además de que los enfrentamientos casi siempre se libraron fuera de las áreas pobladas?

La mano detrás de las mentiras

Sólo que las imprecisiones y las verdades a medias no cesan: «Esta situación económica se sumó a otros graves problemas que habían surgido desde los tiempos de la dominación española: México era un país muy grande y estaba mal comunicado; los caminos se hallaban en malas condiciones y abundaban los bandidos, lo cual dificultaba mucho el transporte de carga y de pasajeros» (p. 19). ¿Y ya...? ¿Esas fueron las razones del atraso? ¿Por qué no citar una de las más importantes? Soy de la opinión de que los niveles de educación son el reflejo claro de la capacidad económica, y la educación fracasó escandalosamente durante los trescientos años de la Colonia. ¿Razones? El clero fue el encargado de educar a las masas, que sólo educadas podrían acabar con las aberrantes y temerarias diferencias sociales, pero la Iglesia únicamente educó a los españoles y a algunos de sus hijos, los criollos, por lo que cuando se logró la independencia de España, en México existía 98% de analfabetos, o sea que casi nadie sabía leer ni escribir. ¿Un país de analfabetos no es por definición un país atrasado? Evidentemente que no sólo se trataba de un país mal comunicado donde los caminos se hallaban en malas condiciones y abundaban los bandidos, sino, además de lo anterior, era una nación ignorante e inculta. No se debe perder de vista que en los calpullis mexicas era obligatorio instalar una escuela, en tanto que en la encomienda se construyeron iglesias hipotéticamente para evangelizar a los indígenas en lugar de instruirlos, a diferencia de lo que acontecía en el México prehispánico. Cuando se sustituyeron las escuelas por iglesias se torció para siempre el rumbo de México. Ese mismo 98% de analfabetos casi seguía existiendo a finales del siglo XIX; es decir, la República tampoco cumplió en el sentido de educar, señalan algunos autores, sólo que no perdamos de vista que de los catorce años que supuestamente estuvo Juárez en el poder, durante tres libró la guerra de Reforma y otros cinco enfrentó al imperio de Maximiliano, de modo que educar de suyo era muy complicado (ya no digamos para Gómez Farías, para el doctor Mora o para Juárez), si bien los esfuerzos republicanos por alfabetizar están a la vista.

¿Cómo es eso de que «después de la independencia los grupos políticos del país entraron en conflicto a causa de sus diferencias sobre la forma de gobierno que debía establecerse, la elección de presidentes y gobernadores, y por las reformas sociales que trataron de impulsar algunos líderes políticos» (p. 20)? ¿Grupos políticos...? Así, sin mayor detalle, resulta muy sencillo ocultar en ese anonimato, dentro de estos *grupos políticos*, la terrible influencia del clero a lo largo de todo el siglo XIX. Si alguien entró en conflicto antes y después de la guerra de Independencia fue evidentemente el clero, que echó mano de cualquier recurso militar, económico, social y hasta llegó a solicitar apoyo internacional con tal de no perder su gigantesco patrimonio ni sus aberrantes privilegios de clase.

El caótico desequilibrio político y económico del México independiente no sólo se debió al ejército, sino fundamentalmente a la Iglesia católica y a la aristocracia, a los empresarios poderosos, a los terratenientes, a los caciques y caudillos que se negaban a perder sus ilimitados poderes y su riqueza, tal y como veremos más adelante. ¿Cómo decir entonces que «grupos políticos entraron en conflicto» y ocultar la mano siniestra del clero, entre otros, como si no hubiera tomado parte en el desastre...? ¡Claro que intervino en la vida política de México como en la conjura de la Profesa, en la coronación del emperador Iturbide, en la redacción de las Bases de Tacubaya, en la derrota durante la guerra contra Estados Unidos, en la rebelión de los Polkos, además de haberse opuesto con las armas en la mano a las reformas sociales que trataron de impulsar algunos líderes políticos, en particular los liberales! ¡Cuántos engaños! ¿En qué lugar están y quiénes son los verdaderos autores de este cúmulo de verdades a medias? Los primeros responsables están en la SEP, así como también quienes elaboraron y revisaron los textos. ¿La SEP? ¿La Secretaría de Educación Pública, que no educa desde que en las escuelas mexicanas sólo se incuban la mediocridad y el atraso? ¡Claro que la SEP, el origen mismo de nuestros problemas si no ignoramos que en el fracaso educativo de México radica la inmensa mayoría de nuestros problemas! ¿Alguien lo duda...?

Corresponde a la Dirección General de Materiales e Informática Educativa el ejercicio de las siguientes atribuciones:

Elaborar los contenidos, mantener actualizados y editar los libros de texto gratuitos, a partir del plan y programas de estudio de educación básica y tomando en cuenta los contenidos propuestos por la Dirección General de Desarrollo Curricular, así como autorizar a la Comisión Nacional de Libros de Texto Gratuitos la versión final para su impresión y distribución...

Cuando le señalaron a Chuayffet las omisiones y hasta faltas de ortografía, exculpó a la Comisión Nacional de Libros de Texto Gratuitos (Conaliteg), porque «la editorial sólo imprime, y el error no es de impresión sino de redacción y ésta nunca se revisó».[229]

¿Cómo que nunca se revisó? ¿Pero al menos sí se revisaron los contenidos? ¡Claro que tampoco los revisaron, como si la educación de nuestros niños no importara! Habría que preguntar cuánto se pagó por la elaboración de los libros. En la Comisión de 1960, dirigida por Martín Luis Guzmán, se solicitó el apoyo de maestros de primaria, y a dueños y directores de periódicos de circulación nacional para representar a la opinión pública.

Además, la SEP disolvió en 1999 el Consejo Nacional Técnico de la Educación de la Conaliteg, creado en 1957 con el propósito de elaborar programas y métodos de enseñanza para la educación primaria, secundaria y normal; estuvo integrado por ilustres y notables pedagogos, maestros distinguidos y representantes de universidades y de entidades federativas. ¿Qué sucedió, por qué la insistencia en extraviarnos...?

El tema concluirá con esta afirmación: «Para mediados del siglo XIX los ideales y proyectos de los impulsores de la independencia se hallaban en crisis: ¿el México independiente era más próspero y más justo que el antiguo Virreinato? ¿Valió la pena separarse de España? Mucha gente de aquella época se hacía éstas y otras preguntas» (p. 20). Como ha quedado demostrado, los verdaderos impulsores de la independencia de México fueron los mismos que combatieron a los insurgentes, es decir, los integrantes de la alta jerarquía católica, además de otros grupos de reaccionarios; debido a lo anterior, era muy válido que se preguntaran si el México independiente era más próspero y más justo y si había valido la pena separarse de España. Claro que la reacción, históricamente petrificada e instalada en una exquisita zona de confort, enemiga del cambio y de la evolución, prefería la impunidad prevaleciente en el Virreinato, ambiente favorable en el que podía lucrar a expensas de la nación a la que consideraba un fantasma.

La respuesta a si el México independiente era más próspero y más justo que el antiguo Virreinato es un *no* definitivo del tamaño de la torre de la catedral capitalina: los liberales, que no existían durante el Virreinato, así lo comprendían y estaban decididos a arrebatarle al clero todas sus prebendas y privilegios además de sus riquezas. A todas luces no les convenía a los reaccionarios el arribo de una República y menos, mucho

---

[229] Israel Dávila, «Los libros de texto que se distribuirán tienen errores imperdonables», *La Jornada*, México, 19 de julio de 2013, consultado en septiembre de 2015, www.jornada.unam.mx/2013/07/19/sociedad/041n1soc

menos, si era laica, tal y como acontecería bastante tiempo después. Por otro lado, era evidente que el México soberano no era más próspero ni más justo porque los mismos criollos, herederos de los españoles expulsados, ahora controlaban el país, de modo que la desigualdad y la injusticia todavía prevalecerían durante muchos años, si no es que siglos, con todas sus pavorosas consecuencias... Desde otro ángulo, la pregunta realizada por los redactores del libro de texto: «¿Valió la pena separarse de España?», tiene muy claro ingrediente nostálgico por la monarquía, por la parálisis política y por la incipiente evolución del nuevo país. Es evidente que el cuestionamiento sólo pudieron hacerlo los conservadores radicales de la ultraderecha. ¿Por qué no mejor preguntarse qué hubiera sido de México sin la presencia ilustre y progresista de los grandes liberales del siglo XIX?

El primer Imperio Mexicano

Cuando se afirma que «la idea de que el país tuviera un gobierno monárquico fue compartida por gran parte de los mexicanos» (p. 21), valdría la pena cuestionar en qué se basan para llegar a semejante conclusión. ¿A cuántos de los casi seis millones de mexicanos, la inmensa mayoría analfabetas, les habrán preguntado para saber si deseaban un gobierno monárquico? En esta perversa afirmación, ¿no es clara la mano de la reacción? ¿No es clara la nostalgia por el Virreinato y por el gobierno intolerante y autocrático de trescientos años? Era un hecho que la sociedad mexicana, luego de trescientos años de monarquía española, más doscientos de monarquía mexica, estaba acostumbrada a la monarquía, sin embargo, ahí estaban los grandes líderes políticos, escritores, periodistas y pioneros, los liberales constructores del México moderno, los de la República, como el cura Morelos, Fray Servando, Ramos Arizpe, entre otros tantos más, sin olvidar que los ciudadanos estuvieron ajenos a las decisiones porque eran «ciudadanos imaginarios», según sostiene Fernando Escalante.[230] ¿Qué tal cuando asientan que «los habitantes del país recibieron con entusiasmo la fundación del Imperio Mexicano»? (p. 22) ¿Qué querrán decir con «los habitantes del país»?

[230] Fernando Escalante Gonzalbo, *Ciudadanos imaginarios: Memorial de los afanes y desventuras de la virtud y apología del vicio triunfante en la república mexicana. Tratado de moral pública*, México, El Colegio de México, 1993.

¿Cuáles habitantes? Quienes recibieron con entusiasmo la noticia fueron los conservadores nostálgicos del Virreinato, pues acumularon poder político y económico y entre ellos destacaban los integrantes de la alta jerarquía del ejército, del clero y algunos adinerados españoles o sus herederos... ¿Cómo que los habitantes...? Una generalización irresponsable, reaccionaria e insostenible, desmentida por los hechos mismos. Si bien resulta conveniente aceptar que el imperio fue bien saludado en diferentes ciudades, más tarde estas permitieron que fuera demolido sin oponer la menor resistencia.

No se dice que el Plan de Iguala y los Tratados de Córdoba dispusieron como forma de gobierno la monarquía constitucional. Pues bien, mientras se instalaba el Congreso, Iturbide nombró a los miembros de la junta que gobernaría transitoriamente al nuevo país. ¿Quién estaba en esa junta nombrada por Iturbide? ¡Claro que Matías Monteagudo, el mismísimo padre de la independencia de México, protagonista (oculto) del golpe de 1808 y fiero enemigo de Hidalgo, Allende y Morelos, como quedó demostrado páginas atrás! También estaba el obispo de Puebla, Antonio Joaquín Pérez Martínez, leal a Fernando VII. ¿Curioso, no?

Otros integrantes de la junta, además de los dignatarios eclesiásticos, habían sido jefes administrativos del Virreinato; otros eran miembros de la aristocracia novohispana (cuatro marqueses y dos condes, por ejemplo), otros eran miembros del Ejército Trigarante, del sector realista, por supuesto, y unos más, empresarios destacados. Estos personajes, la alta jerarquía acaparadora, fueron los que dispusieron para el día 27 de septiembre de 1821 la entrada del Ejército Trigarante en la capital, que aparece en la portada de este bloque. Debe destacarse y subrayarse que ¡ningún insurgente fue invitado a participar en la junta! Ni Vicente Guerrero, ni Nicolás Bravo, ni Victoria, ni Ignacio López Rayón, ni Sixto Verduzco, ni Andrés Quintana Roo...!

El 19 de mayo de 1822, luego de intensos debates con diferentes diputados de las provincias que no aceptaban sus exigencias políticas, Iturbide fue proclamado emperador por un Congreso presionado por el sector español de la ciudad y por los militares, pero que se negaba a rendirse a las condiciones de Iturbide. El obispo de Guadalajara, Juan Ruiz de Cabañas, que en un principio se negó a jurar la Independencia —¡claro, otro jerarca religioso!—, terminó coronando a Iturbide y fue su más fanático defensor al paso de los meses, pues ocupó en la corte el cargo y las prerrogativas económicas de limosnero mayor.

El escudo de armas de Iturbide remataba con un mundo y sobre él una cruz.

¿Es posible que el libro de texto ignore que el propio Iturbide fue quien disolvió el Congreso? ¿Así cómo vamos a aprender algo de historia? Sólo se dice: «Iturbide [...] mandó encarcelar a varios diputados» (p. 23). Y después se simplifica de manera vertiginosa el desenlace del imperio, que contiene muchísimos matices interesantes y aleccionadores, sobre todo en lo referente a la actividad de la Iglesia en dicho proceso. Por ejemplo: ¿por qué no se explica que el presidente del Primer Congreso Nacional de 1822 fue un obispo? En efecto: don Francisco García Cantarines, cura de Zacatlán y futuro obispo de Hippen,[231] presidió aquella asamblea y de hecho fue quien exhortó a los diputados a convalidar, una vez efectuado, el nombramiento del emperador Iturbide.[232] ¿Por qué no explican cómo el clero estuvo inmiscuido en todos y cada uno de los pasos del México independiente, así como lo había estado a lo largo de la Colonia?

No se dice qué pasó con la Constitución ni cómo se rehízo el Congreso, ni cómo condenó a muerte al efímero emperador ni cómo se cumplió dicha condena... ¿Estorbaría conocer estos pasajes?

Se debe saber que comenzó a reglamentarse todo lo referente a la Cámara Imperial. El Congreso dispuso que la monarquía sería moderada, constitucional y hereditaria; los cuatro hijos de Iturbide serían llamados «príncipes», y «altezas» sus cinco hijas; las monedas contendrían el busto del emperador y la leyenda «*Augustinus Dei Providentia*», «Agustín por la Providencia de Dios», y al reverso un águila coronada. Los viejos marqueses y condes del Virreinato (que no se enteraron de la derrota española) desempolvaron sus ridículos atuendos para ocupar cargos importantes como mayordomos o caballerizos imperiales. Asimismo se le entregó una suma impresionante: 1.5 millones de pesos para organizar su imperio de opereta, equivalentes a 2500 millones de pesos actuales aproximadamente. El costo total de la construcción del Palacio de Iturbide fue de 160000 pesos oro, para dar una idea de la locura de dinero que se le entregó al flamante emperador.

Por cierto que Ana María Huarte, esposa de Iturbide, es la única mexicana que ha ocupado alguna vez el cargo de emperatriz, aunque fue efímero y desgraciadamente al lado de Iturbide.

Posteriormente el emperador se gastó el dinero de su mujer hasta sepultarla en la miseria. «Como cualquier esposa de su época, soportó

---

[231] Jorge Fernando Iturribarría «Una cátedra de Constitución», *Historia mexicana*, vol. 1, núm. 4, México, El Colegio de México, 1952, p. 621.

[232] «... suprimiendo en la minuta que se había formado, todas aquellas palabras que indicaban que el paso dado por el Congreso en el nombramiento de emperador había habido alguna violencia». Niceto de Zamacois, *op. cit.*, p. 312.

la situación en silencio y ni siquiera importunó a su marido por sus escandalosos amoríos con María Ignacia Rodríguez de Velasco, *la Güera Rodríguez*, por la que Iturbide "perdió la cordura y se mostró dispuesto a destruir su matrimonio", según crónicas de la época.»[233]

Para aquellos lectores que tienen hijos, ¿conocen estos el Palacio de Iturbide, en la calle de Madero 17, en el centro de la Ciudad de México, hoy Palacio de Cultura Banamex, que alberga obras de artistas mexicanos como Diego Rivera, José Clemente Orozco, Joaquín Clausell y Manuel Álvarez Bravo?

Queda constancia de que Roma continuó su apoyo al imperio de Iturbide a lo largo de los siglos, pues recibieron en 2011 al heredero del emperador de pacotilla.[234]

Entre tanto, en el Congreso, Fray Servando Teresa de Mier, quien había abandonado por su propio pie los sótanos de la Inquisición al ser esta disuelta meses atrás, arrancaba los aplausos de la asamblea con discursos feroces. Según narra un testigo, tan sólo cinco días antes de la coronación «denigró elocuentemente a la Inquisición y al arzobispo y también virrey de la Nueva España Núñez de Aro y terminó con decir que aborrecía a los déspotas: que nada se había conseguido con la independencia si no tenían un gobierno libre, que los turcos y los moros eran independientes pero no por eso dejaban de ser esclavos de su señor».[235]

El obispo Cabañas acudió en ayuda de Iturbide poniendo a su disposición recursos de las *obras pías* de su diócesis, con lo cual el emperador sintió que podría mantenerse en el poder. Los dominicos pondrían otro tanto para el sostenimiento de aquella aberración; mientras, el ministro de Hacienda iba casa por casa pidiendo dinero para pagar al ejército.[236] La coronación, que estuvo a cargo del obispo Cabañas, ocurrió el 21 de julio de 1822.

Ante la profusión de escritos en pro del sistema republicano, «el clero trató de contener esta irrupción, declamando fuertemente desde el púlpito contra estas perniciosas lecturas y aun en Puebla un predicador salió de la iglesia con su auditorio y tomando los libros, estampas y

[233] Redacción, «Agustín de Iturbide y Ana Huarte: la pareja imperial», *Contenido*, México, marzo de 2011, consultado en septiembre de 2015, www.contenido.com.mx/2011/04/agustin-de-iturbide-y-ana-huarte-la-pareja-imperial/

[234] Juan Pablo Reyes, «México tiene "familia imperial"», *Excélsior*, México, 7 de julio de 2013, consultado en septiembre de 2015, www.excelsior.com.mx/nacional/2013/07/07/907658

[235] Miguel de Beruete, *Elevación y caída del emperador Iturbide*, México, Fondo Pagliai, 1974, p. 42.

[236] «El Ministro de Hacienda anda de casa en casa pidiendo dinero porque la tropa está sin pagar» anotó el 18 de julio de 1822. Miguel de Beruete, *op. cit.*, p. 44.

otros artículos que tuvo por malos en una librería, los hizo quemar en la plaza».[237] ¿Está claro? La Iglesia nunca estuvo a favor de la democracia ni de la educación por considerar a ambas amenazas para su poder. La polémica crecía ante la inconformidad del pueblo con esas formas monárquicas.

Otro de los defensores del sistema republicano fue Miguel Ramos Arizpe, sacerdote liberal de aguda inteligencia que promovía en el norte la sustitución del imperio por una república. No todos los sacerdotes eran iguales, basta con saber de la existencia de Hidalgo, de Morelos, de Mariano Matamoros, Mariano Balleza y Fray Servando Teresa de Mier, entre otros tantos más.

El 26 de agosto Iturbide mandó, entonces sí, a encarcelar a los diputados más radicales con el pretexto de que tramaban un complot en su contra, consiguiendo solamente exasperar más los ánimos.

El 18 de octubre apareció en el horizonte del puerto de Veracruz la corbeta *John Adams*. Traía consigo al primer embajador de Estados Unidos en México: Joel R. Poinsett. Fue recibido nada menos que por Antonio López de Santa Anna.

Al fin, el 31 de octubre, Iturbide lanzó un decreto disolviendo el Congreso. El brigadier Luis Cortázar acudió con dicho decreto en la mano a notificar a los diputados, dándoles diez minutos para dispersarse. Iturbide inventó otro Congreso (que llamó «instituyente» para evitar, como buen déspota, hacer alusión a la Constitución) compuesto de gente afín a él, designando presidente del mismo al marqués de Castañiza, que era también obispo de Durango. ¿Más prelados poderosos e influyentes…? ¿Nunca terminaremos…? Están por todos lados en todo momento… La crisis del erario, la agudización de la resistencia en contra del emperador, las maniobras del embajador estadounidense, el traslado subrepticio de Guadalupe Victoria a Veracruz, la reaprehensión del padre Mier, cristalizaron pronto en una rebelión generalizada que tomó forma bajo el llamado Plan de Casa Mata, promulgado por Santa Anna —quien había caído de la gracia del emperador— el 1 de febrero de 1823.

Iturbide descubrió entonces cuán solo estaba en su empeño. El obispo Cabañas salió para España el 23 de febrero, el español Pedro Celestino Negrete (uno de sus últimos leales) también lo abandonó a su suerte…

El 19 de marzo Iturbide abdicó a la corona, asegurando no haberlo hecho antes por no estar reunida la representación nacional… ¡Pues

---

[237] Lucas Alamán, *op. cit.*, t. 5, p. 327.

cómo, si la había disuelto! ¿No...? Salió del país con su familia y algunas otras personas (entre las cuales iban ¡diecinueve sirvientes!), perfectamente escoltados por el general Nicolás Bravo. El primer Imperio Mexicano tan sólo duró nueve meses. Comenzaba la inestabilidad política y con ella se precipitaba el atraso económico y social.

El Congreso declaró el 7 de abril que la coronación de Iturbide había sido obra de la violencia, declarándola nula. Se mandó quitar la corona al águila del escudo nacional, se eliminaron las monedas con el busto de Iturbide y se declararon nulos los nombramientos del Tribunal de Justicia que había hecho el emperador. Algunos personajes eclesiásticos hicieron estallar rebeliones en favor de Iturbide, para obstaculizar la marcha de la República.

En vista de esto, en abril de 1824 el emperador fue declarado traidor por el Congreso, ordenándose su ejecución en caso de que pisara territorio nacional. Iturbide hizo caso omiso de esta amenaza y se dirigió de regreso a México, luego de haber viajado por Europa.

En Tamaulipas desembarcó, fue aprehendido y juzgado por el congreso local, que ordenó su fusilamiento. Este se verificó el 19 de julio de 1824, sin duda con dolor para muchos; no obstante, la República había quedado afianzada.

El libro de texto sostiene que «finalmente, el Congreso decidió modificar el sistema de gobierno y convirtió a México en una república federal; este cambio quedó establecido en la Constitución de 1824, primera carta magna de nuestro país» (p. 23). También sostiene que «el primer presidente de la República fue Guadalupe Victoria, un antiguo insurgente que ganó las elecciones en 1824», pero no dice que él decretó la primera expulsión de españoles, los eternos amantes de la monarquía, por oponerse a la marcha de la República y financiar y apoyar la conjura del padre Joaquín Arenas, otro cura reaccionario, quien fue capturado y fusilado, ni se aclara que los yaquis se levantaron en armas jurando «el exterminio de todos los blancos» y enarbolando un estandarte de la Virgen de Guadalupe, ni que Victoria respetó la libertad de expresión establecida en la Constitución y que a pesar de todas las amenazas logró concluir su mandato de cuatro años. ¿Cómo respetar la libertad de expresión cuando el clero prohibía la libertad de pensamiento, cuya existencia se cancelaba en los confesionarios?

Vicente Guerrero, presidente golpista

José María Lafragua escribió: «El señor Guerrero parece haber vivido ejerciendo la arriería, sin conseguir por consiguiente ninguna educación. Tal vez ni leer sabría antes de la revolución; pues eran muy raros los hombres de su clase que lograban, especialmente en las costas, los beneficios de la educación».[238]

Se señala en el libro que Guerrero sucedió a Victoria en el poder (p. 24), pero no se dice que para ello desconoció los resultados electorales y recurrió a las armas; o sea que, nos guste o no, desconoció el resultado de la votación que favorecía a Manuel Gómez Pedraza, un poderoso terrateniente representante de la aristocracia, quien había luchado contra los insurgentes al lado de las tropas realistas. Guerrero tomó posesión como el segundo presidente de la República el 1 de abril de 1829 y con ello se inauguró la era de los golpes de Estado a la República en el siglo XIX. Es verdad que los puestos públicos fueron monopolizados por el partido yorkino, fundado por Joel Poinsett, el embajador estadounidense, quien fundó la logia yorkina y fue creador de la inestabilidad política e impulsor del golpe de Estado asestado por Guerrero. Sin embargo, Guerrero respetó la soberanía de los estados, construyó escuelas públicas (se reconocía ignorante y casi analfabeta), impulsó el plan nacional de educación gratuita, echó a andar una reforma agraria para ayudar al campesinado, trató de lanzar un proyecto de crecimiento industrial aconsejado por el mismo embajador de Estados Unidos para aprovechar los recursos naturales del país, generar empleos y riqueza e impulsar el comercio interno y externo, entre otros proyectos liberales. (Posteriormente abordaremos el tema del papel invasivo de los embajadores estadounidenses en los asuntos internos de México: veremos de cerca a un Gadsden, un Lane Wilson, un Sheffield, un Morrow y un Daniels, entre otros tantos más de lamentable recuerdo...)

El 15 de septiembre de 1829 Vicente Guerrero, presidente de México, decretó la abolición de la esclavitud. Al menos esto le reconocen...

¿Más? ¿Por qué los libros evaden todo lo anterior? Aquí voy: Guerrero se manifestó a favor de la tolerancia religiosa, apoyó la elección directa de representantes, fortaleció el sistema federal, intentó consolidar la incipiente democracia, suprimió los fueros militares y eclesiásticos y vendió los bienes propiedad de la Santa Inquisición, que afortunadamente había sido abolida. ¿Resultado? Su gestión duró un

---

[238] José María Lafragua, *Vicente Guerrero. El Mártir de Cuilapam*, México, Secretaría de Educación Pública, 1946, p. 8.

poco más de ocho meses porque la reacción integrada –claro está– por el clero, los terratenientes y los grupos ultraconservadores autodenominados «hombres de bien», no podía tolerar que la *chusma* o sus representantes gobernaran el país. ¿Qué suerte podía correr un presidente que atentaba contra los bienes de los poderosos y defendía la imposición de la democracia...?

Un gobierno ilegítimo como el de Guerrero no podía sostenerse; la intervención estadounidense a través de Poinsett fue atroz.

Adicionalmente, «vacilaba en todas sus providencias, y desaprobaba al día siguiente lo que había resuelto el anterior [...] no obraban de acuerdo sus ministros [...] [y] se conjuraron contra el de Hacienda [...] Guerrero creía que con respetar las formas federales, escribir diariamente a cuarenta o cincuenta personas cartas confidenciales; recibir con afabilidad a toda clase de gentes; dar entrada en el despacho a todo el que quería, y con la conciencia de su pureza de intención, conservaría su popularidad, contentaría al ejército, acallaría a los maldicientes y conseguiría consolidar un gobierno democrático. Ved aquí su grande error».[239]

Obviamente fue derrocado por el vicepresidente Anastasio Bustamante, quien había jurado: «Jamás desenvainaré mi espada en contra del general presidente Guerrero». Pues sí, traicionó su promesa y la desenvainó con consecuencias terribles para el presidente. Al rebelarse gran parte del ejército, Guerrero escapó de la ciudad abandonando la presidencia y dirigiéndose a su zona de influencia en el estado que actualmente lleva su nombre, o más bien su apellido. En una ocasión, fue invitado a comer en Acapulco por un antiguo amigo suyo, una especie de pirata italiano de apellido Picaluga, a bordo de su barco; el presidente en fuga ignoraba que Picaluga había sido sobornado por Lucas Alamán, ministro de Hacienda, para que privara de la libertad al antiguo insurgente. Una vez secuestrado fue fusilado en Cuilápam, Oaxaca, el 14 de febrero de 1831 a cambio de una recompensa. Otra gran canallada como la ejecución de Hidalgo y de Morelos, Padres de la Patria, cuya desaparición física por la vía de la violencia torció el destino de México. ¿Qué hubiera sido de nuestro país si el clero les hubiera permitido vivir? ¿Cómo se atrevió Guerrero a cancelar los fueros militares y eclesiásticos y a vender los bienes propiedad de la Inquisición, además de impulsar la educación y la democracia...? Según escribió Gastón García Cantú: «Los conservadores del Plan de Iguala asesinan a Guerrero, señalando en él lo que deseaban impedir que

---

[239] Lorenzo de Zavala, *Ensayo Histórico de las revoluciones de Megico desde 1808 hasta 1830*, t. 2, Nueva York, Imprenta de Elliott y Palmer, 1832, p. 175.

fuera el país». Ninguno de los padres fundadores de Estados Unidos fue asesinado ni pasado por las armas, sin embargo, en México fusilaron a Hidalgo, Allende, Jiménez, Aldama, Morelos, Iturbide y Guerrero, para no hablar de los asesinatos de Melchor Ocampo y Santos Degollado, o de Madero, Pino Suárez, Belisario Domínguez, Zapata, Carranza, Villa y Obregón, estos ya ejecutados en el siglo XX... Sangre por todos lados, ¿verdad? Cuidemos a México, ha sufrido horrores... Ni Washington ni Jefferson ni Franklin ni Adams ni Monroe ni Hamilton ni Jay ni Madison, padres Fundadores de Estados Unidos, fueron fusilados...

A todo esto, ¿sabes, en dos palabras, lo que dice el libro de texto en cuatro renglones en torno al final de Guerrero? Pues que «otras acciones de su gobierno fueron hacer efectiva la abolición de la esclavitud y expulsar a muchos españoles que vivían en el país. Esta última disposición agravó la división entre los dirigentes políticos. El vicepresidente, Anastasio Bustamante, aprovechó la situación para derrocar a Guerrero y ocupar la presidencia. Guerrero fue capturado y fusilado en Oaxaca en 1831». Eso es todo. Final de la comedia. De la verdad, ni volvamos a hablar... Guerrero fue derrocado, capturado y fusilado, y a otra cosa...

Se remata con la siguiente conclusión, no menos irritante que perversa: «En los años siguientes, los distintos grupos políticos se disputarían la presidencia, la mayoría de las veces en forma violenta y sin respetar la Constitución» (p. 24). ¿O sea que los redactores de tantos infundios que ya hemos encontrado nos quieren ahora dar a entender que en los años siguientes distintos «grupos políticos», otra vez ocultos tras una cortina de humo, se disputarían el poder y el clero no estaría involucrado? ¿Los arzobispos y obispos serían víctimas del desorden, o lo propiciarían como siempre? ¿Los dichos «grupos políticos», lo que signifique semejante expresión, serían los responsables de que Antonio López de Santa Anna, a título de ejemplo, haya ocupado once veces la Presidencia de la República o de que este personaje fuera el brazo armado de la Iglesia católica, entre otros tantos más, como más tarde lo sería Miramón y después, ya en el siglo XX, Victoriano Huerta, el propio *Chacal*?[240] ¿Los curas sí respetarían la Constitución de 1824? ¿Se someterían a las leyes de la República? Lo veremos... La mayoría de los dichos «grupos políticos» exhibirían una mitra hecha con seda y adornada con piedras preciosas, o vestirían lujosos uniformes militares de gala...

---

[240] «Al gobierno de Huerta [...] prestó diez millones, según se asegura». Ramón J. Sender, *El problema religioso en Méjico. Católicos y cristianos*. Madrid, Imprenta Agris, 1928, p. 178.

«La fragilidad institucional, la desintegración territorial y la ausencia de un liderazgo laico propositivo con visión de largo plazo, permitieron que el clero católico se mantuviera como la única institución visible en la mayoría de los pueblos, villas y rancherías. El poder de la Iglesia en nada contribuyó a promover el desarrollo y el progreso de los individuos [...] permanentemente azuzados por la doctrina del pecado y la culpa, por lo que sólo los sectores dirigentes del poder eclesiástico tenían derecho a la propiedad. Así, la Iglesia prolongó su papel como terrateniente, prestamista y administradora de bienes.»[241]

Aparece la influencia de Santa Anna

El libro de texto afirma la siguiente mentira: «en 1829 una expedición española desembarcó en las costas de Tamaulipas, pero fue derrotada por el ejército nacional» (p. 25). ¿Qué sucedió en realidad en aquella ocasión? Lo siguiente: España intentó por última vez recuperar México, la gran joya de la Corona, por medio de las armas. El general Isidro Barradas, jefe de la expedición naval española, fue destruido prácticamente por un huracán y otras calamidades, todas ellas naturales, como las enfermedades tropicales, sin haber librado más allá de tres escaramuzas en Tampico. Santa Anna no ganó una sola batalla, ni una, pero eso sí, ganó la guerra y aprovechó la coyuntura geográfica y climática para ostentarse como el vencedor indiscutible. Ni Santa Anna ni el ejército derrotaron a nadie.

El Salvador de la Patria, como se hizo llamar a la manera de un gran publicista moderno, construyó su prestigio con embustes. «Los mosquitos, los temporales, la calidad del agua, el hambre, el vómito, las diarreas, los fuegos cruzados por error entre las propias tropas mexicanas, causaron más bajas que todas las balas santannistas juntas.» ¿No fue galardonado con el título de Benemérito, aun cuando cometió todo género de torpezas que nos hubieran costado a los mexicanos la pérdida de nuestra independencia y el sometimiento, una vez más, a la Corona española capitaneada por un hombre por lo menos torpe, como sin duda lo fue Fernando VII? Jamás se podrá olvidar que

[241] Luis Reyes García, «La ciudadanía en México, un breve recuento histórico», *Polis: Investigación y análisis sociopolítico y psicosocial*, México, vol. 9, núm. 2, julio-diciembre, 2013, p. 124.

casi fue hecho prisionero por el enemigo, tal y como acontecería años más tarde en las batallas libradas en Texas contra los estadounidenses, sólo que ahí lo aprehenderían en San Jacinto ya en su carácter de general-presidente de la República. El manejo inteligente de un error equivale a mil triunfos...

¿Más? En 1838, nueve años después de la invasión de Barradas, cuando se produjo la guerra de los Pasteles, el famoso bloqueo francés en Veracruz porque se le debía dinero a un pastelero de dicha nacionalidad y Santa Anna, nuestro hombre, perdió la pierna izquierda durante el bombardeo: ¿no supo acaso despertar la piedad y la ternura de la nación para que esta lo premiara erigiéndolo una vez más como héroe, *Benemérito de Veracruz*, por haber sido mutilado en combate? Todo un maestro autodidacta en las artes del oportunismo. Perdió la batalla y una extremidad (que hizo enterrar con todos los honores), pero ganó la gloria y la conmiseración pública, misma que incrementó sustancialmente su capital político, aumentado en buena parte gracias a la nula educación política de la sociedad, a sus poderosas convicciones fanáticas y a la costumbre tan perniciosa de aclamar al poderoso como si fuera un hombre sobrenatural.

El *Quince Uñas*, en realidad debería ser mejor llamado *Catorce Uñas*, y es válida la precisión porque en Veracruz también perdió un dedo de la mano derecha.

Surge la ambición estadounidense

El libro afirma que «Desde su independencia de Inglaterra, en 1776, la población de Estados Unidos creció considerablemente. Hacia principios del siglo XIX ya se había duplicado y continuaba en aumento, por lo que había miles de personas dispuestas a colonizar nuevos territorios». ¡Cierto! Baste decir que en 1776 tenían aproximadamente dos millones y medio de habitantes; en 1820 alcanzaban los siete millones. En cuarenta años casi triplicaron su población gracias a la política migratoria.

¿Qué tal? ¿Y por qué razón crees que los mismos cientos de miles de personas no se interesaron en asentarse como colonos en México, por más que en aquellos años éramos poco más de seis millones de mexicanos? ¿Por qué sí emigraron a Estados Unidos y lo enriquecieron con nuevas ideas, otros bríos, capitales y entusiasmo, y no beneficiaron a nuestro país? La respuesta es muy simple: tanto a las Trece Colonias como al país ya independizado de Inglaterra podía arribar quien lo deseara sin condicionar su estancia a la práctica de religión alguna, siempre y cuando llegaran a ganarse la vida de manera honorable, sobre la base de que para los protestantes la riqueza es un don de Dios, a diferencia de la condena impuesta a los ricos católicos, como cuando se decía aquello de que: «Es más fácil que pase un camello por el ojo de una aguja a que entre un rico en el reino de los cielos...».

Pues bien, para emigrar a la Nueva España era indispensable que se practicara la religión católica, por lo que protestantes, musulmanes, judíos, entre otros tantos creyentes, prefirieron la libertad de credos y fueron a poblar Estados Unidos y a trabajar para prosperar y enriquecerlo con sus aportaciones, creencias y actividades. ¿Por qué se quedaron deshabitados los territorios al norte del río Bravo, entre otros tantos más? Simplemente porque nadie quería abandonar su religión como condición para poblar otro país. De esta suerte los territorios de Texas, Nuevo México y California, que ostentaban una población insignificante y se encontraban aislados al lado de un vecino goloso, tarde o temprano serían engullidos por este tal y como en realidad aconteció. Las condiciones estaban dadas para el arribo del desastre. ¿Pruebas? El mismo libro consigna que «el gobierno mexicano permitió que se establecieran allí algunos colonos provenientes de Estados Unidos, con la condición de que respetaran las leyes del país y fueran católicos» (p. 27). ¿Está claro el punto? El clero fue en buena parte responsable de que dichos territorios jamás se poblaran, de la misma manera que fue responsable del analfabetismo de las masas durante la Colonia. Imposible olvidar que Lutero en el siglo XVI impulsó una fuerte campaña de alfabetización para que la gente leyera la Biblia, en cambio, en los países católicos, con que el cura supiera leer y escribir era suficiente. En consecuencia, para el siglo XVII Holanda e Inglaterra alcanzaban 70% de alfabetizados. No se debe pasar por alto que la Constitución de 1824 prescribía que la religión católica sería la única que habría en el país, disposición que resultó fatal para la República y que también ayuda a comprender la falta de colonización de los territorios norteños. ¡Ah!, se me olvidaba: la Biblia estuvo prohibida durante doscientos años en la Nueva España...

¡Qué afortunado fue Estados Unidos al no padecer un Estado dentro de otro Estado que provocaba conflictos armados domésticos! ¿Cuántos derrocamientos presidenciales patrocinó la Iglesia protestante en Estados Unidos en el siglo XIX? Ni George Washington ni Thomas Jefferson ni John Adams ni Andrew Jackson jamás temieron ser derrocados por ninguna corriente religiosa. ¿Cuántos impuestos recaudó la Iglesia protestante estadounidense, cuántas hipotecarias poseyó, cuántos juicios de toda naturaleza controló, cuántos latifundios detentó, cuántas guerras financió, cuántos bancos fundó y cuántos bienes embargó y remató; cuántos ejércitos dirigió escondiendo la Santa Cruz, cuántas cárceles clandestinas operó, a cuántos feligreses torturó, mutiló o quemó en la maldita pira inquisitorial y, díganme, cuántos levantamientos armados patrocinó la Iglesia presbiteriana con tal de defender sus intereses materiales en lugar de dedicarse a la divulgación del evangelio?

¡Cuánta energía vital desperdició México para combatir al clero en lugar de construir el grandioso país que nos merecíamos! ¿Por qué no haber aceptado los principios de la Revolución francesa, los Derechos Universales del Hombre, e imponer la igualdad legal «para evitar que la frágil naturaleza humana tienda a abusar del poder», la división tripartita del poder público como lo quiso Montesquieu en *El espíritu de las leyes*, así como la separación de la Iglesia y el Estado, a lo que tanto se opuso el clero por considerar que las propuestas republicanas se oponían a sus intereses? ¡Lo que nos hubiéramos evitado!

En relación a Florida, comparemos el texto que aparece en el libro de 2015: «Además de apropiarse de las tierras que ocupaban los pueblos indígenas, el gobierno estadounidense compró el territorio de Luisiana a los franceses y arrebató la Florida a los españoles» (p. 27). ¿De acuerdo?

Ahora veamos cómo se presentó el mismo hecho en el libro de 1992: «los Estados Unidos […] estaban interesados en expandirse hacia el sur. Ya habían comprado el territorio de Luisiana a los franceses y el de Oregón a los ingleses. Luego adquirieron la Florida y rebasaron la frontera del caudaloso río Misisipi». ¿Es lo mismo arrebatar que adquirir? ¿A quién creerle? ¿Cuál de los dos libros dice la verdad? Evidentemente el de 1992…

¿El exsecretario Chuayffet y sus burócratas jamás pensaron que alguien, alguna vez, se internaría en las páginas del libro de texto de historia para conocer lo que les enseñaban a los pequeñitos en la escuela y poder constatar las dosis de veneno que les administraban…? Se debe fundar hoy mismo una Comisión Redactora del Libro de Texto Gratuito, un organismo autónomo, integrado por historiadores de renombre que cuenten con una gran obra publicada y deslumbrantes títulos académicos, de modo que ellos y solamente ellos puedan educar a nuestros niños. ¡He ahí mi propuesta para acercarnos lo más posible a la verdad!

Gómez Farías, el gran ausente

Desde luego no se menciona que Anastasio Bustamante cedió el poder a Santa Anna en 1833, ni que Lucas Alamán será juzgado por su participación en el secuestro de Guerrero y que lo salvará de este juicio, precisamente, un nuevo golpe de Estado conservador efectuado en 1834, cuando se arrojó por la borda el esfuerzo patriótico, sin paralelo en el continente americano, del ilustre don Valentín Gómez Farías, a quien de manera vergonzosa no se menciona ni una sola vez en todo el libro. ¿Pues a qué estamos jugando? ¿Esto es enseñar?

Don Valentín fungía como presidente interino de la República en tanto que Santa Anna, el titular, estaba en su finca de Veracruz disfrutando del calor del trópico y de las mujeres.

Fue Gómez Farías quien aprovechó talentosa y audazmente la ausencia de Santa Anna para llevar a cabo la reforma del Estado mexicano veinte años antes que Juárez y su brillante generación. Fue Gómez Farías quien suprimió la coacción civil para el pago del diezmo (27 de octubre), pesada carga para los ciudadanos y fuente de enriquecimiento permanente de la Iglesia; fue Gómez Farías quien prohibió al clero regular y secular tratar asuntos políticos (junio de 1833). Fue Gómez Farías quien cedió los edificios jesuitas a los estados de la Federación (31 de enero de 1834), y fue Gómez Farías quien ordenó la secularización de todas las misiones de la República (16 de abril). Fue don Valentín quien ordenó la destitución definitiva de los jefes militares que osaran pronunciarse contra las instituciones federales (5 de agosto de 1833). Fue Gómez Farías quien redujo al ejército, manteniendo sólo a las tropas indispensables para proteger el orden interno (11 de noviembre de 1833). Fue Gómez Farías quien estableció la libertad de imprenta el 2 de abril de 1833. Fue Gómez Farías quien suprimió colegios religiosos destinándolos a la educación pública (12 de octubre de 1833). Fue Gómez Farías quien suprimió la Universidad Pontificia y ordenó la creación de la Dirección General de Instrucción Pública (23 de octubre de 1833), antecedente del Ministerio de Educación. Fue don Valentín quien decretó la libertad de enseñanza y creó la Escuela Normal de Profesores... ¿Por qué el libro de texto no cita estos hallazgos en detalle? ¿Por qué no publicarán un retrato de don Valentín Gómez Farías a página completa como sí lo hicieron con Porfirio Díaz, cuando el primero, sin duda alguna, es uno de los grandes padres fundadores de México? ¿Por...?

«¡Ya podemos imaginarnos el escándalo que causarían unas disposiciones de esta naturaleza en una sociedad fanatizada, dividida constantemente por los odios de partido, acostumbrada al motín y a la revuelta!

Clérigos y frailes que miraban desaparecer de un plumazo la principal entrada de sus rentas se rebelaban abiertamente contra el gobierno, ya que sabían que la sociedad hasta entonces era no sólo profundamente católica, sino verdaderamente fanática y pagaba, no sólo diezmos y primicias, y obvenciones parroquiales, sino que también contribuía con dinero, limosnas y trabajos personales a erigir nuevos edificios y a mantener frailes, monjas y clero secular con sus donativos [...] Tocar al clero mexicano en sus bienes, era tocarlo en lo que consideraba más sagrado.»[242] ¿Por qué no es mencionado semejante prohombre en el libro de texto? No cabe sino pensar que desean que nuestros niños desconozcan a los grandes liberales que intentaron modificar el rostro de México.

Como los intereses afectados por Gómez Farías eran muy poderosos (la Iglesia principalmente), el coronel Ignacio Escalada lanzó el llamado Plan de Escalada en mayo de 1833, por el cual protestaba «sostener a todo trance la santa religión de Jesucristo y los fueros y privilegios del clero y del ejército, amenazados por las autoridades intrusas...»[243] Fue el comienzo de una cascada de levantamientos armados financiados por el clero: en Tlalpan, en Huejotzingo, en Puebla, en Jalapa, en Oaxaca y finalmente en Cuernavaca hubo levantamientos en mayo de 1834, llamando a Santa Anna a la dictadura. La mayoría de los golpes de Estado en el siglo XIX no se ejecutaron porque se buscara la prosperidad de la nación ni porque se intentaran instrumentar cambios políticos orientados a la aplicación de mejoras políticas o sociales, sino casi siempre se trataba de llamados a la violencia para preservar los intereses clericales. ¿Es evidente uno de los orígenes, el más nefasto, de la desestabilización y del caos?

¿Y qué pasó con Gómez Farías, este ilustrísimo personaje amante de la libertad, un auténtico constructor del futuro de México? El clero se presentó ante Santa Anna, el presidente, para solicitar su inmediata destitución, objetivo que logró de manera fulminante. Gómez Farías fue depuesto y el 22 de mayo de 1834 fue nombrado ministro de Justicia nada menos que el obispo de Michoacán, Juan Cayetano Portugal, otro poderoso e influyente prelado (¿verdad que los curas aparecen invariablemente...?), encargado de deshacer la colosal obra reformista. ¡Adiós por lo pronto a don Valentín, una de las grandes figuras liberales del México independiente...! ¡Adiós a la estabilidad política requerida para construir el futuro liberal y progresista que México sin duda se merecía y se merece! ¿Cómo pegar una piedra sobre la otra en estas terribles condiciones...?

---

[242] Alfonso Toro, *op. cit.*, p. 106.
[243] Jorge Fernández Ruiz, *Un reformador y su reforma*, México, Sociedad Mexicana de Geografía y Estadística, 1981, pp. 135-136.

Separación de Texas

El libro sostiene que «A finales de 1835, el Congreso decidió convertir al país en una República centralista» (p. 28). ¿Qué...? ¿Que qué...? Tendríamos que comenzar por aclarar que el tal Congreso mexicano (surgido de los Acuerdos de Zavaleta celebrados entre Santa Anna, Bustamante y otros militares) sólo servía para *legalizar* las acciones arbitrarias de quienes los habían designado, o sea el clero y los militares. En todo caso debería decirse que a finales de 1835 el clero decidió convertir al país en una República centralista por así convenir a sus intereses. Obviamente, para ello contó con el apoyo de los tradicionales sectores aristocráticos: militares, latifundistas, antiguos miembros de la nobleza novohispana...

¿Razones? Era mucho más sencillo para la alta jerarquía católica entenderse con un tirano camuflado que tratar de controlar a todo el país frente a un Congreso como el de Estados Unidos, donde los representantes populares opinaran y ejercieran su poder para diseñar el futuro de México.

El supuesto Congreso reemplazó la Constitución de 1824 por las llamadas Siete Leyes, imponiendo un feroz centralismo estructurado al gusto del clero y de los nostálgicos de la Colonia, que reforzaba el poder presidencial y disponía que el Ejecutivo duraría ocho años en el cargo y podía ser reelecto; sustituía los estados por departamentos, restándoles libertades al someterlos en todo a la autoridad central; desaparecieron las legislaturas estatales y un buen número de ayuntamientos (aquellos que no pasaban de 8 000 habitantes). La mano negra, oculta, en todo este movimiento retrógrada no podía ser otra más que la del clero que movía a una marioneta llamada Santa Anna, presidente de la República con licencia, el cual descansaba en Veracruz, por lo que el encargado de promulgar esta legislación llamada a dar marcha atrás a las manecillas de la historia fue José Justo Corro, presidente interino.

Ante esta retrógrada medida Texas protestó, y Santa Anna envió a reprimirlos al general Martín de Coss al mando de una fuerza de 4 000 hombres, misma que fue vencida...

A principios de 1836, Antonio López de Santa Anna marchó hacia Texas al frente del ejército con la intención de someter a los colonos rebeldes, para lo cual dejó muy en claro su fogosa determinación de triunfo cuando declaró para la historia universal: «Yo marcharé personalmente a someter a los revoltosos y una vez que se consume este propósito, la línea divisoria entre México y Estados Unidos se fijará junto a la boca de mis cañones».[244]

Ese era Santa Anna... el gran hablador, encantador de serpientes... ¿Resultado? Santa Anna fue derrotado en la Batalla de San Jacinto. En el libro de texto se establece que Santa Anna «firmó un acuerdo en el que aceptaba la independencia de Texas y ordenó la retirada de las tropas mexicanas» (p. 28). ¡Falso! Una vez hecho prisionero, de la manera más cobarde imaginable Santa Anna ordenó la retirada de las tropas mexicanas (ante la sorpresa de estas) y procedió, a cambio de salvar la vida, a firmar los Tratados de Velasco mediante los cuales reconocía la independencia de Tejas, todavía escrito así, con jota. Acto seguido, el general-presidente de México, una vez encadenado con grilletes, fue trasladado a Washington para ratificar los acuerdos respectivos...

Cualquiera podría sospechar que después de los vergonzosos Tratados de Velasco y de descender en Veracruz de una goleta facilitada por el presidente de Estados Unidos, el futuro político de Santa Anna estaría condenado al fracaso, sin embargo, nada de eso aconteció. Todavía este siniestro personaje tendría tiempo de sobra para dañar irreversiblemente a México.

Hay que añadir, por último, que en estos pasos oscuros el tirano estuvo acompañado por un hijo de Morelos, otro traidor conocido como Juan Nepomuceno Almonte, quien incluso lo acompañó en su viaje por Estados Unidos.

De repente el libro de texto se traga nueve años, que van de 1836 a 1845: de la derrota de Santa Anna en Tejas (todavía escrito con jota) a la Guerra en contra de Estados Unidos. Valdría la pena subrayar que después de su independencia el gobierno mexicano no aceptó ni mucho menos estuvo de acuerdo con la existencia de la República de Texas, que muy pronto sería anexada a Estados Unidos con consecuencias terribles para México. ¿Un dato interesante? Lorenzo de Zavala fue un connotado político yucateco que fungía como vicepresidente de la República independiente de Texas cuando esta provincia se independizó de México. Que quede muy claro que se trataba de un mexicano y que este traidor había sido ministro durante el gobierno de Vicente Guerrero...

[244] José Fuentes Mares, *Santa Anna, el hombre*, México, Grijalbo, 1981, p. 119.

La guerra contra Estados Unidos

En 1837 Anastasio Bustamante (el que, entre otros más, derrocó y mandó asesinar a Guerrero) había vuelto a ocupar el poder. Lo derrocaría Santa Anna en 1841, pues a pesar de la derrota en Texas, la pérdida de una pierna durante la llamada guerra de los Pasteles en 1838 lo había resucitado políticamente. Al nuevo pacto entre militares se le dio el nombre de Bases de Tacubaya. En principio desconocía los poderes constitucionales... Se convocó la integración de un nuevo Congreso Constituyente, del que formarían parte luminarias del pensamiento político como Melchor Ocampo, Mariano Otero o Juan Bautista Ceballos (*El Gallo Pitagórico*). Santa Anna les pidió que no diseñaran una Constitución federalista, pero estos ignoraron semejantes presiones; ante ello, Santa Anna se retiró a su hacienda dejando en el poder a Nicolás Bravo. ¿Qué hizo este? Disolvió el Congreso, encarcelando a los diputados y decretando una República centralista de corta duración, pues en 1844 Santa Anna volvería al poder.

La guerra con Estados Unidos estaba a la puerta cuando la Casa Blanca anexó definitivamente a Texas para dejar de ser la República de Texas y convertirse en el estado número veintiocho de la Unión Americana, después de que los texanos votaron en un plebiscito anexarse a Estados Unidos.

Llegan informes cada vez más confusos y alarmantes del norte, de Estados Unidos, de Texas. Los yanquis ya no saben cómo disfrazar lo que hasta ese momento es el hurto del siglo. El 8 de junio de 1844 el Senado había rechazado en Washington el tratado de anexión con 35 votos contra 16, la oposición de los legisladores no se fincó en el hecho de que la medida pudiera ser justa o injusta para México, sino en que la adición de un estado esclavista podría conducir, en el futuro, a una guerra de secesión en Estados Unidos porque los abolicionistas temían una pérdida del equilibrio en el Congreso, con lo cual podrían convertirse en un país de esclavos de norte a sur.[245] Se vuelve a someter a discusión la anexión de Texas el 11 de junio de 1844, pero la clausura constitucional del periodo de sesiones impide que se llegue a un acuerdo.

El jefe de la Casa Blanca truena como un viejo diplomático de la alta escuela: «¡Escúchenme bien, en caso de que el Congreso no decrete la

---

[245] José Fuentes Mares, *Santa Anna: Aurora y ocaso de un comediante*, México, Jus, 1956, p. 111.

anexión, las fuerzas armadas estadounidenses irían en ayuda del pueblo texano para proclamarla!».[246]

Texas es anexado finalmente en diciembre de 1845. Los mexicanos se oponen rabiosamente a semejante pérdida territorial, sin encontrar la manera ni financiera ni militar para contener la voracidad del vecino del norte. En México el caos político continúa adueñándose de la nación y el ruido doméstico impide conocer con lujo de detalle lo que se trama en el extranjero en contra del país, para, en su caso, tratar de tomar algunas medidas defensivas. Baste advertir que ahora sí los grupos políticos llegan a enfrentamientos feroces, justo cuando se cierne una segunda amenaza en contra de la mexicanidad. Los invasores en esta ocasión ya no hablarán castellano sino inglés, y más tarde se comunicarán en francés. Resulta imposible encontrar estabilidad política cuando México o parte de México podría ser engullido por un gigante que ya había logrado independizarse. ¿Cómo defendernos? La vieja estrategia diseñada por el presidente Jefferson había sido coronada por el éxito: se trataba de poblar legal o ilegalmente la superficie apetecida, desarrollarla, armarla desde el punto de vista militar, exigir posteriormente, con cualquier pretexto, la escisión del país propietario a través de la figura de una República independiente y proceder más tarde a la anexión del Estado a la Unión Americana. ¿No parecía una convención de piratas invasores con algunos pruritos legales? Crean un país artificialmente y luego se lo roban. ¡Ya está! ¡Listo!

Adicionalmente, en cinco años, que irán de 1843 a 1848, en México habrían ocupado once presidentes de la República el Poder Ejecutivo precisamente cuando deberíamos habernos organizado para tratar de enfrentar al poder yanqui. Ahí vemos pasar a Valentín Canalizo (1843-1844), a Antonio López de Santa Anna (1844), a José Joaquín de Herrera (1844), a Mariano Paredes y Arrillaga (2 de enero al 27 de julio de 1846), a Nicolás Bravo (28 de julio al 4 de agosto de 1846), a Mariano Salas (6 de agosto al 24 de diciembre de 1846), a Valentín Gómez Farías (1846-1847), a Antonio López de Santa Anna (21 de marzo al 2 de abril de 1847), a Pedro María Anaya (1847), a Manuel de la Peña y Peña (1847, 1848) y a José Joaquín de Herrera (1848-1851). Un horror, ¿no?

Durante su campaña presidencial James Knox Polk había dejado muy en claro lo siguiente: «Nuestra nación es el último y supremo esfuerzo de Dios para iniciar una nueva fase en la historia de la humanidad».

---

[246] «Entonces los partidarios de esta medida —la anexión de Texas— la incorporaron en la campaña presidencial.» Glenn W. Price, *Los orígenes de la guerra con México*, México, FCE, 1986, p. 61.

No había tiempo ni necesidad de pausa para desentrañar los peligros escondidos en esta amenazadora realidad. Polk gana las elecciones federales en octubre de 1844 con 170 votos contra 105. Será un verdugo implacable; sordo, inconmovible y fanático. El tema prioritario en sus discursos de campaña lo había ocupado Texas, «por lo pronto» la anexión de Texas, ya consumada dentro del antiguo contexto de la estrategia de Jefferson.[247] El «por lo pronto» hace que levanten la ceja quienes saben leer las entrelíneas de los textos políticos. Al electorado estadounidense le fascina la posibilidad expansionista. Las palabras de Polk calan, conmueven, sacuden; es la reencarnación del *padre fundador*. Gusta, seduce, es aceptada la idea de la adquisición de nuevos territorios por medio de cualquier herramienta... Polk siente encarnar la voz de la Divina Providencia, que le ordena la anexión de Texas y no sólo de Texas, sino de Nuevo México y California; más tarde irá por Yucatán y Cuba para apropiarse del ingreso al Golfo de México. ¿Golfo de México or *Gulf of Texas*...?

A finales de marzo de 1846 se dan por terminadas las relaciones diplomáticas entre México y Estados Unidos. Las hostilidades podrían estallar en cualquier momento mientras Santa Anna se encuentra en Cuba exiliado y tratando de apartarse de la peligrosa efervescencia en México, la cual contempla con un ojo a la distancia. ¿Qué hacía en Cuba Santa Anna, el famoso *Quince Uñas*, precisamente en aquel caluroso invierno cubano de 1846? Yo lo diré: *sufría* uno de los exilios caribeños que viviría con placidez, riqueza y comodidad a lo largo de su dilatada carrera política.

El entorno se vuelve mucho más complejo cuando Polk manda a John Slidell como embajador, con autorización para ofrecer hasta treinta millones de dólares para comprar Nuevo México y California y obtener la tan deseada salida al Océano Pacífico.[248]

---

[247] «Nuestra Confederación ha de verse como el nido desde el cual se poblará América entera, tanto la del Norte como la del Sur. Mas cuidémonos de creer que a este gran continente interesa expulsar desde luego a los españoles. De momento aquellos países se encuentran en las mejores manos, que sólo temo resulten débiles en demasía para mantenerlos sujetos hasta el momento en que nuestra población crezca lo necesario para arrebatárselos parte por parte.» Thomas Jefferson «Carta a Stuart, París, 25 de enero», en José Fuentes Mares, *Génesis del expansionismo norteamericano*, México, El Colegio de México, 1980, p. 15.

[248] James Knox Polk, *Diario del presidente Polk [1845–1849]*, México, Antigua Librería Robredo, 1948, pp. 67-68; Sam W. Haynes, *James K. Polk and the Expansionist Impulse*, Nueva York, Longman, 1997, p. 105; Doralicia Carmona «López de Santa Anna y Pérez Lebrón, Antonio. 1794-1876», *Memoria Política de México*, México, Instituto Nacional de Estudios Políticos A.C., 2010, consultado en septiembre de 2015, www.memoriapoliticademexico.org/Biografias/LSA94.html. Cita a su vez a Richard Holmes, *Las guerras que han marcado la historia*, Madrid, Ariel, 2007.

El gobierno mexicano en turno se niega a recibir al multimillonario representante de la Casa Blanca. Polk desespera, insiste en una acción militar y presiona a su Congreso para declarar la guerra, en tanto manda tropas muy bien armadas al sur del río Nueces a cargo de Zachary Taylor.

El libro de texto contiene nuevamente mentiras e imprecisiones cuando sostiene que «los primeros enfrentamientos se produjeron en abril de 1846 en la frontera entre Texas y Tamaulipas». ¡Falso! Que nunca se pierda de vista que la frontera entre Coahuila y la Tejas mexicana era el río Nueces y de ninguna manera el río Bravo, por lo que si de alguna forma llegaba a perfeccionarse la anexión de Texas a la Unión Americana, dicha anexión tendría forzosamente que aceptar el río Nueces como la nueva frontera entre la República Mexicana y Estados Unidos y jamás el río Bravo. ¿Qué hizo Polk? Si bien llevó a cabo bloqueos en Tamaulipas, mandó también al ejército yanqui al sur del río Nueces, o sea al Departamento de Coahuila, para engañar a su Congreso con una supuesta agresión de México en territorio de Texas. Una mentira, por ello el presidente de Estados Unidos era conocido como Polk *El Mendaz*.

Cuando se produce un primer encuentro armado en Carricitos, Coahuila –no en territorio texano–, entre mexicanos e invasores yanquis, el presidente Polk vuelve a mentir ante su Congreso: «Señores legisladores: sangre norteamericana ha sido derramada en suelo norteamericano».

Con ello, con ese gran embuste y ridículo pretexto, la guerra entre ambos países dio inicio el 11 de mayo de 1846. Mientras tanto en México al general Mariano Paredes y Arrillaga (el mismo a quien se le había encargado combatir a los texanos rebeldes y en esa terrible coyuntura había preferido pronunciarse contra el gobierno al grito de «Orden y monarquía», porque deseaba traer a un príncipe europeo a gobernar México; increíble trazar jamás semejante plan, pero menos, mucho menos, en uno de los momentos más críticos en la historia de México, ¿verdad…?) le correspondió recibir el sobre con la declaración de guerra de Estados Unidos.

¿Y Santa Anna? Pues bien, el *Benefactor de la Patria*, cómodamente instalado en Cuba, envía a Alejandro Atocha, su embajador, a negociar con el presidente Polk la derrota mexicana a cambio de treinta millones de dólares. Polk manifestó su escepticismo en torno al planteamiento de Atocha dado que, ¿por qué no?, tanto el mensaje como el supuesto embajador santannista bien podrían ser parte de una trampa aviesa propia de los periodos de guerra. En razón de la desconfianza que le despertaba el asunto decidió enviar a Cuba al comandante Alexander Slidell Mackenzie, su representante personal, para entrevistarse sin intermediarios con Santa Anna: sólo de esta manera verificaría las verdaderas intenciones del *Napoleón del Oeste* y desenmascararía de una buena vez, si ese fuera el caso, a su pretencioso enviado. Slidell Mackenzie confirma la identidad de Atocha y ratifica la oferta deleznable de Santa Anna, quien se obligaría a perder la guerra y a ceder territorio a cambio de dinero. Por esa razón, un Veracruz ya bloqueado por la marina de Estados Unidos le abre paso sólo a un personaje con la orden precisa de la Casa Blanca: se autoriza la entrada de Santa Anna a territorio mexicano. ¿No era extraño? ¿Por qué la marina de Estados Unidos, que tenía bloqueado el puerto, iba a dejar pasar al *Catorce Uñas*?

Paredes y Arrillaga fue derrocado por Santa Anna, quien volvió del exilio con el acuerdo del presidente Polk en la casaca para simular una guerra de resistencia. Gómez Farías (ignorante de este pacto y alarmado con el gobierno pro monárquico y antiindependentista de Paredes y Arrillaga) se sumó a Santa Anna y le ayudó a tomar el poder. Una vez triunfante, Santa Anna dejó al general Mariano Salas gobernando (y a Gómez Farías en Hacienda) y se largó aunque esta vez no a sus haciendas veracruzanas, sino supuestamente a combatir a los estadounidenses que habían ingresado por el norte al mando del general Zachary Taylor, quien tomará Monterrey a sangre y fuego.[249] Remplazará al presidente Polk en la Casa Blanca tres años más tarde, en marzo de 1849.

Misteriosamente, Santa Anna se quedó estacionado en San Luis Potosí. Su pretexto, sin embargo, era comprensible: no tenía recursos. El general Salas no había conseguido doblegar al clero, que no cedía un peso para la defensa de la patria muy a pesar de ser la única institución dotada de la capacidad financiera necesaria para rescatarla en semejante episodio crítico de su historia.

Salas renunció y Gómez Farías pasó de Hacienda a la vicepresidencia haciéndose cargo de la situación.

Dice el libro de texto: «En febrero de 1847 se libró otro enfrentamiento de grandes proporciones en un paraje llamado La Angostura, cerca de Saltillo, Coahuila» (p. 29), pero omite que Santa Anna, en el norte, ejecutó su parte del trato con Polk y perdió intencionalmente esa

---

[249] La Batalla de Monterrey tuvo lugar entre el 14 y el 21 de septiembre de 1846. En ella, los ciudadanos defendieron egregiamente su ciudad para acreditar su *regio* patriotismo. Cabe señalar que el contingente femenino brilló por su valentía durante aquellos trágicos hechos que culminaron con la ocupación de la ciudad durante casi dos años, hasta el 18 de junio de 1848.

La Plaza Mayor de México, *litografía de Pedro Gualdí. Nótese la bandera de las barras y las estrellas izada sobre el asta de Palacio Nacional en 1847.*

batalla que debió ganar y en la que de hecho había resultado vencedor absoluto. Taylor no podía creer ni jamás entendió las razones por las cuales Santa Anna de repente se retiró como si hubiera sido derrotado en lugar de apropiarse de todos los bienes, municiones, armamento, alimentos y provisiones del ejército yanqui. *Quince Uñas* emprendió la retirada a San Luis Potosí, para perder casi la mitad de sus hombres durante una marcha suicida. Pero esto no era lo peor: la verdadera invasión, que habría de tomar la misma Ciudad de México, venía por mar comandada por el general Winfield Scott y habría de entrar por el puerto de Veracruz.

Hubiera sido mejor mostrar en el libro la imagen del Palacio Nacional con la bandera norteamericana colocada en su asta de modo que los niños se cuestionaran lo ocurrido. Ahí estuvo la enseña de las barras y las estrellas, ¿por qué negarlo? ¿No se trata de proyectar la realidad de lo acontecido?

En el Congreso mexicano tuvo lugar entonces una de las más encendidas y célebres sesiones de su historia cuando, entre el 7 y el 10 de enero de 1847, se discutió la necesidad de hacer llegar recursos al gobierno para poder sostener al ejército. A las diez de la mañana del 10 de enero se aprobó la ley: «Se autoriza al gobierno para que se proporcione quince millones de pesos para los gastos de la guerra pudiendo hipotecar o vender bienes de manos muertas [enormes territorios propiedad del clero]».[250]

La Iglesia no sólo se negó a semejante «robo», como lo llamó, sino que organizó un nuevo levantamiento armado conocido como la rebelión de los Polkos para derrocar al gobierno presidido por don Valentín Gómez Farías precisamente cuando el país se encontraba invadido por mar y tierra. Este movimiento, si bien no derrocó a Gómez Farías, lo inutilizó completamente, frustrando el intento del prócer por recaudar el dinero necesario para la defensa del territorio y también el envío de apoyo militar a los heroicos jarochos en el puerto de Veracruz, apoyo para el que Gómez Farías había designado nada menos que a... los Polkos.[251] ¿Por qué razón los libros de texto omitirán estos datos tan valiosos?

Este fue el momento elegido por el obispo de Puebla para lanzar una pastoral en la que suplicaba al pueblo: «No ofendáis al Señor dejándoos llevar tal vez de un celo obsesivo faltando a los deberes de la caridad cristiana, que nos previene amar a quien nos aborrece, bendecir a quien nos maldice, y hacer bien a quien nos hace mal. Si la presente tribulación es una prueba, sufrámosla con resignación para salir de ella purificados como el oro [...] Francisco Pablo, obispo de la Puebla, 27 de enero de 1847».

En el libro se afirma que «El gobierno de Estados Unidos también envió otra fuerza a atacar Veracruz; sus barcos de guerra sometieron al puerto a un intenso bombardeo. Marinos y soldados mexicanos defendieron la ciudad, pero debieron rendirse ante la superioridad enemiga. Las tropas estadounidenses avanzaron hacia el centro del país y en agosto de 1847 llegaron al Valle de México y emprendieron el ataque contra la capital de la República». Cierto, sólo que omite que semanas más tarde, tras la destrucción e incendio del puerto de Veracruz, el obispo de Puebla, Francisco Pablo Vázquez, amenazó con la excomunión a los poblanos que atentaran contra la vida de los soldados estadounidenses (algo similar acontecería durante la invasión francesa a partir de 1862), por lo que la muy piadosa Puebla se rindió ante los yanquis sin disparar un solo tiro siempre y cuando estos se comprometieran a respe-

---

[250] Alfredo de la Cruz Gamboa, *Valentín Gómez Farías*, México, LER, 1980, pp. 84-87.

[251] Benito Juárez escribió: «Este motín que se llamó de los "polkos", fue visto con indignación por la mayoría de la república, y considerando los sediciosos que no era posible el buen éxito de su plan por medio de las armas recurrieron a la seducción y lograron atraerse al general Santa Anna, que se hallaba a la cabeza del ejército que fue a batir al enemigo [...] Santa Anna, inconsecuente como siempre, abandonó a los suyos y vino a México violentamente a dar el triunfo a los rebeldes». Benito Juárez, *Apuntes para mis hijos. Notas autobiográficas*, Miriam Herrera (sel. y nota introductoria), Panamá, Ruth Casa Editorial, 2008, p. 14.

tar la propiedad eclesiástica. El colmo, ¿no...? El vínculo entre el obispo y el presidente Polk fueron un amigo personal de este último llamado Moses Yale Beach, propietario de un medio de comunicación (*The New York Sun*) y fundador, a la postre, de la agencia de noticias Associated Press, AP, así como un cura de apellido Campomanes.[252] El obispo arregló todo para que los estadounidenses descansaran en el centro de Puebla sin temor a ser atacados, asistió al campamento de Winfield Scott y fue recibido con honores. El obispo, sí, franqueó el paso de las tropas estadounidenses a la Ciudad de México. ¿Es comprensible así, entre otras razones, por qué se consumó tan velozmente esta nueva invasión a México?

Al grito de «Religión y fueros», coro organizado y dirigido por Lucas Alamán, Valentín Gómez Farías fue nuevamente expulsado de su cargo: cesado, abucheado, pisoteado y acusado de mil calumnias. Se repetía la historia de aquel 1834 ahora en 1847: fuera don Valentín del poder por enfrentar al poder clerical en una coyuntura tan amenazante para la nación. ¡Fuera por exigir ayuda financiera del clero! ¡Fuera...!

Así, al no haber podido defender oportunamente Veracruz y una vez rendida Puebla, fue como el ejército estadounidense tuvo franco el acceso a la Ciudad de México. En el libro se dice que «En los alrededores de la ciudad se libraron batallas en Padierna, Churubusco, Molino del Rey y Chapultepec, acciones en las que fue derrotado el ejército mexicano». Pero se cuidan de mencionar que esto se debía a que Santa Anna dirigía intencionalmente todas sus acciones a la derrota nacional al hacer llegar a las trincheras cartuchos de calibres distintos a las armas existentes en Churubusco y en Molino del Rey, además de enviar instrucciones confusas para facilitar el éxito de los yanquis. La defensa de la ciudad resultaba inútil desde que era imposible cargar los mosquetes con municiones de distinta utilización. A la letra se afirma:

[252] «Luego que el general Scott se posesionó de la plaza de Veracruz, entró en relaciones con el obispo de Puebla, D. Pablo Vázquez, por conducto del cura Campomanes, de Jalapa, y el obispo le dijo: "si me garantizas que serán respetados las personas y bienes eclesiásticos, yo te ofrezco que en Puebla no se disparará un solo tiro". "Aceptado", dijo el general americano. El obispo, para cumplir su palabra, hizo que sus agentes intrigaran en el Congreso del Estado, para que fuese nombrado gobernador el hermano de su secretario, D. Rafael Inzunza, y éste, luego que se encargó del gobierno del Estado, pasó una comunicación al gobierno general, en que le decía que no teniendo Puebla elementos con qué defenderse, no debía esperarse que aquella ciudad hiciera resistencia al ejército invasor. Hizo más aquel prelado: por su influencia, don Cosme Furlong, que era el comandante general, despachó a Izúcar de Matamoros todo el armamento y material de guerra que habían dejado en la plaza los cuerpos que por ahí habían transitado para atacar al enemigo en Veracruz y en Cerro Gordo.» Vicente Fuentes Díaz, *La intervención norteamericana en México, 1847*, México, Imprenta Nuevo Mundo, 1947, pp. 218-219.

«Finalmente, el 14 de septiembre el ejército invasor izó su bandera en Palacio Nacional y permaneció en la ciudad hasta mediados del siguiente año» (p. 30), imponiendo a un gobernador de nombre John A. Quitman, subalterno de Winfield Scott, la verdadera autoridad, e imprimiéndose diarios en inglés como *The North American* y en Veracruz, desde el momento mismo de su ocupación, *The American Eagle* y *The American Star*...[253]

Un sí digo: la derrota no sólo se debió al papel del clero y a las traiciones de Santa Anna, sino también a la indolencia y apatía de la sociedad, a la nefasta participación de la clase política, a la ausencia de un Estado-nación, a la falta de identidad nacional, a los estados del país que se declararon neutrales y se negaron a enviar tropas y dinero, sin olvidar, desde luego, a los Polkos, a la *Mexican Spy Company* y a un pueblo que en lugar de haber aceptado las monedas de oro de los yanquis a cambio de alimentos bien pudieron haberse negado o vender envenenados los comestibles a título de sabotaje. ¿Cómo olvidar a las famosas *Margaritas*, mujeres de la vida alegre que enseñaban a bailar a los invasores y a degustar nuestras bebidas y nuestras comidas? ¿Por qué no organizaron una guerra nocturna de guerrillas ni evitaron el abasto de alimentos, medicinas y municiones?

En aquella circunstancia tristemente célebre no sólo por los obispos, generales y políticos traidores que dieron la espalda a la defensa de la patria, se dio otro terrible motivo de vergüenza en razón de la existencia de una corporación secreta, compuesta casi en su totalidad por bandidos mexicanos, que colaboró clandestinamente enviando información y abriéndole brecha a las fuerzas invasoras al meterse en secreto a los cuarteles mexicanos para allegarse de información de la estrategia defensiva de México. Su nombre: *Mexican Spy Company*. Fue creada por órdenes de Polk por un agente apellidado Hitchcock. A cambio de un salario de dos dólares al día, estos sujetos desconocedores del más elemental patriotismo hicieron cuanto pudieron por asegurar la derrota mexicana.[254] Winfield sería el primer *Win Scott* que trajo a México a sus espías: esto volvería a suceder en la década de los sesenta del siglo XX, durante el movimiento estudiantil del 1968 cuando el segundo, Winston Scott, dirigiría la oficina más numerosa de la CIA, claro, después de la central en Washington: la estación de México, que trabajaría inten-

---

[253] «Su idea era convencer a los mexicanos de las ventajas que obtendrían con la anexión a los Estados Unidos [...] Ambas publicaciones eran bilingües.» Jesús Velasco Márquez, *La guerra del 47 y la opinión pública (1845-1848)*, México, Secretaría de Educación Pública, 1975, pp. 23-24.

[254] Stephen F. Knott, *Secret and sanctioned Covert operations and the American presidency*, Nueva York, Oxford University Press, 1996, pp. 127-128.

samente con el objetivo de derrocar al gobierno de Díaz Ordaz, como veremos más tarde...

El Tratado de Guadalupe-Hidalgo: la pérdida de territorio

No cabe absolutamente ninguna duda de que este pasaje de la guerra alevosa e injusta propiciada por Estados Unidos es uno de los más dolorosos y trágicos de nuestro pasado, un trauma muy severo en el que las autoridades educativas no han trabajado para propiciar un proceso de sanación similar al que se requiere para superar los conflictos emocionales derivados de la invasión española del siglo XVI y el nacimiento del mestizaje. México será más libre y poderoso, evolucionará sin complejos, creceremos con más seguridad y alegría en la medida en que hablemos, leamos y expongamos nuestras controversias como si nos encontráramos en el diván de un psicólogo. La integración social sólo es posible en la confianza y en el respeto por nosotros mismos. Es inaplazable desahogarnos y gritar, liberarnos de los embustes y de los complejos adquiridos como consecuencia de las falsedades de los historiadores oficiales. Confesemos nuestros desencuentros y purguémonos de todas las calamidades padecidas, pero para lograrlo requerimos conocer lo más que podamos la historia de nuestro país, de nuestros gobiernos, de las instituciones nacionales y de las relaciones que hemos establecido con otros Estados, y a partir de ese descubrimiento de nuestro pasado, iniciar con placidez y confianza el proceso de construcción de un gran futuro, sin duda el que nos merecemos.

Vale la pena recurrir a alguna metáfora para tratar de aclarar la importancia de esto en la vida de las naciones, de las personas y de las empresas, en fin, de todos: la confianza es el pegamento con que se adhieren los tabiques para construir un muro. ¿Puede acaso prosperar un matrimonio, una amistad, una relación social, profesional o económica, en general, o desarrollarse un país cuando no existe confianza entre los mismos individuos y las instituciones? Marido y mujer tienen que confiar entre sí, como también debe ocurrir entre socios, entre padres e hijos, entre maestros y alumnos y entre ciudadanos y gobierno. ¿Confiamos en nosotros mismos como sociedad igual que confiamos en nuestra familia? Si la respuesta es negativa, empecemos a trabajar en la respuesta en la escuela, con nuestros antropólogos, sociólogos, psicólogos y con nuestros maestros. ¿Por qué no, o por qué sí...? Tenemos que confiar entre nosotros para edificar el país con que soñamos.

Debo decir que el gobierno nacional, o lo que de él quedaba, se trasladó a Querétaro ante la ocupación de la capital. A lo largo de varios meses, algunos representantes mexicanos negociaron con un enviado estadounidense llamado Nicholas Trist para acordar los términos de la paz y, claro está, legalizar el hurto; además de Nuevo México y California, Estados Unidos quería apoderarse de la península de Baja California y partes de los actuales estados de Tamaulipas, Coahuila, Nuevo León, Chihuahua y Sonora, pero los negociadores mexicanos se opusieron.[255] De hecho, el propio Trist consideraba desproporcionadas las exigencias del presidente Polk, lo cual se le debe conceder a dicho personaje.

Resulta muy pertinente volver a aclarar que el conflicto armado con Estados Unidos se debió a una mentira flagrante; la Casa Blanca decidió arrebatarnos la Alta California y Nuevo México, estados inocentes que nada tenían que ver con los motivos de la declaración de guerra. La verdadera razón de la invasión consistía claramente en robarle a México, sí, en robarnos, esa es la palabra, esas gigantescas extensiones abandonadas y escasamente pobladas con el insostenible pretexto de un ataque insignificante en territorio mexicano, en defensa del territorio mexicano, en la inteligencia que nunca se disparó ni un cartucho en la Texas ya anexada; la diferencia en todo caso se tendría que haber resuelto por medio de un arbitraje. El pretexto ingrávido esgrimido por Polk de ninguna manera tendría que haber justificado el hecho de que nos arrebataran la mitad del país por una escaramuza militar librada, insisto, en territorio mexicano. Debo confesar que, aun cuando la siguiente afirmación esté fuera del contexto de este libro, no puedo dejar de consignarla: tanto Polk, Polk *El Mendaz*, como Santa Anna, el traidor, ambos murieron en la cama en su momento, después de padecer terribles ataques de diarrea...[256]

En febrero de 1848 se firmó el Tratado de Guadalupe-Hidalgo, mediante el cual México aceptó la pérdida de los actuales estados de Nue-

---

[255] El ofrecimiento oficial era de 15 millones, pero como escribió Polk: «yo estaba dispuesto a fijar la indemnización por el doble de esa suma, treinta millones de dólares [...] antes que fracasar en la celebración del Tratado [...] La continuación de la guerra aun por menos de doce meses nos costaría más; y [...] el territorio cedido a los Estados Unidos valdría más de cuatro veces los 30 millones en tierras públicas adquiridas y en ventajas comerciales...» James Knox Polk, *op. cit.*, pp. 254-255.

[256] Polk «viajó por el sur y cuando regresó a su casa cayó enfermo de una diarrea crónica. Vivió unas cuantas semanas en su casa y murió el 15 de junio de 1849, a los 54 años de edad.» Glenn W. Price, *op. cit.*, p. 151.

vo México, California, Nevada y Utah, así como partes de lo que hoy es Arizona, Colorado, Wyoming, Kansas y Oklahoma. Todo por una mentira, una infamia, todo por Carricitos... Asimismo se nos obligó, con una pistola en la cabeza, a aceptar la separación e incorporación de Texas a la Unión, cosa que hasta entonces no había ocurrido. La elección consistía en someternos a esas condiciones o perder todo el territorio y que México fuera engullido por Estados Unidos. En aquellos momentos se desconocía que Polk también quería anexarse la parte norte de México, algunos estados al sur del río Bravo aún muy despoblados, pero desistió gracias a las negociaciones y si no se engulló todo el país de golpe fue porque consideraba que seis millones de indígenas implicaban un peso muy severo en las alas del águila blanca estadounidense, y que México jamás podría crecer ni evolucionar mientras tuviera que soportar la carga de semejantes contingentes de indígenas analfabetos, apáticos y sepultados en una centenaria miseria.

James Knox Polk dijo tras mutilar a México: «Nuestro amado país presenta al mundo un espectáculo sublimemente moral».[257]

Karl Marx escribió para justificar el despojo: «¿O acaso es una desgracia que la magnífica California haya sido arrancada a los perezosos mexicanos, que no sabían qué hacer con ella?; ¿lo es que los enérgicos yanquis, mediante la rápida explotación de las minas de oro que existen allí, aumenten los medios de circulación, concentren en la costa más apropiada de ese apacible océano, en pocos años, una densa población y un activo comercio, creen grandes ciudades, establezcan líneas de barcos de vapor, tiendan un ferrocarril desde Nueva York a San Francisco, abran en realidad por primera vez el Océano Pacífico a la civilización y, por tercera vez en la historia, impriman una nueva orientación al comercio mundial? La "independencia" de algunos españoles en California y Tejas sufrirá con ello, tal vez; la "justicia" y otros principios morales quizás sean vulnerados aquí y allá, ¿pero, qué importa esto frente a tales hechos histórico-universales?».[258]

Llama poderosamente la atención que las autoridades educativas que ordenaron la redacción del libro de texto no hayan tenido un cuidado muy especial al exponer a los pequeñitos las dimensiones del hurto de que fuimos objeto los mexicanos cuando concluyó la invasión o intervención militar (¿guerra...?) estadounidense de 1848. La línea azul

---

[257] Glenn W. Price, *op. cit.*, p. 27.
[258] Friedrich Engels, «Der demokratische Pavslawismus», *Neue Rheinische Zeitung. MEW*, t. VI, 15 de febrero de 1849, pp. 273-274, en Karl Marx y Friedrich Engels, *Materiales para la historia de América Latina*, Buenos Aires, Ediciones Pasado y Presente, 1972, pp. 189-190.

del mapa que pretende explicar la extensión de las fronteras mexicanas con Estados Unidos antes de la guerra aparece abruptamente cortada en el libro, se pierde en el infinito (p. 31). Cualquiera pudiera pensar que dicha línea fronteriza llegaba hasta Alaska. ¿Por qué crear confusión entre los estudiantes? ¿Acaso alguien se atreverá a preguntar en un examen hasta dónde llegaba la línea fronteriza de México en el Pacífico Norte, más allá de San Francisco, y si se ignora la respuesta van a reprobar a los menores? En el libro original aparecido en 1960 no queda lugar a dudas sobre las dimensiones del atraco. ¿Por qué ocultarlo en 2015?

Estados Unidos se comprometió a pagar una compensación de quince millones de pesos, es decir, una miseria, lo que les vino en gana. Antes de la guerra el territorio de México representaba 4.44 millones de kilómetros cuadrados y dado que nos arrebataron 2.4 millones, sólo pudimos rescatar 2.04 millones, sin olvidar que el norte del país estaba y está integrado por zonas desérticas. Únicamente logramos que nos quitaran las pistolas cargadas de las sienes cuando intentaron legalizar el robo por medio del Tratado de Guadalupe-Hidalgo, que comenzaba así: «En el nombre de Dios Todopoderoso: Los Estados Unidos Mexicanos y los Estados Unidos de América, animados de un sincero deseo de poner término a las calamidades de la guerra que desgraciadamente existe entre ambas repúblicas, y de establecer sobre bases sólidas relaciones de paz y de buena amistad, que procuren recíprocas ventajas a los ciudadanos de uno y otro país, y afiancen la concordia, armonía y mutua seguridad en que deben vivir, como buenos vecinos, los dos pueblos…».[259]

Empezar el tratado, o mejor dicho, la legalización del gran robo del siglo XIX con aquello de «En el nombre de Dios Todopoderoso», ¿no constituye una burla, una ironía de muy mal gusto con un contenido sarcástico, humillante y provocador? ¿Qué tuvo que ver el tal Dios con el despojo? Y, sin embargo, los representantes mexicanos lo suscribieron en dichos términos muy a pesar de constituir una iniquidad inadmisible. El libro aduce que «la derrota militar, la muerte de miles de soldados y la pérdida de la mitad de su territorio representaron un gran golpe para México. Durante los años siguientes el país vivió una etapa de gran desilusión y caos político» (p. 30). ¿Sí? ¿Y qué hicimos como mexicanos para evitar que un evento similar pudiera repetirse? ¿Qué aprendimos de la traumática experiencia? Nada, absolutamente, nada: hoy en día Estados Unidos podría volver a despojarnos, esta vez

---

[259] Francisco Castillo Nájera, *El tratado de Guadalupe; ponencia al Congreso Mexicano de Historia. VIII Reunión (Durango, Sep. 17-26 de 1947)*, México, Talleres Gráficos de la Nación, 1947, p. 79.

de todo, sin que pudiéramos oponer la menor resistencia y ya no sólo mediante una intervención militar, sino por medio de diversas estrategias tecnológicas que escapan a nuestra imaginación y a nuestro conocimiento.

¿Ejemplos? Con apretar un botón podrían desaparecer por pánico las reservas del Banco de México y en nuestra impotencia no podríamos impedirlo. Esa sería parte de la historia moderna. Tal parece que no sabemos aprender de las lecciones del pasado o que las así llamadas experiencias pasadas están tan adulteradas y falseadas que nos proyectan sin contención a repetir la historia. Insisto: se dice que «el país vivió una etapa de gran desilusión» (p. 30). ¡Qué va! Lo que sufrimos en aquellos años y padecemos hasta el día de hoy es una espantosa sensación de impotencia y de minusvalía en la que ninguna escuela ha trabajado como tendría que hacerlo un ejército de psicólogos, llamados maestros, instalados en cada aula de la nación. El libro de texto tendría que ser el gran bálsamo que cura heridas a través de la verdad: resulta imposible sanar con base en mentiras y embustes que únicamente complican mucho más la existencia e impiden la reconciliación entre nosotros mismos. ¿Cómo curar a México? ¿Cómo hacer para que ya no sigan sangrando las heridas y empiece el proceso de cicatrización?

¿Otro ejemplo? En Alemania los profesores de primaria pasan videos del Holocausto, es decir, de escenas reales de lo acontecido en los campos de exterminio de los nazis para que las nuevas generaciones aprendan el daño que los alemanes adictos al nacionalsocialismo causaron a la humanidad y entiendan para siempre que dichos acontecimientos jamás podrán volver a repetirse porque constituyen un crimen que nadie podrá olvidar en el mundo. A eso llamo yo purgar a la niñez de modo que queden claras las enseñanzas de la historia, para que esta nunca vuelva a repetirse. ¿Sabías que el Museo de la Paz en Hiroshima, Japón, existe para no olvidar la locura de la guerra y sus consecuencias, fomentando el movimiento mundial por la paz?

En México, ¿cómo nos curaremos de las heridas de la invasión española del siglo XVI o de la intervención militar estadounidense del XIX? Es urgente empezar a trabajar en ello. Hablemos, gritemos, expongamos valientemente nuestro dolor, escribamos, abordemos el tema, luchemos contra los traumatismos, oxigenemos nuestra mente y aceptemos la realidad para estar en posición de modificarla a través del conocimiento. Las omisiones intencionales de hechos graves y de trascendencia histórica contenidos en el libro de texto de 2015 y en algunos anteriores en nada ayudan, por contra, sólo complican la estrategia de entendimiento y de recuperación que nos haría crecer como nación y madurar.

Prácticamente todos los pueblos de la Tierra han sido invadidos y destruidos a lo largo de su historia, y sin embargo muchos de ellos han logrado salvar los escollos para alcanzar estadios asombrosos de superación y de desarrollo. Nosotros también podremos hacerlo si nos atrevemos a dar un golpe de timón y contemplamos sin complejos ni intereses inconfesables nuestro pasado para entender nuestro presente y modificar el futuro. Sí, pero, ¿podemos modificar nuestro futuro con estos libros perversos que esconden la realidad? ¿Cómo evitar la comisión de nuevos errores cuando la historia no los marca como errores? ¿Así es como se adquiere experiencia...?

También se hace referencia aquí al hecho de que a raíz del gran despojo de que fuimos víctimas vivimos episodios de caos político. Dicho caos político ya lo habíamos padecido desde el arribo de Agustín de Iturbide como cabeza del primer Imperio Mexicano y lo seguimos sufriendo durante todo el siglo XIX y el XX, hasta nuestros días.

Condiciones de vida durante el siglo XIX

Cuando se habla del cambio gradual o paulatino en la vida cotidiana en el campo y en la ciudad y se afirma que «en buena medida, las personas continuaron desempeñando los oficios y las actividades del Virreinato» y que «había, en menor cantidad, empleados públicos [...] sacerdotes y monjas» (p. 32), se falta nuevamente a la verdad.

En primer lugar no se debe perder de vista que el marqués de Oaxaca, mejor conocido como Hernán Cortés, era propietario de los actuales estados de Oaxaca, Morelos, Veracruz, Michoacán, Estado de México y lo que hoy es el Distrito Federal.[260] ¿Qué tal? ¿Cuándo se ha sabido de un latifundista que acapare un territorio de semejantes dimensiones en el mundo entero? ¿Crees que en una extensión así se podía contratar o controlar la mano de obra para hacerla eficiente? ¿Sabías que si Hernán Cortés no detentaba todas esas tierras, entonces lo haría el clero, que llegó a tener 52% de la propiedad inmobiliaria en México en la primera mitad del siglo XIX, propiedades que se llamaron de «manos muertas» porque nadie las trabajaba? ¿Qué futuro le podía esperar a los mexicanos si más de la mitad del país se concentraba en un peque-

[260] François Chevalier, «El marquesado del Valle: reflejos medievales», *Historia mexicana*, vol. 1, núm. 1, México, Colegio de México, 1951, Colegio de México, pp. 48-49.

ño y compacto grupo que además no producía o lo hacía sin mayores beneficios sociales? ¿No se ve con claridad el origen de la miseria y del atraso cuando ese sector tan poderoso de la economía se encontraba secuestrado o abandonado o ambos? ¿Cuál cambio gradual o paulatino en la vida cotidiana en el campo? El propio libro de texto confiesa que quienes trabajaban en el campo impedían que sus hijos asistieran a la escuela porque los ayudaban en las tareas agrícolas. El analfabetismo y la ignorancia crecieron exponencialmente. Piensa en cambio en las granjas estadounidenses, explotadas intensamente, y cómo los productos del campo se convirtieron en ingresos y en bienestar para la sociedad, obligada a construir una escuela por cada mil viviendas. Pero olvidar las espantosas condiciones de trabajo, sobre todo en los estados sureños esclavistas de la Unión Americana, sería cometer un atentado en contra de la realidad: tuvieron que padecer una terrible guerra de secesión para sacudirse esa auténtica tragedia humana que hasta la fecha subsiste en dicho país. En el campo estadounidense se encuentra uno de los grandes detonadores del éxito económico de nuestros vecinos del norte, sin embargo, los mexicanos importamos miles de millones de dólares en alimentos hasta la fecha, evidencia palpable del fracaso agrícola de nuestro país.

En segundo lugar, es inexacto que se haya reducido el número de sacerdotes y de monjas como se establece, porque estos se requerían de manera abrumadora ya no sólo para administrar los crecientes y gigantescos bienes del clero, sino para poder desarrollar la liturgia católica y divulgar el evangelio en pueblos y ciudades que demandaban masivamente parroquias, iglesias y catedrales para idiotizar aún más a la nación que creyó y temió a pie juntillas en el infierno y el purgatorio (este hoy descatalogado por el Vaticano), miedos que el clero creó como estrategia de dominación de millones de fieles que pagan sus limosnas como si quisieran garantizarse con ello su ingreso incondicional en un eterno paraíso. ¿Saben por qué Benito Juárez acabó con casi todas las celebraciones religiosas? (p. 33) Simplemente porque aun aquellos que mal se alimentaban entregaban donativos en dinero a la Iglesia, que por su parte inventaba santos por generación espontánea dentro de la más decantada mercadotecnia de aquellos tiempos; pese a todo, en América sólo hubo tres en cuatrocientos años, san Felipe de Jesús, santa Rosa de Lima y san Martín de Porres. ¿Por qué casi todos los santos son europeos? Sin duda alguna llegó a ser un gran negocio la invención de divinidades, que eran sustituidas por otras cuando a juicio de los obispos dejaban de ser milagrosas y la gente dejaba de creer en ellas. No es posible dejar en el tintero que una gran parte del dinero de las alcaldías iba a dar también a las parroquias para las fiestas católicas, con lo cual sólo se enriquecía el clero a costa del patrimonio de los pobres.

En la actualidad acaban de santificar a Juan Diego, cuya existencia es rechazada por un grupo del clero mexicano, pero que sin duda también debe ser una buena fuente de ingresos. ¿Qué pensar de Juan Pablo II y de los recursos esperados cuando prolifere su imagen en todos los altares del mundo? Sin duda será otro gran rubro en materia de recaudación, tal y como acontecía en el siglo XIX con otras figuras eclesiásticas. Juárez acabó con todas esas fiestas imponiendo fechas civiles en el calendario, para arrebatarle al clero esa fuente de captación de ingresos que empobrecía a la nación y a los gobiernos. El *Benemérito de las Américas* empezó a cuidar el dinero de los marginados, si bien oficializó el 12 de diciembre como día de la Virgen de Guadalupe.

Un obstáculo para la evolución consistía en el hecho de que los menores ya alfabetizados se encontraban con la prohibición, impuesta por el clero, de leer o incluso poseer libros, según lo establece el *Index Librorum Prohibitorum*, el índice de libros prohibidos por considerarlos perniciosos contra la fe. La Iglesia prohibió leer a Galileo, a Kepler, a Descartes y Montesquieu, entre muchos otros. Todavía en 1948 el índice tenía vigencia e incluía a más de cuatrocientos autores de la talla de David Hume, Immanuel Kant, Anatole France, etcétera. Algunos ya habían aprendido a leer, sí, pero se les prohibía cultivarse y evolucionar intelectualmente so pena de padecer castigos inenarrables. No me perdonaría omitir la presente pastoral, redactada y divulgada al respecto en 1832 por Francisco Pablo Vázquez, el obispo de Puebla incondicional al presidente Polk durante la invasión yanqui en México, un auténtico traidor a la patria:[261] «Es necesario estirpar de entre nosotros los libros obscenos, impíos y libertinos, o temer la corrupción total de las costumbres, el vilipendio de la religión, y el trastorno de la sociedad [...] La fe divina, la sana política y la recta razón inspiran unánimes el esterminio de los libros irreligiosos e inmorales [...] No permitan bajo ningún pretexto a sus hijos o dependientes la lectura de aquellos libros que están prohibidos por la Iglesia [...] Prohibimos en virtud de nuestra autoridad a todos y cada uno de los fieles estantes y habitantes en esta nuestra diócesis, bajo la pena de escomunión mayor *latae sententiae*, reservada a Nos, la lectura y retención de los siguientes escritos

---

[261] El propio Winfield Scott lo explicó elocuentemente cuando «lanzó una proclama diciendo que los americanos no eran enemigos de los mexicanos por ahora [...] y señalaba: "somos amigos de los habitantes pacíficos del país que ocupamos [...] amigos de vuestra santa religión, de sus prelados y ministros"». Leopoldo Martínez Carza, *La intervención norteamericana en México 1846-1848*, México, Panorama, 1981, p. 216.

en cualquiera idioma, como respectivamente heréticos, blasfemos, escandalosos, subversivos, e injuriosos a la religión: *El cristianismo descubierto. Inconvenientes del celibato eclesiástico. Discurso sobre la desigualdad entre los hombres. Historia crítica de la vida de Jesucristo.* El *Emilio*, de J. J. Rousseau. *Mi tío Tomas. Historia de Samuel*, por Volney. *Origen de todos los cultos. El tolerantismo. Cartas a Eugenia. Cornelia Boroquia.* Novelas de Voltaire. *Tratado de los tres impostores. Obras entretenidas en verso* de Evaristo Parni. *Proyecto de Constitución religiosa, y apología católica del mismo*, por don Juan Antonio Llorente. Dado en nuestro Palacio Episcopal de la Puebla de los Ángeles [...] a 4 de enero de 1832».

Carencias y distracciones

Regresan a la guerra de los Pasteles de 1838 (p. 34). ¿Por qué? ¿Por qué confundir a los pequeños lectores y a los propios maestros si ya pasamos la invasión estadounidense de 1847? ¿Por qué razón estos saltos retrospectivos en el tiempo, en lugar de llevar una línea cronológica que no desoriente a los pequeños? Si ya habíamos concluido con el traumatismo de la intervención militar estadounidense, ¿por qué dar un bandazo para atrás y volver a 1838? ¡Cuánta confusión! Debe aclararse que la llamada guerra de los Pasteles no se debió a «la culpa de un pastelero francés», como asientan, sino a la voracidad de las grandes potencias europeas, deseosas de imponer una dominación financiera, por lo cual buscaban cualquier pretexto para lograrlo. ¿La deuda con un panadero? Sí, la deuda con un panadero, y ante la dificultad de poder cobrar a sus deudores, Francia mandó a su marina de guerra para cobrar a cañonazos. Ridículo, ¿no? Sí, pero el pretexto fueron las reclamaciones presentadas por varios súbditos franceses por los daños recibidos en sus propiedades por los constantes golpes de Estado, y ante la negativa del gobierno mexicano a pagar, enviaron una escuadra... Es cierto lo asentado por Carlos Pereyra: «Lo que hacen los ingleses para abrir una vía navegable, lo hace el francés para una miserable reclamación de daños [...] Francia especializa el arte de la diplomacia embrollona, mezquina y de grosera expoliación...».[262]

---

[262] Carlos Pereyra, *Rosas y Thiers, la diplomacia europea en el Río de la Plata*, Madrid, Editorial América, 1919, pp. 237-238.

Otra objeción seria en contra del libro de texto lo constituye el hecho de pasar por alto muchos años, sucesos, efemérides y personajes de la historia. En el caso que me ocupa, cuando los estadounidenses acaban de abandonar el país en 1848 después del gran despojo, de repente nos encontramos con el Plan de Ayutla, sólo que este se proclamó seis años después.

Utilizan doce ilustraciones con análisis, con invitaciones a reflexionar, doce páginas en las que bien se podría haber recordado con mucha mayor amplitud (no con un simple pie de imagen) la figura de José María Luis Mora, ese formidable escritor, otro genial sacerdote liberal y uno de los más brillantes constructores del liberalismo mexicano, quien participó en la redacción de la Constitución de 1824 y murió exiliado en París en 1850.

Para delinear la personalidad de Santa Anna habría sido conveniente dejar constancia sobre cómo el 27 de septiembre de 1842 el dictador, de regreso al poder, organizó una impactante ceremonia fúnebre, con rigurosa solemnidad, junto con todos los integrantes del gobierno y embajadores acreditados en México, para proceder al entierro de su pierna, perdida en 1838 durante la guerra de los Pasteles. ¿Qué cara pondrían los chamacos al saber que el presidente de la República organizó un fastuoso homenaje para guardar con el debido respeto una de sus extremidades?

También se le pudo haber dado cabida en el libro a otro compatriota singularmente brillante como lo fue sin duda Melchor Ocampo, que siendo gobernador de Michoacán organizó el Batallón Matamoros para combatir al invasor estadounidense en 1847.

¿Y la *guerra de castas*, nombre con que se calificó al levantamiento armado que estalló (con apoyo británico) en la península yucateca en plena guerra México-Estados Unidos, complicando aún más la defensa del país?

A todos nos hubiera encantado traer a colación el momento histórico en que el general mexicano Pedro María Anaya se rindió ante el general David E. Twiggs de Estados Unidos con las siguientes palabras: «Si hubiera parque no estaría usted aquí». La verdad es que Anaya sí contaba con parque pero de un calibre diferente al requerido en la misión de Churubusco, a causa de las maniobras de Santa Anna para facilitar la derrota como parte de su traición, como ya vimos. ¿Y el Batallón de San Patricio, ese sector militar norteamericano de origen irlandés, una parte del ejército invasor, que durante la guerra de 1847 desertó y apoyó la causa mexicana por considerarla justa, razón por la que al ser hechos prisioneros por las propias fuerzas yanquis, la mayoría de ellos fueron ahorcados?

Pero volvamos al libro de texto, que obviamente omite que José Joaquín de Herrera entregó pacíficamente el poder en 1851 a Mariano Arista, quien había fungido como su secretario de Guerra. ¡Histórico cambio de poder en paz y por la vía legal! ¿Se acuerdan cuando Guadalupe Victoria concluyó civilizadamente su mandato de cuatro años en 1828? Pues hasta 1851 esto no volvió a suceder, como tampoco volvió a acontecer una sucesión presidencial civilizada e institucional en todo el siglo XIX, salvo que la gran farsa que consistió en el doble enroque en el Poder Ejecutivo entre Manuel González y Porfirio Díaz, su querido compadre, pueda ser aceptada con la debida seriedad y respeto. ¿Está claro por qué no pudimos volver a colocar una piedra encima de la otra? ¿Cómo construir un país en estas circunstancias, que se agravan ya no sólo por las rivalidades políticas sino por la miseria, el analfabetismo y la predominancia de un poder alterno como lo era el clero?

Entre 1848 y 1853 contamos cinco presidentes. ¿Te imaginas? Vale la pena recordar que entre 1848 y 1860, en un periodo de doce años, en Estados Unidos hubo sólo tres presidentes, Millard Fillmore, Franklin Pierce y James Buchanan, mientras que en México hubo, además de los cinco que hemos dicho, otros ocho sujetos que se sentaron en la silla presidencial, haciendo un total de trece.

De nueva cuenta Santa Anna

Cuando se desperdiciaron los quince millones de pesos pagados a título de indemnización por los yanquis, o se dilapidaron o se perdieron o se los robaron, pero en todo caso no fueron a dar a la construcción de escuelas ni a nada útil, numerosos militares —ahora sin trabajo— esperaban la próxima revolución para sumarse a ella, ya que habían entendido a la violencia como su *modus vivendi*.

En Sinaloa, Veracruz, Michoacán y Guanajuato estallaron nuevamente rebeliones armadas y a mediados de 1852 en Guadalajara estalló una muy importante, conocida como Plan del Hospicio, desde luego orquestada por la Iglesia, que continuaba contemplando con odio el orden republicano. Esta vez los mismos curas acudieron a las armas.

¿En qué crees que concluyó el Plan del Hospicio? No lo vas a creer pero condujo a la reinstalación de Antonio López de Santa Anna en la dictadura en abril de 1853. Este miserable sujeto, conocido entre otros títulos como *El Salvador de la Patria, Benemérito de la Patria en Grado Heroico, Benemérito de Tampico, Benemérito de Veracruz* y *El Napoleón de Oeste, El Protector de la Nación, El Invencible Libertador, El César Mexicano, El Libertador de los Mexicanos, El Padre del Anáhuac, El Ángel Tutelar de la República Mexicana, El Visible Instrumento de Dios, El Salvador de la Paz* y *El Inmortal Caudillo*, ya había participado en el derrocamiento de Agustín de Iturbide y había decapitado al gobierno liberal de Gómez Farías como presidente interino, la gran promesa de México, además de haber entregado Texas, nuestra Tejas, en aquella campaña en que fue derrotado por Samuel, Sam Houston, para ya ni hacer referencia de los treinta millones de dólares que pidió y no recibió por vender la derrota con que se perdió medio país contra Estados Unidos, una traición a la patria de proporciones prácticamente increíbles y, sin embargo —esto habla del nivel de información de nuestra sociedad y de nuestra madurez—, este bribón volvió al poder gracias a la intervención de la Iglesia católica, que fue a rescatarlo de su mansión colombiana por medio de una misión secreta encabezada por el sacerdote Francisco Xavier Miranda a instancias del arzobispo Pelagio Antonio Labastida y Dávalos, de funesto recuerdo, para regresarlo a México e instalar una última dictadura feroz que sólo duraría dos años, en la que se hizo llamar *Su Alteza Serenísima*... El clero, el clero, otra vez el clero, siempre el clero...

¿Condiciones de Santa Anna para instalar su última dictadura? Sólo lo haría sobre la base de gobernar sin tener que sujetarse a ninguna Constitución, es decir, haría lo que le diera absolutamente la gana, a lo que el clero, su gran promotor y patrocinador oculto, accedió sin chistar por convenir también así a sus intereses. Santa Anna se rodeó de la extrema reacción, sujetos absolutamente obsecuentes con el clero, para dirigir el destino de México a un nuevo desastre: así fueron nombrados Lucas Alamán, Teodosio Lares, Antonio Haro y Tamariz, Manuel Díez de Bonilla y José María Tornel, para integrar el gabinete: la flor de la contrarreforma... «La Ley Lares hizo imposible, no la libertad, sino la misma existencia de la prensa [...] Santa Anna repartió departamentos entre militares [...] Era necesario —para ellos— establecer un protectorado español y la monarquía de un borbón. El enviado mexicano [a conspirar a Europa], [José María] Hidalgo, empezó a dar forma al pensamiento en una serie de conferencias con el jefe del gobierno español [...] Jamás habían lucido los soldados mexicanos tan costosos y pintorescos uniformes, las iglesias tan tentadores ornamentos, las señoras alhajas tan espléndidas».[263]

[263] Justo Sierra, *Evolución política del pueblo mexicano*, México, UNAM, 1948, p. 265.

Para no dejar duda del nivel de putrefacción de Santa Anna y de su gobierno, aquel vendió a Estados Unidos La Mesilla, otra parte del territorio nacional: una pequeña porción de tierra cuya adquisición permitiría a los norteamericanos atravesar de este a oeste sin tener que cruzar las grandes montañas que dividían a su nuevo país. ¿Sabes en qué se aprovecharon los siete millones de pesos que se cobraron por esos más de 70 000 kilómetros cuadrados? Te cuento: corrieron la misma suerte que los quince millones que nos dieron por la mitad del territorio nacional. ¿Puedes imaginar tan sólo por un minuto en qué hubieran invertido Gómez Farías o José María Luis Mora esos recursos? No tengo la menor duda de que habrían construido un sinnúmero de escuelas y de universidades.

«Por esto, para tener oro [Santa Anna] vendió La Mesilla, como en otros tiempos vendió los ricos metales de Fresnillo, las salinas nacionales, los fondos piadosos de Californias, los bienes de temporalidades y casi todas las propiedades públicas.

»Y venderá la Sonora, y venderá la Sierra Madre, y venderá la península yucateca, y venderá cuanto no menoscabe su nefario patrimonio [...] De miedo de que sus hijos lo hereden, estarían en peligro de ser vendidos, si valieran algo [...] Es heroica la vida de Santa Anna. En el destierro fomenta la discordia civil, hace el contrabando, presta con usura en el gobierno, vende lo ageno, paga esbirros, fomenta bacanales: es el gefe de la canalla, y se paga con lujo, se retribuye en grande; poco le cuesta...»[264]

¿Otro salto espectacular en el libro de texto, que de golpe omite la promulgación de la Constitución de 1857 y la guerra de Reforma, que abordará después para crear más confusión entre los chiquillos? Es importante clavar la mirada en la imagen de una litografía firmada por Casimiro Castro que recrea la entrada del ejército federal el 1 de enero de 1861 en la Ciudad de México (p. 45). En aquellos días Benito Juárez ya había logrado derrotar a las fuerzas armadas conservadoras y clericales que de nueva cuenta le habían declarado la guerra al México liberal moderno. No es posible saber si los autores del libro de texto, instalados en los sótanos de la catedral de México, colocaron esta imagen intencionalmente o no, sin embargo, de ella se pueden extraer una gran cantidad de conclusiones: al fondo se ve con claridad una imagen del Palacio Nacional y en primer plano se distingue a la mayoría de los mexicanos que habitaban en aquellos años en la capital de la República; llama particularmente la atención que todos aparecen descalzos. Hombres y mu-

[264] Anónimo, *Los millones de la Mesilla, y sus misterios en parte descubiertos, por uno de los pro-hombres del gobierno actual en México*, Morelia, Imprenta de Octavio Ortiz, 1855, pp. 4-5.

jeres están vestidos con indumentarias verdaderamente humildes, llevan canastas tal vez llenas de alimentos para vender o para consumir; ellas llevan la cabeza cubierta o por rebozos o por sombreros que reflejan una gran pobreza. Es evidente que esas personas no saben leer ni escribir ni jamás pisaron una escuela y, por ende, no tienen la menor posibilidad de ganarse la vida más dignamente. Todos ellos vivirán al día en condiciones muy modestas. Del lado izquierdo, al fondo se ve la auténtica composición de las fuerzas juaristas que, como es evidente, carecen de uniforme y de otros equipos militares indispensables para vencer a las fuerzas ultraconservadoras, y, sin embargo, las vencieron. Es de destacarse que los ciudadanos que aparecen en este primer plano, en razón de su ignorancia, podían ser absolutamente manipulables por cualquier gobierno o institución que no respetara la más elemental dignidad humana. ¿No crees que con observar este retrato es muy fácil suponer lo simple que resultaría manipular a estas personas que jamás han tenido un libro en la mano ni lo tendrán, cuando apenas tienen acceso a un taco y si acaso a un jarro de agua? En esta condición de marginación y postración se apoyaron los ejércitos militares y de políticos y de sacerdotes para esquilmar a la nación mexicana abusando de su resignación, de su hambre y de su apatía, mismas que eran aprovechadas al ofrecer el bienestar eterno en el paraíso siempre y cuando se sometieran incondicionalmente a la voz de sus sacerdotes y depositaran sus ofrendas y sus ahorros en las urnas del clero…

¿Te imaginas el auténtico gran momento de reconciliación nacional cuando ese mismo pueblo explotado, manipulado y sangrado por los curas vio salir expulsados en calidad de prisioneros rumbo al exilio al arzobispo de México, Lázaro de la Garza y Ballesteros, al obispo de Michoacán, Clemente de Jesús Munguía, al obispo de Oaxaca, José María Covarrubias y Mejía, a Pedro Barajas y Moreno, obispo de San Luis Potosí, a Pedro Espinosa, primer arzobispo de Guadalajara, entre otros tantos más al concluir la guerra de Reforma afortunadamente ganada por los liberales? ¿Sabes quiénes los expulsaron justificadamente por una y mil razones? ¡Los señores padres de la patria Benito Juárez y Melchor Ocampo!

El Plan de Ayutla

No, no es cierto lo que sostiene el libro cuando asienta que a mediados del siglo XIX dos fuerzas políticas que tenían ideas opuestas querían gobernar México y discutían «las medidas que debían adoptarse para mejorar la situación del país» (p. 50). Este planteamiento de la disputa entre liberales y conservadores tiende a ocultar la mano de la Iglesia, así como su responsabilidad en innumerables desgracias que vivió el país en aquella época, sobre todo la ingobernabilidad, es decir, la falta de estabilidad de las instituciones, que se sustituían según la revolución triunfante, saboteando siempre el orden legal, impidiendo que arraigara la cultura democrática e imposibilitando el ahorro público o privado como no fuera el propio...

Es necesario que se sepa que la Iglesia era el alma de los conservadores, y por tanto, su responsabilidad histórica en las dificultades enfrentadas por el país para consolidar nuestra independencia y evolución económica y política jamás podrá ser borrada, así como sus altas traiciones al entregar al enemigo el control del país en cada nueva oportunidad.

No, no es cierto que discutían «las medidas que debían adoptarse para mejorar la situación del país», no: lo que intentaban los sacerdotes y militares, además de diferentes empresarios acaudalados y pensadores reaccionarios, escudados tras el movimiento conservador, era no perder su poder ni sus privilegios económicos y políticos. ¿Cómo que discutían «las medidas que debían adoptarse para mejorar la situación del país»? Sólo deseaban sostener el *statu quo*, y que la independencia fuera ante todo un cambio... para que todo siguiera igual. ¡Dos generaciones habían pasado desde entonces y el clero, lejos de abdicar en su actitud antipatriótica, la perfeccionó y la preparó para nuevos combates! Su egoísmo era total, de ahí que intentaran siempre o colocar una marioneta manejada por ellos en la Presidencia de la República, o bien importar a un príncipe extranjero hecho a su imagen y semejanza, como tarde o temprano harían con un segundón como Maximiliano de Habsburgo.

«Al año siguiente [dice el libro de 2015 (p. 52): nos volvemos a ir hacia atrás, antes de 1861, ahora a 1855] el movimiento armado triunfó y Santa Anna fue obligado a salir del país. Con base en el Plan de Ayutla, Juan Álvarez ocupó la presidencia, luego se organizaron elecciones e Ignacio Comonfort resultó electo; con esto se inició el periodo de gobierno liberal.»

¿Qué tal si en este caso dejamos que el libro de texto de 1992 critique al de 2015?

En 1855, el general Juan Álvarez dio a conocer el Plan de Ayutla, que llamaba a rebelarse contra la dictadura de Santa Anna. El triunfo de la revolución de Ayutla fue rápido y contundente. Tuvo tres consecuencias que cambiaron el rumbo de la nación. En primer lugar, acabó con la era de Santa Anna, quien huyó del país. En segundo, abrió la puerta de la política a una nueva generación de liberales, en su mayoría civiles, como Benito Juárez, Melchor Ocampo, Ignacio Ramírez, Miguel Lerdo de Tejada y Guillermo Prieto. En tercero, convocó a un Congreso Constituyente, el segundo del México independiente.

El proyecto liberal

Una junta nombró presidente interino al general Álvarez y más tarde a Ignacio Comonfort. El presidente Comonfort quiso gobernar con prudencia, pero su gabinete, integrado por el liberal Melchor Ocampo, el reformador social Ponciano Arriaga, el escritor Guillermo Prieto, el abogado Benito Juárez, Miguel Lerdo de Tejada y José María Iglesias, se empeñó en promover cambios profundos y rápidos. Sus propuestas fueron conocidas por el nombre de sus promotores: «Ley Juárez», «Ley Lerdo» y «Ley Iglesias». Más tarde, estas disposiciones y otras que tomó Benito Juárez recibieron el nombre de Leyes de Reforma.

Esa es la historia, así es como debe contarse. Ahí empieza a aparecer una generación de prestigiados o célebres mexicanos que habría de cambiar el curso de nuestro futuro. Los nombres de esos ínclitos personajes deben permanecer para siempre inscritos en la memoria de todos los mexicanos porque jamás tendremos la posibilidad de agradecerles en lo que valen sus heroicas gestiones para construir el México progresista y liberal que nos merecemos.

¿Saben de qué se trataba la Ley Juárez, llamada así por haber sido Benito Juárez, como ministro de Justicia, quien la redactó y ejecutó? Disponía que los tribunales eclesiásticos y los militares «cesarán de conocer en los negocios civiles…». Una maravilla: ni los curas ni los militares podrían dirimir a partir de entonces las diferencias entre particulares. ¿Ejemplos? Si un inquilino no pagaba la renta o no liquidaba en el plazo establecido un crédito contratado, simplemente se dejaba la solución de los conflictos en manos de los tribunales civiles y ya no, en ningún caso, en los eclesiásticos ni en los militares. Es decir, les arrancaba las uñas y los dientes a los obispos y a los jefes y oficiales, enemigos, por lo general, de las grandes causas de México.

En agosto de 1855 Santa Anna volvió a huir de México, esta vez no rumbo a Cuba sino a Colombia con una parte importante del producto de la venta de La Mesilla, llevada a cabo dos años atrás. El Plan de Ayutla liderado por don Juan Álvarez, un criollo, cacique y primer gobernador de Guerrero, amo y señor de ese estado, que probablemente en nada se parecía a ese personaje trajeado y con moño colorado que aparece en la imagen del libro (p. 52), acabó con la dictadura de *Su Alteza Serenísima*, quien ya jamás volvería al poder para desgracia del clero y de una buena mayoría de los militares conservadores que se habían enriquecido a manos llenas durante sus once estancias en la presidencia, por llamarlas de alguna manera.

Juan Álvarez, harto de la ciudad, decidió renunciar a la presidencia cuando se aseguró de que la revolución llegaría esta vez al fondo de nuestros problemas. Ignacio Comonfort, quien sucedió a Álvarez, inició sus actividades como presidente de la República el 11 de diciembre de 1855. Resumía su programa de la siguiente manera: «Orden pero no despotismo, libertad pero no libertinaje, reforma pero no destrucción, progreso pero no violencias». Esto quiere decir que trató de hacer convivir a liberales y conservadores en una misma solución política; por ello fue considerado en su momento como el prototipo del político *moderado*. Es falso que con la elección de Ignacio Comonfort iniciara el periodo de gobierno liberal (p. 52). ¿Por qué? ¿Por qué, si ese lugar de privilegio corresponde a Juan Álvarez, quien además, y esto hace más notable el error del libro de texto, había combatido al lado de los insurgentes siendo joven aún?

Tan pronto como se anunció que se convocaría a un nuevo Congreso Constituyente que seguiría la línea señalada por la Ley Juárez, la Iglesia volvió a organizar levantamientos armados sobre todo en el estado de Puebla, primero en la localidad de Zacapoaxtla y posteriormente en la misma capital del estado. Por esta razón y con el fin de dejar claro que el Estado no cedería ante el clero y castigaría todos sus excesos, el 25 de junio de 1856 se dio una nueva ley mediante la cual se expropiaban los bienes de la diócesis de Puebla, a cargo del obispo Pelagio Antonio Labastida y Dávalos, en represalia contra este último por haber promovido y financiado levantamientos armados; resulta fundamental recordar que el propio Labastida había obsequiado nada menos que al nuncio papal, representante diplomático del Papa, cuatrocientas onzas de oro para garantizarse su nombramiento como obispo de Puebla. La disposición mencionada fue conocida como Ley Lerdo por haber sido preparada por el ministro Miguel Lerdo de Tejada. Imposible olvidar que el propio Labastida y Dávalos operó a través del sacerdote Francisco Xavier Miranda el último retorno de Santa Anna, cuando este disfrutaba su fortuna mal habida y su paz injustificada en Colombia...

Labastida, ya exiliado en Roma, oculto tras los hábitos del Papa Pío IX, hizo que el Sumo Pontífice condenara la Constitución de 1857 y amenazara con la excomunión a quien la jurara. Labastida gobernaba México a la distancia durante el gobierno de Félix María Zuloaga, su compadre, a través del famoso padre Miranda, el verdadero poder detrás de la silla presidencial y el sostenedor del ejército clerical, además por supuesto de *impartidor de justicia* al estilo colonial: ejecuciones, privación ilegal de la libertad, derogación de las normas constitucionales... Labastida dirigía la guerra de Reforma y acompañado de la alta jerarquía católica de Roma incitaba discretamente a la intervención francesa desde la Basílica de San Pedro. Durante la guerra de Reforma hubo curas capitanes, curas banqueros, curas empresarios, curas cabilderos, curas incitadores, curas embajadores, curas inquisidores, curas patrones, curas funcionarios, curas importadores de armas, curas estrategas e igualmente truhanes que acataban instrucciones vertidas desde el alto mando militar del clero.

El decreto de intervención de los bienes de la diócesis poblana (expedido el 31 de marzo de 1856) afirma que «es deber del gobierno evitar a toda costa que la nación vuelva a sufrir los estragos de una guerra civil»; que «a la que acaba de pasar se le ha querido dar el carácter de una guerra de religión», lo cual era gravísimo y falso además; que «la opinión pública acusa al clero de Puebla de haber fomentado esa guerra por cuantos medios han estado a su alcance»; y que «hay datos para creer que una parte considerable de los bienes eclesiásticos se han invertido en fomentar la sublevación». Ahí mismo se anuncia la inminente aplicación de una medida de «alta política» y la necesidad de refrendar la fortaleza del gobierno con acciones decididas y terminantes.

Comonfort y la Constitución del 57

En efecto, durante el gobierno de Comonfort se reunió el Congreso Constituyente, quizá la más célebre reunión de ciudadanos de nuestra historia, para dar forma, mediante el debate, a una nueva Constitución que sería sancionada el 5 de febrero de 1857.

Las instrucciones del Papa Pío IX habían sido muy claras: resistir a cualquier costo la aplicación de la Constitución. Y así se hizo: el clero fue de cuartelazo en cuartelazo, hasta que el 17 de diciembre de 1857 la brigada del general Félix María Zuloaga, con el lema «Religión y fueros», se pronunció enarbolando el famoso Plan de Tacubaya, según el cual «cesa de regir la Constitución» recién sancionada por el Congreso y jurada por los funcionarios públicos, incluido el propio presidente Ignacio Comonfort, quien bochornosamente renunció quince días después de haber aceptado su alto encargo público... ¿Para qué renunció?, pues para sumarse al plan organizado por el clero y por ciertos militares, pensando que con su sola persona como fiel de la balanza podía convencer a la poderosa reacción en pleno de vivir bajo criterios liberales, o siquiera legales. Lo veríamos...

Es preciso saber, y por lo mismo es inexplicable que no aparezca en el libro de texto, que Comonfort, sí, en efecto, el poblano Ignacio Comonfort, era un presidente tibio, indeciso y pequeñito políticamente, supersticioso y prejuicioso, un moderado dominado por su madre, quien a su vez era controlada por su confesor, el padre Francisco Xavier Miranda. Comonfort, sí, se rebeló contra su propio gobierno para sumarse a los ultraconservadores, pero para su sorpresa y definitivo desprestigio estos ya no quisieron recibirlo en sus filas en razón del rechazo impuesto por el padre Miranda, el auténtico poder detrás de las fuerzas reaccionarias y marioneta de Labastida, el arzobispo exiliado de Puebla. Por su parte, los liberales traicionados tampoco quisieron saber ya nada del tal Comonfort...[265]

Antes del tristemente célebre autogolpe presidencial, Juárez, a la sazón presidente con licencia de la Suprema Corte, fue hecho prisionero por el propio Comonfort en una habitación de Palacio Nacional, llevando hasta el extremo la paciencia de los reaccionarios, quienes el 11 de enero de 1858, nuevamente a través de un golpe de Estado, desconocieron ahora al propio Comonfort y penetraron en Palacio al grito de «Religión y fueros». Este último altísimo funcionario, quien había cambiado su título de jefe del Poder Ejecutivo por el de dictadorzuelo al desconocer la Constitución, consciente del penoso error en que había incurrido, liberó a Juárez, quien según la Constitución pasaba a ocupar la Presidencia de la República por presidir la Corte: a partir de entonces Benito Juárez se dio a la tarea de defender nuestra Carta Magna en la guerra a muerte que la jerarquía católica llevaría adelante contra el nuevo y promisorio régimen constitucional liberal. Como el ejército clerical golpista opuesto ferozmente a la nueva Carta Magna se había adueñado de la Ciudad de México, Juárez tuvo que establecer su gobierno en el estado de Veracruz, hacia donde se dirigió tan pronto supo que ahí tendría el apoyo del gobernador en turno, Manuel Gutiérrez Zamora. Había comenzado la guerra de Reforma, caracterizada por la existencia simultánea de dos gobiernos: uno liberal, constitucional, en Veracruz, y otro conservador, clerical-militar, usurpador, en la Ciudad de México. Este último, al radicarse en la capital, gozó del reconocimiento diplomático

---

[265] El Padre Miranda reprochó por escrito a Comonfort el que «desatada una injusta persecución contra mi persona, manifestándome V. ser estraño a ella, y aparentando interés hacia mí [...] regravó mi prisión, aprobando la arbitrariedad [...] me confió a la fortaleza de Ulúa, y V. me lanzó al destierro». Francisco Javier Miranda «Carta del P. Miranda a D. Ignacio Comonfort», *El Siglo Diez y Nueve*, México, 28 de enero de 1858.

de las naciones acreditadas en nuestro país y desde luego disponía de las riquezas del clero en metálico y, sobre todo, en títulos de propiedad negociables para la consecución de más y más recursos para seguir haciendo la guerra.

Las Leyes y la guerra de Reforma

¿Más leyes reformistas? ¿Por qué creen que casi todas estaban dirigidas en contra del clero y no contra el ejército o los aristócratas resentidos o los grandes propietarios? Pues porque esta vez la alta jerarquía católica estaba financiado una guerra entre hermanos pero de dimensiones nacionales, como sin duda lo fue la Guerra de Reforma. ¿Qué tal la Ley Iglesias del 1 de abril de 1857, de la magnífica pluma de José María Iglesias? Cuando sostienen en el libro que esa ley se hizo «para que no se afectara a la gente sin recursos», sin duda estaban pensando en la célebre anécdota –que lamentablemente no refieren– protagonizada por un cura de Michoacán, que se negó a dar sepultura a una persona cercana a Melchor Ocampo cuando era gobernador de aquella entidad y enemigo político del cura... Cuando los familiares del difunto preguntaron al sacerdote: «¿Entonces qué hacemos con el cadáver si no podemos pagar lo que nos exige, padrecito?», este les contestó: «Pues... sálenlo y cómanselo».

Estas vivencias y otras más marcaron a Melchor Ocampo a cambiar el país; lo consiguió y podría decirse que fue el inspirador de las políticas más significativas de Benito Juárez, y por lo mismo se le deberían rendir homenajes similares a los que justificadamente se tributaban al oaxaqueño antes de la llegada de Fox, de Calderón y desde luego de Peña Nieto.

El libro de texto resume bien el contenido de la Ley Iglesias, «que reguló el cobro de los servicios realizados por la Iglesia católica, como bautismo, entierros y matrimonios, entre otros, para que no se afectara a la gente sin recursos». ¡Claro que los curas cobraban lo que se les daba la gana por las así llamadas «obvenciones parroquiales», es decir, los precios a pagar por todos los fieles a cuenta de los servicios religiosos, sin importar su capacidad económica! ¿Ejemplos de dichas obvenciones? «Por un bautismo simple, $0.75; los bautismos solemnes y con pila adornada, $2.00; por repiques en la catedral, $2.00; por repiques en las iglesias parroquiales, $1.00; por los bautismos que haga el Ilustrísimo

Melchor Ocampo, otro de los grandes
liberales mexicanos, sin duda alguna,
uno de los padres de la patria.

Señor Obispo, además de los derechos parroquiales, $8.00; por un cer-
tificado simple, $0.25; por un certificado legalizado, $1.00; por tocar el
órgano en el bautismo, $1.00; por matrimonio de ladinos hasta las ocho
de la mañana, sin solemnidad, $7.00; por matrimonio solemne hasta las
doce, $8.00; por matrimonio de los menos acomodados, $4.00; por los
matrimonios de indígenas, $1.25; cuando el matrimonio sea celebrado
por el Ilustrísimo Señor Obispo, además de los derechos parroquiales
darán para el Seminario Conciliar $12.00; matrimonios de madrugada
en hora lícita, además de los derechos parroquiales, $2.00; cuando los
interesados quieran mayor número de cantores en los bautizos y matrimonios solemnes pagarán por cada cantor $0.30; por una misa rezada
en cualquier iglesia, $0.50; por una misa rezada con responso, $0.75;
por una misa cantada, $1.00; por una misa cantada con revestidos de

seis a ocho de la mañana, $3.00; por una ídem de ocho a diez, $3.00; por una ídem de diez a doce, $4.00 [...] Por una misa cantada con ministros y vigilias de seis a ocho, $3.00; si esa misa fuere en la iglesia catedral haciendo uso de adornos, pagarán $8.00 [...] Inhumaciones de restos en la iglesia catedral, $30.00; en otras iglesias a beneficio de las mismas, $12.00; por vísperas y matinés por cada acto, $3.00 [...] Cuando se soliciten misas, funerales, bautizos o matrimonios en las capillas de las fincas o en las filiales de la parroquia, los derechos serán los ya expresados y cuando la distancia pase de tres leguas se aumentarán, siempre que los interesados den el avío, $12.00...»[266]

¿Está claro? Cada servicio religioso tenía su tarifa hasta que esta actividad económica lesiva a ojos vistas, sobre todo para los depauperados, fue cancelada por la Ley Iglesias, con lo que se eliminó buena parte de los abusos clericales propios de sus esferas de negocios, sí, pero inaceptables entre sacerdotes supuestamente dedicados a impartir consuelo espiritual a los pobres, sin que lo anterior pueda ser entendido como una actividad mercantil.

Tiempo después Freud, el médico austriaco, crearía el método del psicoanálisis para que las personas descubrieran las raíces de sus problemas, y eso sí es un consuelo y una forma de sanar, no pagar por servicios inútiles... Esta revolucionaria teoría no se menciona en los libros a pesar de que la SEP aborda el tema de la psicología a lo largo de los documentos sobre educación.

¿Para qué podría querer el clero tanto dinero que no pretenden los pastores protestantes ni los rabinos judíos ni los monjes budistas, estos últimos permanentemente descalzos y que viven de la caridad, consistente únicamente en la recepción de humildes alimentos obsequiados por los fieles? ¿Para qué...? ¿Para armar y organizar ejércitos en contra de una República federal dispuesta a imponer la libertad y el laicismo a sangre y fuego?

¿Creen que el clero entendió la Ley Iglesias? Sí, sí la entendió pero más tarde la incumplió, desde la llegada de Porfirio Díaz al poder hasta nuestros días...

Por cierto, *privilegio* significa privado de ley, es decir, un privilegiado (o alguien que goza de un privilegio) es aquel que no está sujeto a la ley. Como en la República todos supuestamente estamos sujetos a la ley,

---

[266] Francisco Orozco y Jiménez, *Primer Sínodo de la Diócesis de Chiapas, celebrado en la Santa Iglesia Catedral, por el Ilmo. y Rmo. Sr. Dr. y Mtro. D. Francisco Orozco y Jiménez, los días 3, 4 y 5 de mayo de 1908*, San Cristóbal Las Casas, Imprenta de Novalto Flores, 1908, pp. 52-54.

entonces no deberían existir los privilegios dentro de un eficiente contexto de igualdad republicana inserta en un Estado de derecho.

En el libro de texto se presentan algunas disposiciones de la Constitución de 1857 (p. 54), muy mediocremente por cierto. Después de lo que hemos visto a lo largo de las páginas de este *México engañado*, me llena de satisfacción poder consignar aquí los históricos avances contenidos en dicha Carta Magna: establecía que todo trabajo debía ser remunerado, se prohibían la esclavitud, los castigos corporales, las penas de mutilación y de infamia, las marcas, los azotes, los palos, las multas desproporcionadas y las confiscaciones de los bienes, ¿o sea que anteriormente una persona podía ser obligada a trabajar sin recibir la justa remuneración, ser castigada a palos o con azotes o marcas por los patrones y además asistir impotente a la confiscación de sus bienes? Sí, los curas podían quedarse con todo el patrimonio familiar... En efecto, esa era la patética realidad acompañada de muchas injusticias más: antes la enseñanza no era libre ni existía la libertad de expresión, es más, ni siquiera la de pensamiento, ni todos los ciudadanos eran iguales ante la ley, pero a partir de 1857 la libertad y el derecho arribaban finalmente a México para construir un país moderno; soñábamos antes y ahora con la existencia de un Estado de derecho, objetivo imposible de alcanzar hasta el día de hoy. Habría que imaginar el rostro de la alta jerarquía católica al conocer el contenido de estas disposiciones, imprescindibles en una nación libre y soberana, más aún cuando las corporaciones eclesiásticas carecían de capacidad legal para adquirir en propiedad o administrar por sí bienes raíces. ¿Qué tal? Imposible olvidar que la Iglesia católica era dueña de más de 50% de la propiedad inmobiliaria del país mientras el pueblo moría de hambre. Se socializaba la propiedad y por ende se compartiría la riqueza que ya no concentrarían en sus manos grupos tan explotadores como inútiles.

¿Cómo recuperar la dignidad humana, perdida durante siglos, como criterio regulador de la vida pública y privada? A través de una legislación constitucional liberal que establecía, a título de ejemplo, que los esclavos extranjeros, por el solo hecho de pisar el territorio nacional, recobraban su libertad y tenían derecho a la protección de las leyes. Pero hay más, mucho más. ¡Imagínense! ¡A partir de esta Carta Magna ya se podía impartir libremente la enseñanza sin las históricas restricciones ni la intervención oscurantista del clero; era posible ejercer la profesión, industria o trabajo que se quisiera, publicar o declarar abiertamente las ideas que fueran, contar con el derecho de petición a las autoridades, disfrutar sin consecuencias la libertad de asociación y la de reunión pacífica con cualquier objeto lícito, así como entrar, salir, viajar y mudar de residencia por todo el territorio nacional! México finalmente era nuestro y no de unos cuantos... ¿Verdad que Juárez y esa magnífica generación de liberales son los verdaderos Padres de la Patria?

Adiós a los irrisorios títulos de nobleza, adiós a los grotescos fueros eclesiásticos y militares así como a la retroactividad de la ley, adiós a la violación de correspondencia, adiós a las confiscaciones arbitrarias, adiós a los monopolios y a los estancos de cualquier clase. ¿No era maravilloso? ¡Claro que era una y mil veces maravilloso!, como era igualmente maravilloso que ya nadie pudiera ser molestado «en su persona, familia, domicilio, papeles y posesiones» salvo en caso de delito *in fraganti*, ni las deudas de carácter civil podían ser motivo de prisión y, por si fuera poco, la administración de justicia sería gratuita y los acusados gozarían de garantías en la inteligencia de que ni el clero ni los militares podrían aplicar penas porque dicha facultad quedaba reservada a la autoridad judicial. ¿Qué tal? ¿No se merecían Juárez y los liberales un bravo estentóreo, sonoro, potente y estridente que remontara toda la historia patria? ¿Es claro por qué sería honrado como el *Benemérito de las Américas*?

Sólo que ahí no terminaba la obra reformadora de la Constitución: ya se podía votar y ser votado en las elecciones populares y el pueblo contaba en todo tiempo con el inalienable derecho de alterar o modificar su forma de gobierno en el contexto de una República representativa, democrática y federal, «compuesta por estados libres y soberanos en todo lo concerniente a su régimen interior, pero unidos en una federación». ¿Cuál monarquía? ¿Cuáles importaciones de príncipes europeos para gobernarnos? Ahora habría elecciones y los mexicanos, y nadie más, escogeríamos entre nosotros lo mejor para nuestro futuro conforme a un sistema de división de poderes con un Poder Legislativo, un Judicial y un Poder Ejecutivo, que debía ser ejercido por un ciudadano mexicano por nacimiento y no pertenecer al estado eclesiástico, entre otros requisitos. Los curas ya no podían ser presidentes de la misma manera en que cogobernaban con los virreyes durante la Colonia. ¡Fuera los extranjeros de nuestra política y de nuestras resoluciones soberanas! ¡Cuántos avances en tan corto tiempo!

Se trataba de construir el México nuevo, el México libre, el México próspero, el México culto, el México educado, el México progresista, el México sin esclavitud, el México laico, el México sin analfabetos, el México sometido al imperio de la ley, el México sin torturas, el México sin confiscaciones arbitrarias, el México sin persecuciones ni arrestos arbitrarios y clandestinos, el México sin privaciones ilegales de la libertad y del patrimonio, el México respetado y respetable en el que cada quien tendría derecho a pensar, a decir, a publicar, a declarar, a asociarse, el México de la oportunidad, el de la igualdad, el del derecho, el de la esperanza: esos eran Juárez, Ocampo, Ignacio Altamirano, Ponciano Arriaga, Prieto, Francisco Zarco, entre otros más, fundadores del Estado mexicano, del México moderno.

La Constitución de 1857 era una gran promesa social, jurídica, política, cultural y económica, entre otras tantas ventajas más. Nada mejor pudo habernos acontecido, pero ¿saben quién se opuso de nueva cuenta a construir, como siempre, un mejor futuro para México? El clero, esta vez ya no parapetado tras la traumática figura de Santa Anna ni de algún otro de sus secuaces, sino por medio de Félix Zuloaga, otro brazo armado de la Iglesia, la eterna enemiga del bienestar y de la evolución del país. Los mismos grupos retrógrados de siempre se oponían a la evolución, al progreso y al bienestar de las mayorías invariablemente olvidadas y explotadas. ¡Cuánta injusticia! Era el momento del orden y del respeto.

Ya anteriormente el Papa Pío IX había declarado lo siguiente ante los avances de la reforma mexicana: «Entre otros muchos insultos que ha prodigado a nuestra santísima religión, a sus ministros y pastores como al vicario de Cristo, [la Cámara de Diputados] propuso una nueva Constitución propuesta de muchos artículos, no pocos de los cuales están en oposición abierta con la misma religión, con su saludable doctrina, con sus santísimos preceptos y sus derechos. Entre otras cosas, se proscribe en esta Constitución el privilegio del fuero eclesiástico […] se admite el libre ejercicio de todos los cultos y se concede la facultad de emitir libremente cualquier género de opiniones y pensamientos […] Fácilmente deduciréis, venerables hermanos, de qué modo ha sido atacada y afligida en México nuestra santísima religión […] Así es que, para que los fieles que allí residen sepan, y el universo católico conozca que Nos reprobamos enérgicamente todo lo que el gobierno mexicano ha hecho contra la religión católica […] levantamos nuestra voz pontificia con libertad apostólica […] para condenar y reprobar y declarar írritos y de ningún valor los enunciados de decretos y todo lo demás que allí ha practicado la autoridad civil…».[267]

Dice el libro que la guerra de Reforma «inició en 1858, cuando Félix Zuloaga se rebeló contra el gobierno» (p. 56). Pero un pequeño detalle, Zuloaga no se rebeló en 1858 sino en 1857, el 17 de diciembre, con más precisión. ¿Son permisibles estos *errores*?

---

[267] Pío IX, «Alocución del Papa Pío IX contra la constitución», Roma, 15 de diciembre de 1856, en Lázaro Gutiérrez de Lara, *El pueblo mexicano y sus luchas por la libertad*, San Antonio, Citizen Print Shop, 1910, p. 250; Eli de Gortari, *La ciencia en la historia de México*, México, FCE, 2014.

Debieron aclarar que para que propiamente estallara la guerra faltaban todavía dos sucesos claves en el escenario: el autogolpe de Estado de Comonfort al sumarse al Plan de Tacubaya (haciendo prisionero a Juárez en ese momento), y el posterior arrepentimiento de Comonfort y la liberación de Juárez.

¿Cómo se financió y operó la guerra de Reforma? El gobierno golpista, el enemigo feroz de la nueva Carta Magna, estaba respaldado por la gigantesca fortuna del clero, creada fundamentalmente con las limosnas pagadas por los fieles, así como por las armas del sector conservador del ejército, los títulos de propiedad de algunos adinerados terratenientes y por la política diplomática del Vaticano, que como veremos, prefería mil veces la guerra entre hermanos, la destrucción del país y el atraso social a tener que someter a la Iglesia católica a las leyes soberanas de la nación. Esto a pesar de que el gobierno liberal, como lo habían hecho anteriormente los gobiernos federalistas, intentaba establecer relaciones diplomáticas cordiales y respetuosas con Roma.

El mismo Comonfort envió a Ezequiel Montes como ministro ante el Vaticano, pero ni siquiera fue recibido por Pío IX... En cambio, *Su Santidad* dirigió a Zuloaga, el general conservador y presidente golpista, usurpador, la siguiente carta:

> Pío Papa IX, a nuestro amado hijo el esclarecido y respetable varón Félix Zuloaga, presidente golpista de la República Mexicana:
>
> Amado hijo, esclarecido y respetable varón [le decía el Papa al militar infidente], salud y bendición apostólica. Sumo placer hemos tenido al recibir en estos días vuestra carta del 31 del próximo pasado enero, dictada por un profundo sentimiento de piedad y veneración hacia Nos, y hacia esta Sede Apostólica. Tratando en ella de la mutación de circunstancias, acaecida poco ha en esa República, dais a entender que habiendo sido elegido para presidente interino de ella, nada deseáis tanto como derogar y quitar del medio, sin demora alguna, las leyes y decretos, que en el tristísimo estado en que se encontró esta nación, se dieron contra la Iglesia católica y sus sagrados ministros [...] La Iglesia y su saludable doctrina [son la] causa principal de la felicidad de los pueblos [...] damos con grande amor nuestra bendición apostólica a Vos, amado hijo, esclarecido y respetable varón, y a todos los clérigos y a todos los fieles seculares de esa República.
>
> Dado en San Pedro de Roma, a 18 de marzo de 1858. Duodécimo de nuestro pontificado. Pío Papa Nono.[268]

---

[268] Esta carta apareció en el reaccionario diario *La Cruz* el 13 de mayo de 1858, y es citada por Gastón García Cantú, *El pensamiento de la reacción mexicana*, vol. I (1810-1858), México, UNAM, 1994, pp. 433-434.

Dícese que después de que Benito Juárez confiscara los bienes de la Iglesia, recibió una carta del Papa comunicándole su excomunión; todavía con la carta en la mano, llamó al ministro de Guerra y le dijo:

—Va usted a Veracruz, ordena que orienten el cañón más grande al Vaticano y ¡lo dispara!

—Pero, señor, no va a alcanzar —le contestó el ministro.

—Pues así me va a alcanzar a mí la excomunión —dijo.[269]

Zuloaga colocó al frente del Ministerio de Justicia al padre Francisco Xavier Miranda, el mismo sacerdote que exitosamente había ido a invitar a Santa Anna para presidir la última de sus dictaduras en 1853, el mismo que fungía como confesor de la madre de Ignacio Comonfort, y el mismo que ahora se convertía en el hombre fuerte del gobierno ilegal paralelo.

Dice Justo Sierra: «El padre Miranda no había nacido para el gobierno, sino para conspirar contra el gobierno; su presencia en el gabinete era una prueba de buena voluntad dada a la parte más exaltada del partido reactor y a los obispos intransigentes; mas el padre vio claramente que aquel gobierno era sólo un cuartel general de tropas organizadas para defender los bienes de la Iglesia con la condición de que la Iglesia se los diese a ellos».[270]

Pese a su alianza inicial, los militares conservadores comenzaron a ver con desconfianza las medidas despóticas de Miranda sobre todo en lo tocante al dinero, pues además de decretar préstamos forzosos y establecer un Estado totalitario de fuerte raigambre colonial en la Ciudad de México, amenazó con dar a conocer el origen de las fortunas de todos aquellos ciudadanos que se negaban a cooperar con dinero para la guerra.

El 5 de julio de 1858, mientras la guerra se desarrollaba con fiereza, lamentablemente y para gran daño de México falleció don Valentín Gómez Farías en la Ciudad de México. Las autoridades políticas y eclesiásticas, encabezadas por el padre Miranda dado que Zuloaga era una triste marioneta de este último, se negaron a darle sepultura en un cementerio y tuvo que ser enterrado en el jardín de su casa: he ahí el triste final de uno de los grandes liberales del México del siglo XIX y he ahí también a los conservadores llenándose de oprobio a sí mismos, dando muestras elocuentes del carácter retrógrada de su causa y del fanatismo de sus procedimientos. ¿Empieza a quedar cla-

[269] Anónimo, «Excomunión de Benito Juárez García», *Gritos y murmullos cerca del cielo junto al corazón*, México, 5 de septiembre de 2010, consultado en septiembre de 2015, www.gritosymurmulloscercadelcielo.blogspot.mx/2010/09/excomunion-de-benito -juarez-garcia.html

[270] Justo Sierra, *Obras Completas. Juárez: su obra y su tiempo*, vol. XIII, México, UNAM, 1991, p. 144.

ro por qué Juárez modificó todo lo relativo a las leyes aplicables a los cementerios?

Alexis de Gabriac, embajador francés en la Ciudad de México, escribió el 12 de octubre de 1858: «Al ayudar al actual gobierno a sostenerse sin los recursos vitales de que carece por la sublevación de Veracruz, el clero comprende perfectamente que se trata hoy de ser o de no ser [...] Sin los 2 500 000 pesos que le ha prestado [la Iglesia católica] desde el mes de enero, el gobierno conservador habría caído desde hace mucho tiempo».

Hacia final de año, aunque nada de esto dicen en el libro de texto, un sector de los conservadores decidió derrocar al propio gobierno conservador encabezado por Zuloaga y por el padre Miranda: fue en la Navidad de 1858, en lo que se conoce como el Golpe de Navidad o Plan de Navidad, encabezado por los generales Manuel Robles Pezuela y Miguel María Echegaray.

Estos hombres, pese a pertenecer al Partido Conservador, desconocían en su plan al gobierno emanado del Plan de Tacubaya (que a su vez desconocía la Constitución). Zuloaga rápidamente se dobló pero el padre Miranda se aferró al poder, recurrió al joven militar Miguel Miramón (el mismo que años después sería fusilado por Juárez junto con Maximiliano y Tomás Mejía) y este, que se hallaba en Guadalajara, hasta donde Miranda fue en su búsqueda, trayéndolo a México *ipso facto*, rearmó al gobierno derrocado declarando aún vigente el Plan de Tacubaya, restituyó a Zuloaga en la presidencia y acto seguido lo sustituyó él mismo, jurando como presidente de México (del gobierno conservador) el 4 de febrero de 1859, cuando escasamente contaba con veintiséis años de edad. Un periódico conservador de la época narró el suceso: «Miramón, se dirigió hacia el dosel, bajo el cual lo esperaba el Exmo. Sr. Zuloaga. Al llegar a aquel lugar, arrodíllase el joven general ante la imagen del Crucificado, colocada en un altar [...] y pronunció clara y distintamente el juramento [...] Con la mano puesta sobre los Evangelios juraba el joven caudillo de la religión y de las garantías, desempeñar leal y fielmente y con arreglo al plan proclamado en Tacubaya el cargo de primer magistrado de la República, comprometiéndose a acatar la religión y a procurar la felicidad de los mexicanos...».[271]

¿Está claro o no que Miramón era el brazo armado de la jerarquía católica...?

Melchor Ocampo escribió por esos días sobre el Plan de Navidad: «Los pronunciados [se refiere a los conservadores golpistas] se dividen

<hr />

[271] *La Sociedad*, 4 de febrero de 1859.

e increpan nuevamente [...] Inspirado por el derecho divino D. Miguel Echegaray echa de ver [se da cuenta] al cabo de un año que el programa del gobierno de México, el de los hombres eminentes del partido de la decencia, de la religión, del orden y de las garantías, los Sres. Zuloaga, Cuevas, Elguero, Miranda, Jáuregui, es insostenible por sus ideas retrógradas, repugnantes a la ilustración de la época y a los intereses creados en el país por los gobiernos que nos han precedido [Y es que...] uno de los caracteres de la violencia, es su corta duración. Sólo el producto de la justicia es estable».[272]

¿Qué tal la simplificación que hace el libro de texto gratuito de estos trágicos eventos?: «El principal motivo de este conflicto fue que el grupo conservador, la Iglesia católica y gran parte del ejército rechazaban la Constitución porque afectaba sus fueros y propiedades. Por ello, los conservadores lucharon para defender sus privilegios y los de la Iglesia. Por otro lado, los liberales defendían el cumplimiento de la Constitución. Tras el estallido de la guerra el presidente Ignacio Comonfort se vio obligado a dejar el país...» (p. 56).

Sobra decir que para la buena fortuna de México, Benito Juárez y esa magnífica generación de liberales ganaron finalmente la guerra de Reforma. Resulta inimaginable suponer lo que hubiera sido de nuestro país si el clero hubiera resultado victorioso: el oscurantismo y el atraso se hubieran impuesto en todas sus modalidades, tal y como había ocurrido durante los trescientos años del Virreinato.

En cinco renglones hacen alusión a que las «leyes [de Reforma] resultaron muy importantes y sus ideas prevalecen hasta nuestros días, por ejemplo, gracias a ellas los mexicanos podemos elegir la religión que mejor nos parezca o ninguna. Además, gracias al Registro Civil el gobierno puede llevar un control de la población; desde nuestro nacimiento queda un registro de quiénes somos, de dónde venimos y nos identifica ante los demás» (p. 57). ¡Así y ya!, final... Se acabó la Reforma... ¿Qué...?

La importancia de esto radica en que el acta de nacimiento es el primer documento con que cuenta una persona; sin ella no hay identidad, es decir, existencia legal de un individuo, no se sabría el nombre de sus padres, su lugar de nacimiento, su identidad, etcétera. Sin ella sería imposible acreditar la personalidad jurídica ni llevar a cabo una vida civil procedente ante la autoridad y terceros. Anteriormente se contaba so-

[272] Melchor Ocampo, «Circular sobre la Guerra Civil. Secretaría de Estado y del Despacho de Gobernación», Veracruz, 28 de diciembre de 1858, en Mario V. Guzmán Galarza, *Documentos básicos de la Reforma, 1854-1875*, t. II, México, Federación Editorial Mexicana-PRI, 1982, pp. 244-245.

lamente con el acta parroquial que, por supuesto, generaba *donativos* o limosnas para obtenerla, nada era gratuito.

Hoy en día cerca de diez millones de mexicanos viven sin derechos y al margen de cualquier protección legal porque carecen de un acta de nacimiento, según datos de la organización BE Foundation.[273]

A continuación colocan una pintura irrelevante relativa a ciertos «soldados durante la Guerra de Reforma», en lugar de aprovechar el espacio para describir en qué consistió esa grandiosa y valiente legislación liberal llamada a cambiar para siempre el rostro dolorido de México.

Triunfo de Juárez e intervención francesa

Resulta verdaderamente indigerible que se hagan, si acaso, un par de menciones sin la menor profundidad relativas a la guerra de Reforma sin aludir al verdadero significado práctico de aquel proceso político, que desde luego va mucho más allá de la expedición de actas de nacimiento. Le dedican párrafos mediocres, superficiales y reduccionistas a la mejor generación de ciudadanos de México.

En cuatro páginas mal diseñadas, desnutridas, confusas, agotan el gobierno republicano (1861-1862); la intervención francesa (1862-1865); el imperio de Maximiliano y Carlota (1864-1867) y la República restaurada (1867-1876), que como sabemos abarca el último gobierno de Juárez y el de Sebastián Lerdo de Tejada, abruptamente interrumpido por Porfirio Díaz (pp. 58-61). ¡Sí, en cuatro páginas, cuando a los asaltantes de caminos les dedican tres, y dos a la leyenda sobre el monstruo poblano! Es inexplicable, ¿verdad? ¿Dónde ponen los acentos los *historiadores* de estos libros? ¿Qué es lo importante que debe ser rescatado y digno de detalladas explicaciones, sobre todo cuando la guerra de Reforma y hechos subsecuentes pusieron a prueba la independencia nacional y nuestros deseos de vivir en libertad y en paz sin que ninguna institución engullera nuestro patrimonio y devorara nuestras energías vitales, y pudiéramos subsistir sin arbitrariedades ni explotaciones ni castas ni inquisiciones ni príncipes ni esclavos ni súbditos a

---

[273] Gabriel Cuevas, «La importancia de tener identidad», *Excélsior*, México, 12 de septiembre de 2009, consultado en septiembre de 2015, www.excelsior.com.mx/opinion/opinion-del-experto-nacional/2013/09/12/918246

ninguna Corona, sino simplemente ciudadanos de una República promisoria llamados a disfrutar de innumerables derechos y a cumplir obligaciones propias de un esperado Estado de derecho?

Es necesario que se sepa lo que ocurrió aunque sea en este reducidísimo espacio: el padre Francisco Xavier Miranda era el verdadero hombre fuerte del gobierno conservador, el ejecutor de las instrucciones dictadas desde Roma por su jefe superior, el arzobispo exiliado Pelagio Antonio Labastida y Dávalos, de patético recuerdo, además del propio Papa Pío IX, quien había excomulgado a todos aquellos que juraran someterse a la Constitución de 1857 de la misma manera en que excomulgó a los patriotas que atentaran en contra de la vida de los soldados estadounidenses, y que lanzaría anatemas a los mexicanos que en 1862 atacaran en defensa legítima de la patria a los ejércitos invasores franceses dispuestos a imponer a la fuerza a Maximiliano. ¿Han escuchado hablar del Directorio? Aquí voy: fue una sociedad secreta dirigida por el padre Miranda en esos años con el objeto de traficar información y recursos para sostener la guerra por parte del gobierno conservador. Zuloaga, Márquez, Miramón, cualquiera de ellos necesitaba el apoyo de esta organización para permanecer en el poder y seguir haciendo la guerra a la Constitución. ¿Por qué será que el padre Miranda no aparece por ningún lado en las páginas de la historia oficial de México...? ¿Por qué razón no se aclara que mientras transcurre la guerra, los conservadores desarrollan gestiones en Francia, Roma y Madrid para imponer en México a un príncipe europeo que impidiera la consolidación de una nación liberal?

Realmente el gobierno conservador no aspiraba a más: tal era el programa que Lucas Alamán presentó a Santa Anna y tal era, en efecto, la inclinación natural del Partido Conservador: restaurar las relaciones políticas existentes durante el Virreinato.

El Papa Pío IX, Labastida y Dávalos, y Francisco Xavier Miranda, la marioneta operadora de los primeros, buscaban la pérdida de la independencia de México y la imposición de una Corona europea con tal de salvar el enorme patrimonio eclesiástico y dejar a salvo su histórico poder político.

La guerra mantuvo un precario equilibrio durante varios meses gracias a que Juárez se financiaba con los impuestos a las exportaciones y las importaciones realizadas en el puerto de Veracruz, la garganta comercial de México, en tanto el clero obtenía sus recursos de sus cuantiosos inmuebles hipotecados y de las limosnas entregadas candorosamente por el pueblo de México sin percatarse de que dichos recursos se convertirían en armas y municiones para matarnos entre nosotros mismos.

En el momento más agudo de la guerra, el gobierno de Juárez dictó la más importante de las Leyes de Reforma: la nacionalización de los bienes del clero (12 de julio de 1859). Por medio de esta ley, Juárez logró dos importantes objetivos, uno de carácter histórico y otro de carácter coyuntural: por un lado, acabó con la riqueza eclesiástica (fuente de tantos problemas políticos, sociales y bélicos), y por el otro, cortó de tajo la fuente de financiamiento del ejército conservador.

De hecho Juárez y Ocampo clausuraron el crédito exterior al gobierno paralelo e ilegal conservador desde que los bancos extranjeros se negaron a facilitarles empréstitos al manifestar Juárez que si ganaba la guerra, las entidades crediticias internacionales jamás recuperarían sus capitales: un golpe financiero, militar y político magistral en un momento clave de la historia continental, pues al norte de nuestra frontera, en Estados Unidos, se cocinaba lentamente una guerra fatal a la que no fueron ajenos Juárez y Ocampo, observadores de por sí brillantes de la política pero además antiguos exiliados en el país vecino.

¿Cómo intentaron defenderse los conservadores y la Iglesia de este impacto demoledor que les impediría adquirir pertrechos de guerra en el mundo? ¿Cómo superar la asfixia financiera? Miramón, buscando desesperadamente cómo sostenerse, suscribió el Tratado Mon-Almonte con España (el 26 de septiembre de 1859), mediante el cual se aceptaba la vigencia de un tratado leonino suscrito por Santa Anna en 1853.

Asimismo, el flamante *Macabeo* Miramón concretó un instrumento financiero fraudulento conocido como los «bonos Jecker» por Jean Baptiste, el banquero suizo (29 de octubre de 1859), mismo que servirá como pretexto a Francia para invadirnos poco tiempo después. Es decir, Miramón (y Miranda y Labastida) volvieron a mostrar la naturaleza entreguista y antipatriótica de los famosos conservadores. Justo Sierra se refirió a Jean Baptiste Jecker como «una especie de cuervo siniestro que apareció en las ruinas de la reacción y de los imperios».

Juárez, al protestar por el Tratado Mon-Almonte, dijo: «Es ciertamente extraño que la persona que figuraba en el convenio indicado como representante del supuesto gobierno de México [Juan Nepomuceno Almonte, conservador e hijo de Morelos], haya admitido para su país, contra toda razón y contra todo derecho, obligaciones que [...] si existieran, acabarían por reducir a la nulidad la independencia nacional [...] Felizmente [...] un partido político cuyo poder procede de una rebelión que la mayoría del país condena; una facción que con las fuerzas sublevadas está impidiendo en las ciudades del centro la libre emisión del voto público; un partido que ha inaugurado su poder manifestando que sería el gobierno de algunos departamentos, de algunas ciudades, según el apoyo que la nación quisiera darle; un partido, en fin, que no obstante la horrible guerra que ha sostenido y fomentado durante dos años, valiéndose de todo género de medios, no ha podido adquirir la representación que busca, no es ni puede ser el gobierno de la República Mexicana».[274]

El gobierno estadounidense, avizorando la intriga monárquica del gobierno conservador que contrariaba su «Doctrina Monroe», sintetizada en la frase «América para los americanos» (lo que se traducía en que cualquier intervención de los europeos en América sería vista como una agresión a Estados Unidos), y convencido de que los liberales vencerían, otorgó su reconocimiento al gobierno de Juárez, buscando negociar con él la venta de Baja California y partes de Sonora y Chihuahua, así como el derecho de paso por el istmo de Tehuantepec (para construir una vía acuática entre los océanos Pacífico y Atlántico, que finalmente se construyó en Panamá). ¡Qué equivocados estaban!

Juárez, que se hallaba urgido del reconocimiento diplomático de su gobierno tanto para hacerse de recursos financieros como para privar de estos a sus enemigos, así como de obtener apoyo logístico militar, negoció con el gobierno de Estados Unidos el paso por el istmo de Tehuantepec (y de ninguna manera la venta de territorio alguno) a través de un tratado conocido como McLane-Ocampo, cediendo así a las presiones menos ominosas de un desesperado James Buchanan, pero sin enajenar al estilo de Antonio López de Santa Anna ni siquiera un metro cuadrado del territorio mexicano. Como bien dijo Juárez, si en el Tratado McLane-Ocampo existían concesiones excesivas únicamente de tránsito, necesarias en dicho contexto histórico para salvar a la patria del horror de la reacción, las futuras generaciones deberían hacer los cambios respectivos en el entendido de que jurídicamente no existen las obligaciones eternas. Juárez no vendió ni un metro cuadrado de territorio nacional, si bien estaba dispuesto a conceder servidumbres de paso que implicarían ingresos para el erario, siempre y cuando eso le permitiera ganar la guerra en contra de los conservadores, quienes, por otro lado, suscribieron otro tratado temerario e igualmente irresponsable, como lo fue el Tratado Mon-Almonte.

Juárez y Ocampo observaban con detenimiento el fortalecimiento del sur esclavista en un momento en el que Norte y Sur se preparaban para entrar más bien en una guerra cruenta: la guerra civil estadounidense. El presidente, el sureño James Buchanan, entraba en la parte fi-

---

[274] Benito Juárez *et al.*, «Benito Juárez protesta contra el Tratado Mon-Almonte, declarándolo nulo», Veracruz, 30 de enero de 1860, en Mario V. Guzmán Galarza, *op. cit.*, t. III, pp. 97-100.

nal de su gobierno y las tensiones entre Norte y Sur crecían, llegando a su clímax durante la elección presidencial del 4 de noviembre de 1860 en la que Abraham Lincoln, representante del norte industrial y antiesclavista, resultaría vencedor.

El Tratado McLane-Ocampo, suscrito en diciembre de 1859, no fue ratificado en el Senado estadounidense muy a pesar de la insistencia de Juárez. Mientras tanto estallaría la guerra civil, la guerra de Secesión entre Norte y Sur que duraría cinco años, mismos que la Iglesia aprovecharía para reanudar su voraz embestida sobre México a través de la intervención francesa y el imperio de Maximiliano: dos nuevos atentados clericales en contra de la independencia mexicana que afortunadamente fracasaron.

El libro menciona que «la situación económica de México empeoró después de la Guerra de Reforma. El campo y la minería estaban abandonados, el comercio interior y exterior había decaído, y no se recibían suficientes impuestos. Por todo esto, el gobierno no tenía dinero para cubrir sus gastos e intervenir en la mejora de caminos y puertos» (p. 58). ¿Cómo no iba a empeorar si los conservadores, el clero y los terratenientes propiciaron una guerra entre hermanos que además destruyó la economía del país, sólo porque dichos grupos se negaron a aceptar la vigencia de la Constitución de 1857, destinada a mejorar a las mayorías? ¿Cómo no iba a empeorar si Santa Anna vendió territorio y aceptó indemnizar a los españoles por todas las pérdidas sufridas desde la independencia? ¿Cómo no iba a empeorar si México padeció la mutilación de la mitad de su territorio tan sólo unos años antes? ¿Cómo no iba a empeorar después de la última dictadura de Santa Anna? ¿Cómo no iba a empeorar si México estaba agotado civilmente y quebrado en lo financiero después de otro conflicto armado, la guerra de Reforma, esta vez ya no otra intervención militar extranjera, y los escasos recursos económicos tuvieron que destinarse a la importación de armamento y al mantenimiento de un ejército durante tres agónicos años? ¿Cómo no empeorar cuando no contábamos con nada para la reconstrucción de México? ¿Cómo no empeorar cuando los conservadores, vencidos, se dieron a la tarea de acelerar la llegada del príncipe europeo, el supuesto salvador que tanto anhelaban? ¿Cómo no empeorar cuando el clero, siempre encubierto, asesinó nada menos que a Melchor Ocampo, así como a Leandro Valle y a Santos Degollado como represalia por el irreparable daño infligido al poder eclesiástico? ¿Cómo no empeorar cuando, como sostiene el libro, «Francia no aceptó [la suspensión de pagos] e inició la intervención militar», pues el obispo Labastida y el mismo Papa Pío IX desde mucho antes habían comenzado a preparar la intervención del ejército francés, el más poderoso del mundo en ese entonces, para entronizar a un príncipe europeo de casa reinante como emperador de nuestro país? ¿Más guerras? ¿No habían sido suficientes la intervención militar estadounidense que concluyó en 1848 ni la guerra de Reforma que acabó en 1861? Ahora tendríamos que resistir otra invasión europea propiciada por los mismos grupos conservadores encabezados por el clero. Son importantes estos datos para amar más a México a través de su sufrimiento, ¿no?

¿Cómo no iba a empeorar si en medio de tantos intereses no llegaron a México los necesarios cambios de la Revolución industrial, si no hubo desarrollo académico, tecnológico ni económico alguno?

Además debería mencionarse que México ganó (o mejoró) con la aparición de su nueva Constitución, con la creación de un Registro Civil, con la expropiación y socialización de los bienes del clero que a partir de ese momento explotaría, en teoría, una buena parte de la nación marginada, bienes que ya no se podrían destinar a desestabilizar las instituciones nacionales. México ganó cuando se suprimieron los tribunales especiales, cuando se puso en circulación una gran parte de la propiedad raíz, una base fundamental de la riqueza pública anteriormente propiedad del clero, que carecería de capacidad legal para adquirir en propiedad o administrar bienes raíces. Una maravilla. Se socializaba la riqueza nacional, aun cuando se produjo un acaparamiento de tierras que dio lugar a la aparición de latifundios en el entendido que los ricos eran los únicos que podían adquirir grandes extensiones anteriormente propiedad del clero, muy a pesar de las advertencias, las amenazas de excomunión y las maldiciones lanzadas desde las sacristías para quienes se atrevieran a comprar dichos bienes.

México ganó cuando los liberales crearon el Registro Civil y la Ley para el Establecimiento y Uso de Cementerios, cambios con los cuales se accedía a las inmensas ventajas de la civilidad y se arrebataban al clero cuantiosas fuentes de ingresos y de chantajes. México ganó cuando el ministro José María Iglesias lanzó el decreto del gobierno sobre aranceles para el cobro de derechos y obvenciones parroquiales, según el cual: «Siempre que deniegue la autoridad eclesiástica, por falta de pago, la orden respectiva para un entierro, la autoridad pública podrá disponer que se haga. En los casos de bautismo y matrimonio, en que por dicho motivo se rehusare un cura o vicario al cumplimiento de sus deberes, los prefectos podrán imponerles la pena de diez a cien pesos de multa, y si se resisten a satisfacerla, la de destierro de su jurisdicción por el término de quince a setenta días...».[275]

[275] *Ibid.*, t. II, p. 173.

¿Por qué el poder virreinal jamás hizo esto? ¿Ya se dan cuenta de cómo la Reforma significó al mismo tiempo una transformación de las relaciones sociales y un afianzamiento indudable de nuestra independencia?

Pero hubo más, mucho más en beneficio del dolorido pueblo de México: se estableció finalmente la Ley del Matrimonio Civil, ya que los casamientos sólo eran concebibles en las iglesias católicas por medio de un donativo medible en dinero, o bien en las haciendas, donde el casamiento del peón *enganchado* era parte fundamental de su esclavitud y una de las primeras obligaciones que se le imponían, ya que una vez casado, digamos por cincuenta pesos que no tenía y que le eran facilitados por el amo, la deuda del peón-esclavo se volvía impagable pues ganaba un peso diario. El sometimiento entonces estaba garantizado. Yo le pagué a la Iglesia por tu boda, decía el patrón, ahora me pagas tú a mí...

Se diseñó asimismo durante la Reforma el calendario oficial para determinar los días festivos y eliminar la asistencia oficial a los actos eclesiásticos en los que tanto las personas como las empresas y las alcaldías gastaban enormes cantidades de dinero que tendrían que haber sido destinadas a otros menesteres distintos a los religiosos, como el bienestar social. Por si fuera poco se dictó la Ley sobre Libertad de Cultos, es decir, se podría practicar la religión que se deseara sin consecuencia alguna, se secularizaron los hospitales y establecimientos de beneficencia y se extinguieron, en toda la República, las comunidades religiosas. ¿Alguien duda todavía de por qué Juárez es el Padre de la Patria si finalmente derrotó a los franceses, aplastó a los ejércitos clericales mal llamados conservadores, socializó la riqueza en México, extendió garantías jurídicas ciudadanas, fundó escuelas, universidades y tribunales y echó a andar la economía, como veremos posteriormente?

El libro de texto gratuito de quinto grado establece que «Juárez negoció con España e Inglaterra el retiro de sus ejércitos, con la promesa de que reiniciaría el pago de la deuda en cuanto la situación del país lo permitiera. Sin embargo, Francia no aceptó e inició la intervención militar» (p. 58). ¿Queda claro en este momento por qué Francia se negó a aceptar cualquier tipo de negociación y comenzó la intervención militar? Lo último que le interesaba a Francia era cobrar la deuda pendiente, su objetivo era crear otra colonia en México pues la antigua perla de la Corona francesa, Haití, a la que sometieron a un devastador proceso de explotación del que todavía no se recupera, se les había escapado al independizarse en 1804: los haitianos se negaron a seguir siendo esclavos. Esas eran sus intenciones hacia México, por un lado, y por el otro, a los conservadores les importaba solamente el arribo de un príncipe europeo que diera marcha atrás a las Leyes de Reforma y a la Constitución de 1857. El capital adeudado era lo de menos. De haber podido pagar, desde luego hubieran inventado otro pretexto para intervenir militarmente. Si Juárez había podido vencer al ejército conservador, ya veríamos si tenía la misma capacidad para derrotar a las fuerzas armadas más poderosas del mundo, lo que fuera con tal de lograr la derogación de las disposiciones legales que tanto afectaban a los privilegiados de siempre. ¿Imponer a un emperador extranjero? ¡A imponerlo! ¿Acabar con la soberanía nacional? ¡Acabar con ella! ¿Traicionar a la patria? ¡Traicionarla! ¿Qué más daba?, sólo se trataba de la patria... Como escribió lúcidamente Justo Sierra: «el plan de Miranda era este, según de su correspondencia puede colegirse: organizar el ejército reaccionario en torno al general Santa Anna y a la sombra de la bandera intervencionista, y darle el primer papel en la reconquista del poder: la intervención, es decir Francia y España, venían a la retaguardia. El monarca sería criatura, no de los aliados, sino de los conservadores; el ejército extranjero dejaría entonces a México en poder de la reacción armada y remunerada y al emperador prisionero de la reacción: Santa Anna sería el vice emperador y Almonte el ministro de Guerra. Zuloaga, Márquez, Mejía y Cobos, las cuatro cariátides de bronce del trono, serían los dueños de las cuatro espadas; el padre Miranda en el ministerio de Cultos organizaría la desnacionalización de los bienes eclesiásticos. El cántaro de la lechera cayó en pedazos el mismo día que don Juan Almonte vino a México como agente político del emperador Napoleón III...».[276]

Tal como afirma Gastón García Cantú en *El pensamiento de la reacción mexicana*: «Francisco Xavier Miranda, oculto, tiraba los hilos de la nueva conspiración: apuntalar a las partidas reaccionarias con tropas extranjeras para barrer a los demagogos del gobierno nacional; en una palabra, la intervención». Además, como afirmó el autor de la oración fúnebre dedicada al padre Miranda: «el artífice que ha empezado una obra, debe darle la última mano...».

El libro debería ostentar el triunfo del ejército mexicano sobre el francés, una escuadra supuestamente invencible que fue derrotada por el general Ignacio Zaragoza (p. 59). ¿No hubiera sido conveniente colocar el texto íntegro del telegrama por medio del cual Zaragoza informó a Juárez de su victoria con la frase «Las armas nacionales se han cubierto de gloria», que aparece obviamente mutilado? (p. 66) ¿Por qué razón no subrayar una victoria histórica tan relevante? Pareciera que a los autores del libro les enfada esta grandiosa gesta... En lugar de una imagen

[276] Justo Sierra, *Juárez: su obra y su tiempo*, México, Porrúa, 2004, p. 345.

irrelevante que no despierta el orgullo de los pequeñitos ni ayuda a la integración nacional, se debería haber puesto un recuadro con el rostro de Ignacio Zaragoza, así como algún pasaje pictórico en el que aparecieran mil banderas mexicanas triunfadoras. Si lo que falta en nuestro país son precisamente motivos de orgullo, ¿por qué no exaltar rabiosamente esta espléndida efeméride mexicana que nunca nadie debe olvidar pese a los intentos de la historia oficial? ¿Será que los autores del libro de texto coinciden con aquello de que «lo peor que les puede ocurrir a los mexicanos es que se autogobiernen» y por esa simple razón favorecen el arribo de un reyezuelo rubio y europeo que nos dirija, lo que explicaría la ausencia estruendosa de una celebración muy merecida cuando las armas nacionales se cubrieron de gloria...? ¿Será...?

¿Cómo calificar a los mexicanos, clericales o no, aliados a los franceses para garantizar a los invasores la toma de su propio país? ¿Verdad que de haber sido soldado liberal y estar defendiendo el fuerte de Loreto, uno habría disparado a la cabeza a los soldados que enarbolaban el estandarte de la Virgen de Guadalupe? ¿O no? ¿Acaso en Puebla, ese 5 de mayo de 1862, se estaba discutiendo con las armas la existencia de la Santísima Trinidad...? ¿Hasta dónde llegaría el clero en su abyección? Haber podido ver la cara del Papa Pío IX, la del arzobispo Labastida y la de Francisco Xavier Miranda, cuando les informaron que tanto sus tropas como las de sus odiosos franceses habían sido derrotadas en Puebla... ¿De qué había servido tanto cabildeo y trabajo diplomático, viajes a Europa, uno y otro, cartas, visitas, reuniones secretas...? ¿Para que al mejor ejército del mundo lo derrotaran unos muertos de hambre que defendían su Constitución? ¿De qué estaban hechos finalmente estos liberales? De razón, de libertad y de justicia.

Por lo demás, se dice que «Como vimos antes, los conservadores deseaban establecer una monarquía encabezada por un miembro de la realeza europea; por esta razón se sumaron a las tropas invasoras» (p. 59). Así de sencillo, ¿qué explicación es esa? ¿Por qué traer a un emperador extranjero para que gobernara México? ¿Ese personaje extraído de la rancia aristocracia europea era el que iba a acabar con la miseria y el analfabetismo imperantes también en aquellos años? ¿Era el que venía a liberar a México de sus históricos secuestradores? ¿Era el que venía a generar riqueza y a repartirla? ¿Era el que venía decidido a desarrollar a la democracia mexicana, el vivero en que se desarrolla lo mejor del género humano? ¿Era el mismo que venía decidido a acabar con la injusticia y con la explotación despiadada de personas? ¿O, mejor dicho, deseaban traer a un gobernante extranjero para inmovilizar al país y poder saquearlo impunemente, como había acontecido antes? Haití fue asolado y destruido con tal brutalidad que hasta hoy día paga las consecuencias de la sobreexplotación.[277] Según Jacques Cousteau, el famoso buzo, Haití está condenado a la miseria para siempre porque la destrucción causada por Francia no tiene retorno. ¿Por qué razón traer a nadie a dirigir el destino de la patria? En el fondo y en la superficie existían personajes alevosos, traidores y mezquinos opuestos al supremo interés de México: que nadie se confunda...

Repliegue y resistencia de Juárez

Para enfrentar al invasor, el presidente Juárez formó un gobierno itinerante que peregrinó desde la capital hasta la frontera norte, asentándose temporalmente en San Luis Potosí y Chihuahua hasta llegar a Paso del Norte, hoy Ciudad Juárez.

Desde estos lugares fue siguiendo y orientando la acción militar de los ejércitos del Norte, Occidente y Oriente, comandados por Mariano Escobedo, Ramón Corona y Porfirio Díaz, respectivamente.

El ejército francés de ocupación se hallaba a las órdenes del mariscal Aquiles Bazaine. De 1865 a 1867 hubo constantes batallas: al principio el éxito estuvo de parte de las fuerzas europeas, sobre todo en los territorios del centro, pero la resistencia mexicana nunca decayó y poco a poco la situación fue cambiando a favor de la causa nacional. ¿Se acuerdan cuando hablamos de la resistencia indígena durante los trescientos años de la Colonia?

Más adelante mencionan que «cuando los franceses tomaron la capital [1863] convocaron a una asamblea en la que participaron los principales líderes conservadores, quienes proclamaron la creación del Imperio mexicano», pero la verdad es que para entonces ya todo estaba arreglado. Incluso el obispo Labastida, más de un año antes de la batalla de Puebla, se había entrevistado con Maximiliano de Habsburgo con ese fin, aun cuando todavía no se había llevado a cabo un planteamiento concreto. Mira esta carta:

---

[277] Piénsese que Haití es el país de América con el mayor índice de analfabetismo: 52% de su población no sabe leer, según Unicef. «Estadísticas Haití», *Unicef*, s.f., consultado en septiembre de 2015, www.unicef.org/spanish/infobycountry/haiti_statistics.html

Castillo de Miramar, enero 20 de 1862.
Al Sr. José María Gutiérrez de Estrada.

Muy respetable y querido amigo:

[...] Anoche, a eso de las diez, he llegado aquí y a las once fui presentado al muy amable Príncipe [Maximiliano], cuya vista encanta, cuya conversación atrae e instruye, cuyas maneras dulces y graves tienen tal magia que olvida uno la fatiga del viaje, lo inoportuno de la hora, la necesidad de alimento [...] Una hora de conversación me ha descubierto un tesoro moral que nunca sabremos apreciar en todo su valor. ¿Qué falta a este Príncipe? Hacíame yo esta pregunta varias veces durante las breves horas transcurridas y mi corazón y mi cabeza han respondido: nada, absolutamente nada [...] [Tiene] una instrucción variada y secundada por la reflexión; un talento que se revela en su ancha frente; una memoria fiel [...] infinita delicadeza [...] un vivísimo deseo de conocernos a todos [...] Tales son los rasgos que insuficientemente indico del Monarca que la Divina Providencia nos concede para reparar tantos desastres y resucitar a nuestra sociedad [...] Inexplicable será nuestra demencia si no sabemos apreciar el don que nos hace el cielo cuando todo parecía perdido.

Si voy a México –me ha dicho varias veces el Príncipe– me separaré de Europa para siempre [...] Mi compañera [Carlota] ha tomado la misma resolución.

[...] Gracias a Dios [¡celebraba el obispo, sin duda prematuramente!] [...] porque esta obra es suya y perfecta como todo lo que emana de su divinidad [...] Grande es el sacrificio que van a hacer estos príncipes, pero grande será también su recompensa. ¡Vaya una pareja angelical! [...] Difícil sería hallar Príncipes que les igualaran. ¡Dios se ha servido de juzgarnos dignos de poseerlos durante largos años! A veces paréceme que sueño. ¡Bendito sea Dios por todos sus beneficios!...
Pelagio Antonio de Labastida, obispo de Puebla.[278]

Tú dirás si fueron los líderes conservadores, convocados un año después por los siempre atentos franceses, los que crearon esto del imperio de Maximiliano... Conspiración clerical-conservadora de principio a fin, tal y como se lo dijo el mismo nuncio papal a Carlota de Bélgica días antes de que esta abandonara el país:
–Fue la Iglesia la que hizo el imperio –dijo el nuncio.

[278] Pelagio Antonio de Labastida, «Carta a José María Gutiérrez Estrada», Miramar, 20 de enero de 1862, *Benito Juárez, Documentos, discursos y correspondencia*, Jorge L. Tamayo (sel. y notas), vol. 5, México, Asamblea Legislativa del Distrito Federal, III Legislatura, 2006, pp. 315-316.

–...me tomaré la libertad de recordarle esta conversación –remató Carlota.[279]

Resulta imposible ignorar a tres importantes instigadores: Juan Nepomuceno Almonte (hijo del cura Morelos), José Manuel Hidalgo Eznaurrízar y José Manuel Gutiérrez Estrada, personajes que si bien no pertenecían al clero llevaban años, incluso décadas, intentando la importación de un príncipe europeo para dirigir los destinos de México, como era el caso de Gutiérrez Estrada; entonces, ¿por qué cuajó repentinamente la negociación? Porque la Iglesia, vencida en la guerra de Reforma, a través de los obispos, como acabamos de ver, desarrolló las gestiones definitivas para ejecutar el proyecto con el apoyo del Papa y de Napoleón III, emperador francés.

¿Sabías que mientras a Maximiliano se le asignó un salario de un millón y medio de pesos al año, al presidente Juárez sólo se le pagaban treinta y seis mil? ¿Te han dicho que Juárez, ante la precariedad económica por la que atravesaba México, decidió reducir su salario a treinta mil pesos? ¿Cómo es posible que el libro de texto diga que Francia reclamaba a México 600 000 pesos por daños a un pastelero, mientras que la reacción le entregaba 200 000 pesos anuales a Carlota? (p. 34) ¿Sabías que Maximiliano y su esposa se trasladaron a vivir al único castillo de América, en Chapultepec?[280]

Está claro, clarísimo, que lo asentado en el libro constituye una verdad a medias cuando se sostiene que a Maximiliano le ofrecieron el trono después de la caída de la Ciudad de México ante las tropas francesas el 3 de octubre de 1863, porque él ya había sido invitado y tan sólo se trataba de cumplir con una mera formalidad para que se presentara en México con el carácter de emperador. ¿Está claro, clarísimo, que el propio arzobispo de Puebla, Labastida y Dávalos, desterrado por Comonfort, es quien, entre otros, le ofrece el trono a Maximiliano porque jamás aceptaría la derrota de las tropas clericales y empeñaría su mejor esfuerzo para imponer a un príncipe extranjero en el Castillo de Chapultepec? ¿Sabían que a pesar de la escasez económica Maximiliano abrió el Paseo de la Emperatriz (hoy Paseo de la Reforma) para conectar el centro de la ciudad con Chapultepec? ¿Qué querría decir el arzobispo Labastida, el consejero cortesano del Papa Pío IX, cuando en su misiva asentó lo siguiente: «Inexplicable será nuestra demencia si no sabemos

[279] Armando María y Campos, *Carlota de Bélgica (La infortunada Emperatriz de México)*, México, Ediciones REX, 1944, p. 57.
[280] Sobre el salario de Maximiliano: Cristina Fernández Cortina, «México en tiempos de Maximiliano y Carlota», *Museo de arte popular. Asociación de amigos*, México, marzo 2014, consultado en septiembre de 2015, www.amigosmap.org.mx/2014/02/23/mexico-en-tiempos-de-maximiliano-y-carlota/

apreciar el don que nos hace el cielo cuando todo parecía perdido»? ¿A qué se refería cuando escribió que «todo parecía perdido…»? Todo lo perdido, no nos engañemos, era lo que se pretendía recuperar, los bienes eclesiásticos, los fueros y los privilegios perdidos.

Sería muy conveniente agregar que el final de la guerra de Reforma (p. 60) coincidió con el inicio de la guerra de Secesión estadounidense, suceso cargado de importancia para el mundo moderno y para la historia continental.

Se le llamó guerra de Secesión porque dicho término es sinónimo de separación, es decir, fue una guerra en la que un grupo de estados (los esclavistas del Sur) intentaron separarse de lo que conocemos como Estados Unidos de América; dicho grupo se autodenominó Estados Confederados de América. Algunos símbolos de esta abominable tentativa esclavista aún lucen en algunos lugares públicos de Estados Unidos. De haber ganado la guerra los confederados, hoy en día nuestros vecinos del norte integrarían un país esclavista, abiertamente racista y como mencioné anteriormente, si los clericales camuflados de conservadores hubieran ganado la Guerra de Reforma, Estados Unidos y México tendrían un aspecto muy diferente al que conocemos en nuestros días. Sólo que el hubiera…

Se debe hacer saber que Francia aprovechó el estallido de esa guerra civil en Estados Unidos para invadir México y que Matías Romero fue el hombre de Juárez cerca de Lincoln, antes y durante dicha guerra civil. ¿Cuándo pensaban informar a los chiquillos de estos hechos?

En lugar de desperdiciar un enorme espacio en blanco podría colocarse algún pequeño resumen…

La guerra de Secesión

La política estadounidense se hallaba dominada por la discusión sobre la esclavitud. Abraham Lincoln ganó la elección presidencial de Estados Unidos el 4 de noviembre de 1860: su posición era contraria al establecimiento de la esclavitud en los territorios recién anexados a la Unión, razón por la cual los últimos meses de la administración de James Buchanan se caracterizaron por la creciente división del país en los dos bandos que habrían de disputar la llamada guerra civil estadounidense o guerra de Secesión.

Lincoln tomó posesión el 4 de marzo de 1861 y un mes después, para el 12 de abril, estallarían las hostilidades. Para entonces, siete estados esclavistas (Carolina del Sur, Mississippi, Alabama, Florida, Georgia, Louisiana y Texas) ya habían aprobado sus ordenanzas de secesión y declaraban no formar parte de la Unión sino de los nuevos Estados Confederados de América, designando como su presidente a Jefferson Davis. ¿Será sólo coincidencia que en esos estados de mentalidad conservadora haya surgido el Ku Klux Klan –KKK–, organización creada inmediatamente después de la guerra de Secesión que promueve la xenofobia, la supremacía de la raza blanca y el antisemitismo, y se siga discriminando en ellos a negros y mexicanos? Las ideas persisten aun cuando hayan transcurrido siglos.

Tras la toma de posesión de Lincoln, cuatro estados más se separarían: Virginia, Arkansas, Carolina del Norte y Tennessee.

Fue una de las guerras más sangrientas en la historia del hombre. En la batalla de Gettysburg, Pennsylvania, combatieron 150 mil soldados. ¿Te imaginas una batalla de 150 mil combatientes hace casi 160 años? Afortunadamente el Norte ganó la guerra y al quedar abolida la esclavitud dio comienzo una era de modernización en Estados Unidos, que apuntaba a ser la nación más poderosa del mundo.

Imposible no dejar constancia aquí cuando Lincoln sentenció aquello de: «el gobierno del pueblo, por el pueblo y para el pueblo no desaparecerá jamás de la faz de la tierra». Tampoco olvidemos la llamada Declaración de Emancipación, que Lincoln dictó durante la guerra, el 1 de enero de 1863, declarando abolida la esclavitud en los diez estados que se hallaban en guerra con la Unión. ¿Cómo imaginar la democracia en unos Estados Unidos dominados por estados esclavistas? ¿Cómo imaginar México si el clero hubiera ganado la Guerra de Reforma?

Demos la voz a los autores del libro de texto gratuito de 1992 para que narren lo acontecido a continuación de la heroica batalla de Puebla:

La conspiración conservadora
El emperador de los franceses, Luis Napoleón Bonaparte, quería extender sus dominios en América y en Asia. Soñaba con formar un gran imperio, mayor que el que había imaginado su tío Napoleón [...]

Maximiliano aceptó su embarco hacia México, en compañía de su esposa, la princesa Carlota Amalia de Bélgica.

Luis Napoleón mandó un ejército para apoyar a Maximiliano. Austria y Bélgica también enviaron tropas. Los emperadores llegaron a México a fines de 1864. En Veracruz, Puebla y la capital fueron objeto de grandes recibimientos. Sin embargo, Juárez era el presidente legítimo de la República y, aunque en condiciones desventajosas, prosiguió la lucha contra los invasores.

Al respecto vale la pena aclarar que dicho texto llama a los hechos por su nombre... Manifiesta la existencia de una «conspiración conservadora», calificativo que no encontramos en el libro de 2015.

A continuación el texto vigente hace constar que «dos años después de haber iniciado la guerra contra la intervención francesa, el archiduque Maximiliano y su esposa, Carlota Amalia, princesa de Bélgica, llegaron al país para ocuparse del gobierno monárquico apoyado por los conservadores. Los liberales se negaron a reconocer esta autoridad; aun así, el imperio logró imponerse en las zonas del país que dominaba el ejército francés.

»[...] El gobierno de Maximiliano tomó una serie de medidas que provocaron que los conservadores le retiraran su apoyo; por ejemplo, en vez de oponerse a las Leyes de Reforma, las ratificó; eligió como colaboradores a algunos liberales; estableció leyes por las que se devolvían sus tierras a los pueblos indígenas y se otorgaban a quienes no las tenían. Además, decretó leyes laborales que establecían una jornada máxima de 10 horas de trabajo y prohibían aplicar castigos físicos a los trabajadores».

Si el papa, Labastida y Dávalos, así como la alta jerarquía católica mexicana y los conservadores en general nunca pudieron creer que las fuerzas liberales mexicanas, agotadas después de tres años de duración de la guerra de Reforma, estos hombres fatigados y dotados escasamente de municiones hubieran podido vencer al ejército francés, menos, mucho menos, aceptaron que Maximiliano manifestara su conformidad en relación a las Leyes de Reforma y a una buena parte de la Constitución de 1857. Era evidente que los conservadores y la alta jerarquía católica se habían presentado en Europa para solicitar la presencia de un emperador que llegara a gobernar nuestro país sobre la base de derogar de un plumazo toda la legislación liberal, objetivo que, desde luego, incumplió Maximiliano para el azoro y furia de sus seguidores, quienes lo etiquetaron de inmediato como traidor.

Aquí va la explicación contenida en el libro de texto de 1992:

El gobierno de Maximiliano

Maximiliano instaló su gobierno en el Castillo de Chapultepec de la Ciudad de México. La mayor parte de sus colaboradores eran extranjeros, aunque tenía también importantes colaboradores mexicanos. Recorrió varias partes del centro del país y Carlota viajó hasta Yucatán. Maximiliano mostró interés por la suerte de los indios y de los trabajadores.

El programa de gobierno de Maximiliano era liberal y esto acabó enfrentándolo a los conservadores y a la Iglesia. Apoyaba leyes como la del Registro Civil y estaba dispuesto a limitar las propiedades eclesiásticas. Esto provocó fuertes diferencias de Maximiliano con el arzobispo Labastida y con el representante del Papa, así como con muchos conservadores.

El presidente Juárez, por su parte, aunque veía que varios puntos de la política de Maximiliano coincidían con la suya, jamás aceptó al gobierno invasor.

Ni hubiera podido aceptar acercamiento alguno estando toda la legitimidad de Juárez depositada en la Constitución. La sola presencia de Maximiliano ofendía a la Carta Magna. Continúa el libro de 1992:

Debilitamiento del invasor
Debido a sus creencias liberales, Maximiliano perdió el apoyo de los conservadores. Luis Bonaparte, ante la amenaza de una guerra en Europa con su vecina Prusia, ordenó la retirada del ejército francés. Carlota viajó a Roma para buscar, sin éxito, el apoyo del Papa. Maximiliano había relegado y aun desterrado a los generales conservadores Miguel Miramón y Leonardo Márquez. Pero ante la retirada del ejército francés y la falta de apoyo de Luis Bonaparte, acudió a ellos para organizar la defensa militar de su debilitado imperio.

No sirvió de mucho. Los ejércitos republicanos obtenían grandes victorias en el sur con Porfirio Díaz y en el norte con Mariano Escobedo. Pronto, Maximiliano quedó sitiado en Querétaro. Porfirio Díaz tomó Puebla el 2 de abril de 1867 y puso después sitio a la capital.

Fusilamiento de Maximiliano
Querétaro fue el último reducto de Maximiliano y de los restos de su imperio. La ciudad fue sitiada y tomada por las fuerzas triunfantes de la República, al mando de Mariano Escobedo y Ramón Corona. El emperador derrotado y sus generales, Miguel Miramón y Tomás Mejía, fueron aprehendidos y fusilados en el Cerro de las Campanas.

El 5 de junio [el libro de texto se equivoca: fue el 15 de julio] de 1867 Benito Juárez entró en la Ciudad de México para instalar el gobierno legítimo y reorganizar la administración. Era el triunfo de la República y el fin de los intentos de establecer un imperio en México.

El triunfo de la República
La victoria de Juárez sobre el imperio de Maximiliano produjo tres resultados. Primero, la derrota del invasor y sus aliados liberó a México de la fuerte presión externa que desde el nacimiento de la República lo había agobiado. Segundo, la victoria juarista significó el triunfo del grupo liberal sobre el conservador. Tercero, la victoria mexicana sobre el ejército invasor compensó, en parte, los sentimientos de frustración e injusticia que

habían quedado de las décadas anteriores por la división interna y por la pérdida de territorio a manos extranjeras.

La difícil situación económica se agravó; la carencia de recursos fue uno de los principales problemas de la República restaurada. Benito Juárez y su sucesor en la presidencia, Sebastián Lerdo de Tejada, sabían que el país necesitaba impulsar su economía, reactivar la producción agrícola, fomentar la industria, construir ferrocarriles y poblar las regiones que no estaban habitadas.

Primero, en vista de que la nueva intervención extranjera había concluido y de que la guerra fue en defensa de la Constitución de 1857, era necesario poner esta en pleno funcionamiento, para lo cual se requería también civilizar la política, excluyendo de ella a los militares. ¿Se imaginan? En 1848 los yanquis abandonaron finalmente al México mutilado, diez años después, en 1858, estalló la Guerra de Reforma, esta concluyó en 1861 y al año siguiente padecimos la intervención francesa que duraría hasta 1867. ¿Qué tarea faraónica le correspondía a Juárez para restaurar la República y echar a andar una economía agotada y destruida?

Como el libro de texto vigente en 2015 le escatima halagos al histórico papel de los liberales, tal y como a continuación se lee: «Con el triunfo de la Revolución de Ayutla llegó al poder una nueva generación de liberales, casi todos civiles, es decir, que no eran militares», vale la pena traer a colación lo afirmado en el libro de 1992:

La generación de la Reforma
El movimiento de Reforma dio nuevas fuerzas al país y creó un ambiente de libertad, adecuado para el debate político en el Congreso y en la prensa.

La prensa periódica de este tiempo fue la más libre, más rica, más inteligente y preocupada por los problemas nacionales que ha tenido México. Esta generación produjo también al grupo gobernante más tenaz, valeroso y patriota. A este grupo excepcional de escritores y hombres públicos se le conoce como la generación de la Reforma.

En el libro de 2015 no merece ni siquiera una mención. Ignorar como lo hace a la maravillosa generación de la Reforma constituye una de las peores infamias del texto y un artero atentado en contra del conocimiento de los pequeñitos. Una vergüenza sin par.

Benito Juárez, Benemérito de la Patria

Increíblemente, en el libro de 2015, cuando ya pasamos la República restaurada, aparece Benito Juárez, «un indígena zapoteca nacido en San Pablo Guelatao...» (p. 62). ¡Todo esto debió haber sido consignado con anterioridad! ¡Todo el primer párrafo debió quedar establecido con la debida oportunidad! ¿Por qué diez páginas después? Luego se alude al empeño de Juárez por «defender a toda costa la soberanía de la nación», cuando también se empeñó en defender a toda costa la vigencia de la Constitución. Dicen que lo que convirtió a Juárez en una de las figuras más importantes de nuestro pasado fue «impulsar las reformas liberales...». Sí, de acuerdo, pero en el ilustre oaxaqueño concurren una gran cantidad de méritos, entre los que se encuentra haber sido de hecho y por derecho el fundador de la República, por más que esta ya existiera pero en condiciones precarias, y además por haber impedido que la Iglesia siguiera gobernando la vida de las personas y los negocios públicos. ¿Es insignificante el haber vencido y largado de México a los franceses? Nunca olvidemos que Juárez nos heredó el Estado liberal y laico mexicano.

¿Por qué no habrán calcado los autores actuales del libro de texto lo que afirmaron los historiadores de 1992 en relación a Juárez y a Lerdo de Tejada, como sigue?:

El temple de Juárez

Los hombres de la Reforma enfrentaron con temple de acero las dificultades tan grandes y dramáticas de su tiempo. Juárez vivió la política en todos sus niveles: fue regidor, diputado, gobernador del estado de Oaxaca, presidente de la Suprema Corte y presidente de la República. Lo hizo con sencillez y serenidad. Asumió la defensa de la ley y de la integridad de la nación como parte de su deber ciudadano, sin alardes. Fue firme y mantuvo el rumbo claro aun en los momentos de mayor adversidad. La fuerza de su voluntad mantuvo unidos a los liberales y los condujo al triunfo.

Sebastián Lerdo de Tejada

Benito Juárez murió en 1872, cuando iniciaba otro periodo como presidente. Lo sucedió Sebastián Lerdo de Tejada, su compañero inseparable en la lucha contra la intervención extranjera, quien ocupaba la presidencia de la Suprema Corte de Justicia. Lerdo incorporó las Leyes de Reforma a la Constitución y estableció el Senado, que ya había funcionado en otras constituciones. Siguió la política liberal iniciada por Juárez y enfrentó los problemas de la reconstrucción económica. Una nueva generación de políticos y militares empezaba a participar en la vida pública.

En el libro de 2015 pareciera que las propuestas de los liberales «originaron [...] la división de poderes» (p. 62), pero lo cierto es que esta estaba consignada constitucionalmente desde 1824, e incluso desde la Constitución de Apatzingán de 1814. ¡Nuestra tradición había sido fuerte en ese sentido!, porque se trata del derecho fundamental y característico de la democracia. Lo mismo pasa con la libertad de expresión, que también quedó garantizada en la Constitución de 1857, en todo caso el código legal que la garantizó y trató de hacerla posible, y esto por la defensa valiente que hicieron de ella Juárez y sus contemporáneos. La división de poderes había sido establecida desde el siglo XVIII por Montesquieu en su célebre libro *El espíritu de las leyes*.

El orden legal y político emanado del siglo XIX

Sí, de acuerdo, históricamente los mexicanos hemos sido geniales y no menos eficientes legisladores, sin embargo, los problemas invariablemente han comenzado al aplicar la ley. Si bien es cierto que existía en el papel la división de poderes, así como la libertad de expresión, no es menos válido afirmar que el Estado de derecho en el cual deben insertarse dichas instituciones y garantías en la vida práctica no ha existido. México, con sus escasas excepciones, jamás ha sido un país de leyes y una enorme cantidad de periodistas perdieron la vida en la fortaleza de San Juan de Ulúa, fueron sobornados para esconder sus investigaciones y conclusiones o asesinados en la vía pública por no convenir a los intereses de los grupos en el poder. Al día de hoy, a casi doscientos años de la Independencia de México, continuamos careciendo de un auténtico Estado de derecho en el que se imparta la justicia tal y como lo han establecido las diferentes constituciones de nuestro pasado. ¿Qué más hubiéramos querido los mexicanos que la frase acuñada por Benito Juárez fuera una realidad?: «El respeto al derecho ajeno es la paz». ¿Cuándo se ha respetado en México el derecho? Por esa razón peligra tanto la paz en nuestros días. Los fraudes electorales de antaño, cuando se desconocía la voluntad popular, los arrestos arbitrarios, los allanamientos de morada, la inseguridad ciudadana y los recurrentes peculados que padecemos hasta hoy, son algunas de las evidencias para fundar la anterior aseveración, sin olvidar que se siguen asesinando periodistas, voces delatoras de la inmundicia, sin que el gobierno ni la sociedad hagan nada al respecto. La impunidad es total aun cuando tengamos leyes de vanguardia para impedirla... ¿O no existe en México la impunidad total cuando el 98% de los delitos que se cometen jamás se aclaran ni se detiene y procesa a los criminales? ¿Cuál respeto al derecho ajeno...?

El resumen de la cultura decimonónica es paupérrimo, y por tanto no refleja lo que fue la cultura en México en esas décadas. En esta época, dice el libro de 2015, «surgieron los primeros libros escolares de historia nacional» (p. 63). Pero omite mencionar que fue hasta 1890 que Antonio García Cubas, un juarista de pura cepa, Enrique C. Rébsamen, Andrés Oscoy y Justo Sierra se encargaron de promover el libro de texto como «el auxiliar más fiel del maestro», su propia guía para el desenvolvimiento integral de los alumnos mediante verdades conquistadas y depuradas. Para ellos los libros debían ser escritos breves, claros, precisos y económicos, elaborados por conocedores del tema que consagraran su cariño a la niñez y sobre todo los adecuan a las necesidades y conocimientos de los alumnos.[281] «También se editaron publicaciones como la revista *Renacimiento* —concluye el libro de 2015—, fundada por Ignacio Manuel Altamirano, que entre sus colaboradores tuvo por igual conservadores y liberales, como Guillermo Prieto, Manuel Payno, Vicente Riva Palacio, José María Roa Bárcena, José Tomás de Cuéllar, entre otros.

»Varios intelectuales se ocuparon de estudiar la historia y la geografía de México, entre ellos, Manuel Orozco y Berra, Guillermo Prieto, Vicente Riva Palacio, Justo Sierra, Luis González Obregón, Joaquín García Icazbalceta y José María Iglesias. En las letras, el nacionalismo originó la aparición de novelas históricas y narraciones costumbristas, llamadas así porque describían las costumbres, particularidades y formas de vida del país.»

De acuerdo, pero resulta imposible dejar en el tintero a Francisco Zarco, un escritor liberal, director de *El Siglo Diez y Nueve*, un periodista que hizo historia; a Guillermo Prieto, hombre cercano a Juárez, poeta y cronista destacado, crítico de teatro, autor también de libros de texto para la enseñanza de la historia de México y de otras obras como *Memorias de mis tiempos*, valiosa crónica que abarca de 1828 a 1853. Ahí está Luis González Obregón, discípulo de Altamirano, fundador del Liceo Mexicano Científico y Literario y director del Archivo General de la Nación, autor de *México viejo y anecdótico*, donde recrea pasajes y elementos del Virreinato con lenguaje claro y ameno.

---

[281] Lucía Martínez Moctezuma, «Los libros de texto en el tiempo», *Diccionario de historia de la educación en México*, México, s.f., consultado en septiembre de 2015, www.biblioweb.tic.unam.mx/diccionario/htm/articulos/sec_29.htm

Manuel Payno, como los demás, combinó la literatura con la política, siendo secretario de Hacienda durante los gobiernos de José Joaquín de Herrera e Ignacio Comonfort. Escribió quizá la más célebre novela de aquellos años: *Los bandidos de Río Frío*, además de *Tardes nubladas* y *El fistol del diablo*. Vicente Riva Palacio, nieto de Vicente Guerrero e hijo de Mariano Riva Palacio, abogado de Maximiliano de Habsburgo durante el juicio a que lo sometió la República por trece distintos cargos, entre los que sobresalen haber promulgado un decreto bárbaro para asesinar a los mexicanos que defendían la independencia y las instituciones de su patria, pero sobre todo por atentar contra la seguridad de la nación, fue autor de las novelas *Calvario y Tabor* y *Los piratas del golfo*, y posteriormente, durante el porfiriato, de uno de los tomos de *México a través de los siglos*, uno de los esfuerzos más grandes por compilar toda nuestra historia bajo un solo título. Justo Sierra, escritor yucateco, practicó muchos géneros literarios: la poesía, el periodismo, el ensayo y la historia, y escribió *Juárez, su obra y su tiempo*. Joaquín García Icazbalceta, escritor católico que sin embargo disertó acerca de las apariciones de la Virgen de Guadalupe y negó su carácter milagroso; Melchor Ocampo, Padre de la Patria y uno de los mexicanos más excepcionales que han existido, autodidacta, bibliófilo y un botánico destacado, fue político y además autor de interesantísimas crónicas como *Viaje de un mexicano a Europa en 1840*, aparte de excelentes ensayos analíticos, discursos y cartas. Gabino Barreda, discípulo de Augusto Comte en París y encargado de ejecutar la Reforma educativa, fue fundador y director de la Escuela Nacional Preparatoria (que en el libro de texto está mediocremente definida, dicen solamente: «en donde se sustituyeron las explicaciones religiosas por las científicas», ¡hombre! ¡Faltaba más!).

Cometería un atropello si no incluyera el resumen que aparece en el libro de 1992 en relación a los cambios que trajo consigo la restauración de la República:

Signos de cambio
Si bien la construcción de vías de ferrocarril se había iniciado desde la época de Santa Anna, las constantes guerras impidieron su avance. Durante los gobiernos de Juárez y Lerdo se volvió a emprender ese proyecto. En 1873 se terminó la vía de México a Veracruz.

También se buscó reforzar la colonización con trabajadores extranjeros para desarrollar la agricultura. Juárez se preocupó por reorganizar la educación pública y abrió nuevas escuelas de todos los niveles. El doctor Gabino Barreda inauguró la Escuela Nacional Preparatoria, que se convirtió pronto en un gran centro educador de nuevas generaciones.

Con el repliegue de la Iglesia y de los conservadores, el orden republicano comenzó a prevalecer en la vida diaria de la nación.

¿Por qué el libro de texto actual no abundará en lo que significó la construcción del ferrocarril a Veracruz ni en la obra de Gabino Barreda, ni tocará el tema del «repliegue de la Iglesia» para empezar a construir el orden en la nación? ¿No es claro quién redactó este libro? ¿Por qué en la actualidad no se afirmará que el «repliegue de la Iglesia» equivalía a la imposición final del orden y el inicio del progreso de México?

En el libro de 2015 se aborda el tema de las peleas de gallos y las corridas de toros a la par del Teatro Nacional y otros (p. 64), pero no se revela la reducción del ejército de 60 000 a 20 000 soldados con el fin de bajar los gastos de la República ni la creación de la Biblioteca Nacional por decreto de Benito Juárez el 30 de noviembre de 1867, misma que se establecería en el convento de San Agustín, una clara señal de lo que pensaba hacer el Benemérito con los bienes del clero. Pero, claro está, surge una pregunta obligatoria: ¿qué tiene que ver aquí una copia de la partitura del Himno Nacional, adoptado en 1854 para homenajear a Santa Anna en su carácter de Alteza Serenísima, con los años dorados e inolvidables de la restauración de la República, contados a partir de 1867? ¿No se refería la letra del himno a Santa Anna en su carácter de *guerrero inmortal de Zempoala*, todo un gigantesco embuste? ¿Qué tiene que ver, insisto, la partitura del Himno Nacional con la restauración de la República y sus padres, auténticos fundadores de la patria?

Soy un amante del arte y no puedo vivir como si la belleza no existiera, como lo decía mi querido hermano Germán Dehesa (q.e.p.d.), así que estoy de acuerdo con las pinturas que incluyeron (p. 65); sin embargo, bien hubiera valido la pena publicar sólo dos de ellas, tal vez la de José María Velasco, el mejor paisajista mexicano de todos los tiempos, y la de Hermenegildo Bustos, con el objetivo de reservar un decoroso espacio para manifestar en un recuadro desvinculado de la plástica la obsesión de Juárez por impedir el secuestro y venta de indígenas que además eran expatriados clandestinamente en contra de voluntad, por supuesto. Lo expresó en un decreto de 1861: «Artículo 1. Se prohíbe la extracción para el extranjero de los indígenas de Yucatán, bajo cualquier título o denominación que sea. 2. [...] Los que conduzcan indígenas al extranjero [...] serán condenados a la pena de muerte...».

¿Verdad que resulta imposible creer ni mucho menos aceptar que en México pudieran secuestrar a las personas y sacarlas clandestinamente del país en contra de su voluntad para subastarlas al mejor postor en mercados donde se compraban y vendían seres humanos? ¿No les parece una auténtica maravilla este decreto de Benito Juárez? Ya abordaremos en su momento la política antiindigenista de Porfirio Díaz, perpetrada fundamentalmente contra los yaquis y mayas, entre otros más, dando marcha atrás a estas importantes disposiciones juaristas. ¿Liberal Porfirio Díaz? Veremos…

¿Sabías que Ignacio Comonfort regresó al país y se sumó a las fuerzas del gobierno constitucional, perdiendo la vida en una de las batallas contra la intervención francesa?

¿Sabías que el general Ignacio Zaragoza juró incendiar Puebla porque una buena cantidad de poblanos decidió apoyar a los franceses durante la invasión de 1862, y sin embargo no pudo cumplir su promesa porque la muerte se lo impidió?

¿Sabías que cuando Benito Juárez recorría el país en su carruaje para no ser atrapado por las fuerzas francesas invasoras se decía que la República viajaba en su carreta?[282]

¿Crees acaso que cuando las fuerzas liberales afortunadamente derrotaron a los conservadores clericales durante los años aciagos de la guerra de Reforma, y más aún, cuando Juárez derrotó definitivamente al ejército reaccionario y fusiló a Maximiliano, el emperador del clero, después de tantos años de lucha, de sangre, destrucción, atraso y muerte, la alta jerarquía católica se daría por vencida y ya nunca jamás intentaría recuperar sus poderes y privilegios?

¿Sabías que el emperador Napoleón III de Francia tenía decidida la invasión de México desde 1859 y que sólo esperaba el estallido de la guerra de Secesión en Estados Unidos para ejecutarla?

¿Sabías que Maximiliano tuvo un hijo con Concepción Sedano, la hija de su jardinero en Cuernavaca, y que también murió fusilado? ¿Sabías que Maximiliano y Carlota supuestamente no podían tener hijos y que por ello adoptaron al nieto de Agustín de Iturbide, un pequeño niño estadounidense que ni siquiera hablaba español, para que los sucediera en el trono?

¿Sabías que Porfirio Díaz –futuro presidente de México– combatió contra la intervención francesa, con cuyos jefes sostuvo sospechosos acuerdos? (El mismo Maximiliano le reprochó al mariscal Bazaine haberse reunido con Díaz.)

---

[282] «Don Benito Juárez salvó la República en un coche», escribió don Alfonso Reyes con su transparencia habitual. Alfonso Reyes, *Las vísperas de España*, Editorial Sur, Buenos Aires, 1937, p. 128.

¿Sabías que el propio Maximiliano elaboró un libro sobre los personajes que influyeron en su elevación al *trono* de México? Lo tituló *Los traidores pintados por sí mismos*.[283]

Para dejar claras las tendencias antinacionales que cobija este libro de vergüenza que, lamentablemente, en este momento está alimentando intelectualmente a nuestros niños con basura, aparece un insultante recuadro en el que se consignan con nostalgia los errores militares cometidos por los invasores franceses (p. 67). Todo parece indicar, leyendo este lamento, que si los estrategas europeos no se hubieran equivocado en lo que menciona Francisco de Paula Arrangoiz (autor del fragmento allí citado), la intervención francesa jamás hubiera fracasado el 5 de mayo de 1862. Lo más curioso dentro de este contexto no es sólo el hecho de subrayar las equivocaciones de los franceses, sino haberse atrevido a consignar, a traer a colación a un autor radical conservador de convicciones monárquicas y además, absolutamente corrupto. ¿Cómo podrían explicar estos mercenarios historiadores del libro de texto de 2015 el hecho de haber dejado constancia de los puntos de vista de un bandido enemigo de la República y de los principios liberales?

A modo de antecedente, valdría la pena dejar constancia de que el tal Arrangoiz, integrante del Partido Conservador y de una familia aristocrática, dispuso (se los robó) de 68 000 pesos por las gestiones de cobranza realizadas en Washington de siete millones que el gobierno de Estados Unidos le debía al de México por la venta de La Mesilla.[284] Arrangoiz luchó abiertamente por la instalación del imperio de Maximiliano y formó parte de la comisión mexicana que lo visitó en Miramar; le reclamó posteriormente al emperador el hecho de no haber derogado ni la Constitución de 1857 ni las Leyes de Reforma, y sin embargo los autores del libro de texto de 2015 lo incluyen como si fuera un ejemplo a seguir. ¿Por qué insistir en justificar el papel de los traidores?, ¿por qué el despreciable Arrangoiz?

¿Te gustaría leer un intercambio de cartas para conocer el papel que desempeñó el clero en la construcción del Segundo Imperio? Aquí van un par de testimonios entre otros tantísimos más que el reducido espacio no me permite consignar.

---

[283] El subtítulo reza: «Libro secreto de Maximiliano, en que aparece la idea que tenía de sus servidores». Maximiliano de Habsburgo, *Los traidores pintados por sí mismos*. México, Imprenta del gobierno del Gobierno en Palacio, 1867.

[284] «Doble suma, es decir quince millones de pesos importaba la indemnización ajustada en el tratado primitivo. El Senado de los Estados Unidos le hizo reformas esenciales y redujo esta suma á diez millones, de los que debía recibir siete el gobierno mexicano, tan luego como se canjeasen las ratificaciones...». *Los millones de la Mesilla*, p. 5.

De: Maximiliano
A: Gutiérrez Estrada
Castillo de Miramar, 8 de diciembre de 1861
Estoy a U. agradecido por las diversas cartas que se ha servido dirigirme últimamente y sobre todo por haberme comunicado la carta del obispo de Puebla y la del general Santa Anna. Es permitido augurar el bien del porvenir de la causa monárquica en México, cuando se ve figurar a la cabeza de sus defensores los nombres de tan digno prelado y de tan eminente guerrero.

De: Leonardo Márquez (*El Tigre de Tacubaya*)
A: Padre Miranda
Ismiquilpan, 18 de diciembre de 1861
[...] Como por otra parte es proverbial el basto talento de Usted, su acendrado patriotismo, su decisión por la buena causa y sus profundos conocimientos en política, considero que al hablarme U. en los términos en que lo verifica, es porque se ha puesto ya en todos los casos, y ha visto que puede realizarse el pensamiento de las naciones de Europa respecto de nuestro país; así es que me abstendría de decir a U. una palabra sobre el particular, si no fuera porque tan bondadosamente se sirve ordenarme que le diga lo que pienso en este respecto...

De: Gutiérrez Estrada
A: Francisco Xavier Miranda
Palacio de Miramar, 27 de diciembre de 1861
Su Alteza Imperial [Napoleón III] cuenta con los patrióticos esfuerzos de U. y me encarga que se lo diga [...] Desea Napoleón y también lo quiere el archiduque que se vayan cuanto antes los Sres. Obispos de Méjico, y hoy mismo ha enviado un despacho telegráfico al embajador de Austria en Roma para que haga saber al cardenal Antonelli y al Sr. Labastida, el deseo que tiene de verlo aquí para tratar con él de la empresa que nos ocupa.

De: Márquez
A: Francisco Xavier Miranda
San Pedro Tolimán, 18 de febrero de 1862
Hoy más que nunca importa que U. tenga la bondad de ilustrarme con su sabiduría, experiencia y patriotismo. Ruego a U. que así lo haga [...] Una persona de México me avisa que por orden de U. ha instalado un Directorio, para que se entienda en los negocios de la capital. Me pide que yo dé un manifiesto a la nación; y me indica algunas operaciones militares. Ya le contesto hoy mismo diciéndole que estoy conforme con lo primero [...] Repito que en asuntos que sólo competen al gobierno, no me parece

conveniente mesclarme. Sin embargo espero la respetable opinión de U., que es tan digna de atenderse.

De: Francisco Xavier Miranda
A: Félix Zuloaga
Veracruz, marzo de 1862
[...] Desde que la revolución de Tacubaya perdió la capital en diciembre de 1860 creí que esa revolución había muerto en la historia de nuestras revoluciones: yo al menos no encontraba modo de revivirla, ni por su legalidad ni por su fuerza [...] Nada entre nosotros ha sido legal [y] carecíamos de todos los elementos necesarios para hacerla efectiva [...] Los movimientos de circunstancias, como el de Tacubaya, pasan cuando aquellas han desaparecido. Sostener lo contrario equivaldría a querer que el tiempo no corriera...[285]

La verdad incómoda. Detalles adicionales y aprendizajes

Después de haber descubierto las incontables y perversas manipulaciones de la historia, alteraciones, ocultamientos y verdades a medias contenidas en los libros de texto de cuarto y quinto grado, por supuesto que ya no me sorprende que todos los planes políticos y militares organizados por el clero a lo largo del siglo XIX para dar al traste con la evolución del país también hayan sido escondidos aviesamente. En cada párrafo, en cada página, en cada imagen, en cada recuadro me encuentro con elementos adicionales para confirmar una vez más que los libros de texto de historia tal vez fueron redactados en los sótanos caliginosos de la catedral de México iluminados con cirios pascuales, porque de otra suerte hubiera quedado consignado que la alta jerarquía católica estuvo involucrada por una y otra razón en los golpes de Estado que desviaron, detuvieron, obstruyeron y finalmente destruyeron la marcha de México antes y después de la Reforma, que justo por eso constituye una página brillante de nuestro pasado como pueblo. Me hubiera encantado que los seminaristas frustrados que redactaron los libros de 2015, sálvese el que pueda, hubieran consignado lo siguiente:

---

[285] Genaro García, «Correspondencia secreta de los principales intervencionistas mexicanos, 1860-1862», *op. cit.*, t. XIII.

El clero mexicano, el peor enemigo de México a lo largo de su historia, maquinó, organizó, asestó y finalmente ejecutó, ocultando siempre la espada criminal, un sinnúmero de golpes de Estado, asonadas, insurrecciones, levantamientos armados y cuartelazos que dejaron al país al garete, como una nave sin timón; el primero de todos en 1808, que provocó la caída de Iturrigaray y el asesinato de dos ilustres mexicanos: Francisco Primo de Verdad y Francisco Azcárate. ¿Quién empleó la violencia para asegurar el fracaso de las instituciones nacionales? ¿Más planes desestabilizadores? Ahí están: 1) el Plan de la Profesa, el de la independencia, en el que la mano del clero a través de Monteagudo se ha ocultado tan exitosamente; 2) el Plan de Iguala; 3) el Plan de Jalapa, mediante el cual se derroca a Guerrero; 4) el Plan de Escalada en mayo de 1833; 5) el Plan de Huejotzingo, de 1833, el antecedente del Plan de Cuernavaca que finalmente acabaría con Gómez Farías; 6) el Plan de Tacubaya, de 1841, que el señor arzobispo de México, doctor don Manuel Posada y Garduño, aprovechó con Matías Monteagudo para reinstalar otra vez a Santa Anna en la presidencia; 6) el Plan del Hospicio, que encumbra de nueva cuenta a Santa Anna en el poder una vez repatriado de Colombia. No debo olvidar el Plan de Zacapoaxtla ni el golpe de Estado del Plan de Tacubaya, de 1857. No debo dejar en el tintero que el clero, el clero, el clero se veía detrás de cada movimiento desestabilizador... Es común la postura conspiradora de la Iglesia no sólo en México sino en el mundo entero, gran parte del estancamiento humano en la ciencia, la filosofía y la cultura se debió a la necesidad de control de la sociedad mientras la Iglesia católica predominaba, como en el periodo que comprende del siglo V al siglo XV... ¡Cómo dislocó la alta jerarquía católica la marcha de México! Es evidente que la moral católica fue, es y será una de las causas más evidentes del atraso mexicano... ¿Acaso, entre otras razones, no nos han convertido en un país de cínicos —esta moral corrompida de hecho explica el surgimiento de la Reforma protestante de Lutero— desde que a través de la confesión los fieles se libran de toda culpa y al día siguiente pueden volver a cometer todo género de irregularidades, llamadas pecados, que se perdonan al depositar dinero en las urnas o al postrarse de rodillas ante un sacerdote que absuelve sin crear responsabilidad individual? ¿Dónde queda el compromiso personal cuando un tercero puede perdonar los desvíos a cambio de un par de rezos o de limosnas?[286]

[286] «La Iglesia, armada desde la independencia, provocó y realizó corporativamente o por la acción de sus ministros los pronunciamientos de más triste memoria; sostuvo con las armas y con el dinero de sus fieles durante años y años guerras civiles que costaron al país, como ya hemos dicho, más de medio millón de hombres. En este último periodo, después de promulgarse la Constitución de 1917, ha continuado su tradición sangrienta, con variaciones de forma, a veces muy elocuentes.» Ramón J. Sender, *op. cit.*, p. 203.

A continuación consigno alguna que otra idea suelta que estimo será de tu interés. A ver qué piensas:

- La Iglesia aborreció y combatió la Constitución de 1824 y la de 1857 a pesar de que, en su introducción, el primer código afirmaba estar hecho «En el nombre de Dios y con la autoridad del pueblo mexicano». Por supuesto que también combatió con las armas a la Constitución de 1917 durante la rebelión cristera.
- Melchor Ocampo, en 1840, realizó un viaje *de mochila* a Europa, recorriendo a pie varios países. A su regreso fue uno de los políticos mexicanos más destacados.
- Clemente Munguía, obispo de Michoacán, declaró la guerra contra la Constitución de 1857 porque establecía libertad ilimitada para la manifestación de ideas, cosa que le parecía «gravísima», «infernal», ¿te imaginas?
- Un ejército de élite llamado la Legión de Honor, integrado por algunos españoles radicados en México, fue creado por el padre Miranda para combatir al gobierno de Juárez durante la guerra de Reforma. Eran miembros del famoso Directorio.
- Fue Guillermo Prieto quien al grito de «los valientes no asesinan» evitó el fusilamiento del presidente Benito Juárez en Guadalajara.
- Carlota de Bélgica se obsesionó con la idea de casarse con Maximiliano de Habsburgo cuando se enteró de que su abuelo era Napoleón Bonaparte.
- En 1864 la emperatriz Carlota decidió que el Castillo de Chapultepec, construido en 1784, se convirtiera en residencia oficial.
- «Francia nos ha cubierto con su glorioso pabellón», dijo Pelagio Labastida y Dávalos, obispo de Puebla, durante la funesta intervención de ese país a México.[287]
- José María Morelos fue homenajeado por Maximiliano de Habsburgo el 30 de septiembre de 1864, en el XCIX aniversario de su natalicio. Durante la ceremonia, el hijo mismo de Morelos, Juan Nepomuceno Almonte, acompañaba al emperador. (El prócer todavía se estará retorciendo en la tumba…)
- Juzgado y ejecutado en Francia durante la Primera Guerra Mundial por ser espía de los alemanes, el mexicano Julio Sedano era hijo natural de Maximiliano de Habsburgo y de la hija del jardinero de su casa de Cuernavaca.[288]

[287] De María y Campos, *op. cit.*, p. 28.
[288] Valentín López González, *El imperio en Cuernavaca, 1862-1867*, Cuernavaca, Instituto Estatal de Documentación de Morelos, 2000, p. 23.

- Hay indicios de que Maxime Weygand, el general francés que rindió París a los nazis en 1940, era hijo del soldado belga Alfred van der Smissen y de la emperatriz Carlota.
- Benito Juárez mandó crear el estado de Morelos con porciones territoriales de los estados de México y Guerrero.
- El obispo de León, José María Diez de Sollano, afirmó que el día que murió Benito Juárez tuvo la visión del gran oaxaqueño descendiendo al infierno.
- Fue durante el gobierno de Sebastián Lerdo de Tejada que las Leyes de Reforma fueron incorporadas a la Constitución.
- El Destino Manifiesto es el principio de la diplomacia norteamericana según el cual todo el continente americano les «ha sido asignado por la Providencia».

Las anteriores citas son testimonios que marcan la introducción convulsa de México a la modernidad de la Revolución industrial y el liberalismo decimonónico, que a pesar de evolucionar favorablemente para los liberales y su proyecto, dan prueba de la supervivencia de fuerzas retardatarias y vestigios feudales que se aferran a permanecer y que en gran medida serían una traba para el desarrollo económico y político de México.

Una página entera parece estar dedicada a la libertad de expresión, sólo *dedicada* y ello para ser muy generoso. Sin embargo, el título reza y ninguna mejor palabra que esa, reza: «Los periódicos de la época: escenario para las ideas y la caricatura» (p. 69). Evidentemente falta toda la enjundia, el coraje que implica haber logrado una semejante después de la sangrienta censura que ejerció el clero católico durante trescientos años de Inquisición para ya ni referirme a aquella política troglodita con que se mutiló el pensamiento de los mexicanos durante casi todo el siglo XIX hasta que apareció esta afortunada generación de liberales mexicanos que abrió las puertas a diversas libertades, siempre y cuando estuvieran dentro de la ley. ¡Claro que la mayoría de quienes redactaron estos libros jamás hubieran reconocido una victoria tan escandalosa como la que alcanzaron Juárez y los suyos! ¿Iban acaso a festejar algo que históricamente operó en contra de sus intereses? Era y es evidente que los reaccionarios, los conservadores, jamás propondrían una reforma que nos permitiera a los mexicanos tomarnos de la mano como un solo hombre y organizarnos, protestar y atacar por medio de leyes la cancelación de los Derechos Universales del Hombre. ¿Verdad que no les convenía que el pueblo de México construyera una fuerza de oposición al monstruo que nos tenía sujetos por la garganta y nos había explotado por siglos y siglos sin piedad alguna?

Me temo que en cierto sentido la contrarrevolución católica que los voceros políticos de dicha Iglesia han lanzado en contra del liberalismo mexicano de Juárez y sus coetáneos ha tenido cierto efecto devastador: téngase en consideración el odio a Juárez prevaleciente aún en los viejos bastiones cristeros como Guanajuato, Jalisco, Michoacán y San Luis Potosí, o la frase increíblemente estúpida de que Maximiliano era más liberal que Juárez (como si existiera un parámetro que indicara tal cosa); bajo esa postura ambos serían igual de caducos pues en ese momento histórico era el «socialismo científico» de Marx —1863— la ideología predominante en la cultura occidental.

Los *historiadores* encargados de redactar el libro de texto se equivocan cuando describen lo establecido por el decreto de Juárez sobre libertad de expresión de 1861, porque, según ellos, dicho ordenamiento dispone: «Existe la libertad de escribir y publicar textos sobre cualquier tema», cuando en realidad establece lo siguiente: «Artículo 1º. Es inviolable la libertad de escribir y publicar escritos sobre cualquiera materia».

¿No son claras las diferencias entre «es inviolable la libertad...» y «existe la libertad»? Es decir, no sólo «existe», sino que «es inviolable».

Pero lo más curioso de todo es que evitan la parte sustancial del decreto, a saber: «Ninguna autoridad puede establecer previa censura».

¿Por qué lo omiten? Otra vez, al menos curioso, ¿no...?

Comparemos esto con la Ley Lares, emitida durante la última dictadura de Santa Anna, que impedía publicar cualquier impreso si antes no se entregaba un ejemplar a la autoridad política del lugar (que a su vez se lo hacía llegar al clero) y dividía los escritos susceptibles de censura en: subversivos, sediciosos, inmorales, injuriosos y calumniosos... ¿qué tal? En contraparte la Ley Zarco, de corte liberal, dictada durante el gobierno de Benito Juárez el 20 de febrero de 1861, establecía la inviolabilidad de la libertad para publicar escritos sobre cualquier materia. ¡Viva la libertad de expresión! Ahí están los extraordinarios periodistas mexicanos Ignacio Cumplido, fundador de *El Siglo Diez y Nueve*, Vicente García Torres, de *El Monitor Republicano*, Juan Bautista Ceballos, de *El Gallo Pitagórico*, y Francisco Zarco, sin olvidar a Ignacio Ramírez, nuestro amado *Nigromante*, entre otros grandes mexicanos orgullosos que nos enseñaron el camino a la democracia y a la realización sobre la base del ejercicio de la libre expresión.

Se consigna lo siguiente: «Lo que aprendí...» (p. 70), pero ¿qué ha podido aprender el niño hasta esta parte?

¿Aprendió el niño quién era realmente Santa Anna cuando escasamente se contó su verdadera historia, sobre todo cuando traicionó a México con sus acuerdos secretos con el presidente Polk de Estados Unidos y con el clero?

¿Aprendió el niño las diferencias entre la Constitución de 1824 y la de 1857?

¿Aprendió el niño algo de los trabajos legislativos del Constituyente de 1856?

¿Aprendió el niño algo del asesinato de Ocampo en la hacienda de Caltengo a cargo de *El Tigre de Tacubaya* –traidor consumado, enaltecido en las fiestas del Bicentenario por los miembros católicos del PAN– y de Zuloaga, criminales a sueldo del clero? ¿Verdad que no saben quién asesinó y por qué a Melchor Ocampo, a quien no mencionan degradándose ellos mismos como historiadores?

¿Aprendió el niño en su libro de texto quién era este siniestro personaje, Francisco Xavier Miranda, mejor conocido como el padre Miranda, o al menos algo acerca del obispo Labastida, el obispo Munguía o el Papa Pío IX, que excomulgó a quienes atacaran a los norteamericanos o a los franceses invasores de México o a los que hubieran jurado someterse a la Constitución de 1857?

¿Aprendió el niño algo del Tratado McLane-Ocampo y sus diferencias respecto del Tratado Mon-Almonte? ¿Le quedó claro que Juárez no vendió ni un solo milímetro cuadrado del territorio nacional, muy al contrario de Santa Anna, pese a ser víctima de enormes presiones?

¿Aprendió el niño algo acerca de la decisión de Benito Juárez cuando sometió a Maximiliano a un juicio por medio del cual se le sentenció a la pena capital, a ser pasado por las armas, entre otros cargos por haberse atrevido a invadir nuestro país para gobernarlo?

¿Aprendió el niño algo del papel del clero a lo largo del siglo XIX como el gran desestabilizador de nuestro país, un enemigo de nuestro progreso por la gran cantidad de golpes de Estado que patrocinó desde las sacristías y con dinero entregado por los fieles supuestamente dedicado a la caridad?

¿Aprendió el niño qué sucedió durante la restauración de la República y por qué llegó Sebastián Lerdo de Tejada a la presidencia después de la muerte de Juárez?

¿Aprendió de qué murió Juárez?

¿Aprendió el niño algo de nuestro pasado con el actual libro de texto? ¿Aprendió algo de lo que aconteció para que los hechos sangrientos y dolorosos que padecimos no vuelvan a repetirse? ¿Verdad que se volverán a repetir, porque somos lo que recordamos y recordamos muy poco, porque no sabemos nada, porque nos mintieron y nos siguen mintiendo quienes redactaron estos libros de historia de México? ¿Verdad que se antoja quemar a los autores del libro de texto en una gigantesca pira instalada en el Zócalo capitalino junto con su obra literaria orientada a confundir al pueblo de México? Sé que es una barbaridad, pero sería tanto como darles una taza de su propio chocolate...

¿Aprendió el niño, como yo, a estar eternamente agradecido con la causa liberal, que rompió con todos los patrones medievales y nos proyectó al progreso?

¿Qué aprendió el niño...? ¿Se sienten más preparados ahora que antes de haber leído los libros de texto?

Además, se induce a los chiquillos a una desagradable confusión porque se formula una pregunta acompañada de tres respuestas posibles y las tres están equivocadas (p. 72). ¿De qué se trata? ¿Esa es una manera de educar? ¿Los *historiadores* que prepararon estos textos tendrán alguna noción de la pedagogía? Veamos:

La Iglesia consideraba que la Constitución de 1857 afectaba sus privilegios, porque:
a) Prohibía que se practicara la religión católica. [Esta alternativa no puede ser la respuesta correcta, porque la Constitución no prohibía la práctica de la religión católica ni la de ninguna otra.]
b) Nacionalizaba sus bienes que fueran improductivos. [La Constitución tampoco nacionalizaba sus bienes improductivos. La palabra *nacionalización* no aparece en la Constitución, como tampoco aparece la palabra *Iglesia*...]
c) Prohibía que se impartiera educación religiosa en las escuelas públicas [tampoco esto mandaba la Constitución, cuyo artículo 3º se limitaba a decir: «La enseñanza es libre. La ley determinará qué profesiones necesitan título para su ejercicio, y con qué requisitos se deben expedir». Eso es todo lo que dice. Así pues, la «c» tampoco puede ser la buena.]

¿Qué pretenderán al poner una pregunta con todas las respuestas posibles equivocadas? ¿Conocerán ellos mismos la respuesta verdadera, o ni eso?

Una buena pregunta pudo ser:

La guerra de Reforma se dio entre los que defendían y los que atacaban:
a) La Constitución de 1857.
b) La frontera norte.
c) La religión católica.

Los reaccionarios morirán de ganas de decirnos que la buena es la «c», pero esa también es falsa (y constituye una diatriba clásica contra el juarismo: que atacó la religión. ¿No es cierto?)

Lo fundamental es que el niño no olvide que la guerra de Reforma fue en defensa de la Constitución, es decir, del Estado de derecho. Y bien, ¿queda eso claro tras la lectura de este bloque del libro? Claramente no.

Otras preguntas que pudieron haber contribuido a la educación política del niño en este segmento, son:

¿Por qué debe haber igualdad legal?

¿Por qué debe haber tres poderes?

¿Por qué los gobernantes deben cambiar continuamente?

¿Te gustaría que los niños de este país se encontraran en aptitud de responder a esas preguntas?

Lo ideal hubiera sido que el niño llegara al porfiriato provisto de una buena cultura republicana; en cambio, llega con todos los miedos, deformaciones y prejuicios que se requieren para ser un buen porfiriano.

Si nos damos a la tarea de contar las cuartillas resumidas que son destinadas a explicar lo acontecido de 1870 a 1920 no tardaremos en concluir que se trata únicamente de unas siete páginas; en efecto, siete páginas con varias imágenes para resumir cincuenta años de historia patria, o sea, casi una por cada década, claro está, sin tomar en cuenta imágenes ni fotografías ni retratos... Mientras esto sucede se desperdicia inútilmente una enorme cantidad de espacio que bien podría estar dedicado a la ilustración de nuestros niños. ¡Compara cualquier libro de historia de otra generación con este volumen y comprenderás lo que digo! Dentro de todo este complejo escenario de confusión intelectual, porque no se puede explicar la historia a grandes zancadas cuando además es manipulada, debe subrayarse el uso perverso del lenguaje empleado para explicar subliminal y benévolamente sucesos condenables, así como disculpar a personajes de nuestro pasado que merecen nuestro rechazo y desprecio, o cuando menos nuestra mirada crítica.

Porfirio Díaz

«Con la llegada de Porfirio Díaz a la presidencia se inició la recuperación de la economía y la reconciliación entre los grupos que hasta entonces se disputaban el poder...» (p 76). ¿Cuál «llegada de Porfirio Díaz a la presidencia»? Menudo lenguaje sibilino. ¿Cómo se atreven a definir así el brutal golpe de Estado que asestó el general Díaz en contra del gobierno constitucional presidido por Sebastián Lerdo de Tejada en

1876? ¿Porfirio Díaz llegó o no a la presidencia? ¡Claro que llegó, pero otra vez se trata de una verdad a medias, porque derrocó al presidente de la República en turno para hacerse del poder por la vía de las armas y no de los votos, por lo cual debió decir «Porfirio Díaz usurpó la Presidencia de la República»! En segundo lugar, porque instauró una terrible dictadura de más de treinta años de duración que concluyó en un devastador baño de sangre. No, no, Porfirio Díaz no «llegó a la presidencia» sino que «secuestró la presidencia», se impuso por medio de la violencia y destruyó la República para fundar una oprobiosa tiranía después de los gloriosos años del liberalismo ejemplar y exitoso. Y lo peor de todo: lo hizo en nombre del liberalismo pese a sus escasas o nulas lecturas al respecto, sin ninguna formación democrática, movido sólo por sus tendencias violentas y su enfermiza ambición. ¿Eso era un liberal como los que acabamos de seguir a detalle? No. He ahí más bien al traidor, al nuevo cacique, al caudillo ávido de poder, al megalómano destructor de las instituciones republicanas que no supo entender la importancia de la democracia, de la Constitución, de la división de poderes, de la República, de la libertad de expresión, de la educación y de la legalidad como motores de la evolución de las sociedades y de los hombres. No supo valorar el talante de Juárez a pesar de haberse conocido sobradamente. «Pan o palo»: tal era la fórmula política de este supuesto liberal que sólo puede ser llamado así o bien por gente ignorante, o bien por gente perversa que pretende que entre Benito Juárez y Porfirio Díaz existe algún dejo de continuidad...

En cuanto al periodo que abarca el bloque III, 1870-1920, cabe preguntarnos: ¿por qué habrán tomado 1870 como referencia? ¿Qué clase de periodo es este en el que incluyen atropelladamente y de golpe a Juárez, a Lerdo, a Díaz, a Madero, a Carranza, a De la Huerta y a Obregón? Prácticamente todos los libros de texto gratuitos que ha habido desde 1960 enseñaban el porfiriato y la Revolución por separado, lo que parece lógico, pero aquí... ¿qué clase de revoltura hicieron en este libro?

Pero sobre todo, si bien es cierto que con Porfirio Díaz se consolidó la recuperación de la economía al menos para un sector reducido de la población, no es menos justo mencionar que durante la República restaurada, es decir, a lo largo de los gobiernos de Juárez y de Lerdo de Tejada, se empezó al menos la tarea de saneamiento de las finanzas y la estabilización de las instituciones, al tiempo que pacificaban al país y empezaba el largo proceso de comunicación por medio del ferrocarril. La buena economía empezó con la salud política como la concibieron los liberales y no como la entendió y la aplicó el tirano. Es importante comprender un punto de rigor histórico: la paz y el desarrollo porfirianos reportaron beneficios enormes para unos cuantos (casi todos extranjeros) a costa de la supresión de garantías y derechos, de la cancelación de libertades como la de expresión que tanto había costado conquistar, de hacer de las elecciones una burla democrática, de la desaparición de poderes federales, de la derogación por la vía de los hechos de nuestra Carta Magna de 1857, un nuevo atraso político y social inaceptable.

Dicho desarrollo porfiriano se logró gracias a la esclavización de una buena parte de los indígenas de México, a la entrega de los recursos naturales a los consorcios foráneos, a la venta de los gigantescos terrenos expropiados al clero durante la guerra de Reforma, a la constitución de latifundios, a la preferencia de los extranjeros en lugar de los nacionales en los tribunales, donde se impartía justicia según los estados de ánimo del dictador, a la humillación de la clase política, obligada a un indignante servilismo, y finalmente a la postración del país ante las grandes potencias.

¿Qué clase de *milagro económico* puede haber en la entrega de la soberanía económica de México a Estados Unidos y a otros países? Adicionalmente, los últimos diez años del gobierno porfirista fueron terribles económicamente por las sequías, el descenso del salario promedio en la industria textil y la endeble estructura competitiva del país que escasamente diversificó la economía según Arturo Warman, quien llamó a este momento histórico «la leyenda negra del porfiriato». ¿Qué milagro económico existe en la restitución a la Iglesia de su antiguo esplendor económico? ¿Qué milagro económico se aprecia en la restauración del régimen de privilegios que la Reforma se había dedicado a combatir para imponer la igualdad legal? ¿Qué mérito tiene haber precipitado al país en la barbarie, obligándolo a vivir sin Constitución, como lo hizo el tirano?

«Sin embargo —reza el libro de texto—, gran parte de la población continuó viviendo en la miseria, sometida a trabajos excesivos y con poca paga, lo cual produjo descontento.» ¿Descontento? ¿Descontento cuando se padeció hambre, privaciones entre casi la totalidad de la población, exterminio de los yaquis y condiciones degradantes de esclavitud, padecida en las industrias y comercios y en el campo mexicano sin olvidar las tiendas de raya, auténticos detonadores de la revolución a la que condujo la dictadura porfirista? ¿A eso se llama «descontento» o es simplemente manipulación para suavizar los efectos de la tiranía y presentarla como una posibilidad alternativa a la democracia? ¿Descontento cuando acabamos matándonos entre todos a balazos y murieron cientos de miles de mexicanos? ¿Descontento?

¿Un contraste con la pobreza? Por ejemplo, el 8 de abril de 1905, durante un «regio banquete en Palacio Nacional ofrecido por el presidente al cuerpo diplomático. Doña Carmelita se presentó luciendo riquísimo vestido de tul blanco con lentejuelas de plata, rosas bordadas en realce y nudos de raso azul estilo Luis XV, sobre fondo crema. Llevaba en la garganta espléndido collar de perlas con calabacillo y un brillante en el centro».

Es verdad que Díaz tuvo en su gabinete gente muy reputada, incluso grandes escritores, como Justo Sierra (ministro de Instrucción Pública). ¿Pero eso atenúa la gravedad de las desigualdades padecidas por los mexicanos en aquellos años?

En Mérida, durante la visita de don Porfirio a aquellas tierras de voraz esclavitud —no olvidemos que Díaz transportó a los yaquis de Sonora a Yucatán para acabar con sus constantes revueltas–, «Doña Carmelita luce traje blanco de punto y trama de oro, collar de perlas, esmeraldas y brillantes y una diadema en la que destaca gran perla de magnífico oriente. La señora Bolio de Peón viste traje crema de punto de lentejuela y collar de brillantes. La señora Méndez de Regil, traje de punto crema bordado de seda y riquísimo collar de brillantes. En general todos los trajes de las damas son notables por su riqueza».

«Dominan los estilos princesa y directorio», según un cronista de la época. ¿Y bien? ¿Esta era la tarea del presidente de la República, asegurarse la aparición de una nueva nobleza a costa de los mayas, a quienes odiaba, combatía y perseguía?

«Octubre 4. Culminan las fiestas en honor del general Díaz por su sexta reelección con un regio baile en el Palacio de Minería, con más de trescientas parejas de lo más refinado de la sociedad metropolitana.» La crónica lo dice todo: «El Primer Magistrado con su esposa y rodeado de su Estado Mayor atravesó el salón entre una atronadora salva de aplausos y las notas del Himno Nacional. También don Ramón Corral penetró al recinto con su esposa, lujosamente ataviada con traje de punto blanco y encaje inglés y luciendo ella un aderezo de brillantes y de perlas. Desde tiempo inmemorial no se había visto en México una fiesta con mayor derroche de lujo. Una dama norteamericana lucía joyas con valor de más de cien mil pesos y otra ostentaba en el pecho un diamante valuado en cuarenta mil».[289]

A continuación el libro de texto dice: «Para mantener el orden, Porfirio Díaz estableció un gobierno autoritario: reprimió duramente a quienes no estaban de acuerdo con él, limitó la libertad de expresión y se mantuvo en la presidencia por más de 30 años, negándose a efectuar elecciones libres».

[289] Alfonso Taracena, *La verdadera Revolución mexicana 1901-1911*, México, Porrúa, 1991, p. 74.

Es tan parecido este fragmento a una respuesta que el dictador Díaz ofreció en 1908 al reportero estadounidense Creelman, que bien podríamos imaginar que el propio Díaz redactó el libro de texto...

Escuchemos al dictador de viva voz: «Hemos sido severos algunas veces, severos hasta llegar a la crueldad; pero ha sido necesario obrar así, por la vida y progreso de la nación. Si ha habido crueldad, los resultados lo han justificado. Ha sido mejor derramar poca sangre para salvar mucha. La sangre derramada ha sido sangre mala, y buena y generosa la salvada».[290]

Vale la pena preguntarse cómo medía Díaz la sangre derramada. Pues como solía decir él mismo: «con el litro de lo indispensable». ¿Qué tal?

¿«Reprimió duramente»? ¿Cómo es eso? ¿Has escuchado hablar del telegrama que Díaz envió a Veracruz para someter a un grupo de opositores armados que venían dispuestos a organizar una revuelta en su contra en 1879 y que decía simplemente: «mátalos en caliente»? Esta frase describe a la perfección el tipo de pacificación que realizó Porfirio Díaz en nuestro país. ¿Por «reprimir duramente» se debe entender mandar asesinar sin previo juicio, pasando por alto lo establecido por la Constitución, ignorando tribunales, cargos, testigos, pruebas...? ¿Por «reprimir duramente» se refiere a la cárcel de San Juan de Ulúa, entre otras más, donde los presos políticos morían de hambre o de infecciones al poco tiempo del arresto arbitrario? Así pues, ninguna paz, ninguna reconciliación: por el contrario, el porfiriato significó una penosa marcha atrás en los derechos del hombre y en los niveles de dignidad propuestos por la causa liberal que él traicionó. Y si hoy en día se piensa otra cosa, ello se debe a la abrumadora ignorancia que sobre el periodo porfiriano aún mantenemos, tristemente, los mexicanos.

Recordemos también que, durante su gestión pacificadora, el gobierno de Díaz había utilizado a los rurales (una fuerza de policía creada por Juárez para tratar de garantizar la seguridad en los caminos), así como un ejército suficientemente fuerte dedicado a «aplastar la resistencia de los campesinos» y asegurar su sometimiento en la mayoría de las haciendas... «El ejército y los rurales combatieron a los indígenas de Quintana Roo y contribuyeron a su deportación» con fines de esclavitud; «en el norte lucharon contra los yaquis que, al ser capturados, eran deportados inmediatamente» con los mismos fines... «El gobierno de

[290] Adrián Aguirre Benavides, *Madero el inmaculado: Historia de la Revolución de 1910*, México, Diana, 1962, p. 21.

Díaz estuvo descaradamente ligado a la esclavización de multitudes de indios yaquis y mayas.»[291]

Antes de entrar a analizar la trayectoria de Porfirio Díaz como golpista, bien valdría la pena repasar algunos aspectos de su carrera para demostrar cómo nunca dejó de ser un traidor y, por lo mismo, estaba llamado a traicionar también al movimiento liberal mexicano, a la República y a la democracia. Además del «mátalos en caliente», resulta imposible olvidar cuando Porfirio traicionó por primera vez a Juárez, en 1865, al negarse a leer en voz alta a sus soldados el mensaje en que el presidente aseguraba que por ningún concepto abandonaría el territorio nacional durante el imperio de Maximiliano. Traicionó al Benemérito y lo volvió a traicionar cuando se negó a tomar la embajada francesa por asalto, según órdenes expresas recibidas en 1867. Sí: el oficial francés M. Thiele, que sirvió de mensajero de Bazaine con Porfirio, aseguró que Bazaine le pidió: «Diga usted al general Díaz que yo pagaré con usura el brillo con que nuestra bandera pueda salir de México».[292]

Lo traicionó de nueva cuenta en 1868, en el momento en que instigó al ejército contra el gobierno en un primer intento de desestabilizar a la República, misma que volvió a traicionar en 1871 durante el levantamiento armado de la Noria después de haber sido derrotado en las urnas, muy a pesar de que Juárez le había concedido la dispensa legal para poder contraer matrimonio con su sobrina del alma.

Díaz urdió el Plan de la Noria para derrocar a su paisano Benito Juárez y hacerse por la fuerza de la titularidad del Poder Ejecutivo aun cuando tuviera que destruir el incipiente Estado de derecho que lentamente se gestaba durante los días aciagos de la restauración de la República. «Durante meses, Porfirio Díaz había convertido en arsenal su rancho de La Noria, y aunque sus amigos urgían el golpe, el hombre no se resolvía en espera del momento oportuno», que llegó el 1 de noviembre de 1871, cuando ejecutó su plan golpista con estas palabras: «La reelección indefinida, forzosa y violenta del Ejecutivo federal, ha puesto en peligro las instituciones nacionales», tales eran las primeras líneas... Sólo que el Plan de la Noria acabó en una catastrófica derrota militar, política y moral. ¿Sabías que organizó dicha revuelta en la misma hacienda que le había regalado el gobierno del estado de Oaxaca como

---

[291] Friedrich Katz, *La servidumbre agraria en la época porfiriana*, México, Era, 1980, pp. 31-33.

[292] Salvador Quevedo y Zubieta, *El caudillo* (Continuación de *Porfirio Díaz: ensayo de psicología histórica*), México, Editora Nacional, 1967, pp. 104-105.

recompensa por los servicios prestados a la patria? Menudo concepto de la lealtad, ¿no...?

«Porfirio Díaz, vencido en las elecciones para presidente de la República en 1867, 1871 y 1872, y en dos a la presidencia de la Corte, en 1867 y 1873, derrotado militar y políticamente en su revuelta de la Noria, se hace del poder en las Lomas de Tecoac.»[293]

¿Cómo no traer a colación las cínicas palabras expuestas por el propio Porfirio Díaz, la declaración de principios del Plan de la Noria fraguado para derrocar nada menos que a Benito Juárez, el presidente constitucional, el triunfador de la guerra de Reforma, el vencedor de la intervención francesa, el coloso destructor del Segundo Imperio, el Benemérito de la Patria? ¿No son de vergüenza los últimos renglones cuando Díaz advierte: «Que ningún ciudadano se imponga y perpetúe en el ejercicio del poder y esta será la última revolución...»? Lo anterior adquiere mucha más relevancia si no se olvida que después de haber sido derrotado por Juárez, este todavía le perdonó la vida, le concedió la libertad y le devolvió sus bienes al igual que su rango militar, es decir, su honor, muy a pesar de haber tratado de destruir las endebles instituciones mexicanas. ¿Respuesta de un hombre bien agradecido? Cinco años después, apoyado por el clero, derrocó a Lerdo de Tejada, el jefe del Ejecutivo mexicano, de conformidad con otro plan, esta vez el de Tuxtepec, con el que logró aplastar a nuestra naciente democracia y archivar la Constitución de 1857 con todas sus disposiciones liberales, garantías y derechos ciudadanos, que volvieron a ser derogados después de años de lucha sangrienta y depredadora. Pero aquí va una parte del texto del Plan de Tuxtepec:

Considerando:
[...] que el sufragio político se ha convertido en una farsa, pues el presidente y sus amigos, por todos los medios reprobables, hacen llegar a los puestos públicos a los que llaman sus «candidatos oficiales» [...] se hace la burla más cruel a la democracia, que se funda en la independencia de los poderes [...] que el presidente y sus favoritos destituyen a su arbitrio a los gobernadores, entregando los estados a sus amigos, como sucedió en Coahuila, Oaxaca, Yucatán y Nuevo León [...]
Que la administración de justicia se encuentra en la mayor prostitución [...] que el poder municipal ha desaparecido completamente [...] que los protegidos del presidente perciben tres y hasta cuatro suel-

[293] Daniel Cosío Villegas, *Historia moderna de México, La República restaurada, Vida política*, Buenos Aires, Hermes, 1973. En México: Daniel Cosío Villegas, «Prólogo», en Héctor Díaz Zermeño y Javier Torres Medina (ant.), *México de la Reforma y el Imperio,* México, UNAM, 2005, p. 34.

dos por los empleos que sirven, con agravio a la moral pública [...] que la instrucción pública se encuentra abandonada [...] que el país ha sido entregado a la compañía inglesa con la concesión del ferrocarril de Veracruz y el escandaloso convenio de las tarifas [...] que con el monopolio de esta línea, se ha impedido que se establezcan otras, produciéndose el desequilibrio del comercio en el interior, el aniquilamiento de todos los demás puertos de la República y la más espantosa miseria en todas partes...[294]

¿Qué fue lo que cambió Díaz a lo largo de su interminable dictadura, según afirmó en el Plan de Tuxtepec? ¿La República Mexicana ya no fue regida por un gobierno que había hecho del abuso un sistema político, se dejó de despreciar y violar la moral y las leyes y ya no se vició a la sociedad ni se despreció a las autoridades? ¿El sufragio político ya no fue una farsa y el presidente y sus amigos, por todos los medios reprobables, ya no hicieron llegar a los puestos públicos a sus candidatos oficiales, rechazando a todo ciudadano independiente? ¿Ya no se hizo una burla cruel a la democracia, y se respetó la independencia de los poderes? ¿Ya no se vulneró la soberanía de los estados, y el presidente y sus favoritos ya no destituyeron a su arbitrio a los gobernadores, entregando los estados a sus amigos...?

¿En la administración de justicia ya no se encontró la mayor prostitución y los jueces de distrito dejaron de ser agentes del centro para oprimir a los estados, se restituyó el poder municipal que había desaparecido completamente y los ayuntamientos ya no continuaron siendo simples dependientes del gobierno para hacer las elecciones? ¿Los protegidos del presidente ya no percibieron tres y hasta cuatro sueldos por los empleos que servían, con agravio a la moral pública? ¿El despotismo del Poder Ejecutivo ya no hirió ni mató a los ciudadanos ameritados y la instrucción pública dejó de estar abandonada? ¿La funesta administración ya no sirvió para extorsionar a los pueblos, el país ya no fue entregado a la compañía inglesa con la concesión del ferrocarril de Veracruz, y se destruyó el monopolio de esta línea para favorecer el establecimiento de otras y promover el comercio en el interior? ¿Se concluyó con la más espantosa miseria en todas partes?

En fin, ¿las elecciones ya no fueron una farsa criminal? ¿Y fue cierto esto último de que «ningún ciudadano se imponga y perpetúe en el ejercicio del poder y esta será la última revolución...»? ¿No es eviden-

[294] Graziella Altamirano y Guadalupe Villa (comp.), *La Revolución mexicana. Textos de su historia*, vol. 1, México, SEP-Instituto de Investigaciones Dr. José María Luis Mora, 1985, p. 113.

te que Díaz incumplió descaradamente con las bases de su propio plan golpista? ¿Es o no un traidor?

¿De qué sirvió la revolución de Ayutla que, triunfante, convocó al Congreso Constituyente? ¿De qué sirvió la guerra feroz, criminal, que incendió a la nación al grito de «Religión y fueros»? ¿De qué sirvieron las Leyes de Reforma de 1859 dictadas por Benito Juárez? ¿De qué sirvió la batalla del 5 de mayo? ¿De qué sirvió la errática y miserable supervivencia del gobierno juarista en espera de que la farsa del imperio de Maximiliano se viniera abajo? ¿De qué sirvió el fusilamiento de Maximiliano en el Cerro de las Campanas? ¿De qué sirvió la obra legislativa durante el gobierno de Lerdo de Tejada, que incorporó a la Constitución de 1857 las leyes de 1859? ¿De qué sirvieron? ¿De qué sirvieron las disposiciones electorales redactadas por ilustres mexicanos para garantizar el desarrollo de nuestra democracia?

Sirvieron, sí, pero de simulación, porque el general Díaz, supuesto *Héroe de la Reforma*, cobarde e hipócritamente no se atrevió a admitir el carácter decorativo que la Constitución tuvo a lo largo de su ignominioso reinado. Eso sí, como diría don Nemesio García Naranjo: «A falta de instituciones, el general Díaz hizo todo lo posible por aparentarlas: la dictadura se revistió de todas las formas de una República constitucional. Nadie ignoraba que la voluntad del gobernante era omnímoda [...] él, en vez de exhibir su omnipotencia, la tenía perfectamente enclaustrada dentro de los preceptos de la Constitución».[295]

Así se expresaban los apologistas de don Porfirio, pero de ninguna manera llegaron a tanto como a declarar en público que él era el *Héroe de la Reforma*...

¿Las traiciones acabaron con el violento derrocamiento de Lerdo de Tejada? ¡Por supuesto que no! Ya en el poder Díaz traicionó a Trinidad García de la Cadena, su antiguo, gran amigo y aliado, a quien, además, se dice mandó asesinar en octubre de 1886 por «miedo a su sombra». Traicionó a Protasio Tagle, a Justo Benítez, a Manuel Dublán, a Manuel Romero Rubio y a José Yves Limantour cuando incumplió su promesa de heredarles el poder en distintas instancias históricas.

«Que era gabacho; que estaba legalmente incapacitado para aspirar» a la presidencia, le tuvo que decir a Limantour según Jorge Fernando Iturribarría.[296]

En cuanto a Romero Rubio, no sé si se lo prometió, pero sí hizo lo posible por ilusionarlo según un biógrafo de este, que asegura: «Este

[295] Nemesio García Naranjo, *Porfirio Díaz*, San Antonio, Lozano, 1930, pp. 250-252.
[296] Jorge Fernando Iturribarría, *Porfirio Díaz ante la historia*, México, Ed. Villegas García, 1967, p. 362.

año de 1887 Díaz ya tenía madurado su plan: ¡reelegirse! Primero se habló de una prórroga por dos años, iniciativa hecha por la Legislatura de Puebla, y poco después, de la reelección por un solo periodo [...] A nadie más que a Romero Rubio debió haber desagradado la noticia [...] pero fue el primero en apoyarla [...] comprendió el juego en el que lo había hecho participar su yerno [y] ordenó la aprehensión del director del diario *El Tiempo*, Agüeros, del redactor Arriola y clausuró la imprenta, por calumnias a Juárez, quien en vida nunca había mandado perseguir a nadie por injurias».[297]

Y en cuanto a Dublán, podemos decir más bien que este «imperialista, a quien el mismo Díaz sentenció a muerte por traidor, encabezaba el Ministerio de Hacienda».[298]

«Benítez y Díaz, buenos amigos hasta entonces, se separaron para siempre [...] Protasio Tagle, entre otros [también] se apartaron de él para siempre con ese motivo [...] pues no le llamaban Porfirio sino Perfidio.»[299]

Traicionó a Manuel González, su compadre, el hombre de sus confianzas, condenándolo al ostracismo a pesar de haber sido uno de sus pocos amigos verdaderamente leales.[300] Traicionó también a Bernardo Reyes, a quien emocionaba públicamente con aquello de «general Reyes, así se gobierna...», a pesar de que este jalisciense que gobernó a los regiomontanos por más de dos décadas con puño de hierro le había demostrado su nobleza a toda prueba. Traicionó también Díaz a Madero, retándolo a encararse en las urnas y poco después, durante la campaña, mandándolo aprehender, con ganas inconfesables de hacerlo asesinar. Traicionó a la patria cuando declaró que «México ya estaba listo para la democracia», y sin embargo se volvió a reelegir para que estallara un movimiento armado. Traicionó a la Constitución de 1857, de la que abjuró en secreto cuando Labastida y Dávalos lo casó con Delfina, su sobrina, hija de su hermana Manuela; traicionó a la República, por la que tanto luchó al atacar con éxito los restos del Segundo Imperio, para instalarse en el poder por medio de la fuerza y reelegirse indefinidamente a pesar de sus reiteradas promesas de no hacerlo; traicionó a las incontables e irreparables víctimas de Leonardo Márquez al permitir su repatriación en 1898; traicionó a los oaxaqueños y a los yucatecos resucitando la esclavitud en sus estados, la que Juárez había combatido a

[297] Ascencio Velador Castañeda, *Manuel Romero Rubio: Factor político primordial del porfiriato*, México, UNAM, 1990, p. 203.
[298] José López Portillo y Rojas, *Elevación y caída de Porfirio Díaz*, México, Librería Española, 1921, p. 201.
[299] *Ibid.*, p. 182.
[300] «Tuvo un brazo nomás, pero de hierro, y una mano nomás, pero de amigo», se escribió en su lápida...

muerte; traicionó a la independencia al gritar «¡Viva España!» en el apogeo de las fiestas del Centenario; traicionó —en su calidad de *héroe* nacional— al movimiento obrero cuando hizo fusilar a los trabajadores de Cananea y Río Blanco; traicionó —en su calidad de liberal— a los periodistas cuando los mandó encerrar en los sótanos de la fortaleza de San Juan de Ulúa para que murieran de tuberculosis; traicionó —en su calidad de militar con honor— a los lerdistas y a la oposición cuando los masacró a balazos al grito de «¡Mátalos en caliente!». Traicionó a México, traicionó la voluntad popular, la defraudó, traicionó al campo mexicano con sus compañías deslindadoras; traicionó a los campesinos a través de los hacendados, que jamás respetaron las leyes ni la vida ni la dignidad de sus empleados, y peor aún al consentir el derecho de pernada. Traicionó, traicionó y traicionó al fortalecer alevosamente los cacicazgos militares de los combatientes de la guerra de Reforma e ignorar por completo a los incipientes empresarios mexicanos, relegándolos con su política económica a mercados locales y regionales, sin impulsarlos para generar un cambio tecnológico interno.

Además de traidor era llorón porque lloró en Apizaco, en 1867, al ir a despedir a la estación del tren nada más y nada menos que a los reaccionarios responsables de la guerra de Reforma, de la intervención francesa y del imperio de Maximiliano. Lloró al año siguiente, en 1868, cuando Juárez sospechó que instigaba al ejército en contra de su gobierno y lo llamó para aclarar su posición. Lloró en octubre de 1874, nada menos que ante el pleno del Congreso, porque no sabía expresarse, y estalló en un llanto compulsivo en público, víctima de su incapacidad oratoria.

Lloró el 20 de mayo de 1876 tras la despiadada derrota de Icamole. Lloró ante una comisión de campesinos yucatecos que se negaban a perder sus tierras. Lloró el día en que afortunadamente renunció para siempre a la Presidencia de la República, el 25 de mayo de 1911, mientras le entregaba a Carmelita un papel escrito con su dimisión y pronunciaba estas palabras: «Toma, haz con él lo que quieras» en tanto se dejaba caer en un sillón «sollozando, como si su corazón se hubiera roto»,[301] según narró la indígena oaxaqueña a su servicio. ¡Cuántos testigos presenciales lo vieron llorar «como un niño» cuando abordó en Veracruz el *Ypiranga* rumbo a la Francia de sus sueños porque le dolía

---

[301] Angélica Vázquez del Mercado, «La renuncia de Porfirio Díaz», *Bicentenario del inicio del movimiento de Independencia nacional y centenario del inicio de la Revolución* mexicana, México, noviembre 2010, consultado en septiembre de 2015, www.revolucion.bicentenario.gob.mx/index.php?option=com_content&view=article&id=5:el-fin-de-una-era-la-renuncia-de-porfirio-diaz-por-angelica-vazquez-del-mercado&catid=2:articulos&Itemid=4

abandonar aguas mexicanas, sin pensar que dejaba un país convertido en un polvorín! «Porfirio es un hombre que mata llorando», dejó dicho Juárez.[302] Respecto a la despedida de sus amigos monarquistas: «Vencido el imperio de Maximiliano [...] D. Porfirio fue a la estación del ferrocarril, y con lágrimas en los ojos despidió a los traidores, significándoles que el gobierno republicano usaba de extrema severidad para con ellos. Como la mayor parte de esos imperialistas eran acaudalados y de influencia social en México, el Sr. Díaz, con ese acto de duplicidad, ganaba amigos para un futuro no remoto».[303]

Tal vez la historia oficial quisiera consagrar a Díaz como el *Héroe de la Reforma*, pero se perdería de vista que en la Suprema Corte federal «todo negocio recomendado por Díaz, era fallado favorablemente» y «todo negocio condenado por Díaz, lo era también por los jueces y magistrados [...] Había también otra regla: toda diferencia surgida entre mexicanos y extranjeros, era fallada a favor de estos últimos»;[304] *héroe* por fomentar la idea de que «la esclavitud era una forma de progreso económico», o porque durante las elecciones, «la mayoría de las boletas eran llenadas en la penitenciaría (en la parte llamada "La Herradura") por tres o cuatro prisioneros sentenciados»,[305] o porque —según González Roa y Tannenbaum— «los salarios reales disminuyeron en 30% durante la era porfiriana»,[306] o tal vez porque durante su dictadura era «más barato comprar un esclavo en 45 dólares, hacerlo morir de fatiga y hambre en siete meses y gastar otros 45 dólares en uno nuevo, que dar al primer esclavo mejor alimentación»,[307] o por haber hecho exclamar a Francisco Vázquez Gómez: «Esto que se enseña en la Escuela Nacional Preparatoria no es la ciencia, es una farsa risible», mientras su secretario de Instrucción Pública declaraba que «el espíritu tiene derecho a vivir en las escuelas». La concentración del conocimiento en las clases medias urbanas significó un reto a la autoridad del porfiriato; recordemos que de la Escuela Nacional Preparatoria, establecida por decreto del presidente Juárez, emergen grandes intelectuales de principios del siglo XX como José Vasconcelos, Manuel Gómez Morín (a quien debemos la libertad de cátedra), etcétera. No es de sor-

---

[302] Sebastián Lerdo de Tejada, «Porfirio Díaz es un hombre que mata llorando», *Memorias inéditas de don Sebastián Lerdo de Tejada*, vol. 1, Brownsville, Tipográfica El Porvenir, 1898, p. 12.

[303] Anónimo, *El verdadero Porfirio Díaz. Complemento a las Memorias de Don Sebastián Lerdo de Tejada*, San Antonio, 1911, p. 23.

[304] José López Portillo y Rojas, *op. cit.*, p. 332.

[305] Carleton Beals, *Porfirio Díaz*, México, Editorial Domes, 1982, pp. 315-316.

[306] Friedrich Katz, *op. cit.*, p. 13.

[307] *Ibid.*, p. 27.

prender que asumieran el liderazgo ideológico e intelectual de la Revolución mexicana al no encontrar representación en el aparato político porfirista.

¿*Héroe de la Reforma* por haber echado para atrás la ley de 12 de julio de 1859, la más importante de toda la Reforma, al aceptar un régimen de *contentas*, «que consistía en una cuota pagada a la mitra por aquellos que, con base en las leyes de desamortización, habían adquirido propiedades del clero»,[308] o por hacer de los confesionarios fuentes de información para la perpetuación de la férrea dictadura tuxtepecana? ¿Vendrá a ser el *Héroe de la Reforma* el tirano juzgado alguna vez por Daniel Cosío Villegas como «una aberración dentro de la lenta evolución de México hacia la libertad política», o se le concedió semejante título por permitir que «la acción de la Iglesia católica en México» fuera «totalmente ilegal, transgrediendo las regulaciones de la Constitución mexicana y las Leyes de Reforma», como afirmó Luis Cabrera,[309] por haber obsequiado al obispo de Oaxaca, Eulogio Gillow, una esmeralda rodeada de brillantes, o por haber aceptado el nombramiento de duque de Chapultepec sólo porque se lo había gestionado el obispo Gillow, duque de Puebla, ni más ni menos?[310] ¿*Héroe* porque a este señor obispo «se le hicieron concesiones ferrocarrileras»,[311] o simplemente *héroe* porque «aparentaba acatar las Leyes de Reforma, pero, cuando era denunciada la existencia de algún convento, consentía en que su esposa mandase aviso oportuno a las religiosas a fin de que se ocultasen a tiempo»? ¿Por qué *héroe*? ¿Por qué de la Reforma?

Recordemos también que una de las herramientas de sujeción y control de la tiranía se encontraba precisamente en los confesionarios como parte del pacto, primero secreto y después descarado, de la dictadura con el clero, mediante el cual la Iglesia abastecía de información sobre cualquier plan sedicioso en contra de Díaz y de su gobierno para que, acto seguido, una vez conocida la identidad del rebelde, se procediera a aprehenderlo pasando por alto las garantías individuales o cualquier principio de legalidad hasta encerrar al *incendiario*, amante de la democracia, en cualquier tinaja en la fortaleza de San Juan de Ulúa, de donde nadie salía con vida...

[308] Kim Fraggonz, «Religión una cuestión de fe», *Días tras Díaz*, México, 10 de diciembre de 2008, consultado en septiembre de 2015, www.diatrasdiaz.blogspot.mx/2008/12/religion.html

[309] Luis Cabrera, *La revolución es la revolución: Documentos*, Guanajuato, Ediciones del Gobierno del Estado, 1977, pp. 198-199.

[310] Ángel Taracena y Alfonso Taracena, *Porfirio Díaz*, México, Jus, 1960, p. 130.

[311] Ascencio Velador Castañeda, *op. cit.*, p. 202.

Para Jesús Reyes Heroles, Porfirio Díaz «no es un descendiente legítimo del liberalismo [y] si cronológicamente lo sucede, históricamente lo suplanta...». Para Ralph Roeder es el gran enterrador del liberalismo mexicano del siglo XIX.

Fue un «maestro», según Jesús de Galíndez, de «el tipo de dictadura o tiranía con apariencia constitucional democrática» que se convirtió «en modelo a imitar» en Latinoamérica, forjando un «estilo [...] que ha tenido un éxito extraordinario en el siglo XX».[312]

En fin, no acabaríamos nunca. Baste decir, con otro de sus apologistas, Francisco Bulnes, que «durante los treinta y cuatro años de régimen tuxtepecano, deben haber sido exterminados por la ley fuga, para limpiar de bandidos la República, no menos de diez mil personas».[313]

Este asesino, golpista, dictador, traidor a la Constitución de 1857, restaurador de los privilegios del clero, no puede ser el *Héroe de la Reforma*, así calificado por Alonso Lujambio, a la sazón Secretario de Educación Pública, otro secretario del ramo de patético recuerdo, como Chuayffet y otros tantos más que, con su gestión ineficiente, hundieron aún más en la mediocridad y en el atraso a la nación y ambos dieron un primer paso en la reivindicación oficial del tristemente célebre golpista y dictador oaxaqueño.

Nada mejor para demostrar la nostalgia en que subsisten los *historiadores* que redactaron el libro de texto vigente en 2015 que encontrar de golpe un retrato a plana completa, sin desperdicio alguno, en el que aparece un Porfirio Díaz montado a caballo con uniforme de gala, manos enguantadas de blanco, botas lustradas, guerrera saturada de condecoraciones, tantas como sus complejos, espada de acero refulgente y empuñadura de oro, banda blanca en la cintura, collar del que pende una cruz dorada que Juárez le habría arrancado, puños y cuello alzado bordados, sombrero militar de mariscal de campo, bridas y albardón de extracción imperial y, sobre todo, la mirada congestionada de culpa que el pintor supo captar a la perfección (p. 77).

¿Qué se pretende con esta fotografía, con este retrato, con este espacio de lujo en el libro que sin duda se merecen Juárez y Melchor Ocampo, entre otros tantos más? ¿Por qué el tirano, por qué precisamente él como si se tratara de vender la imagen de un demócrata, de un padre de la patria, de un constructor de la democracia mexicana, del gran maestro de todos? ¿Ese es el ejemplo a seguir? ¿Ese es el espejo donde todos debemos vernos reflejados? ¿Razón, causa o motivo para incluir una

---

[312] Jesús de Galíndez, *La era de Trujillo*, Santiago de Chile, Editorial del Pacífico, 1956, pp. 11-14.
[313] Adrián Aguirre Benavides, *op. cit.*, p. 20.

El general Porfirio Díaz, óleo de José Cusachs. El retrato del tirano ocupa una página completa en el libro de texto de 2015, homenaje que no se le rinde a nadie más. ¿No hubiera sido mejor publicar la imagen de Juárez, el Benemérito de las Américas?

imagen de semejantes proporciones e importancia de un tirano como si se tratara del líder mexicano más importante de todos los tiempos, o sea el resumen de las grandes causas nacionales? A ningún gran prócer de la historia patria se le conceden tales honores en el libro de texto. ¿Por qué no se le otorgó a Sor Juana, o a Cuauhtémoc o a Hidalgo o a Allende o a Morelos o a Guadalupe Victoria o a Valentín Gómez Farías o a los grandes liberales del siglo XX?: por el complejo civilizatorio, con el cual México se incorpora a la cultura occidental y que identificaba ciencia con positivismo, ferrocarril con progreso material y hombre blanco con civilización, de suerte que se negaron de tajo las raíces nativas y sus correspondientes formas de expresión cultural, de tal manera que esta imagen del tirano a página completa es un homenaje a esa forma retrógrada de entender a nuestro maravilloso país.

Porque Díaz es la imagen que la oligarquía criolla quiere proyectar, tal como la Alemania de Bismarck, la Francia de Pétain, o como lo hicieran igualmente los japoneses con Hirohito (la oligarquía autóctona occidentalizada).

Al pie del gigantesco óleo tal vez habría que dejar el siguiente texto para recordar un pasaje de su dictadura: «¡Mátalos en caliente!». O tal vez esta otra: «Tengo a los periodistas a mi servicio como perros dogos, listos para saltar al cuello de la persona que yo designe», frases ambas de la indudable autoría de Díaz, o tal vez esta para concluir: «Quien cuenta los votos gana las elecciones».

En una de las páginas se presenta una litografía que representa la victoria del Plan de Tuxtepec (p. 83). Todo parece indicar que se trata de un homenaje al golpista que derrocó al gobierno constitucional de Lerdo de Tejada. En el dibujo aparece un Porfirio Díaz que enarbola la bandera con el nombre de dicho plan grabado en la tela, mientras que en segundo plano se distingue al pueblo y al ejército unidos apoyando la causa golpista. En el fondo se ve claramente al sol que surge en el horizonte, como si la luz de un nuevo día representara la esperanza para la nación. ¿Quién podría haber ordenado la ejecución de este dibujo ignominioso?

El primer párrafo establece que «Porfirio Díaz fue elegido presidente y asumió el cargo en 1877» pero esto es falso, lo cierto es que él mismo decretó su elevación a la presidencia. «El 28 de noviembre de 1876, Porfirio Díaz, como general en jefe del "ejército nacional constitucionalista de los Estados Unidos Mexicanos", dictó un decreto por el cual "asume el Poder Ejecutivo de la Unión conforme al artículo 6º del Plan de Palo Blanco, durante el periodo que para el ejercicio de ese poder se señala por dicho plan al presidente provisional".»[314] ¡Ni siquiera mencionan que, luego de usurpar el poder a través del Plan de Tuxtepec, Díaz lo dejó en manos de Juan N. Méndez, quien fungiendo como presidente

---

[314] Lucio Cabrera Acevedo, *La Suprema Corte de Justicia en la República Restaurada, 1867-1876*, México, Suprema Corte de Justicia de la Nación, 1989, p. 130.

interino convocó a las elecciones que en 1877 llevarían por fin a Porfirio al poder *constitucionalmente*!

Fue la misma estrategia legaloide que Porfirio Díaz ejecutaría con gran éxito por medio de Manuel González y posteriormente imitaría Victoriano Huerta para legalizar su estancia en el poder. ¿Cómo olvidar cuando Pedro Lascuráin le entregó a este la presidencia después de haberla ejercido durante 55 minutos para cubrir en apariencia los requisitos constitucionales, de modo que *El Chacal* no pasara a la historia como un golpista? Esta escuela adoptarían en su momento Venustiano Carranza con Ignacio Bonillas, y Álvaro Obregón con Adolfo de la Huerta a raíz del Plan de Agua Prieta. El descaro mayúsculo vino con la instalación del Maximato cuando el hombre fuerte, Plutarco Elías Calles, dominaba la política en tanto tres diferentes jefes de la nación, tres peleles, acataban sus instrucciones.

El libro de texto apunta, y apunta bien: «El primer periodo presidencial de Díaz duró hasta 1880; el general Manuel González, quien lo sustituyó en el cargo, era su amigo cercano. Durante su gobierno continuó la reorganización del país: se construyeron vías férreas, se creó el Banco Nacional de México y, además, se reabrió el Colegio Militar. También se firmó el Tratado de Límites con Guatemala, se estableció la primera fábrica de armas en el país y se fortalecieron las relaciones diplomáticas con Estados Unidos y Europa».

Más adelante se dice que: «En los siguientes años Díaz se reeligió cinco veces consecutivas. Su gobierno se convirtió en una dictadura porque eliminó las libertades políticas, censuró a la prensa, reprimió las protestas sociales, impidió que se llevaran a cabo elecciones libres, e impuso a los gobernadores de los estados; además, las instituciones de justicia y el Poder Legislativo obedecían sus órdenes. Esta etapa de la historia de México se conoce como porfiriato».

¡Error! Porfirio Díaz no se reeligió cinco sino siete veces si contamos las reelecciones a partir de la primera en 1884 para continuar con las de 1888, 1892, 1896, 1900, 1904 y 1910, y eso que su bandera política en la Noria y en Tuxtepec fue la «No Reelección». ¿Ya se ve cómo desean ocultar al verdadero Díaz?

«Porfirio Díaz pasó la vida pronunciando palabras falaces y ocultando sus sentimientos», escribió un historiador ya olvidado pero que al menos lo conoció personalmente e incluso colaboró con su gobierno. «Toda su existencia [añade], su modo de ser, toda su habilidad y todo su talento, pueden ser resumidos en una sola palabra: simulación...».[315]

---

[315] José López Portillo y Rojas, *op. cit.*, p. 377.

Apenas se localizan dos párrafos correctos a medias y es a medias por los errores históricos que contienen, pues chocamos de golpe con un Porfirio Díaz sentado en un trono en tanto es coronado por un par de querubines, mientras otros agitan sus alas para flotar en su entorno. Al pie del dibujo aparece un rey muerto. ¿Un rey? «¿Quién es el rey que murió?», preguntan. ¿Lerdo? ¿Lerdo, un republicano liberal, rey? No, en México no hay ni ha habido rey, afortunadamente, por lo cual constituye una arbitrariedad dar cauce a su pasión por las coronas de manera tan forzada y con tan mal gusto. Pero los autores dirán: «Las caricaturas emplean lenguaje visual, lenguaje figurado, lenguaje metafórico: estamos enseñando a interpretar imágenes». Y sí, pero: ¿por qué elegir precisamente ideas monárquicas donde la metáfora del presidente es un rey? Todo lo anterior confunde a los niños, que todo parece indicar que al final de cuentas no podrán distinguir entre una monarquía y una democracia. ¿Por qué el trono? ¿Por qué la corona? ¿Por qué los querubines? ¿Y por qué hablar de reyes? ¿Por qué el manejo subliminal reiterado de los dibujos mal intencionados? Es claro: se trata de impulsar y preservar en la mente de los niños ideas monárquicas dentro de un contexto católico sobre la base de que dice más una imagen que mil palabras... Tal pareciera que volvíamos al primer Imperio Mexicano, a Agustín de Iturbide, quien fue coronado como emperador y ascendido al poder por el clero. Se trata de una regresión política propia de los conservadores, enemigos feroces del liberalismo, que pretenden manipular a los pequeños con dibujos que habrán de confundirlos. ¿Acaso estarían pensando en la conveniencia de invitar a otro príncipe extranjero a gobernarnos? ¿No habrán aprendido con el fusilamiento de Maximiliano...?

Y en cuanto a las imágenes, es evidente que lo que están enseñando es a asimilar representaciones que les resulten familiares a los niños, íconos que puedan recordar fácilmente; eso es lo que hizo la Iglesia con los textos bíblicos, traducirlos a imágenes inolvidables. Así, se muestra *La muerte de Bernardina Madrueño*, algo que es casi un exvoto, donde se aprecia a una niña de seis años muerta o en agonía sobre su lecho con la familia reunida, unos hincados rezando y alguien con un cirio, y abajo una leyenda con la causa de su muerte. Es atribuida a José María Estada, pintor jalisciense (p. 65).

¿Te parece apropiada la elección? Si querían retratar costumbres podían haber puesto juegos de niños, trajes de la época, oficios, monumentos, personajes del campo o la ciudad, etcétera. ¿Por qué otra vez una escena costumbrista en la que está presente el tema religioso a través de sus símbolos y de la leyenda al pie de la pintura? ¿Están contando la historia de México con sus pinturas? ¿Por qué entonces no eligieron, si de jaliscienses se trata, la obra del Museo La Moreña, en La

311

Barca, Jalisco, donde abundan las obras costumbristas, pero laicas y no niños muertos?

Aproximadamente 95% de la información sensorial que llega a nuestro cerebro es visual. Se sabe que la mayoría de nuestras impresiones del mundo exterior, y de nuestra memoria, son visuales. Y si a eso agregamos que la velocidad con que la mente procesa una imagen es instantánea, tenemos que la selección de las ilustraciones posee una intencionalidad clara, se representa exactamente lo que los autores del texto deseaban comunicar.

Política y economía del porfiriato

Un espacio aparte merece, sin duda alguna, el apoyo criminal que Porfirio Díaz otorgó a los grandes productores plantadores de henequén, el *oro verde* de Yucatán. La siniestra alianza entre la dictadura porfirista, los empresarios yucatecos vinculados económica y comercialmente con Wall Street y el clero, sellada con sangre maya, constituye uno de los pasajes más escabrosos que han permanecido ocultos a lo largo de la historia de México. Los arzobispos Crescencio Carrillo Ancona y Martín Tritschler se enriquecieron durante el porfiriato gracias a la esclavitud de los habitantes de Yucatán; en un libro de Nelson Reed intitulado *La guerra de castas de Yucatán* se afirma que «el obispo iba en su nuevo carruaje, que al parecer era una delicada y exquisita obra de arte, chapada de oro, incrustada con joyas, hecha por un orfebre parisino a imitación de la carroza que regalara el zar al papa León XIII, con un costo de 35 000 francos. Mérida florecía.»[316] ¿Por qué el exsecretario de Educación Pública Alonso Lujambio (q.e.p.d.), uno de los principales perpetradores del crimen que constituyen estos libros de texto, habrá también arrojado paletadas de tierra sobre este tema que, en su descargo, debería haber sido ventilado muchos años atrás?

De nueva cuenta la alta jerarquía católica mexicana aparece ya no sólo como la gran enemiga del desarrollo económico, cultural y social de México, sino que ahora se ve vinculada a los explotadores de indígenas, a los esclavistas y a las peores causas de la humanidad. La International Harvester Co., protagonista lo mismo de los tristes sucesos de Chicago el

---

[316] Nelson Reed, *La guerra de castas*, México, Era, 1982, p. 227.

1 de mayo de 1886, origen del Día del Trabajo, que del *boom* agronómico de Estados Unidos unas décadas más tarde, propiedad de Cyrus McCormick e hijos, fue la empresa estadounidense que lucró a manos llenas con la mano de obra y los productos vegetales mexicanos, con los hacendados, mediante los créditos leoninos que pródigamente se les facilitaron para la expansión de los cultivos henequeneros, y con el fisco federal y local, a los que engañó hasta hartarse. Ellos monopolizaron en todo el planeta el henequén, el generoso *ki*, planta sagrada de los mayas, con la que funcionaban las máquinas segadoras, empleadas para recoger 80% de las cosechas del mundo. ¿Te imaginas? En Argentina, en Europa, en Asia, en todos lados se empleaba el resistente henequén (pues el nailon se comercializó hasta 1938) para recoger cosechas y más tarde, en la Primera Guerra Mundial, Yucatán fue uno de los más grandes productores del henequén que se destinó a la fabricación de costales para el transporte de granos y cuerdas para atracar barcos en los diversos puertos militares y civiles del mundo. ¿Quién lo producía? México, con base en la propiedad feudal de las haciendas y las condiciones de esclavitud de los indios. ¿Quién se enriquecía? Una familia estadounidense (los McCormick), una mexicana (los Molina Solís) y la Iglesia (actor clave en esta máquina de esclavitud y sometimiento). ¿Y la dictadura de Díaz? ¡Bien, gracias…!

Tampoco se conoce y por supuesto no se exhibe en el libro de texto, con el gran nivel de detalle que merece, lo ocurrido durante el porfiriato en Valle Nacional, un territorio dedicado a las plantaciones de tabaco a un costado de Tuxtepec, precisamente donde Díaz se levantó en armas para llegar al poder. Ahí, con Díaz bien afianzado en la silla, tabacaleros cubanos explotaron cruelmente, a muerte, a miles de infortunados mexicanos, entre los que figuraban enemigos políticos de Porfirio Díaz, además de indígenas previamente despojados de sus tierras, indios rebeldes y borrachos, *enganchados* por la fuerza en la Ciudad de México.

Al respecto recomiendo la película *El valle de los miserables*, de René Cardona Jr., filmada en 1975, aunque desde luego es indispensable leer *México bárbaro*, de John Kenneth Turner, uno de los libros que contribuyeron al desenmascaramiento del régimen criminal y despótico de Díaz donde la impunidad estaba garantizada.

Otras joyitas sobre el tirano oaxaqueño son *Porfirio Díaz, zar de México*, de Carlo di Fornaro y *Empresario y dictador. Los negocios de Porfirio Díaz* de Jorge H. Jiménez. ¡Búscalos! *Empresario y dictador* es «una investigación sobre un aspecto insuficientemente hoyado del general que gobernó México de 1876 a 1911», según consigna una reseña publicada por el periódico español *El País*. «Tirando del hilo, o de las puntas del *moustache* del general, el autor descubrió el amplio rango de sus empresas personales, "que abarcaron aseguradoras, obras de ingeniería hidráulica, manejo de aguas para generar energía, minería, agricultura y una sociedad de corretaje para realizar actividades de intermediación de valores. Asimismo, incursionó en la producción de objetos de arte, ornamentación y efigies de celebridades históricas de bronce, elaboradas sobre todo por encargo de dependencias públicas". También explica que fue accionista de los tres bancos más importantes del país e hizo de su hijo uno de los principales socios de los monopolios industriales de dinamita, hule y petróleo [...] En 1911, Porfirio Díaz abandonó México y se exilió a Francia, donde, después de cuatro años viviendo de su fortuna cómodamente, falleció en París el hombre que sabía que los mexicanos no sabían quién era su enemigo».

Me parece inevitable traer a colación el presente texto de Carlos Fuentes, consignado en su libro *El espejo enterrado*: «En México, la dictadura de Porfirio Díaz se proclamó a sí misma "científica" e inspirada por el positivismo. Díaz, quien era un hombre de extracción indígena zapoteca, libró salvajes campañas contra la población de los estados norteños de México, Sonora, Sinaloa y Chihuahua. Díaz quería otorgarle estos territorios a los nuevos terratenientes mexicanos fieles a él, notablemente a la familia Limantour, y a empresas norteamericanas tales como la Richardson Construction Company de Los Ángeles y la Wheeler Land Company de Phoenix, Arizona. Provocó la rebelión de Tomochic en Chihuahua y, en la guerra contra los pueblos yaqui y mayo, los jefes de estos fueron llevados a alta mar en un buque de guerra, encadenados y arrojados al Océano Pacífico».

El porfiriato afectó a todos, no sólo a los esclavos: la clase media e incluso los mismos hacendados en Yucatán quedaron esclavizados por los préstamos bancarios y de la Harvester. México había sido conquistado una vez más, pero esta vez por la inversión extranjera que no veía en don Porfirio otra cosa que una especie de caporal, o como dirían en Yucatán, de *mayocol*, a través del cual controlaban a la *indiada* con los métodos coloniales.

Madero escribió en 1908: «En México [...] esa flamante y bellísima ciudad, han desfilado los lúgubres convoyes de carne humana [refiriéndose a los yaquis listos para ser esclavizados]. Los interesados en llevárselos a sus haciendas, disputándose la presa como si esos desgraciados estuvieran rematándose en pública subasta, pujan cada vez más, ofrecen más y más dinero, hasta que al fin logran *comprarlos*, y los transportan a sus haciendas a reducirlos a la esclavitud, en la cual encontrarán prontamente su tumba esos leones en el combate».

El gobierno porfiriano apoyó a los plantadores de henequén entregándoles casi a 16 000 yaquis deportados para la expansión de las plantas henequeneras, sobre todo entre 1907 y 1910, empleando a los terribles rurales para cazar a los esclavos que huían o para impedir rebeliones en las haciendas. Claro que los rurales de Díaz no podían quedarse fuera de este siniestro recuento de la dictadura: el Cuerpo de Policía Rural, popularmente conocido como «los rurales», fue empleado para impedir que los peones de las haciendas (verdaderos esclavos) se fugaran de esos lugares patibularios. El rural porfiriano representaba el poder absoluto del dictador, por tanto, podía impartir justicia del modo que le pareciera conveniente, aunque tratándose de esclavos fugados siempre tenía que devolverlos a la hacienda. Por cada uno que regresara se le pagaba una gratificación, misma que era añadida a la impagable cuenta del esclavo capturado.

Díaz llevó a Olegario Molina, máximo responsable de aquella máquina siniestra, nada menos que a su gabinete en 1908. Sí: el más destacado plantador de henequén y esclavista, quien fuera gobernador de Yucatán, fue llamado a fin de que encabezara convenientemente el Ministerio de Fomento.

Miembros de la «casta divina» (apelativo para denominar a los herederos criollos de la *guerra de castas*) como Rafael Peón Losa y algunos otros *científicos* recibieron, obviamente junto con Molina, las tierras y concesiones forestales más extensas y lucrativas en Quintana Roo, un nuevo territorio arrancado a Yucatán en 1902 tras la campaña militar del general Bravo contra los mayas rebeldes. Al pasar al gabinete del dictador, Olegario Molina dejó a su primo Enrique Muñoz Aristegui al frente de la gubernatura.[317] ¿Se comprende mejor la dinámica porfiriana?

«Olegario Molina fue una gran fuente de riqueza para la Santa Sede. Sólo por la pavimentación de Mérida gran parte de los 4 295 360 pesos (de 522 490 metros cuadrados de calles pavimentadas) pasaron de la Tesorería General de Yucatán a las arcas del Vaticano a través de sociedades anónimas italianas productoras de asfalto y cemento en las que figuraban los representantes financieros de la Santa Sede. Se firmaron con ellas contratos por millonarias adquisiciones. Trenes especiales y buques de la armada facilitados por Olegario sirvieron al obispo Martín Tritschler y a otros clérigos en sus visitas al interior de la diócesis. Tomaron vida ritos y ceremonias eclesiásticas que no se celebraban en la península desde los tiempos de la Colonia. Multiplicó los centros de enseñanza católicos, templos de la entidad e instituciones cristianas.»[318]

[317] José Luis Sierra Villarreal, *La revolución que quiso ser... Yucatán: del porfiriato al socialismo*, Mérida, Consejo Editorial de Yucatán, 1987, p. 39.
[318] Hernán Menéndez Rodríguez, *Iglesia y poder. Proyectos sociales, alianzas políticas y económicas en Yucatán (1857-1917)*, México, Consejo Nacional para la Cultura y las Artes, 1995, pp. 305-306.

Tan pronto llegaba un esclavo a la hacienda, era casado con una mujer (previamente violada por el hacendado: el famoso derecho de pernada). Ahí la deuda del esclavo comenzaba a volverse impagable: bautizos, *donativos*, cuotas para los santos, para la construcción de más templos, etcétera, e incluso se restauró el diezmo en Yucatán (y la obligación de su paga), lo que terminaba por envolver al esclavo en una trama siniestra de la que no había salida.

El endeudamiento por bodas y bautizos también beneficiaba al arzobispo, pues era socio de la cervecera; la cerveza obligadamente se consumía no sólo en festividades sino cotidianamente, habida cuenta del clima.

Recomiendo leer el libro de Salvador Alvarado *Mi actuación revolucionaria en Yucatán*; es bueno, breve y muy barato, y quienes tengan acceso a internet pueden entrar a la página del Archivo General de Yucatán (Agey), donde podrán ver fotos y documentos de esta terrible realidad que se ha pretendido ocultar. Así podrán acercarse mucho más a lo realmente acontecido durante el porfiriato, qué clase de modernización ofrecía y cuán contrario era aquel régimen a la cultura moderna, a las virtudes humanas y a los derechos del hombre.

Dentro del porfiriato, Yucatán fue una historia aparte. Primero, las estructuras feudales no se eliminaron totalmente, pues las relaciones de producción se mantuvieron intactas prácticamente desde la Colonia. Mientras la élite porfirista practicaba una relación de proletarización de la mano de obra en el resto del país, en Yucatán esta realidad no existía. No había una relación de patrón-empleado, sino de siervo-señor feudal. Además era muy parecido al sur de Estados Unidos: dependiente de productos agrarios, con escaso desarrollo tecnológico y cero industrias, de manera que una pequeña élite detentaba una forma de poder económico adversa al cambio que los propios porfiristas pregonaban en su idealización del positivismo, pero todo esto fue tolerado por los *científicos* a cambio del apoyo político y los ingresos provenientes del henequén. Para 1929 Yucatán estaba desolado porque la crisis económica limitó en gran medida la demanda de Estados Unidos: la «casta divina» fue víctima de su propia dinámica al despreciar la ciencia y la tecnología, en cambio Estados Unidos se dio cuenta de lo caro que era importar henequén y produjo las fibras sintéticas. La de Díaz es una dictadura vinculada a la tierra, una oligarquía terrateniente en transición a la modernidad, que en muy escasos ejemplos llegó al campo mexicano.

En el bloque III del libro de texto se establece que los obreros «utilizaron la huelga como recurso para exigir mejores condiciones de trabajo, pero estos movimientos fueron reprimidos por el gobierno porfirista. Entre las huelgas más importantes destacaron la de los mineros de Cananea, Sonora, en 1906, y la de la fábrica textil de Río Blanco, Veracruz, en 1907» (p. 92).

Cierto, pero no se dice que dichos obreros de Orizaba, La Velardeña y del Mineral de Cananea, entre muchos otros a lo largo de tres décadas, fueron materialmente masacrados a balazos y otros tantos encarcelados en prisiones de las que apenas algunos pudieron salir con vida.[319]

¿Por qué no dirán que en el caso de la empresa minera Cananea —propiedad del estadounidense William Cornell Greene, latifundista, magnate del cobre y uno de los inversionistas más poderosos del porfiriato— el gobernador Rafael Izábal tuvo la desvergüenza de solicitar al gobernador de Arizona el auxilio de los *rangers* para que reprimieran la huelga utilizando balas expansivas *dum-dum*, prohibidas por los códigos de guerra mundiales, ya que los proyectiles al perforar cualquier parte del cuerpo producían un agujero de salida de enormes proporciones?[320] ¿Sabes que las peticiones de los trabajadores de la Cananea Consolidated Copper Company consistían en un aumento salarial a cinco pesos, jornada de trabajo de ocho horas y trato igual a trabajadores mexicanos y estadounidenses? A los trabajadores mexicanos se les pagaba un salario de tres pesos y a los gringos siete. En Río Blanco, en enero de 1907, casi seiscientos obreros fueron pasados por las armas por los federales, que dispararon contra mujeres y niños indefensos. Ese era Porfirio Díaz, el mismo de «Mátalos en caliente» treinta años después y ningún otro.

El Colmillo Público, combativo periódico en que trabajó Ricardo Flores Magón, publicó caricaturas en las que aparecen el gobernador «Izábal, y [el] *Tío Sam* pisoteando a los mineros de Cananea; una segunda caricatura con un grupo de cañones comandados por militares mexicanos y estadounidenses disparando en contra de los huelguistas; y una tercera caricatura que ridiculizaba a los periódicos oficialistas *El Imparcial* y *El Mundo* que habían justificado [porfirianamente] las acciones del gobernador a pesar de que este había empleado mercenarios estadounidenses para reprimir a los huelguistas».[321] Si en el libro de texto aparecen varias caricaturas porfirianas, ¿por qué no incluyeron una que otra de *El Colmillo Público*...? ¡Son magníficas y elocuentes...!

[319] Adrián Aguirre Benavides, *op. cit.*, p. 26.
[320] Esteban B. Calderón, *Juicio sobre la guerra del Yaqui y génesis de la huelga de Cananea*, México, SEP, 1936; Anónimo, *Cananea 1906*, México, Partido Revolucionario Institucional, 1981, pp. 26-28.
[321] Colaboradores de Wikipedia, «El colmillo público», *Wikipedia, la enciclopedia libre*, s.l., 17 de julio de 2012, consultado en septiembre de 2015, http://es.wikipedia.org/wiki/El_Colmillo_P%C3%BAblico

En la misma página se habla de sindicatos porfirianos (p. 92). ¿Sindicatos porfirianos? ¡Menuda novedad! Habría que preguntar a los hermanos Ricardo y Jesús Flores Magón –o a cualquiera que sí estudie– su opinión respecto a los sindicatos porfirianos... Una broma de mal gusto. ¿De cuándo acá el tirano iba a respetar los derechos laborales de los empleados mexicanos como hacía con los extranjeros?

En otro orden de ideas, es válido afirmar que sí se fundaron periódicos opositores a la dictadura, como *El Hijo del Ahuizote* en 1885, *El Demócrata* en 1893 y *Regeneración* en 1900, pero Díaz no toleró las críticas y reprimió agresivamente no sólo a los trabajadores sino también a la prensa opositora que se atrevía a criticarlo. Muchos periodistas fueron asesinados o encarcelados, incluso arrojados en hornos, las publicaciones eran suspendidas y las imprentas clausuradas o destruidas. Imposible olvidar cuando hizo encarcelar a José Juan Tablada por haber publicado el poema *Misa negra* que tanto ofendió a Carmelita, su joven esposa. El 30 de julio de 1895 «el periodista [Emilio] Ordoñez fue arrojado a un horno»[322] y quemado vivo según Carlo di Fornaro, aunque tiempo después Díaz destituyera a Rafael Cravioto, gobernador de Hidalgo, en respuesta al rechazo popular que causara la incineración del ilustre personaje. «En Puebla pereció de mala muerte el periodista [Jesús] Olmos y Contreras [apuñalado], y en Tampico otro de apellido Rodríguez [...] La vitalidad del *Diario* [*del Hogar*] fue maravillosa [...] esto se debió a que su valiente e incorruptible director, Filomeno Mata [...] más de cuarenta veces fue encerrado por pretendidos delitos de imprenta en la inmunda cárcel de Belén.»[323] «Los gobernadores solían mandar apuñalar a periodistas»,[324] de la misma manera que acontece en nuestros días en diversos estados, particularmente en Veracruz, una entidad históricamente liberal, donde los persiguen y los privan de la vida sólo que a balazos y sin consecuencias para nadie, porque los mexicanos somos increíblemente pacientes y de memoria muy corta y eso lo saben los políticos a la perfección.

En resumen: no debemos perder de vista la miseria padecida en el campo, la existencia de gigantescos latifundios, los millones de mexicanos sepultados en el analfabetismo que ya alcanzaban el temerario porcentaje de 85%, la incipiente industrialización, pues casi nada se transformaba en México y nuestras materias primas, expoliadas, abastecían el mercado mundial sin beneficio para los mexicanos, ni siquiera para los latifundistas, sino sólo para los magnates extranjeros y para

---

[322] Carleton Beals, *op. cit.*, p. 307.
[323] José López Portillo y Rojas, *op. cit.*, p. 220.
[324] *Ibid.*, p. 344.

el círculo *científico* porfiriano. La entrega indiscriminada y ventajosa del patrimonio nacional a las empresas foráneas, los privilegios que disfrutaban los extranjeros en sus empresas radicadas en el país ante nuestros propios tribunales, la desaparición del Estado de derecho y en consecuencia la abrupta cancelación de las garantías individuales consignadas en la Constitución de 1857, la salvaje persecución de periodistas ávidos de disfrutar de libertad de expresión y que en cambio decían adiós a la libertad de prensa, cuya conquista tantos trabajos y sangre había costado; la imposición de una sola ley para los opositores de Díaz, consistente en aquello de «mátalos en caliente» o «ese gallo quiere su *mais*», la pérdida del derecho a votar dentro de un sistema en el que, como Porfirio Díaz, el déspota, confesaba: «Quien cuenta los votos gana las elecciones»; la ausencia de respeto a la voluntad popular; la cadena de arrestos arbitrarios que conducían o bien al fuerte de San Juan de Ulúa, de donde nadie salía vivo, o a las cárceles de la tiranía; la pavorosa corrupción existente entre los *científicos*, que escondidos en tesis filosóficas para justificar sus desmanes fortalecían y defendían a la dictadura como si fuera una institución de vanguardia; la reinstalación de los privilegios del clero, perdidos durante la guerra de Reforma; la insoportable protección concedida a las empresas esclavistas en el sureste mexicano; las matanzas de indígenas en Sonora y Sinaloa a fin de arrebatarles sus tierras a como diera lugar para entregarlas a corporaciones nacionales o extranjeras; la siniestra represión en Monterrey de un mitin con tiradores en las azoteas y el incomprensible espaldarazo de Porfirio Díaz al general Bernardo Reyes por la comisión de dicho atentado, al decirle: «¡Así se gobierna, general!»; las matanzas de obreros en Cananea y Río Blanco por exigir mejores condiciones laborales, en fin, todo lo anterior sólo podía conducir a una revolución después de que Porfirio Díaz volvió a engañar a la nación con aquello que le dijo no a un periodista mexicano sino a James Creelman, corresponsal de *Pearson's Magazine*, que «México finalmente está listo para la democracia» y, claro está, la violencia estalló y volvimos a matarnos entre todos, tal y como había acontecido durante la guerra de Reforma tan sólo medio siglo atrás. «El Héroe de las Américas», reza la portada de la entrevista.

El «México bronco» se impuso por encima de cualquier voz, de cualquier argumento, de cualquier negociación o discusión. A partir de ese momento las diferencias entre todos tendríamos que volver a dirimirlas con las manos o a balazos o en los paredones improvisados o colgando a la gente de las ramas de los árboles o de los postes de telégrafos. La muerte volvió a esperar a México con una gigantesca guadaña con la que privó de la vida a cientos de miles de compatriotas, la mayor parte de ellos queridos personajes que no sabían leer ni escribir, además de que el fuego destruyó gravemente al país al extremo de que no sólo se detuvieron las manecillas de los relojes de historia, sino que las regresamos por lo menos cincuenta años para atrás… No perdamos de vista que el fuego puede aparecer en el México de nuestros días si se pierde de vista que la mitad de la población se encuentra sepultada en la pobreza y la miseria jamás fue una buena consejera…

Si eres padre, ¿tus hijos conocen la Hemeroteca Nacional? Allí mismo existe un Fondo Reservado que guarda muchísimos periódicos originales (y en versión digital) para que los menores los conozcan y sientan orgullo de nuestro país. ¿Saben los niños la importancia de una hemeroteca? ¿Les gusta ver fotografías de sus abuelos y suyas cuando eran pequeñitos? ¿Sí…? Pues entonces hay que mostrarles imágenes del México viejo. ¿Han consultado periódicos antiguos? ¿Saben que una hemeroteca guarda periódicos antiguos? La que está en la UNAM tiene ejemplares desde el siglo XIX que denotan una arraigada tradición en la discusión pública de los asuntos políticos; vayan y pidan a los responsables de estos materiales que se los enseñen. Debemos recurrir lo más posible a este tipo de instituciones de manera cotidiana.

Factores para el estallido de la Revolución

Dicen los autores del libro de texto que en 1908 «Madero publicó el libro *La sucesión presidencial en 1910*, en el cual propuso crear un partido político que se opusiera a la reelección de Díaz». Es muy pobre su alusión a este suceso porque marca el inicio del proceso político contemporáneo. *La sucesión presidencial en 1910* es un gran ensayo político. Francisco I. Madero, miembro de una familia acaudalada de Coahuila, escribió este libro ex profeso pensando en su candidatura, es decir, que fue su manera de dar a conocer su pensamiento y lo hizo formulando una severa crítica a Díaz (aun cuando le reconoce ciertos méritos), desafiando al tirano a cumplir su promesa de no participar en la elección de 1910. Pero no sólo eso, también es un maravilloso libro de historia pues el autor repasa el siglo XIX con enorme acuciosidad y talento, haciendo un balance justo y razonado de los hechos principales de nuestro pasado, preguntándose continuamente en qué falló Hidalgo, en qué falló Morelos, en qué falló Juárez, en qué falló Porfirio Díaz… Dirás que exagero los méritos literarios de Madero. Júzgalo tú: «El poder absoluto ha existido de toda antigüedad, porque es el patrimonio de los pueblos atrasados e ignorantes, cuya imaginación no es impresionada sino por las hazañas de sus monarcas, que los deslumbran con su brillo. Además, ignorando la historia, ignoran también los altos hechos de sus antepasados, de los grandes hombres de la humanidad, y desconocen las fuerzas que un pueblo libre pueda desarrollar. Por este motivo, la instrucción y la escuela son los mayores enemigos del despotismo; los más firmes apoyos de la democracia.

»En nuestra patria sólo tiene eco la verdad; sólo ella conmueve los ánimos, despierta las conciencias dormidas, enciende el fuego del patriotismo, que por fortuna aún se encuentra latente en las masas profundas de la nación, a donde no ha llegado la corrupta influencia de la riqueza y el servilismo».

Vale la pena recordar el papel que jugó el gobierno de Estados Unidos en el derrocamiento de Díaz, como posteriormente explicaré las razones de la caída del propio Madero como consecuencia de la intervención de Wall Street y de sus *hombres de negocios*.

El entonces presidente William Howard Taft vio amenazados los intereses estadounidenses con el surgimiento, en 1908, de Ferrocarriles Nacionales de México, debido a que el Estado mexicano pasó a ser el accionista mayoritario de la nueva empresa. A Taft le preocupaba la disminución de la influencia del capital yanqui, que el gobierno mexicano trataba de equilibrar al invitar a otras naciones a la aventura industrial mexicana, señaladamente Alemania e Inglaterra, pese a que la preponderancia del capital yanqui era indiscutible. A Taft lo irritó el asilo ofrecido por Díaz al presidente de Nicaragua José Santos Zelaya cuando este fue derrocado por una revuelta conservadora apoyada por Estados Unidos; para hablar de estos y otros asuntos se celebró en octubre de 1909 el primer encuentro entre los presidentes de México y Estados Unidos. A Taft le disgustó que México le exigiera a Estados Unidos la devolución de El Chamizal, territorio que debido a un desplazamiento del río Bravo hacia el sur en el año 1864 había quedado del lado estadounidense, así como las reiteradas críticas a las medidas administrativas y los procedimientos judiciales mexicanos en contra del U.S. Banking Co., único banco estadounidense en México. Lo frustraba el apoyo que el gobierno de Díaz otorgaba a la compañía petrolera inglesa Pearson and Son al otorgarle concesiones de tierras para exploración y explotación con el firme propósito «de evitar el control de Estados Unidos en esa área productiva», y desde luego le molestaba que el dictador se asociara con el magnate inglés, involucrando a Carmelita, su esposa, y al hijo de Díaz, *Porfirito*, en el negocio de los hidrocarburos al constituirse la Compañía Mexicana de Petróleo El Águila.

Adicionalmente, para principios del siglo XX los británicos se preparaban para la Gran Guerra, por lo que necesitaban disponer de materias primas como el petróleo y otros productos primarios: madera, minerales, etcétera. Más de la mitad del crudo consumido por el Reino Unido en la Primera Guerra Mundial fue extraído de los manantiales mexicanos del *oro negro*; Díaz jugaba con yanquis e ingleses para establecer un cierto equilibrio.

Ello explica las razones por las cuales el gobierno porfirista no pudo contar con la colaboración de Washington ante el empuje de la revolución maderista, más aún si no se pierde de vista la edad del tirano, próximo a cumplir ochenta años de edad en 1910, situación que desde luego preocupaba en gran medida en la Casa Blanca y que complicaba la estancia en el poder del propio tirano. Díaz y su gabinete, hombres del siglo XIX, pertenecían a la vieja oligarquía terrateniente; de los franceses tomó el dictador las normas de etiqueta y de los prusianos un falso sentimiento militarista.

¡Claro que al estallar la revolución maderista el presidente estadounidense consideró «que el gobierno de Estados Unidos no debía ser espectador indiferente, y resolvió situar fuerzas en la zona fronteriza…! ¡Once mil hombres llegaron a los distintos puntos en que debían acuartelarse! La operación […] constituía una humillación que los mejicanos sufrieron sin protestar […] Se movilizó parte de la flota [estadounidense], con instrucciones para la ocupación de algunos puertos por barcos de guerra. El gobierno de D. Porfirio Díaz hizo representaciones tan persuasivas, que el presidente Taft telegrafió para que los buques pasasen de largo con otro destino».[325]

Pero el aviso estaba dado, y después de todo, lo peor que le podía pasar a Porfirio Díaz era salir al destierro conservando sus incontables propiedades para disfrute de sus descendientes…

Taft, gobernador de Cuba en 1906, fue electo presidente de los Estados Unidos en 1909. «Jugaba al golf, paseaba a caballo, devoraba bombones, olvidaba citas, se dormía en las ceremonias fúnebres […] con ronquidos alarmantes», era presa de paranoia respecto a los asuntos de México, «le inquietaban la debilidad palmaria del gobierno mejicano y la de los que se proponían derrocarle».[326]

Por cierto: ni un solo presidente estadounidense es mencionado en los libros de historia de cuarto y quinto vigentes en 2015… ¿Cómo podríamos así comprender a nuestro vecino (y socio), sin siquiera conocerlo?

---

[325] Carlos Pereyra, *México falsificado*, México, Editorial Polis, 1949, pp. 207-208.
[326] *Ibid.*, p. 218.

Madero y la revolución

Poco tiempo después, decidido ya a retirar su apoyo al anciano dictador de México, Taft echaba a la basura el tratado de extradición en vigencia entre ambas naciones y permitía la entrada de Francisco I. Madero a su territorio para preparar la revolución.

Fue a través del abogado Sherbourne G. Hopkins que el levantamiento maderista obtuvo apoyo proveniente de Estados Unidos. Hopkins era un abogado con «especialidad acreditada en los contrabandos de armas y municiones para derrocar tiranías...». El ministro alemán en México caracterizó a Hopkins como «el abogado profesional de las revoluciones latinoamericanas fabricadas en Estados Unidos».[327]

Se dice en el libro de texto que «Madero obtuvo gran apoyo durante su campaña electoral. Esto alarmó a Díaz, quien ordenó encarcelarlo bajo el cargo de sublevar a la población y de ultrajar a las autoridades. De este modo, las elecciones se realizaron mientras Madero se hallaba preso» en la penitenciaría de San Luis Potosí. Habría que añadir que al mismo tiempo que arrestaban a Madero se daban cientos de detenciones en diversas ciudades del país.

Porfirio Díaz citó a Madero para tratar de convencerlo de no participar en las elecciones. Durante esa reunión, Madero trató también de convencer a Díaz de no imponer la candidatura de Ramón Corral a la vicepresidencia, pero Díaz se negó a hacer cualquier concesión. Ni entre los porfiristas existía simpatía por Ramón Corral, pero a Díaz le gustaba humillar a la clase política, comenzando por los puestos más elevados, así que obligó a todos a *tolerar* a Corral y no cedió ni ante ellos ni mucho menos ante Madero para excluirlo de la fórmula electoral reeleccionista.

Vino el inicio de las campañas y la prisión de Madero por orden de Díaz. Sin embargo, Madero logró escapar de la cárcel y disfrazado de mecánico en un tren se dirigió a Estados Unidos, donde ingresó el 7 de octubre de 1910 para redactar el Plan de San Luis, expresándose en estos términos: «Vengo huyendo de mi país, gobernado por un déspota que no conoce más ley que su capricho [...] No vengo a implorar vuestra ayuda: los mexicanos estamos en aptitud de gobernarnos por nosotros mismos y el pueblo mexicano es bastante fuerte para hacer respetar su soberanía; lo único que reclamo de ustedes es la hospitalidad que los

---

[327] Friedrich Katz, *La guerra secreta en México*, México, Era, 1998, p. 160.

pueblos libres han dispensado siempre a los hombres que en otros países luchan por la libertad».

¡No puede creerse que no le informen al joven estudiante de la obra de semejante ciudadano que enaltece el nombre de México! ¿Qué decía el Plan de San Luis por medio del cual Madero convocaba a la revolución el 20 de noviembre de 1910?

Se nos ofrece la paz, pero es una paz vergonzosa para el pueblo mexicano, porque no tiene por base el derecho, sino la fuerza, porque no tiene por objeto el engrandecimiento de la patria, sino enriquecer a un pequeño grupo [...]

Hace muchos años se siente en toda la República profundo malestar debido a tal régimen de gobierno; pero el general Díaz con astucia y perseverancia había logrado aniquilar todos los elementos independientes [...]

En México, como República democrática, el poder político no puede tener otro origen ni otra base que la voluntad nacional y esta no puede ser supeditada a fórmulas llevadas a cabo de un modo fraudulento.

El pueblo mexicano está apto para la democracia [...] está sediento de libertad y sus actuales gobernantes no responden a sus aspiraciones.

Haciéndome eco de la voluntad nacional, declaro ilegales las pasadas elecciones, y quedando por tal motivo la República sin gobernantes legítimos, asumo provisionalmente la Presidencia de la República, mientras el pueblo designa, conforme a la ley, sus gobernantes.

El gobierno actual, aunque tiene por origen la violencia y el fraude, desde el momento en que ha sido tolerado por el pueblo, puede tener para las naciones extranjeras ciertos títulos de legalidad [...] [pero] he designado la noche del domingo 20 de noviembre, para que de las seis de la tarde en adelante, todas las personas se levanten en armas.

¿No te parece que queda un poco más claro el inicio de la Revolución mexicana? El llamado de Madero, dicen en el libro, «encontró respuesta en diversas regiones del país: en Chihuahua, con Francisco Villa y Pascual Orozco; en Puebla, con los hermanos Aquiles, Máximo y Carmen Serdán, y en Morelos, con Emiliano Zapata. Para principios de 1911, los levantamientos se extendieron exitosamente por diferentes regiones» (p. 95).

Se les olvidó, sí, seguramente se les olvidó, recordarnos que la gota que derramó el vaso, además de impedir el ejercicio del voto libre, fue la entrevista de Limantour, el ministro de Hacienda porfiriano con el secretario de Defensa estadounidense, quien le espetó: «¿Qué acaso Porfirio Díaz no piensa renunciar a su cargo?».

«El ministro de Hacienda [Limantour] fue invitado a comer [...] por el secretario norteamericano de la Guerra, Mr. Dickinson, y se sabe que en esa ocasión este funcionario, en nombre del presidente Taft, le expresó su extrañeza por no haber dimitido aún el general Díaz.»[328]

El más temido de todos los ministros, Limantour, trajo el mensaje a Díaz y este comprendió enseguida que se hallaba perdido, aunque no dejó de levantar la ceja, sabedor de la amistad de su ministro con el revolucionario Madero. En mayo, dos semanas después de la caída de Ciudad Juárez, el general Díaz aceptó negociar con Madero su renuncia y salir al exilio. ¿Queda evidenciada entonces la razón por la cual Porfirio Díaz renunció al poder y salió al destierro después de casi 34 años de dictadura, a pesar de que el ejército mexicano estaba prácticamente intacto? ¡Claro que Díaz pudo haber tratado de sofocar violentamente el levantamiento, pero no podía ignorar que había perdido el apoyo de la Casa Blanca y prefirió la rendición muy a pesar de que el ejército federal se encontraba entero e intacto! ¿A Díaz le iba a importar el baño de sangre después de lo narrado en las páginas anteriores o, mejor dicho se supo perdido sin el apoyo de Taft ante un país incendiado por su propia intolerancia?

Enseguida se realizaron elecciones libres en las que resultó triunfador Madero, quien gobernó junto con el vicepresidente José María Pino Suárez por sólo quince meses.

Por otra parte, aunque en el libro nada dicen de esto, toda la política de Madero se dirigió al restablecimiento de las condiciones republicanas, que imposibilitaban el desarrollo de los proyectos de los grandes *trusts* o conglomerados. La embajada de Estados Unidos era garante de estos intereses, por eso Madero comenzó a cavar su tumba cuando dijo, el día de su toma de posesión, «que ya no gobernará en México la embajada de Estados Unidos», dando «una negativa a la solicitud que por mediación de su esposa hizo el propio Mr. Henry Lane Wilson [el embajador de Estados Unidos], para que le completase su sueldo, que no le bastaba, decía, por lo cual don Porfirio le daba una subvención».

Otro dato que no consta en el libro: durante el gobierno del presidente Madero no se otorgó una sola concesión petrolera a ningún estadounidense y no sólo eso, sino que Madero impuso un gravamen por cada barril de petróleo extraído de suelo mexicano. Se trató de un impuesto especial del timbre sobre la producción petrolera para aumentar la recaudación fiscal. Fue la primera vez que se entendió al petróleo como una fuente de ingresos para la administración pública.

Madero respondió a las insolentes notas de Lane Wilson (sobre ataques a ciudadanos estadounidenses) diciendo que «la administración

---

[328] Jorge Fernando Iturribarría, «Limantour y la caída de Porfirio Díaz», *Historia mexicana*, vol. 10, núm. 2, México, oct.-dic., 1960, p. 267.

tenía plena conciencia de sus deberes», y que se veía «en la penosa necesidad de no reconocer derecho a Estados Unidos para hacer una advertencia semejante». Madero suspendió la publicación del diario intervencionista *The Mexican Herald* por ser publicación de una empresa extranjera que especulaba con la paz de la nación. Acordó la expulsión del gerente y del subgerente de la *Tampico News Co.*, señores Abraham y José Ratner, por habérseles comprobado que comerciaban con los rebeldes vendiéndoles armas y cartuchos pertenecientes a la embajada estadounidense, pertrechos que habían sido pedidos por el embajador para la supuesta defensa de la colonia yanqui en México... Wilson enfureció y juró vengarse. Por lo pronto se apresuró a informar a su gobierno que las condiciones en seis estados mexicanos eran peores que nunca y que el señor Madero no podía dominar la situación.[329]

«Una especie de perversión colectiva —observó Vasconcelos— se ensañaba en contra de una administración (la de Madero) que no robaba ni dejaba robar, no comprometía los recursos nacionales, no vendía las tierras al extranjero.» Precisamente por eso había sido derrocado el tirano...

Madero creó el Departamento del Trabajo, dependiente de la Secretaría de Fomento, para proteger los intereses obreros. Reorganizó la Caja de Préstamos para Obras de Irrigación y Fomento de la Agricultura. Contrató un empréstito para la compra de propiedades rurales que se venderían en lotes a los campesinos. Giró una circular a los gobernadores para que deslindasen los ejidos de los pueblos y se dieran todos los pasos para protegerlos de la absorción de las grandes propiedades colindantes. Encargó a la Comisión Nacional Agraria la rectificación y el deslinde de terrenos nacionales, y su enajenación o arrendamiento a los nacionales capaces de trabajarlos. Madero entendía la importancia de la reforma agraria en el porvenir económico de la República. Elevó el presupuesto de la educación de ocho millones de pesos a doce, con lo que logró crear las primeras escuelas rurales sostenidas por el gobierno federal. Abrió veintinueve comedores escolares para servir dos comidas diarias a cerca de 6 000 niños. Repartió más de 20 000 trajes y 12 000 pares de zapatos entre los niños pobres del Distrito Federal. Creó la Inspección de Caminos, Carreteras y Puentes, haciéndose un estudio de los caminos ya construidos a fin de mejorarlos, y se emprendieron las obras para las rutas de automóviles de México a Puebla, de Iguala a Chilpancingo, de México a Toluca, de México a Veracruz y de México a Pachuca. Otorgó concesiones para construir líneas de ferrocarril de Balsas a Zihuatanejo, de Puebla a Chacahua, de Veracruz a Tampico y Matamoros,

---

[329] Alfonso Taracena, *Madero, víctima del imperialismo yanqui*, México, s.i., 1973, pp. 113-114.

de Cañitas a Durango, de Cuatro Ciénegas a Sierra Mojada, de Pénjamo a Ajuno, de Allende a Las Vacas y otras más, inclusive la vital del Sureste, que comenzó a proyectarse. Creó la Comisión Reguladora del Henequén en 1912, la dotó de capital para operar y decretó un impuesto de un centavo por kilogramo de henequén producido para intervenir en el monopolio comercial de la International Harvester y ver por los intereses nacionales; eso y mucho más en tan sólo quince meses de gobierno. Madero nombró secretario de Gobernación a Jesús Flores Magón, hermano de Ricardo y Enrique, intelectuales perseguidos anteriormente en Estados Unidos.

Sustituyó al porfirista general Ignacio A. Bravo, verdugo de los mayas, en la gubernatura de Quintana Roo para liberar a un nutrido contingente de presos políticos que purgaban sus condenas en los campos chicleros o en la construcción de caminos por las espesas selvas de dicho territorio, creado apenas diez años antes por el general Díaz. «Estos ciudadanos liberados recibieron pasajes y dinero para reintegrarse a sus hogares. En una ceremonia que culmina con un banquete, los prisioneros son puestos en libertad a nombre de la Revolución mexicana.»[330]

Madero le hace saber a Woodrow Wilson, presidente electo de Estados Unidos, que la revolución en México es democrática, que se tienen simpatías por el pueblo estadounidense, pero no por los *trusts* estadounidenses, mexicanos o de cualquier nacionalidad. Le informó que Lane Wilson, el embajador, era persona non grata…

¿Quieres saber cuántas acciones de Francisco I. Madero como presidente consignan en el libro? ¡Ninguna!

El 22 de agosto de 1912, Henry Lane Wilson escribió a Washington: «La atención del presidente Taft debería concentrarse en la creciente animosidad antinorteamericana del gobierno de Madero, quien no sólo demuestra una decidida preferencia por los mercados europeos en todos sentidos, sino que además discrimina y entorpece la actividad de las compañías norteamericanas».[331]

Mentiras y más mentiras, patrañas y más patrañas vertidas por el embajador yanqui…

---

[330] Ignacio A. Herrera Muñoz, «Gral. Manuel Sánchez Rivera», *Panorama de Quintana Roo*, México, 22 de noviembre de 2010, consultado en septiembre de 2015, www. panoramaquintanaroo.com/cronicas.php?id_cr=219

[331] Alfonso Taracena, *La verdadera…*, p. 99.

Derrocamiento de Madero. La injerencia estadounidense

«Algunos de sus partidarios [de Madero] esperaban respuestas inmediatas a las demandas sociales, y al no obtenerlas se alzaron en armas nuevamente, como sucedió en el caso de Emiliano Zapata. Por otra parte, ni los antiguos porfiristas ni los empresarios extranjeros favorecidos por Díaz veían con buenos ojos al nuevo presidente.

»En febrero de 1913, un grupo de militares apoyado por el embajador de Estados Unidos se rebeló contra el gobierno en la ciudad de México. Este episodio fue conocido como la "Decena Trágica", porque en los diez días que duraron los combates hubo muchos muertos. Madero y el vicepresidente José María Pino Suárez fueron asesinados por órdenes del general Victoriano Huerta, quien usurpó la presidencia.

»Ante este hecho, Venustiano Carranza, gobernador de Coahuila, elaboró el Plan de Guadalupe, en el que desconocía a Victoriano Huerta como presidente y se autonombraba primer jefe del Ejército Constitucionalista, llamado así porque el plan exigía el respeto a la Constitución» (p. 96).

¿O sea que Madero fue asesinado por órdenes de Victoriano Huerta sin que hubiera más autores intelectuales del magnicidio? Veamos.

¿Cuáles fueron las razones que tuvieron los *trusts* de Wall Street para derrocar al gobierno de Francisco Madero y terminar con su vida? Resulta imperativo recordar cuando los agentes de Wall Street lo visitaron para ofrecerle recursos para su campaña presidencial y les respondió en estos términos: «Pertenezco al partido que lucha en México contra los *trusts* y los monopolios. ¿Cómo pueden ustedes suponer un solo instante que yo accedería a sus demandas e impondría nuevos yugos de esas instituciones a mi país?», posición ciertamente contraria a la esgrimida en materia diplomática por William Howard Taft, quien sin cortapisas admitía: «Esta política se ha caracterizado por la sustitución de dólares por balas».[332] «La administración Taft mantuvo diversos contactos con las personas que tenían intereses en México, a fin de normar su política al respecto [...] [entre otras] las huleras de Rockefeller-Aldrich; la casa S. Pearson & Son Limited, contratista internacional, y los intereses petroleros conexos de Lord Cowdray. Ninguna de estas empresas había visto con buenos ojos el triunfo de Madero. Ninguna podía coincidir con los ideales del reformador, ni observaba ventaja alguna para sus intereses [...] Algunos de estos intereses, además, eran compe-

---

[332] Lawrence Lenz, *Power and Policy: America's First Steps to Superpower, 1889-1922*, Nueva York, Algora Publishing, 2008, p. 165.

tidores activos de la familia Madero en sus negocios.»[333] El jefe activo de los negocios huleros de la firma Rockefeller-Aldrich era Nelson W. Aldrich, y como esa corporación yanqui estaba en abierta competencia en el estado de Durango con intereses semejantes de los Madero, que contaban con fábricas estratégicamente repartidas para preparar el guayule y transportarlo a la frontera con Estados Unidos, se propuso asimismo evitar que el presidente Madero se consolidara en el poder. Además, un hermano del presidente Taft, Henry W. Taft, era aliado de la casa Pearson & Son Limited; el mismo carácter tenía el procurador general estadounidense, Wickersham, y todos juntos se confabularon para conspirar en Washington contra Madero, apoyados en el embajador Lane Wilson. Por supuesto que lord Cowdray, jefe de la casa Pearson, con concesiones en Tamaulipas, San Luis Potosí y Veracruz en una extensión de casi 200 000 kilómetros cuadrados de terrenos petroleros otorgados por el general Díaz, tampoco miraba con simpatía a la Revolución mexicana. De allí que al igual que Pearson, el otro magnate inglés, todos sugerían a través de sus representantes en Washington que la Casa Blanca acabara con el gobierno de Madero por ser un caso peligroso de demagogia. También «los intereses de la Rockefeller-Aldrich Mexican Continental Company se hallaban en directa oposición con intereses semejantes a los de la familia Madero que cubrían una extensión de varios millones de acres en el norte y centro de México. Era natural que los gaucheros yanquis, entre otros industriales extranjeros más, atacaran a sus competidores de la familia Madero porque no ignoraban la suerte de sus empresas si los Madero se consolidaban a la cabeza del máximo poder mexicano, lo que a la larga conduciría a los monopolios yanquis a la necesidad de comprar los intereses Madero a muy alto precio».[334]

Por razones obvias los bienes de la familia Madero fueron embargados por Porfirio Díaz en razón del estallido de la revolución encabezada por don Francisco. Al sobrevenir la victoria maderista en 1911 los Guggenheim, máximos inversionistas extranjeros en el porfiriato, ofrecieron pagar el precio que los Madero habían pedido por la fundición de Torreón, pero esta vez el ofrecimiento fue cancelado para la decepción y furia de los empresarios estadounidenses y obviamente de Washington.

El 10 de febrero de 1913 Lane Wilson rindió detalle a Washington respecto a las negociaciones entre Félix Díaz y Victoriano Huerta. El embajador yanqui prometió a Huerta que la Casa Blanca reconocería a cualquier gobierno capaz de establecer la paz y el orden, y convocó a los representantes de Inglaterra, Alemania y España para crear un fren-

---

[333] Alfonso Taracena, *Madero, víctima*..., pp. 114-118.
[334] *Idem*.

te diplomático que él mismo manipularía entre candilejas. Cuando un nutrido y selecto grupo de militares se enclaustraron en la Ciudadela y empezaron a disparar a diestra y siniestra, una comitiva integrada por diplomáticos tuvo la osadía de pedirle, sugerirle o aconsejarle al presidente de la República la presentación de su renuncia al cargo con tal de evitar el derramamiento de sangre. Lane Wilson pidió a Taft y a Knox, del Departamento de Estado, el envío de instrucciones firmes, drásticas, amenazantes, para ser transmitidas personalmente al gobierno del presidente Madero. El 17 de febrero Wilson condujo en la embajada las negociaciones políticas previas a la ejecución del presidente y vicepresidente de México. Otro grupo, esta vez integrado por legisladores, también le solicitó a Madero su dimisión como jefe del Ejecutivo.

Las traiciones se suceden unas a otras, y de ese camino no hay regreso. Los carabineros de Coahuila, paisanos del presidente, son sustituidos por el 29º Batallón capitaneado por el general Aureliano Blanquet, un esbirro de *El Chacal* Huerta, otro cavernícola que sólo entendía el lenguaje de las balas y del hurto; confidente del embajador estadounidense, se preparaba para traicionar también al presidente. Otra traición se consuma cuando los heroicos cadetes del Colegio Militar son acuartelados hasta nueva orden, y otra más, cada una más sanguinaria que la otra, se da cuando se instruye a un regimiento de rurales maderistas tomar por asalto la Ciudadela a pecho descubierto: los soldados, leales al presidente, son masacrados por las ametralladoras. Hay traición del propio Wilson cuando duda entre Félix Díaz y Huerta. Las traiciones se dan en los cuarteles y en las embajadas, no así en Palacio Nacional: Gustavo Madero y Jesús Urueta descubren que Huerta encabezaba la conjura. Lo pueden demostrar, lo saben. Gustavo Adolfo Madero González, más agudo, malicioso e intuitivo que su hermano menor y mejor lector de las verdaderas intenciones que movían a sus semejantes, si bien igualmente idealista que Francisco, conduce personalmente al traidor, a *El Chacal*, ante la presencia del presidente. Lo jalonea furioso de los galones que lo acreditan como general de división. Previamente lo había desarmado; lleva en la mano la pistola del villano. Su empuñadura es dorada. El acero es refulgente. Lo exhibe. Le dispara a quemarropa una cartuchera verbal llena de pruebas para señalar su felonía. El presidente desoye las acusaciones. A pesar de todos los antecedentes porfiristas de Huerta, a pesar de los rumores de una reunión temprana de Huerta con Félix Díaz y a pesar ahora de confirmar sus arreglos con los rebeldes, a pesar de las traiciones previas, Madero libera a Huerta.

Para «demostrar su lealtad a la República y su sentido del honor militar», el 18 de febrero de 1913 el teniente coronel Jiménez Riveroll, el mayor Izquierdo, el ingeniero Enrique Cepeda (mensajero entre

Lane Wilson y Huerta y, según el enviado personal de Woodrow Wilson, hijo bastardo de *El Chacal*) y varios soldados del batallón de Aureliano Blanquet, todos instruidos directa y precisamente por el propio Huerta, arriban al Zócalo capitalino en un pequeño convoy; ingresan a Palacio Nacional, cruzan el Patio de Honor, suben por la escalera principal saludando marcial y familiarmente a los custodios del jefe de la nación; marchan unos pasos por el pasillo de barro perfectamente pulido, haciendo caso omiso de las herrerías forjadas del siglo XVIII que hacían las veces de barandal. Se detienen unos instantes ante la puerta central de gruesa caoba tallada del despacho más importante de México, ultiman detalles, repiten brevemente las instrucciones antes de ejecutar una de las peores traiciones conocidas en la historia patria. Repasan sucintamente los papeles a representar durante el golpe de Estado y sin más entran a bayoneta calada y con el cartucho cortado para arrestar, por el momento, al Primer Magistrado, quien es detenido por el propio Blanquet tras una breve balacera. La Decena Trágica casi llegaba a su fin.

Las felonías ruborizarían a los mexicanos de todos los tiempos. En la residencia de Estados Unidos, ante la presencia de la mayoría del cuerpo diplomático acreditado en México, se suscribió un nuevo pacto, un nuevo e ignominioso pacto, el Pacto de la Embajada; se firmó después de largas deliberaciones y de haber logrado convencer finalmente a Félix Díaz, el ambicioso sobrino de Porfirio, de la importancia de que Huerta, y no él, ocupara la Presidencia de la República. Henry Lane Wilson ya podría decir «Misión cumplida». Se abría entonces una nueva página en la historia de la tiranía en México.

Madero y Pino Suárez renunciaron a la Presidencia y Vicepresidencia de la República el 19 de febrero de 1913 para tratar de obtener así un salvoconducto y poder abandonar el país, una clara debilidad de Madero, porque nunca debería haber dimitido para salvar la vida con el propósito de zarpar, acto seguido, rumbo a Cuba. No, claro que no, no llegarían a Veracruz, ni siquiera a la estación...

El expresidente confesaría a última hora: «Como político he cometido dos graves errores que son los que han causado mi caída: no haber sabido contentar a todos y no haber confiado en mis verdaderos amigos». A todo ello habría que agregar su incapacidad para descubrir las intenciones ocultas de sus semejantes, su desconocimiento de los hombres y su ausencia de malicia: el presidente Madero parecía no haber tenido nunca contacto con la maldad... Sin duda, miedo no tuvo.

El 22 de febrero el presidente y el vicepresidente de México fueron sacados a jalones y empujones de Palacio Nacional por el mayor de rurales Francisco Cárdenas y por Cecilio Ocón, un hombre de Félix Díaz, para ser brutalmente asesinados a balazos por los esbirros de Huerta de acuerdo con los deseos de los *hombres de negocios* de Wall Street, que sonreían a la distancia tras poner a resguardo sus intereses y su patrimonio radicado en México.

¿Equivocaciones de Madero? Aquí van: se equivocó al haber designado a Carranza, en febrero de 1911, comandante en jefe de la revolución en Coahuila, Nuevo León y Tamaulipas, creyendo que proseguiría la lucha iniciada meses atrás. De hecho Pablo González, incondicional de Carranza, se levantaría en armas en el norte del país antes de la Decena Trágica, antes de la siniestra aparición de Victoriano Huerta.

Se equivocó al no haber comenzado a desmantelar al ejército porfirista ni desmontar de inmediato la estructura política de la extinta dictadura al firmar los Tratados de Ciudad Juárez. Se equivocó al permitir que Francisco León de la Barra fuera presidente provisional mientras se convocaba a elecciones y no debió haber autorizado que Alberto García Granados fuera gobernador del Distrito Federal y posteriormente ministro de Gobernación bajo el gobierno interino de De la Barra, cuando la revolución ya había triunfado. (Repetiría en Gobernación con Victoriano Huerta.) Se equivocó al tratar con cortesía y caballerosidad a quienes atentaban abiertamente en contra del orden público. Nunca aprendió aquello de que «Quien hace la revolución a medias cava su propia tumba». Se equivocó al alucinar que «ya no gobernará en México la embajada de Estados Unidos», como dijo el mismo día de su toma de posesión. Se equivocó al confiar en que «la libertad sola resolverá todos los problemas».

Se equivocó al no prever los alcances de Henry Lane Wilson, embajador de Estados Unidos, ni entender el peligro que lo amenazaba a él y al país, y al permitir el libre ejercicio de la conspiración durante su gobierno, como Lerdo de Tejada en 1876. Se equivocó al creer en Pascual Orozco y ya no se diga en Victoriano Huerta, entre otros más; un político agudo tiene que saber leer e interpretar las intenciones de quienes le rodean. Se equivocó al tolerar una irrestricta libertad de imprenta en el país, limitándose a decir a los periodistas que lo atacaban (casi todos) y que lo insultaban personalmente a él y a su esposa, que «mordían la mano que les quitó el bozal». Un liberal como él jamás mutilaría la libertad de expresión, sin embargo, tendría que haber impuesto ciertos límites, al menos transitorios, ante una prensa desbridada que despedazaba su figura y ponía en riesgo la estabilidad de su gobierno.

Se equivocó al no pagarle un sueldo al embajador yanqui, como hacía Porfirio Díaz, y al mismo tiempo pedir su inmediata remoción a la Casa Blanca ya durante el gobierno de Woodrow Wilson. ¿Politiquería...? Pues sí, politiquería, ¿cuándo ha sido diferente? Se trataba de mantenerse en el poder e ir desmantelando hábilmente el aparato porfirista. Se equivocó al mandar a Victoriano Huerta a combatir a Orozco y todavía ascenderlo a general de división el 30 de julio de 1912.

Se equivocó al no haber fusilado a Bernardo Reyes y perdonarlo cuando un consejo de guerra lo había condenado a muerte, de la misma forma en que se volvió a equivocar al haber conmutado a Félix Díaz la pena capital a que lo sentenció un consejo de guerra y más aún al trasladarlo a la Ciudad de México, donde estallaría el cuartelazo. Se equivocó cuando se dirigió a los gobernadores y a quienes le advertían del inminente levantamiento al manifestarles: «No tengan ustedes cuidado; no hacen nada, y si lo intentan irán al fracaso, porque no cuentan con el pueblo».

Se equivocó al pactar con el clero, al que prometió la misma tolerancia concedida por Díaz. Se equivocó al no haber pedido consejo ni saber cómo controlar a Henry Lane Wilson. Se equivocó al no ordenar la aprehensión de Venustiano Carranza cinco días antes del cuartelazo, cuando aquel se declaró implícitamente en rebeldía. Se equivocó al no mandar fusilar a Victoriano Huerta ante las instancias de su hermano Gustavo, quien le aseguraba que *El Chacal* conspiraba para derrocarlo. Se equivocó al ignorar las recomendaciones de Gustavo. Se equivocó cuando le concedió veinticuatro horas a Huerta para demostrar su lealtad a la República, pero sólo quedó demostrada su propia ingenuidad… Se equivocó al afirmar: «Antes de cometer un asesinato prefiero dimitir», porque pudo encerrar y hasta mandar fusilar por traidores, previo juicio sumarísimo, a quienes conjuraban en contra de su gobierno y de la República. Se equivocó al llegar hasta Palacio Nacional el 9 de febrero de 1913, muy a pesar de los consejos y advertencias de los suyos, en el sentido de que sería más difícil defenderlo en esa ubicación, a diferencia del Castillo de Chapultepec. Se equivocó al poner a Victoriano Huerta al frente de las operaciones de defensa cuando se rumoraba y ya se podía comprobar que conspiraba en contra de su gobierno. Se equivocó al no exigir una entrevista con el general Gregorio Ruiz antes de que fuera fusilado con prisa por órdenes de Huerta, para poder así conocer los detalles de la conspiración en su contra. Se equivocó al firmar su renuncia a la presidencia creyendo en las seguridades que se le ofrecían y creyendo también, probablemente, que si no firmaba ocurriría la invasión estadounidense con que amagaba el embajador.

Se equivocó al no saber dónde se encontraba parado al estar rodeado de poderosos enemigos domésticos y extranjeros que deseaban su derrocamiento en razón de sus políticas económicas y sociales y del precedente que podía establecer el libre desarrollo de un gobierno semejante. Estaba convencido de que el pueblo de México necesitaba la imposición de ciertos cambios para modificar el destino de la nación, un pueblo que, según él, sólo según él, lo defendería a cualquier costo, pero ignoró a los francotiradores que en defensa de sus intereses estarían dispuestos a cometer un magnicidio sin considerar el daño que le ocasionarían al país. No tengo duda de que Madero era un nombre tan bien intencionado como cándido e iluso. ¿Hay espacio para los bienintencionados en política, para los hombres químicamente puros? ¡No! ¡Claro que se equivocó también cuando nombró a dos de sus tíos secretarios de Desarrollo y Economía, su primo estaba en la Defensa, en tanto que su hermano Gustavo dirigía su partido y Emilio Madero comandaba las fuerzas armadas en el norte!

¿Henry Lane Wilson iba mandar a asesinar a Madero sin el apoyo de Nueva York y Washington? ¡Claro que no...!

Llegado a este punto vale la pena aclarar con más detalle por qué los hombres de negocios de Wall Street, ante el silencio cómplice de la Casa Blanca, precipitaron el cobarde y alevoso asesinato del presidente de la República. Debe hacerse notar que Woodrow Wilson había sido electo en 1913 y tomaría posesión como jefe de Estado el 4 de marzo de 1914. De acuerdo a este hecho irreductible, los asesinos intelectuales estaban obligados a ejecutar sus planes criminales antes de esta última fecha, en el entendido de que Wilson había prometido presumir en América Latina la reciente construcción de la democracia mexicana como un ejemplo político a seguir en el hemisferio sur. A Wall Street no le convenían semejantes planes: resultaba imperativo llevar a cabo el magnicidio de Madero aun cuando fuera en los últimos días de la administración del presidente Taft, de ahí que lo asesinaran junto con Pino Suárez dos semanas antes del ascenso de Wilson a la presidencia de Estados Unidos. ¡Claro que los magnates de la minería y la metalurgia, los Guggenheim —con dirección en Wall Street 2— y dueños de la inversión extranjera más cuantiosa en México durante el porfiriato, entre otros tantos, estuvieron involucrados en el crimen!

Las propiedades de los Guggenheim en México eran, antes del asesinato de Madero:[335]

- La siderúrgica en Monterrey, Nuevo León (1892).
- Las minas de Tepezala (1896).
- La gran Fundición Central Mexicana de Aguascalientes (1896).
- La gran Fundición Central Mexicana de San Luis Potosí (1896).

[335] Thomas F. O'Brien, «*Rich beyond the Dreams of Avarice: The Guggenheims in Chile*», *Business History Review*, vol. 63, núm. 1, Cambridge, primavera 1989, pp. 122-159; John H. Davis, *The Guggenheims: an American epic*, Nueva York, SP Books-Shapolvsky Publishers, 1994, pp. 71-72.

- La Fundición de Velardeña, Durango.
- La Fundición de Ávalos, Chihuahua.
- Los tres grupos de concesiones mineras de Santa Eulalia (1896) (arrendados).
- Las minas de Santa Bárbara (1899).
- Las minas de Los Tecolotes (1899), en 700 000 pesos.
- En 1902 Guggenex gastó 25 millones de dólares en la adquisición de minas en el norte de México.
- Varias minas en Jibosa, cerca de Jiménez, Chihuahua (1903), por 200 000 pesos.
- Velardeña Mining and Smelting Co. (1907).
- La mina del Cedral.
- La mina La Reforma.
- La mina La Parena.
- La mina La Encantada.
- La mina La Esperanza.
- Bonanza y Anexas (1903): más de cuatrocientas hectáreas en la parte noreste del estado de Zacatecas. El licenciado Emeterio de la Garza, miembro del círculo íntimo del presidente Díaz, representaba a los Guggenheim (es decir, era su prestanombres).

A principios de 1909 la compañía comenzó un nuevo programa de inversión de 25 millones de dólares en México. Compraron:

- La Empresa Metalúrgica Nacional (1910) en Matehuala, y a través de esa empresa la mina Tiro General (San Luis Potosí) y el Ferrocarril Central de Potosí.
- Una serie de propiedades en la región de Pachuca, en el estado de Hidalgo, adquiridas entre 1910 y 1912.
- Las inmensamente ricas minas de Real del Monte, que habían caído en manos de Limantour.

Después del asesinato de Madero adquirieron:

- La mina Velardeña (1913) por 350 000 pesos.
- Casi todas las minas productivas en Veta Grande (1915-1920).
- Las minas de cobre de Magistral (1917).
- Uno de los centros mineros más antiguos y productivos del país, en Parral, Chihuahua (1917-1920).
- De 1919 a 1922 Asarco y las otras fundiciones grandes se apresuraron a adquirir minas: formaron o ampliaron sus departamentos de exploración y compraron nuevas propiedades, concentrándo-

se principalmente en las cercanías de ferrocarriles o centros de población. El ritmo de adquisiciones se redujo después de que el presidente Álvaro Obregón estableció una apariencia de paz en 1920 tras derrocar a Venustiano Carranza (1917-1920).

- Northern Mining y Ferrocarril Mexicano (Parral Consolidated, Alvarado Mining, así como la Compañía del Ferrocarril Parral y Durango).
- Towne Minas, Inc. (Compañía Metalúrgica Mexicana, Montezuma Lead Co., Somberete Mining Co., Plomo Mexicano Co.).
- Las Plomas.
- La mina La Alfareña (Santa Bárbara, Chihuahua).
- La mina Los Lamentos (noreste de Chihuahua).
- La mina La Taviche (Oaxaca) (1923).
- En la Sierra Mojada de Coahuila, la compañía hizo 67 demandas en 1921. También compró propiedades en dificultades en otros distritos en el estado.
- Minas de carbón de Rosita.
- La mina Veta Grande (1924), que se volvería Villa Escobedo.
- Asimismo se construyeron nuevas plantas metalúrgicas en Parral y Santa Eulalia, invirtiendo millones.
- La compañía se expandió aún más durante la década de 1930: Cuatro Ciénegas, Coahuila; Santa Bárbara, Chihuahua; y Catorce, San Luis Potosí (en todas las cuales adquirió participaciones importantes).
- Propiedades de plata-plomo en Santa Eulalia e Hidalgo de Parral en Chihuahua.
- Y la fundición de Ávalos, a las afueras la ciudad de Chihuahua, que se convirtió en la más grande fundición de plomo en el mundo.

Páginas más adelante, la mediocridad se desborda: aparece un cuadro cuyo nombre correcto es *El general Blanquet aprehende al presidente Madero y al vice-presidente José María Pino Suárez* (p. 96). ¿Sabes cómo le pusieron en el libro? *Asesinato de Madero*. ¿Por qué, si no se llama así ni se reproduce allí la escena de la muerte de Madero? Pero eso no es todo: el autor es F. Dene. ¿Sabes cómo le pusieron? «F. Deni». Más aún: fue pintado entre 1914 y 1925. ¿Sabes qué fecha pusieron? 1913. Es decir, se equivocaron en todos los datos posibles generando además nuevos equívocos, pues el niño dirá: «Blanquet mató a Madero», o bien, «Madero fue asesinado en el Palacio Nacional según mi libro de texto», ¿quién va a dar la cara por estas aberraciones?

Por cierto: al final del libro, en los créditos iconográficos, los datos de este cuadro se consignan correctamente. ¿Por qué esa duplicidad de criterio? Y un argumento más: dicen que el cuadro se intitula *El general Aurelio Blanquet...*, pero la verdad es que Blanquet no se llamaba Aurelio sino Aureliano... ¡Es imposible hacerlo peor!

¿Cómo entender la vergonzosa Decena Trágica sin mencionar el papel de Henry Lane Wilson? Ya narramos cómo llegó este sujeto y quién era, pero ¿cómo se entrometió en los asuntos internos del país? ¿De qué manera intervino para derrocar y ejecutar a Madero?

Primero comenzó a indisponer a su gobierno contra Madero, enviando informes distorsionados, exagerados, incluso falsos. Luego apoyó a Félix Díaz, quien se levantó en armas en Veracruz.

En el templo de la Profesa, sí, en la Profesa de los jesuitas, en la misma iglesia católica donde Matías Monteagudo tramó y ejecutó la independencia de México, Wilson se reunió con Alberto García Granados, Francisco León de la Barra, Victoriano Huerta y el arzobispo Mora y del Río (no podía faltar un alto prelado nuevamente en contra de los supremos intereses de la patria, ahora ya en el siglo XX), «para buscar la forma de acabar con el gobierno de Madero».[336]

Cómo derrocaron a Madero

En el intento por defender su posición diplomática, ciertamente vulnerable después del escándalo creado por el asesinato de Madero, el embajador Wilson aseguró tener una misiva ambigua del presidente saliente Taft que interpretó como una carta de aprobación. De hecho, Taft parece haber estado muy perturbado y crítico con respecto a Wilson. A finales de febrero de 1913 el embajador alemán en Washington, Bernstorff, reportó una conversación que tuvo con James Bryce, el embajador inglés, acerca de la situación en México: «Las declaraciones de Taft al Sr. Bryce [acerca del embajador Wilson] fueron tan duras que [...] me dijo que no podía comprender por qué, bajo estas circunstancias, Taft dejó a Wilson en su cargo».[337]

---

[336] Alfonso Taracena, *La verdadera...*, p. 154.
[337] Telegrama del 25 de febrero de 1913, de Bernstorff al Ministerio Alemán de Relaciones Exteriores, en Cole Blaiser, «*The United States and Madero*», *Journal of Latin American Studies*, Cambridge, vol. 4, núm. 2, noviembre, 1972, p. 230.

Hintze, embajador alemán, reportó a Berlín que Wilson le dijo que en la reunión de diciembre con el presidente Taft tomaron la decisión de «derribar la administración de Madero».

Asimismo, Lane Wilson se apuró a reconocer a Huerta oficialmente, reuniendo al cuerpo diplomático para que aceptaran y sancionaran con su presencia la nueva e ilegal situación.

En un momento dado, en Palacio Nacional, guardias estadounidenses impiden el paso a la sala donde se reúnen Lane Wilson y Huerta.

Lane Wilson no aceptó interponer su influencia para salvar la vida de Madero, ni aun a petición de la esposa de este, doña Sara Madero: «Esta es una responsabilidad —le dijo a la señora— que no puedo echarme encima, ni en mi nombre ni en el de mi gobierno». Además le indicó que Madero nunca quiso consultar con él, así que no podía ayudarlo de ninguna manera. Refiriéndose a Pino Suárez, le dijo «que era un mal hombre y debía, por lo tanto, desaparecer», pero le aseguró que a Madero no le pasaría nada.

Después del asesinato, impidió que se hicieran investigaciones al respecto.

¿Por qué Lane Wilson se involucró a sí mismo tan profundamente en las conspiraciones para derrocar a Madero? La verdad es que al igual que su hermano, representaba los intereses de los poderosos Guggenheim, quienes jamás emprendían un negocio sin asegurarse condiciones monopólicas absolutas. Los Madero (sobre todo don Evaristo, tío de Francisco) tenían importantes intereses invertidos en la fundición de minerales en Torreón que le hacían a los Guggenheim (propietarios de la fundidora de Monterrey) una competencia que estos no estaban dispuestos a aceptar. Esta disputa de interés está detrás del trágico desenlace de Francisco I. Madero y de la criminal actuación de Henry Lane Wilson, y es penoso no solamente que no aparezca esta información en el libro de texto ni, de hecho, en los libros para adultos en los que supuestamente otros adultos les cuentan la historia de nuestro país.

Dicen finalmente en el libro que a la Decena Trágica se le conoce así porque en los diez días que duraron los combates hubo muchos muertos. Es verdad que hubo muchos muertos, pero no sólo por eso fue trágica: también fue trágico que uno de los peores hombres subiera al poder por encima del cadáver de uno de los mejores. Fue trágico que el alcohólico embajador de Estados Unidos dispusiera de la vida de Madero de esa manera. Fue trágico que México, entonces sí, comenzara a padecer la verdadera revolución armada que la legitimidad de Madero, obtenida mediante el voto, había logrado evitar.

Un apretado resumen de ausencias:

- ¿Sabías que Victoriano Huerta escribió un telegrama a Porfirio Díaz para avisarle que se había hecho cargo de la presidencia? En respuesta, el día 24 de febrero, ya muerto Madero, Porfirio Díaz le respondió: «La consideración que usted me dispensa [...] es de inestimable valor para mí».[338]
- ¿Sabías que Madero financió de su propio bolsillo el movimiento político y la revuelta armada de 1910, y que fue el primer candidato en recorrer pueblos y localidades y dar discursos para que la gente supiera que Díaz podía ser derrotado en las urnas?
- Por cierto: ¿por qué no se dice nada del exilio señorial de Porfirio Díaz y de los altos funcionarios del régimen, como Ramón Corral, que se paseó por toda Europa en condiciones fastuosas, o como Limantour, por citar sólo dos ejemplos? Sobre todo tengamos en cuenta que su riqueza venía directamente de la esclavización de los mexicanos y de la entrega a los inversionistas estadounidenses de la riqueza natural del país.
- Finalmente, dice el libro de texto que ante el asesinato de Madero y la usurpación de la presidencia por parte de Huerta, Venustiano Carranza «elaboró el Plan de Guadalupe, en el que desconocía a Victoriano Huerta como presidente y se autonombraba primer jefe del Ejército Constitucionalista». Sólo que el asesinato de Madero ocurrió el 22 de febrero de 1913 y el Plan de Guadalupe está firmado el 26 de marzo, es decir, ¿que Carranza tardó cinco semanas en darse cuenta de que Victoriano Huerta era un tirano ilegítimo...? Lo cierto es que negociaba con *El Chacal* en secreto, viejos porfiristas ambos, y que sostuvo correspondencia con el secretario particular de Huerta, Alberto García Granados, y en dicha correspondencia Carranza llegó a dar a Huerta el trato de «Presidente de la República».

> Saltillo, Coahuila, 22 de febrero de 1913.
> Sr. Victoriano Huerta,
> Presidente de la República.
> México, D.F.
> Su atento mensaje ayer. Para tratar asuntos a que me referí en mi mensaje antier, saldrá mañana a esa, en representación de este gobierno el señor licenciado Eliseo Arredondo [...] espero que se arreglarán satisfactoriamente los asuntos que los expresados señores tratarán con usted. El Gobernador Constitucional, V. Carranza.

---

[338] Alfonso Taracena, *La verdadera...*, p. 188.

Don Venustiano Carranza, llamando «presidente de la República» al general Victoriano Huerta, envió a este un telegrama para referirse a otro anterior, también suyo, del día 20 en el que se aludía a los asuntos que deberían tratar en la Ciudad de México los representantes del gobierno de Coahuila, licenciado Eliseo Arredondo e ingeniero Rafael Arizpe y Ramos, residente este último en la metrópoli y al que ya se dirigía por telégrafo también.[339]

- ¿Sabías que Zapata, en un primer momento, también reconoció a Huerta como presidente de la República?
- ¿Sabías que durante la Decena Trágica también fue asesinado don Abraham González, gobernador de Chihuahua, uno de los hombres más rectos de la Revolución?
- El clero no tardó en homenajear al nuevo dictador, al asesino de tres caras, ofreciendo un *Te Deum* en su honor en el interior de la catedral metropolitana, decorada como nunca… Sentado en una silla verde de respaldo elevado, Huerta, ubicado a un lado del altar perfectamente iluminado, vestido regiamente en traje de gala y condecoraciones, escuchó devotamente la misa y elevó sus plegarias, hincado cuando así lo ordenaba la liturgia católica. En su rostro reflejaba ser el mejor de los cristianos, el más respetuoso de los mexicanos: un hijo privilegiado de Dios. Besó, al llegar y al despedirse, la mano del obispo de Chiapas y posteriormente de Guadalajara, Francisco Orozco y Jiménez, futuro responsable, con otros prelados más, de la guerra cristera, el mismo que calificaba al Ejército Constitucionalista de llegar «con sus uñas listas…».

Huerta, el usurpador

De la siguiente manera se resume el periodo que va del golpe de Estado, el arribo ilícito de Victoriano Huerta a la Presidencia de la República, hasta la entrada triunfal de Venustiano Carranza: «Cuando Victoriano Huerta usurpó la presidencia, Venustiano Carranza lo desconoció y se levantó en armas. Lo mismo hicieron los ejércitos de Obregón, Villa y Zapata. Además Estados Unidos se negó a reconocer su gobierno. Ante

---

[339] Alfonso Taracena, *Venustiano Carranza*, México, Jus, 1963, p. 93.

esto, en agosto de 1914 Huerta dejó el país y Carranza entró triunfante a la ciudad de México» (p. 98).

El párrafo anterior queda para la ignominia de la SEP, la Dirección General de Materiales e Informática Educativa y de la Conaliteg, pues no sólo se deja fuera la intervención militar estadounidense en nuestro país en el año de 1914, sino que en cinco renglones resumen una espantosa cadena de sucesos trágicos en la historia de México. El estallido de la Revolución mexicana merece desde luego un mucho mayor nivel de detalle. Los niños deben saber del asesinato de Madero, el acceso al poder de Victoriano Huerta y el movimiento armado organizado por Venustiano Carranza, Álvaro Obregón y Villa para derrocarlo, así como conocer la siguiente etapa de la Revolución cuando Carranza y Obregón se enfrentaron a Villa por discrepancias políticas. Villa y Zapata también unen sus fuerzas. El objetivo de la Convención de Aguascalientes, el nombramiento de Eulalio Gutiérrez como presidente, la presencia de otra expedición armada estadounidense, esta vez en busca de Pancho Villa, quien a su vez había ordenado una incursión guerrillera exitosa en un lugar llamado Columbus, en Estados Unidos. Nuestros niños requieren de mucha más información para poder comprender a su país y descubrir las consecuencias de despertar al «México bronco». Huerta, Victoriano Huerta, «dejó el país»: mejor dicho, fue lanzado al mar a punta de balazos y bayonetazos. ¿*Dejó el país*? ¡Qué lenguaje, como si el malvado *Chacal* se hubiera ido de veraneo…!

Omiten mencionar el cambio de poderes en Estados Unidos, es decir, el arribo de Woodrow Wilson a la Casa Blanca y su reacia negativa a apoyar al régimen golpista de Huerta, política previsible para Wall Street porque Wilson había anunciado su apoyo a Madero como presidente electo, razón que precipitó su asesinato durante la administración de Taft, como ya se ha dicho. Pasan por alto la manipulación constitucional de tipo porfiriano que *El Chacal* ejecutó para llegar a ser supuestamente presidente legítimo de México, un ardid legaloide concebido a partir de las renuncias de Madero y Pino Suárez a sus cargos para que Pedro Lascuráin, el entonces secretario de Relaciones Exteriores, presidente suplente de acuerdo con la Carta Magna, pudiera rendir protesta como titular del Poder Ejecutivo, firmar el nombramiento de *El Chacal* como su secretario de Gobernación, y acto seguido, después de 45 minutos de ser el jefe de la nación, renunciar como Primer Magistrado para pasar la banda presidencial al único integrante del gabinete maderista, a Huerta: el asesino de Madero y Pino Suárez. ¿Qué tal?

También resulta inexcusable que no hayan consignado alguna mención al estallido de la Primera Guerra Mundial ni citado la invasión estadounidense a Veracruz en 1914, ejecutada para evitar que Alemania proporcionara armamento a Huerta. ¿Cómo pudieron ignorar esa nueva intervención militar en nuestro país, apoyada en pretextos insolventes? ¿Por qué ocultar esa nueva invasión yanqui? ¿Por qué ignorar invariable y deliberadamente la participación del clero mexicano y el papel desempeñado por Estados Unidos en nuestra historia política?

Tampoco se habla, como he dicho, de la Expedición Punitiva estelarizada por John Pershing, otra intervención militar estadounidense, diseñada para buscar y castigar a Villa por haber asaltado la población de Columbus, Nuevo México, suceso que tampoco se menciona, como si nuestro vecino del norte no existiera. Pancho Villa mandó a un grupo de villistas a atacar Columbus pretendidamente porque se encontraba furioso al saber que la Casa Blanca había reconocido el gobierno de Carranza; sin embargo, existen sobrados indicios de que dicha incursión en territorio estadounidense promovida por Alemania tenía por objetivo provocar una guerra entre México y Estados Unidos de modo que este último país se distrajera militarmente y ya no pudiera mandar los suficientes soldados al frente europeo para apoyar a Francia e Inglaterra. Adicionalmente, la ley en Estados Unidos prohibía la exportación de armamento cuando el país se encontrara en guerra, por lo que si se abría un frente con México, se entorpecería el envío de armas a la guerra europea.

Claro que Pancho Villa tiene el mérito de haber sido un factor fundamental en el derrocamiento de Porfirio Díaz y en el de Victoriano Huerta, como también es evidente su exitoso desempeño como gobernador de Chihuahua, su vocación agraria, así como sus fundados deseos de proporcionar a la gente una educación a la que él no tuvo acceso; si bien Villa cuenta en su haber con muchos triunfos inocultables, no se puede dejar en el tintero la masacre de San Andrés, Chihuahua, que llevó a cabo en 1913, una de las más violentas y crueles de la Revolución, en venganza por el asesinato de su hija recién nacida, envenenada por huertistas a los que hizo pasar por las armas, entre otros crímenes más que hablan de un líder salvaje incapaz de controlar sus emociones ni sus impulsos.

Con el aval público de la Casa Blanca, el clero hubiera apostado hasta su última carta por Huerta, y no hubieran reducido su influencia a la entrega de dinero a cambio de la colocación, en el gabinete del dictador, de personajes como Eduardo Tamariz y Francisco Elguero. Ayudas económicas piadosas, digamos, disfrazadas como préstamos forzosos. El arzobispo Mora y del Río critica el cuartelazo huertista, sí, pero por otro lado abastece con *préstamos* a la nueva dictadura, a lo que el dictador ciertamente conmovido corresponde extendiéndole todas las facilidades para llevar a cabo la consagración de México al Sagrado Corazón de Jesús...

Los curas soñaban con un nuevo Iturbide, otro Santa Anna, un Zuloaga, un Miramón, un Díaz y finalmente un Huerta, su Huerta...

Imposible no colocar aquí un fragmento de un artículo de don Luis Cabrera publicado por aquellos días: «Los trabajos del Partido Católico y los del clero, en los últimos años, han sido importantísimos. A De la Barra pretendían apoyarlo para presidente o vicepresidente. A Madero le hicieron la más obstinada oposición. A Huerta lo apoyaron desesperadamente con todos sus recursos [...] El Partido Católico, ha sacado su fuerza y sus elementos principalmente de la Iglesia católica, y esta de hecho ha puesto al servicio de los propósitos conservadores no sólo el nombre del catolicismo, sino además todos los elementos materiales y espirituales que como Iglesia no debería emplear más que al servicio de la religión. La Revolución, al encontrarse con que la Iglesia católica no sólo infringe las Leyes de Reforma, mezclándose en la política, sino que pone al servicio de los enemigos de la libertad y de la democracia su influencia sobre las masas y su riqueza, se ve en el caso de tratarla, por lo pronto, como uno de los enemigos más vigorosos que debe combatir. El propósito de las medidas revolucionarias que por todas partes se están tomando contra el clero católico, es impedir que el inmenso poder espiritual y económico de que dispone la Iglesia católica, se utilice nuevamente contra la causa de la libertad».[340]

Vale la pena incluir una breve lista de víctimas del huertismo que erizará la piel del lector, como también se le volverá a erizar cuando conozca las de la diarquía Obregón-Calles, pero por lo pronto aquí van las de *El Chacal*:

¿Francisco I. Madero, presidente de la República? ¡Asesinado! ¿José María Pino Suárez, vicepresidente de la República? ¡Asesinado! ¿Gustavo Madero? ¡Asesinado! ¿Senador Belisario Domínguez? ¡Asesinado! ¿Diputado Serapio Rendón? ¡Asesinado! ¿Diputado Adolfo G. Gurrión? ¡Asesinado! ¿Diputado Néstor Monroy? ¡Asesinado! ¿General Gabriel Hernández? ¡Asesinado! ¿General Rafael Tapia? ¡Asesinado! ¿Capitán Adolfo Bassó? ¡Asesinado! ¿Solón Argüello, poeta y secretario privado de Madero? ¡Asesinado! ¿Mayor Isidro López Neico? ¡Asesinado! ¿Pablo Castañón Monteverde? ¡Asesinado! ¿Marcos Hernández, quien cae herido de un disparo al interponerse para salvar la vida de Madero durante su detención en Palacio? ¡Asesinado! ¿Gustavo Garmendia, oficial del Estado Mayor, quien había matado a Riveroll al

[340] Luis Cabrera, *op. cit.*, pp. 198-199.

grito de «Al presidente nadie lo toca» cuando este trató de atrapar a Madero durante su detención? ¡Murió en campaña! ¿El gobernador Abraham González? ¡Fusilado! ¿Diputado Edmundo Pastelín? ¡Fusilado sin formación de causa, en la penitenciaría de México!

Se sabe asimismo que en el río de Churubusco, «durante las noches, se escuchaba que llegaban coches [...] con sus panales prendidos alumbraban la pared del Panteón y se escuchaban los disparos de los fusilamientos ordenados por Huerta o por su ministro de Gobernación [...] No todos estos crímenes salían a la luz pública».[341]

Pero sobre todo, ¿por qué no mencionan a Belisario Domínguez, senador chiapaneco que publicó un incendiario escrito contra el tirano Victoriano Huerta, quien de inmediato lo mandó matar?

«Para los espíritus débiles —decía en dicho escrito—, parece que nuestra ruina es inevitable, porque don Victoriano Huerta se ha adueñado tanto del poder que [...] no ha vacilado en violar la soberanía de la mayor parte de los estados, quitando a los gobernadores constitucionales e imponiendo gobernadores militares que se encargarán de burlar a los pueblos [...] Sin embargo, señores, un supremo esfuerzo puede salvarlo todo. Cumpla con su deber la representación nacional y la Patria está salvada y volverá a florecer [...] La representación nacional debe deponer de la Presidencia de la República a don Victoriano Huerta [...] Me diréis, señores, que la tentativa es peligrosa, porque don Victoriano Huerta es un soldado sanguinario y feroz que asesina sin vacilaciones ni escrúpulos a todo aquel que le sirve de obstáculo. ¡No importa, señores! La Patria os exige que cumpláis con vuestro deber aun con el peligro y aun con la seguridad de perder la existencia [...] ¿Dejaréis, por temor a la muerte, que continúe en el poder? [...] Penetrad en vosotros mismos, señores y resolved esta pregunta: ¿Qué se diría de la tripulación de una gran nave que en la más violenta tempestad y en un mar proceloso, nombrara piloto a un carnicero que sin ningún conocimiento náutico navegara por primera vez y no tuviera más recomendación que la de haber traicionado y asesinado al capitán del barco? [...] Vuestro deber es imprescindible, señores, y la Patria espera de vosotros que sabréis cumplirlo. Cumpliendo ese primer deber, será fácil a la representación nacional cumplir los otros que de él se derivan, solicitándose en seguida de todos los jefes revolucionarios que cesen toda hostilidad y nombren sus delegados para que, de común acuerdo elijan al presidente que deba convocar a elecciones presidenciales y cuidar de que estas se efectúen con toda legalidad. El mundo está pendiente de vosotros, señores miembros del Congreso Nacional

---

[341] Manuel Servín Massieu, *Tras las huellas de Urrutia. ¿Médico eminente o político represor?*, México, Plaza y Valdés, 2005, p. 102.

Mexicano y la Patria espera que la honraréis ante el mundo, evitándole la vergüenza de tener por primer mandatario a un traidor y asesino. Belisario Domínguez, senador por el estado de Chiapas.»

¿Y el abogado y diputado yucateco Serapio Rendón, tenaz opositor de Porfirio Díaz, simpatizante del presidente Madero, que junto a Belisario Domínguez encabezó un grupo de legisladores que reclamaban justicia para el presidente asesinado y llamaban a Huerta usurpador? ¡Claro que *El Chacal* también lo hizo asesinar!

Los candentes discursos de don Serapio Rendón, acusando de asesino a Huerta, no se redujeron al recinto del Congreso sino que tomó por foro abierto al Hemiciclo de Juárez en la Alameda Central de la Ciudad de México. Aureliano Blanquet, ministro de Guerra de Huerta, fue quien advirtiendo lo peligroso que resultaba don Serapio Rendón, sugirió su eliminación como enemigo, de una u otra forma.

El ardor y convencimiento con que Serapio Rendón defendía sus principios, lo hicieron un enemigo temible para Victoriano Huerta, por lo que este trató de atraerlo como colaborador en su gobierno, oferta que Rendón rechazó con indignación y energía. Como no tuvo efecto el intento de soborno y corrupción, se decidió por la eliminación física de don Serapio Rendón Alcocer. Tras ser arrestado –frente a la glorieta [de] Colón, en el Paseo de la Reforma de la Ciudad de México–, se le traslada a la cárcel de Tlalnepantla.

En la prisión era esperado por el coronel Felipe Fortuño, quien ordenó fuera encerrado en un cuartucho con ventanilla para ser vigilado continuamente. Don Serapio Rendón tenía plena conciencia de lo que le ocurriría y aun así, no se doblegó, al grado que al ser conducido a la celda en forma poco apropiada, golpeó a uno de los soldados exigiendo respeto; la respuesta fue una andanada de culatazos que lo dejaron inconsciente. Al recobrar el conocimiento, don Serapio Rendón pidió papel y tinta para escribir una carta de despedida a su familia y mientras la escribía fue acribillado por la espalda.[342]

«Estados Unidos se negó a reconocer el gobierno de Huerta», aun cuando hubiera quedado mejor si asentaran que Washington se negó a reconocer la nueva dictadura mexicana. ¿Eso era un gobierno...? Ante esto,

---

[342] Mari Tere Menéndez Monforte, «Reconoce Senado valía de Serapio Rendón, legislador yucateco moralmente vertebrado», *Artículo siete*. México, 22 de marzo de 2013, consultado en septiembre de 2015, www.a7.com.mx/index.php?notaid=18455. Cita a su vez: Elsa V. Aguilar Casas, México, «Serapio Rendón Alcocer, Víctima del huertismo», INEHRM, s.f., s.p.

en agosto de 1914 Huerta dejó el país y Carranza entró triunfante a la Ciudad de México.

Con el salvaje asesinato, como todos los asesinatos, de Francisco I. Madero y José María Pino Suárez, México entero estalló por los aires y se convirtió en astillas. Le dimos marcha atrás a las manecillas de la historia por lo menos cincuenta años, porque como bien decía un filósofo francés, Jean-François Revel, las revoluciones sirven para concentrar aún más el poder o no sirven para nada. Ahí está el caso de la Revolución rusa que acabó con los zares, pero entronizó a los soviéticos en otra dictadura que obligó a la humanidad a emplear una nueva palabra: *totalitarismo*. Imposible olvidar la Revolución china, que hasta la fecha no ha provocado la construcción de una democracia como tampoco aconteció en la Cuba revolucionaria de Fidel Castro ni en la Revolución mexicana, como veremos a continuación.

De entre todas las batallas que se libraron dentro del encarnizado movimiento armado, la de Zacatecas fue definitiva porque allí se derrumbó la tiranía huertista. ¿Por qué no llegar a este nivel de detalle en el libro de texto gratuito? Por supuesto que no es mi interés consignar en estas líneas los diversos combates que llevaron a cabo Carranza y el Ejército Constitucionalista, Obregón y Villa y su División del Norte, para derrocar finalmente a *El Chacal*; baste decir que Huerta renunció a la Presidencia de la República el 15 de julio de 1914, o sea después de casi dieciocho meses de una salvaje dictadura y de abundante derramamiento de sangre, inaplazable dimisión a partir de la cual se dirigió a Barcelona, donde tiempo después lo buscarían los agentes de Guillermo II, el káiser alemán... Sólo que de este tema ya nos ocuparemos un poco más adelante, por lo pronto vale la pena recordar que el siniestro Henry Lane Wilson, autor intelectual del asesinato de Madero, presentó sus cartas credenciales en marzo de 1910 y abandonó el cargo como embajador siniestro de Estados Unidos en julio de 1913. El recordatorio es válido si no se olvida que llegó a México quince meses antes del derrocamiento de Porfirio Díaz hasta ser cesado por el presidente Woodrow Wilson cinco meses después del asesinato de Madero, en el que estuvo claramente involucrado. ¿No es raro que en tres años de catastrófica gestión diplomática hayan caído dos presidentes mexicanos, uno derrocado y el otro asesinado...?

Victoriano Huerta, *El Chacal*, fue derrotado por las fuerzas constitucionalistas y huyó a Europa para gastar el dinero robado de las arcas nacionales. Ya dijimos que renunció, pero lo hizo en los siguientes términos:

Para concluir, digo: que dejo la Presidencia de la República llevándome la mayor de las riquezas humanas, pues declaro que he depositado en un banco, que se llama la Conciencia Universal, la honra de un puritano, al que yo, como caballero, exhorto a que me quite esa mi propiedad.

Que Dios bendiga a ustedes, y a mí también.

México, julio 15 de 1914.
VICTORIANO HUERTA.

El amable lector que pase su vista por estas líneas estará de acuerdo conmigo en que la descarada renuncia del tirano no merece ya comentario alguno.

Carranza y la tercera etapa revolucionaria

Mientras Huerta navegaba en dirección a España, como bien dice el libro de texto, «Carranza ocupó de manera interina la presidencia», a lo cual se negaron diversos revolucionarios, entre ellos Villa y Zapata. ¿Quién debería heredar el poder?

Entre los constitucionalistas, fundamentalmente entre Villa y Carranza, surgieron ahora las divisiones para aceptar los términos y condiciones del futuro ejercicio del poder. La guerra civil amenazaba con continuar si entre la fracción triunfadora no se llegaba a un feliz acuerdo. ¿Opciones? Se resolvió convocar a una convención en Aguascalientes que se declaró neutral, para tratar de conciliar los intereses políticos entre los grupos contendientes. ¿Resultado? Continuó la revolución con más fiereza, ya no para derrocar a Victoriano Huerta, sino para establecer los términos en que se proyectaría el destino de México, términos estos que se volverían a escribir con sangre. Carranza no aceptaría la jurisdicción de la Convención, que le impedía convertirse en el primer presidente mexicano después de la Revolución; si quería lograrlo sería otra vez por el uso de la fuerza. Estallaba entonces la tercera parte del movimiento armado en la inteligencia de que la primera había consistido en el derrocamiento de Díaz y la segunda en el de Huerta. Zapata se entrevistaría con Villa en el pueblo de Xochimilco. Intentarían repartirse las responsabilidades militares de un ejército de 60 000 hombres: Villa se encargaría del Norte y Zapata del Sur, y en Veracruz harían campaña conjunta contra Carranza.

Imposible no recordar que durante la Convención de Aguascalientes Villa lloró al leer su discurso: «Ustedes van a oír de un hombre enteramente inculto las palabras sinceras que le dicta el corazón [...] Francisco Villa no será la vergüenza de los hombres conscientes porque será el primero en no pedir nada para él», y continuó llorando mientras juraba al oído de Obregón aquello de que «la historia sabrá decir cuáles son sus verdaderos hijos».

Villa, el hombre que mataba llorando, también lloró cuando mandó fusilar a toda la familia Herrera en un panteón. Lloró cuando le perdonó la vida a Obregón en su casa y todavía lo invitó a su mesa a la voz de «Vente a cenar, compañerito, que ya todo pasó». Lloró cuando le contó su vida a Luz, su primera y única esposa legítima. Lloró cuando ayudó a bajar los restos de Abraham González, para luego dejar sobre su tumba una corona de flores frescas. Lloró al saber que el general Felipe Ángeles había sido traicionado y fusilado por órdenes de Carranza. Lloró cuando se ahogó Rodolfo Fierro, ese otro criminal de sus preferencias, al tratar de cruzar un río con las alforjas y los bolsillos llenos de monedas de oro que lo hundieron hasta el fondo a pesar de los manotazos desesperados que daba a diestra y siniestra. Villa lloraba, sí, al igual que lo hacía el famoso *Llorón de Icamole*...

Cierto, pero por el otro lado Villa sostenía lo siguiente, un principio fundamental de crecimiento que Porfirio Díaz jamás hubiera entendido: «No estoy de acuerdo con los sueldos que ganan los profesores que atienden la escuela; el día que un maestro de escuela gane más que un general, entonces se salvará México. En consecuencia quiero que le subas el sueldo a todos los maestros que atienden la escuela "Felipe Ángeles"».[343]

La violencia volvió a enseñorearse en nuestro país, que a partir de aquel octubre de 1914 estalló de nueva cuenta en llamas hasta la derrota final de Villa después de la batalla de Celaya (en la que Obregón perdió un brazo, por lo que sería conocido en adelante como *El Manco*) y después de Agua Prieta, en que se dijo traicionado por el presidente Wilson por haberle vendido cartuchos cebados, por haberle permitido a Obregón atacarlo por la espalda desde que le autorizó el paso por el estado de Arizona, y por haberle extendido a Carranza el reconocimiento diplomático. La caída de Madero había significado el fracaso en la construcción de un país de leyes. ¿Se lograría con el arribo al poder de Venustiano Carranza? ¿Regresaba la cultura política de los *jefes* para no abandonarnos más, muy a pesar de la nueva Constitución que muy pronto se promulgaría...?

Valdría la pena que el libro de texto consignara que cuando Venustiano Carranza llegó a la Presidencia de la República encontró un Mé-

---

[343] Petición de Francisco Villa a Adolfo de la Huerta, presidente de la República, 1920.

xico quebrado, sepultado en la insolvencia total, sumido como siempre en la quiebra, tal y como lo encontró Juárez después de la guerra de Reforma y también tras la intervención francesa. Una población paupérrima —en su mayoría analfabeta, escéptica, harta y fatigada— sufría las repercusiones de tantos años de explotaciones, tiranías, invasiones e intervenciones extranjeras y luchas intestinas. La descomposición social era patética. La revolución para deponer a Porfirio Díaz, el golpe de Estado y el consecuente asesinato del presidente Madero, el arribo y derrocamiento de Victoriano Huerta y el esfuerzo faraónico para destruir a Villa y su División del Norte, habían dejado a la tesorería y a la moral nacional al borde del colapso. Sin lugar a dudas, fue por ello que su política se concentró en la búsqueda de una profunda reforma legal y económica que mejorara las condiciones sociales tan severamente afectadas por los regímenes porfirista y huertista. Al ser México, según Black,[344] «la región petrolera más grande del mundo»,[345] Carranza se percató de que apoyándose precisamente en dicho sector lograría recuperar el desarrollo del país, así como al menos hacerse de una parte del control político, económico y social que ejercía el capital extranjero en la nación.

¿Qué rostro hubieran puesto el arzobispo Antonio Labastida y Dávalos o el padre Francisco Xavier Miranda o el obispo Francisco Pablo Vázquez Vizcaíno o el propio Papa Pío IX si hubieran sobrevivido a la Constitución laica de 1917? «¿De qué sirvió —dirían en ese momento— nuestra maravillosa gesta porfiriana?» ¿De qué sirvieron tantos avances de tipo monárquico si una Constitución vendría a restaurar la no reelección, la tolerancia religiosa, y ahora el famoso laicismo y hasta un artículo (el 27) que básicamente nacionalizaba todo el territorio de México?

¿Qué tal las garantías individuales establecidas por la Constitución y de las que gozarían todos los individuos como la prohibición de la esclavitud, que hombres y mujeres sean iguales ante la ley, que todas las personas puedan dedicarse a la profesión que prefieran, que todas gocen de libertad de pensamiento y puedan publicar y escribir sobre cualquier materia y asociarse con cualquier objeto lícito? «Ninguna persona podrá tener fuero ni gozar de más privilegios que los que estén fijados por la ley ni podrá ser privado de la vida, de la libertad y de sus posesiones sino mediante un juicio.» ¿Y esta otra?: «Nadie podrá hacerse justicia por sí mismo y ninguna detención excederá de tres días sin que se justifique el auto de formal prisión, además de prohibir las penas de

[344] W. E. Black, vicepresidente de la Tampico Petroleum Pipeline & Refining Company.
[345] *Dallas Morning News*, 14 de diciembre de 1941.

mutilación y de muerte». También quedó establecido que todo hombre era libre para profesar la creencia religiosa que más le agradara y que la propiedad de las tierras y aguas comprendidas dentro de los límites del territorio nacional corresponden originariamente a la nación y que las asociaciones religiosas denominadas Iglesias, cualquiera que fuera su credo, no podrían en ningún caso tener capacidad para adquirir, poseer o administrar bienes raíces, ni capitales impuestos sobre ellos; los que tuvieren actualmente, por sí o por interpósita persona entrarían al dominio de la nación, concediéndose acción popular para denunciar los bienes que se hallaren en tal caso. Quedaba manifestado que el presidente entraría a ejercer su encargo el 1 de diciembre, duraría en él cuatro años y nunca podría ser reelecto, así como disponía que el Congreso de la Unión y las legislaturas de los estados deberían expedir leyes sobre el trabajo de obreros, jornaleros, empleados, domésticos y artesanos. Y una maravilla como la siguiente: correspondía a los poderes federales ejercer en materia de culto religioso y disciplina externa la intervención que designaran las leyes, de la misma manera que la ley no reconocía personalidad alguna a las agrupaciones religiosas denominadas Iglesias.

Se sentaban las bases para construir un nuevo México; sí, en efecto, llegaba el momento de la paz y con él la posibilidad de planear un nuevo futuro para la nación, eso sí, sin olvidar que los mexicanos históricamente hemos sido extraordinarios legisladores pero incapaces de aplicar las leyes que nosotros mismos emitimos. Un nuevo día de mañana estaba por comenzar…

¿Qué habrán aprendido nuestros pequeños de la Revolución mexicana cuando esta se pretende explicar en tan sólo un par de párrafos? ¡Nada, es claro que nada! ¿Qué sabrán de Madero, de Victoriano Huerta, del malvado embajador Lane Wilson, de Carranza, de Obregón, de Pancho Villa, de Zapata y de otros tantos si los estudiantes pasan absolutamente de noche por uno de los momentos más traumáticos en la historia de nuestro país? ¿Qué alumno podrá explicar de qué se trató la Convención de Aguascalientes o por qué se produjo la invasión estadounidense de 1914 en Tampico y Veracruz, cuando esta ni siquiera se menciona y a aquella le obsequian un triste renglón, entre otros tantísimos ejemplos más? ¿Para qué invertir millones y millones de pesos en libros y gastar millones y millones de pesos en educación si finalmente los textos no ilustran ni orientan ni capacitan ni crean fervor por México? ¿De qué se trata semejante desperdicio de esfuerzos, de tiempo y de recursos que en poco o nada ayudan a la niñez? ¿A quién quieren engañar y por qué? A lo largo de prácticamente veinte páginas (pp. 98-117) no tocan nada de lo acontecido desde el derrocamiento de Porfirio Díaz a la promulgación de la Constitución de 1917, ni se señala, salvo muy someramente, la importancia de esta. En aquellos años se dieron tres etapas de la Revolución: la caída de Díaz, el derrocamiento de Huerta y posteriormente la derrota de Villa como resultado de la fractura revolucionaria. Nada o muy poco se dice al respecto, como nada se dice prácticamente de los asesinatos del huertismo ni de las batallas del movimiento armado ni de la política de Carranza en relación a Estados Unidos o Alemania o ante la misma Iglesia,[346] entre otros temas fundamentales, imprescindibles para la formación de nuestros pequeñitos.

No cabe duda de que quien no conoce su historia está condenado a repetirla, por lo que las autoridades políticas y educativas que redactaron los actuales libros de texto gratuitos serán responsables el día de mañana de la confusión con que crecerán las nuevas generaciones. Los funcionarios de la Secretaría de Educación Pública que aprobaron los textos redactados por personajes que ocultaron la verdad a cambio de un sueldo, deberían ofrecer una disculpa pública porque cometieron una auténtica traición a la patria, a las escuelas, a las universidades, hacia los maestros, hacia los investigadores honestos, hacia la sociedad y finalmente hacia México.

Estamos frente a unos libros de historia muy extraños, ¿de veras son instrumentos pedagógicos? ¿Existe concordancia entre texto e imagen? Estos manuales, que no libros, no enseñan historia y cuando finalmente la medio exponen, lo hacen con mentiras absolutas o verdades a medias que en nada ayudan a la formación de nuestros niños. Errores ortográficos y cronológicos, un gran desprecio por la democracia y un descarado apego por las formas autoritarias (como las dictaduras y el colonialismo hispano) coronan esta gran obra de irresponsabilidad. Desde estas páginas lanzo mi más sonora protesta en contra de las autoridades y de los supuestos historiadores que escribieron estos textos vergonzosos que no provocarán sino inducirnos al extravío y a la pérdida de raíces. A propósito, una metáfora a modo de pregunta: «Cuando un árbol pierde sus raíces simple y sencillamente se derrumba». Eso es lo que nos espera en relación al futuro de nuestros niños dado que no crecerán con un profundo sentido de la mexicanidad sino por el contrario, evolucionarán tal vez admirando a nuestros vecinos del norte, suspirando por el viejo dominio español y despreciando lo nuestro por los engaños y mentiras que desde luego en nada habrán ayudado a despertar el orgullo por lo mucho

---

[346] Regis Planchet, cura norteamericano, da al padre Antonio de J. Paredes, aquel con quien Carranza se carteaba y se frecuentaba en tiempos del Congreso Constituyente, un trato de cismático que tampoco le perdona (en otra parte de su libro) a Ruiz y Flores ni a Pascual Díaz (quienes al fin pactarán la paz con el régimen revolucionario). ¿Se ve más clara la perpetua estrategia del Vaticano? *Dios está en todas partes*, no cabe duda.

que poseemos y que hemos conquistado con mucha sangre, destrucción y muerte, pero que es lo nuestro, al fin y al cabo lo nuestro, por lo que debemos luchar y engrandecer, con coraje y patriotismo, conceptos y principios de los que carecen estos perversos libros con los que se pretende educar a nuestros niños y que sólo logran confundirlos apartándolos de nuestras raíces, salvo que el sentimiento de mexicanidad únicamente se experimente cuando ganamos en los torneos mundiales de futbol.

Mientras el libro de texto consigna completo el popular corrido revolucionario «La Adelita» (p. 102), un tema menor, mi propuesta es un breve análisis como el que sigue: no se habla críticamente de la participación femenina en la Revolución.

¡Este libro tiene la intención de confundir a una generación de mexicanos! Claro está: de mexicanos que el Estado está obligado a proteger, pero que entrega amarrados de pies y manos a la voracidad del mundo moderno. ¿Se tratará de un nuevo homenaje al general Díaz?

Sorprende que, gobernando el Partido *Revolucionario* Institucional, no se enseñe qué fue la Revolución. Esto tiene una explicación: durante las interminables décadas en que gobernó el PRI se restauraron las viejas formas autoritarias del porfiriato vestidas con disfraces de vanguardia institucional para aparentar una falsa modernidad y un respeto inexistente al ciudadano, cuya formación se desprecia con arreglo al autoritarismo que ha privado y priva en nuestra clase política. El ciudadano no respeta a la autoridad, de la misma forma en que la autoridad tampoco respeta al ciudadano dentro del contexto de una evidente ausencia de un Estado de derecho, en que la ley es derogada con arreglo a la corrupción, el cáncer con el que vivimos los mexicanos y que a diario devora algo más del cuerpo social.

Durante la Revolución hombres admirables y muchas veces ejemplares fueron asesinados o fusilados defendiendo ideas nobles y proyectos de interés público: los hermanos Serdán, Ricardo Flores Magón, Abraham González... Otros más, pese a sus buenas intenciones originales, fueron fácilmente seducidos por el poder, llegando a asesinar al amigo, al correligionario, al subordinado o al mismo jefe para escalar el poder.

El poder, en su dinámica voraz, hizo de todos presas fáciles: sí, señores, eso es una revolución, y la mexicana no fue, no podía ser la excepción. Con los años, por el propio peso del autoritarismo y de la historia oficial, la Revolución se convirtió en una retórica, en una «cultura» (p. 101), dicen en el libro de texto, pero como solución a nuestros problemas más urgentes dejó mucho que desear y como proyecto político fue un fraude, un fraude y un despotismo muy peculiar llamado por el Nobel peruano-español Mario Vargas Llosa, no sin razones, «la dictadura perfecta».

Pese a todo, ni siquiera en sus momentos más despóticos, como fue el caso del gobierno de Díaz Ordaz, los priistas se habían dado el lujo de poner en evidencia su pequeñez intelectual con libros de texto de tan mala calidad como el que entregaron a los niños en la escuela este año de 2015, ¡con un costo a cargo del erario de cien pesos por el paquete de libros para cada niño de primaria! ¡La SEP dispuso de 2 600 millones de pesos para imprimirlos, sin contar el costo del programa para bajarlos de internet! ¡Qué desperdicio de esfuerzos y de recursos...!

Mientras el libro de texto afirma que «la élite mexicana adoptó rápidamente las formas de diversión de los estadounidenses e ingleses. Se fundaron clubes, casinos y centros de actividad social, deportiva y cultural. *El Lakeside Sailing Club* organizaba regatas en los lagos de Chalco y Xochimilco. El *Jockey Club*, el *Reforma Country Club* y el *Monterrey Gymnastic Club*, contaban con campos de golf, canchas de tenis, y salas para teatro, bailes y conciertos» (p. 104), en tanto se narra lo anterior, yo recuerdo lo que ocurría en el campo mexicano durante el mismo periodo.

La nueva conquista

Enganchadores: intermediarios entre el patrón y los jornaleros, que se quedaban con parte del salario y por otra parte engañaban respecto a las condiciones de trabajo y habitación. El chicle provenía de las heridas que se hacían a los árboles de chicozapote.

«A fines del siglo XIX [...] las laderas del Soconusco son invadidas por los cafeticultores alemanes y en poco tiempo el mundo indígena de los Altos se ve uncido a un nuevo vasallaje [...] Tradicionalmente sometidos a los Pérez, los Córdova o los Corzo [ahora] tienen que aprender a pronunciar los nombres de los nuevos *caxlanes*: Luttmann, Kahle, Widmaier, Pohlenz [...] Las comunidades de Mescalapa se encuentran de pronto sembrando hulares para la Paley Scriven Co. y, en Sacualpa, además de amos exóticos, tienen compañeros de trabajo no menos exóticos, pues comparten la esclavitud con centenares de chinos *importados* por las compañías resineras norteamericanas. Los chicleros de Quintana Roo deben obediencia a un súbdito inglés, mister Turton; los cultivadores de tabaco de Santa Rosa en Oaxaca reciben órdenes de un francés de Alsacia, *monsieur* Schenetz, y de su socio, el judío Levy; a los trabajadores del plátano los controlan los güeros de la compañía Massineson de Pittsburgh, en el Papaloapan, o los de Mutual Planters Co., en Tehuantepec. Los mozos de Miahuatlán, Oaxaca, resignados a que los amos tradicionales ejerzan el derecho de pernada, no comprenden al administrador alemán de la finca Aurora, y hasta se sienten un poco ofendidos porque *herr* Eberart sólo piensa en las utilidades y desprecia a las mujeres locales [...] Los bosques de Balancán y Tenosique [...] son abiertos masivamente al saqueo de maderas preciosas para abastecer los mercados ingleses y norteamericanos, y automáticamente las redes de enganchadores se extienden desde las monterías hasta el propio centro del país.»[347]

Mientras que en una página colocan la imagen de unas ciclistas del Club Centenario en la Ciudad de México (p. 104), en otras dos hablan de las haciendas como centros de producción y de trabajo sin mayores connotaciones (pp. 106-107) y, obviamente, sin revelar los terribles excesos y alcances en que incurrieron sus propietarios, desperdician mucho espacio vital donde podían haber explicado la tragedia agrícola mexicana: que desde la época del calpulli México perdió su eficiencia agrícola. ¿Qué siguió al calpulli? ¡La encomienda! Y la encomienda no sólo fue injusta, sino que destruyó los antiguos sistemas de producción y creó una inequitativa distribución de la riqueza y del conocimiento, en fin, unas abismales diferencias sociales. A la encomienda continuaron las minas, los obrajes, las haciendas, los bienes de manos muertas, inmensas extensiones territoriales propiedad del clero que no se explotaban, en perjuicio de la sociedad, sin olvidar que una buena parte de ella moría de hambre ante la falta de empleo o como consecuencia de los abusos de los patrones amafiados con el gobierno. A los bienes de manos muertas siguieron las compañías deslindadoras, que volvieron a dañar gravemente al campo mexicano al concentrarlo en muy pocas manos. Cómo olvidar que Luis Terrazas, latifundista del norte del país, llegó a decir que la capital de Chihuahua estaba en su rancho, y cuando lo entrevistaron contestó en los siguientes términos:

—¿Es usted de Chihuahua?

—No, Chihuahua es mío...

¿Cómo no iba a estallar en México una revolución en estas circunstancias, creadas o heredadas por Porfirio Díaz? ¿Por qué el libro de texto no explica en detalle qué era un latifundio, que ocurría en su interior, qué efectos producía en la economía nacional y en la sociedad? ¿Los peones tenían acceso a la impartición de justicia? ¿Por qué no abordarán estas terribles situaciones de modo que los estudiantes

[347] Armando Bartra, *El México bárbaro. Plantaciones y monterías del sureste durante el porfiriato*, México, El Atajo, 1996, pp. 14-16.

las conozcan para que no se vuelvan a repetir? Hubieran convenido un par de párrafos como los siguientes en lugar de invitar a un *juego* absurdo al que someten a los niños al pedirles que representen a los personajes de una hacienda, de absoluto mal gusto. Así es: en la sección de «Investigo y valoro» se pide a los niños lo siguiente: «Organícense en parejas y elijan dos de los personajes que se presentan a continuación. Campesino, Campesina, Hacendado, Capataz, Sacerdote, Encargado de la tienda de raya, Hijo o hija de campesinos, Esposa del campesino. Elaboren un diálogo que recree la convivencia que tenían estos personajes, viviendo en una hacienda. ¿Cómo suponen que pudo haber sido?, ¿qué pensaban de su condición?, ¿qué actividades realizaba cada uno?, ¿qué hablarían [sic] en aquella época? Al terminar, realicen una representación frente a sus compañeros. Finalmente, reflexionen en grupo acerca de cómo era la vida en una hacienda durante el porfiriato» (p. 107).

¿Cómo representarla si en el libro no les dan elementos para hacerlo?

La obra de teatro me parece cruel en sí misma, pero raya en lo ridículo cuando a los pequeñitos ni siquiera se les informa previamente lo que era un capataz, lo que era un latifundio, lo que ocurría en su interior y en el resto del país. ¿Sabes cuántas hojas de henequén debía cortar un peón diariamente antes de regresar a descansar? ¿Sabes cuántos latigazos se le daban si no cumplía la cuota? ¿Sabes cuántas toneladas, sí, toneladas de madera debía cortar diariamente un trabajador enganchado en el sureste mexicano? ¿Sabes qué trabajos se realizan en las fincas cafetaleras y tabacaleras, equiparadas a prisiones? ¿Sabes que el escritor B. Traven, en *La rebelión de los colgados*, narra cómo colgaban en la selva de pies y manos a los peones que incumplían con las cargas de trabajo, y los cubrían de una sustancia que atraía a las hormigas para devorarles el cuerpo entre gritos nocturnos de horror? ¿Cómo llevar a cabo una representación teatral de esta naturaleza cuando ninguno de los estudiantes puede ejecutar un papel que ni siquiera conoce? ¿Acaso la niña que represente el papel de la hija de un campesino va a contar cómo el «Amo», le ordenó que se presentara en su lujosa habitación en el casco de la hacienda para violarla y ejercer así su derecho de pernada en la inteligencia de que ella se iba a casar al día siguiente? ¿Se trata de *jugar a la verdad* o de continuar con los embustes que contiene este libro, ahora a través de juegos inadmisibles? Es exactamente la antítesis de la educación: «Niño, ahora tú eres el amo; niño, ahora tú eres el esclavo...» ¿A qué hora le van a enseñar a ser ciudadano?

Un párrafo como el siguiente puede arrojar alguna luz sobre el tema: «El acasillamiento, la tienda de raya y el endeudamiento de la mano de obra, la extensión de la jornada de trabajo mediante la fijación de "tareas", además de los usos de violencia corporal como forma de control de los trabajadores y su productividad, conformaban un ambiente virtual de esclavitud en las haciendas yucatecas. Y fue este sistema el que permitió la ampliación de las plantaciones henequeneras y la acumulación de enormes fortunas, en manos de los hacendados yucatecos y de los cordeleros e industriales norteamericanos».[348]

Por otro lado, se intentó el restablecimiento de los diezmos gracias a la acción de José María Molina (hermano de Olegario), nombrado tesorero de la diócesis en 1884. El cobro del diezmo, aunque probablemente limitado y parcial, suscitó el rechazo por parte de los hacendados, tanto de los jacobinos como de los conservadores.[349]

«Un decreto obispal en 1888 estableció un impuesto especial sobre el henequén.»[350]

«Por último, pero no menos importante, los trabajadores que residían en las fincas estaban exentos de servir en la Guardia Nacional con la finalidad de no interferir en la producción agrícola de las fincas...»[351]

Carranza y la pacificación

¿Quieren saber cómo resumen la presidencia de Carranza? ¿Quieren saber cómo resumen el Plan de Agua Prieta y el derrocamiento de Carranza? ¿Quieren saber cómo murió Carranza y llegó al poder Adolfo de la Huerta? Aquí va, con vergüenza y desesperación por nuestros niños, pero aquí va este verdadero horror de *material histórico* para forjar grandes ciudadanos: «El presidente Venustiano Carranza (1917-1920) tuvo la responsabilidad de inaugurar y poner en funcionamiento el nuevo gobierno. Combatió a opositores de su gobierno, entre ellos a antiguos revolucionarios como Emiliano Zapata, legisladores y gobernadores inconformes con las iniciativas y disposiciones de gobierno.

[348] Antonio Betancourt Pérez y José Luis Sierra Villareal, *Yucatán: una historia comparada*, Mérida, Secretaría de Educación Pública; Instituto Mora, Gobierno del Estado de Yucatán, 1989, s.p.

[349] Franco Savarino, «Religión y sociedad en Yucatán durante el porfiriato (1891-1911)», *Historia mexicana*, vol. 46, núm. 3, México, El Colegio de México, 1997, p. 634.

[350] *Idem.*

[351] Inés Ortiz, *De milperos a henequeneros en Yucatán 1870-1937*, México, El Colegio de México, 2013, p. 120.

Los campesinos y obreros se inconformaron por la crisis económica que se vivía. Un levantamiento armado desconoció a su gobierno, por lo que Carranza tuvo que huir de la capital y finalmente murió asesinado. Adolfo de la Huerta ocupó de manera temporal la presidencia mientras se realizaban elecciones» (p. 118). ¿Qué tal...? Todo parecería indicar, según el texto, que unos campesinos y obreros se inconformaron por la crisis económica que se vivía, organizaron un levantamiento armado, desconocieron su gobierno y Carranza tuvo que huir de la capital para morir asesinado. ¿Ya...? ¿Y el plan de Agua Prieta tramado y ejecutado por Obregón para largarlo de la presidencia y luego mandarlo matar a balazos...? ¡Ah, bárbaros...! Ya nos ocuparemos del tema... ¿Unos campesinos y obreros se inconformaron...? ¡Vamos, hombre...!

Venustiano Carranza, al igual que la mayoría de los héroes de nuestra historia oficial, ha sido consagrado en muchos murales que honran su administración y otros que mitifican sus acciones; uno de ellos –*La Constitución de 1917*, de Jorge González Camarena– nos ofrece una imagen que cumple a cabalidad con todas y cada una de las expectativas oficiales. Ahí, en el Castillo de Chapultepec, está el fresco que muestra al *Varón de Cuatro Ciénegas*: es un hombre robusto con una gran barba blanca, y porta sus infaltables quevedos... con la mano derecha firma el proyecto de la Constitución de 1917, mientras observa con valentía y seguridad el futuro prometedor que les aguarda a los mexicanos. Carranza, según este mural y los libros de texto, es el artífice de nuestra Carta Magna.

Sin embargo, esta afirmación carece de sustento histórico: ¡Carranza no fue el autor de nuestra Constitución! ¡El *Primer Jefe de la Revolución* se opuso a que nuestra Carta Magna tuviera las características que la distinguen, realidad nuevamente ocultada por el libro de texto! Justo es mencionar que Venustiano Carranza se había propuesto modificar y reformar la Constitución de 1857, pero no promulgar una nueva, si bien deseaba incorporar sus Adiciones al Plan de Guadalupe de diciembre de 1914, la Ley Agraria de enero de 1915 y diversas disposiciones decretadas en este último año para darle forma ideológica a la lucha y material de discusión a los constituyentes.

Aunque Carranza se levantó en armas contra Victoriano Huerta y acaudilló a los ejércitos constitucionalistas, no podemos ver en él al político progresista: sus convicciones porfiristas lo acompañaron durante toda su vida y en el terreno político determinaron la mayor parte de sus decisiones.

Por ello no debe extrañarnos que su lucha se concentrara en el restablecimiento y la reforma del orden constitucional de 1857, justo como se lee en el artículo 2º de sus *Adiciones al Plan de Guadalupe*, donde se señala con precisión que su movimiento tenía como objetivo llevar a cabo las «reformas políticas que garanticen la verdadera aplicación de la Constitución de la República, y en general de todas las demás leyes que se estimen necesarias para asegurar a todos los habitantes del país la efectividad y el pleno goce de sus derechos y la igualdad ante la ley». Carranza, según sus propias palabras, era un reformista, no un revolucionario.

Carranza ni siquiera creía en la educación pública: «Sólo cuando se sustraiga la educación del gobierno —dijo el 13 de septiembre de 1914— se formarán caracteres independientes. Por eso el señor Palavicini trata de suprimir el Ministerio de Instrucción Pública».[352] Recordemos también que en 1915 lanza a los batallones rojos contra los campesinos y en 1916 pone en vigor el decreto de pena de muerte para los huelguistas obreros.[353] ¡Ese era el verdadero Carranza!

En 1916, una vez iniciado el proceso de pacificación, don Venustiano se vio obligado a ceder a las presiones de sus compañeros de armas, que deseaban ir más allá de la Carta Magna de 1857, y no tuvo más remedio que reunir al Congreso Constituyente: la convocatoria se hizo pública en septiembre y las sesiones para redactar la nueva Constitución se llevaron a cabo de diciembre de 1916 a finales de enero de 1917 (ciertamente muy poco tiempo, incluso comparado con el periodo que tomó al Constituyente de 1856 redactar la primera Carta Magna liberal de nuestro pasado). En aquella legislatura se reunieron dos grupos extremos: los *jacobinos*, que propugnaban por transformar a México, y los *conservadores*, que a pesar de aceptar la separación de la Iglesia y el Estado no tenían la mínima intención de cumplir con algunos de los ideales de los grupos revolucionarios, como la educación absolutamente laica y gratuita que impulsaba Francisco J. Múgica o la reforma agraria y el control absoluto de las riquezas del subsuelo que defendía Pastor Rouaix, uno de los más acuciosos lectores de *Los grandes problemas nacionales*, el libro de Andrés Molina Enríquez que terminó definiendo el contenido del artículo 27.

El grupo jacobino estaba vinculado con Álvaro Obregón y los generales más radicales, mientras que los conservadores coincidían con Carranza.

Finalmente y en otro orden de ideas, resultaría imperdonable no incluir aquí, aun cuando fuera en un par de párrafos que el libro de tex-

<hr>

[352] Alfonso Taracena, *La verdadera Revolución mexicana. Tercera Etapa (1914-1915)*, México, Jus, 1972, p. 28.
[353] José Revueltas, *Ensayo sobre un proletariado sin cabeza*, México, Editorial Logos, 1962, p. 147.

to también debería dedicar a título de homenaje, la historia del apogeo cultural que se inició en 1910 con la refundación de la Universidad Nacional por Justo Sierra, pues ese acontecimiento permitió que jóvenes y talentosos mexicanos hicieran aportes ideológicos fundamentales no sólo a México sino también al mundo entero. Tal fue el caso del Ateneo de la Juventud, integrado por músicos, pintores, escritores, arquitectos, ingenieros, abogados y estudiantes, que según la inmejorable frase de Antonio Caso pretendieron «volver los ojos al suelo de México, a los recursos de México, a los hombres de México […] a los que somos en verdad».[354]

«Pues aspiraron a un progreso basado en la recuperación de lo nacional mexicano y de lo latinoamericano que no dependiera de vaivenes y proyectos políticos. Asimismo, la Generación de 1915, integrada originalmente por Manuel Gómez Morín, Vicente Lombardo Toledano, Alfonso Caso, Antonio Castro Leal, Jesús Moreno Baca, Alberto Vázquez del Mercado y Teófilo Olea y Leyva, estudiantes todos de la Facultad Nacional de Jurisprudencia de la Universidad Nacional, fue satirizada con el mote burlón de *Los Siete Sabios* en alusión a los Siete Sabios de Grecia, sin embargo y debido a su labor, el mote se conservó como reconocimiento a sus fundamentales aportes, en particular su lucha en el Congreso de la Unión para dotar de autonomía a la Universidad Nacional. Los Siete Sabios se distinguieron en lo individual y como grupo por su gran inteligencia y aguda crítica a la ideología porfirista y a las ideas conservadoras. En sus inicios ofrecieron conferencias para explicar temas sociales como las instituciones democráticas modernas y el socialismo y en general para "propagar la cultura entre los estudiantes de la Universidad Nacional de México". A ellos debemos el proyecto cultural del México contemporáneo, al igual que el diseño de la educación media superior y superior, la edificación de la literatura, las artes más allá de la cultura parroquial y desde luego la necesaria formación de técnicos. *Los Siete Sabios* vieron más allá de las necesidades de corto plazo y definieron la idea de un México universal, más allá de manifestaciones locales, no se dejaron seducir por los charros, ni por los machetes, ni por la visión triunfalista del campo y muchos menos por el "pueblo" de mural, ese que sólo existe en los muros de la SEP y en los libros de la historia oficial. El trabajo de *Los Siete Sabios* representa lo mejor de la tradición cultural mexicana, esa que hoy día es un arma formidable contra la descomposición social.»

[354] Rubén Rojas Torres, «Los Siete Sabios o la Generación de 1915», *La Jornada Aguascalientes*, México, 30 de julio de 2011, consultado en septiembre de 2015, www.lja.mx/2011/07/los-siete-sabios-o-la-generacion-de-1915/

Si *Los Siete Sabios* mexicanos abogaron por las instituciones democráticas modernas desde 1916, deberíamos erigir un monumento en su honor.

Importancia de México en los conflictos internacionales del siglo XX

¿Por qué no abundan en relación al Congreso Constituyente de 1917 en el libro de texto? ¿Cómo podrá el mexicano algún día respetar la ley constitucional si desconoce su origen?

En la sesión inaugural del Constituyente, la cual se llevó a cabo el 1 de diciembre de 1916, Venustiano Carranza presentó a los diputados su proyecto de ley, el cual sólo pretendía adecuar la Carta Magna de 1857. La postura reformista de Carranza está más allá de cualquier duda ya que en esa ocasión, según se afirma en el *Diario de los debates*, el *Primer Jefe de la Revolución* pronunció un discurso donde dejaba perfectamente claro su punto de vista: «Se respetará escrupulosamente el espíritu liberal de dicha Constitución [la de 1857], a la que sólo se quiere purgar de los defectos que tiene ya por la contradicción u oscuridad de algunos de sus preceptos, ya por los huecos que hay en ella o por las reformas que con el deliberado propósito de desnaturalizar su espíritu original y democrático se le hicieron durante las dictaduras pasadas».

El mensaje de Carranza era claro, indudable: «Ajustemos la Constitución a los tiempos y continuemos adelante»; sin embargo, desde aquella sesión el ala jacobina del Congreso se opuso tajantemente a sus ideas. Así, Hilario Medina –uno de los representantes de Guanajuato– dejó bien sentado su proyecto de país desde su primera intervención: «La Constitución de Querétaro es una nueva Constitución, no una simple reforma a la anterior».

A pesar de las divisiones entre los reformistas y los revolucionarios, quedó claro desde el primer día de sesiones que Carranza obstaculizaría la promulgación de una nueva Constitución: retrasó la entrega del proyecto constitucional –los diputados lo recibieron el 6 de diciembre– y mientras tanto, según lo narra Charles C. Cumberland en su libro *La revolución mexicana. Los años constitucionalistas*, el *Primer Jefe* hizo todo cuanto estuvo a su alcance para controlar a la Comisión de la Constitución, que tenía a su cargo la responsabilidad –de acuerdo con don Venustiano– de presentar un proyecto para cada artículo.

Con todo, luego de fuertes enfrentamientos Carranza fue derrotado y las comisiones que redactarían los artículos de la nueva Constitución quedaron integradas por sus partidarios y por jacobinos.

Carranza era un antiobrerista por los cuatro costados, y justo por eso se opuso al que constituyó el conjunto de principios de protección al trabajo más avanzado del mundo en ese momento, según consta en el artículo 123 de la Constitución. Batalla tras batalla, Carranza y sus diputados fueron derrotados por los jacobinos, que terminaron por imponer sus puntos de vista en la mayor parte de los artículos de la nueva Carta Magna, sin embargo, algo increíble, el *Primer Jefe* terminó siendo reivindicado por los historiadores oficiales como el Padre de la Constitución de 1917 a pesar de haber sido uno de sus principales opositores. Al asumir las funciones de presidente, abandonando las de *Primer Jefe*, Carranza resolvió poner de lado el artículo 3º de la nueva Constitución, las disposiciones del 130, y preparó dos iniciativas de reforma para desbaratar en el próximo Congreso lo que el de Querétaro había hecho contra su voluntad.

Pero volvería a fracasar, de modo que cuando dio por «definitivamente resueltas las cuestiones religiosas que en la pasada centuria ensangrentaron al país», únicamente estaba próxima a abrirse, como escribió Carlos Pereyra, una nueva agitación en la que perdió la vida.

Lo demás es bien sabido: derrocado y muerto Carranza, sin que el Congreso aprobase sus iniciativas de reformas, Obregón mantuvo la misma actitud y no aplicó los preceptos cuya derogación había pedido Carranza, sin que por ello dejara de incurrir en actos de jacobinismo que probablemente producían más temor en el clero que las mismas leyes...

Entre los capítulos más admirables en la vida política de Venustiano Carranza –ignorados por el libro de texto– destacan sus relaciones diplomáticas con el presidente Woodrow Wilson y con el emperador de Alemania, el káiser Guillermo II. El káiser había fracasado al contratar a Huerta para que declarara la guerra a Estados Unidos y Villa atacó Columbus con ayuda de Alemania para buscar asimismo una conflagración México-Estados Unidos que se redujo a la Expedición Pershing en territorio mexicano para encontrar a Villa, objetivo que jamás lograron los invasores yanquis.

Carranza es una figura de transición, no un revolucionario.

El káiser, desesperado, intentará todavía volver a provocar esta guerra binacional a través de Carranza. ¿Han escuchado hablar o leído algo sobre el telegrama Zimmermann, por más dudas que cause la transcripción? Mediante dicho telegrama Alemania ofrecía a México una alianza junto con Japón para declarar la guerra a Estados Unidos sobre la base de otorgar una generosa ayuda financiera y un acuerdo para regresar a México los territorios de Texas, Nuevo México y Arizona perdidos en el pasado; California y el canal de Panamá serían para los japoneses. El telegrama, interceptado y descifrado por la inteligencia inglesa, tuvo el efecto contrario al que buscaba pues Estados Unidos, lejos de entretenerse en un conflicto con México, entró por esta y otras razones en la contienda armada europea que en ese momento se volvió mundial. ¿Está claro por qué México fue el detonador de la Primera Guerra Mundial?

¿No hubiera llamado la atención de los estudiantes conocer esta intriga internacional digna de una película? Carranza reaccionó con un gran instinto diplomático sin caer desde luego en el engaño, pues dicha alianza, a juicio de los militares mexicanos, constituía una trampa y carecía de la menor posibilidad de éxito.

Pero, ¿cuáles fueron los méritos políticos de Carranza? ¡Claro que los tuvo y no pocos! Para comenzar combatió a Porfirio Díaz al lado de Madero en 1910 y participó en la firma de los acuerdos que dieron por concluida la dictadura y que no mencionan siquiera en el libro de texto, incomprensiblemente. Como gobernador, propuso leyes sobre accidentes en minas, emprendió acciones contra las tiendas de raya, los monopolios comerciales, el alcoholismo, el juego y la prostitución; abrió nuevas escuelas para la clase obrera; eliminó los impuestos de carácter personal y mejoró la situación hacendaria del país. Tarde y de manera sospechosa, se levantó en armas contra Victoriano Huerta y logró su derrocamiento, sí, pero también es cierto que se abstuvo de reformar la Constitución por decreto, como dictador, durante su gestión como *Primer Jefe* y aceptó la nueva Carta Magna aun cuando no coincidía en lo general con ella; para manifestar su oposición no recurrió a la fuerza sino a los métodos parlamentarios. No se dejó coaccionar cuando secuestraron a Jesús, su hermano menor, y le exigieron una fuerte suma de dinero público a cambio de su vida. «Cedes o los mato», le telegrafiaron, y Carranza se negó al chantaje; al saber de la ejecución de Jesús y dos de sus sobrinos, «estuvo en cama siete días, enfermo de dolor».[355] Supo manipular al presidente Wilson para lograr el reconocimiento diplomático de facto y simular que apoyaba la revuelta del Plan de San Diego en Texas, una maniobra diplomática fundamental al igual que el ocultamiento de la llegada del telegrama Zimmermann, sin olvidar su actitud política ante la intervención militar estadounidense de 1914 ni su posición en los días aciagos de la Expedición Pershing. Carranza maniobró con éxito frente a la Casa Blanca cuando Wilson impuso un embargo de armas que perjudicaría la causa constitucionalista.

---

[355] Isidro Fabela, *El Primer Jefe*, México, Jus, 1980, p. 154.

¿Más? Bueno, Carranza sustrajo las oficinas hacendarias a la mano insaciable de los jefes militares. Expidió la Ley del Divorcio. Se negó por lo menos en un par de ocasiones, en 1917, a negociar con Peláez, un sicario de los petroleros para la protección de sus terrenos, que encontraría poco después acomodo con Obregón. A principios de 1918 emitió decretos orientados a regular el artículo 27 de la Constitución, que garantizaba al Estado la propiedad de todos los productos del subsuelo, lo cual generó protestas de Estados Unidos. Las empresas extranjeras entendieron su determinación de poner en práctica el nacionalismo económico mexicano, y estas decisiones bien pudieron influir en su asesinato a manos de esbirros de las compañías petroleras, articuladas por Obregón con vistas a su perpetuación en el poder. La creación del banco único de emisión monetaria y la liquidación final de los bancos nacionales son dos importantísimas cuestiones íntimamente relacionadas con la política de Carranza de constituir al gobierno en entidad financiera independiente. Cuando el gobierno estadounidense pretendió representar a Inglaterra, Francia y España para reclamar al *Primer Jefe* los perjuicios y daños que los nacionales de aquellos países hubieran sufrido por causa de la revolución, Carranza con toda entereza se negó a aceptar tal representación en aras de hacer valer la soberanía nacional.[356] Alzó la voz en la Conferencia de Paz de París en contra de la Doctrina Monroe, declarando, según Isidro Fabela, que: «La Doctrina Monroe constituye un protectorado arbitrario, impuesto sobre los pueblos que no lo han solicitado. La Doctrina Monroe no es recíproca y por consiguiente es injusta. Si se cree necesario aplicarla a las repúblicas hispanoamericanas podía aplicarse igualmente al mundo entero [...] Podrían enumerarse los casos en que la aplicación de la Doctrina Monroe ha causado dificultades en las repúblicas hispanoamericanas. Estamos en el caso análogo a alguien que se le ofreciera un favor y lo rechazara, pero a pesar de esto se le impusiera la aceptación de ese favor, que no necesita».[357]

Carranza amagó con dar la orden de expropiar todos los pozos petroleros en noviembre de 1919, al descubrir que las compañías estadounidenses no solicitaban los respectivos permisos de perforación.

[356] *Ibid.*, p. 95.
[357] Isidro Fabela, *Política interior y exterior de Carranza*, México, Jus, 1979, p. 218.

Muerte de Zapata... y de Carranza

Escuchemos a un crítico de Carranza procedente de la reacción más severa del siglo XX mexicano, pues pese a su antipatía por él dice algunas verdades que la historia revolucionaria oficial ocultó deliberadamente: «De los altos jefes de la Revolución, todos norteños –Carranza, Obregón, Villa, Calles–, el menos sanguinario es Carranza. Sin embargo, ¡ay de aquel a quien el *Primer Jefe* odie! Si es posible, mediante procedimientos "legales", y si no echando mano de algún asesino bien recompensado, pero de todas maneras satisface su odio. Así, él ordena las ejecuciones "legales" del general Felipe Ángeles, del ingeniero Alberto García Granados, del ingeniero Gustavo Navarro; él planea el asesinato a traición de Emiliano Zapata [10 de abril de 1919], y probablemente de algunos más, pues también a traición trató de matar a Félix Díaz».[358]

Por esta razón, hasta fines de 1918 «nunca ganó una batalla». Pablo González, siguiendo instrucciones de Carranza, lanzó una nueva ofensiva para controlar militarmente el estado de Morelos. Junto con él apareció un enemigo igualmente feroz: la peste llamada influenza española, mortal entonces, que causó estragos en el territorio zapatista. La población, debilitada por la guerra, los desplazamientos, la mala alimentación y las destrucciones, fue rematada por la enfermedad: una cuarta parte falleció. A Zapata no le quedó más remedio que refugiarse en las montañas y así, en los primeros meses de 1919, las ciudades de Morelos fueron ocupadas por las tropas gonzalistas. En aquellos terribles días, Zapata mandó una carta a Francisco Vázquez Gómez reconociéndolo como «Jefe Supremo de la Revolución»: esta misiva, sin duda alguna, fue el acta de defunción política del zapatismo.

Asimismo, en este tiempo Zapata envió también una desafiante carta a Carranza en la que le solicitaba renunciar al cargo que ostentaba, por el bien del país... La irritación de Carranza llegó a su máximo: según él, Zapata no representaba las aspiraciones de los campesinos ni enarbolaba el programa social de la Revolución.

La campaña militar del general González fue devastadora: ninguna ciudad o pueblo quedó bajo control zapatista. El daño fue incalculable, sí, sólo que entre los zapatistas la traición era imposible: aún tenían la esperanza de su resurgimiento.

Carranza giró instrucciones precisas a Pablo González para que asesinara a Zapata, un gran líder agrario. González urdió un plan con el co-

---

[358] Salvador Abascal, *Tomás Garrido Canabal: Sin Dios, sin curas, sin iglesias*, México, Tradición, 1987, p. 13.

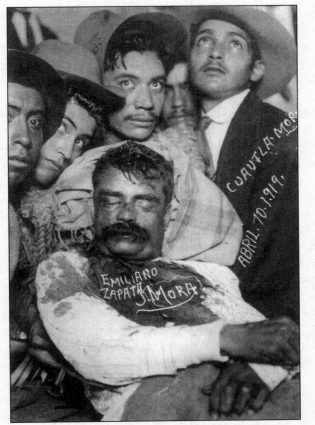

*Cadáver del general Emiliano Zapata, mandado
a asesinar por Venustiano Carranza.*

ronel Jesús Guajardo para ejecutar el crimen a la brevedad sobre la base de aparentar graves distanciamientos con su superior; Zapata creyó en la verdad de dicho conflicto, y a pesar de que los suyos le anunciaban la existencia de una trampa, invitó a su movimiento armado a quien sería su victimario.

¿Tendrá razón Womack cuando sostiene que la historia del zapatismo es la de unos campesinos que hicieron una revolución para no cambiar porque deseaban continuar con la propiedad comunal y los vicios coloniales?

Guajardo se presentó con seiscientos soldados y una ametralladora; Zapata lo recibió dándole un abrazo. El futuro asesino le regaló un fino caballo alazán, *As de Oros*. Los dos militares avanzaron hasta Tepalcingo. El traidor rechazó la invitación de Zapata para cenar juntos: alegando dolor de estómago se retiró a la hacienda de Chinameca. El jueves 10 de abril, en esa hacienda, discutirían el futuro.

Zapata pasó la noche en Tepalcingo con la mujer que amaba. Muy temprano partió con su escolta hacia Chinameca. La conversación entre Zapata y Guajardo se interrumpió con la supuesta noticia de que las fuerzas nacionales se acercaban a la zona: Guajardo ordenó que se preparara la defensa. Zapata, luego de reconocer el terreno, volvió a la hacienda a la una y media de la tarde. Guajardo había dispuesto que diez de sus oficiales de confianza, disfrazados como zapatistas, montaran guardia en la puerta del casco de la hacienda con la consigna de disparar contra Zapata tan pronto lo tuvieran en su alcance de fuego; Zapata, quizá esperando lo peor, decidió aguardar a un contingente de sus hombres. Guajardo insistió en que pasara al interior de la hacienda: a las 14:10, montado en *As de Oros*, hizo su trágica entrada acompañado de tan sólo diez de sus inseparables hombres.

Un testigo de los hechos narró la desgracia: «La guardia formada parecía preparada a hacerle los honores. El clarín tocó tres veces llamada de honor. Al apagarse la última nota con la llegada del general en jefe al dintel de la puerta [...] a quemarropa, sin dar tiempo para empuñar ni las pistolas, los soldados que presentaban armas descargaron dos veces sus fusiles y el general Zapata cayó para no levantarse jamás».

Antes de que Guajardo llegara a Villa de Ayala con el cuerpo de su víctima atravesado en una mula, la noticia ya había cundido. A Cuautla la información llegó por teléfono; Pablo González preparó al mismo tiempo la defensa de esta ciudad y ordenó que el cadáver fuera fotografiado.

Carranza, satisfecho por el asesinato de Zapata, para sellar el episodio ascendió a los oficiales y soldados que habían participado en el crimen. Jesús Guajardo no sólo fue elevado de rango en la jerarquía militar a general de brigada sino que también recibió una recompensa de 50 000 pesos, los cuales repartió entre los hombres que lo habían ayudado a traicionar y asesinar al caudillo suriano; murió fusilado unos cuantos meses después por rebelarse contra el presidente Adolfo de la Huerta.

Fragmento del Informe de Gobierno de Venustiano Carranza, 1 de septiembre de 1919: «El 12 de abril rindió parte el C. General de División Pablo González, de Cuautla, Morelos, de que el 10 del mismo libraron rudo combate las fuerzas del gobierno al mando del coronel Jesús Guajardo con los zapatistas en la hacienda de Chinameca, del mismo estado, y murió el cabecilla Emiliano Zapata [...] Por méritos en esta acción fue ascendido al grado inmediato el coronel Jesús Guajardo, y el Ejecutivo acordó que se diera una gratificación de cincuenta mil pesos a los jefes y oficiales que tomaron parte en ella». ¡He ahí al hombre que representa la legalidad en México!

El día 12 de abril, a las dos de la tarde, el general Emiliano Zapata fue sepultado en el cementerio de Cuautla. Largas caravanas integradas por el pueblo de Morelos, consternadas y desmoralizadas, siguieron el cortejo del jefe de la Rebelión del Sur: quedarían como huérfanos agrarios y políticos hasta nuestros días.

El crimen cometido en la persona de Zapata fue una de las más estremecedoras traiciones de nuestra historia. Que quede claro: no murió durante la Revolución, sino que el presidente Venustiano Carranza y el general Pablo González lo mandaron matar durante los años de la *pacificación*.

El libro de texto sólo concede que Zapata fue asesinado (p. 79). ¡Claro! ¿Cómo va a decir que lo mandó matar el presidente de la República? ¡Tanto más cuanto que cada cinco de febrero los mexicanos honran su memoria a pesar de haber estado también contra de la Constitución promulgada precisamente un 5 de febrero!

En 1919, Venustiano Carranza casi estaba derrotado: la influenza española, el desastre económico a raíz de la revolución, las incesantes huelgas y el poder de los sonorenses acaudillados por Álvaro Obregón lo habían colocado en la más difícil de las situaciones. Para colmo de males, también había perdido tiempo atrás a su esposa y, por si fuera poco, tenía frente a él las elecciones presidenciales. ¿Nombraría a su propio candidato o dejaría al electorado tomar su mejor decisión en términos democráticos? Obregón amenazaba con recurrir a cualquier herramienta con tal de ocupar la oficina más importante del país; se sentía justificadamente con todos los merecimientos. Carranza decidió ignorar la voluntad popular al estilo porfirista (pretextando que no podía entregar el poder a los militares) y optó por un personaje anónimo para conjurar las desgracias que Vicente Blasco Ibáñez narró en su libro *El militarismo mexicano*, donde el escritor español da cuenta de algunas confesiones hechas por don Venustiano: «El mal de Méjico ha sido y es el militarismo. Sólo muy contados presidentes fueron hombres civiles. Siempre generales, ¡y qué generales! [...] Es preciso que esto acabe, para bien de Méjico; deseo que me suceda en la presidencia un hombre civil, un hombre moderno y progresivo que mantenga la paz y facilite su desarrollo económico. Hora es ya de que Méjico empiece a vivir como los otros pueblos».

Lo que Carranza deseaba era frenar a Obregón por medio de un presidente civil que no tuviera la fuerza suficiente para desconocer a su gran elector −o sea, él mismo− y le permitiera −sin violentar la Constitución y el apotegma revolucionario (y maderista) de la no reelección− continuar mandando en el país: algo parecido a un «pre-Maximato» como el establecido por Calles con Portes Gil, Ortiz Rubio y Abelardo

Rodríguez, o bien algo similar a lo acontecido con Porfirio Díaz y su compadre Manuel González...

Carranza decidió, por un lado, promover la candidatura de Ignacio Bonillas, el embajador mexicano en Washington, un ilustre desconocido y manipulable sucesor, y por el otro intentó arrestar por sorpresa a Obregón para someterlo a juicio con el fin de destruir sus aspiraciones presidenciales y mantener el control de la situación en el puño de su mano, pero el sonorense logró escapar de la trampa y huir hacia Guerrero disfrazado de ferrocarrilero mientras Calles, De la Huerta y otros de sus más cercanos colaboradores lanzaban el acordado Plan de Agua Prieta, con el cual los sonorenses se levantaron en armas en contra del gobierno carrancista.

De esta manera, cuando el caudillo sonorense se levantó en armas el 23 de abril de 1920, la mayor parte del «ejército defeccionó, e iniciaron la rebelión contra Carranza en los estados de Guerrero, Sonora, Zacatecas y Michoacán, a [la revuelta] se unieron otros revolucionarios irregulares y felicistas de Tamaulipas y Nuevo León, con lo que el obregonismo naciente logró la unificación revolucionaria contra lo que quedaba del gobierno de Carranza», de acuerdo a lo narrado por la historiadora Josefina Moguel que muestra cómo Carranza ya estaba prácticamente derrotado antes de iniciar las acciones militares. Por esta razón, don Venustiano resolvió abandonar la Ciudad de México el 5 de mayo de 1920 con el objetivo de alcanzar Veracruz: en el puerto tendría acceso a los fondos recaudados por la aduana y podría reorganizarse, recibir ayuda y pertrechos del extranjero, como había hecho en 1915; asimismo, en caso de que todo fallara, también tenía una ruta de escape hacia el extranjero.

Sin embargo, no contaba con que los obregonistas estaban preparados para esta jugada, y para colmo de su desgracia *El Manco*, rodeado de un grupo íntimo de militares, había diseñado un plan para liquidarlo conforme al viejo axioma: «Quien hace la revolución a medias cava su propia tumba».

Para la ejecución de este plan siniestro, Obregón se alió con los traidores que, encabezados por el cacique de la Huasteca, Manuel Peláez, se prestaron a los intereses de las compañías petroleras al «sustraer por seis años toda la zona petrolera —exceptuando los puertos de embarque— de la jurisdicción del gobierno central», según afirma Lorenzo Meyer en *México y los Estados Unidos en el conflicto petrolero*.

Las manifestaciones de apoyo y las repetidas adhesiones al Plan de Agua Prieta no tardaron en reproducirse en todo el país. La inmensa mayoría del ejército le dio la espalda a Carranza, jefe de las fuerzas armadas, sumándose a los sublevados. Cuando el movimiento rebelde avanzó dinámica y aceleradamente hacia la capital de la República, el jefe de la nación decidió abandonar la Ciudad de México dirigiéndose de nueva cuenta al puerto de Veracruz en los primeros días de mayo de 1920, pero sus planes se frustraron cuando la enorme comitiva fue otra vez atacada por todos los flancos al llegar a la estación de Aljibes, Puebla, de donde ya fue imposible continuar porque la vía de ferrocarril había sido destruida y, por si fuera poco, el jefe de la guarnición de Veracruz ya se había unido a los insurrectos. Se encontraba ante un callejón sin salida; Carranza no tuvo más remedio que incursionar en la sierra, a caballo, acompañado de una reducida escolta y de un pequeño grupo de colaboradores leales. En el camino se *encontró* con Rodolfo Herrero, quien en septiembre de 1917 había sido confirmado general brigadier por el general Manuel Peláez, un militar a sueldo de los petroleros extranjeros que encabezaba un ejército de guardias blancas en las Huastecas, de modo que ni las tropas ni las disposiciones de los constitucionalistas pudieran ingresar a esa parte del territorio nacional.

¿Quién se ganó la inmediata confianza de un presidente prófugo de sus propios poderes y se ofreció a conducir a Carranza hasta un lugar seguro? ¡Rodolfo Herrero! ¿Quién se había adherido amañadamente al Plan de Agua Prieta y era, por la vía de los hechos, subordinado de Álvaro Obregón? ¡Rodolfo Herrero! ¿Quién era el cacique serrano que conocía como la palma de su mano la sierra de Puebla y las Huastecas? ¡Rodolfo Herrero! ¿Quién recibió un telegrama dictado personalmente por el *Manco de Celaya*, enviado a través del general Alberto Basave y Piña, en el que se ordenaba lo siguiente: «Bata usted a Venustiano Carranza y ordénele rinda parte de que Venustiano Carranza murió en el combate»? ¡Rodolfo Herrero! ¿Quién condujo al jefe de la nación hasta unas cabañas en Tlaxcalantongo la noche del 20 de mayo de 1920, y se despidió de él asegurándole que ahí estaría a salvo y que a la mañana siguiente continuarían la marcha? ¡Rodolfo Herrero! ¿Quién ordenó a un piquete de sus soldados camuflados, la mayor parte de ellos empleados de las compañías petroleras, que abrieran fuego al amanecer del día 21 y que dispararan principalmente en dirección a la choza en que descansaba el ciudadano jefe del Poder Ejecutivo Federal de México? ¡Rodolfo Herrero! ¿Quién dispuso que si Carranza intentaba huir de su cabaña ante la lluvia de balazos, fuera masacrado a tiros sin dejar la menor duda de su fallecimiento? ¡Rodolfo Herrero! ¿Quién cumplió al pie de la letra con las instrucciones de Obregón y acabó con la vida del presidente de la República, el segundo jefe de Estado mexicano asesinado en un lapso de tan sólo siete años a partir de la Decena Trágica? ¡Rodolfo Herrero!

«¿Sabe usted —confesó años después Luis L. León— con quién se presentó Herrero, mismo que lo mandó a México? Con el general Lázaro Cárdenas, porque era jefe de la columna que andaba allí como obregonista. Ante él se presentó Herrero como obregonista también y diciéndole: "Yo maté a Carranza" [...] Entonces Cárdenas rindió el parte militar: "Se ha presentado aquí el general Herrero con tantos hombres y rinde el siguiente parte: que él mató a Carranza; que la gente de él mató a Carranza".»[359]

¡Rodolfo Herrero! ¿Quién fue degradado militarmente para cubrir las apariencias, pero jamás pisó la cárcel ni mucho menos enfrentó a un pelotón de fusilamiento en cumplimiento de una condena por magnicidio, y sin embargo volvió a trabajar posteriormente para el gobierno federal? ¡Rodolfo Herrero! ¿Quién pudo salir ileso después de varios intentos de asesinato por los esbirros de Obregón, en la inteligencia de que sabía demasiado...? ¡Rodolfo Herrero! «Por lo que respecta a Rodolfo Herrero, fue este el chivo expiatorio que encontró la alta política de don Álvaro: se le destituyó de todos sus cargos militares, se le confinó en la sierra y ni aun en esta escapó de los intentos numerosísimos, aunque nada exitosos, que se hicieron para mandarlo a una vida sin revoluciones...»[360]

Al llegar a Tlaxcalantongo el 20 de mayo de 1920 Carranza se apeó para ingresar en el jacal que compartiría con su secretario privado, Pedro Gil Farías, con el secretario de Gobernación, Manuel Aguirre Berlanga, el secretario de Telégrafos, Mario Méndez, y dos capitanes del ejército; el resto de la comitiva se repartió entre el resto de las chozas inmundas. Cuando Carranza supo que el general Herrero había abandonado precipitadamente Tlaxcalantongo para socorrer, supuestamente, a un hermano suyo herido en una pelea en Patla, municipio de Jopala, los colaboradores más cercanos de Carranza supusieron, y con razón, que habían caído en una trampa, para lo cual solicitaron al presidente su autorización para abandonar de inmediato ese lugar antes de que cayeran sobre él los traidores y los acribillaran a balazos. Don Venustiano se opuso a huir fundando su decisión en el hecho de que el resto de la comitiva estaba fatigada y que resultaba imposible exigirles un esfuerzo adicional en una noche helada y además lluviosa. Repitió sus propias palabras, pronunciadas antes de abandonar Palacio Nacional el 7 de mayo de 1920 en dirección a Veracruz: «Van a ver cómo muere un presidente de la República...».

---

[359] Luis L. León, ministro durante los gobiernos de Obregón y Calles hizo esta revelación. Cárdenas lo expulsó el mismo día que expulsó a Calles del país... Véase: *El Universal*, 10 de abril de 1936.

[360] Adolfo Moreno Suárez y José Paniagua Arredondo, *Los tratados de Bucareli: Traición y sangre sobre México, un capítulo del libro negro de las reclamaciones entre México y EE. UU. durante la Revolución*, vol. 1, México, s.i., 1958, pp. 145-150.

El silencio de la noche se interrumpió en la madrugada del día 21 cuando la comitiva presidencial fue violentamente despertada por una multitud de gritos de «¡Muera Carranza!» y «¡Viva Obregón!», en tanto que disparaban montados a caballo en dirección a todas las chozas, en particular, claro está, a la ocupada por el presidente, quien sintiéndose herido alcanzó a comentarle a Aguirre Berlanga: «Tengo rota una de las piernas, no me puedo levantar». Después de lo anterior pidió que lo abandonaran y que se salvaran los que pudieran; su hora, bien lo sabía él, había llegado. Carranza agonizaba: tenía heridas en la espalda y en el pecho. Lo habían acribillado. Fueron sus últimas palabras. Otra nueva herida recibió quizá y su respiración se hizo fatigosa, entrando en agonía. Después penetraron al jacal los asaltantes y lo remataron a balazos. Poco tiempo después, su cuerpo fue trasladado a la Ciudad de México para ser velado en su casa, ubicada en el número 35 de la calle de Río Lerma.

Obregón había vencido, había traicionado a su antiguo jefe, pero eso no tenía la mínima importancia: la presidencia bien valía un asesinato, ¿no...? Y la prueba de que no pensaba fallar –como falló Carranza– la podemos encontrar en la siguiente confesión del general Alberto Basave y Piña, uno de los hombres de los que se sirvió Obregón para adherir el mayor número de militares a su exitoso Plan de Agua Prieta: «Álvaro Obregón recordó que Herrero, por mi conducto, se había adherido al movimiento [de Agua Prieta] y estaba dispuesto a recibir órdenes; entonces dióme la siguiente orden para el general Rodolfo Herrero, orden que yo como militar transmití a Herrero: "Bata usted a Venustiano Carranza y ordénele rinda parte de que Venustiano Carranza murió en el combate".

»Creí que esta orden lacónica y expresiva tenía por objeto [...] indicar al general Herrero que debía atacar a la comitiva que acompañaba a Carranza y derrotarla a todo trance».[361]

Aparte de que la comitiva es hecha prisionera, se le obliga a firmar una declaración que establece: «Los suscritos hacemos constar que el Señor presidente de la República, don Venustiano Carranza, según es de verse por la herida que presenta en el lado izquierdo de la caja del tórax, se dio un balazo con la pistola que portaba. El examen o autopsia indicará que el calibre de la bala corresponde al de su pistola».[362] A propósito y a modo de un breve adelanto: ¿sabías que el cadáver de Obregón –quien a hierro mata a hierro muere– presentaba 19 orificios de bala cuando Toral supuestamente disparó sólo cinco veces?

¿Por qué Herrero se reportó con Lázaro Cárdenas, jefe militar en Papantla? Josefina Moguel transcribió un valioso documento que revela

---

[361] *Idem.*
[362] Alfonso Taracena, *La verdadera...*, p. 226.

parte del plan para asesinar a Venustiano Carranza: «Lo saludo afectuosamente y le ordeno que inmediatamente organice su gente y proceda desde luego a incorporarse a la comitiva del Señor presidente Carranza; una vez incorporado, proceda a atacar a la propia comitiva procurando que en el ataque que efectúe sobre estos contingentes, muera Carranza en la refriega, entendido que de antemano todo está arreglado con los jefes más altos del movimiento, y por lo tanto, cuente usted conmigo para posteriores cosas que averiguar. Como siempre, me repito siempre amigo suyo y S.S. Lázaro Cárdenas».[363]

Lo que es un hecho es que los eventos se dieron de manera bastante similar a lo que indica este telegrama. «Al presentarme a Obregón [culminó Basave] y manifestarle que Herrero había cumplido con su palabra [...] este, en el Hotel de San Francisco, me dijo: Sí, felizmente ya murió Carranza...»[364]

Y pensar que todavía se hizo saber que Carranza se había suicidado... ¿Qué dice el libro de texto? «Carranza tuvo que huir de la capital y finalmente murió asesinado» (p. 118). No hay más. De Zapata se afirma que fue asesinado en 1919 en la línea del tiempo. Punto. Se acabó *El Atila del Sur*. A otra cosa. Por supuesto que no tocan tampoco a sus asesinos...

Como epílogo diré que en el año de 1923 Alberto Basave y Piña, autor de esta valiosísima confesión, «fue encontrado acribillado a tiros por las afueras de la Ciudad de México».[365] Sabía demasiado...

Es conveniente recordar que cuando su familia recibió la cartera de Carranza, encontró en ella un crucifijo y una medallita religiosa. En ella aparecía esta inscripción: «Madre mía, sálvame».[366]

Contando la historia de esta manera seguramente nuestros amados chiquillos jamás la olvidarán, como jamás olvidarán el terrible momento en que le quemaron los pies a Cuauhtémoc con aceite hirviendo ni los momentos en que un sacerdote mexica clavaba en un pecho un cuchillo de obsidiana muy afilado para extraer el corazón palpitante, tal vez de un guerrero tlaxcalteca. Tampoco podrán olvidar los gritos de horror de alguna víctima incinerada viva en las diabólicas piras de la Inquisición, ni una Tenochtitlan vencida por la viruela llena de muertos por sus avenidas ni cuando el cura Hidalgo convocó a la Indepen-

[363] Josefina Moguel Flores, *Venustiano Carranza*, México, Planeta De Agostini, 2002, p. 133.
[364] Alberto Basave y Piña, «Carta de Basave y Piña al general R. Culebro», en Adolfo Manero Suárez y José Paniagua Arredondo, *op. cit.*, pp. 145-148.
[365] *Ibid.*, pp. 145-150.
[366] Francis Clement Kelley, *México, el país de los altares ensangrentados*, México, Polis, 1941, p. 227.

dencia de la Nueva España en el pueblo de Dolores o cuando el Pípila, cubierto por una pesada piedra, incendió la alhóndiga de Granaditas. No, no podrán olvidar dichas escenas, ni siquiera podrán olvidar cuando la maldita bandera de las barras y las estrellas fue izada en Palacio Nacional en 1847 ni la guerra de Reforma o la llegada de Maximiliano y de Carlota al Castillo de Chapultepec en un enorme carruaje dorado decorado con todos los lujos, mientras que Juárez recorría la República en otro carruaje paupérrimo donde viajaban el respeto y la dignidad y los archivos, valiosos soportes de la democracia. Recordarán pasajes o los imaginarán, como a Porfirio Díaz dando la orden aquella de «Mátalos en caliente» o al propio tirano a bordo del *Ypiranga* despidiéndose mientras agitaba un pañuelo, y el brutal asesinato de Francisco I. Madero, ejecutado de dos tiros en la cabeza, y a Pino Suárez ultimado a balazos y por la espalda. Claro que se trata de escenas inolvidables, como la toma de Zacatecas o la batalla de Celaya, donde Obregón perdió un brazo durante el ataque de Villa y sus *dorados*. Ninguno de estos sucesos es abordado en el libro de texto. Claro que se imaginarán el recinto donde se encontraban redactando la Constitución de 1857 y la de 1917, así como el magnicidio de otro presidente de la República, ocurrido tan sólo siete años después de la desaparición de Madero. ¡Cuánto tienen que imaginar nuestros chiquillos, como el asesinato de Pancho Villa y el robo de su cabeza, cuyo paradero aún se ignora, y después el de Obregón en La Bombilla, mientras José de León Toral hacía un retrato de su rostro! Tienen mucho que imaginar, y las imágenes que les presentan no ayudan en nada. ¿Adónde vamos como padres o como maestros de nuestros niños si somos incapaces de despertar su imaginación para producirles fantasías y que puedan recordar siempre lo que fue México? Debemos armarlos bien intelectualmente para que cuando el día de mañana lleguen al poder tomen las debidas precauciones y providencias de modo que la historia no se repita ni pierdan de vista todo lo que hemos conquistado los mexicanos con sangre, con duelo, con daños materiales, con llanto y con alegría. Enseñemos historia. Mostremos cómo fue que ocurrieron los hechos y evolucionaremos con rapidez porque no podemos cambiar nuestro presente ni nuestro futuro si no conocemos nuestro pasado. Si queremos cambiar la realidad para bien, hagamos que nuestros niños aprendan historia.

Sucesos y repeticiones

- ¿Sabías que Carranza mandó clausurar la Casa del Obrero Mundial, cerró los periódicos obreristas *El Ariete* y *Acción* y además mandó fusilar huelguistas y obreros?
- ¿Sabías que el libro de texto establece que el de Carranza fue «el primer gobierno surgido de la revolución» (p. 118) cuando fue el de Madero?
- ¿Sabías que en todo el libro sólo mencionan la muerte de Zapata en dos momentos (pp. 78-79), y si hubieran abordado el tema tendrían que mencionar que fue acribillado a balazos en la hacienda de Chinameca por órdenes de Venustiano Carranza?
- ¿Sabías que Zapata, al igual que Madero, contaban con 39 años cuando fueron asesinados?
- El presidente Francisco I. Madero sostenía: «Antes de cometer un asesinato, prefiero dimitir». Ciertamente, es el único de los presidentes de la Revolución al que no cabe adjudicarle asesinato alguno.
- ¿Sabías que cerca de 86 000 obreros del Distrito Federal se pusieron en huelga el día 31 de julio de 1916, por lo que «no hay luz, agua potable ni tranvías» en México, azotada por una de las peores crisis de su historia?
- ¿Sabías que en 1916 los trabajadores mexicanos protestaron por el nuevo papel moneda —los bilimbiques— porque la inflación llegó a 300%, condenándolos a la miseria?
- ¿Sabías que Carranza echó mano de la vieja ley juarista del 25 de enero de 1862 para poder condenar a la pena de muerte a aquellas personas que «inciten a la suspensión del trabajo en las fábricas o empresas destinadas a prestar servicios públicos o la propaguen...»?
- ¿Sabías que Venustiano Carranza, igual que en su momento Comonfort, pensó que con la Constitución de 1917 no se podría gobernar, y mandó cortar la luz cuando se legislaba el artículo 123 en Querétaro?
- ¿Sabes cuánta tierra repartió Carranza? Repartió tan sólo 172 997 hectáreas, nada si se le compara con la locura cardenista de más de veinte millones de hectáreas que ocasionó, como veremos, la destrucción del campo mexicano.
- No dicen en el libro que antes de ser presidente de la República, Venustiano Carranza ocupó todos los puestos de elección popular: fue presidente municipal de Cuatro Ciénegas, diputado y

senador durante el porfiriato; Francisco I. Madero lo hizo gobernador.

- ¿Por qué suprimen los primeros artículos del Plan de Ayala (p. 99), comenzando –poco convencionalmente, digamos– por el artículo 6º? «1° [...] declaramos al susodicho Francisco I. Madero, inepto para realizar las promesas de la revolución [...] [e] incapaz para gobernar [...] por no tener ningún respeto a la ley y a la justicia de los pueblos [...]; 2° Se desconoce como Jefe de la Revolución al C. Francisco I. Madero y como presidente de la República [...] procurándose el derrocamiento de este funcionario; 3° Se reconoce como Jefe de la Revolución libertadora al ilustre C. General Pascual Orozco...»
- Henry Lane Wilson, embajador de Estados Unidos en México, decía del presidente: «Madero es un lunático».
- No se dice nada, penosamente, sobre el Congreso Constituyente de 1916-1917. Abrió sus sesiones en el Teatro de Iturbide la tarde del viernes 1 de diciembre de 1916; lo integraron 220 diputados. La primera discusión fue a propósito de «el nombre de México». El asunto se debatió entonces largamente, y al final se impuso la denominación de «Estados Unidos Mexicanos», que no dejaba duda sobre el pacto federativo.
- Al ser promulgada, la Constitución de 1917 contaba con 136 artículos y 16 transitorios. Se le han realizado 618 reformas al 7 de julio de 2014, y tan sólo durante el gobierno de Enrique Peña Nieto se han practicado más de veinte reformas constitucionales más.

En el libro se aclara que después del asesinato de Carranza llegó al poder transitoriamente Adolfo de la Huerta: «Durante los seis meses de su mandato, De la Huerta se ocupó de arreglar o tratar de pacificar muchos de los problemas que habían alimentado el descontento popular y las luchas políticas durante el gobierno del presidente Carranza. Gracias a ello el país comenzó a estabilizarse.

»El general Álvaro Obregón fue presidente de México de 1920 a 1924. Su participación en la Revolución había sido sobresaliente debido a sus grandes habilidades políticas y militares. Como presidente llevó a cabo el reparto agrario, protegió la propiedad privada, ganó el apoyo de los obreros, de los campesinos y de sus adversarios políticos, arregló las conflictivas relaciones con el gobierno de Estados Unidos y fundó importantes instituciones, como la SEP en 1921. Con su poder e influencia logró que sus aliados modificaran el principio constitucional de no reelección presidencial, y fue electo de nuevo. Antes de tomar posesión fue asesinado, lo que provocó una grave crisis política» (p. 119).

¿Ya…? ¿Es todo? ¡Qué va…! Comencemos por recordar que Porfirio Díaz, Victoriano Huerta y Álvaro Obregón, los tres, llegaron al poder por medio de golpes de Estado y que llevaron a cabo diferentes estrategias legaloides para legitimar su estancia en la Presidencia de la República. Debe precisarse que los tres fueron víctimas de la violencia que ellos mismos propiciaron y cada uno tuvo que abandonar por la vía de las armas sus planes de eternizarse en el cargo y morir con la banda presidencial cruzada en el pecho: los dos primeros fueron largados afortunadamente del poder como consecuencia de movimientos armados y el último por medio de la bala, el único recurso existente para contenerlo antes de convertirse en un nuevo Díaz.

Después de que Obregón ordenó el asesinato de Carranza, de la misma manera en que Victoriano Huerta mandó matar a Madero, el Congreso de la Unión declaró presidente interino a Adolfo de la Huerta sólo para cubrir inútilmente las apariencias políticas y constitucionales de modo que unos meses después de celebrar unas elecciones amañadas le entregara, «constitucionalmente», el cargo a Álvaro Obregón: la jugarreta de siempre. De la Huerta, un hombre sensato con sensibilidad de artista, dedicó su efímera presidencia a dos objetivos fundamentales: uno, a la pacificación del país pero de manera civilizada, renunciando a los patrones y estrategias de Porfirio Díaz, y dos, convocar a elecciones y entregarle el poder a Obregón, concluyendo el mandato interrumpido de Carranza. Villa renunció a la violencia y aceptó el rancho El Canutillo en Durango, su estado natal, para dedicarse con algunos de sus *dorados* a la agricultura y a la educación de los niños en dicha finca.

«El 28 de julio de 1920 […] el gobierno federal y el general Francisco Villa firmaron los Tratados de Sabinas, concluyendo con ellos la etapa guerrillera del *Centauro del Norte* […] Villa depondría las armas y se retiraría a la vida privada […] el gobierno le otorgaría en propiedad la hacienda de Canutillo, localizada en el estado de Durango [y] podría conservar una escolta de cincuenta hombres cuyos sueldos serían pagados por el gobierno; y al resto de los miembros del ejército villista se les indemnizaría con el pago de un año de haberes.»[367]

---

[367] Guadalupe Villa, «La vida con Villa en la hacienda de Canutillo», *Revista BiCentenario*, vol. 2, núm. 7, México, 2010, p. 87.

Anticlericalismo y fascismo

Es conveniente dejar asentados aquí pasajes, declaraciones y algunas de las fundadas convicciones anticlericales de Obregón para comprender el malestar del clero cuando aquel finalmente arribó a la presidencia a finales de 1920; su mismo asesinato ocho años más tarde sería incomprensible sin estos precedentes, cosa que no parece preocupar a los autores de los libros de texto, obviamente.

Con fecha 12 de febrero de 1915, durante la última etapa de la Revolución, el general Álvaro Obregón envió un oficio al vicario general de la Mitra «fijando al clero metropolitano una contribución de medio millón de pesos papel que serán entregados en un plazo de cinco días al ingeniero Alberto J. Pani y al Dr. Atl».[368] Una semana más tarde ordenó que aproximadamente 160 sacerdotes permanecieran detenidos «hasta que se decidan a ceder medio millón de pesos para auxiliar a las clases menesterosas metropolitanas».[369] Obregón no esperaba que los sacerdotes pagaran el impuesto fijado, su intención se reducía a «exhibirlos y probar que jamás han estado dispuestos a contribuir con nada para ayudar a los menesterosos económicamente [...] El que excomulgó a Hidalgo y a Morelos —continuaba Obregón— y aplaudió sus asesinatos; el que maldice la memoria de Juárez; el que se ligó a Porfirio Díaz para burlar las Leyes de Reforma; el que aplaudió al asesino Huerta y pactó con él; el que tuvo cuarenta millones de pesos para el execrable asesino Victoriano Huerta, es el que hoy no tiene medio millón para mitigar en parte el hambre que azota despiadadamente a nuestras clases menesterosas».[370]

En 1915, durante el periodo de mayor jacobinismo de Obregón, «Nuestros templos están cerrados [quejábase una monja], nuestras iglesias son profanadas [...] Nuestros confesionarios han sido quemados en plazas públicas [...] Nuestros sacerdotes son perseguidos [...] está sentenciado a muerte el sacerdote que administre los santos sacramentos [...] Las iglesias han sido profanadas, entrando a caballo, pisoteando las reliquias y tirando las hostias por el suelo [...] las han dado de comer entre pastura a los caballos [...] Han simulado decir misa y se han sentado a confesar a multitud de gente, y vestidos de sacerdotes han confesado enfermos, y burlándose, han descubierto lo que oyeron en confesión [...] A muchos [curas] los han fusilado, a los que tenían alguna

---

[368] Alfonso Taracena, *La verdadera... (1914-1915)*, p. 181.
[369] *Ibid.*, pp. 186-187.
[370] *Ibid.*, p. 188.

propiedad los han desterrado [...] En Guadalajara, desterraron a todo el clero y salieron en jaulas y furgones, estando de antemano las bandas de música que los despedían con piezas burlescas, tocándoles "La Golondrina" y "La Viuda Alegre"; y en medio de chiflidos y burlas los hicieron salir [...] En Torreón y Zacatecas los hicieron empedrar las calles [...] y otros muchos los tienen actualmente de mozos [...] He visto traer de mantilla a los caballos, las casullas, estolas y manípulos y cíngulos, capas pluviales y manteles [...] Los vasos sagrados los han profanado de mil maneras; después de beber en ellos los han usado como vasos de noche [...] Han hecho caer los santos a balazos. He visto llevar carretones con santos que llevan a quemar [...] En otros templos han baleado al Santísimo estando manifiesto [...] Todas las comunidades de monjas han sido expulsadas de toda la República, dándoles únicamente media hora para salir [...] corriendo mucho peligro el voto de castidad».[371]

No se debe olvidar que Obregón mandaba a los curas a Veracruz para ejecutar trabajos forzados como si fueran miembros de las fuerzas armadas. Muchos de ellos expusieron su incapacidad física para acometer ese tipo de tareas, por lo que con el pretexto de someterlos a una prueba clínica de resistencia y de esfuerzo, les practicaron a 180 sacerdotes diversas pruebas de laboratorio, entre ellas las urinarias, de donde se conoció que 49 de ellos tenían enfermedades venéreas.[372] En una ocasión, cuando se presentó una cantidad superior a la esperada de los *representantes de Dios*, el general Obregón ordenó que se agregaran dos trenes a su convoy para alojar a 127 sacerdotes. Como uno de ellos, el cura de San Ciro, San Luis Potosí, Alberto Covea, solicitó del general Benjamín Hill –encargado de embarcarlos– otro coche, pues la *jaula* en que viajarían no bastaba para todos, el mencionado jefe ordenó al oficial que mandaba la escolta: «Capitán: meta en la jaula a los frailes y a los que sobren fusílelos». Naturalmente, ante orden tan drástica, todos cupieron...[373]

Obregón se dio el lujo de expulsar al delegado apostólico (el funcionario católico más poderoso en teoría) luego de la inauguración de la estatua a Cristo Rey en Guanajuato, considerando que dicha ceremonia comportaba un acto de culto en el espacio público fuera de los templos, lo cual estaba prohibido por la Constitución de 1917.

Por eso, poco después, en su Carta Encíclica del 2 de febrero de 1926, el Papa afirmó: «Nadie ignora que hechos a un lado los más ele-

---

[371] *Ibid.*, pp. 72-76.
[372] John Dulles, *Ayer en México: una crónica de la Revolución, 1919-1936*, México, FCE, 1977, p. 270.
[373] Alfonso Taracena, *La verdadera...*, pp. 204-205.

378

mentales principios de justicia y de lealtad, Nuestro Delegado –a quien vosotros recibisteis con grandes demostraciones de adhesión y regocijo– fue expulsado del país hace dos años, cual persona nociva a la incolumidad de la República; infligiendo con ello gravísima injuria tanto a Nos mismo como a los obispos y a la nación mexicana».[374] Y en efecto, no lo perdonarían.

A los comerciantes negligentes que se negaban también al pago del impuesto, Obregón, antes de ser presidente, les advirtió: «Si continúan creando dificultades los poderosos para contribuir a mitigar las necesidades del proletario, me veré en la necesidad de retirar a mis tropas. Yo no quiero verme en el caso de tener que mitigar a balazos el hambre del pueblo».[375]

«El Ejército Constitucionalista al cual tengo mucho honor en pertenecer, no viene a mendigar simpatías; viene a hacer justicia [...] El decreto de fecha reciente ha causado asombro; quizá muy pronto tendremos decretos que más nos alarmen [...] Debo hacer algunas explicaciones para los que ignoran quién soy yo [...] Deber mío es decir a ustedes que el general Obregón no se deja burlar de nadie [...] La División que con orgullo comando, ha cruzado la República del uno al otro extremo entre las maldiciones de los frailes y los anatemas de los burgueses. ¡Qué mayor gloria para mí! ¡La maldición de los frailes entraña una glorificación!»[376]

A mediados de 1923 el arzobispo de Guadalajara Francisco Orozco y Jiménez, de terrible recuerdo, también dio un paso al frente amenazando al gobernador José Guadalupe Zuno, oriundo de Jalisco, asegurándole que la más insignificante indicación del gobierno eclesiástico «bastaría para levantar al pueblo contra un mandato indebido».[377] ¿Gobierno eclesiástico contra el gobierno federal? ¡Menuda expresión!, ¿no? El arzobispo se entrevistó personalmente con Obregón y abandonó el país. Se repetía la historia de Francisco Pablo Vázquez Vizcaíno, obispo de Puebla, y la de Pelagio Antonio Labastida y Dávalos, entre otros tantos más: amenazaban abiertamente al gobierno, a la República, esta vez con el poder que habían recuperado a lo largo de la dictadura porfirista.

El domingo 6 de febrero de 1921 una bomba arrancó la puerta y el pasillo de entrada del palacio arzobispal en la Ciudad de México. El

374 Josefina Quirós, *Vicisitudes de la Iglesia en México*, México, Jus, 1960, p. 97.
375 Alfonso Taracena, *La verdadera*..., p. 195.
376 *Ibid.*, pp. 196-197.
377 Moisés González Navarro, *Cristeros y agraristas en Jalisco*, vol. 2, México, El Colegio de México, 2000, p. 324.

4 de junio tuvo lugar un nuevo bombazo, ahora en el arzobispado de Guadalajara.

Pocos meses antes –el 1 de febrero de 1922– Felipe Carrillo Puerto asumía la gubernatura de Yucatán para desarrollar una política socialista sobre cuya radicalidad podemos decir que era directamente proporcional a los niveles de explotación que padecían los yucatecos. Desde «1915 la ruptura revolucionaria permitió la expresión de la disidencia latente entre la Iglesia y la población indígena. Los sacerdotes españoles fueron expulsados sin que la medida suscitara la oposición popular».[378] Ahí vemos a un Carrillo Puerto declarando: «Ya no habrán sacerdotes de religiones que han sido quienes a gran escala han contribuido con la esclavitud de la humanidad», requisito según él para que Yucatán gozara «de verdadera felicidad».

Ya Alvarado había expulsado a los sacerdotes extranjeros con menos de treinta años de residencia en Yucatán. Seguramente, bajo el nuevo gobierno de Carrillo, vendría lo peor para ellos.

«Ha llegado el momento de demostrar a los señores –dijo Carrillo Puerto en lengua maya durante su toma de posesión– que sabemos cómo gobernar; que nosotros somos los constructores y no ellos [...] que sin los trabajadores no existiría este palacio [...] que el trabajo existió antes que el capital, y que, en aras de la justicia, quienes lo producen todo, tienen el derecho de poseerlo todo [...] La tierra es de ustedes, que han nacido aquí, crecido aquí, gastado su vida encorvados en el campo, cortando pencas para el amo que se ha apoderado [...] Pero ustedes han de recuperarlas de acuerdo con las nuevas leyes que reconocen ese derecho legítimo [...] Ustedes serán los responsables de no conocer la Constitución de la República y la del estado, no haciendo que la cumplan los hombres a quienes ustedes llevan a los puestos públicos [...] de ustedes depende, que nunca más vuelvan a ser gobernantes hombres tildados de ladrones, de asesinos, de engañadores».[379]

Exhortó a su pueblo, además, en aquel célebre discurso desde el balcón central del Palacio de Mérida, a «emanciparse económicamente, instruirse y alejarse de los templos y de los garitos», pidiendo finalmente a sus correligionarios gritar: «¡Viva Obregón, viva Calles y viva De la Huerta! El estandarte rojinegro sale a la calle y recorre las principales calles de Mérida».[380]

---

[378] Franco Savarino, *op. cit.*, p. 647.
[379] Jaime Orosa Díaz, *Felipe Carrillo Puerto*, Mérida, Fondo Editorial de Yucatán, 1982, pp. 53-61.
[380] Alfonso Taracena, *La verdadera...*, p. 6.

Algo sin duda se había salido de control. En septiembre de 1921, Obregón celebró el centenario de la consumación de la Independencia asistiendo, ni más ni menos, a una misa. Un mes después ocurrió un nuevo bombazo, ahora en la Basílica de Guadalupe, «a los pies de la imagen de la Virgen». Algunas legislaturas estatales, como Sonora, discutieron gravar las limosnas y los donativos que se recibían en los templos con 25% de impuesto. Otros obregonistas insistían en la iniciativa, presentada al Congreso Constituyente años atrás, para la abolición definitiva de los confesionarios.

¿Una verdad de Perogrullo? El clero mexicano le profesaba un odio feroz a Obregón, aversión que le saldría cara, carísima a *El Manco* de cara a su proyecto dictatorial... y vital.

Obregón era un político audaz antes que nada, radical y prolijo en recursos; por si fuera poco, un militar con aura de vencedor (de Villa, nada menos) y mutilado en batalla. Antonio López de Santa Anna también era un mutilado en batalla, y por esa razón el pueblo de México le concedió una gran cantidad de canonjías para premiarlo y compensarlo por el castigo recibido en campaña: el sentimiento piadoso de los mexicanos ha resultado muy costoso a lo largo de la historia. La Constitución, por si fuera poco, le daba a Obregón un margen enorme de acción. Las empresas productoras de petróleo se organizaron para oponerse a una eventual aplicación del artículo 27, ligándose para ello al clero, propietario de vastas extensiones de tierras (así como de acciones en compañías petroleras) y enemigo también de dicha disposición, así como de Obregón en lo personal.

¿Estás de acuerdo, respetadísimo lector, que después de leer la fracción II del artículo 27 constitucional y conociendo las fundadas inclinaciones anticlericales de Obregón, el clero tendría las justificaciones necesarias no sólo para derrocarlo, sino para oponerse a la aplicación de semejante disposición, que afectaba gravemente su patrimonio en términos mucho más severos que la Carta Magna de 1857? La de 1917 contenía disposiciones extremistas para tratar de someter una vez más al clero, invariablemente feroz y rebelde, al soberano poder del Estado. Aquí va una parte de dicha fracción: «Las asociaciones religiosas denominadas Iglesias, cualquiera que sea su credo, *no podrán, en ningún caso, tener capacidad para adquirir, poseer o administrar bienes raíces*, ni capitales impuestos sobre ellos; los que tuvieren actualmente [...] entrarán al dominio de la Nación [...] *Los templos destinados al culto público son de la propiedad de la Nación, representada por el Gobierno Federal* [...] *cualquier otro edificio que hubiere sido construido o destinado a la administración, propaganda o enseñanza de un culto religioso, pasarán desde luego, de pleno derecho, al dominio directo de la*

Nación, para destinarse exclusivamente a los servicios públicos de la Federación o de los estados...».

Desde principios de 1921, con fondos proporcionados por petroleros estadounidenses, comenzaron las conspiraciones entre grupos católicos en los que figuraban Francisco León de la Barra, presidente de México tras la renuncia de Porfirio Díaz, José Capistrán Garza, futuro líder de los grupos católicos extremistas, el obispo Ignacio Valdespino, de Sonora, expulsado por Calles, Guillermo Pous, fundador del Partido Fascista Mexicano y algunos militares porfirianos como Guillermo Rubio Navarrete, Joaquín Mass y Enrique Gorostieta, este último futuro jefe militar de los cristeros.[381] Es decir, la reacción en pleno que, como se ve, jamás dormía ni duerme en su lucha infatigable por lograr a sangre y fuego el atraso de México a cambio de su enriquecimiento institucional y también personal.[382]

Obregón, un consumado componedor, como lo definió el historiador John Hart, conformó un gobierno de fuerte raigambre nacionalista aunque hasta cierto punto plural, dando cabida a grupos conservadores como garantía de que pese a la imprescindible verborrea revolucionaria, conciliaría en los hechos y a la hora buena con todos los grandes intereses nacionales, aunque con ello incumpliera la Constitución, siempre y cuando dichos intereses no se constituyeran en enemigos suyos. El nombramiento en 1921 de José Vasconcelos al frente de la recién creada Se-

---

[381] Marta Elena Negrete, *Enrique Gorostieta: Cristero agnóstico*, México, UIA/El Caballito, 1981, p. 68.

[382] «La Asociación Americana de México (AAM), dirigida por el banquero Thomas W. Lamont y el petrolero William F. Buckley, sostenía que la Constitución de 1917 se había adoptado ilegalmente y que los Estados Unidos no debían reconocer a México bajo tales circunstancias, a fin de evitar un peligroso precedente de ejercicio de soberanía por parte de un país deudor. La Guerra de los Cristeros, que estalló en 1926, fue la culminación del chantaje de la AAM. Manipulando las creencias religiosas de la población, la AAM y la jerarquía eclesiástica unieron sus fuerzas para tratar de dar fin al papel económico rector del Estado mexicano y a la soberanía nacional... Aunque el grueso de las tropas cristeras eran campesinos, los cuadros dirigentes habían sido cuidadosamente preparados desde varios años antes. El padre Bernardo Bergoënd, SJ, llega a México a principios del siglo a ejecutar las ideas fanáticas de Charles Maurras, creador del grupo seudocatólico *l'Action Française*. Se trata del llamado modelo belga-alemán de activismo social cristiano, la interpretación gnóstica de las encíclicas *Rerum Novarum* y *Cuadragesimo Anno*. Bergoënd organiza las conferencias de Acción Católica en los congresos católicos de 1903, 1904, 1906 y 1909 en Puebla, Morelia, Guadalajara y Oaxaca, respectivamente, a imagen y semejanza de los *Círculos de Obreros Católicos* y el *Raiffeissen*, de donde surgen la Asociación Católica de Jóvenes Mexicanos (ACJM), la llamada "Dieta de Zamora" y el Partido Católico Nacional (PCN), según el modelo organizativo alemán de *Zentrum*... El entrenamiento terrorista corrió a cargo de otro jesuita alemán apellidado Neck, quien creó en Jalisco la Unión Popular, a semejanza de los grupos terroristas católicos alemanes del mismo nombre...» Partido Laboral Mexicano, *El PAN: el partido de la traición*, México, Benengeli, 1986, pp. 232-233.

cretaría de Educación Pública puede considerarse una muestra de ello al ser este un declarado crítico del artículo 3º, «una mala ley constitucional», según señaló en su momento. En su gabinete, ciertamente de contrastes, había un Calles en Gobernación, un De la Huerta en Hacienda y obviamente un Vasconcelos en Educación; este último, en su calidad de rector de la Universidad Nacional, había impuesto el famoso lema que identifica a la hoy Universidad Nacional Autónoma de México, «Por mi raza hablará el espíritu...».

En su último libro, *En el ocaso de mi vida* (1957), más de treinta años después, publicó un ensayo titulado «Los motivos del escudo», donde afirmó: «Lo que entonces hice equivale a una estratagema. Usé de la vaga palabra *espíritu*, que en el lema significa la presencia de Dios, cuyo nombre nos prohíbe mencionar, dentro del mundo oficial, la Reforma protestante que todavía no ha sido posible desenraizar de las Constituciones del 57 y del 17. Yo sé que no hay otro espíritu válido que el Espíritu Santo; pero la palabra *santo* es otro de los términos vedados por el léxico oficial del mexicano. En suma, por espíritu quise indicar lo que hay en el hombre de sobrenatural...».[383] ¿Conclusión? El lema completo sería así: Por mi raza hablará el espíritu... santo...

¿Por qué ningún rector, ningún estudiante o maestro u organización de estudiantes ha cambiado ese lema de contenido clerical en nuestra máxima casa de estudios?

¿Quieres ver de cerca las convicciones filosóficas y políticas de José Vasconcelos, cuyo nombre ostenta una de las más grandes bibliotecas del país? Aquí va el pensamiento del gran educador de México en aquellos años, ideología con que concluyó sus días: «todos los pueblos deberían agradecer a Mussolini y a Hitler el haber cambiado la faz de la historia, el haber intentado liberarnos de toda esa conspiración tenebrosa que a partir de la Revolución francesa fue otorgando el dominio del mundo a los imperios que adoptaron la Reforma en religión y la engañifa del liberalismo en política [...] En la nueva situación el poder cristiano, el poder católico, saldrá ganando [...] En el desfile de banderas que en el tablado pasean, muchas bonitas, es la bandera alemana la que se lleva las ovaciones».[384]

¿Más de Vasconcelos a quince años de haber sido secretario de Educación? «En países incapacitados para la democracia es saludable que una mano fuerte defienda la raza, las costumbres, la personalidad y la

[383] José Vasconcelos, *En el ocaso de mi vida*, México, Populibros La Prensa, 1957, p. xxii.
[384] *Timón*, 6 de abril de 1940.

soberanía nacionales, así como las fuerzas latinoamericanas del hispanismo y la religión católica.»[385]

¡Claro que Vasconcelos deseaba para México un gobierno teocrático militar, rígido, ordenado y severo, un Estado confesional y asimismo militar como el dirigido, años más tarde, por el «general Francisco Franco, caudillo de España por la Gracia de Dios»! Claro que el sanguinario dictador fascista lo invitó a España, donde lo condecoró con todos los honores! ¡Claro que la prensa de Madrid, sometida a la tiranía, creía en él «desde el momento en que publicó en primera plana mi retrato concediéndome, sin vacilar, el mariscalato entre los pensadores del continente hispanoamericano»! ¡Mucho tiempo después de haber renunciado a la SEP, claro que para Vasconcelos fue una gran distinción, pues se consideraba el gran mariscal entre los pensadores latinos y en su interior debió haber estado convencido de que toda Hispanoamérica lo alababa y lo proclamaría su *maestro*! ¡Claro que trabó alianzas inconfesables y fundó *Timón, Revista Continental* con dinero proporcionado por la embajada alemana en México! ¡Claro que era dinero de Hitler, del *Führer*!: «El mandatario alemán es el hombre más grande que han producido los siglos [...] la verdadera grandeza está en los directores de hombres, y Hitler es el más grande de todos ellos».[386]

¿Por qué entonces negar su patrocinio? ¡Claro que aplaudió el bombardeo aéreo a Polonia, a Inglaterra, a la Unión de Repúblicas Socialistas Soviéticas, la toma violenta en general de casi toda Europa, además de la persecución de judíos, sucesos todos que difundió, justificó y aplaudió en su revista!

Es casi vergonzoso tener que hablar de este Vasconcelos fascista que soñaba con el triunfo de la Alemania nazi para instalarse como un dictador mexicano de derecha ultrarreaccionaria al estilo de Franco, apoyado venalmente por los curas y los militares, de muy triste recuerdo en México...

Con todo, Vasconcelos desarrolló de 1921 a 1924 una extraordinaria labor como secretario de Educación Pública: instituyó la educación rural con maestros especialmente capacitados, empezó la construcción de escuelas en el campo, ejecutó campañas contra el analfabetismo, instaló bibliotecas en todo el país, difundió y promovió las artes a través de un Departamento de Bellas Artes, publicó miles de libros de consumo popular escritos por grandes pensadores clásicos, solicitó la

[385] José Joaquín Blanco, *Se llamaba Vasconcelos: una evocación crítica*, México, FCE, 1977, p. 172.

[386] Itzhak Bar-Lewaw, «La revista *Timón* y la colaboración nazi de José Vasconcelos», *Actas del IV Congreso de la Asociación Internacional de Hispanistas*, Salamanca, Universidad de Salamanca, 1971, pp. 151-156.

ejecución de murales en edificios públicos como los pintados por José Clemente Orozco, Jean Charlot, David Alfaro Siqueiros, Ramón Alva de la Canal, Fermín Revueltas, Fernando Leal y Diego Rivera; algunos trabajos famosos de este último, que se deben conocer, son desde luego los impresionantes murales de la Secretaría de Educación Pública (1923-1928); *La creación* (1922), en el Anfiteatro Bolívar de la Escuela Nacional Preparatoria; *La historia de México* (1929-1945), en Palacio Nacional; *El hombre controlador del Universo* (1934), en el Palacio de Bellas Artes; *Teatro histórico* (1951-1953), en el Teatro de los Insurgentes; los de la Secretaría de Salud (1929-1930), y *La conquista* y *El tormento a Cuauhtémoc*, en la antigua capilla de la Casa de Hernán Cortés, en Cuernavaca.

Vasconcelos entabló además una eficiente comunicación con el resto de la cultura latinoamericana, para lo cual invitó a escritores y educadores extranjeros a fin de que impartieran cursos y conferencias, incorporó a minorías indígenas a un sistema escolar nacional y difundió y patrocinó a las artesanías populares.[387] ¿Por qué no hizo lo propio Porfirio Díaz durante más de treinta años de tiranía? ¿Por qué no los dedicó a la educación? ¿Por qué no construyó mil escuelas por cada año de dictadura? Es obvio que habría heredado otro país, no necesariamente envuelto en llamas debido a la injusticia social y al hambre.

José Vasconcelos inició una intensa campaña de alfabetización, para lo cual invitó a todos los mexicanos a colaborar en la empresa por la educación. Si tuviera que destacar algún éxito del gobierno de Obregón, al igual que lo hice con Porfirio Díaz por la construcción de más de 20 000 kilómetros de vías férreas para comunicar al país, en el presente caso reconozco efusivamente las dimensiones de la obra igualmente faraónica consistente en iniciar el proceso masivo de alfabetización de las masas, abandonadas cultural y materialmente a su suerte desde la instalación del Virreinato.

---

[387] Anónimo, «José Vasconcelos (1883-1959)», en *Historia Patria...*, s.p.

El obregonismo

Los años veinte constituyen una etapa de acelerada transformación. «El restablecimiento de las actividades productivas orientadas hacia el mercado interno señaló la tónica de la economía durante toda la década de 1920.»[388] La radio en México nació al margen del control del Estado. Se discute si la primera transmisión se efectuó en la Ciudad de México en septiembre de 1921 o en Monterrey, en octubre del mismo año. A fines de 1923 funcionaban tres estaciones culturales y cuatro comerciales,[389] mientras operan en el país catorce refinerías petroleras.[390] Obregón –un capitalista dotado con un enorme sentido práctico– era un sujeto *ad hoc* para tal coyuntura.

¿Algunas convicciones obregonistas que tendrían vigencia hoy en día?

«Hay que enseñar al pueblo a comer, a beber y a vivir decentemente. Tienen muy equivocadas ideas de todo esto [...] Quizá esto parezca caprichoso, pero desgraciadamente es cierto. Adolecen de mala alimentación crónica, pero no lo comprenden. Muy a menudo se alimentan con cosas que son todo menos manjares para el hombre; pero en lugar de rechazarlas, las comen y sufren las consecuencias, que en muchos casos son enfermedades y en algunos hasta la muerte. Viven en pocilgas, pero no hacen esfuerzo alguno por adquirir higiénicas o más cómodas habitaciones. Es la gente más prolífica del mundo, y sin embargo la población casi siempre es la misma, debido a la espantosa mortalidad de los niños. En gran parte del territorio, el deterioro físico ha degenerado a un grado alarmante. El individuo es indiferente, su

---

[388] Fernando Rosenzweig, «La inversión extranjera y el desarrollo de las manufacturas en México, 1867-1940», *Estudios. Filosofía. Historia. Textos*, México, primavera 1990, s.p. Añade el autor: «Se carece de cifras sobre producción industrial correspondientes a los años de lucha armada (1911 a 1920). El dato correspondiente a 1921 indica un nivel inferior al de 1910 [...] La población sufrió un daño considerable; el total de habitantes censados bajó de 15.2 millones a 14.3 millones entre esos dos años. El capital físico del país quedó mermado [...] En la mayor parte del territorio se desarticularon las comunicaciones y se perdió seguridad para transitar».

[389] «Si bien se discute si la primera transmisión por radio la efectuó el doctor Enrique Gómez Fernández en la capital del país el 27 de septiembre de 1921, o el ingeniero Constantino de Tárnava en Monterrey el 9 de octubre del mismo año, es posible afirmar que la radio, en cuanto a su contenido, nació al margen del control del Estado, el cual se limitó a legislar las cuestiones técnicas.» Anónimo, «Radio y Televisión», en *Historia Patria...*, s.p.

[390] Anónimo, «Siglo XX (1900-1938)», Pemex, México, 27 de octubre de 2009, consultado en septiembre de 2015, www.ref.pemex.com/index.cfm?action=content&sectionID=1 &catID=6&contentID=51

iniciativa se atrofia, su actitud es espasmódica y variable. En una palabra, carece de espíritu de empresa y de perseverancia, y casi no tiene entereza de alma...»[391]

¿Otra? «No hay general mexicano que aguante un cañonazo de cincuenta mil pesos...» ¿Más? «Gobierna más quien mata más...», como se demostrará más tarde.

En el momento en que Obregón quiso reelegirse los presidentes municipales del Distrito Federal se opusieron, por esa razón suprimió los ayuntamientos de elección popular y en consecuencia el gobierno del Distrito Federal quedó a cargo del presidente de la República y los ciudadanos perdieron su derecho al voto hasta que 68 años más tarde, en 1997, se llevaron a cabo las primeras elecciones para jefe de gobierno: toda una vergüenza que define la madurez política de los capitalinos *chilangos*. ¿Sesenta y ocho años sin democracia, y nadie protestaba...? La reelección de Obregón anuló la representación política de la ciudad más grande del país.

Cuando Obregón accedió al poder requería por dos razones el reconocimiento diplomático de su gobierno por parte de Estados Unidos. Por un lado, necesitaba contratar créditos con los bancos extranjeros para reactivar la economía nacional, y por el otro le resultaba imperativo contar con el apoyo militar de Estados Unidos, es decir, adquirir masivamente armas en ese país ante la proximidad de la sucesión presidencial mexicana, momento político en que tendría que recurrir a ellas, bien lo sabía él, para sentar en la silla presidencial a Plutarco Elías Calles. ¿Resumen? Vale la pena: requeriría de material bélico yanqui para destruir la naciente democracia mexicana después de la pavorosa Revolución y también para balear la nueva Constitución Política de 1917, por la que *El Manco* tanto había luchado.

La avidez económica yanqui y la corrupción política mexicana pavimentaron el camino a la derogación de nuestra máxima ley, que se convirtió en papel mojado de color negro, tan negro como nuestro petróleo. ¿Otro resumen? ¡Va! Obregón tendría que imponer por la fuerza la candidatura de su paisano Plutarco Elías Calles, quien gobernaría los siguientes cuatro años, para que, acto seguido, al concluir su mandato en 1928, Obregón pudiera reelegirse pasando por alto, claro está, el principio revolucionario de «Sufragio Efectivo, No Reelección», por el que tanta sangre se había derramado durante la Revolución mexicana. Si Porfirio Díaz había nombrado a Manuel González, su compadre, para que lo sucediera en el cargo y Carranza intentó imponer cando-

---

[391] Emile Joseph Dillon, *México en su momento crítico*, México, Herrero Hermanos Sucesores, 1922, pp. 236-237.

rosamente a Ignacio Bonillas, ¿por qué Obregón no lo iba a lograr con Calles, como este último lo haría después en el Maximato al continuar manejando el país a través de marionetas? Pero antes que nada, en un primerísimo orden, Obregón tenía que ser reconocido diplomáticamente por Estados Unidos como el titular del Poder Ejecutivo Federal, en la inteligencia de que era contemplado por nuestros vecinos del norte como un golpista que además había estado presuntamente involucrado en el asesinato de Carranza, y aunque había llegado al poder mediante la práctica de las elecciones, su imagen política no respondía a la de un presidente legítimo, sino a la de un sujeto espurio que había llegado al Castillo de Chapultepec por medio de la violencia. Esta coyuntura política la aprovecharían talentosamente los yanquis para negociar la derogación del artículo 27 de la Carta Magna, poner a salvo sus intereses en México y seguir explotando nuestros recursos naturales a su antojo. ¡Claro que Álvaro Obregón era un golpista, como lo fueron Porfirio Díaz y Victoriano Huerta, pero claro, muy claro, que también se trataba de un pretexto para dejar sin efecto un precepto constitucional que lastimaba severamente las inversiones estadounidenses en México!

Fue entonces cuando ambos países nombraron a sus respectivos representantes para que se reunieran en México y empezaran a negociar la Constitución de 1917, el gran triunfo de la Revolución, que en su artículo 27 establecía: «El suelo y el subsuelo son propiedad de la Nación…». Esa negociación absolutamente ilegal y afrentosa fue el origen de los que posteriormente fueron llamados Tratados de Bucareli, de los que nunca quedó ni huella escrita por la escandalosa traición que se cometió en contra de México y que había que esconder a como diera lugar. Sólo se conocería la Convención Especial de Reclamaciones… ¿por qué sería?

Obregón aceptó que el artículo 27 no tendría carácter retroactivo en materia de petróleo, es decir, quedarían amparadas y protegidas las inversiones realizadas antes de 1917; o sea, la Constitución y en buena parte la Revolución no habrían servido para nada. «El suelo y el subsuelo son propiedad de la Nación», ¿sí? ¡No! Los petroleros extranjeros podrían continuar con la extracción y venta de crudo como si nada hubiera acontecido, dejándole migajas al país. Por si fuera poco, todavía se crearon provisiones ilegales para dejar a salvo las futuras exploraciones y hallazgos, además de haberse acordado que el reparto agrario no tocaría los intereses foráneos… La Constitución quedó derogada, para comenzar, en ese rubro vital para la economía mexicana; todo, permítanme repetir, para garantizar el acceso a las armas estadounidenses para imponer por medio de la fuerza la candidatura de Plutarco Elías Calles. La Carta Magna y la Revolución podían esperar, antes estaba la satisfacción de las ambiciones políticas de *El Manco*.

¿Sabes que los representantes de Estados Unidos solicitaron, entre otros rubros, claro está, la indemnización por demandas de daños que se remontaban a 1868? Una canallada. Volvía a demostrarse la histórica voracidad yanqui. Como parte de los mismos tratados no sólo se acordó el reconocimiento de los derechos estadounidenses para continuar explotando libremente nuestro petróleo, sino que se *obsequió* al gobierno mexicano al menos el derecho de decretar impuestos y promulgar la legislación referente al orden público. ¡Muchas gracias! Fueron muy amables en respetar en algo nuestra soberanía, tan sólida y consistente como el papel mojado, mientras el libro de texto también nos obsequia silencio, silencio… Silencio absoluto sobre los Tratados de Bucareli, silencio absoluto sobre los Tratados de Ciudad Juárez, silencio absoluto sobre los tratados McLane-Ocampo y Mon-Almonte, silencio absoluto sobre el Pacto de la Embajada… ¿Querrán que el niño aprenda a guardar silencio? Es probable. Lo que es un hecho es que desean que ignore absolutamente todo lo más importante de nuestra historia.

Este acuerdo se elevaría a nivel de ley durante el periodo de Calles, que lo limitó a cincuenta años. ¿O sea que a tan sólo seis años de haber sido promulgada la Constitución esta ya aparecía amañadamente derogada por intereses políticos inconfesables? ¿Estos resultados eran los que se esperaban de la lucha armada que devastó a la nación? ¿En estas felonías se traducían las esperanzas de millones de mexicanos que esperaban un cambio radical después de matarnos entre todos? ¿Esa era la cara oculta de los hombres de la Revolución? ¿Qué se podía entonces esperar del futuro…? Si precisamente uno de los cargos políticos en contra de Porfirio Díaz consistía en el hecho de que se había concedido una preponderancia privilegiada a los extranjeros por encima de los mexicanos, ¿por qué entonces insistir en el error a pesar de la queja justificada de los nacionales?

En 1923 los Tratados de Bucareli mitigaron las preocupaciones petroleras y mineras hasta el grado de que Estados Unidos otorgó reconocimiento al gobierno de Obregón.

Los Tratados de Bucareli (que se han ocultado a la historia hasta ahora) jamás contemplaron la posibilidad de ver por el bien de la nación, sino que fueron acordados fuera del escrutinio público única y exclusivamente para favorecer a la naciente diarquía Obregón-Calles, que en buena parte traicionaría a la Constitución de la misma suerte en que Díaz había traicionado la de 1857. Calles desconocería dichos tratados al llegar a la presidencia y luego no sólo los convalidaría, sino que iría mucho más lejos que los originales en contra de los intereses de México, según veremos en su momento. ¿Vamos entendiendo por qué razón México es un país atrasado? ¿Es posible culpar únicamente a los políticos de la realidad que padecemos, lo cual implica aceptar la existencia de las culpas absolutas? ¿Ellos son culpables absolutos y la sociedad es absolutamente inocente? Mientras no aceptemos nuestra responsabilidad jamás avanzaremos como nación. ¿Y cómo íbamos a avanzar si la culpa siempre la tienen los demás...?

El 27 de diciembre el Senado aprobó la Convención Especial de Reclamaciones, no así la Convención General, que establecía canonjías inaceptables a favor de los estadounidenses en perjuicio de los mexicanos. No pasaría. Los mexicanos, argüía el senador campechano Francisco Field Jurado, no sólo no deberían quedar en igualdad de circunstancias en relación a cualquier extranjero, sino que siendo su propio país, deberían poder disfrutar de cualquier privilegio adicional respecto de ellos. Acordó entonces con sus colegas del Partido Cooperatista continuar, a como diera lugar, con la estrategia de sabotaje e impedir la reunión del quórum necesario para votar la medida. Las cabezas visibles en el ardid eran la suya, como organizador, y las de otros tres de sus compañeros de partido. Era la hora del patriotismo; para eso, precisamente para eso habían sido electos, para velar por los supremos intereses del país. Ellos eran los defensores del patrimonio y de los derechos de los nacionales. Field Jurado, al igual que en su momento protestara Belisario Domínguez por otra razón ante *El Chacal* y fuera brutalmente asesinado por ello, este ilustre campechano se jugó la vida con tal de que no fuera aprobada en el Senado la traición en contra de México. Los Tratados de Bucareli no serían aprobados por los Congresos de México y Estados Unidos, como tampoco lo fue el Tratado McLane-Ocampo setenta años atrás, sin embargo, el gobierno de Obregón sí sería reconocido diplomáticamente en agosto de 1923 y con ello tuvo acceso al crédito y sobre todo a las armas para imponer a Calles, a sabiendas de que de otro modo, por la vía electoral, jamás hubiera llegado al poder, entre otras razones porque no contaba con el apoyo del ejército que sería sometido a una pavorosa purga, similar a la que padecerían los enemigos de Obregón.

Los hechos se daban tal y como lo había pronosticado Venustiano Carranza desde abril de 1920: «si Obregón entra al poder se repetirá el periodo histórico de 1876, cuando don Porfirio se hizo cargo de la presidencia para, al término de su mandato, poner en el puesto a un incondicional, quien, a su vez, le volvería a entregar el mando para no volver a salir de él».[392]

¿Y Carranza no tenía las mismas intenciones hasta que lo detuvo la bala, de la misma manera que la bala detendría a Obregón?

---

[392] Tzvi Medin, *El minimato presidencial: Historia política del maximato (1928-1935)*, México, Era, 1983, p. 17.

Adolfo de la Huerta, el expresidente que había ocupado el cargo durante seis meses, una de las cabezas del Plan de Agua Prieta y en aquellos momentos secretario de Hacienda del gobierno de Álvaro Obregón, renunció a su cargo y ese mismo compañero de armas y leal colaborador de *El Manco* lo acusó temerariamente de traidor por la negociación de los Tratados de Bucareli y se levantó genuinamente en armas en defensa de los intereses de México, como correspondía a un auténtico patriota. Un grupo destacado de generales lo animaron a lanzarse a la presidencia, orillándolo poco a poco a levantarse en armas junto con casi la mitad del ejército, una poderosa fuerza militar que conocía Coolidge, el presidente estadounidense, quien aseguraba que Adolfo de la Huerta vencería a Obregón en 1923 salvo que él armara al *Manco*...[393] ¿A Coolidge le importaba la democracia mexicana? Su interés radicaba en el enriquecimiento de sus compatriotas dentro y fuera de las fronteras de Estados Unidos, así como la protección de los intereses económicos de las empresas estadounidenses; si el hecho de venderle armas a Obregón implicaba una nueva destrucción de la democracia mexicana, le tenía absolutamente sin cuidado. Lo anterior no puede llamarse intervención militar, no, pero si por algo pasaría Coolidge a la historia de México no es por haber sido un demócrata, menos aún si pertenecía, claro está, al Partido Republicano.

Los simpatizantes del movimiento delahuertista fueron hostigados en cualquier frente en que se encontraran. El diario *Mañana*, a título de ejemplo, fue invadido por una turba de maleantes encabezada por Luis N. Morones, el gatillero de Calles, quien en su gobierno sería nada menos que secretario de Industria; sobra decir que el cadáver del director del periódico fue encontrado en un suburbio de la Ciudad de México. El obregonismo no se cansaría jamás de enseñar los dientes...

Empieza entonces una de las represiones más crueles y sangrientas de nuestra historia. Calvin Coolidge, el presidente yanqui, acuerda en 1923 no mandar armas ni municiones a Veracruz, donde se encuentra De la Huerta. Obregón no recibe los navíos solicitados por estar Veracruz en manos de los delahuertistas, pero en cambio la Casa Blanca le manda once aviones de Havilland, 33 ametralladoras, 15 000 rifles Enfield, cinco millones de municiones y otros pertrechos más,[394] una compensación mínima por permitir que los petroleros extraigan impunemente nuestro *oro negro* y Obregón y Calles se afirmen en el poder aplastando, claro está, la democracia mexicana. Edward Doheny, el pre-

---

[393] Guillermo Chao Ebercenyi, *Matar al manco*, México, Diana, 1994, p. 324.
[394] Francis McCullagh, *Red Mexico: A Reign of Terror in America*, Nueva York, Louis Carrier & Co., 1928, p. 368; John Dulles, *op. cit.*, p. 209.

sidente de la Huasteca Petroleum Company, entre otros petroleros extranjeros más, abastecen a Obregón con diez millones de pesos, «una ayuda simbólica a nuestro movimiento».[395] Es nuestro hombre, apoyémoslo o no nos quejemos después... Recibirá el tiro de gracia puntual y certero un selecto grupo de la alta jerarquía militar, los queridos compañeros de armas, los mismos que se jugaron la vida en el campo del honor al lado de Álvaro Obregón, quien convertido en político no tendrá empacho en ejecutarlos atendiendo a tres objetivos: uno, imponer a Calles en la presidencia; dos, asegurar de esta suerte su retorno al Castillo de Chapultepec cuatro años más tarde, habiendo acabado con las posibilidades de una futura resistencia armada; tres, ejecutar una purga masiva en los cuarteles, excluyendo cuidadosamente a los oficiales leales a su causa...[396]

Al apoyar a Calles y mandar asesinar a un selecto grupo de militares, Obregón estaba trabajando eficientemente en la consolidación de su carrera política y garantizando su regreso *pacífico* al poder a partir de 1928. En lo que hacía a *El Turco*, llamado así por el apellido Elías, este dejaría hacer al presidente, en la inteligencia de que el exterminio de la oposición le beneficiaba abiertamente en la consecución de sus propios objetivos políticos. Cuando el camino quedara libre de adversarios ya sólo restaría una delicada tarea por ejecutar: matar a *El Manco*. Nadie sabe para quién trabaja...

¿Adónde hubiera ido a dar Obregón sin el respaldo de Estados Unidos, o Juárez sin el apoyo de la marina yanqui, o Madero sin la protección de la Casa Blanca cuando le permitió asilarse en Texas sin aplicarle las leyes de neutralidad que sí utilizó para detener a Victoriano Huerta cuando intentaba regresar a México con el apoyo del emperador alemán, entre otros ejemplos más?

De la Huerta declara: «El general Obregón no se ha limitado a violar la soberanía de los estados, a destruir la independencia del Poder Legislativo y desconocer al Poder Judicial de la Federación, resumiendo en su persona, anticonstitucionalmente, los tres poderes que encarnan nuestra soberanía; ha hecho más: investido con la facultad de velar por la observancia de las libertades públicas, conforme a nuestras leyes, ha empleado el inmenso poder que el pueblo le depositó en sus manos para aherrojar esas libertades convirtiéndose en líder político de la impopular candidatura del general Plutarco Elías Calles, a fin de asegurar-

---

[395] Carlos Pereyra, *México...*, p. 134; John Dulles, *op. cit.*, p. 210.
[396] José Vasconcelos, *La Flama: Los de arriba en la revolución, historia y tragedia*, México, Continental, 1959. Citado por Fernando Medina Ruiz, *Calles: Un destino melancólico*, México, Tradición, 1982, p. 91.

se más tarde una inmediata reelección, que la nación rechaza y nuestra ley condena».[397]

El párrafo redactado por Adolfo de la Huerta en 1923 sería válido para todos los presidentes mexicanos del resto del siglo XX, admiradores irredentos, alumnos destacados e insuperables de *El Manco* Obregón, de Calles y de Lázaro Cárdenas, el padre indiscutible de la dictadura perfecta y del presidencialismo. Todos resumirán en su persona, anticonstitucionalmente, los tres poderes que encarnan nuestra soberanía. Todos impondrán su criterio en jueces, magistrados y ministros, al igual que en diputados y senadores. Todos designarán a su propio sucesor para ocupar Palacio Nacional. Todos se erigirán como los grandes y únicos electores. Todos destruirán la democracia. Todos disfrazarán al Congreso de la Unión con ropajes republicanos para aparentar ante el mundo la existencia de un modelo de Estado mexicano acorde con los tiempos modernos; la gran farsa política. Todos controlarán a la prensa y mutilarán, discretamente o no, la libertad de expresión. Todos ignorarán las garantías individuales según sus conveniencias políticas y sus estados de ánimo. Todos comprobarán la sumisión absoluta del pueblo a sus designios y caprichos, como si viviéramos en la época colonial y la ciudadanía todavía temiera los castigos de la Santa Inquisición o dirigiera los destinos del país el gran tlatoani, quien contaba con sobradas facultades para inmolar en la piedra de los sacrificios a los rebeldes. Cuidado con que alguien se atreviera a levantar la cabeza y protestara: pocos lo harán y quien se expusiera sería encarcelado, desaparecería o se le encontraría muerto en circunstancias extrañas. Ahí circularían por el gran estrado de la historia Lázaro Cárdenas con su Manuel Ávila Camacho; Ávila Camacho con su Miguel Alemán; Miguel Alemán con su Ruiz Cortines; Ruiz Cortines con su López Mateos; López Mateos con su Díaz Ordaz; Díaz Ordaz con su Luis Echeverría; Luis Echeverría con su López Portillo; López Portillo con su De la Madrid; De la Madrid con su Salinas de Gortari; Salinas de Gortari con su Ernesto Zedillo, a falta de su Colosio… Hasta que Zedillo acabó con la dictadura perfecta para tratar de ceder el paso a la alternancia en el poder, al prometido cambio, que no fue sino más continuismo. La sana distancia que supo guardar Zedillo de un PRI históricamente podrido constituyó la gran oportunidad política para México, que la oposición panista desperdició miserablemente. Hoy en día el PRI, de regreso en el poder, vuelve a resolver las diferencias políticas echando mano de diferentes resortes y presiones o

---

[397] Adolfo de la Huerta, «Manifiesto Revolucionario de Adolfo de la Huerta», en Manuel González Ramírez, *Fuentes para la historia de la Revolución mexicana*, México, FCE, 1954, p. 267.

compras de voluntades, con arreglo a sobornos a los legisladores de la oposición financiados con cargo al erario. Nada nuevo bajo el sol, salvo que la corrupción oficial entre los poderes federales sea una novedad.

Otros obregonistas consumados se unieron para apoyar con las armas en las manos la candidatura de Plutarco Elías Calles. Uno de ellos, tal vez el más destacado, fue nada menos que Rodolfo Herrero. ¿Herrero…? ¿El asesino, el traidor de Carranza en Tlaxcalantongo, incorporado una vez más al ejército mexicano para defender los intereses de la patria? Sí, el mismo. ¿Queda claro, no…?

Carrillo Puerto

El gobernador de Yucatán, Felipe Carrillo Puerto, un político leal a Obregón, fue asesinado por tropas supuestamente afines a De la Huerta para culparlo del crimen, en la inteligencia de que este no era un asesino ni había ordenado matar al colosal líder yucateco. «Es la Revolución», se le dice. Sí, pero no sobre la base de matar como salvajes. En ese momento De la Huerta ignoraba que Obregón había ordenado la muerte de Carrillo porque mataba dos pájaros de un solo tiro: arrojaba sobre su exsecretario de Hacienda toda la responsabilidad del oprobioso crimen, uno más en la larga lista ensangrentada de *El Manco*, y además se deshacía de una buena vez y para siempre de Carrillo Puerto, una creciente amenaza política que en el corto plazo podría llegar a representar un enorme obstáculo en su carrera hacia la dictadura, una nueva tentación totalitaria como la que había seducido a Díaz y a Victoriano Huerta. Don Adolfo de la Huerta no era el hombre para enfrentar el momento histórico de México. Por supuesto que discrepó de Carrillo Puerto cuando este declaró: «Si los comerciantes acaparan los víveres y a ustedes les falta el pan, pues a ir a las tiendas, a demoler las puertas y saquear todas las existencias. Dinamitemos la Cámara de Diputados, exterminemos cuanto antes el Senado y acabemos con la Suprema Corte. Ya no más manifestaciones pacíficas. Ya no más palabrería, lo que el pueblo necesita es imponerse. Hay, pues, que poner en práctica los principios bolcheviques. Hagamos ondear la bandera roja de las reivindicaciones».[398]

[398] John Dulles, *op. cit.*, p. 71.

Carrillo Puerto luchó durante los veinte meses de su mandato por que las mujeres ejercieran el derecho al voto, ¿por qué razón estaban impedidas constitucionalmente de elegir para un cargo público al candidato de su preferencia? El *Apóstol de la Raza de Bronce* detectó los factores de atraso en su tierra, en el Yucatán que invariablemente quiso ver crecer y prosperar, y para ello promovió el reparto de tierras, vio por el bienestar y rescate de los indígenas, incorporó nuevas técnicas de cultivo, explicó e impuso modalidades para la planificación familiar, creó la Universidad Nacional del Sureste, se opuso al alcoholismo e impulsó el rescate de zonas arqueológicas mayas. ¿La recompensa para quien después sería declarado *Benemérito de Yucatán*? Morir asesinado a balazos junto con sus hermanos y otros colegas de campaña a manos de esbirros obregonistas. Sus últimas palabras, lanzadas desesperadamente al cielo antes de ser pasado por las armas, fueron: «¡No abandonen a mis indios...!». Alma Reed, su amante, su *Peregrina*, según rezaba la letra de la canción compuesta en su honor, lo lloraría hasta el último día de su vida.

Tan pronto cayó Carrillo Puerto el 4 de enero de 1924, la noticia comenzó a regarse por el mundo: el gobernador socialista de Yucatán, uno de los más pujantes símbolos de la Revolución mexicana, había sido asesinado.

Obregón lamentó los sucesos en un telegrama de un cinismo desbordado precisamente porque él había traicionado a Carrillo Puerto y ordenó su ejecución conforme a sus intereses políticos: «El asesino de Felipe Carrillo Puerto lleva el dolor a los hogares del proletariado y muchos millones de seres humanos, al recoger la noticia, sentirán rodar por sus mejillas lágrimas sinceras de dolor. Don Adolfo de la Huerta se dará cuenta de la magnitud de su crimen cuando recoja las protestas viriles del proletariado universal. La sangre generosa de Felipe Carrillo Puerto y compañeros, es el testimonio de la apostasía de don Adolfo de la Huerta».

En el alevoso asesinato de Carrillo Puerto percibieron Obregón y Calles el arribo de la oportunidad esperada para oprimir el gatillo y acabar también con la vida del senador Field Jurado: se destrabaría la ratificación de los tratados en el Congreso mexicano, se normalizarían las relaciones con Estados Unidos, restando ya tan sólo acabar de aplastar hasta el último brote de violencia impulsado por los delahuertistas en contra de la candidatura presidencial de Calles. Según los cooperatistas, los acuerdos con Coolidge constituían actos flagrantes de traición a la patria, una claudicación de los principios revolucionarios, sobre todo porque dejaban indefensos a los mexicanos en el ejercicio de sus derechos en comparación con los extranjeros y porque los yacimientos de petróleo no serían propiedad de la nación. El 14 de enero de 1924 fue la fecha escogida por Obregón, Calles y Morones para concluir con el empantanamiento legislativo que amenazaba abiertamente su candidatura.

Francisco Field Jurado no creía en las amenazas de muerte vertidas desde las filas laboristas y que aparecían publicadas en los diarios nacionales. Ni siquiera se inmutó cuando otro colega legislador, José M. Muñoz, manifestó desde la tribuna: «En vista de que usted ha creído guasa que se le va a matar para hacerse justicia la acción directa, manifiesto a usted que esta tarde será usted asesinado: un senador que salió con el presidente de la República a Celaya ha traído la orden de asesinarlo a usted».[399]

Field Jurado retó a los criminales, denunció los planes de Morones, leyó lo asentado por la prensa, escuchó los comentarios y recomendaciones de sus colegas, pero en ningún caso aceptó la posibilidad real de que se pudieran materializar las amenazas de los laboristas.

Field Jurado fue materialmente cazado por cuatro pistoleros en plena vía pública en la esquina de las calles de Córdoba y Tabasco de la colonia Roma, en la Ciudad de México. El senador patriota fue abatido a tiros, acribillado a balazos, ocho en distintas partes del cuerpo, unos en la cara, otros en el cuello y otros más en la espalda, además de los impactos fallidos que fueron a dar a la cortina y a las paredes de una marmolería. Perdió la vida de inmediato a manos del regidor del ayuntamiento de la Ciudad de México, coronel José Prevé, Ramírez Planas y un tal Jaramillo, colaboradores y ayudantes, matarifes y asesinos a sueldo pagados por el gobierno del Distrito Federal, todos ellos de Luis Napoleón Morones y por ende de Calles y por ende de Obregón, y por ende de la voracidad política y el desprecio por México, sus libertades y su evolución.

En tanto baleaban a Field Jurado, se accionaba la segunda parte del plan: secuestrar a tres senadores igualmente opositores a la ratificación de los Tratados de Bucareli. Enrique del Castillo, Ildefonso Vázquez y Francisco J. Trejo fueron privados de la libertad por otros matones laboristas. Con las pistolas colocadas en las sienes les comunicaron la benevolencia que por sólo esta vez había tenido el movimiento obrero, pero que de insistir en el sabotaje legislativo correrían la misma suerte que su compañero de curul.

---

[399] Vito Alessio Robles, *Desfile sangriento. Mis andanzas con nuestro Ulises. Los Tratados de Bucareli*, México, Porrúa, 1979, p. 86.

Los crímenes de Obregón y Calles

Llegó la hora de mencionar y de dejar constancia del temperamento asesino de Álvaro Obregón durante su larga carrera política. Si bien es cierto que Huerta pasó a la historia justificadamente con el apodo de *El Chacal*, habría que buscarle a Obregón uno hecho a su medida porque *El Manco* fue un criminal de mayores dimensiones que aquel. ¿Por qué razón la historia, ya no se diga el libro de texto, ha ocultado la personalidad y las estrategias para llegar al poder y mantenerse en él de este político sonorense que, además de haber sido un gran traidor a la Constitución y por ende a la patria, se proyectó como un gran asesino encubierto al que nunca se le ha hecho justicia?

Comencemos con los generales o militares de diferente rango asesinados o fusilados o simplemente desaparecidos en 1920: ahí están las figuras inolvidables del general Estanislao Mendoza, del capitán primero Héctor Morales, de los tenientes Eulalio Méndez, Blas Enríquez, Manuel Ortiz, Daniel Almanza, del subteniente Ernesto Morales y de los sargentos Francisco Puerto y Florentino Contreras. En 1921 debe recordarse al general y diputado Humberto Villela, a los generales Tomás Izquierdo –junto con todo su estado mayor y el de Pedro Zamora–, Tomás Torres, Tranquilino Montalvo, Antonio Pruneda, Pedro Fabela y Juan Pablo Marrero, sacados de sus casas y vilmente asesinados en Laredo, sus cuerpos quemados allí mismo. Imposible olvidar a Sergio Zepeda, Antonio Medina y Francisco Reyna, primero secuestrado en Estados Unidos y llevado a Nogales, donde fue fusilado; Pablo González (Chico), Juan Rodríguez, Domingo Rentería, Rosalío Alcocer, *suicidado* en la cárcel de Laredo, Pedro Muñoz, Anastasio Topete, Fernando Vizcaíno, Pedro de la Cruz, Francisco Rubio, R. Colunga, Isaac Ángeles, José Casas Castillo, Martín Castrejón, Ernesto Aguirre, Antonio Mora, Sidronio Méndez y sus dos hijos, todos ellos generales de la máxima jerarquía, además de los civiles Víctor Lazcano, Luciano Reyes Salinas, este último sacado de su casa y acribillado a balazos, sin olvidar a Heriberto Galindo, Agustín Cárdenas, hermano del exgobernador de Tamaulipas, además de los crímenes cometidos en las personas del coronel Manuel Baruch, del teniente coronel Manuel Arriola, del mayor Antonio Suárez, Prisciliano Guzmán, del capitán Graciano Ortiz, José Murguía, Jesús Rijón, Ángel Méndez, Carlos González, Pablo Sánchez, Pedro Reséndiz, José Domínguez, J. Arias, M. Reynaga y R. Corona; el mayor José Illescas, el coronel Juan Rayón, Manuel Marenco, el teniente coronel Manuel Charles, el mayor Luis Rioseco y el coronel Ismael Galán, muertos en 1922, al segundo año de su gobierno. Aquí cabe mencionar que el 25 de agosto de 1922 en Zaragoza, Coahuila, Francisco Murguía, carrancista, se levantó en armas previa publicación de una carta en la que atribuía a Obregón, con nombre y apellido, fecha y algunos otros detalles, más de setenta asesinatos, la mayoría de prominentes revolucionarios, a traición, esposados, de rodillas, echados en arroyos, atropellados, en fin... Murguía fue vencido rápidamente y obviamente asesinado al más puro estilo obregonista.

¿Y no sería masacrado Pancho Villa en 1923? El libro de texto menciona «Un dato interesante»: «El 26 de julio de 1920, al enterarse de que el presidente Adolfo de la Huerta había llegado a un acuerdo con el general Francisco Villa para que él y sus hombres dejaran las armas y ya no combatieran al gobierno, el general Álvaro Obregón expresó así su desacuerdo: Soy de la opinión de que no hay ninguna autoridad, por alta que sea su investidura, que tenga el derecho a celebrar con Villa un convenio que cancele su pasado y que incapacite a los tribunales de la actualidad y del futuro para exigirle responsabilidades. Tres años después, siendo presidente Obregón, Villa fue asesinado junto con varios de sus hombres» (p. 112).

Claro que el libro no dice por qué ni cómo ni quién asesinó a Villa (de la misma manera que no dice quién mandó matar a Carranza ni a Zapata), pero se sabe que el famoso *Centauro* concedió una entrevista en mayo de 1922 al periodista de *El Universal* Regino Hernández Llergo en su rancho El Canutillo, en la cual confesó planes y amenazó con medidas que alarmaron a Obregón, sí, a Obregón, *El Manco*, y por supuesto también a Calles, *El Turco*...

El libro de texto nada dice de las palabras que le costaron la vida al *Centauro del Norte*, y es que al acercarse la sucesión de Obregón, Pancho Villa declaró a propósito de Adolfo de la Huerta: «Fito es muy buen hombre, y si tiene defectos, señor, son debido a su mucha bondad [...] Fito es un político que le gusta conciliar intereses de todos, señor; y el que logra esto hace un gran bien a la patria [...] Fito es buena persona, muy inteligente, muy patriota y no se verá mal en la Presidencia de la República».[400]

Semejante declaración pública aparecida en *El Universal* constituía, sin duda alguna, una amenaza en contra de los intereses políticos de Calles, pero no sólo eso, quedó evidenciado además que su promesa de no participar en política se reducía a la duración del gobierno de Obregón hasta 1924, término a partir del cual podría lanzar su candidatura

---

[400] Federico Cervantes, *Francisco Villa y la Revolución*, México, Editorial Alonso, 1960, p. 638.

Los cadáveres del general Francisco Villa y el coronel Manuel Trillo, mandados a asesinar por Obregón con la complicidad de Calles.

como gobernador de Durango. Si el regreso de Villa a la política entrañaba un peligro en ciernes, la amenaza se multiplicó al infinito cuando *El Centauro del Norte* advirtió que podría movilizar a 40 000 hombres en cuarenta minutos, una advertencia para que el gobierno se condujera por la vía de la legalidad y no perpetrara ni permitiera una elección fraudulenta que ignorara la voluntad popular que se inclinaba por De la Huerta. Empezaba a correrse el telón mientras una voz misteriosa anunciaba el estallido de un nuevo episodio revolucionario…

Francisco Villa redactó su sentencia de muerte, suscrita y avalada en secreto por Álvaro Obregón, Plutarco Elías Calles y Joaquín Amaro; nadie podría interponerse en los planes de los sonorenses salvo que estuviera dispuesto a dar su vida a cambio. ¿Esas eran las garantías individuales consignadas en la Constitución? ¿Después de la Revolución México ya se desarrollaría dentro del esquema de un Estado de derecho? Por supuesto que no: ¡a saber cuántos años pasarían antes de ser un país de leyes, realidad que hasta la fecha nunca hemos conocido…! ¿Cuánto faltará para que la justicia se enseñoree en México y rija nuestro destino?

Resultaba imperativo evitar el regreso de Villa a la política y más aún, extinguir cualquier posibilidad de que pudiera organizar un movimiento armado. Pancho Villa fue masacrado por sorpresa, del modo más cobarde, el 20 de julio de 1923 en Parral. Como bien decía Fernando Benítez: «El presidente, a quien el pueblo llamaba *El Manco de Celaya*, era un mutilado gracias a Villa, y Villa en aquel momento, a pesar de su palabra de honor, lanzaba verdaderas amenazas [...] Significaba un peligro y Obregón decidió eliminarlo y cobrarse su brazo faltante».

Adiós a Villa, un feroz guerrero determinante en el derrocamiento de Díaz y de Victoriano Huerta; así acabó su vida, pero también adiós a balazos a don Salvador Alvarado en 1924 y adiós al general Ángel Flores, opositor a Calles en la campaña de 1924, quien murió sospechosamente envenenado. Adiós a Fortunato Maycotte, y adiós al general Alberto Segovia; general Carlos Greene, general Manuel García Vigil, general Rafael Buelna, general Che Gómez, general Benito Torruco, general Manuel Chao; adiós a Ramón Treviño, Luis Hermosillo, José C. Morán, general Alfredo García, general Crisóforo Ocampo, diputado e ingeniero Francisco Olivier, diputado Rubén Basáñez, general Samuel Alba, general Francisco de Santiago, general Fructuoso Méndez, coronel Antonio de la Mora, general Isaías Castro, general Petronilo Flores, Roberto Quiroga, presidente del Partido Revolucionario de Campeche; Manuel Méndez Blengio, general Isaías Zamarripa, general Nicolás Fernández, general Fermín Carpio, coronel José María Carpio, general Marcial García Cavazos, coronel Salvador Herrejón, general Rafael Pimienta, teniente coronel Plinio López, teniente aviador Jiménez Castro, mayores Darío Hinojosa y Félix Domínguez, general Antonio de P. Magaña, general Valentín Reyes, teniente coronel Agustín Garza Farías, mayor Ángel Díaz Mercado, capitán Francisco Díaz Mercado, teniente coronel Everardo de la Garza, capitán Ambrosio Quiroga, general Américo Sarralde Ancira, mayor David Soto y general Alberto Nájera Olivier.[401] Adiós, adiós, adiós...

Para demostrar que Obregón era un asesino con un auténtico arsenal de pretextos, debemos recordar el caso de Francisco Serrano, su familiar político y contrincante a la Presidencia de la República por el Partido Antirreeleccionista, a quien mandó asesinar a culatazos y tiros en Huitzilac en 1927 junto con doce de los integrantes de su campaña presidencial, con la idea de quedarse solo en la carrera electoral, hechos inmortalizados por Martín Luis Guzmán en su novela *La sombra del caudillo*. Sin olvidar a otros miembros prominentes del Partido Nacional Antirreeleccionista ni al teniente coronel Augusto Manzanilla ni a toda la oficialidad del 10º Batallón, que fueron fusilados en Torreón. La oposición política representaba la mayoría en México y por eso barrieron con ella a balazos. ¿Qué hubiera sido de México si esos personajes no hubieran sido eliminados? ¿Por qué tenía que truncarse la vida

---

[401] Alonso Capetillo, *La rebelión sin cabeza: Génesis y desarrollo del movimiento delahuertista*, México, Imprenta Botas, 1925, pp. 263-264.

de estos hombres, que bien podrían haber sumado democráticamente a la construcción de un México mejor? Claro está que Serrano no era ninguna hermana de la caridad, numerosos testimonios hay de su alcoholismo y exhibicionismo y de su participación en la liquidación de la rebelión delahuertista como secretario de Guerra de Obregón, fue letal y es evidente que preparaba un golpe de Estado ese mismo 3 de octubre en que fue masacrado. ¡Por supuesto que él también aspiraba a tomar el poder por la fuerza!

¿Más asesinatos cargados a la cuenta de Obregón y de Calles, su colega encubierto en el futuro cercano? Aquí van otros tantos para que jamás se olvide de dónde venimos. El general Luis Vidal, gobernador de Chiapas, fue asesinado por sus esbirros como parte de la sanción en contra de Serrano y de Arnulfo Gómez, otro opositor, otro candidato a la presidencia, fusilado enfermo y atado de los brazos para sostenerlo del paredón con el piadoso objeto de *pacificar al país* previo consejo de guerra sumarísimo, como si con ello quedara intacto su honor de *estadista*. ¡Cuántos crímenes se han cometido en nombre de la *pacificación*, de Dios o de la democracia!, ¿no? Siempre existirá un pretexto para atropellar o matar... Los generales Alfredo Rodríguez y Norberto Olvera fueron fusilados sin previo juicio, al igual que Rueda Quijano, Francisco Gómez Vizcarra, Salvador Castaños, antirreeleccionistas de corazón. ¿A balazos? ¿A balazos, como ellos, ese era el concepto primitivo de la autoridad de dichos sonorenses? ¿Y las leyes y los tribunales y la convivencia civilizada? ¿Esa iba a ser la generación derivada de 1917, la de la Constitución, la de la reconstrucción, la de la modernización, la del respeto a la ley para poder colocar una piedra encima de la otra?

¿Diferencias entre Victoriano Huerta y Obregón? Ambos mataron a presidentes de la República. Es evidente que Huerta pasó a la historia como *El Chacal* por la cantidad de crímenes que cometió, empezando por el del presidente de la República, además de legisladores y periodistas a los que privó de la vida sin pudor ni remordimiento alguno; lo importante era la tenencia del poder y nada más. ¡Se acabó! Si Huerta mandó a asesinar a Madero, Obregón también ordenó matar a un presidente, a Venustiano Carranza, y claro está, segó la existencia de legisladores y de una enorme cantidad de militares, sus colegas en el campo del honor, con cuyo auxilio pudo derrocar al propio Huerta y derrotar posteriormente a Pancho Villa durante los años aciagos de la Revolución. Sí, *El Chacal* se encargó de asesinar al senador don Belisario Domínguez, a Serapio Rendón y Adolfo Gurrión, pero Obregón mandó matar al también senador Field Jurado y al senador Enrique Henshaw, quien se oponía a la reforma de los artículos 82 y 83 que impedían la reelección, pero además secuestró a varios legisladores con tal de ganar una votación alevosa en contra de los supremos intereses de México. Huerta, Obregón y Calles cometieron graves delitos y jamás pisaron prisión alguna ni la patria se los demandó, porque como decía Obregón: «En México sólo los pobres y los pendejos van a dar a la cárcel...».

La sucesión estaba próxima y aunque Obregón tenía determinado entregar el poder a su secretario de Gobernación, el sonorense Plutarco Elías Calles, no quería que Morones, el líder obrero, permaneciera ligado a su paisano durante el siguiente periodo presidencial. Una campaña de desprestigio contra el líder de la poderosa Confederación Regional Obrera Mexicana, CROM, derivó en un enfrentamiento armado en el salón de sesiones de la Cámara de Diputados el 12 de noviembre de 1924, resultando herido de bala dicho líder obrero: «¡Ya me asesinaron estos... tales...!», exclamó mientras era trasladado a un hospital. Su próxima aparición pública sería durante la unción de Plutarco Elías Calles como presidente de la República. Morones sería, sin ningún género de dudas, su hombre fuerte, su brazo armado, un sujeto carente de la más elemental noción de piedad y, por el contrario, titular de una lealtad a prueba de fuego hacia el nuevo jefe del Ejecutivo.

Se hace evidente que «con la ayuda norteamericana, Obregón triunfó fácilmente junto con los jefes militares de Sonora [en 1914]; con esa misma ayuda, despedazó a Villa en León y en Celaya [en 1915]; y por último, con la protección decidida de Calvin Coolidge, estranguló la revolución delahuertista en diciembre de 1923».[402] Sí, cierto, pero habría que agregar que al cooperar eternamente con Obregón al fin y al cabo los yanquis sólo estaban liquidando una cuenta pendiente a título de agradecimiento por haber derogado por la vía de los Tratados de Bucareli el artículo 27 constitucional, con lo que quedó diferida la gran esperanza de los mexicanos de explotar y disfrutar finalmente de nuestros gigantescos recursos naturales.

El clero y los gobiernos de la Revolución

Pero volvamos al libro de texto. No puede obviarse el hecho de que así, de repente y sin aviso previo, de golpe ya llegó al poder Plutarco Elías Calles, sin describir ni los sucesos que acabamos de narrar ni las elec-

---

[402] «Carta abierta al Duque de Alba», París, 31 de agosto de 1928, en Donato Morales y Alfredo Guzmán, *Toral y el asesinato de Obregón*, San Antonio, s.i., 1929, pp. 25-28.

ciones llevadas a cabo para legitimar su acceso a la presidencia, cuando era un candidato impopular y para imponerlo era menester recurrir a un nuevo baño de sangre, según quedó demostrado en las páginas anteriores. El libro de 2015 comienza así el tema:

«Durante su gobierno, el presidente Plutarco Elías Calles (1924-1928) se propuso impulsar las reformas necesarias para que México consiguiera un mejor desarrollo económico y social. Con ese propósito creó importantes instituciones como el Banco de México en 1925, y negoció con otros gobiernos para un mayor beneficio de México en la explotación de sus recursos naturales.

»En los últimos dos años de su gestión enfrentó serios problemas políticos provocados por la guerra cristera y el asesinato del presidente electo Álvaro Obregón. Después de concluir su mandato continuó influyendo en el gobierno a través de sus sucesores, entre 1928 y 1934. Este periodo es conocido como el "Maximato", porque aunque ya no era presidente, Plutarco Elías Calles decidía sobre muchos asuntos, y por ello se le conocía como el "Jefe Máximo"» (p. 120).

Ciertamente, una pobre descripción de sucesos que deberíamos conocer a la perfección para entender por qué hizo imposible nuestra democracia y surgió el régimen de la Revolución, conocido vulgarmente, faltaba más, como «el sistema».

La Iglesia católica no estaba dispuesta a quedarse fuera de la competencia por la Presidencia de la República. Tal y como correspondía a su estrategia milenaria, lanzó en forma encubierta la candidatura del general Ángel Flores, distinguido militar revolucionario, gobernador de Sinaloa durante los mandatos de Carranza y de Obregón además de un distinguido político, dirigente del Sindicato Nacional de Agricultores y de la Liga Política Nacional, organizaciones con vínculos fascistas según informes diplomáticos.[403] Se daba por descontado que Calles ganaría por medio de un fraude electoral, pero en un país mayoritariamente católico bien valía la pena hacer el esfuerzo por conquistar por la vía de las urnas la investidura más importante de la República.

Para tratar de combatir a Calles ahí estaban ya la Asociación Católica de la Juventud Mexicana, el Partido Fascista Mexicano, la Liga Defensora de la Libertad Religiosa,[404] los Caballeros de Colón, el Partido Popular Mexicano y la Unión Patriótica Electoral, todos coordinados

---

[403] Javier MacGregor Campuzano, «Orden y Justicia, el Partido Fascista Mexicano, 1922-1923», *Signos Históricos*, México, junio de 1999, pp. 153-154. Cita a su vez a Dale Reynolds (ed.), *U.S. Military Intelligence Reports: Mexico, 1919-1941*, Bethesda, University Publications of America, 1984, pp. 3-4.

[404] *Ibid.*, pp. 150-180.

por el clero que por supuesto nunca se resignaría a perder en foro alguno.[405] ¿Dinero para sostener la campaña electoral de Ángel Flores? El clero, jamás pobre, facilitará cinco millones de pesos. Se requerían también partidos y estructuras políticas para conquistar el Palacio Nacional por la vía civilizada. Para apoyar a Ángel Flores ahí estaban también el Sindicato Nacional de Agricultores y la Liga Política Nacional, ambos con notables integrantes, entre ellos Luis Segura Vilchis, quien en 1927 será el jefe del comando terrorista clerical adiestrado y encargado de asesinar a Álvaro Obregón en el bosque de Chapultepec. En el Congreso denuncian al clericalismo y al militarismo enemigos de la Revolución, escondidos tras la bandera negra, la de los *fascisti*, los reaccionarios, los Caballeros de Colón, los grandes propietarios, los políticos del antiguo régimen, deseosos de un nuevo movimiento armado. Pretenden el caos porque el orden legal no les satisface ni les conviene, y por esa razón desean destruirlo.[406]

El arzobispo de México pide embravecido cartas para entrar al juego en razón de la encíclica papal *Paterna Sane Sollicitudo,* publicada el 2 de febrero de 1926, en la que el Sumo Pontífice condenaba los artículos constitucionales, mismos que «no merecían ni siquiera el nombre de leyes…».[407] Otro Papa, este Pío XI, que no tenía idea de la piedad, igualito o peor que Pío IX.

¿Qué opciones le quedaban a México? ¿Una, que la herencia callista, es decir, una sociedad cerrada, gobernara México durante décadas sin permitir la alternancia en el poder de ningún otro partido político diferente al tricolor y que el país se agusanara y se pudriera en la corrupción, arrojando un saldo al final del siglo XX de sesenta millones de mexicanos sepultados en la miseria, o bien la segunda, una dictadura

---

[405] «En 1914 el Partido Católico Nacional, con la venia de Victoriano Huerta, consagró el país a Cristo Rey, con una gran ceremonia en la Villa de Guadalupe. La intención de vincular el movimiento católico del país al monarquismo español era más que patente… La Guerra de los Cristeros no fue producto ni de la intolerancia religiosa del Estado, ni del fanatismo religioso del pueblo. Si bien estos elementos están presentes en la raíz del problema, el desarrollo del conflicto siguió un plan preconcebido en el que los actores sólo siguieron los papeles que se les asignaron. Desde las filas "jacobinas" de la CROM de Morones y Lombardo Toledano, los ateos comecuras, como Tomás Garrido Canabal y José Guadalupe Zuno, gobernadores de Tabasco y Jalisco, respectivamente, impusieron una serie de medidas intolerables para el clero y los feligreses. Por el lado de la Iglesia, los grupos jesuitas radicales agrupados en torno al Arzobispo de México, Mora y del Río, contestaron una por una todas las provocaciones hasta llegar a la rebelión armada.» Partido Laboral Mexicano, *op. cit.*, pp. 233-234.

[406] Para conocer más sobre el objetivo de la guerra cristera, el lector puede consultar el anexo II.

[407] Marta Eugenia García Ugarte, «Los católicos y el Presidente Calles», *Revista Mexicana de Sociología*, México, núm. 3, 1995, p. 138.

clerical-militar, totalitaria, similar a la franquista, para regir los destinos de la nación hasta la muerte del tirano, como si se hubieran olvidado los trescientos años de la Colonia, donde la Iglesia cogobernó al país? Tú dirás, respetado lector...

Ángel Flores sabía que se jugaba la vida al competir electoralmente en contra de Plutarco Elías Calles. Había conocido de sobra a Obregón y a Calles durante la Revolución y confirmado sus respectivas vocaciones criminales durante el movimiento delahuertista. ¡Cuántos colegas militares, generales de alto rango, habían sido acribillados sin ser sometidos a un consejo de guerra! ¡El terror se instalaba de nueva cuenta en México! Ángel Flores decidió competir por la Presidencia de la República muy mal aconsejado por los conservadores y los sacerdotes; durante su campaña presidencial recorrió más de la mitad de las entidades federativas recolectando fracaso tras fracaso.

Plutarco Elías Calles continuó su marcha ascendente rumbo al Castillo de Chapultepec a pesar de las acusaciones de haber sido impuesto por Obregón por la vía de la violencia y de haber enajenado la soberanía nacional y el patrimonio de México a los yanquis; los sonorenses lo sujetarían con mano firme. Siete mil personas habrían perdido la vida en la revuelta delahuertista. *El Turco* ganaría obviamente las elecciones de julio de 1924 con 1 340 634 votos contra 250 500 de Ángel Flores, su único oponente. De nada sirvieron los gritos de protesta ni las escandalosas denuncias de fraude, fraude y fraude: según buena parte de la nación, el triunfo de *El Turco* sólo sería posible si se robaban los votos, secuestraban las urnas y baleaban las casillas, es decir, si se cometía un gigantesco fraude electoral. Pero la decisión ya había sido tomada por Obregón, el gran elector; la voluntad de la nación no contaba ni contaría en las elecciones de 1924 ni en las 1928 ni en las de 1932 ni en cualquier otra subsecuente hasta finales del siglo XX. Los sonorenses disputarán para siempre el poder hasta que comprenden la imposibilidad de compartirlo entre ellos mismos y entonces ya sólo quedaría uno, y ese seguiría siendo el eterno enemigo del clero. La suerte, pues, estaba echada...

El Turco llegó a la Presidencia de la República por medio de amenazas, cohechos, intimidaciones, asaltos, secuestros de senadores, descarados desfalcos del tesoro público para financiar ilícitamente su campaña electoral, fusilamientos ilegales y ejecuciones criminales como la de Pancho Villa, la de Field Jurado, la de Serrano y Arnulfo Gómez, así como la de Manuel García Vigil. Quedaba sentado el principio sobre el cual el PRI gobernaría posteriormente más de siete décadas al país.

Una de las fechas largamente esperadas por los sonorenses finalmente se dio: Calles fue declarado presidente de la República el 27 de septiembre de 1924, mientras los católicos lo llamaban monstruo, vicioso, cruel, un Nerón, un tirano... La Iglesia y los petroleros extranjeros levantaron el entrecejo cuando escucharon una parte de su encendido discurso: «Tengo razones de Estado para hacer cumplir la Constitución. México es un país laico y republicano. Con la Carta Magna de 1917 enfrentaré a la ideología de la reacción».

Obregón se retiraría dos meses más tarde para dedicarse a la cosecha de garbanzos en Náinari, su rancho de cuatro mil hectáreas en Sonora (donde levantó un imperio agrocomercial en gran medida debido a sus relaciones políticas y militares, de las que se benefició inmensamente en términos económicos), preparándose para reelegirse en 1928 en contra de lo dispuesto por la Constitución...

Por lo que hacía a las relaciones con la Iglesia católica en los últimos meses del gobierno de Obregón, estas no pudieron concluir en peores términos. Todo comenzó cuando el Papa Pío XI bendijo el Congreso Eucarístico a celebrarse en octubre de 1924 con las siguientes palabras: «Digno es en verdad este propósito de vuestra reconocida vigilancia; ni por un momento podemos dudar que ese clero y ese pueblo, que se distinguen por su ardiente fe, responderían llenos de entusiasmo a vuestro llamado, más aún, ya de antemano nos regocijamos al prever a la nación mexicana aclamando en compacta muchedumbre, públicamente, a Cristo Rey, y poniendo toda esperanza de salvación sólo en aquel que es el camino, la verdad y la vida».[408]

El mensaje de Pío XI enarbolaba el grito de guerra de los católicos: «Cristo, Rey en México», el mismo que había ocasionado, entre otras razones, la expulsión de Filippi, el nuncio. Se refería a muchedumbres y a la aclamación pública de Cristo Rey, cuando la Constitución prohibía específicamente las ceremonias abiertas, públicas, las realizadas fuera de los templos. ¿Verdad que al Sumo Pontífice no le podía pasar desapercibida esta limitación legal, más aún cuando se la habría hecho saber el propio arzobispo Orozco y Jiménez de Guadalajara el día de su audiencia en el Vaticano? De la misma manera en que Pelagio Antonio Labastida y Dávalos aconsejó en Roma al Papa Pío IX en torno al manejo *apostólico y piadoso* de la guerra de Reforma, sesenta años después Francisco Orozco y Jiménez lo haría con Pío XI en relación a los complejos problemas de la Iglesia católica con el gobierno mexicano, en particular los de la sangrienta y no menos cruel rebelión cristera.

Sin duda refiriéndose a la Ley del Petróleo de 1925, que no mencionan, dice el libro de texto que Calles «negoció con otros gobiernos para un mayor beneficio de México en la explotación de sus recursos natu-

---

[408] *El Universal*, 6 de octubre de 1924.

Cristeros ahorcados a lo largo de la vía del ferrocarril
de Guadalajara a Aguascalientes.

rales» (p. 120). ¿Por qué no decir mejor que Calles amagó con aplicar una ley férrea a los inversionistas extranjeros, pero sólo amagó, porque en realidad negoció finalmente con los estadounidenses lo mismo que *El Manco* había negociado: impunidad ante el incumplimiento del artículo 27 sólo para los yanquis? ¿Qué tal? ¿Te parece que esto tiene algo que ver con «un mayor beneficio para México en la explotación de sus recursos naturales»?

Posteriormente se precisa que sí es cierto que «en los últimos dos años de su gestión enfrentó serios problemas políticos» (p. 120), pero estos no fueron provocados por la guerra cristera sino por el clero que, siempre opuesto a las constituciones mexicanas, tanto la de 1824 como la de 1857, luego de haber llegado al extremo de hacer detonar la guerra de Reforma, ahora se enfrentaba a la de 1917, negándose de nueva cuenta a someterse a la legalidad y a las disposiciones dictadas por el Congreso de la Unión, por lo cual convocarían a un nuevo enfrentamiento armado que pasaría a la historia como la rebelión cristera. Que quede claro: los conflictos no fueron provocados por la guerra, como amañadamente se dice, sino por el clero reacio, como siempre, a reconocer y a someterse a la potestad del Estado.

Nuevamente la falsificadora de la historia y enemiga de la verdad habla por boca de los redactores del texto gratuito.

¿Cómo acabó sus días Ángel Flores? Pues sospechosamente envenenado a la usanza de la diarquía Obregón-Calles a la mitad del gobierno de este último.[409]

La rebelión cristera

Pero vayamos a la rebelión cristera y sus horrores, como el saldo de más de 70 000 muertos que tendríamos que añadir a las guerras provocadas por el clero mexicano a lo largo de su historia. El cuchillo del famoso Padre Vega, con el que ajustició a muchos inocentes durante la masacre del tren de La Barca, tenía en el mango un *piadoso* crucifijo…

Las intenciones de Calles se hicieron mucho más que patentes cuando en febrero de 1925, a casi tres meses de haber tomado posesión, decidió fundar la Iglesia Católica Apostólica Mexicana, no Romana, dependiente de su gobierno y no del pontífice romano, es decir, una corriente religiosa paralela: cristiana, sí, totalmente cristiana, pero genuinamente nacional y por lo mismo cismática, un catolicismo alternativo e igual de corrupto, en todo caso, que el del Vaticano; sus jerarcas eran pájaros de cuenta en el contexto de una flagrante provocación al alto clero.

En 1822, al consumarse la independencia, ya se había planteado la posibilidad de crear una Iglesia Nacional Mexicana. Juárez había fomentado las congregaciones evangélicas y llegó a ofrecer trescientos pesos a los sacerdotes que se separaran de la obediencia de Roma, en fin, una Iglesia de Estado cuya existencia jamás consentirían los prelados ni el más humilde cura de pueblo porque se atentaba en contra de los sagrados intereses de la Iglesia católica. A Calles poco le preocupaban dichas amenazas. En ese momento se creía que el presidente actuaba por

---

[409] Anónimo, «Muere envenenado con arsénico en Culiacán», en Ernesto Higuera, *Humos del cráter*, México, Talleres Gráficos de la Nación, 1962, p. 115.

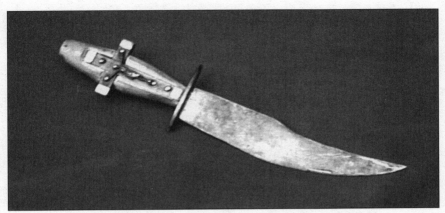

El cuchillo justiciero del padre Vega con el que asesinaba
«en el nombre sea de Dios».

órdenes de Obregón en razón de su ostensible anticlericalismo, más aún cuando quedó claro que se desconocía al Papa romano y se elegía uno mexicano, el famoso Eduardo I, se oficiaba en español y no en latín en las ceremonias religiosas, se oponían al celibato, al cobro de honorarios por administrar los sacramentos y se ajustaban al pie de la letra a lo establecido por la Constitución.

El arzobispo de México, José Mora y del Río, convocó a una reunión de urgencia a una parte del episcopado mexicano. ¿Justificación de la reunión secreta y a puerta cerrada? Asunto único: «Diseñar una estrategia eclesiástica oponible a las agresiones sufridas por la Santa Madre Iglesia Católica, Apostólica y Romana, de parte del gobierno federal, encabezado por Plutarco Elías Calles».

El cónclave infranqueable se llevó a cabo en el auditorio de los Caballeros de Colón (asociación católica, exclusivamente masculina, fundada en Estados Unidos, fanática de corte internacional y sumamente adinerada) a principios del mes de marzo de 1925. Estuvieron presentes el propio Mora y del Río, Leopoldo Ruiz y Flores, arzobispo de Michoacán, el obispo Miguel de la Mora y Mora, de San Luis Potosí, el sacerdote jesuita Bernardo Bergöend (jefe de jefes de las juventudes fanáticas), José Garibi Rivera, mejor conocido como *Pepe Dinamita*, en nombre de Francisco Orozco y Jiménez, arzobispo de Jalisco, y el obispo Jesús Manríquez y Zárate, de Huejutla, además de representantes de las muchas organizaciones religiosas que la jerarquía católica había venido construyendo desde finales del porfiriato.

Durante la reunión, sólo el jesuita y futuro obispo de Tabasco, Pascual Díaz, se opone a la violencia. El clero se preparaba para dar a Calles una muestra de su poder de organización política con la idea de proyectar ante sus ojos el tamaño del enemigo a que se enfrentaba, así como el riesgo que volvería a correr la República si se atentaba en contra de los sagrados intereses de la Iglesia católica. ¡Que no se perdiera de vista la guerra de Reforma!

Si la fundación de la Iglesia Católica Apostólica Mexicana –no Romana– constituyó una auténtica agresión que desató la furia de los fieles, estimulados por la alta jerarquía católica que ordenó el desalojo del templo cismático por medio de masas fanatizadas, la promulgación de la Ley de Adiciones y Reformas al Código Penal, también conocida como Ley Calles, mediante la cual se reglamentaba el artículo 130 de la Constitución de 1917, referente a las relaciones entre la Iglesia y el Estado, sólo podía conducir a un movimiento armado y el movimiento armado estalló. Durante casi diez años el mencionado artículo constitucional había sido letra muerta pues ni Carranza ni De la Huerta ni Obregón, temerosos del poder del clero, se habían atrevido siquiera a amagar con enviar al Congreso una iniciativa con tal objetivo.

Pero Calles publicó la ley, estableciendo penas económicas y corporales a «sacerdotes que oficien, no siendo mexicanos, o que simplemente hagan proselitismo religioso […] Queda prohibido a las corporaciones religiosas o ministros de culto que establezcan o dirijan escuelas de instrucción primaria; igualmente quedan prohibidos los votos religiosos y las órdenes monásticas […] Los conventos serán disueltos por las autoridades y quienes vuelvan a reunirse en comunidad, serán castigados con uno o dos años de prisión y los superiores de la orden con seis años de cárcel».

El artículo 19 de este decreto obligaba a los sacerdotes a inscribirse con la autoridad civil de su jurisdicción y no podrían ejercer su ministerio de no cumplir con este requisito, además de ser sancionados, así como en cada Estado el gobierno se encargaría de fijar el número de sacerdotes que podrían oficiar, etcétera, etcétera.[410]

Uno de los artículos transitorios disponía que la ley, impresa en forma legible, fuera fijada a las puertas de los templos. Esto obligó a los prelados a un nuevo cónclave, llevado a cabo la primera semana de junio de 1926: en realidad se trataba del estado mayor central de la reacción católica. La división era evidente: unos estaban por el enfrentamiento y otros por la resistencia pasiva. Unos invitan a tomar las armas, otros a parlamentar. Uno de los más radicales, José de Jesús Manríquez y Zárate, el obispo de Huejutla, conocido como el *Obispo*

---

[410] Joaquín Cárdenas Noriega, *Morrow, Calles y el PRI. Chiapas y las elecciones del 94*, México, PAC, 1992, p. 39.

Petrolero, dejó muy clara su posición: «No tenemos miedo de las prisiones; tampoco a los fusiles asesinos; mas sí a los juicios de Dios». El obispo González y Valencia, de Durango, aprueba el uso de la fuerza. Apoya a su colega de Huejutla. Se forman grupos, unos a favor, otros en contra del recurso de las armas. ¿Qué hacer...? Finalmente, y bajo la inspiración de Francisco Orozco y Jiménez, que había ya resistido exitosamente a la aplicación del artículo 130 en Jalisco años atrás, decidieron ir por partes y dieron su aprobación oficial a la Liga Nacional para la Defensa de la Libertad Religiosa (LNDLR) para iniciar un boicot económico, un pacto con los fieles para que adquirieran en los comercios el mínimo indispensable para la supervivencia, es decir, «una campaña con el propósito de crear en la nación entera un estado de intensa crisis económica con la mira de derrocar al gobierno [...] Contamos para ello con la autorización y bendición del Venerable Episcopado Nacional. ¡Viva Cristo Rey!».[411]

Era el inicio de la guerra que la jerarquía, la cual obviamente nunca daría la cara, pretendía llevar a cabo contra el gobierno mexicano a través de la LNDLR. El conflicto, como bien había enseñado la experiencia de Jalisco, escalaría progresivamente: primero se llamaría al boicot, después se cerrarían los templos (por órdenes de la jerarquía y de ninguna manera como un acto gubernamental: ¡otro mito funesto!) y luego, si el gobierno persistía en su ateísmo, se le haría la guerra por la vía de las armas.

He aquí una clara invitación a otra guerra entre hermanos: «Séanos ahora lícito romper el silencio [prorrumpió desde Roma José María González y Valencia, obispo de Durango] [...] Ya que en nuestra arquidiócesis muchos católicos han apelado al recurso de las armas [...] después de haberlo pensado largamente ante Dios y de haber consultado a los teólogos más sabios de la ciudad de Roma, debemos decirles: estad tranquilos en vuestras conciencias y recibid nuestras bendiciones».

Interpretando las palabras del obispo de Durango, David Ramírez, uno de los sacerdotes más conocidos del Estado, dijo a sus feligreses: «Que cada miembro se exceda en el cumplimiento de su deber y cuando en el afán de defender nuestra fe hayáis hecho veinte mil barbaridades, no os detengáis por eso, que no habréis trabajado, no habéis llegado ni a la mitad de lo que autoriza nuestro cristianismo».

Durante los tres años que dura la guerra cristera (1926-1929) el arzobispo de Guadalajara permanece escondido en los Altos de Jalisco, donde se planean y se ordenan, entre otros actos terroristas, el incendio

---

[411] Gabriel de la Mora, *José Guadalupe Zuno*, México, Porrúa, 1973, p. 117.

del tren de la Barca, ocurrido en abril de 1927 (con 162 víctimas calcinadas), así como la ejecución, nunca suficientemente aclarada, del general Álvaro Obregón en julio de 1928. Sobra decir que Orozco y Jiménez fue uno de los grandes financieros de la revuelta cristera; desde su escondite, dirigió la famosa Unión Popular (UP), organización fanática que había sido conformada por Anacleto González Flores, un asesino hoy elevado a la categoría de mártir.

Otro de los obispos católicos del México de entonces, Jesús Manríquez y Zárate, de Huejutla, había escrito desde julio de 1927 lo que tituló «Un mensaje al mundo civilizado»: «Ya no queremos vanas promesas de simpatía, ni artículos de periódicos u obras literarias más o menos candentes contra el despotismo [...] Queremos armas y dinero para derrocar la oprobiosa tiranía que nos oprime».[412]

Eminente jefe militar de aquella coyuntura fue también el obispo de San Luis Potosí Miguel María de la Mora, quien hacia 1926 «emprendió su viaje a Roma, para visitar el sepulcro de los Santos Apóstoles Pedro y Pablo, y fue recibido con benevolencia por el Sumo Pontífice [...] Regresó a su diócesis exactamente cuando estalló el conflicto religioso [y] fue uno de los prelados que permaneció oculto en la capital de la República, y desde su escondite, estuvo ejerciendo las funciones del Sub Comité Episcopal».[413]

Mucho tiempo después, en 1956, el callista número uno de todos los callistas, Luis Napoleón Morones, afirmó que, entre los muchos factores que intervinieron en el asesinato de Obregón, el de mayor responsabilidad fue el elemento clerical encarnado en la figura del obispo de San Luis, Miguel de la Mora, quien en su calidad de jefe supremo de la Liga habría patrocinado el asesinato, en el que en forma encubierta también participó Morones y por ende Calles, como se demostrará más tarde cuando el clero, a través de la madre Conchita, orqueste y haga ejecutar en La Bombilla el asesinato del presidente electo.

Y tan De la Mora, este encumbrado jerarca católico, fue el jefe de la defensa armada en los estados cristeros (excluyendo a Jalisco, donde Orozco comandaba las acciones) que el 21 de septiembre de 1927 pudo escribir al obispo Pascual Díaz: «Queridísimo amigo y condiscípulo [...] Yo no veo más remedio, en lo humano, de nuestra situación, que la defensa armada [...] Yo te aseguro que la defensa armada es formidable [...] Te voy a decir mi idea: si se pudieran fletar dos buques con cañones, etcétera, y que trajeran abundantes armas cada uno para repartir a

[412] Joaquín Blanco Gil, *El clamor de la sangre*, México, Editorial Rex-Mex, 1947, p. 247.
[413] Joaquín Antonio Peñalosa, *Miguel M. de la Mora: el obispo para todos*, México, Jus, 1963, p. 61.

los que las necesitan, con su respectiva dotación de parque [...] y si a la vez entrara una expedición a la frontera y estas tres expediciones empezaran a avanzar sobre México, el empuje sería irresistible y en menos de un mes estaría toda la República en poder de los libertadores. Y sin embargo, para esto bastarían dos o tres millones de dólares [...] Lo que acabo de decir pinta la situación real y verdadera, porque estoy perfectamente enterado de todo lo que está pasando, bajo todos los aspectos de la situación [...] Miguel, obispo de San Luis Potosí».[414]

Precisamente fue De la Mora quien, en julio de 1928, se deslindó, a nombre de toda la jerarquía, de la madre Conchita, juzgada como autora intelectual del asesinato de Obregón. Y fue también este obispo quien, días antes del juicio de la monja, envió a dos personas a entrevistarse con el abogado defensor para recordarle que el objetivo era dejar a salvo la imagen de la Iglesia, poniendo sobre su escritorio comprobantes médicos que acreditaban ni más ni menos la demencia de la acusada.

No obstante, «además de mantener estrecho contacto con la Liga en todas las cuestiones relacionadas con la conducción de la rebelión armada, el obispado designó a un gran grupo de sacerdotes como dirigentes de los destacamentos de los cristeros. Es importante señalar que varios prelados pasaron a la clandestinidad y desde ella dirigían directamente las acciones de los rebeldes».[415]

Pero el asesinato de Obregón vino a poner fin a este tétrico montaje mediante el cual se beneficiaron tanto Calles (al adueñarse de la política mexicana, ya sin Obregón) como la propia jerarquía, que temía el retorno del caudillo y que, a fin de cuentas, y según los términos de los arreglos que pusieron fin a la guerra cristera, pudo asegurar su desobediencia a la ley suprema de la República desde entonces y hasta la fecha. Recordemos únicamente que como condición para firmar dichos arreglos en 1929, el presidente Emilio Portes Gil exigió el destierro de Orozco, declarando enfáticamente que «el arzobispo de Guadalajara Orozco y Jiménez [...] sí dirige a esos grupos inconscientes y aún recorre regiones del estado de Jalisco para animarlos y continuar su actitud belicosa».[416] Así pues, es falso que los obispos católicos no participaran en la guerra cristera.

---

[414] Joaquín Blanco Gil, *op. cit.*, pp. 322-325.
[415] Nicolás Larín, *La rebelión de los cristeros: 1926-1929*, México, Era, 1968, p. 174.
[416] Vicente Camberos, *Francisco el Grande*, vol. 2, México, Jus, 1966, p. 263

El petróleo y el artículo 27

Los gobiernos extranjeros, incluida la Gran Bretaña, habían reconocido formalmente a la administración callista. Cada día se abrían nuevas escuelas, obviamente laicas, para abatir a la máxima velocidad posible la amenaza social de la ignorancia. Si se trataba de impedir que las masas fueran manipuladas, había que educarlas, capacitarlas, adiestrarlas; cada analfabeto constituye una bomba que ya tiene la mecha. Sólo falta el cerillo, o sea, el líder que la encienda... La inversión extranjera comienza a fluir hacia la economía nacional, más aún cuando el Banco de México, institución de vanguardia creada por Calles, representa una fuente de tranquilidad para los empresarios extranjeros.

El presidente de la República no va a desaprovechar su estancia en el poder. Había llegado decidido a enfrentarse tanto a los petroleros estadounidenses como a los europeos, para someterlos a la ley, lo mismo que a la Iglesia católica; donde Carranza y Obregón se estrellaron, él continuaría hacia delante. Salvaría los obstáculos y los metería en orden, en cintura, tal y como sus respectivos gobiernos tenían sujetos a sus curas y a sus empresarios, controlándolos con mecanismos administrativos eficaces para hacer valer la suprema potestad del Estado. ¿Por qué vienen a hacer en México lo que les es prohibido en sus países de origen? Las normas se imponen por medio del uso de la fuerza. ¿México tiene los suficientes cañones, parque, hombres y carabinas como para defenderse de los ataques extranjeros cuando pretende hacer valer su soberanía, o seguirá siendo víctima de los caprichos de las grandes potencias o de la criminal insolencia clerical?

El embajador de Estados Unidos en México, James R. Sheffield, otro representante voraz del *Tío Sam*, igual de intratable, prepotente e impresentable que sus anteriores colegas del siglo pasado como Poinsett, Joel Poinsett, el primer representante de la Casa Blanca en el México independiente, además de Butler, Shannon, Ellis, Thompson, Slidell, Gadsden, Churchwell, McLane, Forsyth, Conkling, Seward y Corwin, entre otros tantos embajadores yanquis más del siglo XIX sin olvidar, claro está, a Lane Wilson, había venido a México a ignorar nuestras leyes y a amenazar con el arribo de nuevos batallones de *marines* en caso de no permitir el saqueo indiscriminado del país. O te dejas robar a cambio de unos mendrugos o te mato, escoge... ¿El nuevo Henry Lane Wilson?

James Rockwell Sheffield incendiaba el Departamento de Estado con sus reportes terroristas respecto a lo acontecido en México. Distorsionaba la realidad, exageraba los términos, confundía a sus superiores, alteraba los hechos, informaba tendenciosamente e insinuaba ante la menor resistencia, en el primer intercambio de palabras, la posibilidad de hacer volver a las fuerzas armadas yanquis a territorio nacional con el ánimo de convencer a las autoridades mexicanas de la conveniencia de acatar sus sugerencias. ¿Sugerencias?, ¡qué va!, sus instrucciones, sus órdenes expresas, de la misma manera en que lo habían hecho sus colegas a lo largo de nuestra dolorida historia. Sheffield informó a Washington que la Iglesia católica mexicana tenía tanto miedo a los alcances de Calles que había «solicitado la intervención militar por motivos humanitarios».[417] Eso es lo que se llama patriotismo: el clero obedecía las órdenes de un líder político y religioso extranjero, como lo es el Papa, y demandaban a los yanquis una invasión armada con tal de no someterse a las leyes mexicanas «por motivos humanitarios». Sólo que el diplomático yanqui no estaba tan equivocado cuando asentó en uno de sus reportes a la Oficina de Asuntos Latinoamericanos el siguiente texto digno, muy digno de ser rescatado en los anales de la historia de México: «Tengo entendido que el presidente Calles es sumamente anticlerical [...] desea que surja un problema con el clero».[418]

¿Qué razón o razones podría tener Calles para crear un conflicto artificial con la Iglesia católica mexicana, según denunciaba Sheffield, en lo que coincidía con ciertos pensadores y analistas de la época...? ¿Acaso los agentes diplomáticos no hicieron saber también que el gobierno estaba, en forma clara, tratando de provocar a los católicos...? ¿Era intencional? ¿No se trataba tan sólo de imponer la Constitución, sino que probablemente subyacía un objetivo político inconfesable?[419]

¿Tal vez culpar al clero del asesinato de Obregón?

En uno de sus recurrentes llamados «a consultas» a Washington, Sheffield logró que Kellogg, el propio secretario de Estado, hablara de

---

[417] Francis Patrick Dooley, *Los cristeros, Calles y el catolicismo mexicano*, México, SEP, 1976, p. 49.

[418] *Idem*.

[419] «En una exposición ganadera presentó Canabal un toro semental al que le puso el nombre de Dios. Exhibió un asno andaluz, al que le puso el nombre del Papa, y un precioso verraco que se llamaba el Cura. A una yegua de pura sangre le puso el nombre de la Virgen María. A una mula tabasqueña, le colgó esta inscripción: la guadalupana, hija del burro el Papa. Importó otro asno andaluz, cuya recepción culminó en otro caso de delirio; Canabal fue a recibirlo acompañado de todo el personal del Gobierno, e hizo asistir a los niños de las escuelas oficiales. Al bajar el burro, tocaron el himno nacional, lo enfloraron, y luego procedieron al bautizo. Ofició Canabal y le puso el nombre de Papa... Juntamente con aquel pollino bautizó Canabal a un hijo suyo con el nombre de Luzbel, a otro con el de Lenine y a otro con el de Satanás.» Francisco Regis Planchet, *El robo de los bienes de la Iglesia, ruina de los pueblos*, México, Polis, 1939, p. 376.

rumores en relación a un inminente movimiento armado organizado para deponer al presidente Calles, en el entendido de que el gobierno yanqui esta vez no apoyaría al jefe del Estado mexicano a diferencia de lo hecho con Madero, Carranza y Obregón, si Calles se negaba a cumplir con sus obligaciones internacionales. (Ya veremos como Lyndon Johnson trató de deponer también a Gustavo Díaz Ordaz: nada nuevo bajo el sol...) A raíz de la promulgación de la Ley de Nacionalización de Tierras, ya resultaba evidente y se escuchaba un murmullo a gritos del que se desprendía que *El Turco* jamás había aceptado el contenido ni la validez de los Tratados de Bucareli, además de que le daría efecto retroactivo a ciertas leyes en perjuicio fundamentalmente de los inversionistas estadounidenses, y que seguiría adelante en su proyecto revolucionario muy a pesar de la violencia y de las consecuencias que pudieran desprenderse de su conducta, entre ellas, sin duda, la posibilidad de otra intervención armada. ¿Que los yanquis tocarían los tambores de la guerra para volver a convocarla una vez más? Ya veríamos... ¿Que el nuevo gobierno mexicano no respetaba el acuerdo en materia petrolera porque no había quedado consignado por escrito el tema?

Kellogg, contaminado por Sheffield, pero sin desconocer las verdaderas intenciones de Calles en el sentido de reglamentar el artículo 27 de la Constitución, pasando, claro está, por encima de los tratados suscritos durante el gobierno de Obregón, hizo una declaración temeraria ante la prensa de su país, con las respectivas repercusiones planetarias: «El gobierno de México está ahora ante el juicio del mundo».[420]

El presidente de la República no tardó en ir en busca de una respuesta a la altura de la amenaza estadounidense: «La declaración de que el gobierno de Estados Unidos continuará apoyando al gobierno de México únicamente en tanto que proteja a los intereses y las vidas de ciudadanos americanos y cumpla con sus compromisos y obligaciones internacionales, entraña una amenaza para la soberanía de México, que [...] no reconoce a ningún país extranjero el derecho de intervenir en cualquier forma [...] Si el gobierno de México se halla, según se afirma, sujeto al juicio del mundo, en el mismo caso se encuentran tanto el de Estados Unidos como todos los demás países; pero si se quiere dar a entender que México se encuentra sujeto a juicio, en calidad de acusado, mi gobierno rechaza de una manera enérgica y absoluta semejante imputación, que en el fondo sólo constituiría una injuria. Para terminar declaro que mi gobierno, consciente de las obligaciones que le impone el derecho internacional, está resuelto a cumplirlas y, por lo mismo, a

---

[420] John Dulles, *op. cit.*, p. 289.

impartir la debida protección a las vidas e intereses de los extranjeros; que sólo acepta y espera recibir la ayuda y el apoyo de los demás países basados en una sincera y leal cooperación y conforme a la práctica [...] de la amistad internacional; pero de ninguna manera admitirá que un gobierno de cualquier nación pretenda crear en el país una situación privilegiada para sus nacionales, ni aceptará tampoco injerencia alguna que sea contraria a los derechos de soberanía de México».[421]

Si las relaciones entre México y Estados Unidos se tensaron a raíz de los rumores de la promulgación de la ley reglamentaria en materia petrolera, cuando Calles se atrevió a publicarla a finales de 1925 el deterioro adquirió dimensiones preocupantes, ya que en lugar del lenguaje diplomático y conciliador se utilizó uno muy diferente, con connotaciones de violencia, intervención y lucha armada.

Calles tenía adquiridas dos grandes deudas con la Revolución, mismas que se había propuesto saldar durante su administración por más espurio que haya sido su origen electoral: una, la aplicación de la Constitución en cuanto a las relaciones Estado-Iglesia, y la otra, la defensa del patrimonio nacional, aspiraciones ambas de las que carecieron tanto Carranza como Obregón, o que simplemente no se atrevieron a manifestar ni mucho menos a llevar a la práctica.

La Ley del Petróleo obligaba a quienes explotaran este tipo de yacimientos a obtener del gobierno mexicano una «concesión confirmatoria» con validez de cincuenta años; en efecto, se cambian los títulos de propiedad por concesiones. «El suelo y el subsuelo son propiedad de la Nación.» En el caso de que las compañías petroleras no acaten dicho ordenamiento perderán el derecho a perforar más pozos y a explotar los ricos manantiales mexicanos. ¿Más? Se prohíbe a los extranjeros la adquisición de tierras dentro de los cincuenta kilómetros contados a partir de nuestras costas y cien de nuestras fronteras. Instrumenta la «cláusula Calvo»: los inversionistas foráneos ya no podrán recurrir a sus gobiernos en busca de protección diplomática y militar para evadir las disposiciones dictadas por el gobierno mexicano. La reforma agraria provocará rechazos de los extranjeros y del clero porque se opondrán a perder sus latifundios en favor de los campesinos...

¿Resumen? Ni las prepotentes compañías petroleras ni las empresas metalúrgicas ni las mineras, ni los inversionistas extranjeros, en general, ni la Iglesia católica, en particular, estaban dispuestos a aceptar las facultades del Estado mexicano para legislar en términos de su soberanía política. Condicionaban el sometimiento a las leyes nacionales votadas por

[421] *Ibid.*, p. 290.

el Congreso de la Unión a que aquellas no afectaran sus intereses o su patrimonio. Dichas entidades deseaban una Constitución que estableciera en su artículo primero: «El gobierno de la República podrá legislar en cualquier área de su competencia, siempre y cuando respete, no interfiera ni afecte ni perjudique, en modo alguno, los supremos intereses de los capitalistas yanquis ni del sacratísimo clero mexicano. La inobservancia a esta disposición traerá aparejadas penas que pueden ir desde la mutilación territorial hasta la deposición del gobierno infractor».

O bien, como afirmaba la Constitución de los Cristeros, jurada «hasta vencer o morir» en las montañas de Michoacán y Jalisco el 1 de enero de 1928, cuyo Artículo 1º rezaba: «DIOS, es el origen de todo lo que existe. Las naciones, desde su formación y el hombre desde su nacimiento contraen obligaciones y adquieren derechos. La Nación Mexicana, en cumplimiento de su principal obligación reconoce y rinde vasallaje a DIOS, OMNIPOTENTE Y SUPREMO CREADOR DEL UNIVERSO.» También establecía que «nunca jamás se harán reparticiones y fraccionamientos agraristas» (Artículo 37) y que «en cada Municipio sus habitantes tendrán la obligación de formar parte de asociaciones o corporaciones, so pena de perder los beneficios que otorga la Constitución».[422]

Si bien es cierto que la Casa Blanca ha intervenido alevosamente, también lo es que la habíamos invitado a hacerlo, como al final de la guerra de Reforma... La escuadra yanqui ha torcido, una y otra vez, el destino de México a invitación nuestra y con nuestro beneplácito. La historia patria nos revela cómo Estados Unidos apoyó a Juárez en contra de Miramón en 1859 y 1860; a Madero en contra de Porfirio Díaz en 1910; a Carranza, primero, en 1913, en contra de Victoriano Huerta y después, en 1914, en contra de Villa, en la tercera parte de la Revolución, y para rematar, Estados Unidos apoyó a Obregón en contra de De la Huerta en 1923 y 1924. Que nunca se olviden las declaraciones de Coolidge cuando aseguró que Adolfo de la Huerta hubiese vencido a Obregón en 1923, de no haber intervenido su gobierno para evitar que los delahuertistas se armaran para derrocar a *El Manco* e impedir que Calles se convirtiera en su sucesor. ¿De qué nos quejamos? Si no los queremos entrometidos en nuestra vida interior, no los llamemos...

En su primer año de gobierno Calles abrió gradualmente tres frentes, uno más poderoso y amenazador que el otro; se requería cabeza, estómago, coraje y carácter temerario y combativo para poder entablar simultáneamente batallas en cada uno de ellos. El general Plutarco Elías Calles no se había distinguido por ser un gran estratega en los años aciagos de la

---

[422] Vicente Lombardo Toledano, *La Constitución de los cristeros*, México, Librería Popular, 1963, p. 43.

Revolución ni coronó su carrera militar con sonoros éxitos en el campo del honor, como los obtenidos por su paisano *El Manco*. Carranza esperaba los partes de guerra, fundamentalmente de los obregonistas, en su tienda de campaña o en el interior de un cuartel improvisado, pero nunca, al igual que *El Turco*, estuvo, como decía Napoleón I, donde tronaban los cañones, se olía a pólvora o se escuchaban los lamentos agónicos de los heridos o de los moribundos. Ninguno de los dos se manchó las botas con sangre ni estuvo a punto de perder la vida por la detonación de una granada que le arrancara el brazo, una pierna o le llenara la cara y el pecho con esquirlas. Sin el talento militar de Álvaro Obregón y sin la ayuda yanqui, a saber cuál hubiera sido el destino de México. ¿Qué tal si Victoriano Huerta, *El Chacal*, el nuevo Porfirio Díaz, hubiera triunfado?

El primer frente se abrió cuando Calles se enfrentó a los petroleros extranjeros e instrumentó las reglas para explotar y extraer el *oro negro* de nuestros yacimientos; la batalla iba a ser cruenta. El segundo se presentó al tratar de aplicar los artículos constitucionales, establecidos nueve años atrás, en contra de la Iglesia católica, a la que había que someter a la suprema potestad del Estado mexicano. La resistencia iba a ser otra vez tan feroz como sangrienta. El tercer flanco quedó al descubierto abruptamente cuando, a finales de 1925, Obregón empezó a mover desde Sonora sus caballos, sus alfiles y sus torres para preparar su reelección en el seno del Congreso de la Unión.

En 1927 el país estaba punto de convertirse en astillas: había estallado la rebelión cristera y el campo mexicano se volvía a teñir de sangre por la promulgación de la ley reglamentaria del artículo 130 de la Constitución, con la que pretendía someter al clero a la potestad del gobierno. Por otro lado, el presidente estaba decidido a aplicar su ley petrolera en tanto en Washington se empezaban a dictar las instrucciones para invadir nuevamente México porque los yanquis no tolerarían una agresión financiera de nadie en contra de su patrimonio radicado en el extranjero. La invasión era cuestión de horas cuando Calles logró hacerse con los planes y la logística de ataque: el presidente le ordena a Cárdenas el incendio de los pozos petroleros mexicanos antes de que caigan en poder de los estadounidenses, mientras pide la intervención de la Sociedad de Naciones para que interponga sus oficios diplomáticos e impida el desembarco. Coolidge cede, cambia a Sheffield y manda a Dwight Morrow para tratar de resolver pacíficamente las diferencias, al tiempo que la nueva guerra declarada por el clero en contra del gobierno continúa su paso devastador. Como si lo anterior no fuera suficiente Obregón había logrado modificar la Carta Magna y tenía garantizada su reelección, objetivo que consiguió en el marco de una más de las abyecciones ya acostumbradas en la historia de la infamia legislativa de México. Además, ¿quién creería en el sufragio efectivo en el marco de una dictadura callista u obregonista? ¿Quién? No al sufragio efectivo y sí a la reelección, dos felonías incalificables. Si Obregón ya pasaba por alto sus propios principios, olvidaba sus promesas de campaña, ignoraba la opinión de sus compañeros de partido y violaba las conquistas más elementales del movimiento armado, además de ser un consumado enemigo de la Iglesia católica, por más que ahora quisiera reconciliarse transitoriamente con ella sólo para facilitar su regreso a la presidencia, ¿qué hacer con él? Ahora no vendría por cuatro años más, vendría por seis, un sexenio, dos o tres o los que fueran...

Con la muerte de Serrano y Gómez, como ya se vio, Obregón podría llegar sin obstáculos a la presidencia. ¿Por qué no...?

Pero ¡oh, sorpresa!, sorpresas te da la vida... Apenas habían transcurrido unos meses de haber abortado una nueva intervención armada en contra de México porque nos negábamos a ceder los manantiales de *oro negro* a los yanquis, cuando Calles por la vía judicial, discreta y dócilmente, entregaba a los gringos el colosal patrimonio enterrado en nuestro subsuelo mientras la opinión pública mexicana estaba distraída en la investigación del intento de asesinato de Obregón en Chapultepec en ese mismo 1927.

El Turco se había definido valientemente desde el principio de su administración: «¡Mexicanos! ¡Compatriotas! ¡Es la hora de defender nuestra Carta Magna! ¡Se arrebatarán a los petroleros los yacimientos que se encuentren fuera de las normas dictadas por la autoridad! ¡México será finalmente dueño indiscutible de la riqueza de nuestro subsuelo! ¡México tendrá un motivo más de orgullo para celebrar el día de la independencia! ¡La industria petrolera es de utilidad pública![423] ¡Es la hora de cumplir con las promesas de la Revolución, de recuperar la soberanía perdida y de hacer a México un país respetable en el concierto de las naciones! ¡Mi gobierno enfrenta el problema petrolero con patriótica resolución para velar por el porvenir nacional! ¡Una vacilación puede hacer fracasar nobilísimos ideales que tantos esfuerzos dolorosos han costado a la Patria!».[424]

Nadie se imaginaba que tres semanas después de que Dwight W. Morrow, financiero de Wall Street y nuevo representante diplomático de la Casa Blanca, presentara sus cartas credenciales el 29 de octubre de 1927

---

[423] Frases tomadas de la Ley reglamentaria del artículo 27 constitucional en el ramo del petróleo, promulgada el 26 de diciembre de 1925 y publicada el 31 de diciembre de 1925.

[424] Frases textuales del Tercer Informe de Gobierno de Plutarco Elías Calles.

en el Salón de Embajadores de Palacio Nacional, la nación conocería otro ángulo del verdadero rostro de Calles... ¡Un auténtico espanto!

Bastó un desayuno entre Morrow y Calles en su rancho de Santa Bárbara, en el que el presidente cantó, bailó y toreó vaquillas con tal de impresionar al gringo,[425] para que la Corte emitiera una alarmante sentencia en cumplimiento de un acuerdo secretísimo al que ambos habían llegado durante ese feliz convivio: «La justicia de la Unión ampara y protege a la Mexican Petroleum Company of California contra los actos de que se queja».

¿Qué...? ¿Cómo que la justicia mexicana protege –contra lo dispuesto por el artículo 27 de la Constitución– a esos rateros extranjeros que nos despojan sin pudor de lo nuestro? La ley petrolera de Calles, la del resurgimiento económico, la del rescate de la dignidad, resulta inconstitucional gracias a los consejos del procónsul estadounidense, quien parece gozar de poderes hipnóticos sobre el jefe del Estado mexicano. ¡A menos de un mes de su llegada a la capital de la República, se acabó el nacionalismo, la soberanía, la amada flama de la libertad y de la Carta Magna! Los gringos recuperan sus derechos para explotar nuestra riqueza petrolera. ¡Nadie les va a arrebatar nada ni seremos dueños de nuestro subsuelo! Nada de nada y otra vez de nada... Calles les vuelve a entregar nuestro tesoro a los yanquis para que lo sigan explotando a placer y en su único beneficio. Seguiríamos siendo los mismos indios a los que les cambiaron sus objetos de oro por cuentas de vidrio. La estafa y el saqueo se perpetúan. El escándalo es mayúsculo, sin embargo, se apagará con la llegada de las posadas, cuando se rompa la primera piñata y se beba un trago de ponche bien cargado... ¿Y la Suprema Corte de Justicia de la Nación? ¡Ah!, estaba integrada por payasos obsecuentes con el nuevo tirano en turno, al igual que lo fue durante el porfirismo y buena parte de la dictadura perfecta...

Sólo llega Morrow, y en un mes queda derogada la ley petrolera que afectaba a sus compatriotas; misteriosamente vuelve la paz en las relaciones México-Estados Unidos. Volvían a ser vigentes los ignominiosos Tratados de Bucareli. Y algo más: Dwight Morrow concluirá la guerra cristera en el gobierno de Emilio Portes Gil, al año siguiente del asesinato de Obregón. Morrow, sí, Morrow fue también quien animó a Plutarco Elías Calles a construir el Partido de la Revolución, el PNR que hoy conocemos como PRI, a la voz de: «Organizados ustedes en partido, en

---

[425] Este suceso habría ocurrido el 4 de diciembre de 1927. Alfonso Taracena, *La verdadera Revolución (1925-1927)*, p. 405.

vez de ponerse a pelear entre sí, se aseguran el poder durante varias generaciones», dijo proféticamente el *procónsul*.[426]

Reelección y asesinato de Obregón

El libro de texto al menos sí habla del asesinato de Obregón y no concluye que «murió», pero ¿cómo fue victimado?

El 1 de julio de 1928 el general Álvaro Obregón fue reelecto presidente de la República –violando el principal postulado de la Revolución mexicana y la Constitución, que hizo modificar– tras haber padecido la gestión presidencial de su paisano y amigo Plutarco Elías Calles, a quien impuso y del que esperaba obtener la misma reciprocidad.[427]

[426] «Obregón se proponía entablar tratos con el Vaticano y dar estado oficial dentro de la Iglesia romana a la separación entre la Iglesia y el Estado mejicanos con el sometimiento de aquellas, como ocurre en todos los pueblos donde se da esa circunstancia, al poder civil constituido. El embajador norteamericano Morrow, cuya actividad a favor de la solución del conflicto será más o menos leal –representa a la Casa Morgan, que tiene grandes intereses en México-, pero desde luego es indiscutible, comenzó a preparar el terreno. Obregón autorizaba de una manera personal y privada gestiones directas en el Vaticano con el propósito de resolver el problema durante su presidencia. Morrow llegó a afirmar que el actual gobierno mexicano también estaba bien dispuesto a un arreglo, y al ver que esas declaraciones no eran desmentidas por Calles, el Vaticano se apresuró a manifestar que no había autorizado nunca la rebeldía, que no podía bendecir ni bendeciría a los que luchaban contra el régimen imperante en Méjico. Pero el clero mejicano y los intereses que en torno a él se alientan, al observar el curso de los acontecimientos hicieron todo lo posible por darles un giro de acuerdo con su intransigencia, y entonces Calles declaró que no existía el problema, que éste estaba jurídicamente resuelto y que no había nada que hacer sino someterse a la Ley. El presidente Calles no hacía, con estas declaraciones, más que mantener su actitud de siempre. Entonces el Vaticano, por medio del *Osservatore Romano*, dedicó las más acerbas y enconadas críticas a Morrow, culpable del paso en falso dado por el Papa... Pero Obregón seguía siendo la única esperanza de solución. Los intereses clericales de Méjico, que no quieren el arreglo equitativo, sino el triunfo absoluto, porque no es la fe lo que defienden –la fe no necesita defensa en México–, temían al concordato. Había que evitarlo a todo trance. Los sucesos han demostrado hasta la saciedad que a la Iglesia están adscritos los intereses del capitalismo ocioso y vicioso, refugiado hoy en la llamada lucha religiosa. Para éstos el arreglo con Roma a base de la Constitución actual representa la derrota definitiva. Cierto que la muerte de Obregón ha podido entrañar la supresión de un obstáculo para ese núcleo reaccionario; pero ha sido para la Iglesia mejicana el último jalón del descrédito en el que se venía precipitando.» Ramón José Sender, *op. cit.*, pp. 223-224.

[427] «A fines de octubre o principios de noviembre del mismo año (1926) volvió a la Ciudad de México el general Obregón y después de saludar al senador (Higinio) Álvarez,

Dos semanas más tarde, Obregón viajó a la capital con el objetivo de entrevistarse con Calles, el presidente en funciones, pues sospechaba que este se negaría a entregarle el poder dada la rispidez de su trato en los últimos meses; a esas alturas resultaba candoroso desconocer las ambiciones políticas de Calles.

Según el mito, dos días después, «el 17 de julio, mientras Obregón celebraba su triunfo en el restaurante La Bombilla, fue asesinado por el dibujante José de León Toral, un fanático religioso que había sido convencido por la abadesa Concepción Acevedo de la Llata, mejor conocida como la madre Conchita, para llevar a cabo el crimen. Ambos fueron procesados y condenados, Toral, autor material, a la pena capital y la madre Conchita, autora intelectual, a veinte años de cárcel».[428]

Con este mito crecieron muchas generaciones de mexicanos, mientras que algunas otras, más recientes, ni siquiera supieron nada de la ma-

---

que se hallaba entre los que habían ido a la Estación para recibirlo, le pidió que fuera a verlo el siguiente día, temprano. El general Álvarez gustosamente accedió al llamado del general Obregón...

»–¡Álvarez, usted es mi amigo! –dijo Obregón durante la reunión.

»–Se lo he demostrado en todos los terrenos, mi General.

»–Así lo he estimado siempre... le voy a hacer una confidencia que a nadie he hecho, porque sé que sabrá guardarla y quiero apoyar en ella una súplica que también voy a hacerle.

»–Usted no necesita suplicarme nada, mi General, para mí será una satisfacción poderle servir.

»–La confidencia es esta: voy a verme obligado a aceptar la candidatura a la Presidencia de la República; ni al señor presidente le he resuelto, quien, entre otras razones, me dice que hemos mandado a regenerar a Pancho a Europa y que ha vuelto más vicioso; que sería una juerga su Gobierno, y que Arnulfo es un imbécil; que él no entregará el poder a ninguno de los dos; que es necesario, porque así lo reclama el bien del país, que yo acepte; porque ya logró que la Cámara de Diputados aprobara la reforma constitucional, pero que usted la tiene detenida en el Senado por la ampliación a seis años del periodo presidencial que usted propone y que él juzga –y realmente puede resultar– inconveniente. Mi súplica es, pues, en el sentido de que usted retire su iniciativa.

»–Con mucho gusto mi General, y hoy mismo haré gestiones ante los compañeros que me han secundado...

»El senador Álvarez obró con eficaz prontitud: dispensados los trámites, la reforma constitucional reeleccionista fue unánimemente aprobada en el Senado el 29 de noviembre de 1926 [...] Muerto el general Serrano y derrotado y huyendo a salto de mata el Gral. Gómez, los dos candidatos independientes a la Presidencia de la República, "presenté con fecha 10 de octubre de 1927 –son palabras del general Álvarez– mi iniciativa de ampliación del período presidencial a seis años, respaldado por buen número de Senadores, y trabajé tan bien el caso, que el día 13 del mismo mes, es decir tres días después, fue aprobada por unanimidad de votos y pasada el mismo día a la Cámara de Diputados para los efectos constitucionales".» Alberto J. Pani, *La historia, agredida: Polvareda que alzó un discurso pronunciado ante el monumento del general Obregón*, México, Editorial Polis, 1950, pp. 49-51.

[428] Íñigo Fernández Fernández, *Historia de México*, México, Pearson Educación, 2004, p. 311.

dre Conchita, limitándose a pensar que José de León Toral, ciertamente un fanático religioso, había actuado solo.

No obstante, José de León Toral es lo más lejano que existe a un asesino solitario, pero como esta verdad hubiera significado la desgracia de elevados miembros de la jerarquía eclesiástica y de connotados políticos de la Revolución, y posteriormente el desenmascaramiento del origen criminal y traidor del régimen priista, fue mejor ocultarla, tal y como aconteció en los últimos ochenta años hasta la aparición de *México acribillado*, una obra de mi autoría.

José de León Toral, uno de los asesinos materiales del general Obregón, fue en efecto preparado espiritualmente por la madre Conchita —una monja megalomaniaca deseosa de ganarse el reino de los cielos a través del martirio— para llevar a cabo el magnicidio. Detrás o arriba de ella se encontraban prominentes eclesiásticos de la talla de Francisco Orozco y Jiménez, arzobispo de Guadalajara, Leopoldo Ruiz y Flores, arzobispo de Morelia, y Miguel María de la Mora, obispo de San Luis Potosí, los tres vinculados, de modo diferente y por distintas razones, con el magnicidio: Orozco y Jiménez, quien no tuvo empacho en dirigir, oculto en las montañas y perseguido por el gobierno, las operaciones de la guerra cristera en la región occidental y centro del país, contaba en su más estrecho círculo con tres tíos y un primo hermano de José de León Toral, el supuesto asesino solitario; fue precisamente Salvador Toral Moreno quien el 9 de febrero de 1929, tras la ejecución en Lecumberri del magnicida, ¡le sustrajo el corazón al cadáver de su sobrino para retratarlo y obsequiar al arzobispo un bello recuerdo de los hechos criminales!

El arzobispo Ruiz y Flores, otro de los implicados, fue quien financió la huida de Manuel Trejo Morales, otro joven fanático, buscado por la policía por facilitar la pistola homicida a José de León Toral.

Pero estos no fueron los únicos miembros del clero que tomaron parte en el crimen. También se ha ocultado perversamente la participación del padre José Aurelio Jiménez Palacios, encargado de bendecir, por medio de una misa, la pistola de José León Toral y de afianzar en él, en su calidad de confesor, la obsesión por acabar con la vida del general Obregón. Según escribió la madre Conchita, «hubo quien se asombrara de la energía puesta por el padre Jiménez en la bendición de la pistola, aunque después dirá que acaso la bendijo».[429] Detenido en 1932, procesado y sentenciado (tardíamente) como autor intelec-

---

[429] Concepción Acevedo de la Llata, *Obregón. Memorias inéditas de la madre Conchita*, México, Libromex, 1957; Consuelo Reguer, *Dios y mi derecho*, México, Jus, 1995, pp. 209-210.

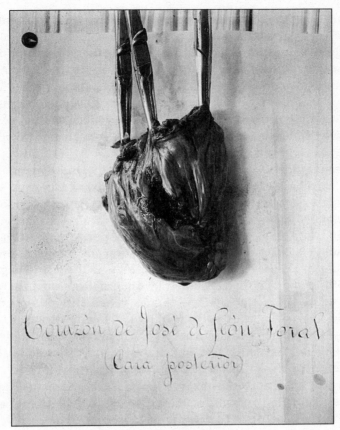

Corazón de León Toral.

tual del crimen, dicho sacerdote, quien paradójicamente llevaba el mismo apellido del arzobispo de Guadalajara, dijo en su defensa: «¡Por la imagen sagrada de Cristo mi Rey, cuya imagen no está en este salón, pero que traigo aquí en mi bolsa (sacando un crucifijo), a los doce minutos para las dos de la tarde de este día 4 de diciembre de 1935, juro por Dios y por su Madre Santísima la Virgen de Guadalupe, Patrona de México, juro solemnemente que no tuve ni la más insignificante participación, ni directa ni indirectamente en el asesinato del general Álvaro Obregón!».[430]

Sin embargo, como queda dicho, bendijo la pistola, sacó a De León Toral de su casa días antes del crimen, lo llevó a oficiar misa en cam-

[430] *La Prensa*, 5 de diciembre de 1935.

pamentos cristeros, le dio alojamiento para impedir que se arrepintiera de cometer este nefando crimen, y finalmente lo dirigió en la cacería del caudillo para evitar cualquier debilidad o titubeo *espiritual* hasta el día del asesinato. Como señaló el ministro Ángeles, quien votó contra el amparo a este criminal: «Aisladamente significan poco estos indicios, pero reunidos, concatenados y analizados constituyen en mi conciencia la convicción de la responsabilidad del padre Jiménez».

El padre Jiménez abandonó la prisión en 1940 y siguió dedicándose a combatir el régimen ateo de la Revolución...

Regresemos al 17 de julio. El cadáver de Obregón fue conducido a su casa ubicada en la avenida Jalisco —hoy Álvaro Obregón–, donde poco después se presentó el presidente Calles, «quien acercando su rostro a treinta centímetros del de Obregón, dibuja una tétrica sonrisa», y «se dirige a la Inspección General de Policía, donde ya se encuentra el magnicida [...] Cuando Calles preguntó a Toral quién le mandó matar al general Obregón, el asesino guardó un absoluto mutismo, no obstante lo cual el presidente se dirigió a la puerta y, apenas traspasándola, "declaró a la prensa que el asesino había aceptado ya haber obrado por instrucciones del clero". "Es usted quien lo afirma", dijo entonces Fausto Topete. Arturo Orcí, quien era el otro obregonista allí presente, coincidió en afirmar que fue el general Calles quien desvió sobre el clero la atención de la opinión pública, "que sospechaba de otros grupos"».[431]

Y en efecto: los obregonistas gritaban a los cuatro vientos que el asesino no era un fanático católico sino un miembro del Partido Laborista enviado por el peor enemigo del general Obregón, el ministro de Industria Luis Napoleón Morones, quien había sentenciado: «Obregón saldrá electo, pero me corto el pescuezo si toma posesión de su puesto». Al llegar lo declarado a oídos de *El Manco*, replicó: «Muy bien, le cortaremos el pescuezo».[432]

Antonio Ríos Zertuche, personaje de filiación obregonista encargado de las averiguaciones por orden de Calles, ordenó la detención de Luis Napoleón Morones, pero llegando esto al conocimiento de Calles, este «manda llamar al Inspector de Policía quien, en su presencia, sostiene que "según la opinión de jurisconsultos obregonistas y no obregonistas", está comprobada la responsabilidad de Morones. Calles replica que está convencido de que el crimen es de origen religioso [...] y advierte que la aprehensión de un miembro de su gabinete hará recaer responsabilidades sobre su gobierno y sobre él mismo [...] Más tarde se presentan de la Presidencia con unas declaraciones que Ríos Zertuche

---

[431] *La Prensa*, 7 de diciembre de 1935.
[432] Joaquín Cárdenas Noriega, *op. cit.*, pp. 66-67.

debe firmar y dar a la prensa y en las que se arroja toda la responsabilidad de la muerte del general Obregón al clero y los católicos, sin mencionar para nada a Morones y a la CROM».[433]

Al día siguiente, «el general Antonio Ríos Zertuche, al llegar por la noche al Hotel Regis, halla rotas las chapas de su petaca. Busca los papeles que se refieren a la responsabilidad de Morones en el asesinato de Obregón, y ve que han desaparecido».[434]

Entre tanto, en la inspección declaran varios miembros de la célula guerrillera de la madre Conchita, quienes reconocen, a través de retratos, a Samuel O. Yúdico, un fiel servidor de Morones, como la persona que asesoraba detrás de una puerta a la monja asesina en el momento de las resoluciones.

Fueron a dar cuenta de todo esto al general Ríos Zertuche, quien paseándose nerviosamente por su oficina se detuvo de pronto frente a ellos y exclamó: «Señores: lamento sinceramente no poder hacer nada con estos informes, pues tengo órdenes superiores que no puedo hacer del conocimiento de ustedes y que me impiden obrar como yo quisiera».[435]

La conspiración diseñada para dar fin a la vida del general Obregón había triunfado. El 15 de agosto se da a conocer un certificado de la autopsia del caudillo, pero «se sospecha que el tal certificado de autopsia sea falso de toda falsedad». Más bien hubo dos autopsias.

Así, mientras los diarios anuncian que «Un Gran Partido se fundará en el país», el presidente Calles, decidido a terminar su obra de simulación e hipocresía, da garantías para el desarrollo del famoso juicio a De León Toral y la madre Conchita, donde, a la manera de la justicia estadounidense, se desahogan públicamente numerosos testimonios, pero con el detalle de que el órgano colegiado que dicta la sentencia está compuesto en su gran mayoría de miembros del Partido Laborista: ¡subordinados de Morones! Nunca se inició un juicio federal por la naturaleza del delito, sino uno civil que Calles pudiera controlar, de ahí que los encargados de condenar a muerte a De León Toral fueran unos humildes empleados del sur de la ciudad...

Durante el célebre proceso, el abogado de León Toral, Demetrio Sodi, formula a su defendido «una última pregunta. Usted declaró ayer que el primer disparo al señor Obregón lo había hecho de esta forma [...] Hágame usted el favor de sentarse. (El acusado se sienta.) [...] Dijo usted ayer que violentamente se pasó el dibujo de la mano derecha a

---

[433] Alfonso Taracena, *La verdadera Revolución mexicana (1928-1929)*, México, Impresora Juan Pablos, 1964, pp. 130-131.
[434] *Ibid.*, pp. 131-132.
[435] *Ibid.*, p. 134.

la izquierda [...] mete usted la mano a la pistola, dispara usted al señor Obregón a la cara [...] ¿Cómo es entonces −punto que tenemos que aclarar− que el proyectil entró del lado contrario y salió por aquí? Porque usted, si disparó en esta forma, debió haberlo herido en la mejilla derecha, ¿no es así? O en el cuello o en la parte derecha; y aparece herido por este lado y el proyectil por aquí. ¿Está usted seguro de que usted disparó en esa forma?».[436]

En ese momento, ante la amenaza de un tumulto entre los asistentes, el juez suspende la audiencia... ¿Y cómo no, si el cadáver del general Obregón estaba literalmente cosido a tiros? Pero esto no se supo sino muchos años después, cuando un documento revelador hizo fugaz acto de presencia a través del periódico *Excélsior*: «el documento es copia fiel del original; es auténtico, verdadero, y está firmado por un funcionario militar de aquella época [...] Documento que, junto con el de necropsia [...] no se dieron a conocer públicamente y permanecieron en misterioso anonimato oficial [...] El documento [precioso para la historia] está fechado en la Ciudad de México el día 17 de julio de 1928, y firma el mayor médico cirujano adscrito al Anfiteatro del Hospital Militar de Instrucción, Juan G. Saldaña. Es nada menos que el "Acta de reconocimiento de heridas y embalsamamiento del general Álvaro Obregón" que certifica que el cadáver del divisionario presentaba diecinueve heridas, siete con orificio de entrada, de 6 milímetros; una de ellas con orificio de salida y el mismo proyectil que la causó volvió a penetrar y dejó un segundo orificio de salida; otra herida con orificio de entrada de 7 milímetros, una más de 8 milímetros; otra de 11 milímetros, con orificio de salida, y seis "con orificio de entrada de proyectiles" que [...] fueron causadas por proyectiles calibre .45 [...] Lo anterior, en buena lógica, quiere decir que hubo seis o más tiradores, incluyendo a De León Toral; pero descartado este último por ser el único conocido y por haber pagado con su vida el crimen, ¿quiénes fueron los otros...?».[437]

Así pues, nada más falso que De León Toral haya sido el único que disparó sobre el general Obregón: hubo al menos seis tiradores más. Y en cuanto a la autoría intelectual, ya hemos visto la lista de patriotas que a pesar de estar claramente implicados en el asesinato, quedaron −como suele ocurrir en México− en la más cínica impunidad, dueña del país.

La historia habrá de aclarar esta situación con elementos probatorios: ¿quién ordenó matar a Obregón? Pensemos en sus enemigos en

---

[436] Anónimo, *El jurado de Toral y la madre Conchita (Lo que se dijo y lo que no se dijo en el espectacular juicio)*, Versión taquigráfica textual, México, Editores Aldúcin y de Llano, 1928, pp. 102-108.

[437] *Excélsior*, 20 de mayo de 1947.

busca de pistas. Uno, el clero que no deseaba volver a verlo sentado en la silla presidencial y que ya había intentado asesinarlo en 1927 por medio de los hermanos Pro, Segura Vilchis y otros más, mientras se dirigía un domingo a los toros. Habían tratado en un par de ocasiones más sin éxito (en Jalisco y en Celaya), por lo que en La Bombilla con Toral era una gran oportunidad.[438] ¿Otro enemigo no menos poderoso? Plutarco Elías Calles, quien sabía a pie juntillas que el regreso de su paisano al Castillo de Chapultepec implicaba el final de su carrera política, evolución que trataría de impedir culpando a la Iglesia del crimen y aprovechando la coyuntura del atentado en La Bombilla, del que él y Morones tenían información confidencial.

«¿Quién mató a Obregón?», se preguntaba el populacho. «Calles…, por favor», se respondía, sólo que la Iglesia, representada por De León Toral y la madre Conchita, resultó acusada y partícipe evidente pese a que hubo tantos tiradores, comúnmente conocidos como asesinos…

De los hechos de sangre antes descritos, en esta ciénaga putrefacta, en esta atmósfera de caudillos, de caciques tan asesinos como corruptos, que lejos de contemplar a la Constitución como el marco de referencia para garantizar la convivencia civilizada entre mexicanos, echaban mano a la pistola o a los venenos para dirimir sus diferencias, en estas aguas empantanadas y fétidas de descomposición política, nace el PNR, a través del cual se crearon nuevas clases dominantes en la estructuración del futuro Estado mexicano. La corrupción acabaría, tarde o temprano, por envenenar todo el cuerpo social. Las revoluciones sirven para concentrar aún más el poder o no sirven para nada.

Obregón no estaba dispuesto a dejar el cargo. Calles tampoco, como no lo estuvieron Porfirio Díaz, Victoriano Huerta ni el propio Venustiano Carranza. Cada cual ideó un pretexto para eternizarse en el elevado puesto y retener la preciosísima investidura.

Baste por ahora citar las palabras de Gilberto Valenzuela, secretario de Gobernación durante el gobierno de Elías Calles: «El conflicto cristero fue inventado a los dos o tres meses de haber tomado yo posesión de la Secretaría de Gobernación», como parte del objetivo callista «de ir entregando paulatina, pero sistemáticamente, todas las fuerzas vivas del país, todas las fuentes de influencia poderosa, a su distinguido compañero y amigo íntimo, don Luis Morones», para terminar afirmando

---

[438] De hecho, en enero de 1915, «Obregón fue recibido el día de su arribo en México, por una descarga cerrada de tiros que le dispararon desde una de las torres de Catedral». Laura Méndez de Cuenca, *Álvaro Obregón*, México, s.i., 1920, p. 47.

enfáticamente que la guerra cristera fue «inventada en todas sus partes por Morones y por Calles».[439]

¿Que todo es negro o todo es blanco? Es evidente que no. Méritos y reconocimientos, en mayor o menor grado, los tuvieron los diversos titulares del Poder Ejecutivo mexicano. Pero si la democracia es un espléndido vivero en el que se desarrolla lo mejor del género humano, ¿cuál fue la participación real de dichos líderes en la construcción del citado hábitat político que facilitara el crecimiento económico, así como la expansión de la educación y de la cultura para impulsar el desarrollo social?

Calles y el PNR

La diarquía Obregón-Calles torció la historia de México desde que derrocó a Carranza por medio de un golpe de Estado y lo asesinó cuando los mexicanos estábamos agotados por las convulsiones armadas. No se podía pensar en términos de la ley, sino de la bala. ¿Por qué entregar las riquezas subterráneas del país a Estados Unidos a cambio de apoyo militar y financiero para reprimir el levantamiento de Adolfo de la Huerta, con tal de imponer a sangre y fuego la candidatura de Plutarco Elías Calles? ¿Por qué insistir en la sociedad cerrada, en el agua fétida estancada, en la parálisis política? ¿Y la ciudadanía? ¿Era un fantasma? ¿Y las urnas? ¿Y el sufragio efectivo? ¿Y la voluntad popular? ¿Y la Revolución? ¿No se trataba de construir un México nuevo sin caciques y con instituciones que garantizaran la solvencia de los supremos intereses de la República? ¿Por qué no dejar a las convicciones políticas de la nación la suerte del país? ¿Por qué el clero manipulaba las elecciones desde los púlpitos o el gobierno en turno cometía todo género de fraudes a la hora de contar los votos? Seguía siendo válido aquello que «quien cuenta los votos gana las elecciones». México no había evolucionado. ¿No evolucionaría...?

El Partido Nacional Revolucionario, PNR, un auténtico obsequio del caudillo a la burguesía mexicana, surge entonces para concentrar en el puño de ese instituto político, o sea el de Calles, las aspiraciones de quienes desearan ingresar al sistema, con el pretexto (muy sobado

---

[439] Gabriel de la Mora, *op. cit.*, pp. 113-114.

por cierto) de cuidar la precaria estabilidad del país, aun cuando por el momento –largo momento de setenta años– se olvidaran, *transitoriamente*, los objetivos democráticos exigidos a raíz de la conclusión de la Revolución mexicana. Surge el hombre fuerte: «Aquí vive el presidente, el que manda vive enfrente», se dirá en referencia a la casa de Anzures del *Jefe Máximo*: con vista al Castillo de Chapultepec... ¿El que manda? ¿Y las instituciones? ¿El caudillo siguió mandando con la complacencia de la ciudadanía, que nunca protestó por el despojo de sus derechos electorales? Si no existen las culpas absolutas, ¿dónde termina entonces la responsabilidad de los gobiernos priistas y comienza la de la sociedad, que hasta hace apenas un par de décadas todavía apostaba a un *divertido* juego de quinielas para adivinar la identidad del «tapado», sin percatarse que nos sacábamos los ojos con una frivolidad suicida? Después de que decenas de miles de compatriotas dieran la vida para acabar con la sangrienta tiranía de Victoriano Huerta, las supuestas conquistas democráticas mexicanas consistieron en que Obregón le heredera el cargo a Calles y Calles se lo prestara a Portes Gil, a Ortiz Rubio, a Abelardo Rodríguez y a Lázaro Cárdenas, para que este último se lo transmitiera a Ávila Camacho y este a Alemán y Alemán a Ruiz Cortines y Ruiz Cortines a López Mateos y este a Díaz Ordaz y Díaz Ordaz a Echeverría y este a De la Madrid y De la Madrid a Salinas y este a Zedillo, siempre a título personal, hasta acabar el siglo XX? ¿Eso es democracia? ¿Y la tan cantada voluntad popular? ¿Y el sufragio efectivo? ¿Y la imagen de México en el exterior? ¿Y la ley? ¿Y la burla? ¿Y la corrupción política?

El PNR y posteriormente el PRI tendrían varios objetivos, pero uno entre ellos, ciertamente fundamental, debe ser destacado: el control férreo de las clases populares, mismas que gradualmente se irían sometiendo al sistema, que tendría la debida comprensión ante los excluidos del «carro completo» al vender sus facultades legales a cambio de dinero, es decir, estallaría la corrupción en todas sus manifestaciones y dimensiones: se subastaba al mejor postor el poder público. ¿Que los pobres, los marginados, no tenían para comprarlo? Era irrelevante, a ellos se les debía proporcionar una maraca, un nuevo sombrero de paja, un refresco, una torta y una banderita tricolor para agitarla cuando llegara al pueblo el cacique o el abanderado de las mayorías nacionales, cuando no era abanderado de las mayorías y menos de las nacionales ya que sólo lo sería del partido dominante, el intransigente, el totalitario, en el que no había cabida salvo para la burguesía que se enriquecía sexenalmente ante los ojos indolentes y apáticos del pueblo, el que se hundía aún más en la resignación cuando escuchaba las homilías dominicales que sugerían aceptar este infierno de perros a cambio de disfrutar los placeres de la eternidad en el reino de los cielos. La alianza inconfesable PRI-Iglesia, ese catastrófico contubernio encubierto, *respetémonos y que cada quien haga lo que le venga en gana,* esa pinza diabólica, produjo hasta finales del siglo XX cincuenta millones de mexicanos postrados en la miseria, la evidencia palpable del fracaso educativo, muy a pesar de las enormes cantidades de dinero invertidas para rescatar a las masas de la ignorancia, de la frustración y del atraso. Dinero tirado a la basura, palabras arrojadas al viento, leyes colocadas con solemnidad y decencia, y el mexicano, ¿a quién le importa realmente el mexicano? La herencia obregonista-callista, la del PNR, la del PRI, arroja saldos de horror.

Todo lo bueno y todo lo malo que haya acontecido en México prácticamente a lo largo del siglo XX se debe al PRI por la única razón de que utilizó cualquier recurso a su alcance para impedir la alternancia en el poder y el arribo de la democracia al país. ¿Sólo el PRI gobernó a cualquier precio? Entonces el PRI es el único culpable. ¿Matar a los candidatos inconvenientes a la usanza de la diarquía Obregón-Calles? ¡Los mató, los desapareció o los sobornó sin detenerse a reflexionar en que se iniciaba un largo proceso de putrefacción del país! Lo primero que se pudre del pescado es la cabeza, dice la sabiduría china. Para cumplir con su cometido político en contra de México, el PNR-PRI perpetró fraudes electorales, asesinó a opositores y a periodistas, expatrió *indeseables* o encarceló *presos políticos,* extorsionó, persiguió, chantajeó, saboteó y amenazó a quienes se atrevieran a apartarse de los designios de la familia revolucionaria, una vulgar pandilla política —sálvese el que pueda— que gobernó al país sin el menor respeto por la voluntad popular, misma que se interpretó al muy interesado y no menos perverso saber y entender de la clase gobernante, dispuesta a mantener el sistema a cualquier costo. Siempre hay un pretexto para que los sistemas o las personas se eternicen en el poder.

El PRI depreció la moneda de cuatro pesos a 10 000 por dólar (en la presente administración, el año de 2015, la devaluación llegó hasta 17 000); heredó sesenta millones de bombas de tiempo, todos los mexicanos pobres y hambrientos; legó los sindicatos oficiales, los de Pemex, CFE, IMSS y el de la SEP, que hoy mantienen secuestrado al país; quebró al campo mexicano; hizo del peculado un deporte nacional impunemente protegido por la familia revolucionaria integrada por bandidos: ¿Político pobre...? ¡Pobre político...! Impulsó la fuga de mano de obra campesina, exportó exitosamente brazos para devastar al sector rural y acabar con la esperanza de una soberanía alimentaria en México; desplomó los índices de escolaridad y fue incapaz de contener la deserción escolar, uno de los orígenes de la pobreza y de la injusta distribución del ingreso: creó un país de reprobados cada vez más dependientes de quienes sí saben, ya sean estos nacionales o extranjeros; convirtió al sistema en un inmenso paraguas que protegía de la cárcel a hornadas de delincuentes de cuello blanco o de chamarra que entendieron la existencia del tesoro público como un apetitoso botín a repartir; prohijó una temeraria colusión de poderes federales y locales controlados férreamente por gran cacique sexenal, amo y señor del país, el nuevo tlatoani.

Los legisladores no representaban (ni representan) a la nación en el Congreso, sino los intereses políticos del presidente de la República en turno y los de los partidos políticos. ¿Las industrias, los comercios, los prestadores de diversos servicios, los profesionales, las cámaras empresariales, las academias y universidades y los medios masivos de difusión, entre otros organismos y personas más, sí se encuentran representados en el Congreso de la Unión? ¿Sí...? ¡Claro que no!: sólo están incorporados los diputados y senadores a los que les debían *favores* políticos sin tomar en cuenta a la nación, que por otro lado jamás protesta, pasividad e indolencia con la que lucran los tenedores del poder público... El PRI, la herencia siniestra de Calles, impidió la impartición de justicia, cohechó a jueces, a ministros, a policías, a ministerios públicos, autoridades históricamente al alcance de la chequera, de la billetera o simplemente del morral; desde el punto de vista ambiental, desertificó al país, permitió la tala irracional de árboles, contaminó mantos freáticos, consintió la expansión amenazadora de las manchas urbanas, mató ríos, inficionó lagunas, deforestó bosques y selvas y no se escandalizó ni se responsabilizó cuando se quintuplicó la población de veinte millones en 1940 a cien millones a finales del siglo XX...

El PRI amordazó a las auténticas voces de México hasta convertirse en un modelo de dictadura perfecta, un aborto republicano. Ahora bien, ¿la situación cambió con la alternancia, es decir con el arribo del panismo al máximo poder federal o fue mero continuismo...? Esa sería la otra pregunta...

El Maximato

¿Cómo prosigue la historia según el libro de texto? «Después de concluir su mandato [Calles] continuó influyendo en el gobierno a través de sus sucesores, entre 1928 y 1934. Este periodo es conocido como el

"Maximato", porque aunque ya no era presidente, Plutarco Elías Calles decidía sobre muchos asuntos, y por ello se le conocía como el "Jefe Máximo"» (p. 120). Era el hombre más poderoso de México sin ser constitucionalmente el Jefe del Estado Mexicano. El lenguaje de la bala acabaría con cualquier tentación reeleccionista...

Aquí va otra versión ampliada: el asesinato de Álvaro Obregón marcó el inicio de una crisis política: aunque oficialmente el magnicidio fue perpetrado por José de León Toral, un fanático religioso que terminó fusilado el 9 de febrero de 1929, más de un mexicano suponía que Plutarco Elías Calles –junto con Luis Napoleón Morones, el brazo armado incondicional del *Jefe Máximo* y líder de la central obrera más poderosa de México, la CROM– había orquestado el asesinato del general invicto de la Revolución, *El Manco de Celaya*, con tal de prolongar su control del poder absoluto. Ante estos hechos, Calles no dudó en dar un triple golpe de timón: nombró a Emilio Portes Gil presidente provisional, entregó la investigación del magnicidio a los obregonistas y, en su último Informe de Gobierno, el 1 de septiembre de 1928, hizo un anuncio espectacular porque «México pasaría de la condición histórica de "un país de un hombre" a la de "una nación de instituciones y de leyes". [...] Creemos definitiva y categóricamente, [que es necesario] pasar de un sistema más o menos velado, de "gobiernos de caudillos" a un más franco "régimen de instituciones"».

El mito del sistema institucional en nuestro país había nacido y Calles –con bombo y platillo– anunció que se retiraría a la vida privada, pues en una nación que contaba con un partido fuerte y capaz de unir a todos los revolucionarios, ya era innecesaria su actuación política.

Lo que la historia oficial no nos cuenta, sin embargo, es que aquel 1 de septiembre, «el diputado Aurelio Manrique se puso en pie cuando se aplaudía y entre el estruendo de los vivas, gritó con voz potente: "¡Farsante!". El general Calles lo miró y sin concederle importancia, prosiguió la lectura. Al terminar, y al pisar el último peldaño de la escalera de la plataforma, el diputado Manrique volvió a gritar: "¡Farsante!". El aludido tornó a mirarlo fríamente y siguió avanzando paso a paso».[440]

Acaso Manrique temía por su vida y quiso, públicamente, blindarse del fiero puño armado del *Jefe Máximo*...

En efecto, el retiro de don Plutarco sólo fue una cortina de humo y la vida institucional de nuestro país una mentira, un mito, pues Plutarco Elías Calles se convirtió en el *Jefe Máximo*, el hombre que gobernó tras el trono hasta que Lázaro Cárdenas lo expulsó del país en 1936 para dar

[440] Alfonso Taracena, *La verdadera... (1928-1929)*, pp. 155-156.

pie a un presidencialismo igualmente tiránico y antidemocrático. Obviamente, Cárdenas también se aferró al mando y al poder al terminar su gobierno, con más o menos éxito, según el presidente en turno. ¿O qué? ¿México se durmió caudillesco y se levantó institucional gracias a un asesinato? Y no a uno, por cierto...

¿Herencia callista? Aquí va: Calles creó el Banco de México, las comisiones de Irrigación y de Caminos; inició la construcción de carreteras, de presas; fundó los bancos Ejidal Central y regionales y el Banco de Crédito; rehabilitó el crédito nacional; fomentó la educación de las clases rurales y trabajadoras; instrumentó un programa de irrigación y comunicación en la pequeña propiedad; profesionalizó el ejército y eliminó viejas estructuras de mando; provocó una disminución sensible de la emigración de trabajadores mexicanos a Estados Unidos; firmó el convenio para tender el cableado telefónico entre México y Estados Unidos; organizó varios índices del Archivo General de la Nación, como el del ramo Inquisición, tan útil para cualquiera que desee conocer lo que fue aquel horror; creó un nuevo Código Civil del Distrito y Territorios Federales y equiparó la capacidad jurídica del hombre y la mujer; reconoció la personalidad moral de los sindicatos; borró la diferencia entre hijos legítimos y los nacidos fuera del matrimonio; legisló sobre propiedad intelectual; se abocó al combate de los juegos prohibidos por la ley, «de manera principal en la frontera con Estados Unidos»; renunció a las «facultades extraordinarias» en materia de egresos e ingresos; reorganizó los impuestos aduanales a través de la Ley de Agentes Aduanales de agosto de 1927; comenzó la elaboración del Código Fiscal a fin de facilitar la interpretación y el cumplimiento de las leyes fiscales, promulgó la Ley del Impuesto sobre la Renta; expidió un reglamento de Ley Forestal para el aprovechamiento de bosques y ejidos; decretó la creación de la Junta de Conciliación y Arbitraje; creó el Consejo Nacional de Estadística; reorganizó las finanzas del Distrito Federal; reforzó la educación rural para hacer del campesino un ser autosuficiente; multiplicó por veinte las escuelas rurales y casi por cuarenta el número de alumnos, para pasar de 18 000 en 1922 a casi 600 000 en 1932...

Sin embargo, la era de las instituciones y de la democracia sólo era un mito con alguna excepción, como la fundación del Banco de México: Calles, desde su supuesto retiro, controlaba la vida política y palomeaba a quienes podrían ocupar la principal oficina del país, así como las gubernaturas y las curules del Congreso, las embajadas, en fin: la famosa *maquinaria*.

En efecto, Ortiz Rubio no tenía la fuerza suficiente para ser presidente, pero esa era su principal virtud, pues Calles conservaría y acrecentaría su poder mientras Ortiz Rubio sólo prestaba su rostro para no violentar el apotegma revolucionario que le había costado la vida a Obregón: la no reelección era un hecho, pero el poder estaba en manos de la misma persona: el *Jefe Máximo*.

Así, tras un escandaloso fraude en la elección de 1929, gracias al cual tampoco se sabrá por completo la verdad, Ortiz Rubio supuestamente venció a Vasconcelos, el exsecretario de Educación, con un holgadísimo margen de más de un millón y medio de votos que mágicamente llegaron a las urnas. Se seguía construyendo el México del futuro con arreglo al engaño, a la corrupción política, a la traición, al desconocimiento cínico de la voluntad popular, ejemplo que se padecería a lo largo del resto del siglo XX con todas sus funestas consecuencias. Si es cierto que, como dice el dicho, dos cabezas piensan más que una, entonces millones de cabezas pensarán mucho más que exclusivamente la del *Jefe Máximo*, quien se sintió apoderado de la nación e intérprete de los deseos de la sociedad. Una persona, una sola persona y más tarde una perversa y venal *familia política* decían saber como nadie lo que le convenía a México y el atraso entró en el país con la fuerza devastadora de un huracán.

Lo que sí se supo y se sabe fue la nueva injerencia indeseable e injustificada de Dwight Morrow, el representante de la Casa Blanca —otro Lane Wilson, otro Sheffield—, esta vez para descarrilar la carrera presidencial de José Vasconcelos, quien lo inmortalizó llamándole *Procónsul*, y apoyar a Ortiz Rubio, el candidato descafeinado y sumiso de Calles, el expresidente que hablaba falsamente de la construcción de las instituciones mexicanas, en tanto no dejaba de ser un sanguinario caudillo incapaz de respetar la democracia mexicana. Vasconcelos, autor de *La raza cósmica* (1925) e *Indología* (1927), «estableció un paralelismo entre la caída de Porfirio Díaz y la de Álvaro Obregón; de ahí la necesidad de un nuevo Madero, como en 1910, para encabezar un gobierno civil, democrático y antirreeleccionista. ¿Y quién sino uno de los primeros maderistas? ¿Quién sino el principal crítico de la dictadura de Obregón y Calles? José Vasconcelos, para servirles».[441]

Plutarco Elías Calles, quien fungía como secretario de Guerra y Marina en el gobierno de Emilio Portes Gil, ya había sofocado la rebelión escobarista (otro levantamiento integrado por 30 000 infidentes que siguieron al también sonorense general José Gonzalo Escobar en contra del presidente Portes Gil y obviamente del propio Calles, el verdadero poder detrás del trono) por conducto del general Juan Andrew Almazán, enviado para aplastar el movimiento armado con un saldo de 2 000

---

[441] John Skirius, *José Vasconcelos y la cruzada de 1929*, México, Siglo XXI, 1978, p. 50.

muertos. Curiosamente, este militar rebelde no fue asesinado a la usanza de la diarquía Obregón-Calles y falleció de viejo en la cama.

¿Quién era tan valiente como para enfrentar a un Calles que ya había demostrado los alcances a los que podía llegar? ¿Quién se jugaría la vida contra alguien tan poderoso y carente de la mínima noción de piedad?

¿Quién se lanzaría a la arena política para competir en contra de Ortiz Rubio, el candidato de *El Turco*? ¡José Vasconcelos, cuyas aspiraciones presidenciales serían también sofocadas a sangre y fuego! Con el caudillo escondido no se bromeaba. Su brazo político sería el promisorio PNR de nueva creación, la *oportunidad*, el instituto para participar en política donde tendrían cabida todos los mexicanos, siempre y cuando se sometieran a los dictados de Calles.

Se saboteó violentamente todo el proceso electoral de 1929 con muertos en diferentes partes del país, disparos de ametralladora, bloqueos en carreteras y en las urnas hasta que Gonzalo N. Santos, secretario del PNR (el mismo que decía que «la moral es un árbol que da moras y sirve para una chingada»), anunció un par de días antes de las elecciones que «Ortiz Rubio ganaría por 1 500 000 votos, el número exacto dado por el *New York Herald Tribune* al día siguiente de la votación».[442] Raro, ¿no…? A ningún precio perdería el PNR. Y claro que no perdió como tampoco el PRI perdería elección presidencial alguna hasta finales del siglo XX, conforme a la fétida escuela callista.

Una vez derrotado, Vasconcelos se refugió en Estados Unidos, como también lo hizo en su momento Adolfo de la Huerta para escapar del brazo asesino de Obregón y de Calles, donde recibió la oferta de este último para incorporarse al gabinete de Ortiz Rubio, mismo ofrecimiento que previamente había recibido de un Morrow inmiscuido a fondo en los asuntos internos de México. ¿Por qué no…? Lo habían hecho casi todos quienes lo habían precedido en el cargo. *El Maestro* esperó a que sus seguidores se rebelaran cuando él estaba ya a salvo en Estados Unidos. Algunos vasconcelistas criticaron acremente que su guía se hubiera retirado de la lucha sin levantar un dedo, otros pensaron suicidarse al comenzar el año 1930 y un exvasconcelista, Manuel Moreno Sánchez, declaró que habían sido engañados «en un país maldito». Enrique González Aparicio quiso matarse. En fin, la suerte de los seguidores de Vasconcelos estuvo determinada en parte por los vaivenes de la política nacional, pero cada uno terminó atizando distintas hogueras. La última flama vasconcelista fue apagada al descubrirse la matanza de Topilejo,

<hr>

[442] Álvaro Ruiz Abreu, «El profeta en un país maldito», *Nexos*, México, 1 de julio de 1978, consultado en septiembre de 2015, www.nexos.com.mx/?p=3163

en el camino México-Cuernavaca, conocida tardíamente. De no haber sido por aquel perro hambriento que lamió el brazo de un cadáver, jamás se hubiera hecho público ese linchamiento brutalmente calculado de «cerca de veinte hombres» vasconcelistas.

«José Emilio Pacheco documenta que en 1930 [...] cuando de un grupo de aproximadamente cien vasconcelistas que estaban detenidos en el cuartel Narvarte, bajo el mando del general Maximino Ávila Camacho, fueron asesinados varias decenas de ellos a la medianoche del 14 de febrero [...] y abunda: "Se ordenó sacar a los presos de Narvarte, Ávila Camacho se conmovió y mientras ataba a las víctimas de dos en dos, con alambre de púas a cambio de cuerda, decía 'Pobrecitos, pobrecitos. Ya se los llevó la chingada. Pero qué quieren que yo haga, si cumplo órdenes del superior.'"»[443]

Ese era Calles y sus prometidas instituciones. Sangre y más sangre a su historia vergonzosa como caudillo y destructor de la democracia, por más que se busquen desesperadamente pretextos para justificar sus crímenes políticos y personales.

Naturalmente, la mano de Calles se hizo presente desde el primer momento del mandato de Ortiz Rubio, pues casi la totalidad de su gabinete quedó conformada por hombres de probada lealtad... a don Plutarco. Cuando el primer mandatario intentó liberarse de la férula callista, el *Jefe Máximo* le «asestó el *coup de grace* al presidente, [pues] ordenó a sus partidarios que aún ocupaban un cargo en el gobierno que presentaran sus renuncias. En cierto sentido —continúa diciéndonos Hans Werner en su libro *La Revolución mexicana. Transformación social y cambio político*—, Ortiz Rubio quedó pendiente en el vacío y de inmediato presentó su renuncia a la presidencia».

Tras la renuncia de Ortiz Rubio, el *Jefe Máximo* volvió a las andadas y designó a otro títere que le permitiera continuar mandando tras bambalinas: Abelardo L. Rodríguez, el hombre que en su *Autobiografía* señaló con precisión el papel que desempeñó en la principal oficina de nuestra patria: «Insisto en que nunca fui político y en que si acepté el cargo de presidente sustituto de la República fue porque tenía la seguridad de nivelar el presupuesto y [de] poner en orden la administración del gobierno. Para lograrlo me propuse permanecer al margen de la dirección política, dejando esa actividad en manos de políticos».

Las declaraciones del presidente Rodríguez no pueden ser más claras: a él sólo le importaba el presupuesto y la manera como se gastaría,

---

[443] José Carmen Soto Correa, *Los grupos armados de los políticos católicos: La masacre de sindicalistas de Chaparro, Michoacán*, México, Instituto Politécnico Nacional, 2002, p. 70.

no en vano se convirtió en uno de los hombres más ricos del país y en uno de los propietarios de hipódromos, garitos de juego y prostíbulos más afamados de la frontera norte, justo como se muestra en el libro *Revolucionarios fueron todos*.[444] Claro que, para lograr esto, tenía que pagar un precio: entregar la gestión política a quien sí tenía la capacidad para llevarla a cabo, y ese hombre —obviamente— era Plutarco Elías Calles. Así, mientras Abelardo L. Rodríguez gastaba a manos llenas y se engordaba los bolsillos, Calles dirigía al país sin que nada ni nadie pudiera oponerse a su voluntad.

Cárdenas, el mito presidencial

El periodo presidencial de Abelardo L. Rodríguez llegó a su fin en 1934 y Calles estaba obligado a elegir una nueva supuesta marioneta para que ocupara el Palacio Nacional. El *Jefe Máximo* sopesó con cuidado las opciones y se decidió por Lázaro Cárdenas: el general michoacano era un hombre de toda su confianza, no sólo se había sumado a la rebelión de Agua Prieta que llevó a los sonorenses al poder, sino que también había firmado la orden de asesinar a Venustiano Carranza pero no había logrado ejecutarla.

Luego de que Cárdenas recibió el visto bueno del *Jefe Máximo*, el partido oficial lo aclamó como candidato y las elecciones transcurrieron como era esperado: el hombre designado por Calles volvió a triunfar por un amplísimo margen. Sin embargo, desde el momento en que Cárdenas se puso la banda presidencial y pronunció su primer discurso, Calles se dio cuenta de que había cometido un error: el *muchacho* michoacano estaba dispuesto a pelear para hacerse con el poder absoluto en su sexenio y más...

En efecto: Cárdenas comenzó a transformar al partido oficial y creó las primeras organizaciones de masas —la CTM, Confederación de Trabajadores de México, la CNC, Confederación Nacional Campesina, la FSTSE, Federación de Sindicatos de Trabajadores al Servicio del Estado, entre otras— que subordinaban a la sociedad al poder presidencial, y aunque enfrentó varias crisis en su gabinete, ya tenía el suficiente poder, es decir, tenía en el puño a los trabajadores de las empresas privadas,

---

[444] Ricardo Pozas Horcasitas *et al.*, *Revolucionarios fueron todos*, México, FCE, 1982, p. 327.

a los campesinos y a los burócratas, para dar paso a una nueva etapa de la historia política: el presidencialismo desbridado.

El Maximato estaba llegando gradualmente a su final: día a día se le amarraban más las manos a Calles. Cárdenas se hacía de un gran poder, el necesario para ir cortando, uno a uno, los lazos con los cuales se mantenía de pie el callismo. Cárdenas siempre se negó a clausurar el Congreso y convocar a nuevas elecciones de legisladores, porque en ningún caso quería parecerse a Victoriano Huerta ni mucho menos a Iturbide, Santa Anna o Porfirio Díaz; era mucho más conveniente proseguir en el terreno de la conversación, del convencimiento amistoso o amenazador para lograr sus fines, hasta que finalmente pudo alcanzarlos dentro de la ley, por ello había que modificarla para dejarla a su gusto y plena satisfacción. Los golpes mortales continuaban en contra de *El Turco*: a continuación se detuvo a Luis N. Morones, el desacreditado ministro de Industria y Comercio de Calles, a quien se sorprendió en posesión de 10 000 cartuchos y 57 subametralladoras que iban a ser utilizadas en una sublevación armada. Se desbarataba así el liderazgo de la CROM, la confederación utilizada por Calles para controlar al sector obrero que la sabiduría popular supo calificar por sus siglas en «Cómo Robó Oro Morones»[445] y que al revés concluye: «Más Oro Robó Calles». El sentido del humor nacional nunca podía faltar… Cárdenas se iba convirtiendo en un gran tirano. Ya controlaba la Cámara de Diputados, la de Senadores, a los campesinos y al ejército, porque los militares también se habían venido convirtiendo al cardenismo por significarles una mejor esperanza. Los históricos apoyos de Plutarco Elías Calles se iban desvaneciendo de la misma manera que las olas del mar borran las huellas en la arena.

La guerra total entre Calles y Cárdenas estalló el miércoles 12 de junio de 1935, cuando el *Jefe Máximo* hizo unas *patrióticas declaraciones* que ocuparon la primera plana de *Excélsior*. En esa entrevista, Calles condenaba la política laboral del presidente y lo acusaba de retardatario: «Vamos para atrás, para atrás, retrocediendo siempre», dijo al periodista. Al principio, la mayoría de los mexicanos y de los integrantes de la clase política pensaron que Cárdenas se sometería al poder de Calles, pero quizá previendo un movimiento similar al que el *Jefe Máximo* le orquestó a Ortiz Rubio, el presidente solicitó a todo su gabinete la re-

---

[445] «¿A cuánto ascenderán los ahorros del proletario Morones, protector de artistas del bello sexo, dueño del Hotel Mancera valuado en un millón de pesos, que usufructúa propiedades cuyo valor catastral monta a más de un millón y habita un palacio veraniego para el cual mandó hacer en España muebles incrustados de marfil y nácar? Manifestó Vicente Lombardo Toledano que la fortuna de Morones, valuada para el pago de contribuciones, es mayor de 6 millones de pesos.» Francisco Regis Planchet, *op. cit.*, pp. 264-265. Cita a su vez a *La Prensa*, 16 de mayo de 1936.

nuncia a sus puestos y removió de sus cargos a una buena parte de los generales supuestamente leales a Calles en las distintas zonas militares del país: Cárdenas no quería que su mandato terminara con un golpe de Estado fraguado desde la hacienda morelense de Calles.

El nuevo gabinete quedó conformado con cardenistas de hueso colorado y las acciones en contra del *Jefe Máximo* y sus aliados se hicieron sentir de inmediato: Luis Napoleón Morones, el cómplice de Calles en el asesinato de Obregón, el brazo armado del *Jefe Máximo*, fue acusado de acopio de armas y el escándalo no se hizo esperar, ya que «el 20 de diciembre de 1935 –nos dice Carlos Silva Cáceres– las primeras planas de los diarios dieron una espectacular noticia. Durante un cateo en la casa de Luis N. Morones, se había encontrado una fuerte cantidad de armas y pertrechos. Morones fue llevado a declarar e intentó sin éxito comprobar legalmente la posesión de las armas. Se le acusaba de intentar un levantamiento armado contra el gobierno de Cárdenas».

Pero el presidente no se conformó con eliminar al principal aliado del *Jefe Máximo*, pues a principios de 1936 Calles fue cesado del ejército, con lo cual se le amputó la posibilidad de recurrir a las armas para prolongar su poder.

Sin embargo, el golpe final contra el Maximato aún estaba por darse, el cual, según afirma Martha Poblett Miranda en su biografía de Lázaro Cárdenas, ocurrió de la siguiente manera: «El 9 de abril [de 1936], a las diez de la noche, el general Rafael Navarro llegó hasta la casa de Santa Bárbara [Estado de México], donde [...] Plutarco Elías Calles se encontraba ya en cama leyendo el famoso libro de Adolfo Hitler, *Mein Kampf* (Mi lucha). El militar comisionado lo conminó a acompañarlo a la sexta comisaría de la capital y él, sin resistencia, aceptó salir rumbo al exilio».

Al menos habrá que reconocerle que no hubo otro Huitzilac... El presidencialismo se impuso al Maximato: Calles y Morones partieron al exilio y Cárdenas se convirtió en dueño del poder absoluto.

¿El final del Maximato supuso un avance político para nuestro país? En realidad se trató de una grave traición a los principios democráticos de la Revolución: si bien es cierto que en 1936 terminó el poder del *Jefe Máximo*, ello no significó de ninguna manera que México comenzara a recorrer la senda de la democracia, la justicia y la ley, pues el presidencialismo nos alejó y nos impidió adentrarnos en aquella ruta... Quizá la respuesta sólo puede ser descorazonadora: los mexicanos únicamente cambiamos al *Jefe Máximo* por el señor presidente, en cuyo puño morirían asfixiados el Congreso, la Suprema Corte, la libertad de prensa, las garantías individuales y todo asomo de democracia durante los siguientes casi setenta años de priismo, etapa en la que sin duda alguna se impuso la cultura de los jefes, tan porfiriana. Es verdad: los presidentes priistas, auténticos caciques sexenales, subordinaron los poderes de la Unión a sus estados de ánimo, y en consecuencia las instituciones de la República, lejos de servir a la ciudadanía, sólo se dedicaron a simular la existencia de una democracia.

Cárdenas resulta hasta la fecha una figura intocable, reverenciada y adorada, al extremo de que se torna difícil o casi imposible encontrar textos críticos de su obra en bibliotecas o librerías modernas. ¿Por qué? ¿Por qué se le ha elevado hasta adquirir la talla de un dios o semidiós? ¿Por qué nadie, o muy pocos, se han atrevido a dar otro punto de vista con evidencias numéricas de su gestión como presidente de la República? ¿Sólo porque expropió tierras, petróleo y ferrocarriles? ¡Vamos! ¿Y en qué se convirtieron semejantes decisiones a lo largo de la historia? ¿Se acabó el hambre en el campo? ¿Los campesinos ya están alfabetizados y son prósperos labriegos o ganaderos y han llegado a disfrutar, al menos algunos, de la excelencia de la educación superior? ¿Ya no son marginados ni usan huaraches llenos de costras de lodo ni se les manipula para actos públicos? ¿Se les rescató del atraso, se elevó su nivel de vida con las parcelas o los ejidos o las dotaciones entregadas? ¿Ahora sus hijos y nietos ya asisten a escuelas y universidades y tienen títulos profesionales? ¿Ya no se mueren del «mal del viento» y tienen para aspirinas? ¿Fue un éxito la educación socialista? ¿La agricultura mexicana está ya totalmente mecanizada, es eficiente y ejemplar, existen millones de hectáreas de riego y dependemos cada vez menos del temporal para producir? ¿Alcanzamos la soberanía alimentaria y ya no hay miseria en los inmensos territorios entregados? ¿Tenía Obregón razón o no? En fin, basta con salir al campo mexicano, practicar una simple visita y comprobar sólo con la mirada, sin recurrir a sesudos estudios, el abandono y la tragedia que se continúa padeciendo en la inmensa mayoría de las milpas mexicanas, tragedia que impulsó y coronó este supuesto protector de los desposeídos, a quienes remató, eso sí, con buenas intenciones, para acabar de sepultarlos en la desesperación, de la que por lo visto jamás van a salir... Ya no queremos otro Cárdenas que venga a rescatarlos, por favor, no, no y no...

El libro de texto consigna que «durante el gobierno de Lázaro Cárdenas (1934-1940), la reforma agraria se convirtió en el principal instrumento de transformación social y económica del país. En la región de La Laguna (Coahuila y Durango), el Valle de Mexicali (Baja California), Michoacán, Morelos, Veracruz, Yucatán, Chiapas y otros estados se formaron ejidos que tuvieron éxito. A su vez, algunas industrias, como la petrolera, generaron importantes recursos» (p. 126). Al respecto resulta importante observar que efectivamente «la reforma agraria se convirtió en el principal instrumento de transformación social y económica del país», sólo que para mal, porque en los años que van de 1940 a 1960 salieron del país diez millones de campesinos [446], tal y como veremos más adelante. Como decía Obregón, «si repartimos tierra sin entregar palas, fertilizantes, créditos, asesoría técnica y comercial, entre otros instrumentos de cultivo, sólo estaremos repartiendo miseria». ¿Qué hizo Cárdenas? Ignorar demagógicamente las tesis obregonistas, de un experto productor de garbanzos en Sonora, y repartió veintiséis millones de hectáreas en tan sólo dos años, o sea, miseria a raudales. La transformación social consistió, salvo algunas notables excepciones, en distribución de pobreza.

Pero volvamos a Cárdenas y veamos el punto de vista de Calles respecto a la obra de su última *marioneta* en relación a la evolución del campo mexicano... «Si queremos ser sinceros tendremos que confesar, como hijos de la Revolución, que el agrarismo, tal y como lo hemos comprendido y practicado hasta el momento presente es un fracaso. La felicidad de los campesinos no puede asegurárseles dándoles una parcela de tierra si carecen de la preparación y de los elementos necesarios para cultivarla. Por el contrario, este camino nos llevará al desastre, porque estamos creando pretensiones y fomentando la holgazanería. Es interesante observar el elevado número de ejidos en los que no se cultiva la tierra, y sin embargo, se propone que ellos se amplíen. ¿Por qué?; si el ejido es un fracaso, es inútil aumentarlo [...] Hasta ahora hemos estado entregando tierras a diestra y siniestra y el único resultado ha sido echar sobre los hombros de la nación una terrible carga financiera, lo que tenemos que hacer es poner un hasta aquí y no seguir adelante en nuestros fracasos...».

El libro de texto señala que «Otra de las reformas instrumentadas por el presidente Cárdenas fue el reparto de la tierra entre los campesinos del país. Se creó el Banco Nacional de Crédito Ejidal (1936), que estimuló el desarrollo a través de créditos para los ejidatarios y pequeños campesinos. El reparto agrario comprendió también el empleo de maquinaria, así como de técnicas de selección de semillas, rotación e introducción de cultivos, uso de fertilizantes y la creación de institutos, laboratorios y granjas experimentales. Fue de esta forma que la agricultura tuvo un papel importante dentro de la producción del país durante el gobierno cardenista» (p. 128).

---

[446] «Una de las consecuencias negativas del Programa Bracero fue el movimiento paralelo de trabajadores indocumentados, que llegó a tener dimensiones semejantes. Se calcula que en los veintidós años del Programa Bracero ingresaron cerca de 5 millones de indocumentados a Estados Unidos». Jorge Durand, «El Programa Bracero (1942-1964). Un balance crítico», *Migración y desarrollo*, México, núm. 009, segundo semestre de 2007, pp. 27-43.

¿Ah, sí? ¿Y entonces por qué el campo mexicano sigue quebrado hasta nuestros días y nos vemos en la absurda necesidad de importar miles de millones de dólares en alimentos para que la nación no muera de hambre? Si ya los campesinos contaban con tierra, créditos, maquinaria, técnicas de selección de semillas, rotación e introducción de cultivos, uso de fertilizantes e institutos, laboratorios y granjas experimentales, ¿cómo se explica la miseria, el atraso y el analfabetismo rural en lo general? Se politizó la gestión económica del campo y además se importó el modelo de los koljoses y sovjoses soviéticos, a los cuales se atribuye la responsabilidad de la crisis en la producción de cereales en la Unión Soviética durante la década 1970-1980. El libro presenta una exitosa abundancia que no se ve por ningún lado y para demostrar su inexistencia basta salir al campo a ver los jacales, similares a los del siglo XVII, sin agua ni baños ni suelo de cemento ni instalaciones elementales a la altura de la más elemental dignidad humana. ¿Por qué mentir? ¿Con embustes es como se pretende cambiar el rostro de México, o identificando valientemente la realidad para cambiarla con información y determinación? El campo mexicano es un desastre y quienes sostengan lo contrario, como los *historiadores* que redactaron el libro de texto, cometen un delito social imperdonable que lamentablemente no contemplan nuestras leyes, salvo que engañar a nuestros pequeñitos no constituya un crimen social que representa una gravísima violación a los derechos humanos de la niñez mexicana.

Mientras México tiene en su Constitución Política artículos enteros dedicados a proteger ex profeso a los campesinos, como el 123, sus pares estadounidenses tienen un nivel de vida mayor, y eso a pesar que su Constitución, y las de los estados, carecen de tal protección.

La razón es simple: el respeto a la propiedad privada y un aparato jurídico que prioriza el pequeño latifundismo han sido suficientes para garantizar los derechos de los agricultores.

¿Conoce el Conapred los libros de texto? ¿Conoce la Secretaría de Desarrollo Social los libros de texto? ¿Conoce la Suprema Corte de Justicia de la Nación los libros de texto? ¿Conoce la Secretaría de Gobernación los libros de texto? ¿Conoce el Senado de la República los libros de texto? ¿Conoce el ejército mexicano los libros de texto? ¿Conoce la Secretaría de Salud los libros de texto? ¿Conoce la Comisión Nacional de los Derechos Humanos (CNDH) los libros de texto? ¿Conoce la Academia Mexicana de la Historia los libros de texto? Pienso que se debe revivir la Conaliteg sobre bases legales diferentes en el entendido de que la Comisión Nacional de Libros de Texto Gratuitos debe ser un organismo autónomo dotado de independencia académica e integrado, entre otros, por auténticos historiadores –que jamás sería mi caso— además de representantes de diversos sectores del país de extracción laica, cuya opinión deba ser escuchada. No se puede dejar la educación de nuestros niños ni por ende el futuro de México en manos de burócratas, quienes, como acontece en los libros de historia vigentes en este 2015, los redactaron atendiendo fundamentalmente a las instrucciones del clero. Una institución dotada de autonomía legal, integrada por nuestros queridos y respetados historiadores, podría ser la gran solución. Al menos ahí hay una idea, y donde hay una posibilidad bien puede darse una alternativa...

Cárdenas trabajaba, como siempre intensamente. Viajaba de un lado al otro del país ausentándose en ocasiones hasta tres meses. Disfrutaba la inauguración de escuelas y la contratación de más maestros, cuyo número ascendió durante su gobierno a 45 300, de los cuales tan sólo 3 300 correspondían a planteles particulares. Asistían a las escuelas oficiales casi dos millones de estudiantes. El presupuesto de la Secretaría de Educación llegó a ser tres veces mayor al de la floreciente temporada vasconcelista. Al comenzar 1940 existían ya 22 343 000 hectáreas de tierras ejidales, y una población campesina de 1 560 000 almas. Firmaba decretos expropiatorios mientras montaba a caballo, señalando con la mano las extensiones, los lugares, los beneficiarios, sin detenerse a considerar ningún otro aspecto legal.

No es sólo con cifras y datos como deseo evaluar la administración cardenista, baste señalar, para comenzar, que «la política ejidal fue abiertamente perjudicial para los intereses agrícolas del país, retardataria en la educación del campesino, lesiva para la libertad del agricultor, peligrosa para la soberanía de los estados, hipócrita en cuanto a sus verdaderos fines, como inconstitucional y enemiga de la pequeña propiedad: en suma, contraria a los principios de la revolución y de la más elemental lógica para estimular fehacientemente el crecimiento del campo».[447] La expropiación masiva de tierras quebró al campo mexicano y arrojó a la miseria a una inmensa mayoría de campesinos, que se vieron obligados a huir por hambre del país. Se destruyeron latifundios, espléndidos negocios generadores de divisas y creadores de empleos, con todos sus defectos —¿cómo no estar en contra de su existencia?—, para sustituirlos por la nada. Ni se abastecieron los mercados nacionales y extranjeros en las proporciones esperadas ni se generaron divisas ni se crearon puestos de trabajo rurales con los que se soñaba.

¿Pruebas? Al estallar la Segunda Guerra Mundial, después de que Japón bombardeara la base naval de Pearl Harbor, Estados Unidos y

[447] Luis Cabrera, «Un ensayo comunista en México», *Obra política. Luis Cabrera*, vol. 4, México, UNAM, 1992, p. 1312.

México suscribieron urgentemente un «Programa Bracero» para recolectar frutas y legumbres en los campos de nuestro vecino del norte: los alimentos no podían faltar en los frentes militares ni en los pueblos y ciudades yanquis. Los campesinos mexicanos resultaron imprescindibles para evitar un cataclismo agrícola en la Unión Americana, un cataclismo con el que soñaban Hitler y el emperador Hirohito.

Que quede muy claro: ¡de 1942 a 1964 salen o huyen casi diez millones de campesinos mexicanos para laborar en las regiones agrícolas de Estados Unidos! De este estremecedor total la mitad, insisto, casi cinco millones, ¡un horror de cifra!, emigró cumpliendo con todos los requisitos legales, en tanto que el resto cruzó como pudo la frontera en busca del trabajo y de la prosperidad que los ejidos cardenistas les proporcionaron en términos insignificantes en la mayor parte del país. Estos *braceros* hicieron de Estados Unidos una potencia agrícola en lugar de convertir a nuestro propio país en el vergel, el paraíso prometido. ¿Por qué el campo yanqui sí fue rentable y el mexicano fracasó? Busquemos en las políticas de Cárdenas la respuesta.

La aterradora migración de campesinos es tan cierta y demostrable que la población de California se incrementó 559%, sí, 559%, a un ritmo de crecimiento anual de 10% en dicho periodo. En Arizona y Texas se dio el mismo fenómeno pero en menores proporciones. Igualmente se debe considerar la *revolución verde* –agroquímicos y fertilizantes– que mejoró los rendimientos agrícolas, es decir, el desarrollo tecnológico que brilla por su ausencia en la política económica cardenista. ¡Claro que no toda la inmigración era mexicana! Por supuesto que no, pero no debe quedar duda de que la mano obra mexicana fue fundamental, particularmente en el desarrollo del sudoeste de Estados Unidos. La agroindustria, valuada en miles de millones de dólares, se desarrolló brutalmente gracias a la explotación, a los jornales y salarios bajos pagados a trabajadores que igual pizcaban que construían ferrocarriles, viviendas, carreteras o industrias para ayudar al crecimiento acelerado de la economía estadounidense, en lugar de hacerlo en su propia patria. ¿Por qué huyeron diez millones de mexicanos de la felicidad cardenista? ¿Cómo se explicaría *Tata* Lázaro semejante hemorragia nacional? De haber encontrado aquí, en México, educación y bienestar, ¿se hubieran fugado del país esos costosísimos e irremplazables brazos mexicanos? ¿Por qué buscar allá lo que tenían aquí? Mentiras y más mentiras, embustes y más embustes. Cárdenas, influido por la revolución agraria soviética, estaba convencido de que el ejido resolvería todos los problemas del campo mexicano y se equivocó, y al equivocarse hundió aún más al sector más dolorido y atrasado de México.

El reparto de tierras no sólo impulsó el éxodo de campesinos a Estados Unidos, sino que sus hijas, sus esposas y hermanas, abandonadas mientras los hombres buscaban una mejor fortuna, también emigraron de pueblos, rancherías y ejidos pero para emplearse como sirvientas en las ciudades, ¿acaso podían ocuparse de otra manera?, sólo para instalar un nuevo concepto de esclavitud doméstica supuestamente ya superada. La familia campesina se desintegró y destruyó con otra agravante: millones de campesinas humildes, mujeres que llegaron a las grandes capitales en busca de trabajo, fueron víctimas, en razón de su irresponsabilidad e ignorancia, de todo género de vejaciones y abusos que se tradujeron en la proliferación de hijos indeseados, antisociales, rencorosos, nacidos en las alcantarillas, en las bancas de los parques públicos o abandonados en iglesias o en plena calle, en suburbios o en cinturones de miseria, donde se incuban el crimen y la delincuencia con todas sus consecuencias bien sabidas. Asentamientos urbanos que en la actualidad son focos de violencia extrema tienen este origen migrante, como Ciudad Neza, Ecatepec, Iztapalapa, Ixtapaluca, etcétera.

La existencia de los grandes latifundios constituía una agresión flagrante en contra de los millones de campesinos que no eran dueños ni de un espacio mínimo para su propia tumba. Había que acabar con semejante injusticia. ¡Claro que había que entregarles tierra y elevar los ingresos y la renta nacional de los campesinos mexicanos! ¡Claro que tenían derecho a incrementar su nivel de vida y disfrutar de los bienes materiales! ¡Claro que también tenían derecho a la educación de sus hijos y al bienestar de sus familias! Pero quienes se quedaron en México y no se jugaron la vida al cruzar la frontera, ¿están hoy mejor educados y gozan de más prosperidad que en 1938? Si lo que se deseaba, con justa razón, era ayudar a los campesinos, nada mejor que lograr ese objetivo a través de la creación de cooperativas rurales coadministradas por los terratenientes y los campesinos para no lastimar las fuentes de riqueza existentes. A los latifundistas se les privaría de una parte significativa de sus haciendas para integrar cooperativas agrícolas operadas conjuntamente con los campesinos, quienes de esta suerte aprenderían técnicas administrativas, comerciales y agrícolas. La fusión obligatoria de campesinos con hacendados hubiera hecho posible la transmisión de conocimientos y experiencias para producir, explotar y vender y llegar a convertirse, en el futuro, en sujetos de crédito. La educación rural práctica, a través de las cooperativas rurales, sin duda alguna habría sido la gran solución, un primer paso antes de escriturarles a título personal sus tierras, que ya habrían aprendido a explotar. ¡Claro que de cualquier manera hubiera habido resistencia porque nadie abriría el puño voluntariamente, sólo que se habría visto que era mejor compartir y ayudar a esperar a que un nuevo conflicto armado destruyera todo lo existente para volver a empezar de nuevo en un contexto de perdedores totales!

La expropiación suicida de tierras propició la creación de bancos de crédito rural, auténticos botines de los banqueros públicos, ¡sálvese el que pueda! Los empréstitos en pocas ocasiones llegaron íntegros a los ejidatarios, quienes malgastaron los recursos o fueron estafados o chantajeados por los caciques locales, o simplemente se los bebieron, embruteciéndose y provocando más miseria y descomposición social y familiar, o donaron una parte a las parroquias para comprar su salvación… ¿Cuándo se vio un banco de crédito rural solvente que no dependiera para sobrevivir del menguado presupuesto federal sólo para financiar la corrupción y la ineficiencia?

Las expropiaciones masivas crearon una paranoia internacional en contra de México que perdura hasta nuestros días y se estimula con tan sólo escuchar el apellido López Obrador, de la misma manera que aterroriza oír el de Chávez, Maduro o Castro, un trío de tiranos que han sepultado en el hambre a sus pueblos con sus políticas sociales verborreicas y populistas, con un supuesto contenido social inexistente. Los cubanos, muertos de hambre, reciben cupones para cambiarlos por moros y cristianos cuando hay moros y cristianos, porque ya casi no hay moros ni mucho menos cristianos… Hambre, desesperación y todo tipo de privaciones, sí, eso sí sobra en la mayor de las Antillas, tal y como empieza a acontecer en la Venezuela también populista. Ahí está el caso de los *balseros*, que prefieren ahogarse en el mar o ser devorados por los tiburones antes de morir de hambre o en las cárceles de la dictadura, *escuelas del progreso*…

Una vergüenza adicional para todos los mexicanos la constituye el hecho de que los braceros, que cruzaron la frontera a nado y sin zapatos, con los morrales vacíos, con trajes de manta y sombrero agujerado, ahora envían remesas por miles y más miles de millones de dólares para ayudar a sus familias en nuestros campos y pueblos y salvar a la nación de la quiebra. ¿Qué haría México sin esas divisas que envían nuestros paisanos para sostener a los suyos? ¿Con qué cara podemos ver a nuestros migrantes?

Cárdenas clausuró las casas de juego, incluidos el Casino de la Selva en Cuernavaca y el Foreign Club en el Estado de México. Financió holgadamente las actividades sindicales encabezadas por Lombardo Toledano; constituyó, como ya se dijo, la Confederación Nacional Campesina, la CNC, para tener en el puño a los trabajadores del campo. Dividió el país en zonas militares y comenzó una revisión de las concesiones ilegales y gravosas concedidas a particulares. Recrudeció el conflicto con la Iglesia católica no sólo a causa de la educación socialista, pues el 25 de agosto de 1935 se expidió una Ley de Nacionalización de los Bienes del Clero para expropiar fincas rústicas o urbanas donde se impartiera enseñanza confesional. Repartió posesiones agrarias definitivas por decenas de millones de hectáreas e inició una efectiva campaña de terror parlamentario en el Congreso de la Unión, donde Calles controlaba a más de la mitad de los diputados y senadores: comenzó por largar a diecisiete diputados de sus curules aun cuando se produjo una balacera en el salón de sesiones, desaforó en sesión presidida por su hermano Dámaso a cinco senadores y más tarde a los gobernadores de Sonora, Sinaloa, Durango y Guanajuato, acusados de sedición, de la misma forma que invalidó los procesos electorales de Nuevo León, Colima y Tamaulipas mediante la desaparición de poderes, para rematar destituyendo a varios militares de importantes puestos de mando con cualquier pretexto, por más ingrávido que fuera. No había espacio para los callistas. Eso sí, había jurado no matar y no mataría: llevaría a cabo sus planes en el terreno político, en el del chantaje, en el de la intriga, en el de la amistosa advertencia, pero poco a poco se hizo de una autoridad incontestable en el Poder Legislativo para instrumentar las leyes necesarias para acometer vertiginosamente sus ideales.

¿La popularidad de Cárdenas tiene su origen en la expropiación de los ferrocarriles? Otro proyecto fallido del cardenismo. ¿Qué queda al día de hoy de los ferrocarriles? La ruina, queda la ruina, al igual que en el campo. ¿En qué se convirtió la faraónica obra ferrocarrilera iniciada por Juárez y Lerdo y continuada por Porfirio Díaz y *El Manco* González? ¿Y sus 20 000 kilómetros de vías ya construidas durante la tiranía porfirista, que finalmente comunicaron al país y fueron particularmente útiles para unirlo, dadas las características orográficas de la República Mexicana? ¿Para qué los esfuerzos del tirano y de generaciones de mexicanos para comunicar y consolidar un poderoso sentimiento de nación? ¿Quién en 2015 puede afirmar que la expropiación de los Ferrocarriles Nacionales de México, ejecutada por Lázaro Cárdenas en 1937, fue una medida inteligente y afortunada para los intereses de la República? Hoy en día, pudiéndose mover millones de toneladas de mercancías y millones de personas a través de los ferrocarriles, estos en la práctica ya no existen salvo algunas concesiones exitosas en manos de particulares. La destrucción del sistema ferroviario mexicano fue algo así como si se obturaran de golpe las arterias del país y estos vasos sanguíneos por donde circulaba la energía de repente se hubieran tapado, secado o destruido. Lázaro Cárdenas obstaculizó el desarrollo comercial interno y externo de México, nos hizo menos competitivos por el costo de los fletes, disminuyó el tráfico de personas y de bienes, difirió el crecimiento del país según se fueron cancelando, con el paso del tiempo, los ramales ferroviarios hasta llegar a la quiebra total y a la liquidación de la empresa, uno de los orgullos de México. Basta comparar los sistemas ferrocarrileros japonés, francés, inglés o estadounidense para comprobar las inmensas ventajas que implica el transporte barato de mercancías, de bienes y de personas, el cual existe sólo parcialmente en México gracias a la utopía suicida de Cárdenas. ¿Que él no es culpable? ¿No? ¿Quién expropió? Los demás, sus sucesores, o fueron cobardes o resignados o populistas o igualmente inútiles o todo junto... Que no se olvide que vivimos en el país de lo irreversible y que irreversiblemente repetimos las técnicas más sofisticadas del atraso.

¿Pruebas muy simples que no requieren de la asesoría de un experto? ¿Cómo tomar un tren para ir a Monterrey, el *Regiomontano*, o a Guadalajara, el *Tapatío*, o a Veracruz o a donde sea, con muy escasas excepciones? El paso de Cárdenas por los ferrocarriles equivalió a las pisadas del caballo de Atila sobre el pasto: este jamás volvió a crecer. ¡Cuánto daño, y todavía se reverencia e idolatra a uno de los más grandes destructores de la economía nacional! Casi se le reza ante los altares de la patria a este soñador suicida que hundió más en la miseria a quien deseaba ayudar. Cárdenas nos condujo al infierno, eso sí, con paternal cariño...

¿A quién se le ocurre entregar a los obreros la administración del sistema ferrocarrilero mexicano, un servicio público vital para el país que debería haber estado en manos de particulares y supervisado, sólo supervisado por el gobierno? ¿Qué serían hoy los ferrocarriles del país si el gobierno se hubiera asociado activamente con los concesionarios, sin pretender obtener el control de las empresas operadoras? ¿Tendríamos un tren bala, o un Shinkansen japonés, un TGV francés, un Eurostar o un AVE español, a Guadalajara o a Tijuana o a Cancún? ¿Por qué no? Si el gobierno ha sido un pésimo administrador de empresas, ¿por qué no se asoció inteligentemente con quien sí sabía hacerlo? Hay que imaginar las redes ferroviarias que México tendría al día de hoy si se hubiera aliado con los grandes operadores de trenes en lugar de expropiar la industria y entregársela a un sindicato voraz, corrupto, ignorante e ineficiente que la destruyó, al igual que hicieron cadenas de políticos corruptos hasta su desaparición total. ¿Por qué imitar las políticas comunistas, hermosas teorías políticas que se imponen a la fuerza, y por fuerza conducen invariablemente al desastre, más aún en el país de lo irreversible? ¿Vamos a Cuba? ¿Entramos a un mercado, ya no se diga a un supermercado o a una librería o a un cine o a un teatro...? ¿Vamos...?

¿Su prestigio, lo que lo convirtió en un ídolo intocable, se debe a la expropiación petrolera? ¿Cárdenas nunca leyó al poeta cuando decía que el Niño Dios nos «escrituró un establo y los veneros del petróleo el diablo»? ¿Qué es hoy Pemex y su sindicato? ¿Qué? Veamos…

Respecto al destino de Petróleos Mexicanos después de la epopeya cardenista, en 2015 la empresa se encuentra devorada por un sindicato venal y podrido, sin olvidar a los directivos que igualmente la han entendido como un botín personal. ¿Gracias, Lázaro Cárdenas? La única empresa petrolera monopólica del mundo se encuentra quebrada de punta a punta. Exporta miles de millones de dólares en crudo, pero importa gasolinas y gas además de otros derivados ante la quiebra petroquímica de Pemex. ¿No es una tragedia económica y social el hecho de que se exporte crudo ante la imposibilidad de desdoblarlo en cientos de derivados muy cotizados en el mercado internacional y en el doméstico y que tengamos que importar gasolinas fabricadas con nuestro propio petróleo a diez veces su costo? ¿Soberanía? ¿Dónde hay más soberanía, en un país donde una sola empresa administra la riqueza petrolera mientras es controlada por un sindicato venal y podrido, o en otro en el que existen diez o más diferentes empresas petroleras como la Shell, Conoco, Exxon, Chevron, British Petroleum, en la inteligencia de que si una de ellas llegara a sufrir una huelga no se paralizaría la nación? Seamos claros: quien asalta a Pemex no sólo es el gobierno y sus directivos venales sino su sindicato, una sanguijuela dispuesta a condenar a la paraestatal a la extinción con tal de no perder a ningún precio sus privilegios y sus prebendas.

En aras de la tan cantada transparencia, convendría que fuera publicado el contrato colectivo de los trabajadores de Pemex, de modo que la opinión pública conozca los inadmisibles privilegios de que disfrutan dichos burócratas, en comparación con el resto de los asalariados del país. Las concesiones constituyen una canallada, como también lo es que el gobierno federal haya asumido incontables prestaciones injustificadas.

Hagamos un breve repaso de los orígenes de la expropiación petrolera: «En septiembre de 1937 […] la huelga petrolera había llegado a un estado agudo. Los petroleros dijeron al presidente Cárdenas que no podrían pagar los salarios que exigían los obreros».[448] Los tribunales federales del trabajo dictaron un laudo el 18 de diciembre de 1937 condenando a las compañías a pagar veintiséis millones de pesos en aumentos de salarios a sus trabajadores, laudo que las empresas se negaron a cumplir alegando incapacidad económica.

---

[448] Josephus Daniels, *Diplomático en mangas de camisa*, México, Talleres Gráficos de la Nación, 1949, p. 276.

Cárdenas se reunió varias veces con los representantes de las petroleras, pero ante las reiteradas negativas a aceptar el laudo, el 18 de marzo anunció a su gabinete que se procedería a la expropiación de los recursos petroleros; inmediatamente después transmitió un mensaje a la nación explicando los motivos que orillaron a tomar dicha decisión. Más tarde apareció en el balcón de Palacio Nacional, dando un discurso al respecto, sospechosamente flanqueado por el embajador Josephus Daniels. ¿Qué tenía que estar haciendo Daniels en la foto cuando se expropiaban las empresas de sus compatriotas en la antesala de la Segunda Guerra Mundial? ¿Avalar la medida con el acuerdo inconfesable de Roosevelt? ¿Por qué destruir una fuente de riqueza sin contar con una alternativa de solución a la mano para evitar daños mayores? En el campo mexicano se expropió la riqueza –injustificada en algunos casos– para terminar distribuyendo miseria por falta de previsión y del diseño de una buena estrategia...

La nación mexicana se reconcilió con su existencia a través de la expropiación petrolera: las vejaciones, las estafas, los engaños, los abusos ante la ignorancia y la impotencia militar para defender nuestro patrimonio, explotado por gigantes industriales inescrupulosos respaldados eficientemente por *marines* invencibles, fueron vengados de una buena vez por todas y para siempre. Las afrentas de los europeos, que nos cambiaban cuentas de vidrio por oro, o los insaciables estadounidenses, que nos arrebataron impunemente la mitad del territorio en otro ataque artero, ventajoso, premeditado y alevoso, además de otras invasiones extranjeras no menos gravosas, fueron sancionadas y vengadas por un Cárdenas infectado por el comunismo soviético pero que supo encumbrarse hasta la primera magistratura de la nación para tratar infructuosamente hacer justicia histórica a las personas de los indígenas y sus descendientes del México moderno. El ánimo nacional, históricamente decaído y escéptico, experimentó una agradable sensación de calor interno a lo largo de casi todas las capas del organismo social. La expropiación petrolera fue un acto nacionalista de profunda reconciliación con el indígena oprimido y humillado que la inmensa mayoría de los mexicanos lleva dentro de sí, además de haber implicado la ejecución de una tardía pero eficaz venganza colectiva después de un pasado saturado de castraciones y amputaciones materiales y espirituales. Sólo Juárez, cuando hizo fusilar a Maximiliano en el Cerro de las Campanas para que nunca nadie olvidara las consecuencias de invadir México, y Cárdenas, habían sabido vengar tantas humillaciones sufridas, cada una más dolorosa que la otra. Pero este nacionalismo fanático que hizo tanta justicia al indigenismo al ejecutar una revancha sin precedentes produjo a la larga un estancamiento del desarrollo mexicano a partir del fundamentalismo energético: «En el petróleo nacionalizado, ni un paso atrás». No, ni un paso atrás, claro que no, pero tampoco uno adelante, y cuando finalmente lo dimos transcurrieron casi ochenta años de desperdicio de energía y sabiduría...

La decisión de Cárdenas estaba destinada a no modificarse jamás, como si se tratara de un juramento de sangre hecho de rodillas ante el espejo negro de Tezcatlipoca: sería absoluta y totalmente irreversible aconteciera lo que aconteciera, tuviera o no consecuencias de cualquier orden o dimensión, afectara o no los procesos de generación de riqueza, dejara pasar o no caras posibilidades de captación multimillonaria de divisas imprescindibles para el crecimiento acelerado de la economía en un entorno de explosión demográfica. ¡No a cambio alguno, costara o no empleos, impuestos, ganancias, dividendos y prosperidad en general! Nadie, a ningún precio les arrebataría a los mexicanos un timbre de orgullo como la expropiación petrolera: ¡nadie! ¿Está claro? ¡Nadie! Afortunadamente la administración de Peña Nieto logró revertir la medida tomada hace 77 años con un gran costo para el país.

¿El petróleo permaneció prácticamente intocado en el subsuelo, como de hecho aconteció en los casi cuarenta años siguientes a la expropiación petrolera, y nuestra industria petroquímica creció lentamente sin reportar los beneficios que eran de esperarse al tener el monopolio del crudo? ¿Qué hicimos?

Tener el petróleo intocado en el subsuelo es como no tenerlo.

¿De qué le ha servido la expropiación petrolera a los millones de mexicanos hundidos en la pobreza extrema? ¿De qué le ha servido la expropiación petrolera a los indígenas mixtecos, tzotziles, chamulas, lacandones, que calientan su comida con leña, deforestando los bosques y estimulando la desertificación nacional? ¿En qué se gastaron cientos de miles de millones de dólares en los últimos más de treinta años, desde los descubrimientos de pozos como Cantarell y otros tantos más, cuando al día de hoy ni siquiera se puede construir una refinería y existen 17 000 escuelas sin agua? ¿En sueldos pagados a una gigantesca burocracia tan inútil como intocable, o en la amortización de deudas ajenas a Pemex?

En lugar de la expropiación de 1938, hubiera convenido una asociación obligatoria del gobierno con las empresas petroleras, con el pago adicional de regalías por el uso y goce de los manantiales mexicanos. Es impensable lo que sería la industria petrolera mexicana en 2015 de haber prosperado las alianzas citadas, con sus debidos controles conforme a la legislación internacional. Hoy tendríamos una recaudación insospechable, tecnologías modernas de punta, empleo, diversos sindicatos, abundantes divisas, no existiría la *operación popote*, y gozaríamos de un sistema tributario confiable sin que ningún organismo tuviera secuestrada a la nación y su futuro.

A modo de resumen y anticipándome a la insostenible afirmación de que «algunas industrias, como la petrolera, generaron importantes recursos» (p. 126), vale la pena aducir que el peso se depreció en 100% a partir de la expropiación petrolera y que la extracción de crudo se desarrolló como sigue hasta llegar a la actualidad, en que Pemex se encuentra quebrada por haber dejado a la empresa más importante del país en manos de burócratas, uno más ineficaz y corrupto que el otro. Como se verá en el cuadro anexo, la extracción de crudo quedó prácticamente estancada hasta cuarenta años después, durante el gobierno de López Portillo, de modo que ¿dónde estuvieron los importantes recursos, que sólo se vieron hasta que finalmente llegó a Pemex un ingeniero petrolero de la talla de Jorge Díaz Serrano? ¿No es elemental que los ingenieros petroleros dirijan Pemex? ¿No constituye una temeraria irresponsabilidad de dimensiones nacionales nombrar como directores generales de Pemex a políticos carentes de experiencia empresarial, ya no se diga petrolera, que ni siquiera han administrado un expendio de la Lotería Nacional? Ahí están los resultados a diferencia de las grandes compañías petroleras del mundo, cuyos directivos prácticamente nacieron en los manantiales del *oro negro* y gozan además de credenciales académicas insuperables.

El cuadro de la siguiente página refleja con meridiana claridad la penosa evolución de la producción petrolera mexicana a partir de la expropiación ejecutada por Lázaro Cárdenas en 1938.

No se debe perder de vista que en 1921 (diecisiete años antes de la expropiación, durante el gobierno de Álvaro Obregón), la producción alcanzó la cifra de 193 000 millones de barriles, un éxito notable que sólo sería superado medio siglo después. En aquellos tiempos operaban en nuestro país doscientas empresas que en su conjunto proyectaron a México a un segundo lugar mundial como productor de crudo. Ya veremos qué sucedió con la desaparición de estas doscientas empresas productoras cuando fueron sustituidas por un monopolio explotado por burócratas… A modo de ejemplo y con el ánimo de demostrar los niveles de ineficiencia y corrupción, basta señalar, entre otros elementos, que «en los primeros tres meses del año [2015], en México se registraron 1 211 perforaciones ilegales para el robo de combustible en los ductos de Petróleos Mexicanos, lo cual significó 57.8% más que el mismo periodo de 2014, en donde la "ordeña" de hidrocarburos fue de 767 ataques a esta red de suministro, revela un estudio del Instituto Belisario Domínguez del Senado de la República. Y mientras la reforma que castiga estos delitos se quedó en la congeladora

VOLUMEN DE LA PRODUCCIÓN DE PETRÓLEO CRUDO*

	Miles de barriles
1930	39 530
1940	44 045
1950	72 422
1960	99 049
1970	156 586
1980	708 454
1990	930 020
2000	1 099 380
2010	940 240

* Inegi, «Volumen de la producción de petróleo crudo, Serie anual de 1901 a 2013», *Sector Energético*, México, s.i., 2015, pp. 5-7. Cita a su vez: Petróleos Mexicanos, Subdirección de Planeación y Coordinación, *Anuario Estadístico*, México, s.i., s.f.; Petróleos Mexicanos, Subdirección de Administración y Finanzas, *Memoria de labores*, México, s.i., 2014.

legislativa en el pasado periodo de sesiones, el informe establece que de seguir esta tendencia, para finales de 2015 se estima que las perforaciones ilícitas alcanzarán la cifra de 4 800 tomas. En ese sentido, el documento puntualiza que las pérdidas para Petróleos Mexicanos por este fenómeno serán las mayores de su historia, al tomar en cuenta que el año pasado fueron de 19 000 millones de pesos...»[449] ¿Qué tal...? ¿Esta debacle se puede llamar acaso «la correcta preservación del patrimonio público»?

En 1940, con el petróleo ya expropiado, afirma el Colegio de México, «las reservas nacionales de hidrocarburos descienden de 1 270 a 1 225 millones de barriles. Para enfrentar el problema del abasto de combustible, se destinan grandes cantidades de crudo a la refinación en el extranjero y se termina la construcción de la refinería de Poza Rica, que originalmente fue iniciada por la Compañía Mexicana de Petróleo El Águila».[450] ¡Claro que tenían que descender las reservas! ¡Claro que se tenía que refinar en el extranjero! ¿No?

[449] Rivelino Rueda, «"Ordeñas" de combustible crecen 57% frente a 2014», *El Financiero*, México, 29 de junio de 2015, consultado en septiembre de 2015, www.elfinanciero.com.mx/nacional/ordenas-de-combustible-crece-57-frente-a-2014.html
[450] Anónimo, «Línea del tiempo 1938-1970», *Fuentes para la historia del petróleo en México*, México, s.f., consultado en septiembre de 2015, petroleo.colmex.mx/index.php/linea/57

Sigue el recuento por el Colegio de México: en 1944 «el desequilibrio entre oferta y demanda internas convierte a México en un importador neto de productos petroleros (gasolinas, grasa y aceites lubricantes)». En 1955, no obstante la mayor productividad de Pemex, continúan los desequilibrios comerciales entre oferta y demanda. En 1963 «la revista *Time* comenta que 1962 fue el primero [año] en que Pemex operó sin pérdidas». Al respecto valdría la pena preguntarte, querido lector, ¿cuántas empresas petroleras conoces que operen con pérdidas o que se encuentren quebradas de punta a punta o que tengan que importar crudo para abastecer la demanda doméstica?

En 1965 «se crea el Instituto Mexicano del Petróleo. El IMP surgió como parte de los esfuerzos en la integración vertical de la industria petrolera que tenían como propósito desarrollar la investigación científica propia y reducir los altos costos provenientes de la importación de tecnología». Una maravilla, ¿no...? ¿De qué sirvieron los millones de pesos invertidos dedicados a la investigación científica? ¿Ya exportamos tecnologías al mundo entero? ¿Gracias al IMP ya podemos extraer petróleo de aguas profundas? ¿Descubrimos el *shale gas* y otras técnicas de extracción? ¿Ya somos autosuficientes tecnológicamente...? ¡Por favor...!

Eso sí: en 1966 «Petróleos Mexicanos deja de exportar crudo por primera vez en su historia y redujo sustancialmente las exportaciones de derivados y gas natural. Además, la producción nacional ya no permitía satisfacer plenamente la demanda interna». ¿No estaba claro, clarísimo, en qué se convirtió la expropiación? ¿Qué hubieran hecho las doscientas compañías petroleras existentes durante el obregonismo si se les hubiera permitido operar hasta nuestros días con los debidos controles administrativos como ocurre en la mayor parte del mundo? ¿Qué los petroleros se negaron a acatar las sentencias de los tribunales mexicanos? En primer lugar, al final decidieron someterse a la jurisdicción del Poder Judicial, pero Cárdenas alegó que «ya era demasiado tarde» cuando estaba todavía a tiempo de revertir la medida. En segundo lugar, siempre cabía el embargo de bienes hasta llegar al remate antes de la expropiación...

En 1970, «el drástico incremento de las importaciones de gasolinas y diesel, refleja la orientación de la demanda nacional de petrolíferos». O sea, 32 años después de la *gesta heroica* de Cárdenas importábamos petróleo y sus derivados, sin dejar de apuntar que la petroquímica mexicana llegó a la bancarrota con todo y el Instituto Mexicano del Petróleo. ¿Qué aconteció después? Exportamos crudo e importamos sus derivados como la gasolina, es decir, exportamos azúcar para importar caramelos... Muy talentoso, ¿no? ¿Cómo entender que un país petrolero tenga que importar miles de millones de dólares de gasolinas en lugar

EXPORTACIONES DE PETRÓLEO EN MILLONES DE PESOS*

Año	Valor	Año	Valor	Año	Valor
1938	112	1958	320	1978	41 796
1939	163	1959	366	1979	91 691
1940	147	1960	229	1980	239 503
1941	185	1961	434	1981	357 538
1942	85	1962	306	1982	953 118
1943	100	1963	495	1983	1 939 941
1944	96	1964	485	1984	2 762 501
1945	123	1965	528	1985	3 757 285
1946	172	1966	567	1986	3 735 424
1947	312	1967	597	1987	11 597 449
1948	399	1968	538	1988	14 787 158
1949	334	1969	535	1989	19 306 621
1950	530	1970	504	1990	27 976 651
1951	534	1971	433	1991	24 645 982
1952	388	1972	324	1992	25 822 149
1953	299	1973	449	1993	23 235 031
1954	465	1974	1 668	1994	25 370 964
1955	556	1975	5 278	1995	53 940 141
1956	564	1976	7 003		
1957	482	1977	23 431		

* Inegi, «Finanzas de la Industria Petrolera», *Estadísticas históricas de México*, t. II, México, s.i., 1999, p. 494. Cita a su vez: Petróleos Mexicanos, Subdirección de Planeación y Coordinación, *Anuario Estadístico*, México, s.i., s.f.

de construir universidades con esos cuantiosos recursos? ¿Eso es eficiencia? ¡Horror!

En 1974, justo es hacerlo notar, «los campos de Tabasco y Chiapas propician el repunte de la producción nacional, que en ese año alcanzó 209.8 millones de barriles, cifra que rompió por primera vez el récord marcado en 1921 (193.3 millones de barriles)». Es decir, sólo medio siglo desperdiciado mientras la explosión demográfica nos devoraba sin poder educar a la marea humana que nos arrollaba ni mucho menos lograr construir las fuentes de trabajo requeridas para ocupar a los millones de mexicanos que las demandaban. Se sentaban firmemente a diario las bases del fracaso.

En 2005 «se firman préstamos de emergencia con el Fondo de Estabilización monetario de los Estados Unidos por 14 000 millones de dólares y con el Fondo Monetario Internacional por 17 000 millones de dólares. En todos los contratos se ofreció como garantía los recursos de Pemex y con estos fondos se liquidaron estas deudas. Es más, durante el sexenio de Ernesto Zedillo se utilizaron el grueso de las utilidades de Pemex para pagar diversas deudas y déficits a cargo de la Secretaría de Hacienda y Crédito Público». ¡Claro que los recursos de Pemex se desviaron para cubrir las deficiencias e ineficiencias del PRI, tanto en materia de deuda pública como en política tributaria, ya que resultó muy sencillo y, desde luego, mucho más popular, financiar el presupuesto federal de egresos con cargo a las expropiaciones de crudo que ejecutar una serie de reformas integrales fiscales que le hubieran aportado salud financiera a la nación.

¡Qué gigantesco daño para el país significó la burocratización del petróleo, la gran riqueza de México! ¡Cuánto tiempo, esperanzas y recursos desperdiciados! ¿Bravo, *Tata* Lázaro…? ¿Bravo, PRI?

Vivimos irresponsablemente de los mantos que descubrió Díaz Serrano, al extremo de que casi 40% del presupuesto federal de egresos se financiaba con las exportaciones de crudo —hoy se dice que sólo es la mitad, aunque habría que comprobarlo— y si el precio internacional se desploma, entonces se desploma dicho presupuesto, que debería haber sido nutrido desde siempre con recursos fiscales para mantener el equilibrio financiero de México y evitar violentas descompensaciones como la que vivimos temerariamente en este 2015 al no haber universalizado el IVA ni bajado el Impuesto sobre la Renta, exactamente lo que recomendarían los más elementales manuales hacendarios.

Por supuesto que no sólo padecimos la presencia de un sindicato voraz y corrupto en Pemex, sino que desperdiciamos décadas de crecimiento y expansión económica y social al no haber podido apalancar nuestro desarrollo de manera inteligente con nuestros recursos naturales que no sólo hipotecamos, sino que no supimos aprovechar talentosamente.

¿Es claro el cuadro de la página anterior que exhibe el disparo de la producción petrolera y las multimillonarias exportaciones a partir del momento en que llegó Jorge Díaz Serrano a Pemex, quien después fuera víctima de pasiones deleznables? En aquél entonces habían transcurrido cuarenta años…

¿De qué le sirvieron a México los primeros cuarenta años siguientes a la expropiación petrolera si sexenio tras sexenio no hubo exportación de crudo que valiera la pena y, además, se tuvo que importar gasolina y otros derivados petroquímicos, lo que no hablaba sino de incapacidad oficial, falta de imaginación y tortuguismo para desarrollar una empresa vital para los intereses nacionales? No asociación con terceros, ni mexicanos ni extranjeros, no crecimiento interno ni desarrollo accesible, posible y anhelado. Amurallamiento y atraso, sí. Suscripción de alianzas estratégicas de beneficio recíproco, no. El petróleo es intocable aunque se deprima la economía nacional. ¿Sí? ¡Sí! ¿Está claro, clarísimo...?

¿Cómo se puede ser un país pobre y quebrado cuando este flota materialmente en petróleo, con el que habría sido posible empezar una nueva nación y construir un nuevo país? Por supuesto que hubiéramos podido fundar cientos de universidades, creado empleos rurales, impedido la nacionalización de la banca, fortalecido nuestras reservas monetarias, constituido diversas empresas petroquímicas básicas con capital mixto y tecnología extranjera de gran utilidad para los industriales del país y de inmensas posibilidades de captación de divisas vía exportación de derivados petrolíferos.

¿Qué sucedió? ¡Sucedió que volvimos a perder la oportunidad, al extremo de que hoy existen casi sesenta millones de compatriotas —la mitad de la población— en la miseria! ¿Y los millones de braceros que huyeron a Estados Unidos en busca de más bienestar del que exige su sola calidad humana? El atraso en materia de explotación de nuestro crudo y el desperdicio de valiosas oportunidades económicas e industriales se demuestra con varias realidades: la falta de capacidad, el contubernio estatal con un sindicato venal, una voraz sanguijuela colocada en la tráquea de Pemex que succiona una buena parte de su sangre vital, además de la tibieza, la apatía burocrática, la corrupción pública, la petrificación, la ausencia de imaginación empresarial, y la inmovilidad política fincada en la defensa fanática de un nuevo tabú, el energético, intocable popularmente como todos los tabúes y que sólo pudo ser destruido 76 años después, el año pasado, en 2014, una prueba más para demostrar la incapacidad de transformación de México. Hasta la Cuba comunista, una tiranía dominada a sangre y fuego, mucha sangre y mucho fuego, por Castro, ya abrió sus puertas a las empresas extranjeras mundiales para ayudarla a explotar los mantos submarinos que se encuentran alrededor de la isla más grande del Caribe. Hoy en día Noruega cuenta con más de 950 000 millones de dólares en reservas gracias al talentoso desarrollo de su industria petrolera, en el que concurren varios países. ¿Y México? ¿Qué hicimos con los miles de millones de dólares captados a través de las exportaciones de crudo?

Además de gasolinas, México siguió importando tecnología petrolera, sin procurarse la propia salvo ciertos casos aislados sin la menor trascendencia. ¿Cuánto dinero y tiempo se requerían para desarrollar una tecnología propia? Hoy somos más dependientes que nunca de nuestros vecinos del norte: ellos sí supieron diseñar una estructura financiera y desarrollarla para contar con empresas exitosas. Nos negamos a admitir una definición moderna de soberanía en momentos en que la globalización derrumba todas las fronteras, igual las materiales que las jurídicas, las comerciales, las aduaneras y hasta las políticas. Y sin embargo, en materia de una mal entendida y falsa soberanía, ni un paso atrás...

Cárdenas tuvo razón al volver a abrir la puerta a los capitales foráneos en 1939, un año después de la expropiación, aun cuando en las marchas callejeras aparezca siempre su rostro pretendiendo exhibirlo como el hombre que impidió a los extranjeros, dueños de tecnologías y recursos económicos, volver a participar en el desarrollo económico de México, otro mito más que debe ser desmentido sin tardanza alguna. Sí, Cárdenas trató de rectificar pero ya era tarde, muy tarde, el daño ya estaba hecho: ¿quién iba a confiar en él? Y quien no confía en el Jefe de Estado tampoco confía en el país.

Cárdenas creó también el sindicato de maestros, antecedente del SNTE a cargo de Ávila Camacho. ¿En qué se convirtió junto con el ejido, los ferrocarriles y la industria petrolera? La respuesta es muy sencilla, el país está secuestrado por los sindicatos petrolero, eléctricos y de maestros. La quiebra masiva tiene un solo nombre: Cárdenas.

Lázaro Cárdenas heredó un sistema presidencialista intolerante, intransigente, absorbente y excluyente, de corte dictatorial. Lázaro Cárdenas embotelló al movimiento obrero en la CTM. Lázaro Cárdenas embotelló al movimiento campesino en la CNC. Lázaro Cárdenas embotelló a los trabajadores al servicio del Estado a través de la FSTSE. Lázaro Cárdenas acabó con la democracia sindical. Lázaro Cárdenas acabó con la división de poderes federales. Lázaro Cárdenas controló a los sindicatos. Lázaro Cárdenas dominó a la Cámara de Diputados. Lázaro Cárdenas mandaba en la Cámara de Senadores. Lázaro Cárdenas ordenaba el sentido de las sentencias en la Suprema Corte de Justicia de la Nación. Lázaro Cárdenas gobernaba en el ejército. Lázaro Cárdenas dirigía y censuraba a la prensa. Lázaro Cárdenas se convirtió en el nuevo Porfirio Díaz. Imposible que se moviera una hoja de papel sin su autorización, y sin embargo pasó a la historia como el salvador, como el padre protector que siempre velaría por los desamparados, por los pobres, por los marginados, a quienes fueron los primeros que hundió con su torpeza y su fanatismo. Calles, el político, el *Jefe Máximo* intolerante y tiránico, con el paso del tiempo se convertiría en una triste caricatura al lado de Cárdenas.

Me niego a los rituales, a los homenajes que se llevan a cabo tres veces al año: el 21 de mayo para festejar su natalicio, el 18 de marzo para honrar la gesta heroica de la expropiación petrolera y el 19 de octubre como aniversario luctuoso, día en que también murió Calles, aunque muchos años antes. Rendimos honores por ignorancia y fanatismo al causante del desastre. Sólo en Tezcatlipoca y en su espejo negro podríamos, y eso tal vez, encontrar explicaciones para tatar de entender las alabanzas a los destructores de la economía y de nuestras esperanzas.

De la misma manera en que los actuales rusos ya no homenajean a Stalin —disculpas por la comparación, aunque no olvidemos que al *Tata* le otorgaron el Premio Stalin de la Paz—, muy pronto los cubanos escupirán el apellido de Castro. ¿Cuándo comenzaremos los mexicanos a estudiar y a entender la catastrófica gestión de Cárdenas, para sacar sus restos del Monumento a la Revolución y tirarlos al gran basurero de la historia, mismo destino que espera a la osamenta de Hugo Chávez y a Fidel Castro? Al tiempo, sí, pero cuánto tarda el tiempo... y por ello no aprendemos de las experiencias pasadas...

¿Cuál *Tata*, cuando acabó con lo mejor de México, atentó en contra de la democracia y de la economía en todos sus órdenes? ¿Dónde está el héroe que combatía al mal, cuando él lo acarreó? ¿Cuál patriarca, cuando lastimó irreversiblemente a los que tanto deseaba proteger? ¿Cuál político de vanguardia cuando era un tirano, un comunista, un cacique cuyo nombre e influencia se ha perpetuado durante casi un siglo para desgracia de Michoacán? Qué daño le han hecho los Cárdenas, Dámaso, los Lázaros y Cuauhtémoc, a uno de los estados más ricos y promisorios del país, y lo peor es que nadie o muy pocos se percatan, y quien se percata no protesta...

De cualquier manera, dictadura perfecta o no, Cárdenas fundó el Tribunal Fiscal de la Federación; expidió la Ley de Población; convirtió los bosques del Iztaccíhuatl y Popocatépetl en parques nacionales; decretó una equitativa distribución de las participaciones fiscales entre la tesorería central y las de los estados; auspició el VII Congreso Científico Americano; mandó explorar la zona maya para dar realce a la antigüedad mexicana; promovió la educación, dividió el país en zonas militares y destinó colonias para establecer las comunidades del ejército; aplicó la Ley de Nacionalización de los Bienes del Clero; comenzó la repartición de tierras en ejidos en forma masiva (desafortunadamente sin orden, sin legalidad y sin incentivos); expulsó del país a Calles, *Jefe* (y tirano) *Máximo de la Revolución*; concedió refugio a los inmigrantes españoles a causa de la guerra civil; derogó el tratado de límites de 1853 para evitar el traslado de tropas estadounidenses por nuestro territorio; volvió cooperativa a los Ferrocarriles Nacionales de México, armó a los campesinos para la «legítima defensa de los ejidos», instauró un programa de educación socialista siguiendo el programa de Calles que fomentaba el anticlericalismo, recibió a Trotski, leyenda de la política europea, aniquiló la rebelión del cacique de San Luis Potosí, el general Saturnino Cedillo, inmediatamente después de la nacionalización del petróleo a la que Cedillo se opuso tenazmente: de no haber sido por esa rebelión, *El General Hua-*

rache habría sido elevado al panteón de los revolucionarios y lo hubieran enterrado en el Monumento a la Revolución. Cedillo fue leal a sus ideas y a su gente, un fiel maderista, se opuso a la colectivización del campo, era anticomunista, pero al rechazar la nacionalización del petróleo se confrontó con Cárdenas, quien personalmente viajó en mayo de 1938 a San Luis Potosí para que desistiera de encabezar acciones en su contra. La respuesta de Cedillo fue un primer bombardeo al campo aéreo de San Luis Potosí, repleto de aviones federales; al día siguiente también intentó bombardear, sin éxito, el hotel Vista Hermosa, donde se encontraba alojado el entonces presidente, y lo volvió a repetir el 21 de mayo, cumpleaños de Cárdenas, cerca de la finca residencial que le prestaron luego del ataque al hotel. Si las dos bombas que dejó caer cerca de la residencia donde se hallaba Cárdenas hubieran dado en el blanco, la historia de México sería otra, pero no fue así y la respuesta de su *amigo* fue terrible.

«La rebelión de Cedillo en 1937-1938 fue peligrosa en tanto se originó dentro de los grupos conservadores del país, los cuales tenían dinero, propiedades e influencias en el medio rural. El anticlericalismo de la administración de Cárdenas, tal como sucedió durante el régimen de Calles, anticipó respuestas de los partidarios conservadores. De la misma manera, los intereses de los grupos empresariales conservadores se opusieron a los programas sociales y económicos de centro izquierda de la administración de Cárdenas, como se habían opuesto a Calles cuando combatió las rebeliones conservadoras.

»El 11 de enero de 1939 las tropas del general Miguel Henríquez Guzmán localizaron y ejecutaron a Saturnino Cedillo, a pesar de que el gobierno central supo que no amenazaba la continuidad del régimen.»[451]

El aforismo según el cual la historia la escriben los vencedores es particularmente cierto en este caso.

Al concluir el sexenio cardenista en 1940, el presidente de la República deseaba alojar en Los Pinos —ya no en el Castillo de Chapultepec— a su gran amigo Francisco Múgica, un político de izquierda obviamente inconveniente para la Casa Blanca en momentos en que ya había estallado la segunda guerra europea del siglo XX y en cualquier instante podría convertirse en un nuevo conflicto de dimensiones planetarias.

El libro de texto resume las conflictivas elecciones presidenciales de 1940 en estos términos: «A pesar del predominio del partido oficial, los partidos de oposición conservaron su importante presencia política en

---

[451] María de los Ángeles Magdaleno Cárdenas, *Los ojos y los oídos del régimen. El Departamento Confidencial de la Secretaría de Gobernación, 1923-1934*, México, UNAM, 2014, s.p.

la sociedad. Hubo momentos en que sus candidatos estuvieron cerca de ganar las elecciones presidenciales, como los generales Juan Andrew Almazán, en 1940, y Miguel Henríquez Guzmán, en 1952. Sus seguidores acusaron al gobierno de haber cometido fraude electoral en favor del PRM y del PRI» (p. 124).

Punto y aparte. Dicho texto debería decir que el general Francisco J. Múgica era el candidato de Cárdenas por sus antecedentes como integrante del Constituyente de 1916, por ser su inseparable amigo y sin duda el inspirador de muchas de las medidas más radicales de su gobierno, donde fungió como secretario de Economía. ¿Democracia? ¡No! ¿Imposición? ¡Sí! La historia se repetía vestida de caudillismo como si se tratara de una sombra maligna.

Estados Unidos tenía su propio candidato, un militar que concediera todo género de seguridades a los yanquis: ese era Manuel Ávila Camacho,[452] secretario de Defensa mexicano. Cárdenas padecía las presiones de Washington, más aún cuando Roosevelt no sólo no se opuso sino que en silencio y ante la inminente guerra mundial favoreció la expropiación petrolera, por lo que Cárdenas tuvo que abandonar su sueño de entregar a Múgica la presidencia, sin perder de vista que las inclinaciones comunistas de este último eran lo menos que deseaba la Casa Blanca para su vecino del sur.

Cuando el general Juan Andrew Almazán, representante de los intereses conservadores de Monterrey, donde fungía como jefe de la zona militar,[453] decidió lanzarse como candidato a la Presidencia de la República por el Partido Revolucionario de Unificación Nacional, cometió un grave error al asegurar en relación a la contienda bélica europea que su «corazón pertenecía a los nazis», a cuyo partido donó 10 000 pesos el 4 de abril de 1940.[454] Por otro lado el Departamento de Estado de Estados Unidos, por intermedio de su embajada, había reportado desde el 12 de febrero que los petroleros introducían «armas de manera clandestina a México, buscando respaldar la rebelión armada […] "El armamento era para apoyar posible golpe militar de Almazán en caso de su derrota en las elecciones", aseguraba el informe».[455]

El 6 de julio México salió masivamente a votar. Cárdenas comprobó que las tendencias favorecían a Almazán, y el escandaloso fraude electoral que permitió produjo 27 muertos y 125 heridos en distintos

---

[452] Raquel Sosa Elízaga, *Los códigos ocultos del cardenismo*, México, UNAM/Plaza y Valdés, 1996, p. 311.

[453] Luis Suárez, *Cárdenas, retrato inédito*, México, Grijalbo, 1988, p. 173.

[454] Juan Alberto Cedillo, *Los nazis en México: La Operación Pastorius y nuevas revelaciones de la infiltración al sistema político mexicano*, México, Debate, 2007, p. 74.

[455] *Ibid.*, p. 81.

zafarranchos en los que la policía y el ejército «impusieron el orden», aunque se estima que «el día de los comicios el saldo de muertos ascendió a 150».[456]

Los primeros resultados oficiales proclamaron vencedor a Ávila Camacho por un amplio margen de 2 476 641 votos contra 151 101 de Almazán, pero en grandes sectores de la población reinó la impresión de que se había cometido un fraude electoral sin precedentes.[457]

Entonces sí, apoyado por los agentes alemanes y por los petroleros más importantes de Estados Unidos,[458] «Almazán desconoció el resultado de la elección y junto con sus principales colaboradores se refugió en Estados Unidos, donde comenzó a preparar la rebelión armada»,[459] que de manera muy sospechosa se desvaneció antes de haber comenzado, más aún cuando regresó del extranjero sin producir ninguna alarma ni sobresalto alguno, de forma por demás respetuosa y civilizada, celebrando el «despertar cívico del pueblo mexicano...» ¿Obregón? ¡Golpista! ¿Calles? ¡Impuesto! ¿Portes Gil? ¡Impuesto! ¿Ortiz Rubio? ¡Impuesto! ¿Abelardo Rodríguez? ¡Impuesto! ¿Cárdenas? ¡Impuesto! ¿Ávila Camacho? ¡Impuesto! ¿Y la voluntad popular digna de respetarse después de la Revolución? ¿Y el Sufragio Efectivo y la no reelección?

Cárdenas pudo entregar el último día de su gestión el poder a Ávila Camacho ante la histórica presencia en la ceremonia del vicepresidente estadounidense, Henry A. Wallace, enviado por Roosevelt «con el rango de Embajador Extraordinario y Plenipotenciario, hecho hasta entonces inusitado en la historia de la diplomacia norteamericana».[460]

El libro de texto sólo aduce: «Acusaron al gobierno de haber cometido fraude electoral en favor del PRM...». ¿Y los detalles del fraude? ¿Y los nazis? ¿Y el dinero de los petroleros estadounidenses? ¿Y las repetidas promesas de Cárdenas, relativas a unas elecciones limpias y democráticas, manchadas después por graves disturbios y disparos de ametralladora por parte del ejército y la policía que privaron de la vida o hirieron a manifestantes opositores? ¿Y el cierre de casillas antes de tiempo? ¿Y la ausencia de miles de nombres en los padrones electorales, por lo cual muchos mexicanos no pudieron votar? ¿Y el papel de la prensa, que concedió el triunfo a Ávila Camacho o se quedaban sin papel periódico, controlado por PIPSA? Sin embargo, los resultados oficiales para la oposición fueron ridículos. Era evidente que el PRI no permiti-

---

[456] *Ibid.*, p. 75.
[457] Gloria Delgado Cantú, *Historia de México: Legado histórico y pasado reciente*, Pearson, 2004, p. 233.
[458] La compañía de Jean Paul Getty, la Davis Oil Company y la Texas Oil of Arizona.
[459] Juan Alberto Cedillo, *op. cit.*, p. 76.
[460] *Ibid.*, p. 84.

ría por mucho tiempo unas elecciones libres y transparentes hasta el final de la administración de Zedillo, después de más de medio siglo de caudillaje retardatario que había comenzado con el arribo de Obregón al poder.

El Partido Acción Nacional, PAN

«El poder político en manos de pillos por falta de ciudadanos».
EFRAÍN GONZÁLEZ LUNA

«Sólo existe en México algo peor que el PRI: la oposición política».
ALFONSO MARTÍNEZ DOMÍNGUEZ

«El PAN surge el 16 de septiembre de 1939[461] a instancias del intelectual y académico de talante liberal Manuel Gómez Morín. Esta agrupación aparece como respuesta a las reformas cardenistas en el ámbito económico y social —la expropiación petrolera, la educación socialista y el creciente poder corporativo del Estado— cuyos efectos nocivos[462] se hacían cada vez más evidentes para la mayoría de los profesionistas, empresarios y clases medias que participaban de manera marginal en la construcción del reciente régimen político del México posrevolucionario.

»A diferencia del PNR Gómez Morín se abocó a la construcción de un partido político fundado en las tesis del liberalismo europeo,[463] las cuales se contraponían sistemáticamente al ideario cardenista que en lo fundamental se sustentó en las tesis marxistas en el ámbito político y en el económico en las "ideas" keynesianas, es decir, el cardenismo y el priismo nacional revolucionario se constituyeron en los hechos como un poder político antiliberal —que impregnó a la sociedad mexicana de una mentalidad anticapitalista y colectivista— que con el correr del tiempo se convertirían en un obstáculo para el desarrollo económico, político y social de México.

---

[461] Jorge Eugenio Ortiz Gallegos, *La mancha azul: Del PAN al NeoPAN y al PRIoPAN*, México, Grijalbo, 2011, p. 15.

[462] Desempleo crónico, corrupción, rezago productivo y centralismo político.

[463] En lo económico se inspiraba en la economía política inglesa: Adam Smith, David Ricardo, James Stuart Mill. En lo político igualmente se basan en los clásicos del liberalismo: David Hume, James Boswell, Jean Jacques Rousseau y Frédéric Bastiat.

»Por ello la constitución del PAN dotó a este de un estatuto de principios morales en el cual debería basar su quehacer político, pues se partía del supuesto que el régimen político no formaba ciudadanos sino siervos, militantes y en el mejor de los casos adherentes fanáticos del poder político del Estado. Ante esto un grupo de distinguidos mexicanos entre los que figuran Manuel Gómez Morín, Miguel Estrada Iturbide, Rafael Preciado Hernández, Gustavo Molina Font, Efraín González Luna, Felipe Gómez Mont, Luis Calderón Vega y Agustín Aragón y León optó por utilizar el poder político como formador de ciudadanos participativos y no de militantes políticos.

»Su labor fue de gran importancia pues en ellos recayó la responsabilidad de instruir a las masas empobrecidas de gran parte de México en la lógica de la participación política y en la toma de decisiones con independencia de su militancia política, de su ideología o situación económica. Estos liberales tuvieron el acierto de transformar a las masas ignorantes en ciudadanos. Esta empresa, que se asemeja a la alfabetización de los maestros rurales en la época del cardenismo, ha sido menospreciada tanto por los historiadores académicos como por la sociedad mexicana, que jamás ha caído en cuenta de que varios de los derechos políticos de los que gozamos los mexicanos provienen de Gómez Morín y sus liberales, y dicho sea de paso, llevando esto sin recurrir a la violencia como es el caso de la izquierda.

»Manuel Gómez Morín es un personaje que ha sido ocultado o de plano rechazado por la izquierda y por el propio PAN, en especial el de filiación fascista-yunquista, católica y el de los grandes empresarios mercantilistas, por la razón de que Gómez Morín fue creador de instituciones como el Banco de México, el Banco de Crédito Agrícola y la Escuela Nacional de Economía, que dotaron a los mexicanos de instrumentos que les permitirían progresar social y económicamente sin recurrir a las dádivas gubernamentales ni a los encantos fugaces del populismo y su secuela de miseria, o al de los empresarios mercantilistas cuyos intereses proteccionistas dañaban seriamente el bienestar de la economía.

»La participación del PAN en la política nacional durante el periodo de 1939 a 1980 se podría decir que fue marginal debido a que sus resultados electorales eran raquíticos, además de la división interna que existía debido al desánimo de las constantes derrotas electorales a manos del partido de Estado. Tal fue el desánimo que en 1970 se cuestionaron inclusive su abstención de la contienda electoral[464] en la que finalmen-

---

[464] Uriel Jarquín Gálvez y Jorge Javier Romero Vadillo, *Un PAN que no se come: Biografía de Acción Nacional*, México, Ediciones de Cultura Popular, 1985, p. 65.

te resultó ganador Luis Echeverría Álvarez; el contendiente panista era Efraín González Morfín, hijo de Efraín González Luna. Peor aún, en 1976 no presentaron candidato a la Presidencia de la República como consecuencia de las diferencias internas entre miembros clave de ese partido: por un lado José Ángel Conchello impulsó la precandidatura de Pablo Emilio Madero, mientras que por otro lado la militancia de base pugnaba por Rosas Magallón.

»La explosión del PAN como fuerza política mayoritaria se da a mediados de los años de 1980, cuando en medio de la crisis económica y política del régimen priista el PAN gana simpatía y prestigio en el norte del país de la mano de líderes como Manuel Clouthier, Francisco Barrio y Luis H. Álvarez. Este repunte del PAN fue acompañado del apoyo de organismos empresariales y religiosos, como la Ancifem —Asociación Nacional Cívica Femenina—, la Unión Nacional de Padres de Familia, la Coparmex —Confederación Patronal de la República Mexicana— y DHIAC —Desarrollo Humano Integral y Acción Ciudadana—; en este periodo se funda el *neopanismo*, fenómeno entendido por el panismo liberal como una renuncia a los principios morales y el entrelazamiento con las políticas emprendidas por el PRI de Carlos Salinas de Gortari.»[465]

Caudillos y más caudillos

El bloque IV del libro de texto, «De los caudillos a las instituciones (1920-1982)», inicia con la ilustración de un fragmento de la obra del muralista chileno Oswaldo Barra Cunningham titulada *Aguascalientes en la historia*, en la que se observan dos ferrocarrileros en plena labor, así como indígenas entre hortalizas (pp. 110-111). Desde luego los autores del texto optaron por la imagen idealizada de la Revolución, pero omitieron señalar que justamente en 1920 cerró la planta American Smelting and Refining Company, propiedad de los Guggenheim en Aguascalientes, quienes se habían beneficiado de la mano de obra barata y de las riquezas minerales del Estado, para luego de explotar el subsuelo dejar a miles de trabajadores y sus familias en el desamparo y el

---

[465] Jorge Eugenio Ortiz Gallegos, *loc. cit*; Uriel Jarquín Gálvez y Jorge Javier Romero Vadillo, *loc. cit*.

desempleo. ¿Este hecho se menciona en alguna parte del libro de historia oficial? Desde luego que no.

Ilustrar este periodo sólo con muralistas, recurrir a una imagen optimista de la Revolución en la que después de los muertos y de la destrucción física del país y de su economía se augura un porvenir brillante, podría ser entendido como un recurso demagógico si no se pierde de vista que hoy en día uno de cada dos mexicanos padece los horrores y la indignidad de la pobreza.

Se pregunta a los niños: «¿Quiénes aparecen en el mural? ¿Cómo visten? En comparación con la imagen del bloque anterior, ¿qué cambios o permanencias observas?» (p. 112). La imagen anterior es de Siqueiros, *Del porfirismo a la Revolución* (p. 74), otra versión triunfalista de la Revolución pero incomprensible para un niño de diez años. A lo largo del libro, ¿se les ha enseñado a los niños a interpretar pinturas, me pregunto?

La publicación de la primera imagen podría parecer una invitación al estudio de los ferrocarrileros y de las mujeres que tienen huertos con hortalizas. ¿Será…?

¿Cuál es la relación entre los caudillos, las instituciones y las imágenes seleccionadas? Pienso que tendrían que haber puesto el escudo del PNR y explicar cómo se apropió de los colores patrios para garantizar un lucro exitoso entre las grandes masas, que creían votar por el bien de la patria. ¿Cómo no votar supuestamente por México? Un abuso perpetrado en contra de las masas analfabetas… ¿Sabías que la ley prohíbe expresamente el uso de los colores de la bandera en los escudos de los partidos políticos? Es evidente que si además hubieran incluido la imagen de la Virgen de Guadalupe habrían permanecido en el poder hasta la última noche de la historia. Caudillos, pues, sobran desde Obregón hasta López Obrador, hoy *dueño* de Morena, en cuyo interior no existe la menor expectativa de democracia, sino que todo gira alrededor de su único amo, ciertamente movido por la sordera y la intolerancia. A eso se le llama caudillismo, ¿o no…? ¿Durante la diarquía Obregón-Calles, o a lo largo de la interminable vida política del PRI durante los años de la dictadura perfecta, se escuchaba acaso una voz distinta a la del caudillo o a la del *Jefe Máximo* o a la del jefe de todos los mexicanos o la del Primer Mandatario? ¡Claro que no! En Morena no se mueve una hoja sin la aprobación de López Obrador, otro tirano, esta vez tropicalón. Por cierto, ¿sabías que AMLO escribió el himno del PRI en Tabasco? Otro priista, sólo que además resentido… Según Sánchez Susarrey, el PRD y por ende Morena son partidos neocardenistas cuya existencia se debe al corporativismo. Son un obstáculo para la democracia. Siempre están buscando que «el sistema» falle para imponerse por medio de la violencia. El mejor ejemplo es 2006.

No se menciona en el libro que Maximino Ávila Camacho rivalizó con su hermano Manuel, el presidente, ni se hace mención de su rancho ganadero La Herradura, en Huixquilucan, Estado de México, que más tarde se convertiría en un gigantesco fraccionamiento también de su propiedad, tan grande como la corrupción. Se omite la fundación del monstruo llamado Sindicato Nacional de Trabajadores de la Educación, el SNTE, una organización podrida que tiene secuestrado al gobierno y a la enseñanza y también, por lo tanto, al futuro de México. Sólo para darnos una idea de quién nos gobierna no puedo dejar de consignar en estas páginas que la esposa de Manuel Ávila Camacho, Soledad, sí, Soledad, en penosa alianza con el arzobispo de México, hizo cubrir con un taparrabo las voluptuosas formas de la Diana Cazadora. Sólo hasta 1967, previa Olimpiada, se pudo apreciar la famosa escultura en su deslumbrante belleza. ¿Qué mentalidad, no...? La misma del Papa Julio II cuando discutía con Miguel Ángel, en el siglo XVI, las posibilidades de cubrir los desnudos en la Capilla Sixtina.

Es de tan baja calidad el libro de texto de 2015 que se impone la necesidad de compararlo *in extenso* por lo menos con el de 1992.

Lo primero que llama la atención es el número de cuartillas que emplea el de 1992 para explicar los diversos temas, en tanto el de 2015 recurre a la selección casi siempre equivocada de imágenes, acompañadas por lo general de un párrafo de un tamaño no mayor a cinco renglones; eso en cuanto a la cantidad. Pasemos a comparar la calidad.

México y la Segunda Guerra Mundial

El libro de 1992 nos hace saber que «Manuel Ávila Camacho (1940-1946) fue el último militar que llegó a la presidencia. México se encaminó a una era civil de estabilidad e instituciones. A partir de 1940, el clima de México no fue de cambios radicales, sino de unidad nacional. Esta era necesaria para curar las heridas políticas dejadas por las reformas de los años treinta y por la elección de 1940. Pero era necesaria también, sobre todo, porque la Segunda Guerra Mundial apareció en el horizonte. En 1942, luego del hundimiento de dos barcos mexicanos por submarinos alemanes, México se declaró en Estado de Guerra respecto a las potencias del Eje: Alemania, Italia y Japón».

El libro de texto de 2015 hace una muy escasa mención al desempeño del gobierno de Ávila Camacho y en su lugar subraya la importancia de la guerra mundial en la vida política y económica de México al establecer que «en varios momentos de su historia, México ha participado de manera directa en acciones que han cambiado o afectado a otros países, ya fuera en defensa de sus intereses o en apoyo a causas que ha considerado legítimas.

»Un suceso del siglo XX que ocurrió fuera de México, pero que influyó de manera importante en el curso de su historia, fue la Segunda Guerra Mundial (1939-1945). Contrario a lo que ocurrió en los países que participaron en la guerra, México resultó muy favorecido, pues durante esos años los países industrializados, como Alemania, Inglaterra, Francia y Estados Unidos, no podían producir todo lo que necesitaban debido a que sus industrias estaban dedicadas a la fabricación de armas y productos para la guerra. Esto provocó que empezaran a comprar productos mexicanos y se obtuvieran recursos, los cuales aceleraron la industrialización de nuestro país, que se vio favorecida por la construcción de carreteras, puertos, presas y aeropuertos.

»Al iniciarse la Segunda Guerra Mundial, México se declaró neutral, pero en 1942, luego de que dos buques petroleros mexicanos fueron atacados por submarinos alemanes, el presidente Manuel Ávila Camacho (1940-1946) decidió apoyar a los países aliados y declaró la guerra a los países del Eje. La participación de nuestro país en esta guerra fue de dos maneras. Primero, mediante la exportación de materias primas para la industria bélica de Estados Unidos, y con trabajadores agrícolas empleados en las industrias y campos de ese país. Por otro lado, México participó también con el envío de fuerza aérea, el Escuadrón 201, para combatir a los japoneses posicionados en Filipinas y Formosa (Taiwán) en 1945» (pp. 130-131).

En un recuadro menciona que «En 1933, Adolfo Hitler llegó al poder en Alemania encabezando al Partido Nacional Socialista. Los nazis, como se les conoce, creían que eran una raza superior y que los judíos, considerados "inferiores", eran una amenaza para la humanidad. Los nazis también persiguieron a otros grupos como los gitanos, las personas con discapacidad, algunos pueblos eslavos (polacos y rusos, entre otros), los comunistas, socialistas, africanos, Testigos de Jehová y homosexuales. Esta campaña de odio condujo al establecimiento de "guetos" o campos de concentración donde fueron asesinadas millones de personas. Al genocidio judío se le conoce como "Holocausto"».

En la inteligencia de que no es el objetivo de este libro entrar al estudio de la Segunda Guerra Mundial, baste con decir que Ávila Camacho propició la unidad política nacional, por lo que el 15 de septiembre de 1942 invitó a una Ceremonia de Reconciliación Nacional en el Zócalo a los expresidentes Plutarco Elías Calles, Lázaro Cárdenas, Abelardo L. Rodríguez y Pascual Ortiz Rubio, Emilio Portes Gil y Adolfo de la Huerta,[466] todo un acontecimiento político que implicó disciplina partidista.

Durante su gestión entró en vigor el «Programa Bracero», que exportaría, en su inmensa mayoría, a millones de trabajadores del campo. A lo largo de dicho programa, de 1942 a 1964 los campesinos mexicanos convirtieron a la agricultura estadounidense en la más rentable y avanzada de todo el planeta. Se trataba de hombres de las zonas rurales más importantes de México, como Coahuila, Durango, Chihuahua, etcétera,[467] una de las razones por las que las tierras del vecino del norte se convirtieron en las más productivas del mundo. Con el tiempo, además de California, los braceros fueron enviados también a Texas, Oregon, Washington, Arkansas y a otros veintinueve estados; la duración de los contratos variaba desde unas pocas semanas hasta dieciocho meses. ¿Y el campo mexicano, expropiado por Cárdenas? ¿Y México…?

¿Una buena, muy buena a favor de Ávila Camacho? La fundación del IMSS, el Instituto Mexicano del Seguro Social, creado para asistir a la nación con servicios médicos y garantizar el pago de pensiones y jubilaciones, sin duda un triunfo indiscutible de la Revolución.

«La Segunda Guerra Mundial –dice el libro de 1992– empezó con la invasión de Alemania a Polonia, en 1939, luego de firmar con la URSS un pacto de no agresión. En 1940 Alemania derrotó a Francia y ocupó París. Inglaterra resistió, sitiada en su isla. En 1941, Italia y Japón se aliaron con Alemania y formaron las potencias del Eje. Alemania rompió su acuerdo de no agresión e invadió la URSS. En diciembre de 1941, Japón atacó también la base naval estadounidense de Pearl Harbor y entonces lo que era un conflicto militar europeo se convirtió en la Segunda Guerra Mundial, que terminó en 1945 con el lanzamiento de bombas atómicas estadounidenses sobre las ciudades japonesas de Hiroshima y Nagasaki.»

¿Algunas ausencias notables?

¿Por qué no mencionan que Franklin D. Roosevelt fue el segundo presidente estadounidense que visitó México, en 1943 (Taft estuvo en Ciudad Juárez en 1909), y que fue recibido por Ávila Camacho en la ciudad de Monterrey, Nuevo León?

[466] Carlos Alvear Acevedo. *Lázaro Cárdenas: el hombre y el mito*, México, Jus, 1972, pp. 518-519.
[467] Proyecto Organizativo Sin Fronteras, «El movimiento masivo de los braceros», *The Farmworkers Website*, Estados Unidos, s.f., consultado en septiembre de 2015, www.farmworkers.org/pbracero.html

Cuando se refieren a la estabilidad y a las instituciones, ¿por qué olvidarán el fraude electoral cometido ahora en contra de Miguel Henríquez Guzmán, cuando Ruiz Cortines salió electo con casi 75% de los votos contra 15% del candidato opositor? ¿Instituciones? ¿Respeto al voto ciudadano? ¿Cuál? ¿Cuáles instituciones democráticas? ¿Cuál estabilidad, la de las cadenas de devaluaciones de los últimos veinticinco años del siglo XX, la del movimiento estudiantil del 68, el Jueves de Corpus del 71 o la del alzamiento zapatista de 1994? ¿Qué entenderán estos señores priistas por instituciones o estabilidad?

Si bien es cierto que, como sostiene el libro de texto de 1992, «la escuela pública primaria gratuita no dejó de crecer en México, pasando de dos millones de alumnos en 1940 a tres millones en 1950», no es menos válido afirmar que la calidad de la enseñanza fue un desastre, hecho que se demuestra con la existencia de decenas de millones de mexicanos que no saben hacer nada. ¿Por qué no saben hacer nada? O porque fracasó la educación o abandonaron la escuela o todo junto. Se construía irresponsablemente el México del futuro. ¿Ese es el éxito educativo de la Revolución, o el SNTE sólo sirvió como instituto de control político de los maestros, pero en ningún caso fue ni es una herramienta para educar...?

El 7 de julio de 1946 se celebraron elecciones presidenciales, en las que participaron también el Partido Comunista (PC) y el Partido Fuerza Popular (PFP), de carácter sinarquista este último. Alemán, del PRI, ganó con 77.90% de los votos sin que hubieran barrido a balazos a parte de la oposición, para variar. (Peña Nieto ganó con un 38%. Buen dato, ¿no...?) ¿Dónde acaba la culpa del PRI y comienza la de quienes históricamente votaron en contra de la democracia? Remata el libro de 1992:

Hacia la industrialización
La posguerra, de 1945 en adelante, fue también una época favorable, de grandes cambios para México. Estados Unidos, triunfador de la Segunda Guerra Mundial, se convirtió en la primera potencia del mundo. Tuvo un auge económico sin precedentes. México se benefició con esa situación.

Alemán, el primer presidente civil

Pasemos a otro sexenio que resultó de importancia mayúscula para nuestra historia moderna: el de Miguel Alemán. El famoso *Cachorro de la Revolución*, el padre del *charrismo* sindical, quien continuó embotellando a las fuerzas sindicales y reprimiendo al movimiento obrero echando mano de la policía y del ejército. Todo en nombre de la modernización de México.

Permíteme primero ponerte al tanto de lo que dice el libro de 1992, a fin de que puedas dimensionar la desproporción entre uno y otro volumen:

En 1946 llegó a la presidencia Miguel Alemán (1946-1952). México, como otros países de América Latina, empezó a industrializarse con rapidez. Se estimuló el crecimiento de las industrias y de las ciudades. Aparecieron nuevos empresarios mexicanos con socios extranjeros. Se construyeron carreteras, aeropuertos, grandes multifamiliares y la Ciudad Universitaria. Se alentó la agricultura moderna y apareció la actividad turística, hasta entonces desconocida.

El México rural que iba quedando atrás encontró su expresión mayor en el genio de Juan Rulfo, autor de *El llano en llamas* y *Pedro Páramo*.

Estabilidad y crecimiento

En 1946, el PRM se transformó en el Partido Revolucionario Institucional. El PRI conservó del PRM la organización por sectores: obrero, campesino y popular. Tal como lo decía el nombre del PRI, los nuevos gobiernos de México querían volverse institucionales, cambiar ordenadamente, y favorecer la inversión y el crecimiento económico.

La sociedad y la economía mexicana cambiaron mucho en esos años. En 1940, las ciudades eran pequeñas y los coches escasos. A la mayor parte de los pueblos no llegaba la electricidad. Al empezar los años cincuenta, las ciudades habían crecido y las carreteras facilitaban el uso del automóvil. La gente empezó a dejar el campo para ir a vivir a la ciudad. Se realizaron grandes campañas de salud para terminar con las epidemias y la población creció, como todo en el país. La reflexión sobre lo mexicano alcanzó un punto culminante con *El laberinto de la soledad* de Octavio Paz. El cine se desarrolló como industria, entretenimiento y nuevo medio de difusión de valores culturales.

Nuevos problemas

El aumento de la población fue una verdadera revolución. En 1940 había 20 millones de mexicanos; en 1950, 26 millones y 35 millones en 1960, [hasta llegar a 120 millones en la actualidad]. En ese panorama de crecimiento y estabilidad había, sin embargo, problemas. La mejoría económica no acortaba las desigualdades. Hicieron su aparición en México los «nuevos ricos» y hubo irritación contra la corrupción oficial que, en parte, los había creado. Fueron también los años en que se descuidó el campo tradicional, que habría de entrar en crisis poco después...

Ahora, por favor, levántate de tu asiento o prepárate para levantarte porque te voy a presentar, lo que el libro de texto de nuestros queridos y amados niños dice en este año de 2015 con relación al gobierno de Miguel Alemán, el primer presidente civil tras la escalada de generales revolucionarios. ¿Preparado...? Permítanme aclarar solamente un punto: lamentablemente no alcanza a ser ni siquiera un renglón, ni uno solo, por lo que triste y penosamente lo que sigue es todo lo que dice sobre semejante político que también influyó en el destino de nuestro país: «Miguel Alemán Valdéz 1946-1952».

No creas que apenas voy a decir lo que menciona el libro de texto sobre el *Cachorro de la Revolución*: ¡ya lo dije! ¡Sí! ¡En efecto! No dice nada más que el nombre del presidente y el periodo de su sexenio (p. 114), pero, para colmo, el apellido presidencial está mal escrito: Valdés no se escribe con zeta, pero además, si se escribiera con zeta tampoco se acentuaría...[468] ¿Por qué pues, además de no decirle nada al niño sobre el alemanismo, lo poco (o nada) que le dicen está escrito con faltas de ortografía en un libro de texto? Doble agresión: una, la ignorancia, dos, la falta de respeto a los jóvenes estudiantes.

¿Será acaso una venganza tardía y desde luego reaccionaria del cardenismo contra el grupo de poder que detonó el desarrollo nacional, sí, pero por otro lado recurrió a una de las más descaradas corrupciones que se hayan visto? Imposible saberlo: los hombres del poder no suelen compartir información sobre la realidad política mexicana,

---

[468] «Las palabras agudas –dice la Real Academia Española–, llevan tilde cuando terminan en "n", "s" o vocal: balón, compás, café, colibrí, bonsái; pero si terminan en "s" precedida de otra consonante, se escriben sin tilde: zigzags, robots, tictacs. Tampoco llevan tilde las palabras agudas que terminan en "y", pues esta letra se considera consonante a efectos de acentuación: guirigay, virrey, convoy, estoy.» Claro está que para los apellidos no rigen 100% las reglas de la lengua, pero aun así: Valdez se escribe sin acento y Valdés con acento. Respecto a palabras como raíz o maíz, agudas que se acentúan y terminan con «z», dice la Real Academia Española: «Las palabras con hiato formado por una vocal cerrada tónica y una vocal abierta átona, o por una vocal abierta átona y una cerrada tónica, siempre llevan tilde sobre la vocal cerrada, con independencia de que lo exijan o no las reglas generales de acentuación: armonía, grúa, insinúe, dúo, río, hematíe, laúd, caída, raíz». Es decir, que se acentúan debido a la presencia del hiato. No es el caso de Valdéz. ¡Por favor!

como ha quedado palmariamente demostrado... Cuando Miguel Alemán comenzó a comprar tierras en el estado de Guerrero, en la bahía de Puerto Marqués, en Pichilingue, y se construyó una nueva carretera entre el puerto de Acapulco y la capital,[469] los integrantes de su gabinete no se quedaron atrás y acapararon las mejores tierras de la zona, de ahí que su gobierno pasara a la historia como el de *Alí Baba y los cuarenta ladrones*.

Como sabemos, Alemán buscó también perpetuar su poder, por sí mismo primero —sondeando la posibilidad de reelegirse— y posteriormente por interpósita persona: «México tiene derecho a reelegir la felicidad...». No pudo debido a la oposición del sector militar, que había tolerado su ascenso como primer civil en el poder desde el fin de la Revolución pero no toleraría el de su primo Fernando Casas Alemán, ni mucho menos su reelección... Cuando más, aceptarían la imposición de su «tapado», que resultó ser el gobernador de su natal Veracruz, Adolfo Ruiz Cortines, a quien pese a las presiones designó como sucesor en la soledad del poder presidencial. En otro orden de ideas, Alemán no podía ignorar que el fantasma de Toral podía llegar en cualquier momento a Los Pinos para acabar a balazos con sus tentaciones reeleccionistas, de modo que el temor bien pudo contrarrestar sus aspiraciones políticas.

Sucesión de 1952

La cadena de fraudes electorales perpetrados en contra de la nación se extendería —y perfeccionaría— prácticamente a lo largo de todo el siglo XX muy a pesar de aquello que juraban los presidentes: «Protesto defender la Constitución [...] y si no, que la Nación me lo demande». Bien, pues los peculados continuaron al igual que el desconocimiento de la voluntad popular en las urnas, y ni la patria ni la nación ni nadie demandó nada, absolutamente nada... La elección de Obregón, la de Calles, la de Ortiz Rubio, la de Ávila Camacho y la de Ruiz Cortines fueron criticadas y denunciadas como grandes robos electorales sin consecuencia alguna para quienes cometieron delitos. ¡Claro que el pueblo puso los muertos!, eso sí, y ese también fue el caso de los par-

---

[469] Juan Alberto Cedillo, *La Cosa Nostra en México: Los negocios de Lucky Luciano y la mujer que corrompió al gobierno mexicano*, México, Grijalbo, 2011, p. 68.

tidarios de Henríquez Guzmán en 1952, sin ignorar que su candidatura «había movilizado a grandes sectores de la población a su favor [...] asumiéndose como los herederos legítimos de la Revolución [...] haciendo hincapié en la necesidad de retomar el proyecto revolucionario, al que consideraban traicionado por el gobierno de Miguel Alemán».[470] En la capital de la República la oposición fue rechazada en las casillas electorales con pretextos infantiles, mientras se computaban los votos, negando el acceso a los representantes de otros partidos. Se repetía la sentencia porfirista como una maldición: «Quien cuenta los votos gana las elecciones».

Desde luego que votaron los muertos, y los burócratas cómplices lo hicieron repetidamente en diversos distritos a favor de Ruiz Cortines, en la inteligencia de que donde se *contaron* más votos fue en el interior de la República, sobre todo en el campo, donde no había control electoral alguno. La protesta de los henriquistas no se hizo esperar, tal y como se dio en contra de Almazán, pero fueron salvajemente reprimidos a balazos en otra histórica masacre organizada por el general Raúl Caballero, entrenado en Fort Knox, encargado de volver a teñir de rojo la bandera tricolor.

En el contexto de la sucesión presidencial de Ruiz Cortines (hacia 1957), muchos cardenistas publicaron manifiestos para exigir apertura democrática al partido oficial y la selección del candidato a través de un proceso democrático. Claro, pero ¿no había sido Cárdenas artífice de este aparato político? ¿Cómo librarse del «dedazo» y de la orden estentórea e irrebatible del Gran Elector cuando tronaba su voz como un relámpago desde Los Pinos?

Esto es lo que dice el libro de 2015 respecto a la gestión de Ruiz Cortines, el sucesor de Miguel Alemán: «Adolfo Ruiz Cortines 1952-1958 / Se otorga a la mujer el derecho al voto, 1953». Va lo que dice el texto de 1992:

Estabilidad política
El Desarrollo Estabilizador se puso en práctica durante la presidencia de Adolfo Ruiz Cortines (1952-1958). El desarrollo que se buscaba tenía como condición precisamente la estabilidad. Nuestra historia mostraba el valor de la paz interna y la continuidad. Después de la Revolución, fue muy importante asegurar que no volvieran las pugnas del pasado.

---

[470] Martín Carlos Ramales Osorio, «México, fraudes electorales, autoritarismo y represión. Del Estado benefactor al Estado neoliberal», *Contribuciones a las Ciencias Sociales*, España, julio de 2009, consultado en septiembre de 2015, www.eumed.net/rev/cccss/05/mcro.htm

Los candidatos del partido oficial vencían por lo general en las elecciones, aunque no siempre con limpieza. Los otros partidos políticos todavía eran pequeños, con poca fuerza. Eso comenzaría a cambiar, junto con toda la sociedad, en la siguiente década.

La herencia industrializadora

La industrialización produjo grandes cambios en la economía mexicana. Junto con ella surgieron desequilibrios. El gobierno había gastado mucho y sus finanzas quedaron debilitadas. Hubo alzas de precios de los productos básicos y la gente resintió una pérdida en su poder de compra, debido a la inflación, que es un aumento continuo de los precios. El desarreglo económico provocó una devaluación en 1954, cuando el peso quedó fijado en un valor de 12.50 frente al dólar. Esto dio lugar a una nueva oleada de aumentos en los precios y a un agudo descontento.

El desarrollo estabilizador

Para frenar el alza de los precios, que anulaba los aumentos de los salarios, se puso en práctica un plan económico destinado a evitar nuevas devaluaciones y frenar el aumento de precios y salarios. El plan consistió en reducir los gastos del gobierno y detener los aumentos en los salarios. En poco tiempo los precios se estabilizaron, las finanzas del gobierno mejoraron y la economía pudo crecer sin inflación. A este plan se le llamó Desarrollo Estabilizador y se mantuvo durante casi veinte años, con buenos resultados.

Se incrusta enseguida un estupendo mapa de la red de carreteras de todo el país. ¡Gran idea ponerlo en el libro de texto! Lástima que haya sido en el de 1992...

Economía optimista

El sucesor de Ruiz Cortines [dice el libro de 1992] fue Adolfo López Mateos (1958-1964), un presidente popular que empezó su gobierno con dos conflictos graves: el movimiento magisterial y la huelga ferrocarrilera de 1959. La huelga fue sofocada con la intervención del ejército y sus líderes fueron encarcelados. López Mateos insistió en la unidad nacional y en la modernización. En 1960, nacionalizó la industria eléctrica. Mantuvo relaciones con la Cuba revolucionaria, como un gesto de independencia ante Estados Unidos, que pedía romper relaciones, y ofreció a sus gobernados un rostro amable, sonriente, junto con una realidad económica optimista.

Crecimiento

En 1964, al terminar el gobierno de Adolfo López Mateos, el país llevaba más de veinte años de estabilidad política y crecimiento económico. No habían faltado problemas: elecciones impugnadas, corrupción, inflación, trato duro a movimientos sociales. Pero la estabilidad y el crecimiento de México no tenían igual en América Latina. Empezaba a hablarse del «milagro mexicano».

No podemos dejar de observar que el libro de hace dos décadas tenía un afán formativo: brindaba elementos ordenados y herramientas para que el niño aprendiera a hacerse una idea de la sociedad y la política de su país.

México se convertía con rapidez en una sociedad urbana [continúa el libro de 1992]. Crecían las ciudades, los hijos tenían mejor situación que los padres, había trabajo y educación. El promedio de vida de los mexicanos había subido y la mortalidad por enfermedades curables y epidemias había disminuido. Seguía habiendo pobreza, pero una parte muy importante de los mexicanos había progresado. Creció como nunca antes la población educada y próspera que se llama «clase media».

Las clases medias
Las clases medias son los sectores que no están ni en lo alto ni en lo bajo de la sociedad. No son los más pobres, ni los más ricos. Son un fruto de la prosperidad de las sociedades, de su mejoría educativa y de la diversidad de empleos que la economía ofrece. Pertenecen a las clases medias los profesionistas (abogados, médicos, ingenieros), igual que los burócratas, empleados y pequeños comerciantes, los obreros bien pagados, los agricultores prósperos, los intelectuales, los artistas y los estudiantes universitarios. Al empezar los años sesenta, las clases medias eran una realidad visible del país. Comenzaban a tener un lugar importante en el gobierno, en el consumo y en la opinión pública. Fueron también, durante los años sesenta, el origen de un nuevo tipo de inconformidad. Las clases medias y sus hijos —los estudiantes— pensaron que la vida política debía democratizarse.
Carlos Fuentes retrató la nueva sociedad urbana en *La región más transparente* y criticó el legado revolucionario en *La muerte de Artemio Cruz*.

En el año de 1964 Adolfo López Mateos, otro gran elector, le entregó la banda presidencial a Gustavo Díaz Ordaz. Continuábamos dentro del esquema de una sociedad cerrada. Se consolidaba la tradición autoritaria del «carro completo». Sólo había espacio político para el priismo. ¿Democracia? ¡Cero! ¿En qué nos diferenciábamos del porfiriato si no existía una efectiva división de poderes más que en el papel y los presidentes protestaban defender la Constitución y las leyes que de ella emanaren, para violarlas al día siguiente girando instrucciones al Congreso o a la Corte tal y como hacía Porfirio Díaz, el tirano, quien dominó a la prensa y controló la *libertad* de expresión al igual que los gobiernos posteriores a la Revolución? La parálisis política era clara y retardataria. El PRI era el mejor representante de la reacción, de la inmovilidad conservadora, el abanderado del atraso.

Dice el libro de 1992: «México contrajo el compromiso de organizar los Juegos Olímpicos de 1968. Parecía un reconocimiento internacional al "milagro mexicano" pero, como hemos dicho, algunos sectores de las clases medias no creían en el milagro. En 1965 una huelga de médicos sacudió al país. Sus dirigentes fueron encarcelados. La ciudad de Morelia protestó por alzas al precio del transporte. Los ánimos se desbordaron, los estudiantes protestaron y el ejército ocupó la Universidad. La ciudad de Mérida eligió al primer alcalde de la oposición en la era del PRI. Una disputada elección en Tijuana dio lugar a otra protesta y a la vigilancia de la ciudad por el ejército. La agitación estudiantil conmovió al mundo en 1968. Nació en las universidades de Estados Unidos, se propagó a Alemania y tuvo su punto más alto en mayo, en París».

Acciones del gobierno de Díaz Ordaz, 1964-1970

Durante su gobierno se modificó el Impuesto sobre la Renta, se impulsó al sector agropecuario y la industria eléctrica, se inició el levantamiento aéreo fotogramétrico del territorio nacional y terminaron las obras hidráulicas para almacenar 23 000 millones de metros cúbicos. Construyó la Presa de la Amistad en Coahuila y otras en diferentes lugares; fueron adquiridos dos ferrocarriles de corto tránsito, el Intercaliforniano y el de Nacozari; se intensificó en grande la ampliación de la red telefónica, en el país y hacia el extranjero; creció la red de carreteras en 14 200 kilómetros y se modernizaron y construyeron sesenta aeropuertos; fueron comprados cuatro buques mercantes para aumentar la flota nacional de altura y se estableció la línea de comunicación marítima con el Oriente. Se impulsó la minería y se dotó a los campesinos con más de cuatro millones de hectáreas; hubo buenas cosechas y se incrementó su precio. Fundó el Instituto Mexicano del Petróleo y, en general, la industria petrolera recibió un fuerte impulso. En el Distrito Federal construyó el Sistema de Transporte Colectivo (Metro), con dos grandes líneas que han sido ampliadas. El principal renglón del presupuesto federal de egresos fue el asignado a la educación: surgieron 50 000 aulas, talleres, laboratorios y escuelas rurales; se aumentó el subsidio a las universidades y se construyeron las instalaciones para la realización de la XIX Olimpiada, primera efectuada en un país iberoamericano.

¿Qué tal cuando Díaz Ordaz destituyó a Arnaldo Orfila del Fondo de Cultura Económica por haber publicado el libro *Los hijos de Sánchez* o cuando prohibió que se rodara *Zona sagrada*, un texto de Carlos Fuentes?

Cabe aclarar que las autoridades educativas e incluso alguna parte de la intelectualidad se han felicitado mutua y públicamente por el hecho —inédito según ellos— de que el problema del 68 se haya incorporado a los libros de texto, lo que simplemente revela que no han tenido la paciencia de revisar y comparar las distintas ediciones de los libros de texto, al menos antes de intercambiar elogios mutuos.

Volvamos al libro de texto de 1992:

La crisis del 68

En el verano de 1968 la agitación estudiantil apareció en México, ante el nerviosismo de un gobierno preocupado por la imagen de México en los Juegos Olímpicos. El gobierno del presidente Gustavo Díaz Ordaz (1964-1970) actuó con dureza, pero en lugar de resolver el movimiento estudiantil, lo hizo crecer [este afán autocrítico sí que es inédito. PRI vs. PRI, ¡bravo!]. Se sucedieron manifestaciones concurridas y acciones severas del gobierno en respuesta. En septiembre, el ejército ocupó la Ciudad Universitaria y las instalaciones del Politécnico Nacional, en la Ciudad de México. El 2 de octubre, días antes de la inauguración de los Juegos Olímpicos, un mitin estudiantil fue disuelto por el ejército en Tlatelolco. Corrió la sangre y la ciudad se estremeció. No se sabe cuántos murieron. El «milagro mexicano» parecía llegar a su fin.

A continuación, y como quien esconde la basura debajo de la alfombra, el libro de 1992 entra de lleno en otro tema, con un título ignominioso por demás, y da por concluido irresponsablemente el del 68: «La Apertura Democrática».

¿La qué…?

«La violencia de Tlatelolco se divulgó por el mundo a través de los muchos periodistas extranjeros que estaban en la capital para atender los Juegos Olímpicos. De repente, el país de la estabilidad había caído en la violencia. La respuesta del nuevo presidente, Luis Echeverría (1970-1976), fue la llamada Apertura Democrática. Abrió las puertas a la crítica y él mismo criticó los males de México. Se acercó a las universidades y a los intelectuales. Invitó a la nación al diálogo. No obstante, el 10 de junio de 1971, una manifestación estudiantil fue reprimida con un saldo de varios muertos y heridos.»

Es fascinante que hasta el famoso *Halconazo* esté incorporado en las lecciones de historia de los niños, lamentablemente, esto ocurría en 1992... Sobra decir que muy poco se dice al respecto en los libros de 2015, que adicionalmente ocultan el origen de la salvaje crisis económica de 1982, culpando de la misma al descenso en los precios del petróleo. ¿Te parece justo que un país que ha puesto su economía en los negros brazos del hidrocarburo de repente se sienta defraudado por la baja en su precio, responsabilizando a este fenómeno de la crisis que nuevamente arruinó a la economía nacional? ¿Por qué ocultar los desórdenes administrativos en los que siguió incurriendo el régimen emanado de la famosa Revolución mexicana? Según el libro de 2015, subieron los precios y se acabó el milagro.

En el libro de 2015 se aborda por primera vez el movimiento de 1968 como parte del tema «Las demandas de obreros, campesinos y clase media», en los siguientes términos: «En la década de 1960 aumentó la inconformidad ante la falta de libertades políticas y la desatención del gobierno a las demandas de la población trabajadora. Durante la presidencia de Adolfo López Mateos (1958-1964), por ejemplo, ocurrieron 2 358 huelgas. Entre 1964 y 1965 varios centros hospitalarios en el país se vieron afectados por el paro de médicos residentes del Hospital 20 de Noviembre. A mediados de la década de 1960 se inició un periodo de actividad de varios grupos armados que fueron orillados a buscar transformar al país por medio de la violencia. Algunos de ellos operaban en las ciudades y otros, como los grupos encabezados por los maestros normalistas Genaro Vázquez Rojas y Lucio Cabañas, lo hicieron en el estado de Guerrero.

»Durante el gobierno de Gustavo Díaz Ordaz (1964-1970), el 2 de octubre de 1968, se reprimió violentamente un enorme mitin estudiantil, reunido en la Plaza de las Tres Culturas de Tlatelolco, en la ciudad de México, en el que se protestaba por los abusos de autoridad cometidos en contra de los estudiantes. Este hecho fue importante para reflexionar acerca de la legitimidad del gobierno y de que eran necesarias otras formas para resolver las demandas sociales» (pp. 134-135).

A continuación presentan diversas imágenes bien logradas de «Mujeres con mantas y pancartas en apoyo a la marcha Caravana del hambre»; «Manifestantes por una calle de la ciudad de México»; «Manifestación de ferrocarrileros»; «Trabajadores en huelga frente al edificio de Luz y Fuerza».

Pero si nos enfocamos en el tema que nos ocupa, o sea el movimiento estudiantil de 1968, este vuelve a ser abordado, de manera increíble, hasta quince páginas después para mayor confusión y desubicación del pequeño estudiante. Antes de los terribles acontecimientos acaecidos en la plaza de las Tres Culturas en octubre de 1968 (imagínate nada más), los pequeñitos tendrán que aprender en una revoltura antipedagógica, aquí voy con el desorden cronológico, la existencia de otra violenta represión en 1971, esta vez a cargo de los llamados «Halcones», para dispersar «una marcha magisterial y estudiantil» que demandaba «la democratización de la enseñanza y la libertad de presos políticos de 1968»; se hará mención de la fundación de la Universidad Autónoma Metropolitana en 1974, de la creación del Instituto del Fondo Nacional de la Vivienda para los Trabajadores (Infonavit) en 1972, así como de «reformas electorales y discursos alusivos a la apertura democrática y el nacionalismo». Se harán menciones relativas a la seguridad social y al inicio de la explosión demográfica con cuadros alusivos, al aumento en la esperanza de vida, a la migración del campo a las ciudades y a Estados Unidos, a la «introducción de agua potable, alcantarillado, electricidad, caminos y servicios médicos». Se recordará «la creación del Instituto Nacional de Antropología e Historia en 1939 por mandato del presidente Lázaro Cárdenas», la del Instituto Mexicano del Seguro Social (IMSS), fundado en 1943, y el Instituto de Seguridad y Servicios Sociales para los Trabajadores del Estado (ISSSTE), creado en 1959. Se verán imágenes del «Monumento a la Madre en el IMSS», a «Médicos atendiendo a un paciente», a mujeres que ejercían por primera vez el derecho al voto, así como una fotografía de gente asistiendo «a salones de baile, carpas y teatros para entretenerse». A continuación, y por si todo lo anterior fuera insuficiente antes de volver al 68, todavía se tocarán cuestiones relativas a la cultura y los medios de comunicación: literatura, pintura, cine, radio, televisión y deporte, páginas en las que se encontrarán a ídolos populares como «Mario Moreno *Cantinflas*, Pedro Infante, María Félix, Pedro Armendáriz, Dolores del Río, Germán Valdés *Tin Tan*, Sara García, Joaquín Pardavé, *El Santo*, y otros más». (Ya hubiéramos querido una fotografía de Melchor Ocampo o de Juárez como las que aparecen de *Tin Tan* y de Pedro Armendáriz).

No podían faltar «temas de la historia nacional y de la vida cotidiana de campesinos, obreros, revolucionarios, vagos, carpinteros, secretarias, vendedores, policías y ladrones, políticos, luchadores, futbolistas, boxeadores, camioneros, voceadores, empleados públicos, bailarinas, charros, revolucionarios, pobres y ricos, además de otros tantos personajes que fueron escenificados en las pantallas y difundieron en todo el país y en el mundo la idea de que la manera de ser de los mexicanos era generosa, rebelde, solidaria, divertida, resignada y patriota, entre tantas otras cualidades que se resumían en la creencia de que "como México, no hay dos"». Se hará constar el primer programa de radio en 1921 y la aparición de «la televisión, que inició sus transmisiones en la década de 1950», que «las familias comenzaron a introducir nuevas costumbres en su convivencia diaria». Se dejará constancia de la presencia de escritores como «Luis G. Basurto y Xavier Villaurrutia durante un programa de radio» y de grandes tecnólogos como «el mexicano Guillermo González Camarena [...] el inventor de la televisión a color». Se recordarán los esfuerzos para contar con una educación de calidad, objetivo que jamás se logró, así como la histórica actitud del presidente Lázaro Cárdenas cuando respaldó la causa republicana y ofreció ayuda y protección a los defensores de la República española, una gesta inolvidable y maravillosa.

Tlatelolco 1968

Sin embargo, como ya se ha dicho, no será sino hasta que el alumno pase quince páginas de datos importantes, pero desvinculados del movimiento estudiantil de 1968, cuando se vuelva a abordar un tema tan delicado en la segunda mitad del siglo XIX. ¿Por qué someter a un chiquillo de apenas diez años de edad a esta espantosa ensalada de conceptos, para luego preguntarle: ¿Qué aprendiste, hijo mío? Sólo que este es únicamente un ejemplo de la estructura equivocada y antipedagógica del libro de texto y sus panoramas del periodo, una salvajada educativa.

El libro de 2015, a diferencia del de 1992, establece lo siguiente: «En el verano de 1968, en ejercicio del derecho constitucional de expresar libremente las ideas, se inició una serie de protestas estudiantiles contra las autoridades de la ciudad de México, que fueron reprimidas por la fuerza y encarcelados algunos de sus participantes, entre ellos empleados y amas de casa.

»En ese tiempo, los ojos del mundo estaban atentos a lo que ocurría en México porque por primera vez se realizarían los Juegos Olímpicos en un país latinoamericano. Al mismo tiempo, el mundo vivía los conflictos provocados por la competencia entre la Unión Soviética y Estados Unidos por imponer su dominio político y económico, lo que se conoció como Guerra Fría; a causa de ello la libertad de expresión había sido limitada. No obstante, en la década de 1960 surgieron protestas de amplios sectores de la juventud que estaban inconformes con las desigualdades económicas, políticas y sociales que había en sus sociedades, en países como Francia, España, Alemania, Brasil, Italia y Japón.

»Los jóvenes demandaban un nuevo orden social que eliminara los privilegios y beneficiara a las mayorías. Sus ideales de cambio social fueron calificados como de izquierda y desdeñados por quienes consideraban que no había nada que cambiar. Por ello, fueron reprimidos por las autoridades de sus países al no reconocer el valor de sus demandas» (p. 150).

La explicación continúa en los siguientes términos: «En México, un sector de la juventud compartía esos ideales, y la represión de que habían sido objeto una vez más les dio la oportunidad de protestar y exigir cambios. A su protesta se unieron trabajadores, profesores, amas de casa y ciudadanos inconformes con el autoritarismo del gobierno, el cual acusó a los estudiantes de ser una amenaza para la paz social. Esta acusación fue repetida y difundida en los periódicos, la radio y la televisión, y contribuyó a que la población tuviera una visión negativa de los estudiantes.

»El 2 de octubre de 1968 se organizó un mitin en la Plaza de las Tres Culturas de Tlatelolco, en la ciudad de México. Ahí demandaron a las autoridades la desaparición del cuerpo de granaderos; la destitución del jefe y el subjefe de la policía metropolitana y del jefe del batallón de granaderos; la eliminación del delito de disolución social del Código Penal; la indemnización a los familiares de los estudiantes muertos y heridos en las protestas llevadas a cabo el mes de julio, y garantías para los estudiantes.

»En respuesta, los manifestantes fueron agredidos. Muchos murieron, otros resultaron heridos y encarcelados. La hostilidad del gobierno y de los medios de comunicación hacia el movimiento estudiantil fue tal que su magnitud fue silenciada» (p. 151). El texto concluye con una imagen de una «Manifestación estudiantil en el Zócalo de la Ciudad de México». La siguiente página empieza con una pregunta: «Pero ¿qué consecuencias tuvo el movimiento estudiantil de 1968? Después de los acontecimientos de Tlatelolco diversos sectores de la población se unieron para protestar en contra de la represión policiaca y del ejército. Además, los cuestionamientos y críticas hacia el partido oficial (PRI) fueron más constantes y se hicieron desde diferentes expresiones culturales. Entre otros, en la música, Álex Lora y Óscar Chávez; en la literatura, Carlos Monsiváis y Elena Poniatowska; en la poesía, Octavio Paz. Asimismo, se considera que después del 2 de octubre se inició un proceso de desgaste de la legitimidad del gobierno del PRI. Otros movimientos posteriores (guerrillas, sindicatos, partidos de oposición, etcétera) contribuyeron con sus luchas a la democratización del país y a la alternancia en el gobierno, como veremos en el siguiente bloque» (p. 152).

Son inolvidables las escenas contenidas en las imágenes: «Marcha del silencio en 1968», «Manifestación estudiantil frente al edificio de la rectoría de la UNAM, en 1968» y «2 de octubre de 1968, Tlatelolco, ciudad de México».

Las páginas dedicadas al 68, aunque hayan sido manejadas en un incomprensible desorden, dejan constancia de esos hechos que volvieron a enlutar a México en realidad no por cuestiones domésticas, sino por la participación encubierta del presidente Lyndon Johnson, uno de los criminales en la guerra de Vietnam, como se verá a continuación.

¿Qué les parece la siguiente versión de los hechos, apartada de todos los libros de texto en torno al movimiento estudiantil de 1968? La CIA (*Central Intelligence Agency*, por sus siglas en inglés) había transformado en ese año a la Ciudad de México en la Berlín americana: un enorme centro de espionaje. ¿Qué tal?

Ciertamente un personaje singular, nacido en Alabama, Estados Unidos, logró desde 1956 colarse en las altas esferas de la vida social y política mexicana: Winston Scott era el jefe de la estación de la CIA en nuestro país, y sin su presencia tanto el movimiento estudiantil como la represión gubernamental son inexplicables, lo que significa que su actuación fue determinante en los sexenios de Adolfo López Mateos y Gustavo Díaz Ordaz.

Estados Unidos veía con preocupación la simpatía que había despertado la Revolución cubana en México, así como la presencia de agentes de la siniestra KGB soviética, que aprovechando la traumática relación que nuestro país ha tenido históricamente con Estados Unidos podrían impulsar un gobierno comunista, razón por la que Scott desarrolló la «Operación Litempo» para ganarse a los políticos y fortalecer las relaciones entre ambos países; a cambio de favores e incluso de dinero, la CIA se movía en México como por su patio trasero. Para darnos una idea de lo seductor y manipulador que podía ser Scott, como todo agente que se respete, desayunaba los domingos con el presidente López Mateos, quien junto con Díaz Ordaz fue testigo de su boda en 1962 en una residencia de las Lomas de Chapultepec.

Cuando comenzaron las protestas estudiantiles de 1968, deliberadamente provocadas por sus incondicionales mexicanos, señaladamente los generales Luis Gutiérrez Oropeza, jefe del Estado Mayor Presidencial, Alfonso Corona del Rosal, regente de la Ciudad de México, el entonces teniente coronel Manuel Díaz Escobar Figueroa, conocido como *El Zorro Plateado*, a la sazón subdirector de Servicios Generales del antiguo Departamento del Distrito Federal (DDF), Scott dio quince diferentes versiones de los hechos para de esta forma evitar que se conociera la injerencia de la CIA en el conflicto, que tenía la finalidad de organizar un golpe de Estado contra Díaz Ordaz para que el ejército asumiera el control del país. Para organizarlo la CIA envió a México a sus especialistas en golpes militares en América Latina, los agentes David Sánchez Hernández, Porter Goss, Barry Seal, los hermanos Guillermo e Ignacio Novo Sampol y David Phillips, que comenzaron por desarrollar algunas acciones para desestabilizar a México. Desde luego Scott y su gobierno infiltraron el movimiento estudiantil por medio de provocadores que fueron los responsables de los atentados con dinamita en CFE, *Excélsior*, el PRI, las balaceras nocturnas contra El Colegio de México y las Vocacionales 4 y 7 del Instituto Politécnico Nacional, entre otros. Incluso, cuatro días antes de la masacre de Tlatelolco, Richard Helms, director de la CIA, estuvo en México y el embajador Fulton Freeman le dijo al general Marcelino García Barragán, secretario de la Defensa Nacional, que contaba con el apoyo del Departamento de Estado de su país para que declarara un estado de sitio, pero la propuesta del diplomático fue rechazada con la debida severidad e incluso se le obligó a abandonar la oficina del militar mexicano. ¿Qué cara pondría Johnson, la misma que Napoleón III cuando le informaron que su ejército había sido vencido en Puebla? ¿Dónde...?

Los funcionarios y militares mexicanos incondicionales de la CIA incrustados en la administración pública organizaron, desde el Departamento del Distrito Federal, al grupo de francotiradores que el 2 de octubre de 1968 dispararon contra el propio ejército y los asistentes al mitin que se celebró en la plaza de las Tres Culturas, con un saldo de 43 mexicanos muertos, 39 civiles y cuatro soldados, todos con nombre y apellido.

Desde 1960 el general Alfonso Corona del Rosal, presidente del PRI entre 1958 y 1964, organizó con dinero público y desde la CNC a un grupo de choque conocido como De la Lux, que tenía cerca de 20 000 miembros, a los que se les pagaban setenta pesos diarios para trabajar en la campaña política hacia la presidencia de Corona del Rosal, y en general para frenar protestas sociales e iniciar conflictos artificiales. Dichos sujetos fueron reclutados entre locatarios del mercado de la Merced principalmente, así como también en la Unión Libre de Boxeadores, Luchadores y Gimnastas, tranviarios y empleados del DDF; para identificarse entre ellos usaban un guante blanco en la mano derecha.

El jefe operativo del grupo De la Lux fue el teniente coronel Manuel Díaz Escobar, que gozaba de alta estima en Washington. El 10 de junio de 1971 volvería a atacar a los estudiantes en la manifestación del Jueves de Corpus con los «Halcones» en lo que se conoció como *Halconazo*, como veremos más adelante.

Según las evidencias históricas, Díaz Escobar pudo disimular desde 1966 a los integrantes de los «Halcones» entre los miles de empleados del DDF, y con ello también tuvo la posibilidad de entrenarlos en campos de San Juan de Aragón y Balbuena. El antiguo Caballero de Colón Sergio Mario Romero, alias *El Fish*, declaró que: «En 1966, ingresó al DDF como empleado del licenciado Martín Díaz Montero, secretario particular de Alfonso Corona del Rosal [...] aunque en realidad dependía del teniente coronel Manuel Díaz Escobar, subdirector de Servicios Generales [...] desde principios de 1967, mediante paga, organizó grupos de choque en la UNAM».[471]

Años después, en mayo de 1973, Alfonso de la Serna y Salazar[472] informó a la Dirección Federal de Seguridad (DFS), una policía política creada a imagen y semejanza de la CIA, que deseaba entrevistarse con el presidente Echeverría para informarle que sabía que los «Halcones» habrían disparado desde los edificios de Tlatelolco contra los estudiantes y también contra el ejército, que sólo repelió la agresión pero de ninguna manera disparó contra la multitud reunida ese día; el ejército mexicano ha cargado injustamente con la responsabilidad criminal de la CIA. El agente De la Serna también explicó que los comandos oficiales de Díaz Escobar y su patrón, el regente Corona del Rosal, estaban «encuadrados en las nóminas del Departamento del Distrito Federal en las secciones de Limpia, Parques y Jardines y otras actividades. Que oficialmente eran trabajadores de esa dependencia, pero cuyas funciones bajo el nombramiento de agentes de seguridad del país, operaban como cuerpo represivo en contra del pueblo y estudiantado»[473] y el ejército mexicano.

Santiago Delfino Ortega López, soldado raso del 44º Batallón de Infantería, expresó: «Cuando la tropa bajaba de los transportes que le llevaban a la unidad Tlatelolco, fue recibido a balazos, y trataban de poner a la gente a cubierto en el edificio Chihuahua donde debería quedar detenida para su declaración, pero cada vez que lo intentaban se les disparaba desde el inmueble; que como a las 24:00 horas fue lesionado, sin saber quién haya sido el culpable porque había varios franco-tiradores en el edificio».[474]

---

[471] «Antecedentes políticos de Sergio Mario Romero Ramírez alias El Fish.», Archivo General de la Nación, Fondo Gobernación, sección IPS, caja 1439.

[472] «Alfonso de la Serna fue empleado de una aerolínea y luego agente de la Dirección Federal de Seguridad», Archivo General de la Nación, Fondo Gobernación, sección IPS, caja 2607.

[473] Archivo General de la Nación, Fondo Gobernación, sección IPS, vol. 2697.

[474] *Idem.*

Si no fuera así, ¿por qué razón hubo soldados lesionados? Entre ellos, Manuel Telésforo López C. recibió una herida en el hueso frontal y la pirámide nasal, con trayectoria de arriba hacia abajo. Jaime Montero Hernández fue herido en la rótula de la pierna izquierda, lo mismo que Antonio Vargas Villa, herido en la rodilla derecha. También hubo civiles con lesiones en los pies y otros heridos por proyectiles de armas de fuego con trayectoria descendente.[475]

O bien, ¿cómo se explican las fotografías de soldados disparando sus armas hacia arriba,[476] o el hecho de que el cabo Constantino Corrales Rojas, miembro del 2° Batallón de Infantería, encuadrado en el Batallón Olimpia, haya fallecido a consecuencia de «herida por proyectil por arma de fuego de arriba hacia abajo»?

¿Cómo se dio la balacera? Aquí voy: en la parte alta del templo de Santiago aparecieron siete individuos armados con rifles de mira telescópica, supuestamente del Batallón Olimpia. Marcelino García Barragán ignoraba que se habían apostado francotiradores en diversos edificios para inducir una respuesta armada por parte del ejército y que esta se generalizara provocando una masacre provocando muertes entre el público, los estudiantes y terceros involucrados, incluidos los infiltrados. Cuando se lanzaron unas luces de bengala desde el edificio de Relaciones Exteriores y cayeron al piso, se entendió como la señal esperada para empezar a disparar, en la inteligencia de que se encontraba ya reunido todo el Consejo Nacional de Huelga. El tiroteo inició a las 18:10 con una ráfaga disparada por armas de fuego automáticas, fundamentalmente desde los edificios Chihuahua, 2 de Abril, ISSSTE, Molino del Rey y Revolución de 1910. Se habían preparado debidamente cárceles, morgues y hospitales para encerrar a los presos, supuestamente comunistas, depositar los cadáveres y camas para atender a los heridos; todo estaba listo. Setenta segundos después de que hubieran caído las luces de bengala verdes y rojas que iluminaron el cielo sobre la iglesia de Tlatelolco, ya no había absolutamente nadie en la plaza de las Tres Culturas salvo los soldados del ejército, quienes sorprendidos empezaron a devolver el fuego disparando en dirección a los edificios. Evidentemente los asistentes no iban a esperar de pie a ver qué sucedía, sino que la muchedumbre se puso a resguardo de las balas, por lo que el número de muertos disminuyó sensiblemente; los francotiradores no tenían cómo hacer blanco porque los manifestantes ya habían desaparecido de la plaza. A pesar de que esta se encontraba vacía, la balacera continuó hasta entradas las once de la noche con el ánimo fundado

---

[475] Archivo General de la Nación, Fondo Gobernación, sección IPS, vol. 2866.
[476] Redacción, *Proceso*, México, núm. 622, 3 de octubre de 1988.

de crear única y exclusivamente pánico, de tal manera que la prensa y los corresponsales nacionales y extranjeros hablaran de un conflicto armado de proporciones gigantescas. ¿Qué se tramaba? Obviamente nadie lo entendía. Debo decir que el ejército mexicano en todo momento vio por la vida de los manifestantes: tan es cierto lo anterior, que si las fuerzas armadas hubieran disparado en contra de las masas no hubiera sobrevivido uno solo de los estudiantes o de las personas que habían asistido a la plaza de las Tres Culturas; con una sola bala se hubiera podido traspasar hasta a tres o cuatro personas por el alto poder de los rifles. Basta con ver las películas que los aficionados y la prensa internacional tomaron el 2 de octubre para constatar lo que ahí sucedió: los soldados ordenaban a gritos a la gente que se tirara al piso, o bien se les puede ver arrastrando los cuerpos de los heridos para llevarlos a buen resguardo. El ejército no disparó, el ejército fue a arrestar a los dirigentes del Consejo y otros tantos estudiantes incontrolables, pero no, no disparó en contra de la gente.

Quienes disparaban, esto era bien claro, eran soldados disfrazados de paramilitares del Estado Mayor Presidencial, a cargo de Luis Gutiérrez Oropeza, además de integrantes de los Guardias Presidenciales, sin olvidar a agentes de la Dirección Federal de Seguridad, a cargo del capitán Fernando Gutiérrez Barrios. Culpar a los estudiantes carecería de toda sustentación porque el manejo de los rifles de los francotiradores, con mira telescópica, requería de una experiencia militar de la que en todo caso carecían los alumnos de cualquier escuela, ya fuera Filosofía y Letras, Ciencias Políticas, Derecho, Ingeniería o la que se desee.

Claro que la embajada de Estados Unidos dijo que los muertos se elevaban a más de 250, pero la realidad es que el recuento que se hizo quedó reducido a 43, una barbaridad. Debo subrayar que Echeverría, en su carácter de secretario de Gobernación, a partir de las ocho de la noche mandó a diferentes grupos de agentes para que ingresaran, sin orden previa de un juez, a las redacciones de los diarios de la capital de la República para decomisar, destruir y secuestrar los negativos y las fotografías ya impresas sobre los hechos ocurridos ese día.

¡Fue entonces cuando, al día siguiente, el embajador estadounidense Freeman tuvo la audacia de ofrecerle a García Barragán la Presidencia de la República, respaldándolo para que asestara el golpe de Estado y acabar así con cualquier amenaza comunista al sur de su frontera! ¿Otro Henry Lane Wilson…? ¿Otro Sheffield…? ¡Claro que García Barragán se negó! ¡Claro que se supo que Corona del Rosal era el candidato de Lyndon Johnson para convertirse por la vía de las armas en el nuevo jefe del Estado mexicano, y claro que al descubrirse sus traiciones en el ejército quedó absolutamente descalificado! ¡Y claro, clarísimo también que el sábado 12 de octubre de 1968 el presidente mexicano, Díaz Ordaz, inauguró los XIX Juegos Olímpicos, bautizados como «La Olimpiada de la Paz»!

¡Qué cerca estuvo México de un descarrilamiento fatal del que escasamente habríamos podido recuperarnos hasta nuestros días! Imposible olvidar que a mediados del siglo XX la inmensa mayoría de los países latinoamericanos estaban presididos por dictadores impuestos o apoyados o consentidos por la Casa Blanca, y México estuvo a punto de ser adherido a la lista en razón de la paranoia de un presidente como Johnson, convencido de que rusos y cubanos deseaban instalar en México una dictadura comunista que él destruiría o impediría con actividades encubiertas para salvar su propia cara frente al mundo libre.

Los detalles de este crimen de la CIA pueden verse en el estupendo documental de Carlos Mendoza *La conexión americana* (en YouTube).

Años más tarde, junto con otro expresidente del PRI, Alfonso Corona del Rosal sería denunciado penalmente por su presunta participación en un intento de golpe de Estado contra Luis Echeverría.[477]

Está claro entonces que la CIA actuó de forma encubierta para desestabilizar al gobierno mexicano por la paranoia política de Lyndon Johnson, quien si ya bombardeaba despiadadamente Vietnam, ¿por qué no iba a desear colocar en la presidencia de nuestro país a un militar adicto a Estados Unidos para evitar que el comunismo cubano se instalara al sur de su frontera? ¿Creía que Fidel Castro se impondría finalmente en México durante su gestión en la Casa Blanca?

Carlos Madrazo, quien intentó modernizar (democratizar) al PRI en los años sesenta, presidiéndolo bajo el gobierno de Díaz Ordaz, al ser forzado a renunciar a dicho cargo dijo: «El partido yace sepultado bajo el peso de enormes derrumbes morales, bajo toneladas increíbles de mentiras y prevaricación».

No sólo no ha cambiado, sino que ha empeorado sustancialmente. Hoy en día continúa sepultado bajo el peso de gigantescos derrumbes morales, bajo millones de toneladas de increíbles mentiras, estafas, sobornos y transgresiones, una muestra más de su putrefacción política siendo el organismo que dirige el destino de México y en el cual jamás desde su fundación ha existido la democracia. Calles sigue vivo… Madrazo quiso cambiar las cosas y murió sospechosamente en un accidente aéreo en Monterrey junto con decenas de personas, un crimen que estremeció a la nación por su salvajismo, y Colosio vio un país pobre

---

[477] «Informe de la delegación Venustiano Carranza», Archivo General de la Nación, DFS-Argena, exp. 10-130-74, leg. 2, foja 191, 11 de febrero de 1974.

y corrupto y quiso cambiarlo y también lo mataron, esta vez a balazos ante los ojos aterrorizados del mundo en Lomas Taurinas, Tijuana… El famoso tricolor a todo color… ¿Y en el caso de Colosio? ¿El verdadero criminal que lo privó de la vida es quien está en la cárcel…? ¿A qué se deberá el escepticismo nacional desde el momento en que nadie cree en el gobierno y el gobierno no cree en los gobernados? ¿Cómo construir un país en semejantes condiciones?

Y pensar que los mexicanos no lo podíamos creer cuando asesinaron a Madero, a Pino Suárez, a Carranza, a Villa, a Francisco Serrano y a Obregón… ¿Ya cambiamos, ahora sí ya somos un país de instituciones y ya no arreglamos nuestras diferencias con las manos como en el Paleolítico…?

Echeverría y el populismo

Con la llegada de Echeverría al poder comenzó un largo proceso de destrucción de la economía acompañado de una temeraria parálisis política. Si de algo se arrepintió Díaz Ordaz en su existencia fue de haber promovido y garantizado el acceso de quien fuera su secretario de Gobernación a la Presidencia de la República; se trataba de otro gran elector que *interpretaba la voluntad de la nación* y por lo mismo ignoraba los más elementales principios democráticos. ¿Se acuerdan cuando Porfirio Díaz le declaró a Creelman allá en 1908 que según él México estaba listo para la democracia…? Habría que haberle preguntado lo mismo a Obregón, a Calles, a Cárdenas, a Ávila Camacho, a Alemán, a Ruiz Cortines, a López Mateos, a Díaz Ordaz, a Echeverría, a De la Madrid, a Salinas, y por supuesto que a Zedillo no, no hay que preguntarle nada, porque él sí abrió el sistema y procuró el arribo de la democracia, oportunidad dorada que desperdició torpemente el panismo que, como dijimos, confundió la alternancia con el continuismo. ¿Te acuerdas cuando declaró aquello de la sana distancia con el PRI? Ya se veía venir…

En un país donde sólo una persona decide por los demás, en lugar de que participe la ciudadanía a través de una auténtica representación nacional, se corren muchos peligros, como los que enfrentó México cuando Díaz Ordaz eligió a Echeverría y Echeverría a López Portillo, entre otros tantos más que fueron adicionando el número de muertos de hambre. ¿Basta con este resumen para señalar el daño que le ocasionó

EL CRECIMIENTO DE LA POBLACIÓN EN MÉXICO (1950-2020)*

1950	25.7 millones
1960	34.5 millones
1970	48.2 millones
1980	66.8 millones
1990	81.2 millones
2000	97.5 millones
2010	112 millones
2015	121 millones
2020	131 millones

* Información relativa a los Censos Generales de Población y Vivienda de la Dirección General de Estadística, hoy Inegi.

a México la presencia del «tapado», un juego político en el que participó la sociedad para hundirnos en el atraso? ¿La sociedad es inocente?

Cuando la tasa de crecimiento demográfico llegaba a sus peores niveles en la historia, Echeverría salió con la siguiente declaración: «Gobernar es poblar…». Justo es reconocer que después corrigió y fundó el Consejo Nacional de Población, otro organismo burocrático, claro está, pero lo que llama la atención es que un individuo como jefe de Estado desconozca la realidad y las amenazas existentes en su país y que ahonde en ellas con tal de sostenerse o acrecentar su poder. Véase arriba una tabla del crecimiento demográfico en México que debería aparecer en los libros de texto de modo que los pequeños puedan advertir las consecuencias de una marea humana como la que padecimos en el siglo pasado y que, entre otras razones, arrojó a millones de compatriotas a la miseria porque no hubo posibilidad de darles a todos empleo, camas de hospitales, pupitres, agua y bienestar, mientras el clero advertía que «todos los niños vienen con una torta debajo del brazo» cuando la pavorosa realidad consignaba que llegaba el niño pero sin torta ni libro ni ahorro ni protección ni derechos como los que se violan a los menores con estos libros antipatrióticos.

Mientras nos ahogábamos con millones de nacimientos y sepultábamos nuestras esperanzas de bienestar, la Iglesia sostenía aquello de «Creced y multiplicaos» porque así se garantiza la presencia de los pobres en los templos, ya que son quienes lamentablemente tienen más necesidad de rezar.

¡Claro está que la mayoría de dicha marea humana enloquecía de alegría al ver en la televisión los programas de *El chavo del 8* haciendo papel de un retrasado mental que al acaparar la audiencia, era especialmente útil para medir el coeficiente intelectual de la nación y descubrir cómo se divierten los millones de analfabetos, masas ignorantes, frívolas y apáticas que en nada suman a la construcción de un México mejor, con más cultura, más tecnologías y más avances científicos...! ¿Se explica el atraso mexicano?

Otras acciones de su gobierno: expidió la Ley Federal de Educación en 1973. Esto fue acompañado de un aumento, en catorce veces, al presupuesto educativo, que permitió abrir nuevas escuelas como la Universidad Autónoma Metropolitana. También enfatizó la educación técnica al establecer 857 escuelas técnicas secundarias e institutos tecnológicos en todo el país. (Un gran bravo). Envió al Congreso iniciativas para la creación del Instituto Nacional para el Desarrollo de la Comunidad Rural, el Instituto Mexicano de Comercio Exterior y el Consejo Nacional de Ciencia y Tecnología (otro gran bravo) y reformó legislaciones como la Ley Federal de Reforma Agraria y la Orgánica de Petróleos Mexicanos.

Cabe aclarar que era excelente el mapa incluido en el libro de 1992 a propósito de nuestros recursos petroleros, distinguiendo zonas productoras, pozos, refinerías, plantas petroquímicas y plantas de distribución.

Halconazo

El 9 de junio de 1971, en la Facultad de Economía de la UNAM, los activistas radicales se dedicaron a pintar camiones de transporte urbano con las siguientes consignas: «Asiste a la manifestación el día 10. Salida Casco de Santo Tomás», «Reforma educativa de Luis Echeverría Álvarez = polizontes en las escuelas», «Abajo la reforma educativa de LEA».[478] Las frases nos dicen lo poco que han cambiado las izquierdas.

A las 17:35 del día 10 se inició un tiroteo, provocado por el grupo paramilitar «Halcones», hechura del entonces teniente coronel Manuel Díaz Escobar Figueroa, la misma figura siniestra del 68. Hubo también francotiradores que dispararon a la multitud y también a la policía del Distrito Federal: lo hicieron desde varios puntos, en su mayoría domicilios particulares. Otro de sus objetivos fue una brigada de choque allí presente.[479] Además de los «Halcones», intervino en la represión el gru-

---

[478] Archivo General de la Nación, Fondo Gobernación, sección IPS, vol. 1976.
[479] Archivo General de la Nación, Fondo Gobernación, sección IPS, vol. 1975.

po «Las Avispas», agrupación de choque de la Confederación de Trabajadores de México.[480]

A las 22:30 Alfonso Martínez Domínguez, jefe del Departamento del Distrito Federal, declaró en conferencia de prensa que se conservaría el orden en la Ciudad de México y no se permitirían actos que vulneraran la seguridad de la población. Esto es, no dijo nada, pero había que cubrir los espacios noticiosos.

El operativo arrojó un saldo aproximado de 32 personas muertas, entre las que no figuraba ninguno de los líderes; los muertos eran alumnos de la Preparatoria Popular y del IPN. Luego de los hechos, el regente Martínez Domínguez renunció, Díaz Escobar fue enviado a la agregaduría militar en Chile y los líderes organizaron un festival en memoria de sus muertos. Y Echeverría quedó amo de la situación.

En su renuncia el entonces llamado regente, Martínez Domínguez, agradeció: «Al Señor presidente Luis Echeverría Álvarez, mi amigo personal, por la confianza depositada hacia mi persona, ya que siempre trabajamos de común acuerdo y llevando siempre el mismo plan de trabajo».[481] En la mañana del 15 de junio de 1971 se organizó en el Zócalo un evento de apoyo oficial al presidente Echeverría, quien condenó la política clandestina: «Pero también la provocación y los métodos represivos [que] conspiran contra el pueblo y la Revolución. Cerremos el camino a los emisarios del pasado».

¿Qué tal la histórica declaración de Martínez Domínguez: «Los buenos políticos no son los que saben resolver los problemas, sino los que saben crearlos...»? Un gobernador explicaba elocuentemente a sus cuerpos policiacos: «Y si no hubiera comunistas en el Estado, entonces habría que crearlos».

México se había vuelto a cubrir de sangre. Justicia no hubo, para variar, sólo más dudas, más oscuridad, más violencia, más impunidad: todo a la par de la *evolución* de un gobierno irresponsable, demagogo, que preparaba la crisis que se avecinaba para el México encabezado por Luis Echeverría Álvarez.

¿A eso se reduce el daño que Echeverría le ocasionó al país? No, claro que no: era evidente que la gesta pseudosocialista apenas comenzaba. Las políticas suicidas de Echeverría que estaban por instrumentarse no podían sino conducir a un auténtico desastre nacional y a retrasar una vez más las manecillas del reloj de la historia patria. Eche-

---

[480] Gustavo Castillo García, «Echeverría fue informado minuto a minuto de la matanza del 10 de junio», *La Jornada*, México, 22 de abril de 2003, consultado en septiembre de 2015, www.jornada.unam.mx/2003/04/22/008n1pol.php?origen=politica.html

[481] Archivo General de la Nación, Fondo de Gobernación, sección IPS, caja 2438, foja 96.

verría decidió que su gobierno pasaría de ser un Estado promotor del desarrollo a un Estado rector de la economía, haciéndolo intervenir en la producción, distribución, circulación y consumo, buscando [teóricamente, pero sólo teóricamente, claro está] la distribución equitativa del ingreso.

El libro de texto afirma sobre nuestra situación económica, que «nuestro país entró en una crisis económica muy fuerte después de la caída de los precios del petróleo a nivel mundial y el endeudamiento que se produjo por los préstamos invertidos en la industria petrolera» (p. 166). Además de que no tiene un solo signo de puntuación, el párrafo es impreciso porque la crisis petrolera fue manifestación de la crisis energética mundial de los años setenta, así como de las deficiencias estructurales del modelo económico de Echeverría y después de López Portillo, un improvisado de supuesta buena fe que llegó a Los Pinos para sumarse con su temperamento populista, su ignorancia política y económica y su frivolidad, a un nuevo proceso de destrucción de México.

Al respecto llama la atención que su definición de «crisis económica» en la misma página sea tan informal: no tiene ningún cariz técnico y habla de lo que caracteriza a las crisis, según ellos: «el desempleo, el cierre de empresas y el aumento en los precios de los productos que consumes», pero no explica cómo se abona a la aparición de una crisis. No se puede echar siempre la culpa de una crisis a la caída de los precios de petróleo, esa es sólo una parte de la historia. La otra es el desastre del campo mexicano, y la mediocridad de la industria y de los empresarios mexicanos más exitosos; eso sí, al administrar un monopolio, aparece invariablemente la corrupción de los políticos y el autoritarismo del Estado. ¿O consideras que el autoritarismo de un gobierno no proyecta su oscura sombra sobre la situación económica?

Al comenzar el cuarto párrafo vuelven a insistir con que «se experimentó una crisis económica debido a que disminuyó el precio internacional del petróleo» (p. 166), sin aludir a la irresponsabilidad extrema de los gobiernos de Echeverría y José López Portillo, que dilapidaron el patrimonio público y abrieron las puertas a otra fétida y decadente era de corrupción de la que existen numerosos y espeluznantes testimonios.

La proliferación de fideicomisos «y sus malos manejos, así como su exclusión en el rendimiento de cuentas y de sujeción a los auditores públicos, porque habían nacido de un simple decreto del Ejecutivo o de una simple decisión de este para comprometer fondos a través de una fiduciaria, acabaron por ser un lastre [...] los famosos fideicomisos echeverristas [...] al fin y al cabo, costaron más al erario y dejaron menos utilidad social, que cualquiera de las fórmulas probadas del sector paraestatal».[482] Lo cual ya es decir.

Echeverría recibió en México y elogió profusamente al presidente socialista chileno Salvador Allende; afirmaba que «no se puede ser pro yanqui y mexicano al mismo tiempo». ¿Qué tal? A la voracidad yanqui ya me he referido anteriormente en varias cuartillas. ¿Otro Poinsett o un Henry Lane del siglo XX?

Se dijo en torno a noviembre de 1976 que el presidente Echeverría daría un golpe de Estado para mantenerse en el poder. La misma tentación caudillesca de Carranza, Obregón, Calles, y Alemán...

Pese a sus esfuerzos por aparecer como libertador, fue apedreado en Ciudad Universitaria, resultando herido.

Octaviano Márquez y Toriz, arzobispo poblano, hizo un llamamiento en 1972 «contra el satanismo y el erotismo propiciados por el progresismo».

Echeverría creó 504 empresas paraestatales, fideicomisos y organismos públicos, auténticas fuentes de corrupción y ejemplos inocultables de ineficiencia. Desquició el gasto público: aumentó irresponsablemente el número de burócratas al pasar de 826 000 trabajadores a 1 315 000.[483] Intentó infructuosamente llevar a cabo «la segunda etapa de la reforma agraria», insistiendo (con la buena fe que conduce a la tragedia) en los errores cardenistas al creer todavía en el capitalismo de Estado. Echeverría incrementó la deuda pública en más de 200% en relación a la heredada por Gustavo Díaz Ordaz. La demagogia financiera fue caótica. Echeverría se comprometió cínicamente a que el gobierno de su sucesor, López Portillo, ajustaría la economía nacional, y resultó una administración igualmente desaseada que también conduciría a la catástrofe. Echeverría estimuló las confrontaciones con los empresarios, un atentado en contra del sector productivo de México con arreglo a un discurso populista anacrónico que a la larga sólo creó desconfianza y parálisis en materia de inversiones... Detonó un notable y alarmante deterioro de la situación financiera de México. Disparó la inflación en 1973 como consecuencia del aumento del circulante, es decir, de la emisión insensata de dinero fresco sin los debidos respaldos en materia de producción. Hugo Margain, genio financiero y secretario de Hacienda, se lo había

[482] Jesús González Schmal, «Nuevo fideicomiso Pemex y CFE», *MD Saltillo*, México, s.f., consultado en septiembre 2015, www.mdsaltillo.tv/206/1/51/126.cfm?ii=175&bid=4&tid=176&id=4170

[483] «La mayoría de los cuales no tenían función alguna e incrementaron la corrupción». Enrique Guarner, «Presidentes y psicoanálisis. Segunda parte», *Dr. Enrique Guarner*, México, 6 de mayo de 1996, consultado en septiembre 2015, www.drenriqueguarner.com/archives/artisico/285.pdf

advertido pero Echeverría, demagogo y populista, ignoró la voz de la razón y largó a Margain del gobierno para sepultar al país en la ruina.

¿Sabías que la inflación en Chile alcanzó tres dígitos en el mismo año de 1973, siendo según unos de 508% y según otros de hasta 606%? El golpe de Estado en contra de Salvador Allende estaba a la vuelta de la esquina...

«La balanza de pagos, la disminución aguda de la producción agrícola e industrial, el endeudamiento, la fuga de capitales y, en general, el estancamiento en el crecimiento del país eran los signos más visibles. Echeverría disparó el déficit público al crecer de 2.5% en 1971 a 9.9% en 1976. Echeverría deprimió el salario mínimo de 1975 de tal manera que sólo alcanzaba para cubrir 36.2% de las necesidades de un obrero y de su familia»[484]. Propició una escandalosa fuga de capitales. Provocó un temerario déficit en nuestra balanza comercial. Despedazó veintidós años de una estabilidad en la paridad peso-dólar de 12.50 por uno, devaluación que depreció nuestra moneda a casi veinte pesos por cada unidad estadounidense, es decir, 60%, que con José López Portillo llegaría a finales de su sexenio a setenta pesos por dólar y hoy estaría a casi diecisiete mil si no nos prestamos al juego de la supresión de tres ceros en nuestra moneda durante la administración de Salinas de Gortari.

Al final de su administración en 1976, México se encontraba atenazado en una profunda crisis, consecuencia de la demagogia, la torpeza y la ignorancia propia de una sociedad cerrada en la que solamente una persona decide y piensa y ejecuta por los demás, reducidos a la triste ocupación de aplaudir, a diferencia de lo que acontece en una auténtica democracia participativa. Dice el libro de 1992:

Malas señales
Otros hechos también ponían en duda al milagro mexicano. A principio de los años setenta, luego de un largo periodo de estabilidad de precios, la inflación apareció de nuevo. El crecimiento económico se detuvo, México empezó a importar alimentos, es decir, a comprarlos en otros países, porque nuestro campo no producía lo suficiente. La crisis petrolera mundial de 1973, que hizo subir mucho los precios del petróleo, encontró al país mal preparado. La industria petrolera no producía tampoco todo lo que el país consumía. Había que importar de otros países lo que faltaba.

---

[484] Redacción, *El Financiero*, 9 de octubre de 1989, p. 56.

José López Portillo

López Portillo, director de la Comisión Federal de Electricidad, después Secretario de Haciendo con nula experiencia política y hacendaria (así nos fue), pero eso sí, amigo de la infancia de Echeverría, su gran mérito, llegó a Los Pinos en el contexto de una compleja coyuntura económica y política, ya que recibía un país quebrado de punta a punta: con un escandaloso desplome del Producto Interno Bruto (PIB), una pesadísima deuda pública, un déficit catastrófico en las finanzas nacionales y una galopante carestía nunca antes vista, todo ello por la irresponsabilidad de su antecesor, Luis Echeverría, uno de los peores presidentes que se recuerden en la historia de México. ¿Razones? El precio catastrófico de su gestión lo pagarían varias generaciones de mexicanos.

¿Cómo olvidar su gran discurso de toma de posesión ante un México rendido: «Hagamos una tregua inteligente para recuperar nuestra serenidad y no perder el rumbo [...] podemos hacer de nuestra patria un infierno, o un país donde la vida sea buena [...] Los dos primeros años de mi gobierno los dedicaré a superar la crisis, los dos intermedios a consolidar la economía y los dos últimos serán de expansión acelerada...»

Obviamente que hizo de la patria un verdadero infierno.

¡Claro que al final de su gobierno lloró como un triste payaso de carpa y les pidió perdón a los marginados, por haberles fallado! Imposible olvidar las palabras pronunciadas por Aixa, la madre de Boabdil, cuando su hijo lloraba al haber perdido el reino de Granada a manos de los Reyes Católicos: «Llora como mujer lo que no supiste defender como hombre».

Los conflictos petroleros internacionales condujeron a México a un transitorio primer lugar como exportador de crudo, lo que provocó un disparo del PIB a 8% anual y un optimista desplome de la tasa de desempleo en 50%. «Preparémonos para administrar la abundancia», declaró en la borrachera petrolera, en tanto se descubrían riquísimos manantiales en Chiapas, Veracruz, Tabasco y la sonda de Campeche, lo que permitió a López Portillo la reactivación de la economía nacional.

López Portillo creó la Alianza para la Producción, concedió una amnistía política, restableció relaciones diplomáticas con España, elevó a cuatrocientos el número de diputados federales (un tiro en el paladar). Prometió una política fiscal eficiente para promover el ahorro y la inversión; colocó *petrobonos* a atractivas tasas de interés para estimular los depósitos en dólares en la banca mexicana con el ánimo de evitar riesgos cambiarios, que no sólo no evitó, sino que los incentivó dramáticamente hasta llegar al naufragio nacional. López Portillo invitó al despilfarro como si hubiera sido un jeque árabe, y solapó el influyentismo y el nepotismo convirtiéndose una vez más en el Estado mismo; él era el Estado y nadie más. La tragedia tendría que volver tarde o temprano y lo hizo con la fuerza de un furioso huracán que destruyó todo a su paso; baste decir que al final de su caótico gobierno la inflación llegó a 866%.[485]

Veamos las razones y la situación internacional, que el libro debería haber abordado ya que estábamos insertos en un pleno proceso de globalización económica mundial, por lo que no puede ser ignorado: esa crisis petrolera (mejor conocida como *shock petrolero*) fue una maniobra llevada a cabo por la OPEP (Organización de Países Exportadores de Petróleo), que al actuar como cártel decidió de forma unánime disminuir la producción; de esta manera, la oferta del energético se situó por debajo de la demanda y en consecuencia el precio aumentó perjudicando a los países altamente industrializados como Estados Unidos, Europa Occidental y Japón, que lo utilizaban como insumo básico de manera creciente y sostenida en sociedades marcadamente urbanas y consumistas.

La bonanza petrolera llegó a su fin cuando los países industrializados llevaron a cabo cambios en sus sistemas económicos, como políticas de ahorro de energía, desarrollo de fuentes alternas de generación de energía (solar, nuclear, eólica) y nueva tecnología (los autos compactos, por ejemplo), cambios que en el margen redujeron el consumo de petróleo y que a la larga contribuirían a la baja de los precios. Esto fue particularmente grave para México, que vio disminuidos sus ingresos de divisas internacionales por concepto de la venta de petróleo y por ende perdió capacidad financiera para el pago de sus préstamos con la banca internacional; simultáneamente las tasas de interés aumentaron, lo que en los hechos complicaba aún más la posibilidad del pago de la deuda. Por otro lado, muchas de las decisiones de política interna que definieron ese periodo fueron producto de una pésima comprensión de la crisis energética de los años setenta, que fue un fenómeno coyuntural, no estructural, y esto en razón de que el *boom* petrolero fue contemplado como un fenómeno estructural que serviría como elemento estable que financiaría el crecimiento económico de México a través del tiempo, ignorando de manera completa el grave riesgo de renunciar a la política industrial seguida en los periodos anteriores, que entre otras cosas llamaba a diversificar y avanzar en la cadena de valor de los principales bienes y servicios que producía Mé-

[485] Anónimo, «Principales devaluaciones de México», *Economía*, México, 2015, consultada en septiembre de 2015, www.economia.com.mx/principales_devaluaciones_en_mexico.htm

xico y que lo había llevado un nivel de bienestar aceptable tomando en cuenta los periodos anteriores a este.

Mientras el precio internacional del petróleo se desplomaba, la administración de López Portillo, integrada por varios apátridas, sostuvo los precios como si no existiera crisis energética en el mundo, al extremo de que se llegó a decir: «Quien quiera petróleo mexicano, que haga cola…». ¿Quién hizo la cola? ¡Nadie! ¿Qué sucedió? Que dejaron de comprarnos nuestros clientes. ¿En qué se tradujo la cancelación de pedidos multimillonarios? En la caída espectacular de los ingresos en divisas, lo que sumado a la fuga escandalosa de capitales, propició una nueva devaluación del peso absolutamente esperable por la torpeza, necedad y obnubilación de nuestros dirigentes, apátridas o no… López Portillo tampoco entendía que no entendía…

De manera tajante se puede decir que no hubo «administración de la abundancia» porque este fue un fenómeno ocasionado por la coyuntura internacional, especialmente de los países desarrollados. López Portillo jamás fomentó un desarrollo económico basado en la disciplina presupuestaria ni a través de un mejoramiento de los parámetros del sistema económico (tecnología, educación, gustos y preferencias y Estado de derecho), de tal manera que la productividad del país perdió una gran oportunidad de evolucionar positivamente mediante un camino ciertamente más largo pero más seguro y eficiente, como es el caso de Alemania Occidental, que a pesar de carecer de recursos naturales y haber sufrido las consecuencias de la Segunda Guerra Mundial, optó por la ruta mencionada y terminó el siglo XX como la segunda economía del orbe. Nosotros, en cambio, caímos en una brecha estructural de subdesarrollo que ha sido muy difícil de remontar.

López Portillo tomó decisiones absurdas que produjeron una crisis económica que bien pudo volver a despertar al «México bronco». No aprendió nada de Echeverría, su antecesor inmediato, ni de nadie, porque insistió en las mismas prácticas probadamente suicidas. Se embriagó con la bonanza petrolera y lloró cuando la realidad lo encaró y lo sorprendió sin concederle ni concedernos piedad alguna como país. Contrató préstamos muy a pesar de los menores ingresos por la venta de crudo; ejecutó obras públicas faraónicas apoyado solamente en su indigerible verborrea; insistió en un gobierno obeso y volvió a disparar la ya de por sí inmensa y gravosa nómina burocrática al incorporar a cientos de miles de nuevos empleados públicos, más peso en las alas para detonar nuestro crecimiento. Creó más secretarías de Estado, más empresas descentralizadas y paraestatales, que producían a costos exagerados con los que no se podía competir ni siquiera domésticamente y que sólo podían funcionar con perversos subsidios demagógicos con cargo al erario, en lugar de dedicar esos recursos a la academia o a las universidades entre otros menesteres más, como la erradicación de la miseria. López Portillo destapó una corrupción alarmante, pocas veces vista desde el gobierno de Miguel Alemán. Disparó las tasas de interés. Decretó un alza general de sueldos y salarios de 10%, 20% y 30%, sólo para desquiciar los costos de producción, y ya que hablamos de disparar, pues disparó también la inflación. Prometió defender el peso «como un perro», sólo para que su gobierno se viera obligado a incurrir en una vergonzosa moratoria de pagos tras el derroche de miles y miles de millones de dólares provenientes de la exportación de crudo y luego devaluar de veintidós a setenta pesos por dólar, una consecuencia evidente de sus desatinos y de la presencia extravagante, ignorante, corrupta y perversa de sus principales asesores, cómplices inequívocos del desastre de México en esos años. A la voz de «Ya nos saquearon, no nos volverán a saquear», López Portillo expropió la banca mexicana en un asalto a la razón a causa de su megalomanía, desesperación y narcisismo, culpando a los «sacadólares» del derrumbe de la economía. Hasta el día de hoy México no se ha recuperado de esta catastrófica decisión. Impuso un control de cambios que nunca había funcionado ni funcionará mientras tengamos casi 3 000 kilómetros de frontera con Estados Unidos, y así concluyó la *Docena Trágica* representada por él y por Echeverría para gran daño de México. ¿Quién podía controlarlo, cuando él era el *Honorable* Congreso de la Unión y al mismo tiempo la Suprema Corte de Justicia de la Nación (o de él mismo), a la usanza de Porfirio Díaz...? ¡Qué poco habíamos avanzado en materia democrática en el siglo XX...! ¡Qué caro nos ha resultado ser el país de un solo hombre...!

En la famosa línea de tiempo correspondiente a estos años vuelven a dejar fuera muchos sucesos. Por mencionar sólo algunos:

- 1976. José López Portillo llega a la presidencia sin opositor alguno en las elecciones.
- 1977. Reforma electoral: aparecen los diputados de representación proporcional o plurinominales (dado el desprestigio absoluto de las elecciones, se inventó una nueva manera de colocar a la oposición en el Congreso, repartiéndole diputados no a los que ganaban, sino a los que perdían) / México y España reanudan relaciones diplomáticas. Es designado embajador Gustavo Díaz Ordaz.
- 1982. Existen ya más de mil empresas paraestatales, según algunas fuentes / Nacionalización de la banca / Al finalizar el sexenio de López Portillo la deuda externa suma 76 000 millones de

dólares / (En agosto, los precios de los productos básicos crecen 100%: la tortilla pasó de cinco a once pesos, y el pan blanco pasó de cincuenta centavos a un peso la pieza).

- 1983. Nueva caída en los precios de petróleo. Comienza la privatización de empresas paraestatales / En Chihuahua, Luis H. Álvarez se convierte en el primer alcalde de oposición en México.
- 1985. Asesinato de Enrique Camarena Salazar, agente de la DEA, por narcotraficantes mexicanos / En el sexenio de Miguel de la Madrid, la devaluación de la moneda alcanzará 1443% y la inflación 4031%.
- 1987. 19 de octubre: *Lunes negro* en Wall Street, derrumbe financiero mundial
- 1988. Miguel de la Madrid hereda una deuda de 105 000 millones de dólares[486]
- 1989. Caída del Muro de Berlín / Nicolás Ceaucescu, dictador rumano, asesinado ante las cámaras de televisión / En Baja California, Ernesto Ruffo Appel se convierte en el primer gobernador de oposición en México. Para entonces más de 98% de los ayuntamientos se encontraban gobernados por el PRI.[487]
- 1990. Fundación del Instituto Federal Electoral, organismo ciudadano; por primera vez, las elecciones *no* son organizadas por el gobierno.
- 1993. Asesinato del cardenal Jesús Posadas en Guadalajara.
- 1994. Asesinato de Colosio / Elecciones / Crisis de los balseros en Cuba: miles huyen de la dictadura.

Miguel de la Madrid

El domingo 4 de julio de 1982 tuvieron lugar las elecciones que llevarían a Miguel de la Madrid a la Presidencia de la República, otro «tapado», otra muestra de atraso democrático. Compitieron: Miguel de la Madrid (PRI-PARM y PPS), Pablo Emilio Madero (PAN), Ignacio González

---

[486] Anónimo, «La crisis petrolera de 1982. Parte 1», *La Economía*, México, 20 de febrero de 2010, consultado en septiembre de 2015, www.laeconomia.com.mx/la-crisis-petrolera-de-1982/

[487] Imelda García, «1989: el año que Baja California dejó de ser priista», *ADN Político*, México, 24 de junio de 2013, consultado en septiembre de 2015, www.adnpolitico.com/gobierno/2013/06/17/1989-el-ano-en-que-baja-california-dejo-de-ser-priista

Gollaz (PDM), Rosario Ibarra de Piedra (primera mujer en ser candidata a la presidencia, PRT), Manuel Moreno Sánchez (PSD), Cándido Díaz Cerecedo (PST) y Arnoldo Martínez Verdugo (PSUM).

¿Con esa paupérrima oposición se podía acaso culpar al PRI de todos nuestros males? Bien lo decía Martínez Domínguez: «Lo único peor que el PRI es la oposición».

Hubo un abstencionismo de 37.7%; 62.7% de los votos fueron para el PRI. El PAN obtuvo 16.6%: el PDM con 2.34%, el PST con 2.01%, el PARM con 1.2% y el PSD con 0.23% perdieron su registro. Peña Nieto ganó con 38.21% en 2012.

En diciembre de 1982 se elevó a rango constitucional «la rectoría económica del Estado», pero era sólo para poder dirigir la reprivatización de muchas empresas paraestatales.

El nuevo gobierno

Los años ochenta [dice el libro de 1992] fueron de estrechez y empobrecimiento para la mayor parte de los mexicanos [¡bravo por ejercer la autocrítica!]; pero el país no cayó en la inestabilidad ni en la violencia.

Ante la debilidad de sus finanzas, el nuevo gobierno decidió participar menos en la economía: ahorrar más y gastar menos.

Las cuentas públicas presentaban un gran déficit porque el gobierno había gastado más de lo que tenía [¿no te parece que existe alguna diferencia entre esta aseveración sencilla y tan axiomática y decir que «nuestro país entró en una crisis económica muy fuerte después de la caída de los precios del petróleo a nivel mundial»?]. Para arreglarlas, el nuevo gobierno redujo gastos y subsidios. Empezó así un gran cambio en la economía del país.

Seguramente muchos niños jamás escucharán algo parecido a lo largo de sus vidas, y precisamente en eso consiste el gran valor de los libros de texto: en que son (o deben ser) unos de sus primeros mejores amigos, unos en los que verdaderamente puedan confiar. Las crisis son así: si se gasta más de lo que se tiene, entonces las deudas adquiridas pueden ser de tal manera pesadas que el acreedor embargue y proceda al remate de las propiedades entregadas en garantía y adviene la ruina. Lo mismo acontece en los países que de golpe no pueden amortizar sus pasivos y entonces sobreviene la quiebra porque resulta imposible imponer más gravámenes a los contribuyentes so pena de un levantamiento popular (véase el caso griego al día de hoy). El libro de 1992 parece ensayar una respuesta a esta importante pregunta: «Los principales problemas eran: ¿Cómo sacar al país de la crisis? ¿Cómo pagar la enorme deuda externa? ¿Cómo mejorar la economía y el nivel de vida de la gente?

»Era necesario detener el aumento de los precios, que subían como nunca antes en México: llegaron a duplicarse cada año. Era indispensable crear empleos para una nación joven, que tenía entonces 75 millones de habitantes. Convenía devolver la confianza a los inversionistas que habían sacado su dinero del país y a las clases medias, a los trabajadores, a los campesinos, quienes veían reducirse sus oportunidades y su dinero».

En contraparte, debe admitirse que es bastante incompleto el resumen de la economía del periodo (1980-2015) que brindan en libro de texto vigente (p. 160). Debe mencionarse que a partir de 1983 se privatizaron numerosas empresas del Estado, también llamadas paraestatales, pozos presupuestales sin fondo además de escandalosos focos de corrupción. Miguel de la Madrid dio comienzo al proceso de transformación llevando a cabo 743 privatizaciones, pero de empresas de importancia secundaria; 93% fueron asignadas a capitales nacionales y 7% a extranjeros. Con Salinas de Gortari tuvieron lugar las privatizaciones más significativas: empresas como Telmex o TV Azteca (entonces llamada Imevisión) y Minera Cananea, antes propiedad del Estado, fueron privatizadas, así como dieciocho bancos y empresas de la industria siderúrgica. Por la venta de estas empresas se obtuvieron cerca de 20 000 millones de dólares que representaron 7.6% del PIB, equivalente a 17% de la deuda externa total del país.[488] Debe decirse que dicho proceso de privatización, habiendo sido sana su intención desde el punto de vista hacendario, apestó la palabra *privatización* por lo que hoy en día es sinónimo de putrefacción política. Hablar de «privatizar socialmente», es hablar de un negocio espurio entre el gobierno y ciertos particulares que se enriquecen con la venta del patrimonio público en perjuicio de la nación.

Cabe señalar que en el libro de 1992 aparecía un muy buen mapa de la República mexicana en donde constaban las desigualdades sociales por Estado bajo el título: «Estados pobres y Estados ricos según educación y vivienda» (p. 149). Sobra decir que en el 2015 semejante información ha desaparecido por lo que para la próxima edición, entre otras notables mejorías, debería incluirse la misma imagen en la que se exprese el nivel de temerario endeudamiento contratado irresponsablemente por diversas entidades federativas, así como el destino desconocido de buena parte de dichos recursos. ¿Por qué nadie protesta cuando los políticos disponen ilícitamente del ahorro público, comprometen con pasivos escandalosos a diversas generaciones y, sin embargo, jamás se ve

---

[488] Arturo Guillén, «Balance de la privatización en México», *Revista Iztapalapa*, México, núm. 38, 1996, p. 22.

a ningún funcionario encarcelado ni siquiera perseguido por la justicia aun cuando haya desfalcado a la nación? Curioso silencio cómplice, ¿no? Porque la sociedad muda e indiferente cuando le roban su patrimonio es cómplice, ¿o no?

En 1970 la deuda pública externa del país no rebasaba los 6 000 millones de dólares, sin embargo, en el año de 1982, tan sólo doce años después, esta se disparó a más de 100 000 millones, dieciséis veces más, únicamente durante la catastrófica gestión populista de Echeverría y la infame «administración de la abundancia». Ambos gobiernos irresponsables (1970-1982) habían gastado con exceso y llegaba la hora de pagar la cuenta, alta, muy alta, altísima, por cierto. Los salarios no crecieron y el poder de compra de los mexicanos se redujo a la mitad, la carestía desquició a la economía para provocar las condiciones necesarias para el surgimiento de un líder demagogo que bien podría haber arrastrado al país a un nuevo desastre como los que ya hemos padecido y pocos recuerdan. Los populistas invariablemente apuestan la quiebra del país y cuando acceden al poder finalmente lo quiebran con sus promesas inaccesibles para dar lugar al baño de sangre. ¡Ya veremos en qué acaba la Venezuela de nuestros días…!

Para poner orden en su propia casa, el gobierno adoptó medidas necesarias impopulares: vendió y cerró empresas, suprimió subsidios, despidió burócratas y trabajadores y contrajo el presupuesto de egresos. Fue, además, una época de fricciones con Estados Unidos por las diferentes actitudes de ambos gobiernos ante los conflictos centroamericanos. En estos escenarios de devastación social y económica es precisamente en donde la historia debe hacer uso de la palabra para recordar lo ocurrido e impedir que acontecimientos tan dolorosos vuelvan a repetirse: sí, los mexicanos repetimos la historia como si fuera una condena.

El nuevo embajador estadounidense, John Gavin, era un actor de cine y televisión que, mientras producía un musical en Broadway, fue designado por Ronald Reagan (otro actor de cine) para ocupar la representación diplomática. Resultó el enviado perfecto para apuntalar la política de Reagan en México, a saber: desestabilizar públicamente la relación binacional para imponer nuevos criterios y nuevas alianzas. Así, agitó el ambiente político afirmando, entre otras mentiras al estilo de Henry Lane Wilson, que «en México existe un ambiente antiestadounidense promovido desde el mismo gobierno», «la política exterior mexicana es prosoviética» y otros embustes, recomendando políticas a nuestro gobierno y respondiendo insolentemente ante la cascada de críticas provocada por su conducta. Saltándose a la Secretaría de Relaciones Exteriores, pretendió abrir su propio canal de diálogo con los funcionarios públicos y prodigó desplantes de altanería, todo esto mientras el Departamento de Estado presionaba al gobierno de México para que modificara su política centroamericana. «Lo que hay que hacer es dejarlo que se equivoque, que tropiece con la realidad, para que su rechazo surja de la sociedad misma», susurró el presidente De la Madrid.[489] Todos los sectores nacionales repudiaron al embajador: periodistas, políticos, dirigentes sindicales y mandatarios estatales, que llegaron a pedir que el señor Gavin fuera declarado *persona non grata* y a realizar marchas por la dignidad, solicitando la remoción del embajador. El secuestro y asesinato de Enrique Camarena Salazar, agente de la DEA, en 1985, endureció su postura, buscando dar con ese pretexto una nueva vuelta de tuerca en el trato a México, provocando una extrema descomposición de la relación binacional. Meses después, en abril de 1986, tras cinco largos años en el cargo, presentó su renuncia al estilo estadounidense: «Misión cumplida», dijo.

Un periodista más, un periodista menos... Manuel Buendía Tellezgirón, polémico e inteligente columnista mexicano, fue asesinado el 30 de mayo de 1984 frente al número 58 de la avenida Insurgentes. Tremendo crítico de la ultraderecha, de la Iglesia, de la CIA, a la fecha continúan existiendo dudas respecto a la identidad del auténtico autor intelectual de su asesinato.

«México (apunta, claro está el libro de 1992) había apoyado la revolución sandinista de 1978 y había reconocido al Frente Farabundo Martí de Liberación Nacional de El Salvador. Estados Unidos los combatía como parte del comunismo internacional. El desacuerdo en esta materia redujo las posibilidades de México para negociar mejor sus problemas económicos con Estados Unidos.

»Por si esto fuera poco, el 19 de septiembre de 1985 un terrible terremoto sacudió la capital del país y los estados de Michoacán, Jalisco y Guerrero. Miles de personas murieron en la Ciudad de México.»

Entre tanto, en el libro de texto de 2015 vuelven a hablar de *milagros*, a propósito de los bebés que sobrevivieron al derrumbe del Hospital Juárez (p. 181). «Los niños del milagro», dicen. ¡Jamás se había empleado esa palabra en la educación de los menores: y aquí se utiliza para todo: sobre todo para lo más importante...!

Al respecto añadiré que la sociedad, en su afán solidario, desbordó la acción del gobierno al despertar la conciencia de nuestro pueblo, despertar respecto a los alcances de la acción civil al margen del sistema,

---

[489] Anónimo, «Relaciones entre México y Estados Unidos», *MMH*, México, s.f., www.mmh.org.mx/cambio/node/145. Este sitio contenía numerosos informes y textos de todo tipo correspondientes al sexenio de Miguel de la Madrid. Fue desactivado el mes de septiembre de 2015 aproximadamente.

omnímodo e incapaz de obtener de la población el menor apoyo debido a los procedimientos fraudulentos, irresponsables y violentos de las últimas décadas que había practicado en su contra.

Y agregaré algunos hechos adicionales sobresalientes, verdaderas efemérides nacionales:

El primer satélite mexicano de comunicaciones, *Morelos I*, fue puesto en órbita por el transbordador espacial *Discovery* el 17 de junio de 1985. Rodolfo Neri Vela se convirtió en el primer astronauta mexicano.

«Luis Barragán se convirtió en el único mexicano que se ha hecho acreedor al Premio Pritzker de arquitectura (en 1980), la más alta condecoración internacional en la materia.»

Vuelve el libro de 1992:

Nueva ley electoral
Con la crisis económica, surgieron inconformidades políticas. La sociedad reclamaba a su gobierno los errores que habían conducido a la crisis. Quería un gobierno más eficaz, más vigilado por la ciudadanía y por la opinión pública. Era ya una sociedad en gran parte urbana, educada, que pedía explicaciones y quería opinar.

Me parece fundamental preguntarles a los niños si sienten deseos de opinar, si perciben la necesidad de pedir explicaciones, ¿a ti no?

Por cierto, ¿percibes alguna diferencia entre las explicaciones de 1992 y aquellas según las cuales «después de los acontecimientos de Tlatelolco diversos sectores de la población se unieron para protestar en contra de la represión policiaca y del ejército»? Es pregunta nada más... Aquí algunos elementos para responderla del libro de 1992: «Entre 1968 y 1988 los mexicanos habían manifestado de muchas maneras sus deseos de participación política. Durante la crisis de los años ochenta creció la demanda de elecciones libres y limpias. En 1986 se creó una nueva legislación electoral que abrió un poco más las posibilidades para todos. Diez partidos políticos participaron en las elecciones presidenciales de 1988».

Durante el sexenio de Miguel de la Madrid Hurtado, el crecimiento económico se estancó mientras que el desempleo y la inflación se dispararon (esta última alcanzó 132% en 1987), los salarios reales cayeron en al menos 40%, y el Producto Nacional Bruto (PNB) per cápita se redujo de 3 170 dólares en 1981 a 1 860 en 1988.

En 1985 más de 140 piezas arqueológicas de incalculable valor fueron robadas del Museo Nacional de Antropología. Los llamados *amigos* de dicho museo se mostraban muy satisfechos durante las ceremonias de etiqueta, donde aprovechaban la oportunidad para salir retratados muy sonrientes en las páginas de sociales; por lo demás, saquearon el museo porque ninguno de los *amigos* ni de las autoridades pusieron jamás atención en los sistemas de seguridad ni aportaron donativos para financiarlos y mantenerlos en funcionamiento como sin duda era su obligación. Ese es un buen ejemplo del concepto de filantropía de la sociedad mexicana.

Un nuevo movimiento universitario (1986-1987), en oposición a un nuevo reglamento de cuotas impulsado por el rector Jorge Carpizo, paralizó la UNAM y volvió a tomar las calles de la Ciudad de México con ostensible apoyo de las clases medias.

El libro actual de quinto grado cierra con el tema «La solidaridad de los mexicanos ante situaciones de desastre», ofreciendo una perspectiva de la participación espontánea de los mexicanos con motivo de los terremotos de 1985, pero sin explicar la parálisis del gobierno encabezado por Miguel de la Madrid, que se vio superado por la magnitud del desastre y fue incapaz de organizar las tareas de salvamento de los miles de habitantes de la Ciudad de México que quedaron atrapados entre los escombros.

No brindan número de víctimas ni de construcciones colapsadas durante el terremoto. No se dice que se cayeron el Centro Médico en avenida Cuauhtémoc, el hotel Regis y el edificio Nuevo León de la Unidad Tlatelolco, ni se menciona el derrumbe de Televisa Chapultepec. Por cierto, ¿por qué no les hablan a los niños de la falla de San Andrés y de la ubicación de México en una zona sísmica? ¿O qué? ¿Fue un «milagro mexicano» otra vez? ¿Castigo de Dios?

La superficie de la Tierra está rota, es importante saberlo, las grietas de la corteza terrestre son conocidas como fallas;[490] la de San Andrés alcanza los quince kilómetros de profundidad y tiene aproximadamente veinte millones de años de antigüedad. La falla de San Andrés es una línea divisoria geológica que hace que la parte occidental de California se mueva hacia el noroeste y se aleje del resto de Norteamérica aproximadamente cinco centímetros por año. «Aproximadamente dos terceras partes de los 2011 kilómetros que componen los cinco mayores tramos de la falla de San Andrés muestran movimiento.»[491]

¿Otra razón que no se debe ignorar? El sismo desenmascaró numerosas realidades atroces, como la padecida por las costureras en los

---

[490] Anónimo, «La falla de San Andrés», *AstroMía*, México, s.f., consultado en septiembre de 2015, www.astromia.com/fotostierra/fallasanandres.htm

[491] Redacción, «Falla de San Andrés acumula energía para un gran terremoto», *El Universal*, México, 15 de octubre de 2014, consultado en septiembre de 2015, archivo. eluniversal.com.mx/ciencia/2014/falla-san-andres-terremoto-95911.html

enormes edificios de la calzada de Tlalpan, San Antonio Abad y otras en pleno centro de la Ciudad de México, donde hubo derrumbes y cuerpos sepultados por semanas, increíblemente sin que cesaran las labores semiesclavistas de las costureras: «Quedó al descubierto un sistema de explotación de la mano de obra femenina al que no se le había puesto atención [...] Con antigüedad de hasta veinte años y labores a destajo por menos del salario mínimo, horarios que rebasan las diez horas de trabajo»,[492] no recibieron ninguna indemnización tras el derrumbe de sus centros de trabajo, los patrones huyeron sacando las máquinas de madrugada, y en algunos sitios siguieron trabajando con el riesgo de venírseles encima sus centros de labor.

La Quina,[493] cuyo verdadero nombre era Joaquín Hernández, manejó personalmente todo el dinero del sindicato de Pemex durante treinta años. ¿El petróleo era propiedad de *todos* los mexicanos? Ya no sólo se trataba de un problema relativo a la burocratización de la energía con sus debidos costos y consecuencias, sino de un descarado saqueo de los bienes de la nación al que se sumaron las plantillas directivas. ¿Es claro que la más exitosa producción de Pemex fue la de hornadas de funcionarios de la paraestatal que salían impunemente enriquecidos de sus cargos? Pemex ha sido, es y será un rico manantial de bandidos... Las cajas de ahorro sindicales, así como el 35% que el sindicato cobraba a sus contratistas, pues tenía el poder de subcontratar las obras que Pemex le encargaba, los préstamos del Banco Nacional de Obras Públicas, las concesiones de la empresa, todo, todo, todo el poder y todo el dinero de Pemex se concentró en el brazo feroz de este sujeto nativo de Poza Rica, Veracruz, donde desde niño se educó en el ambiente del *charrismo* sindical veracruzano. Pemex quedó secuestrada por el sindicato, una organización intocable hasta nuestros días. ¿Quién se atreve a auditar sus finanzas o a los líderes sindicales sucesores de *La Quina* para comprobar si pagaron el Impuesto sobre la Renta relativo a sus hurtos? Evidentemente que recurro a la ironía en esta materia y en otras, como la siguiente: ¿quién audita el destino de los miles de millones de pesos que cobra el clero a cambio de sus servicios religiosos y por impartir consuelo al pueblo de México? Los representantes del clero, unos acaudalados magnates encubiertos, son dueños de empresas, titulares de acciones de diversas compañías, propietarios de condominios, hoteles, fracciona-

---

[492] Saidé Sesín, «El sismo: inicio de una lucha: las costureras», *Unomásuno*, México, s.n., 9-11 de octubre de 1985, s.p.

[493] Enrique Maza, «"La Quina", un imperio construido a golpes de corrupción», *Proceso*, México, 11 de noviembre de 2013, consultado en septiembre de 2015, www.proceso.com.mx/?p=357614

mientos, laboratorios, bancos y tampoco pagan impuestos. Hace poco un connotado arzobispo declaró con cinismo desbordado: «En esta casa, la casa de Dios, se purifican las limosnas pagadas por el narco...». Hasta nuestros días, seguimos exactamente igual que desde que los primeros sacerdotes llegaron en el siglo XVI a América para evangelizar y enriquecerse a más no poder. Auditar Pemex, auditar las finanzas del clero, auditar al Congreso, auditar a los partidos políticos, auditar a los sindicatos, ¿auditar...? Sí, auditar, y cuando finalmente se audita no encuentran nada, y si encuentran tampoco pasa nada... ¡Viva México!

La Quina implantó el terror en el sindicato y se enriqueció escandalosamente: usura, pistolerismo, despilfarro, intrigas, parrandas, juego, hipocresía, engaño, robo, traición... Llegó a la secretaría general en 1962 por decisión de su antecesor, Pedro Vivanco García, a quien marginaría para imponer su ley y perpetuarse al frente del sindicato.

«Pemex tiene que hacer lo que el sindicato ordene [...] la empresa se concreta a aplicar los descuentos conforme a la relación que le pasa el sindicato. Nada más.»[494] Los líderes viajaban y viajan en aviones supersónicos particulares a Las Vegas, Atlantic City o Lake Tahoe y al mundo entero acompañados de una nutrida comitiva igualmente fétida y corrupta, todo por cuenta de los millones de mexicanos pobres. ¡Gracias, *Tata* Lázaro, muchas gracias por el daño causado a la nación! Los inspectores de la Secretaría del Trabajo, por 50 000 pesos, avalaban asambleas sindicales que no existían y de las que emanaban ¡más líderes sindicales!

Imposible olvidar cuando *La Quina* y sus secuaces amenazaron públicamente a Miguel de la Madrid con aquello de: «Si se hunde Pemex se hunde su gobierno, señor presidente, y si se hunde su gobierno, se hunde México...».

¡Viva, viva, viva!

A continuación presento un cuadro de las exportaciones de petróleo desde López Portillo hasta Calderón. ¿Qué hicieron los diversos gobiernos con cientos de miles de millones de dólares, si además no se olvida la deuda contratada valuada en otros tantos miles de millones de dólares? *Lula* rescató a casi treinta millones de brasileños de la miseria, ¿y México...? ¿Tirar a la basura la herencia de los abuelos que valía mucho más de 950 mil millones de dólares hasta Calderón, cifra con la que hubiéramos podido construir un nuevo México? ¿Adónde fue a dar esa fortuna en los últimos treinta y siete años...? ¿Se despilfarró? ¿Se esfumó en gasto corriente, en la contratación de burócratas, se desperdició, se robaron una parte o todo junto?

---

[494] *Idem.*

EXPORTACIONES DEL PETRÓLEO MEXICANO

Sexenios		Exportaciones de petróleo crudo	
		Miles de millones de dólares	Miles de millones de dólares en 2014
José López Portillo	Dic. 76-Nov. 82	44.9	131.0
Miguel de la Madrid	Dic. 82-Nov. 88	69.9	155.9
Carlos Salinas	Dic. 88-Nov. 94	49.6	86.2
Ernesto Zedillo	Dic. 94-Nov. 00	64.8	94.5
Vicente Fox	Dic. 00-Nov. 06	139.7	173.6
Felipe Calderón	Dic. 06-Nov. 12	274.3	296.8

¿Qué hicimos los mexicanos —todos somos culpables en menor o mayor grado— con esa fortuna, mucho más de un millón de millones de dólares, una cantidad impensable si no se pierde vista la deuda contratada? ¡Claro que hubiéramos podido darle la vuelta al país con esos gigantescos recursos y claro también, que hubiéramos podido educar mucho mejor a los nuestros y crear millones de empleos para extinguir las amenazas de levantamientos sociales por desesperación y hambre! ¿Cómo fuimos a tirar al drenaje la riqueza de este país comprometiendo, además, el futuro de nuestros niños. Dilapidamos irresponsablemente lo que no era nuestro y endeudamos a las siguientes generaciones. ¡Una barbaridad! ¿Quién nos perdonará…?

Las elecciones de 1988

«En 1988 [dice el libro de 1992, pues ya deseamos saber cómo narra el trámite electoral respecto a uno de los presidentes más controvertidos y sin duda más poderosos de los últimos tiempos, Carlos Salinas] los tres principales candidatos se dividieron los votos en unas elecciones reñidas. Carlos Salinas de Gortari ganó con un poco más de la mitad de los votos» sobre la base de que, como denunció sin consecuencias Manuel Bartlett, secretario de Gobernación y también al mando de la Comisión Federal Electoral, o sea, juez y parte en la declaración del siglo, «se cayó el sistema…» cuando se computaban los votos. Si alguna pasará a la historia de las sentencias políticas, sin duda sería la suya, acompañada por la de Porfirio Díaz: «México ya está listo para la democracia», o «Quien cuenta los votos gana las elecciones», también de la autoría del tirano, u otra, esta de Santa Anna: «Con este Congreso no esperemos progreso…». «O la moral es un árbol que da moras…» de la autoría de Gonzalo N. Santos, *El Alazán Tostado*…

¿Que hubo un nuevo fraude electoral? Se supone que sí, el escándalo fue mayúsculo, pero nunca se sabrá. Lo que sí se sabe es que si Cuauhtémoc Cárdenas hubiera llegado a la presidencia y dirigido el país como gobernó en Michoacán, hoy en día lo que acontece en Venezuela sería un juego de niños en comparación con lo que habría sido de México en manos de este siniestro personaje de la dinastía Cárdenas, que tanto daño ha infligido a la nación. No se le ha hecho la debida justicia al TLC como motor del desarrollo mexicano porque, como veremos más tarde, genera 1 300 millones de dólares diarios. ¿Te imaginas a un Cárdenas convenciendo al presidente Bush, al Secretario de Comercio en Washington y al Congreso de Estados Unidos de las ventajas recíprocas del tratado? Dado que la discusión llegó a la administración de Clinton, ¿ves a Cárdenas esgrimiendo argumentos económicos de vanguardia en inglés en la Casa Blanca y en el Capitolio? Insisto: vale la pena repasar su gestión en Michoacán, con lo cual no estoy avalando de ninguna manera el proceso electoral del que salió derrotado.

«El propio Salinas de Gortari [menciona el libro de 1992 publicado durante su gobierno] señaló que había llegado a su fin el sistema de partido casi único en México. En efecto, el año siguiente el PRI perdió las primeras elecciones de gobernador en Baja California, donde ganó el candidato del Partido Acción Nacional (PAN), el primer gobernador de la oposición desde la fundación del PNR, en 1929.

»También en 1988 se disolvió lo que quedaba del antiguo Partido Comunista para sumarse al Partido de la Revolución Democrática (PRD) [integrado por priistas resentidos, a quienes ya no se les quiso dar cabida en dicho instituto por los perjuicios que le habían ocasionado a México sus ideas sacadas del basurero de las doctrinas políticas]. Mantuvieron su existencia el Partido Auténtico de la Revolución Mexicana (PARM), el Partido Popular Socialista (PPS) y el Partido del Frente Cardenista de Reconstrucción Nacional (PFCRN). En 1990, una nueva ley creó nuevas reglas y nuevas instituciones electorales. Las elecciones competidas empezaron a volverse lo normal en México, cuando antes eran la excepción.»

¿Sabías que el Código Federal Electoral aprobado en diciembre de 1986 aumentó a quinientos el número de diputados, dificultando el acceso al juego de nuevos partidos pero contribuyendo a la transparencia de los comicios, creando el Tribunal Electoral y erigiendo la Asamblea de Representantes del Distrito Federal?

Los primeros asambleístas tomaron posesión en 1988. Fue un importante antecedente en la recuperación de los derechos políticos de los habitantes del Distrito Federal, sin embargo, un nuevo monopolio, ahora del PRD, hizo inviable la democratización de nuestra vida pública. Hoy en día el monopolio cambió de manos y en nuestros días lo dirige López Obrador, un solo líder, el partido de un solo hombre que coordina, ordena, manda, consigna e impone fanáticamente hasta en la última de las conciencias sin que nadie se atreva a rebatir sus instrucciones: algo así como un nuevo tlatoani, un nuevo Moctezuma Xocoyotzin, a quien sólo unos cuantos osan verlo a la cara, ya no se diga aventurarse a contradecirlo. ¿Ese es el demócrata que México necesita en el siglo XXI? No, por favor: México ya no puede volver a ser el país de un solo hombre...

Desde luego el libro de 2015 jamás se refiere a la Guerra Fría, ni menciona nada que pueda indicarle al niño la clase de mundo en que vivimos.

Carlos Salinas de Gortari

Hijo de un prominente político, Raúl Salinas Lozano, Carlos Salinas de Gortari fue el primer licenciado en Economía que ascendió a la presidencia de México, en 1988. Llegó al poder con 50.47% de los votos, según se dijo.

Al aceptar su candidatura, en octubre de 1987, el hasta entonces secretario de Programación y Presupuesto (el segundo al hilo tras De la Madrid que se sentaba en la silla presidencial proveniente de dicha secretaría) convocó: «Hagamos política, más política, mucha política y más moderna política».

Su *destape* fue problemático para un sector, que se separó del PRI y constituyó el Frente Democrático Nacional, el cual amparó la candidatura de Cuauhtémoc Cárdenas.

En su intento por embellecer la realidad nacional dice el libro de texto que: «En las elecciones presidenciales de 1988 (así lo establece el texto del 2015), algunos dirigentes del PRI decidieron separarse y con militantes de grupos de izquierda u oposición formaron el Frente Democrático Nacional (FDN) para contender por la presidencia y nombraron candidato a Cuauhtémoc Cárdenas» (p. 170).

Lo que sucedió realmente es que Cuauhtémoc Cárdenas, Ifigenia Martínez y Porfirio Muñoz Ledo (prominentes priistas) se enfrentaron a la fracción dominante del PRI en los años del presidente Miguel de la Madrid. En el fondo se trató de un debate entre los liberales y los estatistas, controversia en la que los segundos fueron derrotados al demostrar con sus argumentos una visión anacrónica del país, sobre todo en lo económico, pues defendían el consenso agotado desde los años setenta, es decir, tratarían de gobernar con recetas sacadas del bote de la basura, como pretendería hacerlo hoy en día el propio López Obrador. Luego de la derrota de 1988 crearon el Partido de la Revolución Democrática, PRD, que si bien era un partido político, no era revolucionario porque no se vio jamás el surgimiento de una izquierda lúcida, propositiva y de vanguardia como la de Mitterrand, Felipe González o *Lula*, ni democrático porque sólo se escuchaba la voz de Cárdenas, tan es así que en los veinticinco años de su existencia sólo han tenido dos candidatos a la presidencia: Cárdenas y AMLO, mientras que el PRI ha presentado a Luis Donaldo Colosio, Ernesto Zedillo, Francisco Labastida, Roberto Madrazo y Enrique Peña Nieto, y el Partido Acción Nacional —incapaz y corto de visión en lo general— por su parte tuvo a Manuel J. Clouthier, Diego Fernández de Cevallos, Vicente Fox, Felipe Calderón y Josefina Vázquez Mota, lo que pone de manifiesto que el PRD no funciona si no es articulado por algún caudillo, de ahí su desprecio por la legalidad y por las instituciones. ¿Morena? Otra franquicia caciquil, esta de López Obrador, quien controla férreamente ese partido al impedir que se pronuncien otras voces diferentes a la suya, y si no es su voz entonces es la de otra de sus marionetas, que repiten los cánticos del tabasqueño sin siquiera entenderlos. En fin, otro «mini Maximato», del que ya nadie deseará acordarse, salvo los nostálgicos autócratas de siempre, *auténticos e infalibles* intérpretes de la voluntad popular que ya todos conocemos y padecimos.

Manuel Clouthier, contrincante del PAN, según el cual «lo importante no es cambiar de amo sino dejar de ser perro», falleció poco después en un accidente automovilístico. ¿Accidente? A saber…

De la Madrid tenía miedo, según confesó años después, «de que me crearan un conflicto laboral que me obligara a usar al ejército», añadiendo que a Salinas le llegaban informes de que *La Quina* se opondría a su candidatura y que él, De la Madrid, sabía que dicho líder sindical importaba armas y las tenía preparadas para algún enfrentamiento con el gobierno en distintas plazas petroleras. «Entonces fui preparando el camino y le advertí a Salinas», añadió.[495]

[495] Rosa Elvira Vargas, «La captura de *La Quina*, represalia de Salinas porque se habían enfrentado», *La Jornada*, México, 15 de mayo de 2009, consultado en septiembre de

El 10 de enero de 1989 el Ejército Mexicano detuvo a *La Quina*, Joaquín Hernández Galicia, por los delitos de acopio y almacenamiento de armas para uso exclusivo del ejército, homicidio calificado, evasión fiscal, por atentar contra la seguridad nacional, entre otros delitos. Dos días antes había dicho en una asamblea sindical: «Iremos a la huelga si se intenta entregar a la iniciativa privada nacional o extranjera los recursos de la nación». *La Quina* fue encarcelado como deberían estarlo los líderes subsecuentes que lo sucedieron en el sindicato, así como la inmensa mayoría de los directores que lucraron y lucran a manos llenas con los bienes de la nación, sin olvidar a los políticos igualmente podridos y sus familias que han saqueado el tesoro público ante la pasividad de la sociedad y sin consecuencia legal alguna.

Cambio de modelo

En los años noventa (dice el libro de 1992) se inició en el mundo un cambio radical. Desapareció la Unión Soviética, una de las dos grandes potencias, y esto provocó un reordenamiento político en los países de todo el mundo. México fue afectado por estos cambios. El nuevo gobierno (1988-1994) mostró energía y un rumbo claro a seguir. La inflación bajó de 140% en 1987 a 20% en 1989. Terminó de abrirse la economía nacional al mundo exterior.

Se tomó la iniciativa de formar un gran bloque económico de América del Norte, formado por Canadá, Estados Unidos y México, comparable al gran bloque de la entonces Comunidad Económica Europea [instancia esta que no merece siquiera ser mencionada en el libro de 2015, para una perfecta mediocridad del niño mexicano]. Esa apertura económica representa un cambio fundamental en el México del siglo XX. Se abandonó el modelo de crecimiento hacia adentro, protegido por altas barreras aduanales que fomentan el contrabando y la ineficiencia.

Hoy en día el TLCAN, el Tratado de Libre Comercio de América del Norte, representa más de 1 300 millones de dólares diarios en materia de comercio entre los tres países signatarios: Canadá, Estados Unidos y México. Dicho tratado ha significado la contratación de mano de obra, la creación de empresas exportadoras, la generación de divisas y el consumo masivo de materias primas. ¿Qué hubiera sido de México sin ese tratado histórico? Si tenemos que reconocer éxitos en los gobiernos priistas, aquí estamos frente al mejor ejemplo.

Y en el mismo tenor, aunque sin tener relación con la gestión de Salinas de Gortari, bien vale la pena recordar que durante este sexenio Oc-

2015, www.jornada.unam.mx/2009/05/15/politica/012n2pol

tavio Paz fue reconocido con el Premio Nobel de Literatura 1990, por su obra «apasionada, abierta sobre los vastos horizontes, impregnada de sensual inteligencia y de humanismo íntegro».

Sigue el libro de 1992:

El costo de la transición
México empezó una época de acercamiento con Iberoamérica y apoyó la paz en Centroamérica. Se logró renegociar la deuda externa para disminuirla y se amplió el gasto del gobierno destinado a cuestiones sociales mediante el Programa Nacional de Solidaridad. Se actualizó el artículo 27 constitucional, para aumentar la producción en el campo, pero manteniendo el principio de la propiedad de la nación sobre sus riquezas. En mayo de 1992, se firmó el Acuerdo Nacional para la Modernización de la Educación Básica. Luego de seis años de nulo crecimiento, desde 1989 la economía había crecido más que la población tres años seguidos. Pero todavía faltaban empleos bien pagados para la numerosa población joven del país, que sigue emigrando de su lugar de origen en busca de trabajo.

Ideas principales
- Los años ochenta fueron muy difíciles para la mayoría del pueblo mexicano.
- Los grandes cambios mundiales provocaron fuertes desajustes en el orden internacional. México reafirmó su soberanía y promovió nuevas relaciones con el exterior.
- El nuevo modelo de desarrollo abandonó el proteccionismo comercial para abrirse a la competencia del exterior.

En efecto, Salinas llamó «Solidaridad» al programa nacional eje de su política social, reconocido entre la ciudadanía tras el sismo de 1985. Salinas canalizó 46 000 millones de pesos a la política social a través de este medio. Suprimió tres ceros a nuestra moneda de cara al tipo de cambio del peso frente al dólar. Salinas creó en 1988 el Consejo Nacional para la Cultura y las Artes, Conaculta o CNCA. Gracias a la presión ciudadana surgieron el Instituto Federal Electoral (IFE) y el Tribunal Federal Electoral (TRIFE), organizaciones que apoyadas en un millón de mexicanos supervisan las elecciones en las casillas electorales, en donde se depositan los votos y la confianza de la nación. Ese fue un éxito cívico consecuencia de la presión popular. Aun cuando, por otro lado, el texto de 2015 establece: «Con la finalidad de contar con una institución imparcial que diera transparencia y legalidad a los procesos electorales que se llevaban a cabo en todo el país, fue creado el Instituto

Federal Electoral (IFE) en 1990 por iniciativa de una organización ciudadana llamada Alianza Cívica».

¿México es un país más democrático, según establece el libro de texto? ¡Claro que lo somos, basta compararnos con el porfiriato o con los derramamientos de sangre propios de la diarquía Obregón-Calles, o con las elecciones en donde compitieron Vasconcelos, Almazán y Henríquez Guzmán! ¡Basta recordar el poder de los medios masivos de difusión para confirmar que somos más democráticos, sí, pero no iguales ante la ley, como corresponde a una auténtica democracia, a un genuino Estado de Derecho! ¿Participamos de las decisiones importantes y el poder se divide constitucionalmente? ¿La Suprema Corte se mantiene ajena a los dictados presidenciales? ¿El Congreso es un poder autónomo y equiparable al presidencial, o como ha sido en la actual administración, en que el gobierno federal soborna a los legisladores con dinero público y acuerdos para aprobar las leyes? El «Mátalos en Caliente» sigue ejecutándose en alguna que otra entidad federativa. La ley no se aplica en lo general, no somos un país de leyes, pero vamos construyendo lentamente un régimen de leyes si no se pierde de vista que la democracia en México comenzó con la llegada de Fox al poder. En el imperio mexica no existió la democracia ni en el virreinato ni en el siglo XIX ni para ya ni mencionar el XX y su presidencialismo autoritario e intolerante. ¿Una prueba del avance democrático? Ver este *México engañado* en las librerías del país, así como las refutaciones rabiosas que espero, pero todo ello en función del conocimiento de nuestros niños. En el porfiriato hubiera acabado mis días en la fortaleza de San Juan de Ulúa...

El texto omite extrañamente el asesinato del cardenal Posadas Ocampo en Guadalajara, pero sí menciona el de dos distinguidos priistas: Colosio y José Francisco Ruiz Massieu que «cimbraron la conciencia del país» (p. 171). Es cierto, sin duda alguna, que se cimbró el país por ambos crímenes, propios de un ajuste de cuentas entre priistas, sí, pero la realidad es que el PRI, a pesar del miedo prevaleciente en la sociedad, volvió a ganar las elecciones presidenciales del 94.

Sin duda el de Salinas fue uno de los sexenios más intensos de los últimos tiempos y uno de los que mayor trascendencia han tenido y tendrán en nuestro destino político y económico. Su arribo fue muy cuestionado. Se legitimó con dádivas. Privatizó empresas muy importantes. Concentró el poder como en las épocas de gloria de Alemán y de Cárdenas, haciéndose temer y reorientando mediante exitosas y audaces reformas, sobre todo, la vida económica del país.

La sucesión presidencial en un contexto como el creado en parte por el mismo vigoroso empuje del salinismo y en parte por las inercias opuestas a la tendencia liberal resultó sumamente complicada, y de hecho trágica.

El mismo año fue secuestrado el presidente del consejo de administración de Banamex/Accival, Alfredo Harp Helú; tras 106 días de cautiverio fue liberado luego del pago de una importante cantidad de dinero. Los criminales que cometieron dicho plagio jamás fueron detenidos, como aconteció con otros tantos delincuentes que disfrutan impunemente los botines logrados a través del peculado. Vuelvo al libro de 1992:

Cambios
En los últimos cincuenta años, la vida de los mexicanos ha cambiado mucho más que en los cuatro siglos anteriores. A nuestros bisabuelos les tocó ver un extraño carruaje sin caballos. Era el primer auto. También vieron en el aire los primeros aviones, se asombraron con la electricidad, usaron los primeros teléfonos y oyeron los primeros aparatos de radio.

Nadie hubiera imaginado la realidad actual, en la que dominan la televisión, la comunicación instantánea, los satélites, las computadoras, el fax y las videocaseteras.

Y eso que todavía no aparecía o no se desarrollaba a gran escala internet ni la tecnología con la que hoy contamos y que sin duda significan, con respecto a estos aparatos que asombraban en 1992, una revolución tanto o más radical que la señalada. ¿Por qué no hablar en 2015 de los teléfonos inteligentes con que las masas se comunican, formando redes sociales capaces de cambiar el destino de los pueblos como aconteció durante la *Primavera árabe*, que concluyó con el derrocamiento de varios gobiernos? Hoy las redes sociales unen a una nación, desplazan a los medios masivos de difusión, hacen surgir una nueva conciencia ciudadana, se evitan los históricos controles a la prensa, se difunden imágenes antes prohibidas, se despierta la ironía y el sarcasmo (casi) sin consecuencia alguna, se critica a los políticos haciendo mofa de su desempeño, surge, en fin, el auténtico sentimiento popular que las autoridades ya no se atreven a controlar.

Adicionalmente se pide a los niños que si tienen alguna duda respecto al proceso electoral contemporáneo, «consulten a su profesor o familiares acerca de cómo se organizan unas elecciones» (p. 172). No puedo estar más de acuerdo, pero también sería recomendable que los niños vivieran personalmente el proceso al acompañar a sus familiares a votar y asistir a un mitin político, acercarse a las propuestas de los candidatos en materia educativa, visitar las instalaciones del Instituto Nacional Electoral.

Antes de que existiera el IFE (1990), la Comisión Federal Electoral organizaba las elecciones. ¿Saben quién presidía dicha Comisión? El secretario de Gobernación. Esto garantizaba al presidente el control de los procesos electorales.

La transición parecía un proceso tan inevitable como acrobático.

Es cierto: dentro del proceso de perfeccionamiento político se crearon instituciones encomiables y modernas pero tremendamente onerosas como el IFE, la CNDH, el Tribunal Federal Electoral, que aunque constituyen valiosas herramientas para nuestra mejora política, se debe reducir sustancialmente su costo porque integramos una de las democracias más caras del mundo, sin olvidar el subsidio de 5 000 millones de pesos que año con año se entrega a los partidos políticos sin que nadie comparezca a explicar el destino de esos ahorros de la nación. Al niño habría que hacerle saber que antes de la existencia del IFE el gobierno organizaba las elecciones bajo el control del secretario de Gobernación, quien presidía el órgano electoral, ¿qué tal? Quien cuenta los votos gana las elecciones, ¿verdad…?

Continuidad

En medio de estos cambios espectaculares [concluye el libro de 1992], se ha ido formando México. No tenemos un virrey como en el siglo XVI, ni un emperador, como algunas veces en el siglo XIX. Hemos cambiado mucho, pero existe continuidad.

La historia que has estudiado en este libro empezó hace siglos y durará muchos más, pues los mexicanos estamos decididos a seguir construyendo y engrandeciendo la nación en que vivimos, la nación que nuestros mayores han creado.

Los creadores de nuestra cultura, nuestros escritores, nuestros artistas, nuestros pensadores, han contado, recreado, interpretado nuestra realidad. Han estudiado y escrito nuestra historia. Han pintado nuestro paisaje. Han reflexionado sobre nuestro país. En la continuidad y riqueza de nuestra cultura, está gran parte del secreto y la fortaleza de nuestra conciencia nacional.

La historia humana está llena de imperios desaparecidos y naciones desintegradas, también de grupos y etnias que no llegaron a ser naciones. México, producto de la mezcla de americanos y europeos, crucero de raíces, etnias y culturas, es una nación de fuerte personalidad y envidiable riqueza histórica. Las generaciones que te han precedido hicieron nacer y consolidarse a México. Pero la nuestra no es una historia acabada. No se puede, como en las películas, ponerle la palabra FIN. Es una historia que sigue con los hechos y los cambios de cada día. Es la historia que tú heredas y que ayudarás a hacer en el curso de tu vida, como lo hicieron tus antepasados, para seguir construyendo juntos a México.

Ernesto Zedillo

Llegó al poder con 48.77% de los votos (poco más de 17 300 000). Había sido, cuando estudiante del *Poli*, miembro de las protestas de 1968, resultando apaleado en alguna ocasión por la fuerza pública... Se desempeñaba como secretario de Educación de Salinas, y después como jefe de campaña del asesinado Luis Donaldo Colosio.

En el libro de texto de 2015 no se señala el desquiciamiento del sistema de crédito y la quiebra de los bancos en 1995. No se alude a la muerte de Fidel Velázquez, máximo líder obrero, en el cargo de secretario general de la CTM desde 1941, fallecimiento ocurrido el 21 de junio de 1997. Al gran destructor de la democracia sindical, el mismo que traicionó a los de su clase como corresponde a un reaccionario encubierto, todavía le construyeron monumentos en el país, sobre todo en Nuevo León. Sólo el expresidente De la Madrid acudió a sus exequias. «Ni siquiera una veintena de dirigentes del Congreso del Trabajo se presentó a la calle de Vallarta 8, sede de la CTM, que ayer se convirtió en capilla ardiente», leí por ahí...

¿Dónde quedaron todos esos amigos que le ayudaban a llenar la plancha del Zócalo atendiendo los caprichos de nueve presidentes consecutivos?

Ese mismo año de 1997 los ciudadanos del Distrito Federal eligieron a su gobernante local por vez primera desde 1928. Ya quedamos de acuerdo en que este dato habla de la textura democrática de los *chilangos*, ¿verdad...? Sólo nos tardamos setenta años en que los chilangos pudiéramos elegir a nuestros alcaldes... ¡Un horror!

En 1999 estalla un movimiento estudiantil en la UNAM contra el alza de cuotas propuesta por el rector Francisco Barnés de Castro.

Estados Unidos prestó a México 50 000 millones de dólares para evitar la moratoria de su deuda externa en 1995, en tanto el peso se devaluaba brutalmente de nueva cuenta.

No hace falta mucha imaginación para calcular el porcentaje de devaluación de nuestra moneda desde Echeverría a Peña Nieto si en 1976 se podía comprar un dólar a razón de 12.50 pesos y hoy se requieren nada menos que casi diecisiete mil... ¿Adónde iremos a dar?

¿Dónde acaban las razones del mercado y comienza la responsabilidad financiera de México, un país incapaz de crear los sistemas defensivos para evitar las crisis recurrentes que empobrecen, desesperan y frustran? ¿Cuántos años llevamos padeciendo los colapsos propios de los desplomes de los precios del petróleo y es la hora que los desplomes nos desploman? ¿Seremos tontos? Es una mera preguntita...

El Fobaproa, Fondo Bancario de Protección al Ahorro, medida financiera, pesada carga que se hizo necesaria para garantizar la viabilidad de nuestra economía tras el desastre de 1994, el famoso *error de diciembre* ¡Fue el robo del siglo! Con la devaluación de diciembre de 1994 se dispararon las tasas de interés y esto determinó que muchos de los créditos otorgados por los bancos se hicieran impagables.

Recordemos que Carlos Salinas de Gortari había privatizado dieciocho bancos de los nacionalizados por López Portillo, y algunos de estos nuevos banqueros, como Carlos Cabal Peniche, Ángel Rodríguez *El Divino*, y Jorge Lankenau, «se dieron créditos a sí mismos, sus familias y amigos, que nunca fueron pagados [...] inmensas cantidades fueron transferidas a fideicomisos del PRI en oscuras operaciones que nunca han visto la luz y que la oposición relaciona con la financiación de la campaña electoral de Zedillo. Curiosamente, la mayor parte de los créditos impagados en los bancos eran de las personas más ricas del país y no de humildes mexicanos que no podían hacer frente a sus obligaciones financieras».[496]

En aquel entonces el monto para evitar la quiebra del sistema bancario se estimó en 688 000 millones de pesos, es decir 20% del Producto Interno Bruto, según declaración reciente del expresidente Zedillo. «Cifra superior [añadió] al paquete financiero de EU durante la recesión de 2008».[497]

Te tengo una noticia respecto al Fobaproa: se han pagado sólo los intereses. Sí, y en trece años el pasivo creció 128 000 millones de pesos (18.6%). Para 2012, «el monto de los pasivos netos del Instituto para la Protección del Ahorro Bancario (IPAB) se incrementó hasta llegar a 815 786 millones de pesos».[498]

[496] Ander Estrada, «América también existe. El robo del siglo», *América Económica*, Madrid, 1 de junio de 2001, consultado en septiembre de 2015, www.americaeconomica. com/numeros2/104/reportajes/estrada104.htm

[497] Redacción, «¿Cuánto ha costado el Fobaproa a México?», *Red Política*, México, 25 de julio de 2014, consultado en septiembre de 2015, www.redpolitica.mx/deuda-de-la-federacion/cuanto-costo-mexico-el-fobaproa

[498] Aura Hernández, «Deuda del Fobaproa ya es de 128 mmdp. Mayor que cuando se creó en 1999», *La Razón*, México, 6 de febrero de 2013, consultado en septiembre de 2015, www.razon.mx/spip.php?article158463

Sin embargo, hay que hacer honor a la verdad: no todo se debió a la corrupción, al menos no a la corrupción implícita en el rescate bancario. Según escribió al calor de los hechos el economista Luis Rubio: «La tormenta política y mediática en torno al Fobaproa se ha centrado en la supuesta corrupción del mecanismo de rescate bancario. Pero [...] la bancarrota del rescate se debe a causas mucho más profundas, añejas y preocupantes [...] El origen, la gestación y erupción del Fobaproa no son producto de la casualidad. Son producto de la ineficiencia, incompetencia y sucesión de errores de visión y operación por parte de las autoridades financieras a lo largo de las últimas dos décadas, más que de la corrupción, entendida esta como el saqueo del erario público, aunque desde luego también de eso ha habido en este funesto drama que afectará a todos los mexicanos. El problema actual del Fobaproa es el resultado fatal, casi inevitable, de una sucesión de decisiones gubernamentales que generaron incentivos extraordinariamente destructivos para la economía del país y que deben ser analizados y discutidos en esa perspectiva. De por medio se encuentra no sólo la deuda pública, sino el futuro de los bancos, corazón de la economía del país [...] Los errores de las autoridades financieras se fueron acumulando y sus funcionarios, cada vez más preocupados de las posibles implicaciones de sus propios errores, se dedicaron a encubrirlos. En lugar de enfrentar los problemas de origen, la práctica cotidiana fue la de intentar tapar los agujeros, tratar de corregir las faltas anteriores con decisiones cada vez más atrevidas. Lo que resultó fue un cúmulo de errores que en la actualidad despierta toda clase de sospechas, la abrumadora mayoría de las cuales no se justifica. El manejo del sistema bancario mexicano, desde su estatización en 1982 hasta el Fobaproa, refleja incompetencia, falta de experiencia en la interacción de la teoría con la realidad, insensibilidad social, desinterés total por la opinión pública y una enorme arrogancia [...] Con el criterio burocrático más primitivo, el de ignorar la realidad pero suponer lo mejor, las autoridades trabajaron sobre la premisa de que el problema era manejable. En el camino se perdieron días, semanas y meses cruciales que acabaron siendo fatídicos.»[499]

A los estudiantes habrá que hacerles saber y explicarles:

1) Qué pasó en Aguas Blancas, localidad del estado de Guerrero, donde fueron acribillados por policías estatales diecisiete campesinos el 28 de julio de 1995.

---

[499] Luis Rubio, «Fobaproa o las consecuencias de la ineptitud», *Nexos*, México, 1 de julio de 1998, consultado en septiembre de 2015, www.nexos.com.mx/?p=8941

2) Que sepan como, de manera inédita, un general del ejército, Jesús Gutiérrez Rebollo, fue acusado por la propia Sedena y encarcelado por brindar protección a narcotraficantes.

3) Que no ignoren cómo en Acteal, localidad chiapaneca, grupos paramilitares llevaron a cabo el 22 de diciembre de 1997 una masacre con un saldo de 45 muertos, todos humildes campesinos. Nunca nada se aclaró, como jamás se aclara el 98% de los delitos en el país. ¿Esa es la justicia que esperábamos después de la Revolución? ¿Este es el triste saldo de siete décadas de monopolio del poder político?

4) En 1997 fue acusado Marcial Maciel, un degenerado líder católico y fundador de los Legionarios de Cristo, congregación nacida en México y con presencia en diecisiete países de América y Europa: «Desde 1948 hasta entrada la década de los setenta, el sacerdote Marcial Maciel Degollado [...] abusó sexualmente de niños entre doce y diecisiete años de edad que le fueron entregados en custodia "para dedicarlos al Señor" por familias confiadas en la obra que desarrolló».[500]

¿Sabes lo que nos cuesta a los mexicanos, además de otros rubros, un sistema fallido de impartición de justicia de cara a la inversión extranjera, porque muchos empresarios foráneos se niegan a traer sus capitales a México por falta de certeza jurídica? ¿Cómo nos van a tomar en serio en otros países cuando nosotros mismos no respetamos las reglas del juego que promulgamos con la debida solemnidad?

«La gestión económica de Zedillo puede dividirse y entenderse en dos etapas: el programa de ajuste y estabilización (puesto en marcha en enero y febrero de 1995) y el programa nacional de financiamiento del desarrollo, a partir de 1997. El primero era un urgente y desesperado plan de choque, una operación de salvamento para una economía hundida cuyas fisuras financieras amenazaban la viabilidad de México por una generación. Y el segundo era un plan para que ese tipo de crisis no se repitiera. Salir de la crisis y evitar la próxima, ese ha sido el trabajo económico esencial del presidente.»[501]

Ciertamente, nadie puede negar que el de Zedillo fue un gobierno obligado a transitar bajo una turbulencia atroz, la producida por una gigantesca crisis como lo fue la quiebra del país. Tras el Fobaproa, «el panorama cambió durante el resto del sexenio de Zedillo, se dio una sorprendente recuperación del empleo y una sana administración de la

[500] Salvador Guerrero, «Acusan a líder católico de abuso sexual de menores», *La Jornada*, México, 14 de abril de 1997, consultado en septiembre de 2015, www.jornada.unam. mx/1997/04/14/lider.html

[501] Ricardo Becerra, «La economía política de Zedillo. Recuperación financiera y rezago social», *Etcétera*, México, 2000, consultado en septiembre de 2015, www.etcetera.com. mx/2000/397/rb397.html

economía mexicana [...] hubo una apertura política mexicana que permitió en julio de 1997 la victoria electoral de Cuauhtémoc Cárdenas (PRD) como jefe de gobierno del Distrito Federal, fecha en que también el PRI dejaba de poseer la mayoría absoluta en la Cámara de Diputados. Al final de su mandato, se convirtió en el primer presidente emanado del PRI en reconocer una derrota en la elección presidencial». Cumplió al pie de la letra con aquello de la «sana distancia del PRI».

Debemos a Zedillo, justo es decirlo, que no interfiriera para evitar la derrota del PRI. No es mérito menor, como tampoco lo es haber entregado a la oposición un país con instituciones democráticas mejor encarriladas...

«La nuestra es ya una democracia madura, con instituciones sólidas y confiables, y especialmente con una ciudadanía de gran conciencia y responsabilidad cívicas», dijo Zedillo el 2 de julio de 2000. Por primera vez en la historia posrevolucionaria un candidato ajeno al partido oficial vencía en las elecciones presidenciales y su triunfo era reconocido. Zedillo recibió un país totalmente quebrado y lo entregó seis años después con una tasa de crecimiento de 7%, toda una hazaña comercial, fiscal, financiera y económica. ¡Lástima que no se hubiera podido reelegir un presidente con semejantes capacidades y equilibrios por un término más como en Estados Unidos, cuando finalmente dábamos con un jefe de Estado eficiente, como en su momento también lo fue Salinas antes del 94! Pero bueno, Zedillo no fue el único que recibió un gobierno hecho jirones: a grandes zancadas, Manuel de la Peña y Peña entregó la presidencia en ruinas a José Joaquín de Herrera en 1848, después de la intervención estadounidense. Juárez recibió la administración hecha pedazos en 1861, después de la guerra de Reforma, y la volvió a recibir en ruinas en 1867, una vez fusilado Maximiliano y concluido el Segundo Imperio con la expulsión de los franceses. Venustiano Carranza accedió a la presidencia al terminar la Revolución mexicana cuando la devastación era total, para ya ni hablar de las terribles condiciones en que llegó a Los Pinos López Portillo ni comparar cómo le entregó el poder a Miguel de la Madrid, un México agónico, similar al que le tocó gobernar en sus inicios a Salinas de Gortari. ¿Desastres, devaluaciones y desolación? ¿Cuántas veces? Por esa razón, entre otras, crisis tras crisis nos ha costado mucho trabajo poner una piedra encima de la otra. ¡Qué envidia de una Suiza próspera y estable!, ¿no? ¿Qué tendríamos que hacer? Entrar al rescate de la patria porque México no es propiedad de los políticos, corruptos o no, México es propiedad de los mexicanos, por lo que no podemos asistir a una debacle tras otra como espectadores frívolos que asisten a una corrida de toros. ¡No! Hagamos política entre todos los mexicanos, de ahí que sean tan importantes las candidaturas independientes.

*Benito Juárez, óleo de Tiburcio Sánchez. El retrato
de cuerpo completo que se debería haber publicado
en toda una página a título de homenaje en lugar
del de Porfirio Díaz, el dictador.*

A espaldas de Zedillo llegamos a ver en ocasiones el retrato de Benito Juárez que durante décadas decoró no solamente el salón «Lázaro Cárdenas» –¡faltaba más!– sino las mentirosas palabras de los presidentes necesitados de la autoridad moral del oaxaqueño; es cierto, la imagen, la figura de Benito Juárez ha sido utilizada descaradamente por la élite posrevolucionaria para justificar su permanencia en el poder. ¿Quién pudiera negarlo?

Asimismo, ¿quién pudiera negar que don Benito, pese a su concepto de la legalidad a toda prueba, cometió un error al reelegirse hasta que la muerte lo sorprendió ocupando el máximo despacho de la nación? ¡Ah! ¡No cabe duda que nadie es perfecto en esta vida!

Por lo demás, esta sería una de las últimas apariciones del retrato de Benito Juárez en la residencia oficial de Los Pinos: Vicente Fox lo quitó para colocar a Francisco I. Madero. Calderón respetó esa determinación. Sí, lo que sea, ¿pero dónde está hoy en día el famoso retrato del Benemérito, Padre de la Patria? Porque en la oficina de Peña Nieto, en cuya administración supuestamente laica se redactaron estos libros vergonzosos, tampoco se encuentra. ¿Por qué lo esconden? ¿Les dará vergüenza que un indio oaxaqueño les haya puesto un ejemplo de ética, respeto y eficiencia, o lo ocultan por haber sido el máximo líder de la Reforma y de la restauración de la República? ¿Por qué ya no está donde debería estar...? ¿Ya desapareció porque metió en cintura al clero, el que desde luego ayudó a redactar los libros de texto de historia de 2015?, ¿se estará vengando el clero de nuestros días que se jacta de gobernar en Los Pinos? Juárez, Juárez, ¿dónde está Juárez, quien vivía con la justa medianía de su sueldo, algo impensable en el México podrido de nuestros días? A quien hubiera sostenido aquello de «Político pobre, pobre político», sin duda alguna lo hubiera mandado pasar por las armas...

Pese a que siempre es arriesgado hablar de la historia reciente o aludir a procesos en curso como si se tratara de sucesos históricos, me gustaría anotar algunas ideas al tiempo que revisamos las últimas páginas del libro de texto de quinto grado.

Existen algunas nociones que no podemos dejar pasar. Yo diría que la alternancia en el poder encabezada por Vicente Fox fue más un proceso de continuismo que una verdadera alternancia democrática y política. No se desmontó el aparato priista de la intolerancia y la corrupción ni se construyó el tan anhelado, prometido y cantado Estado de derecho. ¿Vimos en la cárcel tras de las rejas a un solo *pez gordo* a los que tanto se refería Fox, el supuesto gran verdugo del PRI? ¿A quién le esculcó los bolsillos para hacer justicia, salvo que el pacto hubiera sido abstenerse de cualquier persecución de modo que después él mismo, su esposa y los hijos de esta, al concluir su mandato, no fueran víctimas de acoso alguno por nuevos *negocios* espurios de difícil comprobación? ¿Cuál alternancia, después de setenta años de PRI? ¿Cuál país de leyes con el arribo de la oposición...? Es evidente que fue más lo que se quedó que lo que debería haberse largado para siempre de nuestra vida pública... ¿México es acaso un país más justo después de la supuesta alternancia? ¿Se disminuyó la miseria, el analfabetismo y la corrupción? ¿Por qué habrá regresado el PRI a Los Pinos después de doce años de haber gobernado torpemente la oposición...?

Vicente Fox

Sin que se pueda comparar con el ascenso de Mandela al poder en Sudáfrica ni con la muerte de Franco y el famoso Pacto de la Moncloa que abrieron paso a la democracia en España, el triunfo de Fox entusiasmó a un México que, tras padecer todos los achacosos males del estatismo exacerbado, sentía llegada la hora de dar un giro radical, de moralizar la política, de hacer justicia... Mas todo fue una ilusión, lamentablemente, sin que pueda decirse que no hubo ningún saldo favorable tras el paso de aquel gobierno célebre precisamente por sus ocurrencias, pero no sólo por eso. Veamos.

Ejecutivo de la Coca-Cola en América Latina, Vicente Fox fue el primer presidente en ostentar un título en Administración de Empresas, mismo que obtuvo a escasos meses de su elección. Panista, había sido un diputado crítico de Salinas (en tono más o menos folclórico, como muchos han de recordar, y hay fotos al respecto) y poco después gobernador de Guanajuato, donde arrasó con 59% de los votos. No obstante, para ser candidato del PAN lanzó su candidatura pasando audazmente por alto a su partido, apoyándose financieramente en la organización Amigos de Fox, estructura paralela de captación de recursos para su campaña presidencial. Fue, pese a todo, uno de los presidentes con mayor legitimidad en las últimas décadas, si no es que de los únicos, debido a que ganó la elección de manera incuestionable y holgada, llamando al «voto útil» a fin de que incluso la gente que pensaba distinto a él lo apoyara con tal de sacar al PRI de Los Pinos. ¡Y funcionó!

Frases como «Me hacen los mandados» o «Roque tragará camote», «Comes y te vas», «¿Y yo por qué?», lo inmortalizaron.

Durante su sexenio se abrieron algunos archivos de la Dirección Federal de Seguridad que permanecían vedados al escrutinio público, a fin de hacer justicia (se suponía) por los sucesos de 1968. Se acusó a Echeverría de genocidio. Salió ileso y quedó absuelto. Jamás hablará. Jamás se hará justicia. ¿Por qué, a propósito, nunca entregó las cintas garbadas durante la agresión armada del 2 de octubre que recogió la lente de Demetrio Bilbatúa que contendría evidencias históricas?

En 2001 fue detenido el exgobernador de Quintana Roo, Mario Villanueva Madrid, por estar involucrado con el narcotráfico y se dieron los *videoescándalos*, que involucraban con un empresario a prominentes políticos del PRD (René Bejarano y Rosario Robles), así como el llamado *Niño Verde*, Jorge Emilio González Torres (del Partido Verde Ecologista de México), en casos de patética corrupción. ¿Y por qué nunca se auditó la organización Vamos México de la señora Marta Sahagún con la que desquició al sistema filantrópico mexicano al apoderarse de los donativos de empresas y particulares destinados a la asistencia social privada? ¿Por qué se archivó la investigación del origen patrimonial de los hijos de la señora Sahagún? ¿De dónde salieron los fondos para construir el Centro Fox?

Pero cuidado: los logros de Fox en materia económica no son, desde luego que no son, cosa de «dicho y hecho». Obsérvese bien: logró, en 2005, la inflación más baja desde 1968, 3.3%. «El promedio sexenal anualizado de la inflación logrado por Fox fue de 4.45%. Niveles menores sólo se lograron en los sexenios de López Mateos y Díaz Ordaz en los años sesenta. De hecho, mantuvo la inflación en un dígito en todos los años de su mandato, lo cual no ocurrió en ninguna otra ocasión desde que se iniciaron los sexenios presidenciales en 1934».[502]

Se mantuvo la libre flotación del tipo de cambio a lo largo de todo el sexenio. Disminuyó la deuda externa pública neta del gobierno federal. Controló el déficit público al disminuirlo a 0.4% del PIB. Las reservas internacionales se mantuvieron en un nivel de 67 600 millones de dólares, las más altas en la historia del Banco de México para un fin de sexenio en aquellos años. Una de las grandes críticas al foxismo se dio en el plano político al no haber podido entregar el poder en las mismas condiciones en que lo recibió, y si no, recuérdese en qué condiciones se tomó protesta a Felipe Calderón al cargo...

Para el año electoral de 2000 el IFE aprobó un presupuesto de 3 000 millones de pesos para los partidos políticos; en 2015, año electoral también, aunque intermedio, el presupuesto fue de 5 356 771 247 pesos: casi se ha duplicado. Y la calidad de nuestra democracia, digamos simplemente que... no.

Preciso es volver al libro de texto y observar que una sola palabra no dice sobre la corrupción, más aún cuando esta pudrió el gobierno de Fox con el escandaloso enriquecimiento inexplicable de su familia, además de otros integrantes del gabinete, a lo que el presidente de ninguna manera podía ser ajeno. ¿Verdad que sólo hay algo peor que el PRI y es la oposición? ¿Hubiera cabido la corrupción y los reclamos que genera entre los problemas que abarca la frase «La expansión urbana, la desigualdad y protestas sociales del campo y la ciudad» que sirve como un título en el libro de 2015? (pp. 168-169).

Pese a ello, tenemos aquí una especie de *mea culpa* muy interesante. Admiten quienes redactaron el libro de texto «la falta de empleo, la con-

---

[502] Manuel Aguirre Botello, «Para los que dicen que Vicente Fox no hizo nada», *El siglo de Torreón*, México, 20 de febrero de 2009, consultado en septiembre de 2015, foros. elsiglodetorreon.com.mx/politica/284916-para+los+que+dicen+que+vicente+fox+no +hizo+nada.html

taminación, la sobreexplotación de los recursos naturales, la pobreza, el hambre y la desnutrición», nada menos, como fenómenos propios del periodo en cuestión (1980-2014). Además se afirma que las «desigualdades sociales y económicas [...] se han agravado en las últimas décadas». Se habla de que «gran parte de la población tiene limitado el acceso a la educación, la alimentación, la vivienda, la salud, los empleos bien remunerados y a los servicios públicos». Se habla de la injusticia social, de «la discriminación a los indígenas y a la gente pobre».

Me parece bien que se diga la verdad; nunca es inoportuna, como bien sabemos. Sólo que temo que estos contenidos, así como el desarrollo de 1968 y el muy breve análisis del levantamiento del EZLN en Chiapas, buscan más bien legitimar estos libros de texto, pues en efecto esos temas, según se cree, antes no se trataban ni se admitía la justicia de algunos movimientos sociales. Ahora se incorporan, sí, pero el libro deja mucho que desear como me parece que va quedando más o menos demostrado.

Lo que debería enseñárseles en estas páginas a los niños es cultura política democrática: cómo se vota, cómo se legisla, cómo gobernar con el concurso de las mayorías, cómo pedir información, cómo defenderse ante los tribunales, cómo demandar, cómo pagar impuestos y por qué...

¿Qué es la ONU? ¿Qué es la Unesco? ¿Qué función cumplen la OEA o la OMC? ¿Alguien le ha hablado al niño sobre Unicef...?

¿Cuáles son las cumbres internacionales y los foros económicos más importantes, cuyos resultados debemos seguir con atención los ciudadanos? ¿Cuáles son las divisas más importantes? ¿Cuántos pesos valen?

De la Unión Europea, de Unasur, de la Alianza del Pacífico, ¿qué sabrá el niño? ¿Sienten que el Estado los está formando con el ánimo de hacer de ellos ciudadanos del mundo?

¿No hay ningún juego (como aquel donde les tocaba ser esclavos o capataces) en el que les enseñen a discutir en un parlamento? ¿No existe ningún juego, como aquel donde los ponen a enunciar argumentos contra el derecho al voto de la mujer (p. 141), en el que les enseñen a administrar el dinero o a consultar la prensa internacional por internet o a distinguir a los principales compositores de música clásica?

Hace falta brindar elementos históricos. Por ejemplo, dicen que Mario Molina recibió el Premio Nobel de Química en 1995: hay que decir qué inventó, qué descubrió, qué aportó a las ciencias para ayudar a la humanidad (p. 174).

Los niños de este país, ¿saben que Mario Molina fue uno de los científicos que descubrieron las causas del agujero de ozono antártico al identificar las propiedades químicas de compuestos que juegan un papel esencial en la descomposición del ozono de la estratosfera? ¿Saben que es ingeniero químico egresado de la Universidad Nacional Autónoma de México y que realizó estudios de posgrado en la Universidad de Friburgo, Alemania, doctorándose en Fisicoquímica por la Universidad de California, Berkeley, en Estados Unidos? Sí, el niño no debe creer que esto se le ocurrió sentado en la banqueta ni que ocurrió un milagro ni nada parecido.

¿Han escuchado hablar del Protocolo de Montreal, primer tratado internacional que ha enfrentado con efectividad un problema ambiental de escala global? ¿Saben que las investigaciones del doctor Molina condujeron a la firma de dicho importante acuerdo?

¿Han escuchado hablar de la Cumbre de la Tierra llevada a cabo en 1992 en Brasil? ¿Ya les contaron del Protocolo de Kioto?

De estos eventos nacieron importantes derechos que disfrutarán muchas generaciones para bien de la humanidad.

No puedo dejar de observar la idea contenida en los libros de texto sobre la utilización de internet, que refleja una notable falta de imaginación. Dicen: «Internet se utiliza como un medio que ha favorecido el acceso a mayor cantidad de información y a formas de comunicación con lugares más apartados a través de las redes sociales. Antes eran inimaginables los teléfonos celulares o pensar que en una pequeña tarjeta de memoria guardaríamos documentos, fotografías, videos y canciones».

Internet también se le podría explicar así a los niños: allí puedes visitar bibliotecas, conocer museos, investigar sobre tu país, ver fotografías satelitales de tu pueblo o ciudad, la puerta de tu casa incluso, estudiar ciencias, ver documentales, usar simuladores, entrar a las bases de datos de las mejores universidades del mundo, ver televisión y películas clásicas de grandes directores. Es posible descubrir también cómo se vive en otras latitudes, saber cuáles son los precios de las cosas y comparar la situación de tu país con la de otros que quizás se te antoje visitar con tu familia. Es posible estudiar el comportamiento de los animales que se te ocurra, hasta los nunca vistos porque viven en el mar a grandes profundidades, y todos los aviones, todos los automóviles, todas las locomotoras, los castillos que se han construido, todos los aeropuertos, todas las ciudades, todos los edificios, todas las murallas, los barcos, todos los microscopios, los telescopios, incluidos manuales y guías para fabricar muchos objetos, tomar cursos de idiomas, gratuitos muchos de ellos, aprender a cocinar, a sembrar, a programar, a construir instrumentos musicales, etcétera... ¿Qué tal el hecho de poder acceder a miles de bibliotecas del resto del mundo por medio de un simple teléfono inteligente y leer incontables libros a título gratuito y en diferentes idiomas...?

Esta actitud de enseñanza para mediocres la vemos, de hecho, desde la primera frase al enterarnos de que: «Durante las últimas cuatro décadas la ciencia y la tecnología mundiales lograron grandes avances» (p. 173).

No basta con eso: hay que decir cuáles fueron esos avances. Eso es enseñar historia, pero sobre todo, eso es querer y educar al niño, brindándole herramientas que le ayuden en la vida. En cambio aquí todo parece estar dirigido a adormilarlo cada vez más.

Hablan de la ampliación de la red carretera, de túneles y puentes, pero no cuentan qué pasó con el ferrocarril. Yo te lo digo: la empresa que monopolizaba este importante servicio fue destruida por la ineficiencia de la administración estatal y sindical. Y por la realidad.

¿Cuán más dinámica sería nuestra economía si el ferrocarril estuviera activo, al servicio de la nación (es decir, de ti y de mí a la hora que quisiéramos)? No es posible saberlo. ¿Cuánto más barato resultaría trasladarnos al interior de la República cómodamente? Algunos todavía lo recuerdan. ¿Cuánto bajarían los precios de muchos artículos si se pudieran transportar en la red ferroviaria a precios costeables en lugar de ser trasladados por carretera? ¿Cuánto se activaría nuestro mercado interno? ¿Cuánto nos conoceríamos los mexicanos si viajáramos más al interior de nuestro propio país?

¿Ya viste que aparecen Los Tigres del Norte? (p. 179) Sí, Los Tigres del Norte y *Tin Tan*, entre otros más, en los libros de texto de historia patria, como si no hubiera nada que contar. ¿Qué hubiera dicho don Alfonso Caso si le hubieran propuesto incluir en el libro de texto de historia de 1960 el nombre del *Ratón* Macías, un destacado pugilista mexicano?

Felipe Calderón

No detallan la elección de 2006. Esto es todo lo que dice el libro de texto que aconteció de 2000 a la fecha: «En las elecciones presidenciales de 2000 el ganador fue el candidato del Partido Acción Nacional (PAN), Vicente Fox Quesada, quien se convirtió en el primer presidente que no provenía de las filas del partido oficial. Este proceso democrático, reflejado a través del voto, continuó con la presidencia de Felipe Calderón, quien culminó su mandato en 2012. A partir del 1 de diciembre de ese año se inició el periodo presidencial de Enrique Peña Nieto, del PRI» (p. 171). ¿Qué tal?

De 2000 a 2012 hay más años que renglones en este párrafo; o sea, que ni dedicándole un renglón a cada año (lo que supone un enorme esfuerzo de síntesis, sin duda) lograrían abarcar adecuadamente aquellos años ya transcurridos y por tanto cargados de sucesos y noticias. ¿Siete renglones y creen haber dicho todo lo esencial sobre las últimas décadas de nuestra política? Ciertamente era mejor no enseñar nada.

Hay que recordar que el proceso electoral de 2006 fue muy conflictivo. Se trató de la elección más apretada de nuestra historia, con 0.56% de diferencia entre Felipe Calderón, del PAN, y Andrés Manuel López Obrador, del PRD. Se debe mencionar que este último fue jefe de gobierno del Distrito Federal, cargo que usó como plataforma para su candidatura presidencial en tanto la ciudad, como ahora, se deshacía en sus manos. Calderón, por su parte, ocupó la Secretaría de Energía durante el gobierno de Fox, haciendo otro tanto. El voto duro del PRD en la capital de la República la ha hundido en el atraso, la corrupción y el abandono. ¿Qué experiencia en administración, desarrollo y operación urbanos tenían AMLO o Miguel Ángel Mancera para encabezar una de las ciudades más complejas del planeta? El resultado no podía ser distinto al más escandaloso fracaso. ¿Ejemplos? La parálisis citadina consecuencia de un tráfico caótico; las marcadas carencias en materia de servicio público de transporte subterráneo o de superficie; la existencia de las delegaciones políticas, auténticas cuevas de bandidos dedicadas a esquilmar al ciudadano impotente; la policía de tránsito, otro organismo agusanado que olvida sus obligaciones a cambio de saquear los bolsillos de los automovilistas, las agresiones ambientales consecuencia de la contaminación atmosférica, la escandalosa pérdida en la calidad de vida de los capitalinos, entre otros menesteres no menos importantes como la terrible administración de desechos de la ciudad y todavía aspiran a la Presidencia de la República cuando no pueden ni con una sola delegación.

López Obrador fue afortunadamente derrotado en las urnas, por lo que a la voz resentida del mal perdedor tomó violentamente el Paseo de la Reforma en la capital al grito de «Voto por voto, casilla por casilla». El mismo presidente Fox reconoció haber maniobrado para descarrilar la candidatura de López Obrador; este, por su parte, sentenció furioso y descompuesto: «Váyanse al diablo con sus instituciones», muestra inequívoca de sus tendencias dictatoriales. ¡Claro que también perdería las elecciones de 2012, esta vez por millones de votos porque el electorado ya lo identifica como un nuevo Chávez camuflado! Quienes lean este libro, *México engañado*, de principio a fin, habrán confirmado los esfuerzos gigantescos que ha dedicado este país a lo largo de los siglos para contar finalmente con instituciones que nos hagan dejar de ser el gobierno y la nación de un solo hombre, lecciones de historia patria que nos deben enseñar los peligros de elevar al máximo poder mexicano a un nuevo político resentido y desfasado en el tiempo, con serios vacíos emocionales en su personalidad, los que viene dispuesto a llenar mandando al diablo a las instituciones republicanas que nos ha costado sangre, atraso y lágrimas, muchas lágrimas y dolor poder conquistar.

¿Sabías que los consejeros electorales forman parte de los funcionarios mejor pagados de la administración pública, junto con los ministros de la Suprema Corte de Justicia de la Nación y que es así, en teoría, para hacerlos incorruptibles?

Calderón «se enfrentó al crimen organizado y a la inseguridad con mucho valor [afirmó su vocera, Alejandra Sota], teníamos seis mil policías federales y ahora son treinta y seis mil, aunado a una fuerza muy importante en materia de inteligencia, capacitación y tecnología que antes no se tenía».

Lamentable e irreparablemente, se estima que de diciembre de 2006 a mediados de 2012, en vísperas de la elección presidencial, habían muerto más de 60 000 personas «en ejecuciones, enfrentamientos entre bandas rivales del crimen organizado y agresiones a la autoridad».[503] Tras el fin de su sexenio, se ha hablado hasta de 100 000 muertes. El efecto nocivo en el turismo y en la inversión extranjera quedó fuera de toda duda. A balazos, como lo entendió el presidente estadounidense Roosevelt, no se iba a acabar con el crimen organizado y la estrategia de Calderón no podía ser la excepción. El fracaso fue rotundo: el narcotráfico no se extingue a balazos, sino por medio de un servicio eficiente de inteligencia nacional. Roosevelt acabó legalmente con la prohibición de las bebidas alcohólicas, o Ley Seca y concluyó con una buena parte de los hampones que lucraban con la importación de alcohol sin que Estados Unidos se convirtiera en un país de dipsómanos, según le advertían sus detractores. ¡Claro que en el gobierno de Calderón la inteligencia fue la gran ausente en su mandato!

Según las estadísticas, la marihuana es la cuarta droga más popular en el mundo después del alcohol, la cafeína y la nicotina, si es que a estas tres sustancias se les desea etiquetar como «drogas». Al día de hoy veintidós estados de Estados Unidos ya han legalizado la marihuana para usos médicos en pacientes que sufren de cáncer, epilepsia, esclerosis y dolores crónicos, sí, pero han ido más allá: Colorado y Washington

---

[503] Redacción, «Avanza combate contra el narco», *Capital Estado de México*, México, 26 de junio de 2015, consultado en septiembre de 2015, www.capitaledomex.com.mx/reportaje/avanza-combate-contra-el-narco

votaron por la legalización del consumo de la hierba en el caso de adultos, y cualquier mayor de edad podrá fumar marihuana en dichas entidades sin limitación alguna. ¿Existen dudas de que la liberación le ganará la carrera a la prohibición del consumo de marihuana y que, en el corto plazo, se reformarán las leyes federales al respecto? ¡Claro que no! Todo es cuestión de tiempo. Podríamos llegar al absurdo de que mientras en Estados Unidos se manda la marihuana por mensajería, aquí en México seguiremos invirtiendo miles de millones de pesos en la persecución de narcotraficantes que cada día tienen más poder de fuego y más dinero y que, cuando finalmente se les detiene y encierra en cárceles absolutamente saturadas y corrompidas, todavía logran escapar por medio de sobornos para seguir delinquiendo.

¿Qué debe hacer México? ¿Continuar persiguiendo a balazos a los traficantes de marihuana? ¿Espantar a la inversión extranjera y al turismo local e internacional con más decapitados, desollados o miles de desaparecidos, entre otros horrores? ¿Seguir ocupando las primeras planas de los diarios del mundo, que nos exhiben como un país de salvajes en estado prerrevolucionario? ¿Aumentar aún más el gasto público para reclutar y capacitar a más fuerzas policiacas, unas más corruptas que otras? ¿Desgastar la imagen del ejército en tareas que no le corresponden? ¿Construir más cárceles de alta seguridad en la inteligencia de que cada preso cuesta lo mismo que becar a un estudiante en Harvard, todo ello para que no se introduzca marihuana (entre otras drogas) a Estados Unidos, cuando ya muy pronto no será delito en aquel país ni sembrarla ni comercializarla ni fumarla como hoy acontece con los cigarrillos, pues hasta se podrá adquirir por medio del correo?

Cuando Franklin Roosevelt acabó con la prohibición y permitió el consumo indiscriminado de whisky, se arruinó el negocio de la importación clandestina y por ende se desplomaron las gigantescas utilidades de los gánsteres estadounidenses, se desintegraron las bandas y ya no fue necesario invertir cantidades ingentes de recursos en fuerzas policiacas ni en la construcción de más cárceles y cuarteles; al menos en ese rubro, desapareció la corrupción de jueces y fuerzas del orden, se redujo el gasto presupuestario destinado a la persecución de introductores y comerciantes del alcohol y nuestros vecinos del norte no se convirtieron en unos dipsómanos, según presagiaban con su bolita de cristal los eternos clarividentes, unos más insolventes moralmente que los otros. ¿En qué sí se invirtió a cambio? En centros de tratamiento de la adicción al alcohol y en el diseño de políticas educativas para prevenir dicho mal en los adultos del mañana. ¿Qué tal?

Si 70% del esfuerzo realizado por el gobierno mexicano se centra en el combate a los traficantes de marihuana, ¿por qué no imitar a Roosevelt, o seguir el ejemplo de Colorado, Washington, Holanda y Uruguay? Adelantémonos y legalicemos la marihuana, acabemos con el negocio, construyamos centros para la prevención de adicciones, contratemos médicos y maestros en lugar de policías y soldados. Ni debemos ir en sentido contrario a la modernidad ni nos convertiremos en un país de *pachecos*. Quien niegue la realidad es pitoniso frustrado, ignorante, retardatario o le conviene la prohibición.

Otros fueron sin duda los méritos de Calderón:

- Se capturó o *abatió* a veinticinco de los criminales más peligrosos.
- Se construyeron 1200 clínicas y hospitales y se remodelaron 2500 más.
- La inversión en infraestructura alcanzó 5.5% del Producto Interno Bruto en el periodo 2006-2012, superior a la observada en las administraciones anteriores.
- Se construyeron y mejoraron más de 20000 kilómetros de carreteras y caminos rurales, así como más de noventa túneles.
- El Puente Baluarte, el Túnel Emisor Oriente y la presa La Yesca son probablemente las obras de infraestructura más importantes creadas durante su sexenio.
- En cuanto al empleo, se crearon 2.2 millones en todo el sexenio, según cifras del Instituto Nacional de Estadística y Geografía (Inegi), lo que hace que quede a deber en esta materia al haberse comprometido a crear un millón al año[504] el supuesto *presidente del empleo*.
- Se jactó de conseguir la cobertura universal de salud a un costo demagógico y premiando con auxilios asistenciales a trabajadores informales, parásitos que no contribuyen a financiar el gasto pero que sí disfrutan de los servicios públicos. ¿Por qué razón se tomó esta medida en lugar de rescatar de la informalidad a millones de personas? Pues para arrebatarle una bandera suicida a la izquierda mexicana, extraída del Paleolítico tardío. ¡Qué falta hace en México una izquierda inteligente como la de *Lula* o Bachelet, que realmente trabaje para ayudar a los marginados sin empobrecer al país, como se ha logrado en otras latitudes…!

Nadie puede negar la importancia y la imperiosa necesidad de otorgar la cobertura universal de salud y la del seguro de desem-

---

[504] Jesús Ugarte, «Los logros y pendientes de Calderón», *CNN Expansión*, México, 29 de noviembre de 2012, consultado en septiembre de 2015, www.cnnexpansion.com/negocios/2012/11/28/los-logros-y-pendientes-de-calderon

pleo, sólo que no olvidemos nuestra pobreza presupuestaria y si se vale una metáfora, el hecho de contar con una manta muy pequeñita para poder cubrir todo un cuerpo. No somos un país rico, sino pobre y lleno de evasores fiscales, de políticos corruptos y de millones de personas que, instaladas en la informalidad, no contribuyen con sus impuestos al financiamiento del gasto público, pero que sí disfrutan de servicios médicos a través del Seguro Popular. O sea, que el Seguro Popular al conceder servicios asistenciales a los informales está estimulando y facilitando su existencia nociva. Un vendedor callejero de artículos pirata o de contrabando puede disfrutar de servicios médicos para él y su familia al registrarse como desempleado. El dinero es escaso, salvo que se recurra a la borrachera de la deuda interna o externa con sus consecuencias ya conocidas. Es menester emplearlo sin populismo y con inteligencia en beneficio de las mayorías.

Volvamos brevemente al libro de texto, próximo a finalizar. Con su «Panorama del periodo» abren el último bloque del libro de quinto grado: «En este bloque estudiarás las últimas tres décadas de la historia de México» (p. 160), pero llama la atención que si la última lección antes de perderse en la bruma de supuestos recursos pedagógicos fue sobre 1968 (p. 152), ahora vengamos a dar de golpe a 1985, ¿no crees? ¿Otro *milagro*, o qué cosa?

Nos encontramos con un claro ejemplo de cómo sustituir la historia por la interpretación, faltando al deber de brindar educación de calidad. Lo que haremos a continuación es convertir el párrafo sociológico de los autores en uno de contenido histórico. Dice: «En estas últimas décadas la forma de vida ha experimentado cambios significativos; si bien aún conservamos una cultura y una identidad arraigadas a nuestra historia, estas se han enriquecido con nuevas expresiones surgidas de los cambios sociales recientes a nivel nacional y mundial. Es posible observar la cultura mexicana como un mosaico de elementos muy diversos, que por un lado tiene su origen en la tradición indígena y el medio rural y, por otro lado, en otras influencias del extranjero, que ya forman parte de nuestro estilo de vida» (p. 161).

Diría un párrafo de un libro de historia: «Desde 1977 la computadora personal comenzó a transformar el mundo. Otra gran transformación, esta vez económica, fue el debilitamiento del llamado Estado de bienestar, cuyas contradicciones estructurales impedían el libre desarrollo de la economía capitalista, siendo Margaret Thatcher, primera ministra de Inglaterra, uno de sus verdugos más señalados. En 1989, ante la inviabilidad económica de los países del comunismo real, se hundía dicho bloque. Concluía la Guerra Fría. Estos sucesos cambiaron radicalmente la política mundial. En 1990, con la aparición de internet, México, como numerosas naciones, entró de lleno en una etapa de integración global».

La reforma política que permitió a la URSS transitar hacia el capitalismo se llamó *Perestroika*, y la reforma política *Glasnost*. Fueron llevadas a cabo por Mijaíl Gorbachov. Con ambas quedó demostrado que la mentira más grande del siglo XX fue el marxismo-leninismo-estalinismo, que se desplomó junto con el Muro de Berlín en 1989. Dicen que los acontecimientos ocurridos en este periodo «han influido directamente en la actualidad [...] [y] de una forma u otra se relacionan con tu vida y la de tu familia» (p. 160), pero lo cierto es que los sucesos antiguos y en apariencia ajenos a nosotros también están relacionados directamente con nuestras vidas.

Dicen que «en el aspecto político, el cambio más importante fue el fin del sistema dominado por un solo partido». Esto es por lo menos cuestionable, tristemente. ¡Ojalá los mexicanos hubiéramos tenido la vocación democrática necesaria para declarar el final de presidencialismo, el México de un solo hombre! Probablemente sea aún muy temprano para interpretar algo tan reciente, también llamado «transición democrática». ¿Por qué será que no emplean ese binomio en el libro de texto?

Hubo sucesos en estas últimas décadas que también tuvieron consecuencias políticas enormes, uno de ellos el terremoto de 1985, otro la elección del 6 de julio de 1988, otro el asesinato de Colosio, otro la entrada en vigor del TLC. Otros sucesos trascendentales que con toda seguridad afectaron directamente la vida de todas las familias de México fueron las crisis económicas de 1982 y 1994, no tengan duda. Otro suceso, la nacionalización de la banca. Otro, el alzamiento del EZLN y la secuela de reformas legales que trajo consigo. Otro, indudablemente trascendental, fue la reforma al artículo 27 realizada por el gobierno de Carlos Salinas de Gortari. Por supuesto que este acto transformó al país: era la posibilidad para el campesino de ser propietario, no sólo tenedor de su ejido, con la esperanza de obtener créditos y explotarlo más convenientemente en lugar de pensar en emigrar a Estados Unidos, aun cuando muchos tal vez lo hicieron después de vender sus tierras.

Otro acontecimiento relevante, que no es mencionado, fue la reforma educativa de 1993 y la supuesta reforma de 2009, que preparó el advenimiento de estos libros de texto, entre otros desastres. También hablan en el libro del «uso irresponsable de los recursos naturales», pero no hablan de la irresponsabilidad implícita en el hecho de que la población mexicana aumentara casi el doble entre 1980 y 2010, dato que sí consignan pero que no ayudan al niño a dimensionar. ¿Qué tal recordar cuando en 1940 éramos veinte millones de mexicanos, siendo que en 2015 ya somos casi 120 millones?

¡Hay que enseñar al niño por lo menos a sorprenderse con semejantes cifras! Hay que hacerle ver cuán reducidas quedan las posibilidades de solucionar nuestros problemas esenciales si seguimos creciendo de ese modo.

Hay que desarrollar más lo que dicen sobre los daños al ambiente, en la economía y en la sociedad provocados por «el incremento de la población y de las actividades productivas».

Es demasiado pequeña la fotografía que hace alusión al Bicentenario de la Independencia (p. 165). Debe figurar entre las más pequeñas imágenes de todo el libro. ¿Por qué será? ¿Por qué no se brinda más información acerca del Bicentenario de la Independencia? ¿Por qué no se pregunta al niño cuáles cree que son los retos principales del país, cuáles se le ocurre que pueden ser sus lastres más terribles? ¿A cuánto equivalen estos doscientos años en el horizonte global de la historia de México? ¿Es mucho? ¿Es poco? ¿Somos un país joven? ¿Es demasiado tarde? ¿O tal vez se deba a que los eventos de conmemoración sólo respondieron a la paupérrima imaginación de Calderón y de su equipo de trabajo? ¡Cuánto desperdicio y qué ausencia de visión, que fueron castigados por el electorado regresando al PRI al gobierno con todas sus consecuencias! ¡Ya sé! Como la verdadera independencia no se dio en 1810 con el grito del cura Hidalgo, tal vez deberíamos celebrar doscientos años a partir de 1821, cuando definitivamente rompimos con España. ¿Cuándo es el cumpleaños de la patria, el día de su concepción o alumbramiento? Celebraremos en forma, eso espero, en 2021. ¿Qué tenemos que festejar? ¿Qué harías para garantizar otros doscientos años, cuando menos, de nuestra riquísima historia nacional?

Enrique Peña Nieto

¿Pueden obviarse algunas expresiones respecto a Peña Nieto, el *mexican moment* y a la decepcionante imagen del presidente en el exterior y en el interior? Dado que en el libro de texto se han permitido mencionar este periodo, vayamos por partes.

Incluir en un libro de historia acontecimientos que se están viviendo en el momento de su redacción resulta una tarea compleja y ciertamente vulnerable. No es posible analizar el sexenio actual por la sencilla razón de que no existe la perspectiva histórica que nos dé información y visión serena y reposada de los acontecimientos: en términos históricos es imposible plantearse semejante objetivo. Más bien son los periodistas, historiadores del presente, quienes llevan a cabo esa primera aproximación, o bien la literatura, que da respuesta ahí donde todavía no le es posible a la historia.

La imagen pública de Peña Nieto es el resultado de un marcado desplome de su popularidad en razón de las turbias relaciones que sostuvo con contratistas del Estado de México cuando se desempeñaba como gobernador de dicho Estado. El inicio de su desprestigio como Jefe de la Nación comenzó cuando surgió a la luz pública la compra de una residencia de gran valor comercial que ha despertado suspicacias en todo el país. ¡Qué manera de hacerse daño y de perder el respeto de la nación!

Comenzando por sus reformas, no puede obviarse que la educativa *no* fue académica sino laboral: es una consecuencia lógica de los amarres que el Estado había trabado con sectores del magisterio, pero no deja de ser preocupante que nos encontremos tan lejos de entrar a discutir contenidos y visiones de país, pues se precisa primero arreglar el conflicto laboral que subyace a la forma clientelar del Estado posrevolucionario.

¿Y su Reforma Educativa que se reduce a una reforma laboral? ¿Dónde está la reforma académica, las clases de ética desde el parvulario, si fuera el caso, las de civismo, las de la enseñanza para aprender a estudiar? ¿Cómo se enseña en Alemania, en Inglaterra o en Corea del Sur o en Noruega o en Singapur? ¡Métodos de enseñanza de vanguardia, no sólo reformas laborales como la que se pretende en la actualidad y que no se ha logrado, al menos integralmente!

¿Y el endeudamiento? ¿Y la Reforma Fiscal que sólo satisfizo al PRD? ¿Y el magro crecimiento económico y la devaluación del peso y los sesenta millones de marginados y los *ninis*…? Insisto: no tenemos la perspectiva adecuada para juzgar a este gobierno, aunque desde luego tampoco es factible rehusarse a tratar de explicarlo.

La excesiva contratación de deuda por parte de su gobierno ha despertado una justificada preocupación en los mercados.

Que entre 2000 y 2014 el gasto neto presupuestal del sector público federal casi se cuadruplicó mientras que la economía apenas creció una vez y media. Que estamos gastando tan mal que el gasto de los últimos años ha sido improductivo y no se ha traducido en un mayor avance de la economía. Que el gasto corriente que más rápidamente creció en lo que va del siglo fue el denominado «seguridad social», pero no se trata de los servicios de salud sino de gasto asistencial, el dinero distribuido de múltiples formas a la población, como es el caso de la pensión universal: se gasta más en estos subsidios a la pobreza que en educación y salud, con tal de arrebatarle una bandera demagógica a López Obrador. Que el recorte (que aún no se aplica) y el presupuesto base cero (que no se ve por ningún lado) son una buena oportunidad para corregir un grave error de los últimos años, sólo que el aumento desordenado del gasto público no ha tenido ningún efecto positivo en el bienestar de los mexicanos y sí amenaza con cargarle más deudas a las próximas generaciones. Que si los financiamientos en 2000 eran por 61 300 millones de pesos, para 2014 ya sumaban 547 200 millones. No está de más aclarar que no es un acumulativo; es una suma que se contrata cada año. De esta manera, el crédito representa ya 12.1% del presupuesto federal, cuando hace catorce años sólo equivalía a 4.9%. ¿A dónde vamos? ¿No aprendimos nada de la historia?

Que ya no debemos pedir prestado en las cantidades irresponsables con que se contrata la deuda pública, pues, como bien dice Jonathan Heath, «la deuda es para México lo que el alcohol es para un alcohólico: exageradamente dañino. Una vez que un alcohólico reconoce su enfermedad y busca tratamiento para rehabilitarse, nunca debe volver a tomar una gota de alcohol. Para nosotros, la deuda pública representa una historia de abusos, de ilusiones y de fracasos rotundos. No solamente debemos aprender la lección que nos dejó la crisis de las últimas tres décadas del siglo pasado, sino las que nos han dejado los últimos dos siglos».

Dejemos a Heath el uso de la palabra: «Mediante una reforma fiscal de características básicamente recaudatorias, junto con medidas de fiscalización casi extremas, el gobierno ha logrado un incremento sin precedentes en sus ingresos. Sin embargo, en vez de aprovechar los mayores recursos para perseguir un proceso de consolidación fiscal para sanear las finanzas, las autoridades han adoptado una política agresiva de mayor gasto. Incluso, el gasto ha aumentado más allá del incremento pronunciado en los ingresos, a tal grado que el gobierno registró en 2014 el déficit fiscal más elevado de los últimos veinticinco años.

»Si revisamos los informes de finanzas públicas de la SHCP, encontramos que el gasto programable real aumentó 4.2% en 2014. Si partimos del hecho de que el PIB creció 2.1% en ese año, podríamos pensar que el gasto público aumentó lo doble del crecimiento del PIB.

»En otras palabras, no solamente hemos visto un incremento extraordinario en el gasto público en los últimos años, que ha llevado a registrar el déficit fiscal (como porcentaje del PIB) más abultado de los últimos veinticinco años, sino que además el gasto ha perdido su eficacia y no contribuye al crecimiento económico del país. Mucho más gasto, pero gasto ineficiente. El gobierno cada vez le quita más recursos a las empresas y a los hogares, para gastarlos en forma ineficiente y sin crear empleos. Obviamente, esto ha creado una sensación de malestar en la población en general.»[505]

«Los informes oficiales de la Secretaría de Hacienda y Crédito Público (SHCP) detallan que mientras que en diciembre de 2012 la deuda neta total del sector público ascendía a 5 billones 352 mil millones de pesos, se elevó a marzo de 2015 a 7 billones 116 mil 782 millones de pesos.»[506]

En resumen: requerimos que se gaste mucho menos y mucho mejor. Requerimos una auténtica reforma tributaria con el IVA universalizado, si bien con reducciones prudentes a medicinas y alimentos. Requerimos modificar la Ley del Impuesto sobre la Renta al estado en que se encontraba al concluir 2012, y derogar las leyes sobre lavado de dinero en aquellos rubros que atenten en contra del ahorro y del gasto de los ciudadanos honorables, que los hay y por millones. ¿No es curioso, al menos curioso, que dichas leyes de lavado no hayan sido útiles para arrestar a los políticos corruptos que cometen peculados a diario y que se cuentan por cientos de miles y sí hayan servido para causar terrorismo monetario y fiscal y parálisis económica? Requerimos la incorporación gradual de los trabajadores informales a la economía formal y requerimos, entre otros objetivos, modificar la estructura productiva y agilizar los trámites burocráticos, cancelar los obstáculos que impidan la realización de negocios lícitos.

Si en un año el precio del petróleo se desploma de más de cien dólares por barril a 33 y sabemos que estas variaciones han desquiciado nuestra economía desde los años ochenta, ¿por qué no hemos aprendido de la experiencia y seguimos financiando una parte crítica del presupuesto de egresos con las exportaciones petroleras? ¿Eso es aprender de la historia y de la experiencia?

La Reforma Financiera, la Educativa, la Energética son claramente promisorias, sí, pero apenas se están aplicando por lo que es muy complejo evaluarlas y llevar a cabo mediciones.

¿Y la Reforma Fiscal? Los bancos nacionales, las corredurías, los analistas y los expertos financieros ajustan a la baja las tasas de crecimiento de la economía mexicana, al igual que la Secretaría de Hacienda y el Banco de México. Quienes tienen la fortuna de contar con un em-

[505] Jonathan Heath, «Gasto público, el vicio de la economía mexicana», *Alto Nivel*, México, 6 de agosto de 2015, consultado en septiembre de 2015, www.altonivel.com.mx/52642-gasto-publico-el-vicio-de-la-economia-mexicana.html

[506] Israel Rodríguez, «Se ha elevado 33% la deuda pública total en el sexenio de Peña», *La Jornada*, México, 2 de mayo de 2015, consultado en septiembre de 2015, www.jornada.unam.mx/2015/05/02/economia/023n1eco

pleo resienten severamente en sus bolsillos las tremendas exacciones fiscales que menguan su capacidad de ahorro. La mayoría de los mexicanos se vuelve a doler de la situación económica que padecieron a lo largo de 2013 y 2014. Muy pocos entienden cómo es posible que las proyecciones de crecimiento económico vayan a la baja mientras la recaudación fiscal se dispara en 22%. La caída de la confianza de los consumidores debido a las tasas del ISR ha reducido el consumo en los hogares mexicanos, y por ende las utilidades de las empresas, que se han visto obligadas a disminuir sus pronósticos de expansión.

Cuando Peña Nieto promulgó la Miscelánea Fiscal (obviamente no se trataba de la reforma prometida en la campaña presidencial) se contrajo el crecimiento económico, entre otras razones por haberle retirado a los contribuyentes su capacidad de ahorro y de consumo para que el gobierno gastara mal y tarde esos recursos. ¿Qué hubiera sucedido de no haber ejecutado ningún cambio tributario ya para 2014 y hubiéramos continuado con la política de Calderón, cuando la economía creció al 4% en el último año de su gobierno? Nos hubiéramos ido con la ola, ¿no...? Es evidente que la contracción de la economía mexicana en buena parte se debe a la promulgación suicida de la *reforma* tributaria, la consecuencia de una negociación con el PRD a cambio de que no tomara ni la tribuna ni las calles cuando se legislara la reforma energética, sí, sólo que ahora ante la presencia de una pavorosa turbulencia internacional, el escandaloso desplome del precio del barril de petróleo y la necesidad inaplazable de reducir de inmediato el gasto público, se tendrán que dejar vigentes los gravámenes que están lastimando a la inversión y que, por otro lado, obligan a los consumidores a destinar sus ahorros al pago de impuestos, en lugar de sumarlos a una poderosa derrama económica nacional orientada a fortalecer el mercado interno y a estimular la economía.

La contracción de inversiones debido a la imposición de la nueva miscelánea fiscal genera efectos multiplicadores perjudiciales en toda la economía. Es claro que a menor crecimiento, menor capitalización de las empresas y menor recaudación fiscal, con lo cual se reducen las posibilidades de gasto del gobierno, situación que podría conducir a una mayor contratación de deuda para poder cumplir con las promesas de campaña, una película demagógica que ya vimos todos los mexicanos. Las perspectivas hablan de que el PIB mexicano en nada se parece a las expectativas de este gobierno ni a las promesas de campaña. ¿Qué pasa? ¿Qué sucede? Los políticos alegan que todo está bien, muy bien, los indicadores son inmejorables, sí, pero no crecemos o lo hacemos muy lentamente.

¿Y qué decir sobre el tema que preocupa a millones de mexicanos?: la violencia en diferentes entidades federativas, el número de ejecuciones relacionadas con el narcotráfico, los secuestros, la inseguridad en las cárceles de supuesta alta seguridad, la desaparición de 43 estudiantes en Iguala, Guerrero, la ejecución de veintidós personas en el municipio de Tlatlaya, Estado de México, así como varias más en Apatzingán, Michoacán, han dejado secuelas trágicas, terribles para México, y son sólo las más significativas de estas verdaderas hecatombes a las que sin cesar parecemos condenados los mexicanos de todos los tiempos.

No hay cómo ponderar el malestar que esta situación provoca en todos como ciudadanos, pero además tiene también una fuerte afectación sobre la economía. Analistas internacionales aseguran que hechos de violencia como los que se han padecido en México en los últimos años, «reflejan la debilidad del Estado mexicano en algunas regiones y afectan la credibilidad de ese mismo Estado para implementar las reformas».[507]

Como si todo lo anterior fuera insuficiente todavía tendremos que sortear una auténtica tormenta mundial de la cual somos absolutamente ajenos. Es realmente complejo poder adivinar lo que ocurrirá en materia internacional en los años siguientes. Si Estados Unidos empieza a exportar petróleo y el gobierno de Irán logra finalmente colocar cientos de miles de barriles en los mercados una vez levantadas las sanciones económicas que le impusieron fundamentalmente la Unión Europea y la Casa Blanca, el precio del crudo podría desplomarse a cantidades inimaginables. Las tasas de interés que fije la FED podrían ser otro detonador o no del crecimiento de gran importancia, sin dejar de analizar el comportamiento de la economía china que ha dado repentinas muestras de fatiga e incontables sorpresas.

El efecto de la volatilidad externa en la economía doméstica se demuestra con estos simples datos proporcionados por Juan Pardinas en su columna publicada en Reforma el 20 de septiembre de 2015: «En 2012 el peso se cotizaba a razón de 12.90 por dólar, la mezcla mexicana de petróleo se vendía a 97 dólares por barril y la deuda total del sector público andaba por los 37 puntos del PIB. En estos tres años, el peso perdió 30% de su valor, el crudo ha caído en 60% y para fines del 2016 se espera que el endeudamiento público llegará a 47.9% del PIB».

Los primeros tres años del gobierno de Peña Nieto exhibirán en el mejor de los casos un crecimiento económico de 1.5% en promedio, una considerable frustración para el electorado. Sólo que las contingencias internacionales en poco parecen ayudar a la economía mexicana del futuro, salvo que la economía norteamericana siga en su marcha as-

[507] Redacción, «Violencia quita credibilidad a Peña y sus reformas: analistas», *Forbes*, México, 23 de octubre de 2014, consultado en septiembre de 2015, www.forbes.com.mx/violencia-quita-credibilidad-pena-y-sus-reformas-analistas/

cendente en los próximos años y ello estimule nuestras exportaciones y nuestra captación de divisas. Veremos cómo sorteamos esta primera tormenta del siglo XXI que la mayoría esperamos que no concluya en una nueva debacle y digo mayoría porque los sectores populistas apuntan a la quiebra de México para llegar al poder.

¿Más retos por delante? ¡Claro! El de la reforma migratoria en Estados Unidos, por ejemplo: «La crisis económica global ha provocado que en los últimos años el flujo de migrantes desde México a Estados Unidos se reduzca e, incluso, que en 2012 fuera cero. Aun así, se calcula que la reforma migratoria podría regularizar la situación de once millones de indocumentados. Según un informe de Centro Pew Hispanic, 6.1 millones de inmigrantes mexicanos carecían de permiso de residencia estadounidense en 2011. Sin embargo, además de aquellos que podrían verse beneficiados por la regularización, los efectos de esta reforma migratoria alcanzarán también a aquellos que pretendan pasar al otro lado en el futuro: el refuerzo del control de la frontera hará más difícil y peligroso cruzar de manera ilegal a Estados Unidos.»[508] Imposible olvidar las discretas pero masivas deportaciones de mexicanos ejecutadas durante el gobierno de Obama. Todo lo anterior constituye un escenario previsible siempre y cuando Donald Trump no llegue a la Casa Blanca…

La desigualdad es otro reto de vital importancia. Según la revista *Forbes*:[509]

- 1% de la población recibe 21% de los ingresos de todo el país.
- La riqueza de los cuatro mexicanos más acaudalados asciende a 9.5% del PIB del país.
- 48% de las escuelas públicas carecen de acceso a drenaje, 31% carecen de acceso a agua potable, 12.8% no cuentan con baños o sanitarios y 11.2% no tienen acceso a energía eléctrica. Por otro lado, en 61.2% de ellas los alumnos no cuentan con acceso a un equipo de cómputo que sirva y 80% de los estudiantes no tienen internet, lo que los pone en clara desventaja con los de escuelas privadas.
- Según Oxfam, 145 mil individuos son dueños de 43% de la riqueza.

[508] Mari Luz Peinado, «¿Cómo afectaría la reforma migratoria aprobada por el Senado a los mexicanos?», *El País*, España, 6 de julio de 2013, consultado en septiembre de 2015, www.internacional.elpais.com/internacional/2013/07/03/actualidad/1372888113_061377.html

[509] Redacción, «7 datos que muestran la desigualdad extrema de México», *Forbes*, México, s.f., consultado en septiembre de 2015, www.forbes.com.mx/7-datos-que-muestran-la-desigualdad-extrema-en-mexico/

Sí, pero no sólo se trata de atacar el problema de la desigualdad, toda una injusticia social que arranca desde el abandono de la escuela y continúa con una educación mediocre y burocratizada, sino de atacar con todo el poder del Estado mexicano, tomado de la mano de la iniciativa privada, la presencia devastadora del hambre padecida por millones de compatriotas. La idea del presidente era extraordinaria, sí, pero, ¿que pasó con dicha campaña tan promisoria?

De ahí, entre otras razones, que convenga dar un paso más en lo relativo al TLC de modo que igual que España o Italia o Francia o Alemania renunciaron a la peseta, a la lira, al franco o al marco para adoptar el euro, con el paso del tiempo hagamos lo propio con el peso y junto con Canadá armemos una Unión Norteamericana con un banco central tripartito y un Tribunal Superior de Apelaciones para los tres países, tal vez en Chihuahua, en Montreal o en Carolina del Norte. Un estadista debe ver cincuenta años adelante sin ser tachado de traidor a la patria, como nadie llamó traidores a quienes integraron la Unión Europea.

Por otro lado, sí se cancelaron los incrementos a las gasolinas, así como el cobro de larga distancia en las llamadas nacionales. Se entregaron televisiones digitales a personas de bajos recursos; se instrumentó el programa de impulso a los jóvenes emprendedores; se apoyó al sector de la construcción de viviendas y se concedió un trato preferencial a los agricultores.[510]

La gran oportunidad democrática de México consiste en la aparición de las candidaturas independientes en los escenarios políticos, las que van llenando de esperanza al electorado harto de trapacerías, corrupción, abusos y engaños de legisladores y funcionarios de todos los niveles de gobierno. *El Bronco*, Jaime Rodríguez, gobernador de Nuevo León, es uno de ellos. De cumplir sus promesas de campaña bien pronto surgirán nuevos *Broncos*, más aún si no se pierde de vista que en 2016 habrá elecciones en doce entidades federativas en las que puede haber giros espectaculares provocados por candidatos independientes que lleguen al poder sin los partidos políticos que tienen secuestrada a la nación. ¡A una inmensa mayoría de los mexicanos nos encantaría conocer a un candidato independiente a la Presidencia de la República en 2018! Ese sí que sería un cambio en el siglo XXI.

---

[510] Redacción, «En mensaje a la nación, EPN anuncia 7 logros inmediatos de las reformas», *SDP Noticias*, México, 4 de enero de 2015, consultado en septiembre de 2015, www.sdpnoticias.com/nacional/2015/01/04/en-mensaje-a-la-nacion-epn-anuncia-7-logros-inmediatos-de-las-reformas

Infancia y educación

«La conciencia nacional es el resultado de nuestra historia y se transmite por la educación y por la cultura». Si lo anterior es cierto, como lo es, ¿entonces por qué razón se siguen contando embustes y absurdos o verdades a medias en los libros de texto, si lo que se quiere es crear la conciencia nacional? ¿Cómo crearla, con qué, si los libros de 2015 resumen, a título de ejemplo, quince años críticos de nuestra historia en un par de párrafos? De 1913 a 1928 asesinaron a balazos a tres presidentes de la República: Madero, Carranza y Obregón, y durante esos mismos quince años estalló una pavorosa revolución, además de la guerra cristera financiada por el clero, como ya se vio. ¿Cómo resumen esta tremenda etapa histórica? En unos cuantos párrafos con los que no se crea ni se construye la conciencia nacional ni se transmite educación ni mucho menos cultura. Burocratizar la educación, politizarla y ponerla en manos de mercenarios sometidos a una voz tendenciosa y perversa sólo puede arrojar más mexicanos extraviados sin la menor idea de la identidad nacional y sin arraigo ni agradecimiento ni amor por la patria, menos aún si en la escuela se idiotiza, en la iglesia se idiotiza y en la televisión se idiotiza a la nación. ¿Lo dudas? Sal a la calle o revisa los indicadores económicos y los de cultura y educación comparados con los de otros países.

Como todo en México, al cruzar las cifras en materia educativa hay algo que no cuadra, ya sea por discrepancias en cuanto a las fuentes de información o bien por el contraste mismo de los datos con la realidad, que a todos es palpable, o bien porque no puede creerse que un pueblo consciente de sus necesidades proceda de manera tan contradictoria y tan contraproducente en la manera de resolverlas. En efecto, «los mexicanos creen que la educación es el elemento más importante para tener una vida mejor».[511]

Como Pancho Villa y tantos otros, que sin haber ido a la escuela sabían perfectamente que esta era lo primero y más importante que necesitaba México, así seguimos: seguros de cuál es el mal, pero incapaces de remediarlo y aun complicándolo severamente de manera progresiva.

Según Unicef, en México se han alcanzado importantes logros en las últimas décadas, pero se refiere —y así lo aclara— a «la producción

---

[511] Fernando Rodríguez, «Educación en México, reprobada. Las gráficas de la semana.», *CNN Expansión*, México, 5 de junio de 2015, consultado en septiembre de 2015, www.cnnexpansion.com/economia/2015/06/05/ocde-reprueba-la-educacion-en-mexico-graficas-de-la-semana

de datos del sistema educativo [algo con lo que no contábamos], tanto a través de la implementación anual de la prueba Enlace [...] como a través de la información generada por el Sistema Nacional de Información Educativa».[512] Reformas menores, importantes, sí, pero menores para el calado de las transformaciones que México requiere en esta materia.

Los problemas educativos de México son profundos y lamentablemente de urgente solución. Además, son costosos tanto en lo económico como en lo político. En suma: para su solución se requieren sacrificios prácticamente de todos los sectores de la población, sacrificios y verdadera voluntad de transformación. Quizá para ello se requiera primero conciencia de la necesidad de esa transformación. Y bien, ¿tenemos esa conciencia? Aquí algunos elementos para conformarla:

Según Unicef, en México todavía existía en 2007 un número importante de niños, niñas y adolescentes entre cinco y diecisiete años que no asistían a la escuela (cerca de 1.7 millones de niños y 1.4 millones de niñas).[513]

Un estudio reciente de la OCDE arrojó como resultado que México reprobó en el índice de educación y competencias, ocupando el poco honorable sitio 36... de 36 países.[514]

Y aunque México fue uno de los países que destacaron por sus bajos niveles de desigualdad de género en la educación (obtuvo el tercer lugar), el estudio reveló también que «los estudiantes mexicanos de quince años de edad tienen uno de los peores desempeños en competencias de matemáticas, lectura y ciencias, según las pruebas PISA. En contraparte, México tiene cada vez más maestros de primaria y secundaria».[515] Derivado de este estudio, sabemos también que el país tiene uno de los mayores desequilibrios educativos por regiones.

Asimismo, según el Reporte de Capital Humano (WEF) elaborado por el Foro Económico Mundial, la calidad de la educación en México ocupa uno de los últimos lugares de un listado de 124 países en calidad de la educación primaria, «lo que dificulta el desarrollo de una fuerza de trabajo sana, educada y productiva».[516]

---

[512] Anónimo, «Educación», *Unicef*, México, s.f., consultado en septiembre de 2015, www.unicef.org/mexico/spanish/educacion.html
[513] *Idem*. Cita a su vez la Encuesta Nacional de Ocupación y Empleo (ENOE) 2007.
[514] Fernando Rodríguez, *op. cit.*
[515] *Loc. cit.*
[516] Redacción, «Calidad de la educación en México, de las más bajas del mundo: WEF», *El Financiero*, México, 13 de mayo de 2015, consultado en septiembre de 2015, www.elfinanciero.com.mx/economia/calidad-educacion-mexico-wef-primaria-indice-capital -humano.html

En el panel «Inversión e implementación local de políticas para la primera infancia», María Josefina Menéndez, directora ejecutiva de Save the Children, afirmó que en México mueren al año cerca de 35 000 niñas y niños antes de cumplir cinco años debido a causas que son prevenibles. «Existen más de 1.5 millones de niñas y niños que padecen desnutrición crónica y cerca de 30% de infantes entre tres y cinco años no asisten a la escuela; incluso [dijo], en algunos estados este porcentaje es cercano a 40%». Añadió que «sólo será a través de una inversión oportuna, eficiente y focalizada en la infancia más pobre y marginada que lograremos terminar con la desigualdad y romper con el ciclo de la pobreza, tan arraigada en el país».[517]

Ciertamente tenemos un problema grave de formación inicial de los docentes, y deficiencias importantes en el desarrollo de los procesos de actualización y desarrollo profesional.

Por si fuera poco, en materia de trabajo infantil, la Encuesta Nacional de Ocupación y Empleo (ENOE, 2013) reveló que 8.6% de las niñas de cinco a diecisiete años realizan una actividad económica, es decir, forman parte de la población ocupada: 36% de estas personas no asisten a la escuela y la proporción restante, 64%, combinan trabajo y estudio.

El reto es enorme. Veamos los datos duros: en todo el sistema educativo de la República Mexicana existen 14 580 379 alumnos de primaria, de los cuales 13 304 734 estudian en escuelas públicas, educados por 573 238 docentes en 99 140 escuelas.[518] Tan sólo en el Distrito Federal existen 907 000 alumnos cursando la primaria, 446 000 niñas y 461 000 niños para 32 606 docentes y 3 247 escuelas.

Tristemente, en México existen muchos problemas en cuanto a educación, y esto incluso antes de entrar a la escuela. ¡Imagínate: de los nacimientos ocurridos entre 2011 y 2013, 4.1% no se registraron ante el Registro Civil![519]

[517] Dirección General de Comunicación Social, «Boletín núm. 5797. En México mueren cerca de 35 mil niñas y niños antes de cumplir 5 años», *Cámara de Diputados. LXIII Legislatura*, México, 14 de julio de 2015, consultado en septiembre de 2015, www5.diputados.gob.mx/index.php/esl/Comunicacion/Boletines/2015/Julio/14/5797-En-Mexico-mueren-cerca-de-35-mil-ninas-y-ninos-antes-de-cumplir-5-anos-por-causas-que-son-prevenibles

[518] Anónimo, «Estadísticas del Sistema. República Mexicana. Ciclo escolar 2013-2014», *Sistema nacional de información estadística educativa*, México, s.f., consultado en septiembre de 2015, www.snie.sep.gob.mx/descargas/estadistica_e_indicadores/estadistica_e_indicadores_educativos_33Nacional.pdf

[519] Anónimo, «Encuesta Nacional de la Dinámica Demográfica. Enadid 2014. Principales resultados», *Inegi*, México, 9 de julio de 2015, consultado en septiembre de 2015, www.inegi.org.mx/est/contenidos/proyectos/encuestas/hogares/especiales/enadid/enadid2014/doc/resultados_enadid14.pdf

En materia de educación superior, ciertamente se crearon en las últimas décadas programas, institutos, universidades, facultades, programas de becas, programas de apoyo a la investigación, etcétera. Pero ¿en qué medida podrán compensar estos logros la enorme, ultrajante deuda que se tiene contraída con la niñez mexicana?

De acuerdo con un análisis del Instituto Mexicano para la Competitividad (Imco), el costo promedio por carrera en una universidad privada va de 125 000 a 930 000 pesos. Por otro lado, se estima que el Estado eroga 70 000 pesos anuales por estudiante de educación superior. La UNAM sólo recibe a 8.9% de los que aspiran a entrar en ella.

«Tienen calificaciones aceptables y alcanzaron un puntaje satisfactorio, pero no encontraron cabida en la universidad porque hay muy pocas vacantes. No son flojos ni ignorantes, simplemente no hay cupo en las universidades públicas [...] Desconozco el daño psicológico que ello pueda acarrear a una persona, pero no es difícil imaginar lo que siente un muchacho al que le preguntan: ¿tú, qué eres? Y responde: "rechazado". Urge una nueva, o nuevas universidades públicas que empiecen, desde el inicio, con rigor académico de primer mundo y se premie con becas y estímulos a los mejores. No hay espacio para ellos en México, salvo que tengan dinero y puedan pagar una buena universidad privada. Hay que crear esos espacios. El hecho es que la UNAM sólo recibe a 8.9% de los que aspiran a ella, y el resto de los jóvenes carga de por vida con el mote de "rechazados" [...] 85% de los 14 648 678 jóvenes ocupados gana menos de seis mil pesos al mes. En otras palabras, 12 543 652 jóvenes de entre quince y veintinueve años de edad tienen un ingreso que no rebasa los tres salarios mínimos al día. Sólo 5 400 000 jóvenes tienen un empleo formal. El resto vende en la calle.»[520]

Claro está que en favor de la niñez hay numerosos programas también, numerosos planes, numerosas estrategias, numerosas leyes incluso, pero, según ha dicho Lucrecia Santibáñez, tristemente, pese al «abigarrado y confuso mosaico de políticas y programas, México es un país que no es apropiado para la niñez».

En 2008, el gobierno mexicano y el Sindicato Nacional de Trabajadores de la Educación (SNTE) suscribieron la Alianza por la Calidad de la Educación, de donde derivaron algunos instrumentos cuyo impacto en la mejora de nuestro sistema educativo es admitido por los mismos organismos internacionales.

---

[520] Pablo Hiriart, «Urge otra Universidad Nacional», *El Financiero*, México, 3 de octubre de 2014, consultado en septiembre de 2015, www.elfinanciero.com.mx/opinion/urge-otra-universidad-nacional.html

Asimismo, recientemente el presidente Peña Nieto ha impulsado la llamada Reforma Educativa recalcando que, pues la Constitución así lo establece, la educación es pública, gratuita y laica para todos los mexicanos, y «así seguirá siendo». Pese a ello ya hemos visto que el libro de texto incumple este supuesto mandato. Ha subrayado el presidente también insistentemente que las medidas anunciadas «de ninguna manera pretenden privatizar la educación»,[521] pero la Reforma Educativa no se puede reducir a una reforma laboral del magisterio. En efecto, ese es sólo un aspecto de la educación, y por lo demás, nadie ha clamado por la privatización de la educación... ¿entonces?

En el fondo el problema es que en México la educación (problema sensible a todos) es nada menos que un nuevo pretexto para la práctica de la retórica y la demagogia, y poco es lo que se logra, poco lo que se cambia y mucho lo que se daña a México.

Nadie puede escatimar los logros que, de consolidarse, habrá obtenido la llamada Reforma Educativa de los años recientes. No debe ser fácil el desmontaje de un aparato tan pernicioso como el creado al amparo de la llamada Sección 22 (integrada por bribones defensores de la ignorancia) y algunos otros sectores que se dicen disidentes y que anteponen frecuentemente ese carácter (de disidentes) al de maestros, el más noble de todos los oficios. Algo imperdonable e incomprensible a la par.

Claro que los maestros deben prepararse continuamente y examinarse, y apenas puede creerse que haya quien se oponga a tan loable fin como asegurarse, mediante la acreditación de las competencias pedagógicas del maestro, que el niño recibirá la educación que merece. Es mediante esta educación verdaderamente de calidad (y de calidad calificada) que las condiciones sociales que hoy se manifiestan sobre el sistema educativo (y político) nacional pueden eventualmente transformarse.

«Es contundente el potencial que tienen los servicios educativos, si son de calidad, para favorecer la movilidad social».[522] Aquí está la clave de nuestro desarrollo. Por ningún motivo se puede dejar de educar pretextando los derechos laborales, la situación económica, ni mucho menos ideología de tipo suicida desde el momento en que abandona a la niñez a su suerte, privándola de la cátedra tan necesaria.

---

[521] Redacción, «Reitera Peña Nieto que de ninguna manera se privatizará la educación», *Notimex*, México, 28 de julio de 2015, consultado en septiembre de 2015, www.notimex.com.mx/acciones/verNota.php?clv=319153

[522] Raymundo Campos *et al.*, *Los invisibles: Las niñas y los niños de 0 a 6 años. Estado de la Educación en México, 2014*, México, Mexicanos Primero Visión 2030, A.C., 2014, p. 18.

Es cierto sin embargo, como afirma Sylvia Schmelkes del Valle, que «las desigualdades socioeconómicas siguen explicando la mayor parte de las desigualdades en el acceso [a la educación], la permanencia y, lo que es más alarmante, en el aprendizaje [...] Una parte importante de nuestros alumnos (40% en la escala de lectura en 2009 de la prueba PISA) no obtiene las competencias consideradas necesarias para sobrevivir en la sociedad actual de acuerdo con parámetros internacionales».[523]

No podemos permitir que haya servicios educativos pobres para pobres, como atinadamente expresó David Calderón, de Mexicanos Primero.

A título de protesta, ¿qué tal si un día, un solo día, nos tomáramos de la mano y no mandáramos a nuestros hijos a la escuela? ¿Qué tal? ¿No sería una extraordinaria expresión de fuerza social en contra de los defensores de la ignorancia? ¿Por qué no ejecutamos una idea similar en todo el país? Cuando gobierno y sindicato vean unidos a padres y madres para protestar por la deprimente educación nacional, en realidad un extraordinario centro productor de mediocres, empezaremos a construir un mejor futuro para nuestros hijos. A nosotros nos corresponde protestar, no a ellos.

Yo creo haber cumplido con mi parte de crítica, ¿y tú?

---

[523] Sylvia Schmelkes del Valle, «Los grandes problemas de la educación básica en México», *Instituto de Investigaciones para el Desarrollo de la Educación de la Universidad Iberoamericana, Ciudad de México*, México, 4 de enero de 2012, consultado en septiembre de 2015, www.inidedelauia.org/2012/01/los-grandes-problemas-de-la-educacion.html

Conclusión

Los libros de texto de historia de cuarto y quinto grados deberían iniciar con una sola frase: «Este libro está hecho de la mejor manera posible pensando en nuestros queridos niños».

Los libros de texto, sobre todo estos de 2015, no reflejan en modo alguno el esfuerzo máximo que puede realizar nuestro pueblo y que debemos comprometer sin vacilaciones en su elaboración. Es hora de que algunos grandes académicos que gozan de todo mi respeto publiquen un poderoso ensayo que contenga sus puntos de vista en torno a los libros de texto de 2015. En lugar de *México engañado*, ¿no sería mejor *México descubierto*? ¡Que hablen y se comprometan nuestros maestros!

¿Pero quién es el gran culpable?

Yo, yo sé quién es el gran culpable, yo, yo lo sé, yo, yo, yo: el gran culpable es el empresario voraz que compra al líder sindical en las negociaciones de los contratos colectivos de trabajo sin detenerse a considerar las condiciones económicas y sociales de sus empleados y obreros, o tal vez lo sea el propio líder que vende la causa laboral de los suyos a cambio de un soborno. No, no, el gran culpable es el comerciante que vende kilos de ochocientos gramos o alimentos caducos sin pensar en la salud de sus clientes, y también lo es el capitán de empresa que practica como deporte nacional la defraudación impositiva. ¡No! El gran culpable es el periodista mercenario que enajena su columna por un puñado de pesos, como lo es igualmente el que chantajea a través de sus denuncias, oculta la información, la vende o la distorsiona sin medir la confusión que crea en la comunidad. ¡No, ni hablar! Ahí está también el intelectual que enajena su inteligencia al Estado para defender lo indefendible, y manipula y engaña con silogismos y convence con fantasías apartadas de la realidad. Él, él es el gran culpable... ¡Falso! No hay tal: ¿por qué no pensar mejor en quien produce sustancias narcóticas, las vende o las transporta sin detenerse a considerar que envenena cuerpos y mentes de niños y jóvenes? ¿O lo es el asesino intelectual que con premeditación, alevosía o ventaja simplemente recurre a la desaparición física de quienes se interponen en sus planes? ¿Qué tal el criminal que mata por dinero o el abogado que se vende a la contraparte? ¿O quien olvida lo prometido a lo largo de las campañas electorales tan pronto se coloca la banda presidencial en el pecho? ¿Quién es? ¿Quién es el gran culpable?

¿Y el cirujano que opera ávido de pesos sin justificación clínica alguna? ¿Y el ingeniero que instala alambrón y cobra varilla sin reflexionar en la seguridad de sus clientes, pero sí en la magnitud del negocio? ¿O el propietario de un laboratorio que produce y distribuye medicamentos prohibidos por la Organización Mundial de la Salud sin importarle los efectos secundarios que originan en los enfermos, o el médico que cobra comisiones por recetar dichos productos? ¿Y el agricultor que utiliza fertilizantes cancerígenos con tal de aumentar sus niveles de producción y con ello sus ganancias, el que riega sus campos con aguas negras a sabiendas de que intoxicará a los consumidores, o el ganadero que engorda sus animales con hormonas para que alcancen peso más pronto o pongan sus gallinas más huevos obviamente contaminados? ¿O sólo es culpable quien introduce mercancías de contrabando al país sin reparar en que atenta contra las fuentes de trabajo de sus semejantes, y contra el Estado en general? ¿Y el funcionario que usa y abusa de sus facultades legales al vender la resolución, el contrato o el permiso con ánimo de lucro y que entiende el tesoro nacional como botín personal? ¿Y el gobernador que distrae recursos públicos para satisfacer necesidades personales? ¿Y el juez que interpreta la ley conforme al importe de los billetes depositados en el cajón del escritorio donde se debe impartir justicia? ¿Y el legislador que suscribe iniciativas contrarias a sus convicciones y adversas a los intereses de quienes lo llevaron mayoritariamente a ocupar una curul en el Congreso? ¿Y la policía que asesina, amenaza, roba, tortura y secuestra o pierde a los detenidos tan pronto encuentra el botín? ¿Quién es o quiénes son los grandes culpables?

¿Y los sacadólares que exportan el ahorro nacional? ¿Y quien lucra con quienes ya no son dueños ni de su miseria? ¿Y quien esparce el rumor maligno en forma de chiste para debilitar a las instituciones del país? ¿Y quien les hace el juego a las intenciones de los extranjeros cuando estos pretenden desestabilizarnos? ¿Y el que llama «ratones» a nuestros jugadores con el ánimo de insistir en el penoso proceso de castración? ¿Y el sacerdote que destina la limosna a propósitos inconfesables, ajenos a su diócesis y los fines eclesiásticos? ¿Y el obispo que vende indulgencias y todavía bendice a los hampones? ¿Y el que vende en maqueta lo que jamás va a construir? ¿Y los legisladores que aplauden de pie la devaluación de nuestra moneda en lugar de erigirse en gran jurado para juzgar a los representantes del Poder Ejecutivo? ¿Y el que viola las urnas y altera el recuento de los sufragios? ¿Y el que hace que se caigan los sistemas electrónicos para proceder al recuento deshonesto de los votos federales o los estatales? ¿Y el que adula o estafa para progresar a cualquier precio, incluso al de su dignidad? ¿Y el que presta su nombre para facilitar transacciones prohibidas a extranjeros o a políticos corruptos necesitados de esconder a través de interpósitas personas su patrimonio mal habido? ¿Y el que induce al vicio a los menores de edad? ¿Quién? ¿Quién? ¿Quién es el gran culpable?

¿Y el que deja a su familia en el hambre después de una sentencia de divorcio favorable a sus intereses, protegidos con arreglo a sobornos o argucias? ¿Y quien engaña a sus socios maquillando los balances y los estados financieros? ¿Y el maestro que no asiste a las aulas por apatía, desprecio o simplemente flojera? ¿Y el que tiene muchos más hijos de los que puede mantener? ¿Y las madres solteras que tienen hijos con diferentes hombres para luego ser abandonadas por todos y a su vez abandonar a sus hijos por hastío o desesperación? ¿Y el que tala los árboles sin importarle la ruptura del equilibrio ambiental? ¿Y el que tira aguas tóxicas a los ya escasos ríos nacionales? ¿Y el que soborna para obtener la autorización para circular a sabiendas de que su automóvil contamina y con ello pone en peligro la salud de sus propios hijos? ¿Y el que saca a sus niños de la escuela sin pensar en el futuro? ¿Y la esposa del político corrupto que conoce el enriquecimiento inexplicable de su marido sin cuestionarse el origen de esos bienes y todavía prefiere disfrutarlos a toda costa sin detenerse a pensar que convierte a su familia en una vulgar pandilla? ¿Y los banqueros que recurren al agio? ¿Y los fósiles universitarios que proponen el «pase automático» a la miseria y a la resignación? ¿O el funcionario que movido por la vanidad no toma las medidas que le dicta la razón y hunde a su país en un atraso temerario? ¿O lo son los aborígenes incapaces de valerse por sí mismos ni de prosperar ni de crecer ni de evolucionar para tener que vivir de la caridad pública, absolutamente improductivos desde la primera noche en que Cortés posó las plantas de los pies en la Gran Tenochtitlan?

¿Y el recluso, la prostituta y el loco? ¿Y el poeta, el político o el profesionista? ¿Y el psiquiatra, el sepulturero, el comunicólogo o la época? Sí, sí, la época. Debe ser la época, sin duda eso es, sí, sí, sí…

¿Quién es el gran culpable de lo que pasa hoy por hoy en México?

Todo lo bueno y todo lo malo que haya acontecido en México en los últimos cien años, con excepción de la docena panista del siglo XXI, otra enorme decepción política y social, se debe al PRI por la única razón de que se negó por todos los medios a la alternancia en el poder. ¿Fraude electoral? Sí, ¡fraude electoral! ¿Asesinato de candidatos de la oposición, de periodistas o expatriación de indeseables y encarcelamiento de *presos políticos*? Sí. ¡Asesinato de opositores y de periodistas, expatriación, encarcelamiento, persecución, chantaje, sabotaje y amenazas cumplidas a quien se apartara de los elevados designios de la familia revolucionaria, una pandilla que gobernó México en los últimos más de setenta años en que jamás se concedió el menor respeto a la voluntad popular, sino que se interpretó al muy interesado y no menos perverso saber y entender de la clase gobernante, dispuesta a mantenerse en el poder a cualquier precio y en cualquier circunstancia. ¿Va a festejar el PRI más de setenta años de fraudes electorales al estilo de Ortiz Rubio, de Ávila Camacho, de Ruiz Cortines y de Salinas de Gortari y su «caída del sistema», y tantísimos otros fraudes más cometidos en gubernaturas, presidencias municipales y curules estatales y federales?

¿El PRI va a festejar acaso que hace cincuenta años el dólar se cotizaba a cuatro pesos y en la actualidad *sólo* se pagan diecisiete mil pesos viejos, o sea una cadena suicida de devaluaciones de nuestra moneda? ¿Bravo, bravísimo? ¿Va a festejar que en la actualidad se encuentran más de sesenta millones de mexicanos en la miseria, o sea, más compatriotas peligrosamente instalados en la marginación? ¿Va a festejar las amenazantes tasas de desempleo o la alarmante pérdida del poder adquisitivo o la evidente incapacidad de ahorro de la inmensa mayoría de la población, el indignante desplome del ingreso per cápita y el del producto interno? ¿Va a festejar el catastrófico resultado operativo del ejido y del campo mexicano, que ha propiciado ya no sólo importaciones cuantiosas de productos agrícolas que dejan al descubierto las vergüenzas de nuestra supuesta «soberanía alimentaria» —una mentira más—, sino sangrar injustificadamente nuestras menguadas reservas monetarias además de estimular la emigración de mano de obra mexicana, la única dispuesta a trabajar en los surcos de nuestro país? Si algo logró exportar el PRI hacia el norte fueron brazos jóvenes y vigorosos de los que precisamente dependía nuestra salvación. ¿Bravo, bravísimo?

¿Va a festejar los índices de escolaridad cinco o seis veces inferiores a los de los países desarrollados, lo que evidentemente va de la mano con la capacidad de generación de riqueza y la distribución del ingreso? ¿Va a festejar el «pase automático» a los centros universitarios de cientos de miles de estudiantes que no saben ni escribir su propio nombre sin cometer faltas de ortografía? ¿Va a festejar la noche negra de Tlatelolco y la vergonzosa expulsión del señor rector Chávez, que marca el declive vertiginoso del país y el arribo de la oscuridad académica?

Tal vez el PRI pueda festejar el enriquecimiento de generaciones y más generaciones de políticos que utilizaron de manera exitosa dicho instituto político como la herramienta idónea para defraudar impunemente el tesoro público. El PRI se fue convirtiendo en un inmenso paraguas que protegía de la cárcel a hornadas de delincuentes de cuello blanco o chamarra que cometían y cometen cínicamente el delito de peculado en todos los niveles de gobierno a los ojos de la nación. ¿Y qué tal el contubernio de poderes federales y locales que ha prevalecido en el medio siglo de PRI que ahora se pretende conmemorar? ¿Quién cree en diputados y senadores priistas del *Honorable* Congreso de la Unión, incapaces de firmar ni las calificaciones de sus hijos sin consultar previamente en Los Pinos, y que aplauden de pie devaluaciones, jamás suscriben iniciativas de ley ni representan a nadie salvo los intereses del presidente de la República en turno? ¿Y la impartición de justicia? ¿Quién ha creído en la impartición de justicia durante los últimos cincuenta años de administración priista? ¿Bravo, bravísimo que nadie haya creído ni crea en la autoridad, una autoridad históricamente al alcance de la chequera, de la billetera o simplemente del morral? ¿Quién ha creído en la ley o en un poder público prostituido por el PRI en el último medio siglo?

Tal vez debamos festejar el ecocidio, la devastación ambiental propiciada por el PRI. El país se encuentra desertizado en 75%. Las carencias de agua ya explotan a nivel político y social en Nuevo León y Tamaulipas. Nos convertimos gradualmente en desierto. Cientos de miles de hectáreas de bosque y selvas se deforestaron, decenas de ríos se envenenaron y murieron, muchas ciudades vieron contaminarse su suelo, su aire y sus aguas en los últimos setenta años de PRI. ¿Bravo, bravísimo? En 1940 éramos veinte millones de mexicanos, setenta años más tarde sextuplicamos la población nacional. ¿Dónde estaba el gobierno?

¿O tal vez debamos aplaudir de pie al PRI que haya extraído a la Iglesia de las sacristías para concederle una personalidad civil y política que jamás debió volver a tener si no se olvida la experiencia histórica? ¿*Marcos* y sus huestes, Genaro Vázquez Rojas, la Liga 23 de Septiembre, no son el resultado de las políticas sociales dictadas por el centro y que no se han traducido sino en miseria y más miseria a lo largo y ancho del país? ¿Debemos festejar setenta años de amordazamiento de las auténticas voces de México? ¿Debemos festejar setenta años de autoritarismo y corrupción? ¿Debemos celebrar acaso setenta años de ser una sociedad cerrada defendida por los reaccionarios de la ultraderecha ávidos de pelear por nuevos cargos, de nuevas oportunidades para lucrar con el ahorro nacional?

No, no hay nada que festejar. Celebremos en todo caso el arribo de las candidaturas independientes, la gran esperanza política de México.

¿Qué aprendimos de Porfirio Díaz, así a secas, sin el *don*? ¿Por qué el *don*? ¿Y de su *Manco* González, de Carranza con Bonillas o de Obregón con Calles, y de Calles con su odioso Maximato? Nada, no aprendimos nada. Nunca aprendemos nada. Nos tropezamos invariablemente con la misma piedra que, además, ya advertimos en nuestro camino. ¿Qué aprendimos del doloroso grito de Tlatelolco en 1968? Nada, no extrajimos ninguna lección de la tragedia. ¿Qué aprendimos de la alternancia en el poder a cargo de Fox y de Calderón? ¿Qué aprendimos de los peculados escandalosos o del disparo del desempleo o de la informalidad o de los *ninis* o de millones y millones de compatriotas sepultados en la pobreza? ¿Qué aprendimos de la eterna incapacidad para impartir justicia y de la corrupción que nos asfixia? Los mexicanos no aprendemos de la experiencia ni tapamos el pozo en que se ahogó el niño. El libro de texto vigente en 2015 es una nueva invitación a no aprender nada con todos los riesgos que ello implica.

¿Una solución? Que la Academia Mexicana de la Historia redacte unos nuevos libros sin dejar la tarea en manos de un aficionado que sólo busca la verdad con un genuino amor por México...

A modo de epílogo

Podríamos intentar una apretada comparación histórica entre el desarrollo económico estadounidense y el mexicano, en el afán tradicional de encontrar explicaciones en torno a nuestro ancestral atraso. Para comenzar, no debe perderse de vista que ya en 1800 la productividad per cápita en México era la mitad de la de Estados Unidos, y que para 1877 nuestro ingreso per cápita había caído a una décima parte del estadounidense. (Hoy en día todo México escasamente genera el mismo producto interno que todo Ohio... Todo México produce 5% del total de la Unión Americana.)

¿Qué pasó? Pasó que en México había en 1822, en los años del imperio de Iturbide, un alarmante 95% de analfabetos y un amenazante 80% de ellos al final de la tiranía porfirista que nos condujo finalmente a la Revolución. Pasó que la Antigua, Real y Pontificia Universidad de México, fundada en 1551 en la actual calle de Moneda de la capital, hasta hace unos cuantos años era una cantina mejor conocida como El Nivel, mientras que la Universidad de Harvard, fundada casi un siglo después, ha sido un gran centro de enseñanza que, como otros institutos educativos estadounidenses, ayudó sin duda a forjar a la nación vecina hasta dejarla en las condiciones en que se encuentra en la actualidad.

Pasó que el rey de España no estaba sujeto a la ley. Sus poderes eran absolutos. Concedía exenciones o las negaba. Intervenía en decisiones judiciales, y si quería se contradecía al día siguiente. Era evidente la ausencia de parlamentos y congresos que difícilmente se dieron hasta ya entrado el siglo XIX, y sin la autonomía, ni mucho menos, con que debería contar todo un poder legislativo. Es claro entonces el origen de la impunidad, del autoritarismo y de la corrupción que padecemos hasta nuestros días.

La élite criolla y la Iglesia se opusieron a las reformas institucionales. El clero tenía el monopolio educativo. El clero monopolizaba prácticamente las finanzas, llegando a tener más presupuesto e ingresos que el propio gobierno independiente. El clero acaparaba 70% de las tierras cultivables, abandonadas a la suerte improductiva de las manos muertas. El clero tenía fuero y todo género de privilegios políticos, además de tribunales especiales. El clero financió una serie de revueltas y golpes de Estado que desequilibraron por décadas al país. El clero influyó severamente en la política poblacional al extremo de facilitar el hurto de medio país al final de la guerra contra Estados Unidos. El clero obstaculizó el desarrollo económico de México desde que acaparó los capitales, mucho más de la mitad de los terrenos cultivables y recaudó durante siglos impuestos como el diezmo, entre otros más ya reseñados.

¿Cuántos impuestos recaudó la Iglesia protestante estadounidense o cuántos latifundios detentaba o cuántas guerras financió como la de Reforma o cuántos bancos fundó o cuantos levantamientos armados patrocinó para defender sus intereses materiales?

En el imperio mexica funcionaban muy bien el campo, la escuela y la aplicación de la ley. La inmensa mayoría podía leer los códices. No existía la evasión fiscal ni se conocía la corrupción. Los enviados del tlatoani castigaban con mucha severidad estas faltas. Las penas podían ir desde la esclavitud permanente hasta la pena de muerte.

El calpulli era una organización social, agrícola y escolar eficiente. Al sustituir al calpulli por la encomienda, la escuela fue reemplazada por una iglesia y las milpas por gigantescos latifundios que beneficiaban a unos cuantos, sin olvidar que la Iglesia detentaba 52% de la propiedad inmobiliaria del México independiente, o sea, tierras de manos muertas mientras que la gente moría de hambre y la ignorancia se arraigaba por doquier. El campo mexicano desde entonces se convirtió en una rueda cuadrada hasta nuestros días. Sólo unos cuantos tenían acceso al consumo y la economía no pudo crecer.

Con la llegada de los españoles se destruyó el campo, se destruyó la escuela y se destruyó el aparato de justicia. Apareció la corrupción y la desigualdad flageló durante tres siglos de la era colonial a la voz de «Obedézcase, pero no se cumpla». Surgió el analfabetismo de las masas, en tanto que los protestantes se alfabetizaban porque tenían que leer la Biblia para salvarse.

La Inquisición, que no existió en las Trece Colonias, prohibió libros científicos y filosóficos y se persiguió a quien «pensara peligroso». En aquellos países donde se aposentó la Inquisición también se aposentó el atraso, y si no, basta con estudiar la economía y la capacitación universitaria en Australia, Canadá, Estados Unidos, Japón y Alemania, entre otros tantos ejemplos más.

Estados Unidos no sufrió la presencia política, militar y económica de la Iglesia católica. Los pastores protestantes nunca trataron de derrocar ni de imponer a los presidentes de Estados Unidos ni cobraban impuestos ni cogobernaron las Trece Colonias ni se apropiaron territorialmente de ellas. Estado dentro de otro Estado, la Iglesia católica en México tenía entre seis a siete veces más presupuesto que el propio gobierno de la nueva República. La guerra de Reforma estalla porque el clero no estaba dispuesto a perder sus privilegios políticos ni mucho menos una parte de su gigantesco patrimonio.

En la Nueva España sólo se podía comerciar con la Corona, y el férreo monopolio español provocó el surgimiento de los piratas y del contrabando. En el México independiente, es claro que el bienestar lo acaparaban los criollos como lo acapararon antes los españoles.

Resulta imposible poner una piedra encima de la otra si no hay estabilidad política y México no la tuvo a lo largo del siglo XIX hasta la llegada de Porfirio Díaz, el gran tirano, para que luego estallara una catastrófica destrucción nacional a raíz de la revolución que provocó su derrocamiento. En Estados Unidos ningún jefe de Estado regresó once veces al poder como lo hiciera Santa Anna, sin olvidar que en México sólo de 1820 a 1856 hubo 36 presidentes; Obama, en Estados Unidos, es el número 44 en 240 años. Es obvio que fue imposible ponernos de acuerdo en los congresos republicanos, e invariablemente existió la tendencia a importar un príncipe extranjero para que gobernara al México independiente. ¿Alguna vez tuvieron Washington o Jefferson o Madison semejantes tentaciones políticas monárquicas?

La concentración de la riqueza y la nula impartición de justicia, sumadas al analfabetismo y al control férreo del clero, fueron el caldo de cultivo del atraso. Posteriormente la explosión demográfica, la ausencia de democracia, las lacras de la corrupción, la impunidad reinante, la incapacidad de transformación, la ignorancia, el autoritarismo, el fracaso escolar, la apatía y la resignación, la frivolidad y la indiferencia arrojaron a nuestras calles a sesenta millones de personas sepultadas en la miseria, sin olvidar a los millones que subsisten penosamente en la informalidad y que no contribuyen al gasto público, entre otros conflictos que ni el gobierno ni la sociedad anestesiada han logrado resolver.

¿Qué hizo Singapur, si en 1960 tenía casi cuatrocientos dólares al año de ingreso per cápita, y en 2015 se disparó a 40 000? En medio siglo cambió el rostro de dicha ciudad-estado, como ocurrió con Corea del Sur y España. ¿Por qué México no lo ha logrado si cuenta con playas, litorales, microclimas, metales, petróleo, oro y plata, gran mano de obra calificada, con vecinos poderosos y sobrado talento? ¿Por qué somos un país rico con gente pobre? Porque somos un país de reprobados y somos un país de reprobados porque en la escuela se estupidiza a la nación, la televisión estupidiza a la nación y la iglesia, también estupidiza a la nación, en tanto los políticos no vienen a trabajar desinteresadamente a favor de la nación, sino a atrasarla y a saquearla... ¿Y la susodicha nación...? En un exquisita indolencia...

Este, mi *México engañado*, sólo pretende aportar explicaciones, los tabiques imprescindibles para empezar a construir el México que todos queremos y soñamos. Como dijera Antonio Tàpies, el genial pintor español: «Yo pinto, entonces soy libre, no culpable». Yo escribo y denuncio, entonces tampoco soy culpable.

Anexo I

- En México, en 2010, 5.4 millones de personas mayores de 15 años no saben leer ni escribir.
- 2.1 millones de las personas mayores de 15 años que no saben leer y escribir en México son hombres y 3.3 millones, mujeres.
- 3.4 millones de personas mayores de 15 años sólo cursaron los 2 primeros años de la instrucción primaria, en realidad, son analfabetos.
- Casi 10 millones de mexicanos mayores de 15 años no concluyeron sus estudios de educación primaria.
- 55% de las personas analfabetas en México son mayores de 55 años de edad.
- Casi 29% de las mujeres mayores de 60 años son analfabetas.
- Seis estados del país concentran cerca de 53% de personas analfabetas (2.8 millones); Veracruz (11.5%), Chiapas (10.2%), Estado de México (8.6%), Oaxaca (7.8%), Puebla (7.5%) y Guerrero (6.9%).
- 27.3% de los hablantes de lenguas indígenas no saben leer ni escribir español.
- 64.6% de los analfabetos indígenas son mujeres.
- Por cada 10 hombres indígenas analfabetos existen 18 mujeres en esa condición.
- Las tasas de analfabetismo más altas corresponden a los indígenas mayores de 60 años y, dentro de este grupo, a las mujeres.
- La tasa de analfabetismo entre las mujeres indígenas mayores de 60 años llega a 72.7 por ciento (o sea, menos de cada 10 saben leer).

- El nivel de escolaridad promedio es de 8.6 años y para las personas de 25 a 64 años de edad es de 7.4 años, el más bajo de la OCDE (2014).
- Prácticamente todos los niños de 5 a 14 años en México están matriculados en educación, y la proporción de estudiantes inscritos en instituciones públicas desde enseñanza primaria hasta media superior es mayor que el promedio de la OCDE (OCDE, 2014).
- México tiene una de las menores proporciones de jóvenes de 15 a 19 años matriculados en educación (53%), a pesar de tener la población más grande de este rango de edad de su historia. Sólo Colombia (43%) y China (34%) tienen tasas de matriculación más bajas (OCDE, 2014).
- México es el único país de la OCDE donde se espera que los jóvenes de entre 15 y 29 años pasen más tiempo trabajando que estudiando (OCDE, 2014). (Es como para decirle al niño: «vas a pasar más tiempo trabajando»).
- La mayoría de las mujeres jóvenes que no trabajan, no estudian ni cursan algún tipo de formación son amas de casa, lo cual sugiere que la brecha de género puede vincularse en gran medida con aspectos culturales, como matrimonios y embarazos a temprana edad (OCDE, 2014).
- En 2012, Corea y México fueron los únicos países que mostraron tasas de desempleo más altas entre los adultos con educación superior (2.9% y 4.6%, respectivamente) que entre los adultos sin educación media superior (2.6% y 3.5%, respectivamente) (OCDE, 2014).
- México gasta en promedio 15% del PIB per cápita por estudiante de primaria y 17% por estudiante de secundaria y nivel medio superior, ambos significativamente por debajo del promedio de la OCDE de 23% y 26% del PIB per cápita, respectivamente (OCDE, 2014).[524]

[524] *Día Internacional de la Alfabetización. Al día: las cifras hablan*, Senado de la República / Instituto Belisario Domínguez, pp. 6-7. Cita a su vez a José Narro Robles y David Moctezuma Navarro, «Analfabetismo en México: una deuda social», *Realidad, Datos y Espacios. Revista Internacional de Estadística y Geografía*, vol. 3, núm. 3, México, septiembre-diciembre de 2012.

Anexo II

«El objetivo final de la guerra cristera no era imponer a Cristo Rey en México, ni tomar el poder para las masas, sino utilizar a los militantes católicos como carne de cañón para imponer un gobierno que pagara sin falta la deuda a la Casa Morgan y garantizara condiciones ventajosas a la inversión extranjera. Los dirigentes de la rebelión nunca fueron castigados, ni llevados ante la justicia [...] Finalmente llegaron a México un nuevo embajador de Washington, Dwight Morrow, también en la nómina de la Casa Morgan, y un nuevo enviado del Vaticano, el padre Walsh, SJ, quien –por una de esas coincidencias del destino– se había desempeñado como emisario del Vaticano en Rusia en la época de la revolución de 1917. Juntos lograron arrancar del general Calles y el presidente Portes Gil las condiciones necesarias para un cese de las hostilidades y negociar el *modus vivendi* que mantienen precariamente hasta la fecha el Estado y la Iglesia en México [...] La pacificación de los cristeros no fue tarea fácil para la jerarquía eclesiástica, que se vio obligada a crear una organización tipo Gestapo para contener y eliminar a los que se negaban a deponer las armas. Los intransigentes que se negaron a someterse a la política de conciliación del Vaticano, encabezados por el jesuita Bergoënd, dieron nacimiento a la Liga de la O, conocida también como la OCA (Organización Cooperación-Acción). Esta mantuvo la resistencia armada, estimulada por nuevas provocaciones de los callistas [...] La OCA, organizada clandestinamente, recoge el núcleo de militantes cristeros que pasarían a formar en la década de 1930 la quinta columna nazi-comunista, formada por la Unión Nacional Sinarquista, el PAN y el Partido Comunista Mexicano [...] Un parte de inteligencia elaborado por Harold P. Braman, subteniente de la Marina de los Estados Unidos, con fecha 31 de octubre de 1941 [...] dice: "La Unión Nacional Sinarquista es un movimiento totalitario creado con base en ideas y planes nazis, mediante una intrincada organización de la Falange Española y la Iglesia en México. La mayoría de sus miembros se compone de mexicanos de clase media y baja, católicos devotos, pero entre sus jefes medios y altos se puede encontrar a muchos españoles de la derecha falangista. Su líder es Salvador Abascal [...] Se le considera un títere de los hermanos falangistas españoles Trueba y Olivares, quienes a su vez reciben órdenes del Consejo Falange-Iglesia en cuestiones de estrategia y también directa e indirectamente de agentes alemanes". El Consejo Falange-Iglesia se creó en 1933-1934, a partir de la Liga de la O, y se le conoce indistintamente como Consejo de la Hispanidad o simplemente como la Base.»[525]

[525] Partido Laboral Mexicano, *op. cit.*, pp. 235-237.

Anexo III

A continuación la lista de obispos y arzobispos que torcieron severamente el destino de México:

MATÍAS MONTEAGUDO. Clérigo español a cuyas gestiones secretas debemos el golpe de Estado de 1808 y la conjura de la Profesa de 1821, que derivó en la consumación de la Independencia. Inquisidor encargado de juzgar, entre otros, a José María Morelos y a Leona Vicario, fue durante la primera mitad del siglo XIX uno de los personajes eclesiásticos más influyentes del país. Murió en 1841, tras verificar el éxito del golpe de Estado a la República federal y la instauración de las llamadas Bases de Tacubaya, pacto militar llamado así en honor al lugar en que se fraguó el golpe parlamentario: el Palacio del Arzobispado.

FRANCISCO PABLO VÁZQUEZ VIZCAÍNO. Pertinaz enemigo de la independencia nacional, contra la cual destinaba fondos de la mitra de Puebla cuando era secretario del obispo. Célebre quemador de libros, le cabe la deshonra de haber mandado incinerar obras como *Emilio* de Rousseau, las de Voltaire y muchas otras. Gestionó en Roma (1825-1831) los nombramientos de los primeros obispos del México independiente; a él le correspondió el obispado de Puebla, ciudad que entregó durante la guerra de 1847 a los invasores estadounidenses sin disparar un solo tiro, escenificando vergonzosas escenas de mutuo agasajo con el general Winfield Scott.

PELAGIO ANTONIO LABASTIDA Y DÁVALOS. Como obispo de Puebla fue la cabeza de la reacción que desde el triunfo de la revolución de Ayutla se opuso tenazmente a la instauración del orden constitucional, culminando aquella serie de sabotajes con la entrega del trono de México a Maximiliano de Habsburgo. Fue designado arzobispo de México al tiempo que integraba el triunvirato que se instauró a la espera del archiduque (1863). Habiendo fracasado su sueño monarquista, ve claramente en Porfirio Díaz al hombre que la Iglesia necesita para asegurar sus privilegios, constituyéndose en aliado clave de la dictadura.

Clemente de Jesús Munguía. Obispo de Michoacán y amigo de la infancia de Pelagio Antonio Labastida. Insistentemente prodigó recursos a las hordas de bandidos que pulularon por el occidente de la República en los años de la guerra de Reforma, no obstante lo cual se distinguió por ser la pluma más notable de la reacción clerical. Activo miembro de la conspiración que trajo a gobernar a un príncipe austriaco, poco después de su arribo se vio en controversia con él a causa de sus medidas liberales.

Francisco Xavier Miranda. El más activo combatiente del orden legal en los años que siguieron a la revolución de Ayutla. Presidió el Directorio, organización secreta desde la cual la Iglesia financió y refaccionó la guerra de Reforma. Participó en el gobierno de Zuloaga como ministro de Justicia. Era el hombre fuerte del gobierno de la capital, el presidente de facto. Vencido por Juárez, intrigó en las cortes europeas a favor de la monarquía en México, mientras aquí los más salvajes guerrilleros (como Márquez, Mejía y Cobos) acataban sin chistar sus órdenes, tendientes a sabotear la acción del gobierno legítimo y facilitar la intervención francesa, sueño que vio cumplido al fallecer unos días antes del arribo de Maximiliano.

Bernardo Bergoënd. Jesuita francés radicado desde los primeros años del siglo XX en Guadalajara, donde diseña, inspira, impulsa y coordina la llamada «acción social católica» preconizada por el Papa León XIII. Aprovechando el golpe de Estado de Victoriano Huerta, crea la Asociación Católica de la Juventud Mexicana (ACJM) y organiza una ceremonia multitudinaria en el Zócalo, llamada «Instauración del reinado temporal de Cristo en México». Desempeña un papel fundamental en la organización de los grupos más violentos que enfrentarán al Estado en los años aciagos de 1926-1929: la propia ACJM, la Liga Nacional para la Defensa de la Libertad Religiosa (LNDLR) y la Unión Nacional Sinarquista, a la que asesora hasta su muerte en 1947.

AQUILES RATTI, PÍO XI: director de la Biblioteca Vaticana, nuncio de Polonia, arzobispo de Milán y cardenal después, llegó al papado para desafiar al laicismo, llamando a «instaurar todas las cosas en Cristo». Increpó a «los gobernantes de la República Mexicana, por su despiadado odio contra la religión» y por persistir en la aplicación de «sus malas leyes», además de alentar personalmente a los alzados en armas. En 1932, tras acusar al Estado mexicano de violar los compromisos contraídos en 1929, llamó una vez más al pueblo (encíclica *Acerba animi*) a «defender con todas sus fuerzas los sacrosantos derechos de la Iglesia», imitando a aquellos que «realizaron actos dignísimos de ser recordados». Seguramente pensaba en León Toral...

FRANCISCO OROZCO Y JIMÉNEZ. En 1912, siendo obispo de Chiapas, se revela prominente financiero, maderero, azucarero, ganadero... y levanta en armas a la población indígena para desestabilizar al gobierno de Madero. Excomulgó a toda la ciudad de Tuxtla Gutiérrez. Como premio es designado arzobispo de Guadalajara por san Pío X. En 1914 se exilia a la caída de Victoriano Huerta, su socio. Regresa para agitar a su grey, indisponiéndola contra la Constitución de 1917, lo que le vale un nuevo destierro. Vuelve Orozco una vez más para dejar a punto las organizaciones *cívicas* que años más tarde enfrentarían, incluso con las armas, al gobierno mexicano al grito de «Viva Cristo Rey». Durante los tres años que dura la guerra cristera (1926-1929) permanece escondido en los Altos de Jalisco. Como condición para firmar los arreglos, en 1929 el presidente Emilio Portes Gil exige el destierro de Orozco y Jiménez.

JOSÉ AURELIO JIMÉNEZ PALACIOS (EL PADRE JIMÉNEZ). Cura oaxaqueño que manejaba, con otros pocos, la Liga Nacional para la Defensa de la Libertad Religiosa. Es la verdadera sombra de León Toral, asesino de Obregón, en los días que preceden al crimen: lo estimula, lo confiesa, le bendice la pistola, y el día del asesinato escapa. Fue detenido el 14 de septiembre de 1932, juzgado y sentenciado a veinte años de cárcel. Desde la prisión persiste en sus actividades subversivas asociándose con el falsificador Enrico Sampietro. Fue amparado por la Suprema Corte de Justicia de la Nación en 1941, abandonando la prisión para seguir delinquiendo.

JOSÉ GARIBI RIVERA. También conocido como *Pepe Dinamita*, fue secretario particular del arzobispo Orozco y Jiménez durante los años del conflicto. Presente en la tragedia del tren de La Barca, será el primer mexicano en alcanzar el capelo cardenalicio. Sucede a Orozco y Jiménez al frente de la arquidiócesis de Jalisco.

José Reyes Vega. Cura de Arandas, Jalisco, responsable junto con Miguel Gómez Loza, hoy beato, y sus colegas los padres Angulo y Pedroza, del incendio del tren de La Barca, Jalisco, que cobró 162 víctimas entre las que figuraban ancianos, mujeres y niños.

Leopoldo Lara y Torres. Obispo de Tacámbaro, Michoacán, se opuso a los acuerdos alcanzados con el presidente Portes Gil para dar por terminado el conflicto Iglesia-Estado en 1929, ya que le parecieron especialmente duros; mantuvo tal postura hasta el fin de su existencia en 1939. En los últimos días de 1932 visitó Roma, donde sufrió un ataque cerebral que le inmovilizó parcialmente el cuerpo.

Leopoldo Ruiz y Flores. Fue primero obispo de León y posteriormente arzobispo de Michoacán. Coordinó los trabajos políticos del clero tendientes a poner fin al conflicto armado de 1926-1929, sin dejar de participar en lo tocante a la violencia: su diócesis era un bastión del movimiento cristero y con su dinero uno de los involucrados en el asesinato de Obregón abandona el país, razón por la cual es llamado a declarar ante un juez en 1932, mismo año en que es expulsado del país. Se le atribuye la responsabilidad de la firma de los llamados arreglos de 1929.

Miguel de la Mora y Mora. Nacido en los Altos de Jalisco, llegó a ser obispo de Zacatecas a pesar de no haber sido nunca cura de parroquia, y después de San Luis Potosí. Oculto entre 1926 y 1929, fungió como jefe supremo de la LNDLR. Presionó al abogado de la madre Conchita a fin de declararla demente con el objeto de que «no se siguieran conociendo más detalles» del asesinato de Obregón.

Pascual Díaz. Sacerdote jesuita designado obispo de Tabasco hasta su expulsión por el gobernador Tomás Garrido Canabal: se traslada a México, donde dirige el Comité Episcopal, que por orden del Papa aglutina a la totalidad de la jerarquía en una sola voz durante el conflicto cristero. Expulsado por Calles, se exilia en Nueva York. Desaparecido Obregón, Díaz negocia una paz engañosa con el gobierno junto con Leopoldo Ruiz y Flores, por lo que los cristeros más fanáticos dictan sentencia de muerte en su contra pese a que ostenta desde 1929 el cargo de arzobispo primado de México.

Anexo IV

Esta es la lista de embajadores estadounidenses que complicaron severamente la construcción de nuestro país:

JOEL ROBERTS POINSETT. «El desconcierto de la hacienda pública, las leyes de expulsión, los abusos cometidos por la administración y el odio que en lo general se profesaba al ministro de Estados Unidos, Poinsett, por reputársele autor del rito yorquino y parte muy eficaz en la revolución de la Acordada, eran motivos sobrados para una revuelta.»[526]

ANTHONY BUTLER. En el libro *La anexión de Texas*, de Justin H. Smith, Butler es descrito como «matón y espadachín, ignorante en principio de la lengua española e incluso de las formas de la diplomacia, vergonzosamente descuidado en los asuntos de la legación, totalmente carente de principios en cuánto a métodos [...] escandaloso en su conducta [...] en resumen, fue una vergüenza nacional».[527]

WILSON SHANNON. Último embajador antes de la guerra de 1847, acusado de «perfidia» por el canciller Manuel Crescencio Rejón, figura señera de nuestra diplomacia, porque empleaba «como pretexto la seguridad de Estados Unidos para apoderarse de una fértil y vasta provincia de la

---

[526] José María Lafragua, *op. cit.*, p. 34.
[527] «*...bully and swashbuckler, ignorant at first of the Spanish language and even the form of diplomacy, shamefully careless about legation affairs, wholly unprincipled as to methods... and totally scandalous in his conduct... in brief, he was a national disgrace*», Justin H. Smith, *The Annexation of Texas*, The Baker & Taylor Co., Nueva York, 1911, s.p.

nación». «La insolencia de este gobierno es intolerable —escribió al Departamento de Estado—. [...] No lograremos ningún arreglo con México [...] hasta que le peguemos o le hagamos creer que vamos a pegarle [...]. Pienso que debemos presentar a México un ultimátum.»[528]

POWHATAN ELLIS. Ministro de Martin van Buren en 1839-1842. En interminables discusiones con el canciller José María Bocanegra, intercedía necia y descaradamente en favor de los estadounidenses que invadían Nuevo México y otras regiones del país, alegando que el gobierno mexicano establecía una distinción entre estos y los súbditos de las coronas europeas, a quienes, alegaba, se dejaba obrar con libertad en la región.

WADDY THOMPSON, JR. Uno de los precursores de la anexión de California: «Texas tiene poco valor comparado con California, la tierra más rica, la más hermosa y saludable»,[529] escribía en 1842 al ser designado embajador. Un mes más tarde tiene lugar la invasión de Monterrey, California, por las fuerzas del comodoro Jones. Negoció la Convención de Reclamaciones en 1843, negándose «a incluir las reclamaciones mexicanas por su "carácter nacional", lo que dio inicio a esta injusta práctica».[530] El expresidente John Quincy Adams lo acusó de ser «el más inveterado enemigo de México y el más celoso e intrigante paladín de la anexión de Texas».[531]

JOHN SLIDELL. Senador por Louisiana, vinculado al presidente Polk. Su hermano Alexander Slidell Mackenzie fue enviado por Polk a La Habana a ver a Santa Anna y asegurarle que «el presidente de Estados Unidos vería con placer su restauración en el poder en México» siempre que accediera a perder una guerra, a fingir que el río Bravo (o Grande) era el límite con Texas y a que Estados Unidos quedara dueño de California, por lo menos hasta la bahía de San Francisco. «Santa Anna aceptó el trato y hasta ofreció consejos sobre las medidas militares que debería tomar el general Taylor para controlar efectivamente el país.»[532] John Slidell, el senador, fue enviado acto seguido a México, pero el presidente Herrera rehusó recibirlo; Paredes y Arrillaga, quien derrocó a Herrera, tampoco lo quiso recibir. El viernes 8 de mayo «llegó Slidell a Washing-

---

[528] Glenn W. Price, «Shannon a Calhoun, nota particular del 12 de noviembre de 1844», op. cit., pp. 33-34.
[529] Josefina Zoraida Vázquez, «El origen de la guerra con Estados Unidos», *Historia mexicana*, vol. 47, núm. 2, México, octubre-diciembre de 1997, El Colegio de México, p. 300.
[530] *Idem.*
[531] Frank Averill Knapp, «John Quincy Adams, ¿defensor de México?», *Historia Mexicana*, vol. 7, núm. 1, julio-septiembre de 1957, p. 122.
[532] Glenn W. Price, *op. cit.*, pp. 139-140.

ton y habló con el presidente Polk, aconsejándole la guerra inmediata a México como único medio para obtener la reparación de sus agravios e injurias». El fin de semana Polk envió al Congreso el «Mensaje de Guerra [...] que fue representado el lunes».[533]

NICHOLAS TRIST. Enviado de paz del presidente Polk, «listo para aprovechar las circunstancias que pudieran surgir para negociar la paz»[534] con México de acuerdo con lo siguiente: la frontera se fijaría en el río Grande, y Nuevo México y la Alta y Baja California pasarían a formar parte de Estados Unidos, que además tendría derecho de paso a través del istmo de Tehuantepec, todo por quince millones de dólares (treinta según algunas fuentes). No consiguió todo lo que Polk quería pese a que firmó el Tratado de Guadalupe Hidalgo, previo soborno a Santa Anna y a algunos miembros del Congreso mexicano.

JAMES GADSDEN. La venta de La Mesilla es conocida del lado estadounidense como *Gadsden Purchase*. Gadsden consideraba a la esclavitud «una bendición social». Ministro en México de 1853 a 1856, ofrecía a Santa Anna un acuerdo que este consideró «oneroso y ofensivo [...] y [que] no era recíproco», pero terminó aceptándolo.[535] Gadsden «ponía de manifiesto su convicción de que a Norteamérica le asistía el derecho de decidir [...] cuándo convenía mantener a un gobierno en el poder o en qué momento se debían facilitar a sus enemigos los medios para derrocarlo».[536]

ROBERT MILLIGAN MCLANE. En plena guerra de Reforma trató de acorralar al gobierno de Juárez para que no tuviera más alternativa que firmar un tratado que incluyera la venta de Baja California y el libre paso por el istmo de Tehuantepec a las tropas estadounidenses. Fue engañado por Melchor Ocampo, Benito Juárez y Francisco Zarco, que evitaron verse obligados a negociar territorio para obtener el reconocimiento de Estados Unidos. Resignado, McLane firmó con Ocampo un tratado comercial que incluyó el libre paso por el istmo para los estadounidenses sin Baja California.

THOMAS CORWIN. Llegó en abril de 1861 a México, y según Justo Sierra, «traía un negocio suyo y serias instrucciones. Su negocio era asegu-

---

533 José Bravo Ugarte, «La guerra a México de Estados Unidos», *Historia de México*, vol. II, t. III, México, s.i., 1951, p. 185.
534 James Knox Polk, *op. cit.*, pp. 251, 252.
535 Marcela Terrazas y Basante, *Inversiones, especulación y diplomacia. Las relaciones entre México y los Estados Unidos durante la dictadura santannista*, México, UNAM, 2000, p. 61.
536 *Ibid.*, pp. 168-169.

rar que la concesión del istmo de Tehuantepec fuera adjudicada a unos clientes suyos incluso promoviendo una alianza entre México y E. U., que Juárez rechazó».[537] La intervención francesa aquí y la guerra de Secesión allá transformaron el escenario para siempre.

JOHN FORSYTH, JR. Su misión: comprar los territorios de Baja California, Sonora y Chihuahua y ejercer los derechos sobre Tehuantepec. Dichas instrucciones se las entregaron personalmente el senador Judah P. Benjamin y Emile La Sére, representantes de la Louisiana Tehuantepec Co., titulares de la concesión. Contaba con doce millones de dólares para ello: «Pasará a la historia como uno de los más distinguidos diplomáticos de Estados Unidos», le dijo el secretario de Estado Cass.[538] Fracasó en México y a su partida la policía descubrió en su casa de Tacubaya cincuenta barras de plata que el gobierno conservador confiscó asegurando que eran robadas.

HENRY LANE WILSON. Embajador del presidente William H. Taft, estaba vinculado asimismo a los grandes *trusts* como la American Smelting and Refining Co., nada menos que la empresa estadounidense –propiedad de la familia Guggenheim– que más dinero tenía invertido en el México porfiriano. Produjo el derrocamiento y muerte de Francisco I. Madero, así como todas las demás desgracias de la Decena Trágica como represalia por el rumbo del gobierno constitucional de Madero.

HENRY P. FLETCHER. Embajador durante la Primera Guerra Mundial, cuyas instrucciones consistían en mantener la paz en México, proteger los intereses de los inversionistas estadounidenses, evitar la aplicación retroactiva de la Constitución, exigir al gobierno libertad religiosa (Wilson se lo prometió al Papa) y mantener a raya la germanofilia de Carranza. No pudo arrancarle a este una declaración contra Alemania, pero le aseguró que México se mantendría neutral; entre tanto, Fletcher anotó al margen de la Constitución todo lo que un gobierno mexicano podría hacer ahora contra ciudadanos estadounidenses, disgustándole particularmente los artículos 14 y 27.[539] Posteriormente, para asegurar que los derechos de los inversionistas extranjeros fueran respetados, recomendó romper relaciones diplomáticas con México si Carranza no aceptaba

---

[537] Justo Sierra, *Juárez: su obra...*

[538] Patricia Galeana, *El tratado McLane-Ocampo: La comunicación interoceánica y el libre comercio*, México, Porrúa, 2006, pp. 142-143.

[539] «No hay provisión alguna que evite dar efecto retroactivo a esta Constitución», apuntó a un costado del 14. «[Muchas] cláusulas son confiscatorias y retroactivas, y no necesitan de ninguna ley para darles efecto», anotó al margen del 27.

condiciones severas. Tras el asesinato del presidente escribió al secretario de Estado, recomendando no reconocer al nuevo gobierno hasta que Obregón aceptara las condiciones que Carranza siempre había rechazado, anticipando admirablemente el espíritu de los Tratados de Bucareli.

JAMES SHEFFIELD. Defensor de los intereses petroleros desde la aparición de la Ley del Petróleo de 1925, que reglamentaba el artículo 27 constitucional, atizó la revuelta cristera e impidió que la Iglesia y el gobierno mexicano alcanzaran un acuerdo. Debido a «la sustracción de documentos norteamericanos estrictamente confidenciales, que fueron entregados al general Calles [...] de carácter altamente confidencial [...] (hallados en la recámara del embajador), se indicaba que el gobierno del presidente Coolidge parecía no proceder de buena fe en sus relaciones con México; y mostraba simpatías por los movimientos revolucionarios mexicanos (cristeros sobre todo)»,[540] de todo lo cual se quejó Calles con el mandatario estadounidense, a quien propuso comenzar una nueva era. Así ocurriría.

DWIGHT MORROW. Prominente financiero de Wall Street y amigo íntimo del presidente Calvin Coolidge, quien lo nombró embajador en México para «sentar nuevas bases» en la relación bilateral, recibió de Calles toda clase de demostraciones de *amistad* a cambio del respaldo estadounidense para el sostenimiento de la peculiar tiranía del *Jefe Máximo*. Fue, junto con las autoridades católicas de Estados Unidos, un eficaz promotor de los arreglos entre la Iglesia y el gobierno mexicano y uno de los padres secretos del Partido Nacional Revolucionario constituido en 1929.

JOSEPHUS DANIELS. En 1914 Josephus Daniels, secretario de Marina de Estados Unidos, ordenó el ataque y toma del puerto de Veracruz; diecinueve años después presentó sus credenciales de embajador al presidente Abelardo Rodríguez, el 24 de abril de 1933.[541] Sorpresivamente apoyó la política radical del cardenismo, flanqueando al *Tata* en el momento supremo del mensaje a la nación el 18 de marzo de 1938. De cara a la sucesión, pretextando la Segunda Guerra Mundial, la inteligencia estadounidense recomendó a Daniels «poner en circulación el nombre de Manuel Ávila Camacho como posible sucesor del presidente. Todo lo demás, pensó, se daría por añadidura».[542] «Efectivamente [escribió el propio Daniels] en

---

[540] *New York Herald Tribune*, 9 de abril de 1927, citado en Alfonso Taracena, *Venustiano...*, pp. 177-178.
[541] Óscar Flores Torres (comp.), *El otro lado del espejo: México en la memoria de los jefes de misión estadounidenses*, San Pedro Garza García, Universidad de Monterrey, 2007, p. 356.
[542] Raquel Sosa Elízaga, *op. cit.*, p. 312.

el mes de julio de 1938 apareció en Jalisco [...] un misterioso manifiesto a favor de la candidatura de Ávila Camacho a la presidencia».[543]

FULTON FREEMAN. Embajador de 1964 a 1969, fue responsable junto con Winston Scott, jefe de la estación mexicana de la CIA, entre otros, de los tristes sucesos verificados en 1968, cuando se atrevió a sugerir a Marcelino García Barragán, secretario de la Defensa, asestar un golpe de Estado a Gustavo Díaz Ordaz, con lo que se hubiera agravado aún más la fractura que aquellos desafortunados hechos generaron en la sociedad mexicana.

JOHN GAVIN. Actor estadounidense de cine y televisión, designado embajador por Ronald Reagan (otro actor de cine) cuando producía un musical en Broadway. Fue el enviado perfecto para apuntalar la política de Reagan en México, a saber: desestabilizar públicamente la relación binacional para imponer nuevos criterios y nuevas alianzas. Saltándose a la Secretaría de Relaciones Exteriores, pretendió abrir su propio canal de diálogo con los funcionarios públicos y prodigó desplantes de altanería, todo esto mientras el Departamento de Estado presionaba al gobierno de México para que modificara su política centroamericana. Todos los sectores nacionales lo repudiaron. El asesinato en 1985 de Enrique Camarena Salazar, agente de la DEA, endureció su postura, provocando una extrema descomposición de la relación binacional. Tras cinco largos años, en 1986 presentó su renuncia al estilo estadounidense: «Misión cumplida».

CARLOS PASCUAL. Indolente y empecinado sugeridor de *estrategias de seguridad*, consta que no la pasó mal, agasajado por el *jet set* nacional mientras avanzaba la militarización de México. Mala de por sí su relación con Felipe Calderón, la publicación de algunos informes suyos detonó la ruptura: «[Al] Ejército, lo llamaba parroquial y sostenía que en algunos casos había mostrado falta de valentía para capturar a narcotraficantes de importancia [...] Criticaba la falta de coordinación y las rivalidades entre el Ejército, la Policía Federal y la PGR. Creía que la inteligencia mexicana estaba en paños y que la corrupción era la cabeza de una hidra podrida».[544]

---

[543] Ávila Camacho negó ser candidato a la presidencia y su asistente De la Torre dijo desconocer a los autores del manifiesto, que se publicó sin su autorización, y solicitó investigación y acción penal en su contra. (Comunicado de Daniels al secretario de Estado, México, 7 de julio de 1938.)

[544] Redacción, «Calderón pidió la cabeza del embajador de E. U., Carlos Pascual: "Narcoleaks".», *Aristegui Noticias*, México, 24 de febrero de 2013, consultado en septiembre de 2015, www.aristeguinoticias.com/2402/mexico/calderon-pidio-la-cabeza-del-embajador-de-eu-carlos-pascual-narcoleaks/

Agradecimientos

Me parece un elemental deber ético y moral agradecer en este espacio la colaboración inteligente, oportuna e informada de María de los Ángeles Magdaleno, Leonardo Tenorio y Alejandro Rosas, cuyos conocimientos y presencia fueron vitales para la feliz conclusión de mi *México engañado*, sólo que además de constituir una obligación fundamental consignar sus nombres, me produce una enorme satisfacción poder hacerlo públicamente.

Ángeles, invariablemente aguda y profunda conocedora de la historia patria, aportó datos, momentos, conversaciones, parlamentos y hechos que enriquecieron de modo notable la presente obra. Su larga estancia en los archivos coadyuvó de manera definitiva en la estructuración y acierto de la tarea. Su profesionalismo y sentido del honor ante los embustes y su coraje por exhibirlos han sido una escuela para mí.

Leonardo, el gran Leo, investigador acucioso y puntual, quien tiene entablado un feroz pleito a muerte contra la mediocridad, estuvo siempre en busca de la prueba, el papel, el documento, el libro, el telegrama o el expediente para no errar y dar siempre en la diana. Para mí siempre han sido muy contagiosas su lucha en pos de la verdad histórica y su labor sin tregua y con una arrebatadora pasión por dar con ella; es claro y justo advertir que sin Leo este grito de protesta difícilmente hubiera visto la luz.

Alejandro, Alex, me hizo recapacitar en muchas ocasiones por la fortaleza enciclopédica de sus afirmaciones: sus convicciones en diversos momentos de la investigación me hicieron volver a mis fuentes para sopesar la fuerza y solidez de mis conclusiones.

Gracias, muchas gracias a ellos, gracias por su paciencia y tiempo, y sobre todo por su trabajo incansable por brindar al lector elementos que le permitan conocer otros aspectos de nuestra historia que le ayudarán a comprender lo ocurrido, a evaluar el presente y cambiar el futuro.

Gracias. Hermosa palabra: gracias.

Bibliografía

Abascal, Salvador, *Tomás Garrido Canabal: Sin Dios, sin curas, sin iglesias*, México, Tradición, 1987.

Acevedo de la Llata, Concepción, *Obregón. Memorias inéditas de la madre Conchita*, México, Libromex, 1957.

Agraz García de Alba, Gabriel, *Los corregidores don Miguel Domínguez y doña María Josefa Ortiz de Domínguez y el inicio de la Independencia*, vol. 1, México, Gabriel Agraz García de Alba, 1992.

Aguirre Benavides, Adrián, *Madero el inmaculado: Historia de la Revolución de 1910*, México, Diana, 1962.

Aguirre Botello, Manuel, «Para los que dicen que Vicente Fox no hizo nada», *El siglo de Torreón*, México, 20 de febrero de 2009, en foros.elsiglodetorreon.com.mx/politica/284916-para+los+que+dicen+que+vicente+fox+no+hizo+nada.html

Alamán, Lucas, *Historia de Méjico*, t. 1, México, Publicaciones Herrerías, 1932.

——, *Historia de Méjico*, t. 4, México, Publicaciones Herrerías, 1932.

Alessio Robles, Vito, *Desfile sangriento. Mis andanzas con nuestro Ulises. Los Tratados de Bucareli*, México, Porrúa, 1979.

Altamirano, Graziella y Guadalupe Villa, *La Revolución mexicana. Textos de su historia*, vol. 1, México, SEP- Instituto de Investigaciones Dr. José María Luis Mora, 1985.

Alvear Acevedo, Carlos, *Lázaro Cárdenas: el hombre y el mito*, México, Jus, 1972.

«Antecedentes políticos de Sergio Mario Romero Ramírez alias El Fish.», Archivo General de la Nación, Fondo Gobernación, sección IPS, caja 1439.

Archivo General de la Nación, Fondo de Gobernación, sección IPS, caja 2438, foja 96; caja 2607; vol. 1975; vol. 1976; vol. 2697; vol. 2866.

Arciniegas, Germán, *Los Comuneros*, t. 1, Caracas, Biblioteca Ayacucho, 1992.

Arsuaga, Juan Luis, *El collar del neandertal*, Barcelona, Plaza y Janés, 2002.

Bar-Lewaw, Itzhak, «La revista Timón y la colaboración nazi de José Vasconcelos», *Actas del IV Congreso de la Asociación Internacional de Hispanistas*, Salamanca, Universidad de Salamanca, 1971.

Barrón de Morán, Concepción, *Mi libro de historia de cuarto año*, México, Secretaría de Educación Pública/Comisión Nacional de Libros de Texto Gratuitos, 1960.

Bartra, Armando, *El México bárbaro. Plantaciones y monterías del sureste durante el porfiriato*, México, El Atajo, 1996.

Beals, Carleton, *Porfirio Díaz*, México, Editorial Domes, 1982.

Becerra, Ricardo, «La economía política de Zedillo. Recuperación financiera y rezago social», *Etcétera*, México, 2000, en www.etcetera.com.mx/2000/397/rb397.html

Benítez, José R., *Morelos, su casta y su casa en Valladolid*, Guadalajara, Gráfica, 1947.

Bernal, Ignacio *et al.*, *Museo Nacional de Antropología*, México, SEP, 1967.

Betancourt Pérez, Antonio y José Luis Sierra Villarreal, *Yucatán: una historia comparada*, Mérida, Secretaría de Educación Pública; Instituto Mora, Gobierno del Estado de Yucatán, 1989.

Blaiser, Cole, «*The United States and Madero*», *Journal of Latin American Studies*, Cambridge, vol. 4, núm. 2, noviembre, 1972.

Blanco, José Joaquín, *Se llamaba Vasconcelos: una evocación crítica*, México, FCE, 1977.

Blanco Gil, Joaquín, *El clamor de la sangre*, México, Editorial Rex-Mex, 1947.

Bosco, Juan, *Historia de América*, Madrid, Ariel, 2006.

Bouvier, Virginia, «Sor Juana y la Inquisición: las paradojas del poder», *Revista de Crítica Literaria Latinoamericana*, año XXIV, núm. 49, Lima-Hanover, 1999.

Bravo Ugarte, José, «La guerra a México de Estados Unidos», *Historia de México*, vol. II, t. III, México, s.i., 1951.

Bringas Nostti, Raúl, *Antihistoria de México*, México, Planeta, 2014.

Cabrera, Luis, *La revolución es la revolución: Documentos*, Guanajuato, Ediciones del Gobierno del Estado, 1977.

——, «Un ensayo comunista en México», *Obra política. Luis Cabrera*, vol. 4, México, UNAM, 1992.

Cabrera Acevedo, Lucio, *La Suprema Corte de Justicia en la República Restaurada, 1867-1876*, México, Suprema Corte de Justicia de la Nación, 1989.

Calderón, Esteban B., *Juicio sobre la guerra del Yaqui y génesis de la huelga de Cananea*, México, SEP, 1936.

Camberos, Vicente, *Francisco el Grande*, vol. 2, México, Jus, 1966.

Campos, Raymundo *et al.*, *Los invisibles: Las niñas y los niños de 0 a 6 años. Estado de la Educación en México, 2014*, México, Mexicanos Primero Visión 2030, A.C., 2014.

Cananea 1906, México, Partido Revolucionario Institucional, 1981.

Capetillo, Alonso, *La rebelión sin cabeza: Génesis y desarrollo del movimiento delahuertista*, México, Imprenta Botas, 1925.

Cárdenas Noriega, Joaquín, *Morrow, Calles y el PRI. Chiapas y las elecciones del 94*, México, PAC, 1992.

Carmona, Doralicia, «López de Santa Anna y Pérez Lebrón, Antonio. 1794-1876», *Memoria Política de México*, México, Instituto Nacional de Estudios Políticos A.C., 2010.

Carrillo Cázares, Alberto, *El debate sobre la guerra chichimeca, 1531-1585: Cuerpo de documentos*, Morelia, El Colegio de Michoacán, 2000.

Castillo García, Gustavo, «Echeverría fue informado minuto a minuto de la matanza del 10 de junio», *La Jornada*, México, 22 de abril de 2003, en www.jornada. unam.mx/2003/04/22/008n1pol.php?origen=politica.html

Castillo Nájera, Francisco, *El tratado de Guadalupe; ponencia al Congreso Mexicano de Historia. VIII Reunión (Durango, Sep. 17-26 de 1947)*, México, Talleres Gráficos de la Nación, 1947.

Cavo, Andrés y Carlos María de Bustamante, *Los tres siglos de México durante el gobierno español*, t. 3, México, Imprenta de la Testamentaria de D. Alejandro Valdés, 1836.

Cedillo, Juan Alberto, *La Cosa Nostra en México: Los negocios de Lucky Luciano y la mujer que corrompió al gobierno mexicano*, México, Grijalbo, 2011.

——, *Los nazis en México: La Operación Pastorius y nuevas revelaciones de la infiltración al sistema político mexicano*, México, Debate, 2007.

Centeno, Rodrigo y Rafael Ch., «Numeralia», *Nexos*, México, 1 de febrero de 2012, en www.nexos.com.mx/?p=14699

Cervantes, Federico, *Francisco Villa y la Revolución*, México, Editorial Alonso, 1960.

Colaboradores de Wikipedia, «El colmillo público», *Wikipedia, la enciclopedia libre*, s.l., 17 de julio de 2012, en es.wikipedia.org/wiki/El_Colmillo_P%C3%BAblico

Colomer, Josep M., *Europa, como América: Los desafíos de construir una federación continental*, Barcelona, La Caixa, 2000.

Cortés, Hernán, *Cartas de Relación*, México, Porrúa, 1979.

Cosío Villegas, Daniel, *Historia moderna de México, La República restaurada, Vida política*, Buenos Aires, Hermes, 1973.

—— (pról.), *México de la Reforma y el Imperio*, México, UNAM, 2005.

Constenla, Tereixa, «Pioneras de la aventura literaria», *El País*, España, 30 de enero de 2013, en www.cultura.elpais.com/cultura/2013/01/30/actualidad/1359563448 _228314.html

Cuevas, Gabriel, «La importancia de tener identidad», *Excélsior*, México, 12 de septiembre de 2009, en www.excelsior.com.mx/opinion/opinion-del-experto-nacio nal/2013/09/12/918246

Chao Ebercenyi, Guillermo, *Matar al manco*, México, Diana, 1994.

Chevalier, François, «El marquesado del Valle: reflejos medievales», *Historia Mexicana*, vol. 1, núm. 1, México, Colegio de México, 1951.

Daniels, Josephus, *Diplomático en mangas de camisa*, México, Talleres Gráficos de la Nación, 1949.

Dávila, Arturo S., «¿Conquista espiritual o satanización del panteón aztekatl?», *Revista de Crítica Literaria Latinoamericana*, Lima, núm. 49, 1999.

Dávila, Israel, «Los libros de texto que se distribuirán tienen errores imperdonables», *La Jornada*, México, 19 de julio de 2013, en www.jornada.unam.mx/2013/07/19/ sociedad/041n1soc

Davis, John H., *The Guggenheims: an American epic*, Nueva York, SP Books-Shapolvsky Publishers, 1994.

De Aguilar, Francisco, *Historia de la Nueva España*, México, Ediciones Botas, 1938.

——, *Relación breve de la Conquista de la Nueva España*, México, UNAM/IIH, 1977.

De Alva Ixtlilxóchitl, Fernando, *Obras históricas*, vol. 2, México, Secretaría de Fomento, 1892.

De Beruete, Miguel, *Elevación y caída del emperador Iturbide*, México, Fondo Pagliai, 1974.

De Galíndez, Jesús, *La era de Trujillo*, Santiago de Chile, Editorial del Pacífico, 1956.

De Gortari, Eli, *La ciencia en la historia de México*, México, FCE, 2014.

De Habsburgo, Maximiliano, *Los traidores pintados por sí mismos. Libro secreto de Maximiliano, en que aparece la idea que tenía de sus servidores*, México, Imprenta del gobierno del Gobierno en Palacio, 1867.

De Herrera y Tordesillas, Antonio, *Historia general de los hechos de los castellanos en las Islas i Tierra firme del Mar Oceano*, Madrid, Imprenta Real de Nicolás Rodríguez Franco, 1730.

De la Cruz Gamboa, Alfredo, *Valentín Gómez Farías*, México, LER, 1980.

De la Fuente, José María, *Hidalgo íntimo: Apuntes y documentos para una biografía del benemérito cura de Dolores D. Miguel Hidalgo y Costilla*, México, Secretaría de Instrucción Publica y Bellas Artes, México, 1910.

De la Mora, Gabriel, *José Guadalupe Zuno*, México, Porrúa, 1973.

De la Torre Villar, Ernesto (selección, prólogo y notas), *Lecturas históricas mexicanas*, vol. IV, México, Empresas Editoriales, 1966.

De la Vega, Garcilaso Inca, *Historia general del Perú*, t. 2, vol. 1, Córdoba, Viuda de Andrés de Barrera, 1609.

De Landa, Diego, *Relación de las cosas de Yucatán*, Barcelona, Linkgua Digital, 2012.

De las Casas, Bartolomé, *Brevísima relación de la destrucción de las Indias*, México, Colección METROpolitana, 1973.

De Llano, Pablo, «Porfirio, accionista de su dictadura», *El País*, España, 18 de octubre de 2015, en www.cultura.elpais.com/cultura/2015/10/18/actualidad/14451317 67_059252.html

De Sahagún, Bernardino, *El México Antiguo: selección y reordenación de la Historia general de las cosas de Nueva España de fray Bernardino de Sahagún y de los informantes indígenas*, Caracas, Biblioteca Ayacucho, 1981.

——, *Historia general de las cosas de Nueva España*, t. IV, México, Editorial Pedro Robredo, 1938.

——, *Historia general de las cosas de la Nueva España*, México, Porrúa, 1975.

——, *Relación de la conquista de esta Nueva España, como la contaron los soldados indios que se hallaron presentes*, México, Imprenta Ignacio Cumplido, 1840.

De San Antón, Domingo, *Relaciones originales de Chalco Amequemecan*, México, FCE, 1965.

De Solís, Antonio, *Historia de la conquista de México, población y progreso de la América Septentrional conocida por el nombre de Nueva España*, Madrid, Imprenta de Bernardo de Villa Diego, 1684.

De Vedia, Enrique (ed.), *Historiadores primitivos de Indias*, t. 1, Madrid, M. Rivadeneyra, 1858.

De Zamacois, Niceto, *Historia de Méjico, desde sus tiempos más remotos hasta nuestros días*, Barcelona, J. F. Parres y Compañía, Barcelona, 1879.

De Zavala, Lorenzo, *Ensayo Histórico de las revoluciones de Mégico desde 1808 hasta 1830*, t. 2, Nueva York, Imprenta de Elliott y Palmer, 1832.

Del Arenal Fenochio, Jaime, *Un modo de ser libres: Independencia y Constitución en México (1816-1822)*, Zamora, El Colegio de Michoacán, 2002.

Delgado Cantú, Gloria, *Historia de México: Legado histórico y pasado reciente*, Pearson, 2004.

Díaz Ballesteros, Enrique, *Visión y herencia de una Constitución: Decreto constitucional para la libertad de la América mexicana*, Morelia, Universidad Latina de América, 2001.

Díaz del Castillo, Bernal, *Historia verdadera de la Conquista de la Nueva España*, vol. 1, París, Librería de la Rosa, 1837.

Dillon, Joseph Emile, *México en su momento crítico*, México, Herrero Hermanos Sucesores, 1922.

Dirección General de Comunicación Social, «Boletín núm. 5797. En México mueren cerca de 35 mil niñas y niños antes de cumplir 5 años», *Cámara de Diputados. LXIII Legislatura*, México, 14 de julio de 2015, en www5.diputados.gob.mx/index.php/esl/Comunicacion/Boletines/2015/Julio/14/5797-En-Mexico-mueren-cerca-de-35-mil-ninas-y-ninos-antes-de-cumplir-5-anos-por-causas-que-son-prevenibles

Dirección General de Comunicación Social, «Comunicado 143. El ciclo escolar 2014-2015 iniciará con libros de texto gratuitos renovados, anuncia SEP», *Secretaría de Educación Pública*, México, 29 de mayo de 2014, en www.comunicacion.sep.gob.mx/index.php/comunicados-2014/51-mayo-2014/543-comunicado-143-el-ciclo-escolar-2014-2015-iniciara-con-libros-de-texto-gratuitos-renovados-anuncia-sep

Dooley, Francis Patrick, *Los cristeros, Calles y el catolicismo mexicano*, México, SEP, 1976.

Dulles, John, *Ayer en México: una crónica de la Revolución, 1919-1936*, México, FCE, 1977.

Durán, Diego, *Historia de las Indias de Nueva España y islas de Tierra Firme*, vol. 2, México, Imprenta de Ignacio Escalante, 1880.

Durand, Jorge, «El Programa Bracero (1942-1964). Un balance crítico», *Migración y desarrollo*, México, núm. 009, segundo semestre de 2007.

Duverger, Christian, *Hernán Cortés, más allá de la leyenda*, Madrid, Taurus, 2013.

Egoavil, Aroldo, *Los Yauyos: historia olvidada, cruces y muerte*, Huancayo, Eduardo Egoavil T., 2012.

Eisenberg, Daniel, «Cisneros y la quema de los manuscritos granadinos», *Journal of Hispanic Philology*, Florida State University, núm. 16, 1992, pp. 107-124.

El jurado de Toral y la madre Conchita (Lo que se dijo y lo que no se dijo en el espectacular juicio), Versión taquigráfica textual, México, Editores Alducin y de Llano, 1928.

El verdadero Porfirio Díaz. Complemento a las Memorias de Don Sebastián Lerdo de Tejada, San Antonio, 1911.

«Encuesta Nacional de la Dinámica Demográfica. ENADID 2014. Principales resultados», *Inegi*, México, 9 de julio de 2015, en www.inegi.org.mx/est/contenidos/proyectos/encuestas/hogares/especiales/enadid/enadid2014/doc/resultados_enadid14.pdf

Escalante Gonzalbo, Fernando, *Ciudadanos imaginarios: Memorial de los afanes y desventuras de la virtud y apología del vicio triunfante en la república mexicana. Tratado de moral pública*, México, El Colegio de México, 1993.

Escobar Olmedo, Armando M. (ed.), *Proceso, tormento y muerte del Cazonzi, último Gran Señor de los Tarascos,* Morelia, Frente de afirmación hispanista, A. C., 1997

Espino López, Antonio, «Sobre el buen hacer del conquistador. Técnicas y tácticas militares en el advenimiento de la conquista de las Indias», *Revista de Historia Iberoamericana*, Madrid, vol. 5, 2012, pp. 26-28.

Esquivel Otea, María Teresa, *Índice del Ramo Edictos de la Santa y General Inquisición*, Archivo General de la Nación, México, 1981.

«Estadísticas del Sistema. República Mexicana. Ciclo escolar 2013-2014», *Sistema nacional de información estadística educativa*, México, s.f., en www.snie. sep.gob.mx/descargas/estadistica_e_indicadores/estadistica_e_indicadores_ educativos_33Nacional.pdf

Estrada, Ander, «América también existe. El robo del siglo», *América Económica*, Madrid, 1 de junio de 2001, en www.americaeconomica.com/numeros2/104/ reportajes/estrada104.htm

«Excomunión de Benito Juárez García», *Gritos y murmullos cerca del cielo junto al corazón*, México, 5 de septiembre de 2010, en www.gritosymurmulloscercadel cielo.blogspot.mx/2010/09/excomunion-de-benito-juarez-garcia.html

Fabela, Isidro, *El Primer Jefe*, México, Jus, 1980.

——, *Política interior y exterior de Carranza*, México Jus, 1979.

Fernández Cortina, Cristina, «México en tiempos de Maximiliano y Carlota», *Museo de arte popular. Asociación de amigos*, México, marzo 2014, en www.amigos map.org.mx/2014/02/23/mexico-en-tiempos-de-maximiliano-y-carlota/

Fernández de Oviedo y Valdés, Gonzalo, *Historia general y natural de las Indias, islas y tierra firme del mar océano*, vol. IV, Madrid, Real Academia de Historia, 1851.

Fernández Fernández, Íñigo, *Historia de México*, México, Pearson Educación, 2004.

Fernández Ruiz, Jorge, *Un reformador y su reforma*, México, Sociedad Mexicana de Geografía y Estadística, 1981.

Flores Torres, Óscar (comp.), *El otro lado del espejo: México en la memoria de los jefes de misión estadounidenses*, San Pedro Garza García, Universidad de Monterrey, 2007.

Fraggonz, Kim, «Religión una cuestión de fe», *Días tras Díaz*, México, 10 de diciembre de 2008, en www.diatrasdiaz.blogspot.mx/2008/12/religion.html

Fuentes Díaz, Vicente, *La intervención norteamericana en México, 1847*, México, Imprenta Nuevo Mundo, 1947.

——, *Manuel Abad y Queipo*, México, Editorial Altiplano, 1985.

Fuentes Mares, José, *Génesis del expansionismo norteamericano*, México, El Colegio de México, 1980.

——, *Santa Anna: Aurora y ocaso de un comediante*, México, Jus, 1956.

——, *Santa Anna, el hombre*, México, Grijalbo, 1981.

Galeana, Patricia, *El tratado McLane-Ocampo: La comunicación interoceánica y el libre comercio*, México, Porrúa, 2006.

Galeano, Eduardo, *Las venas abiertas de América Latina*, La Habana, Casa de las Américas, 1971.

García, Genaro, «Advertencia», *Documentos inéditos o muy raros para la historia de México: El clero de México y la guerra de Independencia*, t. IX, México, Librería de la vda. de Ch. Bouret, 1906.

——, *Carácter de la conquista española en América y en México*, México, Biblioteca Mexicana de la Fundación Miguel Alemán, 1990.

—— (coord.), *Documentos históricos mexicanos*, vol. VII, México, Comisión Nacional para las celebraciones del 175 Aniversario de la Independencia Nacional, 1985.

García, Imelda, «1989: el año que Baja California dejó de ser priista», *ADN Político*, México, 24 de junio de 2013, en www.adnpolitico.com/gobierno/2013/06/17/1989-el-ano-en-que-baja-california-dejo-de-ser-priista

García Acosta, Virginia *et al.*, *Desastres agrícolas en México. Catálogo histórico*, México, FCE, 2015.

García Cantú, Gastón, *El pensamiento de la reacción mexicana, vol. I (1810-1858)*, México, UNAM, 1994.

García de León, Antonio, *Resistencia y utopía: memorial de agravios y crónica de revueltas*, México, Era, 1997.

García Iglesias, Sara, *Isabel Moctezuma. La última princesa azteca*, México, Xóchitl Ediciones, 1946.

García Icazbalceta, Joaquín, *Colección de Documentos para la Historia de México*, t. I, México, Librería de J. M. Andrade, 1858.

——, *Colección de Documentos para la Historia de México*, t. II, México, Antigua Librería, 1866.

García Naranjo, Nemesio, *Porfirio Díaz*, San Antonio, Lozano, 1930.

García Ugarte, Marta Eugenia, «Los católicos y el Presidente Calles», *Revista Mexicana de Sociología*, México, núm. 3, 1995.

González Navarro, Moisés, *Cristeros y agraristas en Jalisco*, vol. 2, México, El Colegio de México, 2000.

González Obregón, Luis, *Obras. Época colonial. Méjico Viejo. Noticias históricas, tradiciones, leyendas y costumbres*, México, Vda. de Ch. Bouret, 1900.

González Prada, Manuel, *Páginas libres. Horas de lucha*, Caracas, Biblioteca Ayacucho, 1976.

González Ramírez, Manuel, *Fuentes para la historia de la Revolución mexicana*, México, FCE, 1954.

González Schmal, Jesús, «Nuevo fideicomiso Pemex y CFE», *MD Saltillo*, México, s.f., en www.mdsaltillo.tv/206/1/51/126.cfm?ii=175&bid=4&tid=176&id=4170

Guarner, Enrique, «Presidentes y psicoanálisis. Segunda parte», *Dr. Enrique Guarner*, México, 6 de mayo de 1996, en www.drenriqueguarner.com/archives/artisico/285.pdf

Guedea, Virginia, *José María Morelos y Pavón: Cronología*, México, UNAM, 1981.

Guerrero, Salvador, «Acusan a líder católico de abuso sexual de menores», *La Jornada*, México, 14 de abril de 1997, en www.jornada.unam.mx/1997/04/14/lider.html

Guillén, Arturo, «Balance de la privatización en México», *Revista Iztapalapa*, México, núm. 38, 1996.

Gurría Lacroix, Jorge, *Historiografía sobre la muerte de Cuauhtémoc*, México, UNAM, 1976.

Gutiérrez de Lara, Lázaro, *El pueblo mexicano y sus luchas por la libertad*, San Antonio, Citizen Print Shop, 1910.

Guzmán Galarza, Mario V., *Documentos básicos de la Reforma, 1854-1875*, t. II, México, Federación Editorial Mexicana-PRI, 1982.

Haliczer, Stephen, *Inquisición y sociedad en el reino de Valencia (1478-1834)*, Valencia, Edicions Alfons el Magnánim, 1993.

Haynes, Sam W., *James K. Polk and the Expansionist Impulse*, Nueva York, Longman, 1997.

Heath, Jonathan, «Gasto público, el vicio de la economía mexicana», *Alto Nivel*, México, 6 de agosto de 2015, en www.altonivel.com.mx/52642-gasto-publico-el -vicio-de-la-economia-mexicana.html

Hernández, Aura, «Deuda del Fobaproa ya es de 128 mmdp. Mayor que cuando se creó en 1999», *La Razón*, México, 6 de febrero de 2013, en www.razon.mx/spip. php?article158463

Hernández, Lilian, «Crecen analfabetas en México», *Imagen radio*, México, 2013, en www.imagen.com.mx/crecen-analfabetas-en-mexico-sep

——, «Concluye la revisión de 86 libros de la SEP que presentaban errores», *Excélsior*, México, 29 de mayo de 2014, en www.excelsior.com.mx/nacional/2014 /05/29/962148

Herrejón Peredo, Carlos, *Los procesos de Morelos*, Zamora, El Colegio de Michoacán, 1985.

Herrera Muñoz, Ignacio A., «Gral. Manuel Sánchez Rivera», *Panorama de Quintana Roo*, México, 22 de noviembre de 2010, en www.panoramaquintanaroo. com/cronicas.php?id_cr=219

Herrera Peña, José, *Morelos ante sus jueces*, Miguel Acosta Romero (pról.), México, Porrúa, 1985.

——, *Maestro y discípulo*, Morelia, Universidad Michoacana de San Nicolás de Hidalgo, 1995.

Higuera, Ernesto, *Humos del cráter*, México, Talleres Gráficos de la Nación, 1962.

Hiriart, Pablo, «Urge otra Universidad Nacional», *El Financiero*, México, 3 de octubre de 2014, en www.elfinanciero.com.mx/opinion/urge-otra-universidad-na cional.html

Historia Patria, México, Patria, 1984.

Holmes, Richard, *Las guerras que han marcado la historia*, Madrid, Ariel, 2007.

Hurtado Galves, José Martín, *Los queretanos en la conspiración de 1810*, Querétaro, Gobierno del estado de Querétaro, 2007.

Inegi, «Finanzas de la Industria Petrolera», *Estadísticas históricas de México*, t. II, México, s.i., 1999.

——, «Volumen de la producción de petróleo crudo. Serie anual de 1901 a 2013», *Sector Energético*, México, s.i., 2015.

«Informe de la delegación Venustiano Carranza», Archivo General de la Nación, DFS-Argena, exp. 10-130-74, leg. 2, foja 191, 11 de febrero de 1974.

Iturribarría, Jorge Fernando, *Porfirio Díaz ante la historia*, México, Ed. Villegas García, 1967.

——, «Una cátedra de Constitución», *Historia mexicana*, vol. 1, núm. 4, México, El Colegio de México, 1952.

——, «Limantour y la caída de Porfirio Díaz», *Historia mexicana*, vol. 10, núm. 2, México, oct.-dic., 1960.

Jarquín Gálvez, Uriel y Jorge Javier Romero Vadillo, *Un PAN que no se come: Biografía de Acción Nacional*, México, Ediciones de Cultura Popular, 1985.

Jiménez Muñoz, Jorge H., *Empresario y dictador. Los negocios de Porfirio Díaz (1876-1911)*, México, Editorial RM, 2015.

Juárez, Benito, *Apuntes para mis hijos. Notas autobiográficas*, Miriam Herrera (sel. y nota introductoria), Panamá, Ruth Casa Editorial, 2008.

Katz, Friedrich, *La guerra secreta en México*, México, Era, 1998.

——, *La servidumbre agraria en la época porfiriana*, México, Era, 1980.

Kelley, Francis Clement, *México, el país de los altares ensangrentados*, México, Editorial Polis, 1941.

Knapp, Frank Averill, «John Quincy Adams, ¿defensor de México?», *Historia Mexicana*, vol. 7, núm. 1, julio-septiembre de 1957.

Knott, Stephen F., *Secret and sanctioned Covert operations and the American presidency*, Nueva York, Oxford University Press, 1996.

Knox Polk, James, *Diario del presidente Polk [1845–1849]*, México, Antigua Librería Robredo, 1948.

«La crisis petrolera de 1982. Parte 1», *La Economía*, México, 20 de febrero de 2010, en www.laeconomia.com.mx/la-crisis-petrolera-de-1982/

«La falla de San Andrés», *AstroMía*, México, s.f., en www.astromia.com/fotostierra/fallasanandres.htm

Lafragua, José María, *Vicente Guerrero. El Mártir de Cuilapam*, México, Secretaría de Educación Pública, 1946.

Laporte, Alejandra, «Entre la muerte y la deshonra. Traductores e intérpretes de la conquista de América», *Redacción digital*, Argentina, enero de 2004, en www.redaccion-digital.com.ar/entre_la_muerte_y_la_deshonra.htm

Larín, Nicolás, *La rebelión de los cristeros: 1926-1929*, México, Era, 1968.

Lewin, Boleslao, *Los judíos bajo la Inquisición en Hispanoamérica*, Buenos Aires, Dédalo, 1960.

Lemoine Villacaña, Ernesto, *Morelos, su vida revolucionaria a través de sus escritos y de otros testimonios de la época*, México, UNAM, 1965.

Lerdo de Tejada, Sebastián, «Porfirio Díaz es un hombre que mata llorando», *Memorias inéditas de don Sebastián Lerdo de Tejada*, vol. 1, Brownsville, Tipográfica El Porvenir, 1898.

Lenz, Lawrence, *Power and Policy: America's First Steps to Superpower, 1889-1922*, Nueva York, Algora Publishing, 2008.

«Línea del tiempo 1938-1970», *Fuentes para la historia del petróleo en México*, México, s.f., en petroleo.colmex.mx/index.php/linea/57

Lombardo Toledano, Vicente, *La Constitución de los cristeros*, México, Librería Popular, 1963.

López de Gómara, Francisco, *Historia de las conquistas de Hernando de Cortés*, vol. 1, México, Testamentaria Ontiveros, 1826.

——, «Conquista de México», en Enrique de Vedia (ed.), *Historiadores primitivos de Indias*, t. 1, Madrid, M. Rivadeneyra, 1858.

López González, Valentín, *El imperio en Cuernavaca, 1862-1867*, Cuernavaca, Instituto Estatal de Documentación de Morelos, 2000.

López Luján, Leonardo y Alfredo López Austin, «Los mexicas en Tula y Tula en México Tenochtitlan», *Mesoweb Search*, Estados Unidos, 1991, en www.mesoweb.com/about/articles/los-mexicas-en-Tula.pdf

López Portillo y Rojas, José, *Elevación y caída de Porfirio Díaz*, México, Librería Española, 1921.

«Los ancestros de los primeros europeos sobrevivieron a la última glaciación», *SINC* (Servicio de Información y Noticias Científicas), España, 2014, en www.agenciasinc.es/Noticias/Los-ancestros-de-los-primeros-europeos-sobrevivieron-a-la-ultima-glaciacion

Los millones de la Mesilla, y sus misterios en parte descubiertos, por uno de los pro-hombres del gobierno actual en México. Morelia, Imprenta de Octavio Ortiz, 1855.

Llorente, Juan Antonio, *Historia crítica de la Inquisición en España*, vol. 1, Madrid, Hiperión, 1981.

MacGregor Campuzano, Javier, «Orden y Justicia, el Partido Fascista Mexicano, 1922-1923», *Signos Históricos*, México, 1999.

Magdaleno Cárdenas, María de los Ángeles, *Los ojos y los oídos del régimen. El Departamento Confidencial de la Secretaría de Gobernación, 1923-1934*, México, UNAM, 2014.

Mancisidor, José, *Miguel Hidalgo: Constructor de una patria*, México, Editorial Xóchitl, 1944.

Manero Suárez, Adolfo y José Paniagua Arredondo, *Los tratados de Bucareli: Traición y sangre sobre México, un capítulo del libro negro de las reclamaciones entre México y EE. UU. durante la Revolución*, vol. 1, México, s.i., 1958.

María y Campos, Armando, *Carlota de Bélgica (La infortunada Emperatriz de México)*, México, Ediciones REX, 1944.

Marmasse, Natalia, «El destierro de la viruela», *¿Cómo ves? Revista de divulgación científica de la Universidad Nacional Autónoma de México*, núm. 45, México, agosto de 2002.

Martínez, José Luis, *Hernán Cortés*, México, FCE/UNAM, 1990.

Martínez Carza, Leopoldo, *La intervención norteamericana en México 1846-1848*, México, Panorama, 1981.

Martínez Fernández, Primitivo, *La Inquisición: El lado oscuro de la Iglesia*, Buenos Aires, Lumen, 2009.

Martínez Moctezuma, Lucía, «Los libros de texto en el tiempo», *Diccionario de historia de la educación en México*, México, s.f., en www.biblioweb.tic.unam.mx/diccionario/htm/articulos/sec_29.htm

Marx, Karl y Friedrich Engels, *Materiales para la historia de América Latina*, Buenos Aires, Ediciones Pasado y Presente, 1972.

«Matrícula de tributos», *Biblioteca Digital Mexicana*. México, s.f., www.bdmx.mx/detalle/?id_cod=22

Maza, Enrique, «"La Quina", un imperio construido a golpes de corrupción», *Proceso*, México, 11 de noviembre de 2013, en www.proceso.com.mx/?p=357614

McCullagh, Francis, *Red Mexico: A Reign of Terror in America*, Nueva York, Louis Carrier & Co., 1928.

Medin, Tzvi, *El minimato presidencial: Historia política del maximato (1928-1935)*, México, Era, 1983.

Medina Ruiz, Fernando, *Calles: Un destino melancólico*, México, Tradición, 1982.

Melero y Piña, Gregorio, «Apuntes de todo lo que me acaeció desde el año de ocho, que fue cuando me combiné con el Exmo. Sr. Hidalgo, y todo lo que sucedió en nuestra prisión en Baján y las jornadas que hicimos hasta llegar a Chihuahua, etc.», *Fray Gregorio de la Concepción. Su proceso, la relación de sus hazañas y otros apéndices*, v. 109, Estado de México, Biblioteca enciclopédica del Estado de México, 1981.

Méndez de Cuenca, Laura, *Álvaro Obregón*, México, s.i., 1920.

Menéndez Monforte, Mari Tere, «Reconoce Senado valía de Serapio Rendón, legislador yucateco moralmente vertebrado», *Artículo siete*. México, 22 de marzo de 2013, en www.a7.com.mx/index.php?notaid=18455

Menéndez Rodríguez, Hernán, *Iglesia y poder. Proyectos sociales, alianzas políticas y económicas en Yucatán (1857-1917)*, México, Consejo Nacional para la Cultura y las Artes, 1995.

Mira, Esteban, «Terror, violación y pederastia en la Conquista de América: El caso Lázaro Fonte», *Esteban Mira*, Carmona, s.f., en www.estebanmira.weebly.com/uploads/7/9/5/0/7950617/terror.pdf

Miranda, Francisco Javier, «Carta del P. Miranda a D. Ignacio Comonfort», *El Siglo Diez y Nueve*, México, 28 de enero de 1858.

Moguel Flores, Josefina, *Venustiano Carranza*, México, Planeta De Agostini, 2002.

Montell García, Jaime, *La conquista de México Tenochtitlan*, México, Miguel Ángel Porrúa, 2001.

Morales, Donato y Alfredo Guzmán, *Toral y el asesinato de Obregón*, San Antonio, s.i., 1929.

Munguía, Clemente de Jesús, *Sermón que en la insigne y nacional Colegiata de Nuestra Señora de Guadalupe, predicó el illmo. Sr. Dr. D. Clemente de Jesús Munguía, obispo de Michoacán, el 29 de agosto de 1860, último día del solemne tridúo que se hizo, implorando por la intercesión de la Santísima Virgen del Socorro del Señor en las necesidades presentes*, núm. 6, México, Imprenta de Mario Villanueva, 1860.

Narro, José y David Moctezuma Navarro, «Analfabetismo en México: una deuda social», *Realidad, Datos y Espacios. Revista Internacional de Estadística y Geografía*, vol. 3, núm. 3, México, septiembre-diciembre de 2012.

Negrete, Marta Elena, *Enrique Gorostieta: Cristero agnóstico*, México, UIA/El Caballito, 1981.

O'Brien, Thomas F., «*Rich beyond the Dreams of Avarice: The Guggenheims in Chile*», *Business History Review*, vol. 63, núm. 1, Cambridge, primavera 1989.

Ogata, Nisao, «El cacao», *Biodiversitas*, México, 2007, en www.biodiversidad.gob.mx/Biodiversitas/Articulos/ biodiv72art1.pdf

Oropeza, Mauricio, *El ejército libertador del sur*, México, SEP, 1969.

Orosa Díaz, Jaime, *Felipe Carrillo Puerto*, Mérida, Fondo Editorial de Yucatán, 1982.

Orozco y Berra, Manuel (ed.), *Códice Ramírez. Manuscrito del siglo XVI intitulado: Relación del Origen de los Indios que Habitan Esta Nueva España según sus Historias*, México, Editorial Leyenda, 1944.

Orozco y Jiménez, Francisco, *Primer Sínodo de la Diócesis de Chiapas, celebrado en la Santa Iglesia Catedral, por el Ilmo. y Rmo. Sr. Dr. y Mtro. D. Francisco Orozco y Jiménez, los días 3, 4 y 5 de mayo de 1908*, San Cristóbal Las Casas, Imprenta de Novalto Flores, 1908.

Ortiz, Inés, *De milperos a henequeneros en Yucatán 1870-1937*, México, El Colegio de México, 2013.

Ortiz Gallegos, Jorge Eugenio, *La mancha azul: Del PAN al NeoPAN y al PRIoPAN*, México, Grijalbo, 2011.

Pacheco, Joaquín F. y Francisco Cárdenas, *Colección de documentos inéditos relativos a la conquista de América*, vol. XXXVIII, Madrid, Imprenta de M. Bernardo de Quirós, 1884.

Pani, Alberto J., *La historia, agredida: Polvareda que alzó un discurso pronunciado ante el monumento del general Obregón*, México, Editorial Polis, 1950.

Partido Laboral Mexicano, *El PAN: el partido de la traición*, México, Ed. Benengeli, 1986.

Peinado, Mari Luz, «¿Cómo afectaría la reforma migratoria aprobada por el Senado a los mexicanos?», *El País*, España, 6 de julio de 2013, en www.internacional. elpais.com/internacional/2013/07/03/actualidad/1372888113_061377.html

Peñalosa, Joaquín Antonio, *Miguel M. de la Mora: el obispo para todos*, México, Jus, 1963.

Pereyra, Carlos, *Hernán Cortés*, Buenos Aires, Espasa Calpe, 1942.

——, *México falsificado*, México, Editorial Polis, 1949.

——, *Obras completas*, vol. 1, México, Libreros Mexicanos Unidos, 1959.

——, *Rosas y Thiers, la diplomacia europea en el Río de la Plata*, Madrid, Editorial América, 1919.

Pérez Martínez, Héctor, *Cuauhtémoc. Vida y muerte de una cultura*, México, Espasa Calpe Mexicana, 1948.

Pérez Memén, Fernando, *El episcopado y la independencia de México*, México, Jus, 1977.

Petróleos Mexicanos, Subdirección de Administración y Finanzas, *Memoria de labores*, s.i., 2014.

Petróleos Mexicanos, Subdirección de Planeación y Coordinación, *Anuario estadístico*, México, s.i., s.f.

Pozas Horcasitas, Ricardo *et al.*, *Revolucionarios fueron todos*, México, FCE, 1982.

Prescott, William, *Historia de la conquista de México*, México, Compañía General de Ediciones, 1952.

Price, Glenn W., *Los orígenes de la guerra con México*, México, FCE, 1986.

«Principales devaluaciones de México», *Economía*, México, 2015, en www.economia. com.mx/principales_devaluaciones_en_mexico.htm

Proyecto Organizativo Sin Fronteras, «El movimiento masivo de los braceros», *The Farmworkers Website*, Estados Unidos, s.f., en www.farmworkers.org/pbracero. html

Quevedo y Zubieta, Salvador, *El caudillo* (Continuación de *Porfirio Díaz: ensayo de psicología histórica*), México, Editora Nacional, 1967.

«¿Quiénes somos?», INAH, México, 2015, en www.inah.gob.mx/quienes-somos

Quirós, Josefina, *Vicisitudes de la Iglesia en México*, México, Jus, 1960.

Ramos, Demetrio, *Hernán Cortés: Mentalidad y propósitos*, Madrid, RIALP, 1992.

Ravelo, Renato, *La guerra de liberación del pueblo maya*, México, Ediciones Servir al Pueblo, 1978.

Ramales Osorio, Martín Carlos, «México, fraudes electorales, autoritarismo y represión. Del Estado benefactor al Estado neoliberal», *Contribuciones a las Ciencias Sociales*, España, julio de 2009, en www.eumed.net/rev/cccss/05/mcro.htm

Real Academia de la Historia, *Colección de documentos inéditos relativos al descubrimiento, conquista y organización de las antiguas posesiones españolas de ultramar*, t. 13, vol. II, Madrid, Sucesores de Rivadeneyra, 1900.

Recinos, Adrián, *Literatura Maya*, Caracas, Biblioteca Ayacucho, 1992.

Reed, Nelson, *La guerra de castas*, México, Era, 1982.

Redacción, «7 datos que muestran la desigualdad extrema de México», *Forbes*, México, s.f., en www.forbes.com.mx/7-datos-que-muestran-la-desigualdad-extrema-en-mexico/

——, «Agustín de Iturbide y Ana Huarte: la pareja imperial», *Contenido*, México, marzo de 2011, en www.contenido.com.mx/2011/04/agustin-de-iturbide-y-ana-huarte-la-pareja-imperial/

——, «Avanza combate contra el narco», *Capital Estado de México*, México, 26 de junio de 2015, en www.capitaledomex.com.mx/reportaje/avanza-combate-contra-el-narco

——, «Calidad de la educación en México, de las más bajas del mundo: WEF», *El Financiero*, México, 13 de mayo de 2015, en www.elfinanciero.com.mx/economia/calidad-educacion-mexico-wef-primaria-indice-capital-humano.html

——, *El Financiero*, 9 de octubre de 1989.

——, «En mensaje a la nación, EPN anuncia 7 logros inmediatos de las reformas», *SDP Noticias*, México, 4 de enero de 2015, en www.sdpnoticias.com/nacional/2015/01/04/en-mensaje-a-la-nacion-epn-anuncia-7-logros-inmediatos-de-las-reformas

——, «Falla de San Andrés acumula energía para un gran terremoto», *El Universal*, México, 15 de octubre de 2014, en archivo.eluniversal.com.mx/ciencia/2014/falla-san-andres-terremoto-95911.html

——, *Proceso*, México, núm. 622, 3 de octubre de 1988.

——, «Calderón pidió la cabeza del embajador de E. U., Carlos Pascual: "Narcoleaks"», *Aristegui Noticias*, México, 24 de febrero de 2013, en www. aristeguinoticias.com/2402/mexico/calderon-pidio-la-cabeza-del-embajador-de-eu-carlos-pascual-narcoleaks/

——, «¿Cuánto ha costado el Fobaproa a México?», *Red Política*, México, 25 de julio de 2014, en www.redpolitica.mx/deuda-de-la-federacion/cuanto-costo-mexico-el-fobaproa

——, «Reitera Peña Nieto que de ninguna manera se privatizará la educación», *Notimex*, México, 28 de julio de 2015, en www.notimex.com.mx/acciones/verNota.php?clv=319153

——, «Violencia quita credibilidad a Peña y sus reformas: analistas», *Forbes*, México, 23 de octubre de 2014, en www.forbes.com.mx/violencia-quita-credibilidad-pena-y-sus-reformas-analistas/

Regis Planchet, Francisco, *El robo de los bienes de la Iglesia, ruina de los pueblos*, México, Polis, 1939.

Reguer, Consuelo, *Dios y mi derecho*, México, Jus, 1995.

«Relaciones entre México y Estados Unidos», *MMH*, México, s.f., en www.mmh.org.mx/cambio/node/145

Revueltas, José, *Ensayo sobre un proletariado sin cabeza*, México, Editorial Logos, 1962.

Reyes, Alfonso, *Las vísperas de España*, Editorial Sur, Buenos Aires, 1937.

Reyes, Juan Pablo, «México tiene "familia imperial"», *Excélsior*, México, 7 de julio de 2013, en www.excelsior.com.mx/nacional/2013/07/07/907658

Reyes García, Luis, «La ciudadanía en México, un breve recuento histórico», *Polis: Investigación y análisis sociopolítico y psicosocial*, vol. 9, núm. 2, México, julio-diciembre, 2013.

Reynolds, Dale (ed.), *U.S. Military Intelligence Reports: Mexico, 1919-1941*, Bethesda, University Publications of America, 1984.

Riva Palacio, Vicente, *México a través de los siglos*, t. III, Barcelona, Espasa y Compañía Editores, 1888.

Rodríguez, Fernando, «Educación en México, reprobada. Las gráficas de la semana.», *CNN Expansión*, México, 5 de junio de 2015, en www.cnnexpansion.com/economia/2015/06/05/ocde-reprueba-la-educacion-en-mexico-graficas-de-la-semana

Rodríguez, Israel, «Se ha elevado 33% la deuda pública total en el sexenio de Peña», *La Jornada*, México, 2 de mayo de 2015, en www.jornada.unam.mx/2015/05/02/economia/023n1eco

Rojas Torres, Rubén, «Los Siete Sabios o la Generación de 1915», *La Jornada Aguascalientes*, México, 30 de julio de 2011, en www.lja.mx/2011/07/los-siete-sabios-o-la-generacion-de-1915/

Roldán, Dolores, *Códice de Cuauhtémoc. Biografía*, México, Editorial Orión, 1980.

Romero Giordano, Carlos, *Las casas viejas de Moctezuma*, México, Banco Nacional Monte de Piedad, 1969.

Rosenzweig, Fernando, «La inversión extranjera y el desarrollo de las manufacturas en México, 1867-1940», *Estudios. Filosofía. Historia. Textos*, México, primavera 1990.

Rovira, María del Carmen, «Francisco Primo Verdad y Ramos (1768-1808)», *Pensamiento filosófico mexicano del siglo XIX y primeros años del XX*, México, UNAM, 1998.

Rubio, Luis, «Fobaproa o las consecuencias de la ineptitud», *Nexos*, México, 1 de julio de 1998, en www.nexos.com.mx/?p=8941

Rueda, Rivelino, «"Ordeñas" de combustible crecen 57% frente a 2014», *El Financiero*, México, 29 de junio de 2015, en www.elfinanciero.com.mx/nacional/ordenas-de-combustible-crece-57-frente-a-2014.html

Ruiz Abreu, Álvaro, «El profeta en un país maldito», *Nexos*, México, 1 de julio de 1978, en www.nexos.com.mx/?p=3163

Salas López, Antonio, *Apatzingán de la Constitución: Tierra de luz*, Apatzingán, Editorial Sagitario, 2014.

Savarino, Franco, «Religión y sociedad en Yucatán durante el porfiriato (1891-1911)», *Historia mexicana*, vol. 46, núm. 3, México, El Colegio de México, 1997.

Schmelkes del Valle, Sylvia, «Los grandes problemas de la educación básica en México», *Instituto de Investigaciones para el Desarrollo de la Educación de la Universidad Iberoamericana, Ciudad de México*, México, 4 de enero de 2012, en www.inidedelauia.org/2012/01/los-grandes-problemas-de-la-educacion.html

Scholes, France V. y Eleanor B. Adams (eds.), *Proceso contra Tzintzicha Tangaxoan el Caltzontzin, formado por Nuño de Guzmán, año de 1530*, México, Porrúa y Obregón, 1952.

Sender, Ramón J., *El problema religioso en Méjico. Católicos y cristianos*. Madrid, Imprenta Agris, 1928.

Servín Massieu, Manuel, *Tras las huellas de Urrutia. ¿Médico eminente o político represor?*, México, Plaza y Valdés, 2005.

Sesín, Saidé, «El sismo: inicio de una lucha: las costureras», *Unomásuno*, México, s.n., 9-11 de octubre de 1985.

Sierra, Justo, *Evolución política del pueblo mexicano*, México, UNAM, 1948.

——, *Obras Completas. Juárez: su obra y su tiempo*, vol. XIII, México, UNAM, 1991.

——, *Juárez: su obra y su tiempo*, México, Porrúa, 2004.

Sierra Villarreal, José Luis, *La revolución que quiso ser... Yucatán: del porfiriato al socialismo*, Mérida, Consejo Editorial de Yucatán, 1987.

«Siglo XX (1900-1938)», Pemex, México, 27 de octubre de 2009, en www.ref.pemex. com/index.cfm?action=content&sectionID=1&catID=6&contentID=51

Skirius, John, *José Vasconcelos y la cruzada de 1929*, México, Siglo XXI, 1978.

Smith, Justin H., *The Annexation of Texas*, The Baker & Taylor Co., Nueva York, 1911.

Solares Robles, María Laura y Laura Suárez de la Torre (comps.), *La Independencia de México. Textos de su historia*, t. I, México, Instituto José María Luis Mora, 1985.

Somonte, Mariano G., *Doña Marina, «La Malinche»*, México, Edimex, 1971.

Sosa Elízaga, Raquel, *Los códigos ocultos del cardenismo*, México, UNAM/Plaza y Valdés, 1996.

Soto Correa, José Carmen, *Los grupos armados de los políticos católicos: La masacre de sindicalistas de Chaparro, Michoacán*, México, Instituto Politécnico Nacional, 2002.

Sotomayor, Dámaso, *La conquista de México efectuada por Hernán Cortés según el códice jeroglífico troano-americano*, México, Oficina impresora del timbre, 1897.

Suárez, Luis, *Cárdenas, retrato inédito*, México, Grijalbo, 1988.

Tamayo, Jorge L. (sel. y notas), *Benito Juárez: Documentos, discursos y correspondencia*, vol. 5, México, Asamblea Legislativa del Distrito Federal, III Legislatura, 2006.

Taracena, Alfonso, *La verdadera Revolución mexicana 1901-1911*, México, Porrúa, 1991.

——, *La verdadera Revolución mexicana. Tercera Etapa (1914-1915)*, México, Jus, 1972.

——, *La verdadera Revolución mexicana (1928-1929)*, México, Impresora Juan Pablos, 1964.

——, *Madero, víctima del imperialismo yanqui*, México, s.i., 1973.

——, *Venustiano Carranza*, México, Jus, 1963.

Taracena, Ángel y Alfonso Taracena, *Porfirio Díaz*, México, Jus, 1960.

Terrazas y Basante, Marcela, *Inversiones, especulación y diplomacia. Las relaciones entre México y los Estados Unidos durante la dictadura santannista*, México, UNAM, 2000.

Thomas, Hugh, *La conquista de México*, México, Planeta, 2006.

——, *Conquest: Montezuma, Cortes, and the Fall of Old Mexico*, Nueva York, Simon and Schuster, 1993.

Toro, Alfonso, *Historia de México, Independencia y México Independiente*, México, Patria, 1978.

——, *La Iglesia y el Estado en México*, México, Talleres Gráficos de la Nación, 1927.

Toussaint del Barrio, Fernando, *María Josefa Ortiz de Domínguez*, México, Secretaría de Hacienda y Crédito Público, 1961.

Toscano, Salvador, *Cuauhtémoc*, México, FCE, 1953.

Ugarte, Jesús, «Los logros y pendientes de Calderón», *CNN Expansión*, México, 29 de noviembre de 2012, en www.cnnexpansion.com/negocios/2012/11/28/los -logros-y-pendientes-de-calderon

Unicef, «Educación», *Unicef*, México, s.f., en www.unicef.org/mexico/spanish/edu cacion.html

——, «Estadísticas Haití», *Unicef*, s.f., en www.unicef.org/spanish/infobycountry/haiti _statistics.html

Vargas, Rosa Elvira, «La captura de La Quina, represalia de Salinas porque se habían enfrentado», *La Jornada*, México, 15 de mayo de 2009, en www.jornada.unam. mx/2009/05/15/politica/012n2pol

Vasconcelos, José, *En el ocaso de mi vida*, México, Populibros La Prensa, 1957.

——, *La Flama: Los de arriba en la revolución, historia y tragedia*, México, Continental, 1959.

Vázquez, Josefina Zoraida, «El origen de la guerra con Estados Unidos», *Historia mexicana*, vol. 47, núm. 2, México, octubre-diciembre de 1997, El Colegio de México.

Vázquez Chamorro, Germán (ed.), *La conquista de Tenochtitlan*, Madrid, Dastin, 2002.

Vázquez del Mercado, Angélica, «La renuncia de Porfirio Díaz», *Bicentenario del inicio del movimiento de Independencia nacional y centenario del inicio de la Revolución mexicana*, México, noviembre 2010, en www.revolucion.bicente nario.gob.mx/index.php?option=com_content&view=article&id=5:el-fin -de-una-era-la-renuncia-de-porfirio-diaz-por-angelica-vazquez-del-mercado&c atid=2:articulos&Itemid=4

Velador Castañeda, Ascencio, *Manuel Romero Rubio: Factor político primordial del porfiriato*, México, UNAM, 1990.

Velasco Márquez, Jesús, *La guerra del 47 y la opinión pública (1845-1848)*, México, Secretaría de Educación Pública, 1975.

Veytia, Mariano, *Historia Antigua de México*, t. II, México, Editorial Leyenda, 1944.

Villa, Guadalupe, «La vida con Villa en la hacienda de Canutillo», Revista BiCentenario, vol. 2, núm. 7, México, 2010.

Villa Rojas, Alfonso, *Estudios etnológicos. Los mayas*, México, UNAM, 1985.

Vizcaya Canales, Isidro, *En los albores de la Independencia: las Provincias Internas de Oriente durante la insurrección de don Miguel Hidalgo y Costilla, 1810-1811*, Monterrey, Fondo Editorial de Nuevo León, 2005.

Ward, Thomas, «Expanding Ethnicity in Sixteenth-Century Anahuac: Ideologies of Ethnicity and Gender in the Nation-Building Process», *Modern Language Notes*, vol. 116, núm. 2, Baltimore, marzo, 2001, pp. 419-452.

Zerecero, Anastacio, *Memoria para el estudio de las revoluciones en México*, México, UNAM, 1975.

Periódicos

Dallas Morning News, 14 de diciembre de 1941.

El fénix de la libertad, t. IV, núm. 96, 6 de abril de 1834.

El Universal, 6 de octubre de 1924.

El Universal, 10 de abril de 1936.

Excélsior, 20 de mayo de 1947.

La Prensa, 5 de diciembre de 1935.

La Prensa, 7 de diciembre de 1935.

La Prensa, 16 de mayo de 1936.

La Sociedad, 4 de febrero de 1859.

New York Herald Tribune, 9 de abril de 1927.

Índice

QUINTO GRADO
Del nacimiento de un país al México actual